KB253708

李宗桂

中國文化槪論

李宰碩 옮김

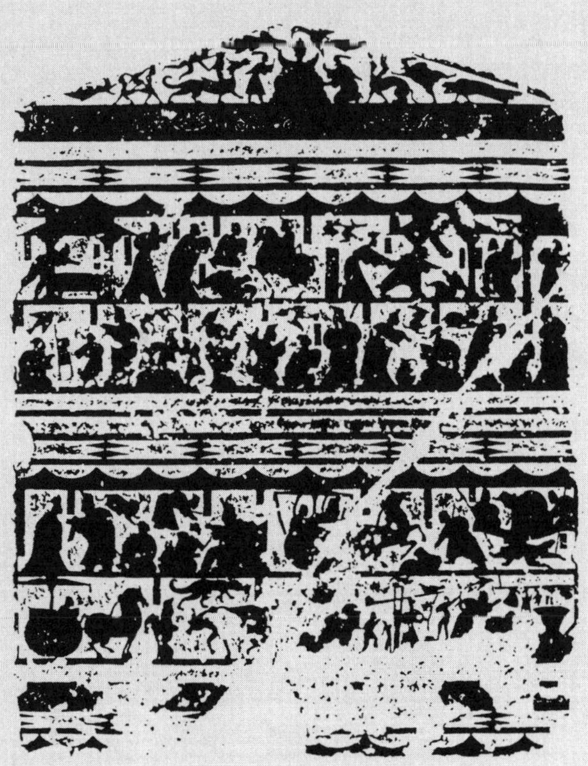

東文選

【韓國語版 序文】

중국문화는 유구한 역사를 가지고 있으며 광대하고 깊다. 진한시기에 정형을 이룬 후 그것은 천인일체天人一體, 유가·도가·법가의 상호보완 음양오행을 골격으로 하는 구조 모식을 가지고 장기적으로 이어져 왔으며, 천하를 포용하는 마음으로써 외래문화(불교)를 자신의 체계 속에 흡수하였고, 민포물여民胞物與의 인자仁者 정신, 자강불식自強不息의 분발하는 태도, 귀화지중貴和持中의 통일을 추구하는 심리상태를 가지고 역경을 거쳐서 탁월하게 우뚝 선 고결한 풍모를 갖고 세계문화라는 숲 속에 자립하였다.

현재 우리는 인류 현대 정신문명의 고도에 서서 이성으로 중국 전통문화를 자세히 살펴보면, 중국문화는 확실히 그 독특한 정신가치와 내재적 생명력을 갖고 있음을 더욱 분명하게 볼 수 있다. 중국문화는 인생의 가치지향의 방면에 있어서 예로부터 사람과 금수의 구별을 중시하고 도덕이성을 숭상하였으며, 동물본능과 한 개인의 사적인 무력 속에 빠지는 것을 반대하였으며 정치적 가치지향 방면에 있어서는 국가의 통일·민족의 단결·중정화해中正和諧를 중시하고 장구한 치안을 목표로 하였으며 분열과 혼란을 근심하였다. 자연 가치관 방면에 있어서는 사람과 자연의 일치를 중시하고 자연계에다 도덕이성과 정감의지를 부여하였으며 천인합덕天人合德을 강조하고 자연에 순응할 것을 주장하였다. 이러한 것들은 고대 사상문화사에 있어서 인류이성의 빛을 반짝이게 하였을 뿐 아니라 현 시대에 다른 나라의 정신문명 건설에 대해서 계발해 주는 의의를 가지고 있다.

물론 어떠한 문화를 막론하고 모두 민족성과 세계성을 가지고 있으며, 또한 특정한 시대성을 가지고 있는데 이에 따라 불가피하게 현대의 문화발전에 적합하지 않은 국한성을 가지게 된다. 총체적으로 고찰해 볼 때, 중국 전통문화는 봉건시대의 문화이고 종법사회의 문화이며 대륙민족의 문화이고 소농경제 기초 위에 건립된 농업사회의 문화이다. 그래서 현대화 건설에 힘을 쏟고 있는 발전도상의 국가에 대해서이든 이미 현대화를 실현한 발달한 국가에 대해서든간에 중국 전통문화는 모든 병을 치료해 주는 영단묘약靈丹妙藥이 될 수 없다. 여러 국가 사이에서 자국의 사정에 근거하여 타국의 훌륭한 점을 받아들이고 자국의 단점을 보완하며 새로운 시대조건하에서 민족의 새로운 문화를 창건할 뿐이다. 협소한 민족주의 입장에 기초한 어떠한 문화 보수주의 혹은 문화 자아중심론은 모두 시대조류에 맞지 않는 우활迂闊한 견해로서 반드시 단호하게 극복되어야 하며, 마찬가지로 자기 민족문화를 경시하고 함부로 자신을 낮추어 보는 문화 허무주의 관점 등은 모두 민족 자존심과 자긍심을 결핍한 태도로서 반드시 단호하게 반대해야 한다.

오늘날은 우주시대·전자시대이며 평화와 발전의 시대이다. 통신의 발달은 서로 다른 민족과의 문화 교류를 나날이 확대시키고 편리하게 하였다. 이것은 다른 민족 사이의 문화심리로 하여금 거리를 점점 단축시켰을 뿐 아니라 다른 민족문화를 상호 학습하는 데 지극히 이롭게 하였으며, 따라서 더욱 그 내포를 풍부하게 하고 그 민족의 특색을 증강시키며 자기로 하여금 더욱 세계로 향하게 하고, 세계로 하여금 더욱 자기를 향하게 한다. 이와 같은 의미에서 본다면, 이 책이 한국에서 번역 출판된다는 것은 바로 중외문화교류라는 역사조류의 소치이다.

중화민족과 한국민족은 유구한 전통의 우의와 문화교류의 역사를 가지고 있으며 중국문화는 한국사람에게 깊은 영향을 주었다. 일찍이 조선시대에 중국의 유학은 당시의 학자들에게 이미 광범하게 받아들여졌다. 사람들이 〈동방 백세百世의 스승〉이라고 부르는 이황李滉(호는 퇴계退溪) 선생은 조선 제10대 연산군 7년에 태어나서 선조 때에 돌아가셨다. 이 시기는 중국 명대 효종孝宗 홍치弘治 연간에서 명대 목종穆宗 융경隆慶 연간까지에 해당한다. 그 당시 중국은 바로 송명이학이 창성한 시대였다. 조선에서는 이퇴계의 유학사상이 발달한 시대였다. 이퇴계의 유학은 중국 송대의 주희朱熹에게 연원을 두고 있다. 이퇴계는 독실하게 배우고 깊게 생각하며 학문을 하는 데에 종주로 삼는 바가 있으며, 성취가 매우 크기 때문에 사람들은 그를 〈조선의 주자朱子〉라고 불렀다. 그는 『여러 유학자의 학설을 집대성하여 위로는 끊어진 실마리를 잇고 아래로는 앞으로의 학문을 열어주어 공맹 정주의 도로 하여금 환연히 세상에 다시 빛나도록 하였다. 集大成於群儒, 上以繼絶緒, 下以開來學, 使孔孟程朱之道煥然復明於世』(《增補退溪全書》Ⅳ, 성균관대학교 대동문화연구원, 제16쪽) 이 때문에 국내외의 학술계에서 영예를 누리고 있다. 수백 년이 지난 오늘날 퇴계학 연구는 이미 국제적 성격을 띤 학문이 되었다. 왜냐하면 퇴계학 연구가 발전되어서 중국과 한국의 학자 사이에 갈수록 더욱 긴밀한 연계가 이루어지고 있으며, 또한 깊은 우의로 발전되기 때문이다. 이러한 것들은 중국과 한국민 사이의 전통우의, 특히 피차간의 문화심리적 연계가 뗄 수 없는 것임을 생동적이고 힘있게 증명하고 있다. 본서의 한국에서의 출판은 바로 이러한 문화현상의 또 하나의 예증인 것이다.

동문선 출판사의 협조를 얻어 이 책을 번역 출판하여 나의 중국문화에 대한 견해를 한국에 전파하게 되었음을 내심으로 감격해마지 않는다. 동문선 출판사의 이러한 한중문화를 교류하고 국민들의 우의를 증진시키는 문화사업에 대해서 나는 최고의 경의를 표하는 바이다. 또한 이러한 문화교류가 나날이 더욱 창성하기를 간절하게 염원한다.

1990년 7월 10일
중국 광주 중산대학에서 이종계

차   례

【상 편】

【중 편】

【하 편】

【상 편】

　모든 문화에는 각각의 특정한 생장 토양이 있게 마련이며, 일정하게 정치·경제구조와 서로 관련을 맺고 있다. 인류사회의 발전이 자연역사의 과정이듯이 어떤 민족문화의 발전도 모두 자연역사의 발전과정이다. 중국문화는 자신의 독특한 생장 토양을 지니고 있으며, 세계의 다른 민족문화와의 차이가 현저한 내재적인 특질과 정신적인 풍모를 지니고 있다. 이것은 또한 중국문명의 특수한 발전과정 및 중국사회의 특수한 정치·경제구조와 서로 밀접한 관련이 있다. 그러므로 반드시 먼저 이 문제에 대하여 연구 검토해야 한다.

서 론

유구한 역사를 가진 중국문화는 세계 4대 고대문명 중 유일하게 존재하는 실체로서 중화민족 지혜의 결정체이자 정신 풍모의 체현이며, 세계에서 독자적인 체계와 독특한 특색을 지닌 문화이다.

오래된 중국문화는 일찍이 중국민족으로 하여금 세계 강국의 대열에 들어서게 하고, 세계 민족들 사이에서 자립하게 하였으며, 중국민족에게 비할 수 없는 자부심과 자존심을 심어 주었다. 그러나 바로 이 오래된 중국문화는 송·명 이후에 봉건적 생산방식의 타성이 증가함에 따라 중국 봉건사회를 장기적으로 완만하게 발전케 한 내재적인 사상의 근원이 되었다. 근대에 들어와 구미 열강의 습격을 받아서 중국사회는 매우 어려운 상태에서 전진하게 되어 전통문화의 소극적인 면이 심각하게 돌출되었다. 신문화운동 이후 서방에서 진리를 추구한 지식인들은 자유·민주·박애의 사상을 배워와서 이것을 무기로 삼아 구전통에 대한 격렬한 비판을 전개하였으며, 〈전반서화全盤西化〉의 기치를 높이 쳐들었다. 다른 방면에서 볼 때, 마르크스 레닌주의의 중국에서의 전파는 공산당원 및 그 영향을 받은 진보적인 청년들로 하여금 구사상·구문화·구전통에 대해서 맹렬한 비판을 하게 하였으며, 그들이 주창한 〈타도공가점打倒孔家店〉은 사람들의 마음 속 깊이 파고든 구호가 되었다. 아울러 〈공가점孔家店〉과 유학 역시 구사상·구문화·구전통의 대명사가 되었다. 〈전반서화〉와 〈타도공가점〉의 격렬한 반전통사유 경향과는 상반되게 공교孔教를 비호하고 국고國故를 정리하려는 〈국수파國粹派〉가 나타났다. 이에 세 갈래의 사조가 서로 뒤섞여 상호 비난을 하면서 전통사상과 현대문명·중국문화와 서양문화의 관계상 판이하게 다른 가치판단을 만들어냈다. 그 내용을 살펴보면 중국문화의 가치체계에 대한 평판이 분기의 초점이다.

반세기가 지난 오늘날, 건국 이래 30여 년 동안의 사회 경제발전의 부진함에 대하여 깊이 반성하고 각 부문에 걸친 개혁이 나날이 깊어지며, 서방의 사조가 물밀듯이 들어옴에 따라 전국적으로 중서문화에 대한 비교 토론의 열기가 고조되었다. 이러한 토론의 성과가 어떠한가는 논하지 않겠지만, 그 실질적인 내용은 중국문화로 하여금 더욱 세계와 미래로 향하며, 사회주의 정신문명 건설의 현실로 향하게 하기 위한 것이다. 바로 이러한 이유로 인해 그것은 강렬하게 한 세대의 청년, 특히 대학원생·대학생 들의 시선을 끌어들여 마음을 격동시켰고, 또한 그들의 사고를 촉진시켰다. 그래서 대학 캠퍼스내에서는 생기발랄한 문화살롱,

문화강좌가 생겨나게 되었다. 정확하게 중국문화의 주요 내용과 기본 정신을 파악하고 이론과 실천이 서로 결합된 수준에서 서양문화의 도전에 응대하며, 현대 정신문명 건설의 수요에 응하여 전통문화를 보다 순리적으로 현대화 방향으로 전환하도록 해야 하기 때문에 많은 사람들이 관심을 가지는 문제가 된 것이다.

제 1 절 문화와 전통문화

1 문화의 개념에 관한 여러 정의

　문화의 개념을 규정한다는 것은 매우 복잡한 문제이다. 현재에 이르기까지 국내외를 막론하고 아직까지도 공인된 정의가 없다. 여러 가지 자료의 통계에 의하면, 문화에 관한 정의는 1백여 종 또는 2백여 종이라고 하는데, 중설이 문문하여 어느것이 옳다고 단정할 수가 없다. 나는 『문화란 무엇인가』에 대해서 설명하는 것은 스콜라식의 학구적인 문제가 아니고 이론과 실제의 두 문제에 관련된 주체적인 문제라고 생각한다. 이론상으로 볼 때 그것은 문화학의 이론적인 전제, 즉 문화학의 대상·성질 및 범위문제에 관련된다. 대상이 분명하고 성질이 명료하며 범위가 확정되어야만이 과학적으로 문화를 정의할 수 있는 것이다. 실제 방면에서 볼 때, 그것은 문화학 및 문화사의 연구상황에 관련된다. 대량으로 철저하게 현실에 바탕을 둔 연구를 진행한 이후에야 근거있게 문화의 내포內包와 외연外延을 확정할 수 있다. 그러나 중국에서 1985년말에 이르기까지 이론적 준비와 실제적 연구는 거의 공백상태나 다름이 없었다. 또한 최근에 행해진 문화에 대한 토론에서는 사람들이 오히려 중서문화의 특질과 우열의 비교 및 전통문화와 현대화 관계의 연구토론에 주로 치중함으로써 문화학 자체의 이론 건설에는 소홀하였다. 그래서 현재까지도 사람들이 공통으로 인정하는 〈문화〉의 정의는 없다고 하겠다.

　〈문화〉라는 낱말은 고대 중국에 있어서는 본래 〈문으로써 교화함 以文教化〉을 가리켜서 무력에 의한 정복과 대응하였으니, 즉 이른바 〈문치무공文治武功〉이다. 《주역周易·분괘賁卦·상전象傳》에 『인문을 관찰하면 천하를 개선시킬 수 있다 觀乎人文, 以化成天下』라고 하였는데, 여기에서 〈문화〉의 원시적인 견해를 볼 수 있다. 공영달孔穎達은 《주역정의周易正義》에서 이 구절을 해석하여 『인문을 관찰하면 천하를 개선시킬 수 있다고 함은 성인이 인문, 즉 시·서·예·

악을 관찰해서 마땅히 이 가르침을 본받아 천하를 개선시켜야 함을 말하는 것이다 觀乎人文 以化成天下, 言聖人觀察人文, 則詩書禮樂之謂, 當法此教而化成天下也』라고 해석하였는데, 이것은 이미 관념적 형태로 문화의 의미를 말한 것이다. 옛사람들은 대부분 이 시각에서 문화를 이야기하였다. 예를들면, 서한西漢 유향劉向은『대체로 무력을 일으키면 복종하지 않고, 문화를 고치지 않으면 그 뒤에 토벌한다 凡武之興, 爲不服也 ; 文化不改, 然後加誅』《說苑・指武》라고 하였다. 진대晋代 속석束晳은『문화가 안에서 화목하게 하고, 무공이 밖에서 멀리까지 미치게 한다 文化內輯, 武功外悠』(《補亡詩・由儀》,《昭明文選》卷十九에서 재인용)라고 하였다. 양梁나라 소명태자昭明太子 소통蕭通은『문화로써 내부에서 화목하게 하고, 무덕으로써 외부에서 멀리까지 미치게 함을 말한 것이다 言以文化輯和於內, 用武德加於外遠也』(《昭明文選》卷十九)라고 주석하였다. 그러나 이러한 견해는 근대에 말하는 〈문화〉의 함의와는 거리가 멀다. 오늘날 사용되는 〈문화culture〉개념은 대체로 19세기말 일본어 번역에서 비롯된 것으로 라틴어 〈culture〉에서 나온 말이며, 원래의 의미는 가공加工・수양・교육・문화정도・예절 등의 여러 함의를 가지고 있었다. 그런데 문화가 전문적으로 연구된 것은 19세기 후반에 인류학・사회학・문화학 등의 학문이 흥기한 이후인데, 왜냐하면 이 신학문들이 모두 문화를 연구의 주요 제재題材로 삼고 있기 때문이다. 그후로 지금까지 외국의 수많은 학자들이 〈문화〉에 대한 정의를 내렸지만 현재까지도 통일된 견해가 없는 실정이다.

문자의 근원으로 볼 때, 라틴어 〈culture〉에는 여러 가지 함의를 가지고 있다. 즉 (1)농사를 짓다 (2)거주하다 (3)연습하다 (4)조심하다 혹은 주의하다 (5)귀신을 공경하다 등이다. 독어・영어・프랑스어의 〈문화〉란 말은 모두 라틴어 〈culture〉로부터 온 것이다.

문화학의 기초자 타일러E.B.Tylor는 선후로 〈문화〉에 대해 두 가지 정의를 내렸다.

(1) 문화는 하나의 복잡한 총체總體로서 지식・예술・종교・신화・법률・풍속 및 기타 사회현상들을 포괄한다.[1]

(2) 문화는 하나의 복잡한 총체로서 지식・신앙・예술・도덕・법률・풍속 및 인류가 사회에서 얻은 모든 능력과 습관을 포괄한다.[2]

미국의 저명한 인류학자이며 미국 인류학협회장을 역임했던 클러크혼 Clyde Kluckhohn 교수는 문화가 가리키는 것이『어떤 인간 집단의 독특한 생활방식이며, 그들의 전생존양식』임을 주장하였으며, 여기에 근거하여 그는 〈문화〉에 대해 다음과 같이 정의하고 있다.

『문화는 역사상에서 창조된 생존양식의 체계이며 나타난 양식과 감추어진 양식을 포함한다. 그것은 전집단에게 공동으로 향유되는 경향을 갖추고 있으며 때로 일정한 시기에 집단의 특정 부류에게 공동으로 향유된다.』[3]

《소련대백과전서蘇聯大百科全書》(1973)에서는 문화개념을 광의와 협의로 구분짓고 있다. 광의의 문화는『사회와 인간의 역사상의 일정한 발전수준이며, 그것은 인간이 영위한 생활과 활동의 여러 유형과 형식 및 인간이 창조한 물질적·정신적 재부財富이다.』협의의 문화는『단지 인간의 정신생활 영역만을 가리킨다.』

또 다른 소련학자는 다음과 같이 주장하였다.『문화는 역사적인 제약을 받는 인간의 기능·지식·사상과 감정의 총화이며 동시에 그것은 생산기술과 생활에 봉사하는 기술에 있어서, 또 인민의 교육수준 및 사회생활을 규정하고 조직하는 사회제도에 있어서, 그리고 과학기술의 성과와 문학 예술작품 중에서 고정화되고 물질화된다.』[4]

《대영백과전서大英百科全書》(1973-1974)에는 문화의 개념을 둘로 나누는 것에 찬동하고 있다. 하나는 〈일반적〉인 정의로서, 즉 문화는 〈총체적인 인류사회의 유산〉과 동등하다는 것이다. 다른 하나는 〈다원적多元的이고 상대적인〉 문화개념인데, 즉『문화는 역사적 생활구조에 연원을 둔 체계이며, 이런 종류의 체계는 흔히 집단의 성원에 의해서 공유된다.』그것은 이 집단의『언어·전통·습관과 제도를 포괄하고, 격려하는 작용이 있는 사상·신앙과 가치 및 그들의 물질 도구와 제조물 속에서의 체현된 것을 포괄한다.』

중국학자 임계유任繼愈는 문화에 광의와 협의의 구분이 있다고 주장하였다. 즉 광의의 문화는 문예창작·철학저작·종교신앙·풍속습관·음식기복飮食器服의 사용 등등을 포괄하며, 협의의 문화는 전적으로 일개 민족의 특징을 대표할 수 있는 정신적 성과를 가리킨다고 보았다.[5]

양수명梁漱溟은『문화는 바로 우리 인간생활이 의거하는 모든 것이다──문화의 본래 의미로 보면 정치경제 및 일체의 포함하지 않는 것이 없어야 한다』라고 하였다.[6]

방박龐樸은 문화를 물질적物質的──제도적制度的──심리적心理的 등 3개의 충차層次로 나누었는데, 그 중『문화의 물질층면은 가장 표층적이고, 심미적인 취미·가치관념·도덕규범·종교신앙·사유방식 등은 가장 심층深層에 속하며, 둘 사이에 속한 것은 여러 가지 제도 및 이론체계이다』라고 하였다.[7]

  대만의 저명한 학자 전목錢穆은『문화는 바로 인류생활의 전체이며, 인류생활의 전체를 모아놓은 것이 바로 〈문화〉이다』[8]라고 하였다. 또한 그는 《중국문화정신中國文化精神》에서『문화는 바로 장기간에 걸친 대집단의 공동인생이다』라고 주장하였다.[9]

  대다수의 학자는 〈문화〉에 대해 가장 광의적으로 이해하여, 인류가 창조한 물질문명과 정신문명의 총화라고 생각하며, 〈문화〉를 모든 것을 포함하는 개념으로 파악하므로써, 그것의 구체적인 사물로서의 특수성을 상실하게 하고 그것의 특질을 모호하게 만들어 버렸다. 한편 문예를 위주로 하는 문화만을 가리키므로써 가장 협의적으로 문화를 이해한다면 그것이 본래 갖추고 있는 일반성을 상실하는 것이다. 그들은 문화의 발전과정으로부터 볼 때, 그것이 모든 문자에 보이는 것과 모든 사회현상에 보이는 여러 가지 사물, 예를들면 습속·심리·종교·예술 등의 전통에 속하는 것은 총괄적으로 말해서 모두 인류가 행한 정신활동의 산물이라고 주장하였다. 이러한 견해를 지지하는 사람은 모두 관념형태의 문화 정의에 치우쳐 있다.[10]

  이상에서 알 수 있듯이, 동서고금을 통하여 〈문화〉개념의 함의에 관해서는 중설이 분분하여 어느것이 옳고 그르다고 단정할 수가 없다. 〈문화〉를 물질문명과 정신문명의 총화로 보는 관점, 〈문화〉를 인생으로 보는 관점 및 〈문화〉를 〈모든 것을 포함하는 것〉으로 보는 관점 등은 모두 지나치게 광범하여, 그 함의를 확정하기가 어려우며, 〈문화〉의 개념 및 문화학의 내재적인 특질을 파악하기가 곤란하다. 〈문화〉를 문예文藝 혹은 문물文物로 이해하는 관점은 지나치게 협소하여 사람들로 하여금 내재적인 정신과 광활한 시야로부터 그 내용과 특징을 파악하기 어렵게 한다. 이 때문에 나는 관념적 형태의 각도로부터 〈문화〉를 정의한 관점을 받아들이는 쪽이다. 필자는 이러한 인식으로부터 출발하여『문화는 일정한 민족 특징을 대표하는 것으로서, 이론 사유수준의 정신풍모·심리상태·사유방식과 가치지향 등의 정신적 성과를 반영한 총화』라고 생각한다.

  2 전통문화의 특정한 내포內包

  〈중국 전통문화中國傳統文化〉(중국인들은 습관상 〈전통문화傳統文化〉로 약칭함)의 내포에 관하여 학술계는 여러 가지 다른 견해가 있다. 하나는 〈전통문화〉란 과거의 매우 긴 역사의 과정중에서 형성 발전된 것으로, 주진시기周秦時期에서 청대 중엽에 이르는 3천여 년의 역사 속에서 형성 및 발전된 문화를 가리키는 것으로 본다. 다른 한쪽에서는 〈전통문화〉란 과거로부터 줄곧 현재에 이르기까지 발전한 것을 가리키며 전통문화는 현재문화의 반영이라고 본다. 또 한쪽에서는 〈전통문화〉란 자기 민족의 토양 속에 뿌리내린 안정된 것을 가리키는데, 그 속에는 과거와 현재가 융합하는 과정인 동태動態적인 요소가 포함되어 있어 각 시대의 새로운 사상, 새로운 피가 스며들어 있다고 보았다. 일부의 학자들은 〈전통문화〉란 여러 가지 양식화된 이론형태 방면에서 나타날 뿐 아니라 사람들의 풍속습관·생활방식·심리적 특징·심미정취審美情趣·가치관념 등의 비이론적 형태 방면에서 광범하게 나타난다고 보았다. 일부의 학자들은 이 견해에 대해 진일보한 분석을 하고 있다. 즉 문화형태는 언어와 문자·물질생산과 물질생활·정신생산과 정신생활·각종 층차의 사회조직과 사회관계 등 이러한 자계통子系統으로 구성된 대계통大係統이다. 그것은 역사발전의 종합적 성과이며, 사회의 정체성整體性의 산물이다. 그것이 일단 형성되면 반드시 사회의 각 구성원을 도야시켜서 그들의 사상·관념·심리와 생활실천으로 하여금 그것의 요구와 준칙에 자연스럽게 부합하도록 해야 하는데, 이 때문에 그것은 보편성·정체성의 품격을 가지고 있다. 동시에 문화형태는 직관성直觀性·풍부성豊富性·다양성多樣性·구체성具體性 품격을 가지고 있다는 것이다.

어떤 학자는 전통문화를 물질문화·제도문화·사회잠문화社會潛文化 및 경전문화經典文化로 나눌 수 있으며, 그 가운데 물질문화와 제도문화는 비교적 변화하기 쉽지만 그밖의 두 층면의 문화는 흔히 역사의 관성慣性에 의거해 자신의 안정을 유지한다고 주장하였다.

어떤 학자는 중국의 전통문화는 당연히 봉건시대의 문화를 포괄하지만, 단지 봉건문화뿐 아니라 근래 백 년 이래로 중국의 전통문화는 매우 크게 변화하여 그것이 근대문화 〈5·4운동〉 이후의 신문화 등을 포함하도록 하였다고 주장하였다.

어떤 학자는 중국 전통문화는 근원상으로 보면, 하나의 원류에서 여러 갈래로 갈라진 것이 아니고 여러 갈래가 하나로 귀결된 것으로 각종 문화의 대융합이며, 철학의 입장에서 말하면 각종 사상의 상호영향 및 침투라고 생각했다.[11]

위에 서술한 관점을 종합해 보면, 전통문화의 내포에 대한 이해는 각양각색이고 여러 학설이 공존하고 있음을 알 수 있다. 나의 생각으로는 이것은 주로 연구자의 문화 내포에 대한 이해가 다르고 〈전통〉에 대한 이해가 다르며, 연구의 각도와 방법이 다르고, 특히 각자의 가치체계가 다르기 때문에 조성된 것이라고 여겨진다. 비록 이러하지만 상술한 여러 관점의 제출은 결국 여러 방면으로부터 중국 전통문화의 내포에 대하여 유익한 연구토론이 되게 하여 모두 풍부한 계발성을 가지고 있다. 〈예禮〉 혹은 〈예치禮治〉·인문주의정신·〈실용이성實用理性〉·인본주의 등등을 중국 전통문화의 개괄 혹은 정의라고 보는 학설은 중국 전통문화의 내용, 기본정신 혹은 특징을 정의로 잘못 인식한 것으로 정확한 것이 못된다.

나는 문화를 물질적—제도적—심리적, 혹은 물질적—정신적—과학적으로 나누는 이러한 구조획분법構造劃分法에 찬성한다. 동시에 앞에서 말한 대로 나는 관념형태의 각도로부터 내린 문화의 정의에 찬성한다. 또한 최근에 진행된 전통문화에 대한 연구는 중국 고대의 학술사상에 중점을 두고 있으며, 이론형태를 띤 문화에 연구의 중점을 두고 있다. (이것은 학술잡지에 발표된 문장의 내용 및 문장의 작자가 대부분 중국철학사·사상사 방면의 연구자라는 데에서 잘 알 수 있다.) 그래서 나는 소위 중국 전통문화란 중국 고대사상가가 정련해낸 이론화 및 비이론화된 것, 이것이 전체 사회에 영향을 준 것, 안정된 구조를 갖춘 공동정신·심리상태·사유방식과 가치지향 등의 정신적 성과의 총화라고 생각한다.

나는 이러한 이해에 근거하여 중국 고대사상문화에 대하여 사실적인 개괄 및 이론적인 분석을 하며, 가치에 대한 평가판단을 할 것이다.

제 2 절 중국문화의 변천과 시대구분

위에서 서술한 문화와 전통문화 개념에 대한 이해에 따라, 중국문화의 변천과 시대구분에 대하여 개략적인 기술을 할 수 있을 것이다.

1 중국문화의 잉육기孕育期

은주殷周시기는 중국문화의 잉육기로 농후한 종교적인 색채를 갖추고 있다. 이 시기에는 먼저 천명신권을 신봉한 종교 세계관이 절대적 지위를 점유하였으며, 그후 〈덕으로써 천명에 짝하다 以德配天命〉〈경덕보민敬德保民〉 사상이 출현하였으며 계속해서 원천우인怨天尤人 사조가 흥기하였다.

일반적으로 중국문화의 형성은 역사시기 이전, 즉 전설상의 문명시기로부터 시작되었다고 알려져 왔다. 이러한 견해는 물론 나름대로의 이유가 있다. 그러나 이 견해는 문화와 문명을 혼동하고 있으며, 따라서 엄밀성이 부족하다는 결점을 가지고 있다. 게다가 이 관점에서 사용된 문화의 개념은 광의적이며 우리가 앞에서 인식한 관념형태의 문화가 아니다. 여기에 기초하여 나는 중국문화의 잉육기는 은주시기로부터 시작한다고 보는데, 즉 관념형태의 의미를 갖고 있는 천명신권사상 및 중국문화의 핵심이 되는 철학사상의 표지인 음양오행陰陽五行의 발생을 중국문화 발전의 제1기로 본다.

은대는 천신지상天神至上의 시대이다. 그 시기에는 사람들이 생산과 자연과학의 수준에 의해 발전이 제한되었고, 또한 자연과 사회로부터 깊은 이중 압박을 받았으며 종교와 미신관념이 지배적인 지위를 차지하였다. 이미 발굴 정리된 은허복사殷墟卜辭를 보면, 은대 사람들의 의식구조는 종교와 미신관념으로 꽉차 있음을 알 수 있다.

은대 사람들은 사람이 죽은 뒤에도 영혼은 여전히 존재하며 아울러 계속해서 인간사에 관심을 갖고 영향을 미친다고 생각하였다. 이 때문에 생산·정벌 등의 큰일에 봉착하면 그들은 점복占卜으로 조상 및 상제上帝와 귀신에게 지시를 구한 후에 행동으로 옮겼다. 예를들면, 복사에는『乙保黍年』『大不賓於帝』라는 기록이 있다.[12] 을乙은 은나라 선왕先王의 이름이고, 대大는 은나라 선조의 이름이다. 이 두 기록은 선왕은 양식의 풍성한 수확을 돕고, 선조 대갑大甲은 제帝에 배配하지 않음을 설명하고 있다. 이것은 인간사와 영혼 및 상제를 서로 관련지은 것이다. 또한『今二月帝不令雨』『帝令雨足年? 帝令雨弗其足年?』『帝其降堇?』『伐吾方, 帝受我又?』『勿伐吾, 帝不我其受又』『王封邑, 帝若』등의 기록이 있다.[13] 즉 2월에 비가 내리지 않는 것은 제의 명령이다. 일년 중 내리는 비가 충분한가 그렇지 못한가는 제의 명령에 달려있다. 기황飢荒의 출현 여부는 제의 명령이다. 공방을 정벌하느냐의 여부는 제의 뜻에 달려있다. 은왕이 신하에게 봉읍을 내리는 일조차도 제의 동의를 얻어야 함을 알 수 있다. 제帝는 초인간적인 역량으로 인간사를 주재한다. 《상서尙書·반경상盤庚上》에서 반경은 집정자에게 다음의 내용을 이야기하고 있다. 선왕의 제도에 따라 반드시 공경스럽게 하늘의 명령에 순종해야 하는데 이 때문에 그들은 영원히 한 지역에 거주할 수 없다. 영원히 한 지역에 거주할 수 없기 때문에 건국 이후로부터 현재까지 이미 다섯 차례의 이동이 있었다. 만일 현재 선왕의 유지遺志를 계승하지 않고 상천上天의 뜻을 이해하지 못한다면 어떻게 선왕의 사업을 계속할 수 있다는 말인가?—상천은 본래 우리들의 생명이 이 신읍新邑에서 이어지도록 하고, 우리들이 이곳에서 선왕의 위대한 사업을 계속 부흥시켜 사방을 안정시키도록 하였다. 즉 은대 사람들의 선왕에 대한 복종은 상천上天에 대한 복종을 원칙으로 삼고 있음을 잘 알 수 있다.

〈천명天命〉〈제帝〉의 범주 이외에 《상서·반경》에는 또한 〈덕德〉의 범주가 나타난다.

그러나 이 〈덕〉도 〈상제〉의 뜻을 행동준칙으로 삼고 있으며,『상제가 우리 조상의 덕을 회복시키고 우리의 국가를 안정시키려 한다 肆上帝將復我高祖之德, 亂越我家』라는 말은, 즉 현재 상제가 우리 고조인 성탕成湯의 대업을 회복시켜 우리의 국가를 잘 다스리려 한다는 것이다.

이로써 은대 사람들은 행동을 할 때, 선왕의 법령제도를 움직일 수 없는 원칙으로 삼으며, 선왕의 법령제도는 상천의 의지를 원칙으로 함을 알 수가 있다. 이 것은 일종의 조상숭배와 천신숭배를 가치지향으로 삼는 조잡한 왕권신수이론이며 종교신앙이라고 할 수 있다.

주대周代의 통치자는 은대의 천명신권사상을 계승 발전시켰다. 그러나 그들은 천명을 완전히 신뢰하지는 않았으며 〈덕〉의 범주를 끌어들여 왕조의 흥망과 인간사의 성쇠 등의 사회현상을 해석하였다.

주대의 통치자는 그들이 상제上帝의 명령을 받고 상왕조를 대체했다고 강조했다. 그들의 말에 의하면 자기들이 국가의 경영에 뛰어나기 때문에 상제께서 몹시 기뻐하여, 주周의 문왕文王에게 명을 내려 은을 멸망시키고 은이 상제가 부여한 대명大命을 받아들인 것을 대신해서 그들의 국가 및 신민臣民을 통치하도록 했다는 것이다.《尚書·康誥》또한『위대한 하늘의 상제가 그의 장자를 바꾸는 皇天上帝, 改厥元子』《尚書·召誥》근본 원인은『백성이 하고자 하는 바를 하늘이 반드시 따르고 民之所欲, 天必從之』《尚書·泰誓》『하늘은 우리 백성이 보는 것으로부터 보고, 하늘은 우리 백성이 듣는 것으로부터 듣기 天視自我民視, 天聽自我民聽』《尚書·泰誓》때문이다. 은의 통치자는『그들의 덕행을 신중하게 할 수 없어서 오래 전에 그들의 국운을 상실했다 惟不敬厥德, 乃早墜厥命』《尚書·召誥》는 왕조 멸망의 경험과 교훈에 대한 총결산을 통하여 주의 통치자는 〈민심民心〉이 〈천명天命〉보다 중요하며 더욱 파악이 곤란하다는 것을 알게 되었다.『천명에 일정함이 없는 것 天命靡常』《詩經·大雅·文王》은 바로『민심에 일정함이 없기 民心無常』때문이다. 또한 〈민심〉을 얻고자 하면 반드시 〈덕정德政〉을 시행해야 한다. 그래서 그들은 〈경덕敬德〉의 사상을 제출하고 〈덕〉을 사용하여 천명에 배配함으로써 그들의 통치기반을 공고히 하였다. 〈덕〉의 구체적인 내용을 살펴보자. 첫째는 경천敬天인데, 즉 〈하늘〉의 권위를 빌어 통치계급의 내부적 단결을 유지하고, 그들이 통치계급의 이익을 해치는 일을 하지 못하게 단속하는 동시에 인민 군중을 마비시키는 것이다. 둘째는 〈보민保民〉인데, 즉 자신들의 통치를 보호하기 위하여 통치책략을 중시하며 인민들이 자기들을 떠나지 못하게 하고 자기들을 반대하지 못하게 하는 것이다. 구체적으로 말해서, 바로『씨를 뿌리고 거두는 어려움을 알아야 知稼穡之艱難』하고『민중의 고통을 알아야 知小人之依(痛苦)』한다《尚書·無逸》, 즉 노동인민이 겪는 고통을 조금이나마 알아야 하며 〈소인小人〉에 대해서 조금이나마 은혜를 베풀어야 한다는 것이다. 종합적으로 말해서 〈경천〉과 〈보민〉은 불가분의 관계에 있으며, 양자가 결합되어 〈이덕배천 以德配天〉이 나타나게 되었다. 주대 사람들은 천인天人관계에 대해서 더이상 은대 사람들처럼 전적으로 하늘의 명령에 복종하지 않았으며 천신天神사상의 영향하에서 인간의 할 일을 다하고 하늘의 명을 기다렸는데, 이것은 주체의식의 초보적인 각성을 반영한 것이다. 주대 통치자의 〈덕〉에 관한 설교는 날 유가가 〈덕치德治〉를 주장하는 근거가 되었다.

물론 주대 사람들이 비록『위대한 하늘은 특별히 친애하는 사람이 없으며 오직 덕이 있는 사람만을 돕는다 皇天無親, 惟德是輔』《尚書·蔡仲之命》고 하고, 덕을 공경하고 신중히 벌줄 것을 주장하여 사람의 능동적인 작용에 주의를 기울이기 시작하였으며, 따라서 이전의 천명신학사상과 구별되기는 하지만 총체적으로 볼 때 그들의 사고 중심은 여전히 〈천명〉이었으며, 경덕보민敬德保民은 결국『하늘에다 유구한 국운을 간청하기 祈天永命』《尚書·召誥》위해, 즉 천명에게 간청하여 왕명을 영원히 보장받기 위함인데, 이것도 바로 천명신권사상의 실질적인 내용이며 핵심인 것이다. 그래서 주대 사람들의 세계관은 여전히 천명신권의 종교 세계관에 속한다고 말할 수 있다.

여기서 우리는 중국문화에 대해 심원한 영향을 준 음양陰陽·오행사상五行思想이 서주시기에 출현하였다는 것에 주의해야 한다.

원시적인 음양오행학설은 은주 무렵에 형성되었다.

서주 초기에 형성된 《역경易經》[14]은 복서卜筮에 관한 책이다. 그 책에서 말하는 팔괘八卦는 〈—〉과 〈— —〉의 두 개의 부호를 배열 및 조합해서 이루어진 것이다. 〈—〉과 〈— —〉의 원시적 의미가 곧 음과 양인지에 관하여 《역경》에서는 설명하는 바가 없으며, 게다가 《역경》에는 음과 양의 두 글자가 없다. 그러나 〈—〉과 〈— —〉이 여기에서 〈음〉과 〈양〉의 의미를 함축하고 있다고 하는 것은 매우 분명한 사실이다. 《역경》에서는 두 가지 서로 다른 성질원리를 대표하는 부호 〈—〉〈— —〉 및 그들 사이에서 배열 및 조합된 것을 사용하여 자연계와 인류 사회의 복잡한 현상에 대한 개괄을 시도하였는데, 이것은 이론사유의 방식을 이용하여 세계를 파악한 것이며 철학적 사유의 시작이다.

오행설은 《상서·홍범洪範》에서 최초로 나타난다. 《홍범》은 서주시기에 이루어진 작품이다.[15] 《홍범洪範》에는 다음과 같이 기록되어 있다.

오행은 첫째가 물이요, 둘째가 불이요, 셋째가 나무요, 넷째가 금속이요, 다섯째가 흙이다. 물은 아래를 향해 적시는 것이고, 불은 위를 향해 태우는 것이며, 나무는 굽힐 수도 있고 곧게 펼 수도 있는 것이며, 금속은 사람이 마음먹은 대로 형태를 변화시킬 수 있는 것이며, 흙은 오곡을 심고 파종하고 수확할 수 있는 것이다. 아래를 향해 적시는 것은 (맛이) 짜고, 위를 향해 태우는 것은 (맛이) 쓰고, 굽힐 수도 있고 곧게 펼 수도 있는 것은 (맛이) 시고, 형태를 사람이 마음먹은 대로 변화시킬 수 있는 것은 (맛이) 맵고, 파종하고 수확할 수 있는 것은 (맛이) 달다.

五行: 一曰水, 二曰火, 三曰木, 四曰金, 五曰土. 水曰潤下, 火曰炎上, 木曰曲直, 金曰從革, 土爰稼穡. 潤下作鹹, 炎上作苦, 曲直作酸, 從革作辛, 稼穡作甘.

여기에서 말하는 수·화·목·금·토가 각기 갖추고 있는 성상性狀과 기능은 생산의 실천과 일상생활로부터 개괄되어 나온 것이며, 수·화·목·금·토는 이미 단순하게 5가지 구체적인 물질이 아니고, 5개의 범주 내지 유개념類概念으로서 사람들이 자연현상을 인식하는 관건이 되었다. 이것이 바로 이론사유의 시작이다.

원시의 음양오행설은 서주 말년에 이르러 새로운 발전이 있게 되었다.

서주 말년에 백양보伯陽父는 음양설을 이용하여 지진을 해석하였다.

유왕 2년에, 서주(호경)의 경수涇水·위수渭水·낙수洛水 등 세 개의 하천이 모두 진동하였다. 주나라의 대부인 백양보가 말하기를 『주나라는 장차 망할 것이다! 대체로 천지의 기운은 그 순서가 뒤바뀌지 않는데, 만일 그 순서가 뒤바뀌면 백성들이 동요한다. 양기는 밑에 있어서 나올 수가 없고 음기는 줄어들어 양기를 올라가게 할 수 없어서 이에 지진이 발생하게 되는 것이다. 지금 세 개의 하천이 실로 진동하는 이유는 양기가 제자리를 잃고 음기에 의해 채워졌기 때문이다. ……산이 무너지고 하천이 마르는 것은 망할 징조이다. 하천이 마르면 산은 반드시 붕괴된다. 만일 나라가 망한 지 수의 법도인 10년을 넘지 않았다면, 대체로 하늘이 버린 기간이 그 법도를 넘지 않은 것이다』하였다.

幽王二年, 西周三川皆震. 伯陽父曰: 『周將亡矣! 夫天地之氣, 不失其序, 若過其序, 民亂之也. 陽伏而不能出, 陽迫而不能烝, 於是有地震. 今三川實震. 是陽失其所而鎮陰也.……山崩川竭, 亡之徵也. 川竭, 山必崩. 若國亡不過十年, 數之紀也. 夫天之所棄, 不過其紀』《國語·周語上》

여기에서 백양보는 〈음양〉을 〈천지의 기운〉으로 보고 이를 이용하여 자연현상(지진)과 사회현상(망국)을 해석하였으며, 아울러 자연현상과 사회현상을 연계시키므로써 이미 천인감응天人感應의 의미를 갖추었다. 이것은 뒷날의 중국사상문화에 대하여 커다란 영향을 주었다. 한대漢代의 동중서董中舒는 음양오행을 골격으로 하여 천인감응의 사상문화체계를 건립하였다.

서주 말년에 사백史伯은 오행설을 발전시켰다. 그는 정鄭나라의 환공桓公과 담화하면서 다음과 같이 말하였다.

대체로 음양이 조화되어 만물을 낳으며, 기가 동일하면 계속 이어지지 않는다. 그것으로써 그것을 고르게 하는 것을 화라고 한다. 그러므로 풍성하고 자라나서 만물이 생겨날 수 있는 것이다. 만일 같은 기로 같은 기를 보태어 더하면 모두 버리게 되어 이루어지는 것이 없게 될 것이다. 그러므로 선왕은 토와 금·목·수·화를 합해서 온갖 사물을 만들어냈다. ……소리가 하나이면 들을 수 없고, 색이 하나이면 무늬가 되지 못하며, 맛이 하나이면 맛좋은 과일을 맛볼 수 없고, 사물이 하나이면 비교해서 말할 수 없다. 왕은 이 조화를 버리고 오로지 같음만을 추구하니 하늘이 광명을 빼앗으려 하는데, 욕심을 저버리지 않으면 되겠는가?
夫和實生物, 同則不繼. 以他平他謂之和, 故能豊長而物歸之, 若以同裨同, 盡乃棄矣. 故先王以土與金木水火雜, 以成百物. ……聲一無聽, 物一無文, 味一無果, 物一不講. 王將棄是類也而與劃同, 天奪之明, 欲無弊, 得乎?《國語·鄭語》

여기에서 사백은 오행의 상호결합을 이용하여 사물의 형성과 소멸을 설명하고 아울러 오행을 이용하여 자연현상과 사회현상을 해석하였는데, 백양보와 동일한 사유 특징을 갖추고 있다. 즉 그는 자연철학과 역사철학을 나누지 않고, 구체적이고 직관적인 사물을 이용하여 자연현상과 사회현상을 개괄하고 해석하였다.

종합해 보면, 은주시기의 천명신권사상·경덕보민사상 및 음양오행사상은 비록 당시는 엄밀한 체계와 체계적인 논증은 결핍되어 있지만 모두 뒷날의 중국문화의 발전에 대해서 깊은 영향을 주었다.

2 중국문화의 추형기雛型期

춘추전국시기春秋戰國時期는 중국문화의 추형기로서 비교적 선명한 인문의식 人文意識을 나타내고 있다. 이 시기는 사회의 생산력이 발전함에 따라서, 또한 사회제도가 노예제奴隸制에서 봉건제封建制로 이행됨에 따라서 사상문화의 영역에서 제자봉기諸子蜂起·백가쟁명百家爭鳴하는 흥성한 국면이 나타났다. 각 학파는 상호 비판하고 상호 흡수·침투 및 융합을 거듭하면서 중국문화의 기본적인 형태를 형성하였다.

학술계에서는 일반적으로 유가와 도가의 두 사상이 중국문화의 양대 줄기를 구성하였다고 보고 있는데 이것은 물론 정확한 것이다. 그러나 우리가 중국의 전통심리에 대한 연구의 각도에서 문제를 보고 중국민족의 정신적 소질과 가치관념을 분석할 때는 문제가 이렇게 간단하지 않으며, 〈진취〉와 〈퇴보〉 혹은 〈양강陽剛〉과 〈음유陰柔〉로써 유가와 도가의 사상 내용과 그 특징 및 중국문화의 기본정신을 개관할 수 있는 것이 아니다. 실제적으로 선진先秦의 유가儒家·묵가墨家·도가道家·법가法家의 네 학파는 제각기 다른 이상인격과 가치지향을 갖고 있으며, 논쟁하는 가운데 상호 흡수·침투·융합하여 종국에는 중국의 민족정신으로 응집되고 중국문화의 심층구조로 전환되었다.

선진철학에서 유가는 친친유술親親有術의 원칙에서 출발하여 혈연관계의 기초 위에서 친소원근親疏遠近을 구별하고, 이로부터 자기의 이론을 전개하였다. 공자孔子사상의 핵심은 인仁이며, 인仁으로써 예禮를 해석하는데 인과 예가 결합되어 인·예일치의 체계를 형성하였다. 정치작용의 측면에서 보면 인仁은 예의 정신적 지주이고 인과 예가 일체이며, 주체적 수양의 측면에서 보면 공恭·관寬·신信·민敏·혜惠는 인을 실현하는 구체적인 요구이며, 혈연관계의 측면에서 보면 효孝와 제悌는 인을 하는 근본이며, 인아관계人我關係에서 보면 충忠과 서恕는 인을 실천하는 방법이다. 이들은 모두 선명한 정치와 윤리색채로 응결되어 있다. 공자 이후 맹자孟子는 한 걸음 나아가 인仁의 학설을 발전시키고 완성시켰으며, 아울러 그것을 인정설仁政說과 성선설性善說로 구체화시켰는데, 이것은 마찬가지로 윤리 본위의 인본주의사상을 반영하였다. 즉 맹자의 진심盡心·지성知性·지천知天이라는 인식과정도 사람의 호연지기浩然之氣를 토대로 삼고 주체 능력을 전제로 한 것이다. 이 모든 것은 유가가 중시하는 것이 현실적인 사회 인생문제이며, 추구하는 것은 천도天道가 아니고 인도人道임을 표명해 주고 있다. 공자의 제자 자공子貢은 『선생님의 문헌 방면에 관한 학문은 우리가 들을 수 있었지만 선생님의 천성과 천도에 관한 말씀은 우리가 들을 수 없었다

夫子之文章, 可得而聞也. 夫子之言性與天道, 不可得而聞也』《論語·公冶長》라고 술회하였는데, 이것이 바로 그 증명이 된다.

유가와 마찬가지로 법가도 인도를 중시하고 천도를 중시하지 않았다. 한비韓非로 대표되는 법가法家는 일체의 현실적인 공리功利에 착안하였다. 그들이 강조한 것은 〈기력을 다투는 爭于氣力〉일이며, 법法·술術·세勢가 서로 결합된 정치사상과 통치권술統治權術 및 사람들 사이의 조화될 수 없는 이해관계이다. 설사 법가가 정치주장 등 일련의 문제에 있어서 유가와 첨예하게 대립하였지만, 인도를 중시하고 천도를 경시하였으며 사회 인생문제 방면에 주의를 기울였으니 서로 상반되면서도 상통하는 면이 있다고 할 수 있다. 인도를 중시하는 것은 유가와 법가의 공통된 추구이자 이론 특징의 하나가 되었다.

유가 및 법가와는 상반되게 도가道家는 인도를 중시하지 않고 천도를 중시하였다. 자연에 대한 관찰, 천도에 대한 탐구로 말미암아 인간사를 이끌고 돌려서 인간사를 천도의 아래에 두었다. 『사람은 땅을 법칙으로 삼고, 땅은 하늘을 법칙으로 삼으며, 하늘은 도를 법칙으로 삼고, 도는 그 스스로의 모양을 법칙으로 삼는다 人法地, 地法天, 天法道, 道法自然』(《老子》二十五章)는 바로 도가에서 지향하는 천天·지地·인人의 순서상태이며, 궁극적으로는 심오한 천도와 강대한 천망天網 가운데에서 해탈을 추구한다. 장자莊子는 정신의 완미完美만을 추구하여 일체의 시비是非와 물아物我를 초탈하여 소요지유逍遙之游를 하므로써 『천지와 내가 병존하고, 만물과 내가 합해져 하나로 되는 天地與我并生, 而萬物與我爲一』《莊子·齊物論》경계에 도달하고자 하였으며, 주체와 객체를 한데 섞은 것 또한 정신상의 자아제승自我提升을 통하여 천도와 동일하도록 하기 위함이었다. 천도가 어째서 이와같은가 하는 문제는 고려의 대상 밖에 있었다.

묵가墨家의 정황은 도가와 다른 점이 있다. 묵가는 겸애兼愛·호리互利를 주장하고 다른 나라에 대한 침략, 다른 신체에 대한 공격을 반대하였으며 겸兼으로써 별別을 바꾸어 차별이 없는 인류애를 실행하고자 하였다. 그들은 힘을 숭상하고 천명을 비난하고 의義와 이利를 병행시켰으며, 정치 윤리관은 명확하게 공리적인 색채를 띠므로써 도가와 취향을 달리하였다. 그러나 묵자墨子는 천지天志·명귀明鬼를 크게 제창하였으며, 그의 상동사상尙同思想은 백성이 천자와 상동하고 천자는 궁극적으로 하늘과 상동할 것을 요구하였다. 이리하여 하늘은 사람의 운명을 장악하며, 농후한 종교색채를 갖춘 종교관은 힘으로써 천명을 대신하는 비명사상非命思想의 광휘를 뒤덮고 천도는 인도를 압도한다. 이 의미상으로 볼 때, 그것은 유가 및 법가와 판연히 다르며 도가와는 많은 부분에 있어서 일치하고 있다.

유가·법가·도가·묵가 등 4학파는 학설의 특징이 서로 달라 유가·법가는 인도를 중시하고 도가와 묵가는 천도를 중시하였지만, 그러나 현실적인 사회 인생문제는 오히려 공동으로 주목하는 과제임을 알 수 있다. 염황족류炎黃族類 문화 전체의 일부분으로써 4학파는 상호간의 논쟁 속에서 서로 흡수하고 침투하며, 상호 연결하는 일면을 발전시켰다. 이것은 주로 그것들이 동일한 민족의 문화이며, 또한 그 학설 속에 모두 현실적인 사회 인생문제에 주의를 기울이고 있으므로 말미암아 결정된 것이다. 유가는 부족함을 근심하기보다는 공평치 못함을 근심하였는데, 이것은 물론 그들의 사회조화를 유지하고자 하는 강렬한 군체의식을 반영하였지만 그것과 정족지세鼎足之勢를 이루고 있는 묵가가 겸애하는 마음, 교리交利의 길로부터 천하天下가 상동尙同하는 목표를 향해 걸어가는 과정 중에서 내놓은 외침은 오히려 두 학파가 평균平均을 추구하는 문제상 서로 동조하고 있음을 나타내주고 있다. 겸애를 주장하는 묵가는 한편으로 힘을 숭상하고 같음을 숭상하여 법가와 교류하면서, 한편으로는 의를 중시하고 인을 강조하여 유가와 서로 연계를 맺고 있다. 묵가의 호리실혜互利實惠는 진실로 겸애를 위한 것이고, 성악性惡을 제창하는 법가는 위아爲我를 주장하고 이해利害로써 권형權衡을 삼고 있으므로 반드시 한 그릇 속의 얼음과 숯의 관계인 셈은 아니다. 두 학파가 공리원칙을 중시하고, 자기의 역량으로 그들의 사회적 지위를 변화시키며, 사회를 개조하여 개체의 가치를 실현하는 귀결은 길은 다르지만 귀착점은 하나인 것이다. 도가는 사물에 얽매이고 세속에 얽매이는 것을 반대하였으며, 물질적인 이익을 천시하고 단지 정신의 완미만을 추구하였는데, 이것은 공교롭게도 유가의 중의경리重義輕利 정신과 서로 반대이면서도 일치하는 면이 있다. 이밖에 정치적 주장이 매우 분명한 유가와 법가 두 학파는 중앙집권적인 대일통大一統과 등급제等級制를 주장하는 문제에 있어서 공교롭게도 합치된다. 인생의 이상과 처세태도면에 있어서 유가·묵가·법가는 제각기 견해가 다르기는 하지만 한편으로 모두 적극적이고 진취적이며 행위의 실천…… 등을 주장하였다. 이러한 등등은 춘추전국시기 이래 사회경제의 발전과 국가의 통일 추세가 증강함에 따라 여러 사상이 나누어지면서 합해지는 시대적 특징을 반영한 것이다. 특히 동일한 민족문화가 되는 네 학파의 사상적 연결성, 호공성互控性과 전환성을 깊이 반영한 것이다. 바로 이러한 이유로 인해, 사상적 융합과정이 확대되고 진秦나라가 천하를 통일함에 따라 특히 한초漢初 통치자의 통치사상에 대한 어려운 선택을 거치고 동중서董仲舒에 의해 제자사상이 축출되어 사회에 대한 내재적

외재적 통제를 강화한 이후, 선진 4학파의 이상인격이 혼합되고 옛구조 속에 새
로운 바탕이 첨가되어 마침내 독특한 민족정신이 이루어졌다. 이러한 민족정신
의 주요 내용을 살펴보면 깊은 책임감, 자강불식自强不息, 타인에 대한 관심, 도
의道義의 중시, 전체 이익의 치중, 개체의 가치에 대한 강조 등인데 이것은 실제
적으로 한민족의 이상인격理想人格이다. 민족문화의 심층구조가 되는 이상인격
이 일단 형성되면 민족의 사회적 심리와 가치관념에 대해 심각한 영향을 끼치며,
따라서 그것으로 하여금 특정한 전통심리를 형성하게 한다.

　　요약하여 말하면 춘추전국시기는 사상문화가 사회변혁을 겪고, 제자백가가 쟁
명爭鳴하는 가운데 자기 학설에 대한 정련화 및 다른 학파의 학설에 대한 수용을
거쳐 중국문화의 추형雛型을 구성하였다.

3 중국문화의 정형기定型期

　　진한시기秦漢時期는 중국문화의 정형기이다. 이 시기의 문화는 제도화·형식
화 및 양식화의 특징을 띠고 있다.

　　진秦나라는 천하를 통일하여 봉건전제적 중앙집권국가를 건립하였다. 한漢나
라는 건국 후에 진나라의 가혹한 정치를 없애는 한편 진나라의 각종 제도를 계승
발전시켰다.

　　봉건토지소유제가 전국적으로 확립된 것은 진한시기이다. 진나라 통일 후 국
가의 권력을 운용하여 봉건토지소유제를 전국에 최후로 확립하였다. 진시황秦始
皇 31년(기원전 216년)에 진왕조 정부는 『일반 백성으로 하여금 스스로 밭을 소
유하게 하였는데 使黔首自實田』(《史記·秦始皇本紀》에서 《集解》에 있는 서광徐廣
의 말을 인용함), 이것은 자경농의 토지사유권을 인정하고 아울러 보호했음을 의
미하는 것이다. 이것은 봉건토지소유제의 전국적인 확립을 법권 방면에서 반영
한 것이다.

　　기원전 209년에 일어난 진나라 말기의 농민 봉기는 진왕조를 뒤엎었지만, 그
러나 봉건토지소유제를 개변시키지도 못했고 개변시킬 수도 없었다. 한나라 초
기 지주계급이 여러 방면에서 실행한 조치는 모두 직접적으로 봉건토지소유제를
유지하고 공고화하는 데 그 목적이 있었다. 예를들면 초한楚漢 전쟁이 막 종결된
후인 고제高帝 5년(기원전 202년) 5월에 발표된 조서詔書 중『예전의 관작과 전
답 주택을 회복시키고 復故爵田宅』《漢書·高帝紀》또『기아에 못 이겨 자신을 팔
아 남의 노비가 된 백성은 모두 면제하여 서인이 되게 한다 民以饑餓自賣爲人奴

婢者, 皆免爲庶人』는 등의 여러 가지 규정은 모두 지주계급과 자경농을 육성하고 노예제의 잔재에 타격을 가해 봉건토지사유제를 회복하고 확립하는 데 뜻이 있었다. 그후 문제文帝·경제景帝 시기에는 여러 차례에 걸쳐『전답의 조세를 경감시켜 주었는데 減田租』《漢書·惠帝紀》, 그 목적은 바로 봉건토지소유제를 보호하기 위한 것이다. 이러한 조치들이 실행된 결과, 지주토지소유제는 공고해지고 발전되었으며 자경농은 양극으로 분화하게 되었다.

양한兩漢의 전시기에 걸쳐 봉건토지소유제에는 기본적으로 국유國有와 사유私有의 두 가지 형식이 있다. 국유형식은 주로 둔전屯田과 공전公田이다. 몇몇 연구자들은 전 서한西漢시기를 통틀어 둔전은 오직 서북 변경과 서역西域에 한정되었는데, 그 주요 목적은 흉노에 대처하기 위해서라고 주장하고 있다. 이들 공전은 정부에서 장악하고 있는 임자 없는 토지이다. 공전은 언제나 정부에 의해서 신민臣民에게 하사되거나 혹은 빈민에게 대여된다. 정부에 의해 장악된 대량의 공전은 국유토지의 주요 부분이 된다.

진한시대의 봉건토지의 사유는 일반적으로 황실토지·지주토지와 자경농토지로 구성되어 있다. 황실토지는 소부少府에서 부세를 징수하고 있는 그 부분의 산림 및 천택川澤(내와 못) 토지이다. 그러나 이 부분의 토지가 사유토지 가운데 주요 성분을 차지하지는 못한다.

지주토지소유제는 봉건사유토지의 주요 성분인데, 그것은 자경농토지의 발전을 제약하고 아울러 나아가서 봉건경제구조 및 정치구조의 운행에 영향을 주었다. 지주토지소유제는 진나라의 군공수전軍功授田에서 비롯된다. 상앙商鞅(중국 진나라의 정치가)이 변법變法을 할 때, 적의 수급을 하나 얻은 자에게는 작위를 하사하는 이외에 1경頃의 전답과 9이랑의 택지를 하사한다고 규정하였다.(《商君書·境內》를 참조) 이 군공수전은 진나라의 통일을 전후해서 지주토지소유제가 발전하는 주요 경로가 되었다. 많은 역사자료에서 나타내주고 있듯이, 진말 한초에 이르러 토지매매는 지주가 토지를 겸병하고 지주토지소유제를 발전시키는 주요 경로가 되었다. 서한 고조 때의 상국相國인 소하蕭何도『많은 논밭을 사들였고 多賣田地』『천민에게 강제로 수천만에 이르는 민전과 택지를 사들였는데 賤強買民田宅數千萬』더구나 유방劉邦이 이 사실을 안 뒤에도 반대하거나 제지하지 않았다. 이밖에 《한서》 속의 계포季布, 육가陸價로부터 왕망王莽 등에 이르는 인물의 열전列傳과 《식화지食貨志》 및 《염철론鹽鐵論》 등은 모두 토지매매와 겸병이 기록된 자료이다. [16]

자경농 토지소유제 역시 봉건토지사유의 중요 부분이다. 이 토지소유제는 전국 초기에 생겨났으며,『한 남자가 다섯 식구를 부양하면, 1백 이랑의 전답을 경작한다 一夫挾五口, 治田百畝』《漢書·食貨志》는 것은 바로 이 소유제의 전형적인 형식이다. 봉건토지소유제가 발전됨에 따라, 한대에 이르러 자경농은 끊임없이 분화되기 시작했다. 분화된 주요 원인은 한대에『토지사유와 토지매매가 보편적으로 존재한 사실』[17] 때문이다. 조조晁錯는『현재 농부 다섯 식구의 집에 …… 이에 전답과 자손을 팔아서 빚을 갚는다……지금 법률에서는 상인을 천시하도록 규정하고 있지만 상인들은 이미 부귀를 누리고 있고, 농부들은 존중하도록 규정되어 있지만 그들은 이미 가난하고 천해졌다 今農夫五口之家…… 於是有賣田宅鬻子孫以償債矣……今法律賤商人, 商人已富貴矣, 尊農夫, 農夫已貧賤矣』《漢書·食貨志》 하였고, 동중서는『백성들이 매매를 할 수 있어 부자들은 전답의 밭 사잇길이 연이어져 있고 빈농들은 송곳 하나 세울 정도의 땅도 없다 民得買賣, 富者田連阡陌, 貧者無立錐之地』《漢書·食貨志》고 당시의 상황을 기술하고 있다. 이러한 토지겸병 및 양극분화의 현상은 봉건토지사유제의 필연적인 현상이나. 내 지주 토지소유제는 겸병을 통해 발전되었으며 자경농토지는 끊임없이 분화되고 파산함으로써 지주경제와 소농경제가 서로 영축盈縮하는 운동이 나타나기에 이르렀으며(본서 제2장 제1절 참조), 혹 당시 사람들이 말하는 봉건사회의 주기적인 진동은 봉건토지사유제가 발전하는 필연적인 규율이 되었다.

　진한시기에 확립된 봉건토지소유제는 이후 2천 년 동안 이어진 봉건사회의 기본 경제구조가 되었고, 아울러 봉건사회의 정치제도와 사상 문화제도의 기초가 되었다. 봉건토지소유제의 기초 위에서 진한의 통치자들은 중앙집권적 통일국가를 위해 봉사하는 관료정치제도·사상문화제도 및 윤리도덕규범을 건립하였다.

　진왕조는 전제주의 중앙집권국가이며, 고도의 권력 집중은 그 왕조의 기본 특징이 되었다. 이것은 우선 황제가 지고무상至高無上의 권력을 향유하는 것으로 나타난다. 국가의 모든 권력은 황제의 수중에 있었으며, 〈짐은 곧 국가 朕即國家〉이며 〈짐은 곧 천하 朕即天下〉였다. 황제의 조령詔令은 법정권한의 근거이며, 황제 자신은 국가 최고사법의 재결자이다. 권력이 고도로 집중된 결과 개인이 전단專斷을 하게 된다. 개인의 전단을 실행하고자 하면 반드시 한 사람의 손에 권력을 집중시켜야 한다. 이 때문에 진시황은 모든 일을 반드시 몸소 처리하였으며, 『천하의 일은 대소에 관계없이 모두 위에서 결정하였다. 天下之事無大小皆決於上』《史記·秦始皇本記》 이와 상응되는 것이 국가관념과 왕위계승 방면의 〈가천하家天下〉이다. 진시황은 제위를 〈2세〉〈3세〉 및『만세에 이르게 하여, 영원히 전해지도록 至於萬世, 傳之無窮』《史記·秦始皇本記》 하였고, 한 고조 유방은 『유씨가 아니면 왕이 될 수 없고……, 약정대로 되지 않으면 천하가 모두 그를 공격하리라 非劉氏不得王……, 不如約, 天下共擊之』《韓書·張陳王周傳》희 망하였으며, 한 무제 유철劉徹은 황위를 『영원히 전해서 끊임없이 시행하기 傳之亡窮, 而施之罔極』위해 『깊이 만사의 실마리를 생각하도록 永惟萬事之統』《漢書·董仲舒傳》요구하였다. 한대는 이러한 군주 세습의 〈가천하〉를 공고히 하기 위하여, 종법제도에 착안한 『계승자는 연장자가 아니라 적자를 세우며, 적자는 현명한 자가 아니라 연장자를 세운다 立子以嫡不以長, 立嫡以長不以賢』는 〈적장 자계승제嫡長子繼承制〉를 군주 세습의 원칙이 되게 하였다. 동시에 이 종법제는 지주 귀족, 황실이 재산과 권력을 분리하는 원칙이 되었다. 이러한 모든 것은 진 한시대로부터 확정되었으며, 이후의 전봉건사회에 일관되이 지속되었다.

진한시대에는 또한 봉건 관료정치제도가 확립되었다. 이 시기의 관료통치체계는 〈가천하〉를 원칙으로 하고 황제 개인의 전권專權 유지를 목적으로 하였으며, 군사·정치·감찰의 권한이 분리되어 상호견제하였다. 예를들면 진대에 확립된 〈삼공구경제三公九卿制〉에서 〈삼공三公〉(승상丞相·태위太尉·어사대부御史大夫)은 일인지하一人之下, 만인지상萬人之上의 관직이다. 그 중의 승상은 『천자를 보좌하고 천하의 온갖 정사 다스리는 것을 돕지만 掌丞天子, 助理萬機』《漢書·百官公卿表》그러나 병권兵權은 오히려 〈오병를 담당하고 있는 主五兵〉 태위의 수중에 있으며《文獻通考·職官》, 그 지위도 승상과 동일하였다. 어사대부는 감찰을 담당하였는데 그 지위는 비록 승상과 태위보다 조금 낮았지만 언제나 군주의 좌우에 있으면서 비서 업무를 책임지고 문건文件을 관할하였으며, 특히 황제의 귀와 눈의 역할을 하며 백관을 감찰하였다. 이것은 바로 제도적으로 삼자의 상호 견제를 보장한 것이며, 단지 황제 한 사람이 대권을 장악하여야 『군주가 중추를 잡고 있어 각 방면 신하들이 진심진력하는 聖人執要, 四方來效』《韓非子·揚權》효과를 거두었다. 지방의 각 군郡에도 일률적으로 〈수守·위尉·감監〉《史記·秦始皇本記》을 두었는데, 수守는 백성을 다스리고, 위尉는 병무를 담당하였으며, 감어사監御史는 백성 및 관리를 감독하는 책임을 맡았다. 이러한 조직원칙은 계속 현縣 이하의 하층조직에까지 일관되었다. 이러한 관료체계는 지주계급의 백성에 대한 통치에 유리하며 또한 제도적으로 황제의 개인 전단을 보장한 것이다. 이러한 이유 때문에 이것은 역대의 봉건 제왕에 의해 계승되었다. 이후의 2천 년 가운데 수隋·당唐 이후의 삼성육부제三省六部制나 내각제內閣制를 막론하고 그 기본원칙은 삼권분립에 의한 상호견제였다.[18] 이러한 관료체계의 제도화는 진한시기에 이루어진 것이다.

더욱 중요한 것은 중화민족사상과 문화의 진정한 통일 및 그에 상응하는 제도의 제정이 진한시기에 이루어졌다는 사실이다.

진나라는 통일 후『사용하는 문자를 같게 하고, 유행하는 품덕에 동일한 순서가 있게 하는 書同文, 行同倫』《禮記·中庸》정책을 실행하였다. 서동문書同文은 국가정권의 힘을 이용하여 사상교류의 도구, 문화의 체제인 문자사용의 일체화 방면으로부터 민족문화의 응집과 형성을 촉진하였다. 행동륜行同倫은 심리상태와 윤리규범 방면으로부터 통일된 민족문화의 형성을 촉진하였다.

진나라가 망하고 한나라가 일어난 이후 한대의 통치자는 수십 년 동안의 검증을 거쳐 무제 때의 동중서가 집대성함에 의해 민족의 심리소질에 적합한 사상 문화제도를 형성하였다.

동중서는 진한 교체시기에 사상통일을 요구하는 사회사조에 순응하였으며,[19] 한초에 군공軍功이 없어 제후가 될 수 없었던 제도적 한계 및 한나라의 건국이래로 있어왔던 군인징부와 문인학사간의 모순에 대처하여, 문관제도의 건립에 힘을 기울여『재능을 헤아려 벼슬을 주고 덕에 따라 직위를 정하도록 하였으며 量才而授官, 錄德而定位』《漢書·董仲舒傳》, 선진 유가의 사문전학私門傳學과 법가의『학문을 관부에 있게 하고, 관리를 스승으로 삼는다 學在官府, 以吏爲師』는 전통을 바꾸고 대규모의 인재를 양성하기 위한 길을 열어놓았으며, 관료체계를 수립하고 건전하게 하기 위하여 제도와 인재의 양방면에 심혈을 기울였다.

이밖에도 동중서는 사회 윤리규범의 확립으로부터 착수하여〈삼강오상三綱五常〉을 제출하였다. 그는 사상을 통일시킨다는 각도에서『백가를 물리치고, 홀로 유가의 학술만을 존숭한다 罷黜百家, 獨尊儒術』고 건의하여 한무제漢武帝의 인가를 받았으며, 따라서 문화정책상 후대의 유가 중심의 문화 모식模式을 위해 남본藍本을 제공하였다. 그의 음양오행을 골격으로 하고, 천인감응을 핵심으로 하는 신학목적론 사상체계는 직관直觀과 외추外推를 기본방법으로 하는 경험론적 사유모식으로서 후대의 경험론으로 특징지어지는 전통사유를 위해 기초를 세워 놓았다.(본서 제3장 제2절 참조)

요약하자면, 진한시기에 형성된 경제제도·관료정치제도·가정제도·문교제도 및 윤리규범은 이후에 중국문화의 기초가 되었다. 진한의 제도와 사상문화의 풍모는 후세에 준수되는 표준이 되었으므로 진한시기는 중국문화의 정형기定型期가 되었다.

4 중국문화의 강화기强化期

송명시기는 중국문화의 강화기이다. 이 시기의 문화는 이전의 철리성哲理性과 사변성思辨性 및 봉건 정치제도를 위해 봉사하는 자각성 등과는 다른 특징을 갖고 있다.

이 시기는 사상의 영역에 있어서 전체의 후기 봉건사회 발전에 영향을 준 송명이학宋明理學이 출현하였다.

송명이학은 일종의 사회사조이며, 그것의 흥기는 정치·경제상황과 일정하게 서로 연계되어 있다. 비록 송명시기가 이미 중국 봉건사회의 후기에 속하기는 하지만 북송으로부터 명 중엽에 이르기까지 생산력에는 여전히 상당한 정도의 발전이 있었다. 이때 봉건경제는 고도로 성숙되었고, 지주토지사유제와 봉건적인 상공업은 모두 보다 발전하였다. 상품화폐관계의 발전은 농민의 지주에 대한 의무관계를 약화시켰고 사람들의 전통적 천명 윤상倫常에 관한 관념을 변화시켰다. 토지 겸병의 확장은 농민과 지주 사이의 모순을 격화시켰다. 사상정치 영역에 있어서 봉건 전제주의도 한층더 강화되었으며, 봉건적인 정치통치와 사상통치는 모두 나날이 완비되었는데 이에 따라서 봉건사회의 역사적 타성이 나날이 더욱 드러나게 되어 전사회에 걸쳐 상대적 정체성이 나타났다.

송명이학은 유교·불교·도교 등 삼교가 합류해서 만들어낸 산물이며, 궁리진성窮理盡性을 주요 내용으로 하고 있다.

이학의 창시자는 주돈이周敦頤이다. 그는 《노자老子》의 〈무극無極〉,《역전易傳》의 〈태극太極〉,《중용中庸》의 〈성誠〉 및 음양오행학설 등의 사상자료를 융합 및 개조하여 우주만물의 생성변화 및 봉건 인륜도덕의 표준 등에 대한 설명을 하였다.

주희朱熹는 주돈이의 학설에 대하여 새로운 해석을 하여 불교공무본체론佛教空無本體論의 이론적 국한성을 극복하고, 동중서의 〈천天〉을 주제로 삼은 조박한 천명신학天命神學을 개조하여 〈이理〉를 근본으로 하는 천인합일의 우주관을 건립하여 전통 유학으로 하여금 철리화를 향해 걸어가게 하였다. 이 기초 위에서 그는 불교 화엄종華嚴宗에서 말하는 〈일다상섭一多相攝〉의 이론을 답습하여 〈이일분수理一分殊〉의 학설을 건립하고 발휘하였다. 화엄종은 〈일즉다一即多, 다즉일多即一〉의 논증을 통하여 사물의 차별과 모순을 부인하였는데 이에 따라 그 출세주의出世主義의 관점을 논증하였다. 주희는 〈이일분수理一分殊〉를 통하여『이는 단지 하나로써 도리는 동일한데 그 나누어짐은 다르다. 군신에게는 군신의 도리가 있고 부자에게는 부자의 도리가 있음 理只是這一個, 道理則同, 其分

不同. 君臣有君臣之理, 父子有父子之理』(《朱子語類》卷六)을 논증하고, 이에 따라 삼강오상三綱五常, 충효절의忠孝節義 등의 봉건정치 윤리도덕을 지고무상의 천리天理라고 말하고, 군君·신臣·부父·자子는 모두 자기의 본분에 의하여 천리에 따라 행해야 함을 요구하였다. 이러한 〈이일분수〉의 이론설교는 전통의 천명사상과 비교해 볼 때 대단히 정교하다. 이것은 전통유학의 이론가치와 사회효과를 매우 크게 제고시켰다.[20]

　종합해 보면, 송명시기 문화와 사상의 기본내용이 되는 이학은 후기 봉건사회의 관방官方 통치사상이며, 그것은 봉건사회의 역사 타성을 강화시켜 사상계는 사수死水로 변함으로써 생기를 잃어버렸다. 《사서집주四書集注》로 대표되는 이학가의 사상은 엄중하게 사람들의 사상을 구속하였고 봉건문화 전제주의의 실행과 봉건사회의 안정에 이익을 주었다. 동시에 그것은 경제의 발전을 가로막았으며, 외래의 과학지식과 사상관념의 흡수를 배척 및 방해하였고, 자본주의 생산관세의 맹아萌芽를 말살하고 억세하였으니, 삼강오륜을 칠리화哲理化하여 〈천리天理〉로 승화시키고 그것을 종법가족제도와 서로 결합하게 하였는데, 이에 따라 각 방면에 걸쳐 중국 전통문화가 강화되었다.

5 중국문화의 전형기轉型期

　청대로부터 〈5·4운동〉시기까지는 중국문화의 쇠퇴기이면서 그 전형기이다. 이 시기의 문화는 신구가 섞여 전형되어 〈죽은 것이 살아있는 것을 끌어당기려 하고 새것이 낡은 것을 돌파하려는〉 특징을 갖고 있다.

　명청明淸의 교체시기에는 〈천붕지해天崩地解〉(황종희黃宗羲의 말)하여 봉건제도가 이미 몰락해갔다. 봉건 토양에서 생겨나 뿌리를 내렸던 봉건문화는 이미 쇠퇴현상을 나타내었다. 계몽사상을 지닌 몇몇 사람은 봉건전제주의와 봉건적 몽매주의에 대해 비판을 진행하였다. 그들은 『천하를 한 사람의 사유로 해서는 안 된다 不以天下私一人』(王夫之)하고 〈천하의 법〉으로 봉건전제의 〈일가의 법〉을 대체할 것을 요구하였으며, 『천하의 대해가 되는 사람은 군주일 뿐이다 爲天下之大害者, 君而已矣』(黃宗羲)라고 소리 높여 주장하였다. 심지어는 『진나라 이래의 모든 제왕은 다 도적이다 自秦以來, 凡爲帝王者皆賊也』(唐甄)라고 분노하며 배척하였다. 그들은 전통의 〈숭본억말崇本抑末〉을 반대하고 〈공업과 상업이 모두 근본 工商皆本〉임을 주장하였으며, 과거제도를 공격하고 학교의 설립을 주장하였다. 또한 자연과학의 성과를 존중하고 흡수하여 송명이학의 〈공담심성空

談心性〉의 공허한 학풍을 비판하고, 경세치용經世致用을 중시하였으며 실제에 힘을 기울일 것을 제창하였으며, 실제와 실증 및 실천을 중시하고 새로운 학풍을 열었다.[21] 그래서 봉건문화의 몰락과 새로운 사상문화체계를 찾고 세워나가는 서막을 열었다.

그런데 사상계몽의 길은 매우 험난하였다. 청대 전기에도 상대적으로 안정된 사회질서의 덕택으로 이른바 〈강건성세康乾盛勢〉(강희제와 건륭제 시기의 안정된 사회를 말함)의 회복 국면이 나타났다. 문자옥文字獄 등의 사상전제하에서 계몽사상은 우회할 수밖에 없었다. 특히 청대 통치자의 자존방대적인 폐쇄된 심리상태는 수구守舊를 답습하여 새로운 사상과 새로운 과학기술을 배척하는 현상을 야기시켜, 결국에 가서는 제국주의의 총과 대포의 공격 아래 무릎을 꿇고 영토할양 및 전비戰費 배상을 실시하고 국권을 상실하는 치욕을 맛보았다.

〈5·4신문화운동〉의 흥기는 중화민족이 내외적으로 곤란한 환경 아래서, 전통사상문화에 대해 자아비판을 하고 구망救亡과 계몽을 병행한 민족자구운동이다. 일부의 의식있는 청년들은 과학과 민주의 기치를 높이 들고 구사상·구문화를 비판하고 신사상·신문화를 제창하였다. 초보적인 공산사상을 갖고 있는 일부의 사람들은 마르크스주의를 중국에 소개하고 새로운 사상, 새로운 방법을 시도하여 새로운 문화체계를 이루어 놓았다.

그런데 이 시기의 국수파·전반서화파 등은 자기의 주장을 극력 선전하고, 사상문화 영역에서 대대적인 파란을 일으키므로써 마르크스주의의 사상·문화체계의 수립을 방해하였다.

비록 청대 이래로 중국사회가 고대로부터 현대를 향해 진보해가는 과정은 매우 험난했지만, 객관적으로 사람들이 보아왔듯이 낡은 사상·문화체계는 이미 사회발전의 수요에 적응할 수 없으며 중국문화는 형태의 전환을 필요로 하였다.

유감스러운 것은 구사상의 속박에 의해 특히 1920년대 이래로 신중국의 성립에 이르기까지 중국사회를 멸망으로부터 구원하는 것이 가장 시급한 문제임에도 불구하고, 역사의 발전은 주로 전화戰火 속에서 진행되었으며 사상과 문화의 진보도 진정으로 의사일정대로 언급될 수 없었다. 건국 이후로 사람들이 모두 알고 있는 여러 시행착오로 말미암아 의식이 현대적이고 다채로우며 민족적 특색을 갖춘 사상·문화체계는 아직 진정으로 수립되지 못하였다. 최근에 전국적으로 문화열文化熱이 확산되면서 사람들이 사유방식·가치체계·심리상태 방면에서 여러 종류의 상실감·불만스러운 정서 및 혼란된 상태를 경험하였는데, 이것으로 그 증명이 된다.

중국문화의 새로운 형태의 수립은 개혁과 개방 속에서 성실한 탐구·이성적인 재조명 및 과학적 결단을 기다리고 있다.

제 3 절 중국문화를 학습하는 목적과 의의 및 방법

우리가 오늘날 중국문화를 학습하는 것은 과거의 유정幽情을 생각하기 위해서가 아니며 학술을 위한 학술도 아니며, 더욱이 유학을 부흥시키기 위해서도 아니다. 그것은 민족문화의 정신과 특질을 파악하여 그것의 사실대로의 평가와 과학적 선택, 더욱이 새로운 민족 사유방식, 가치체계와 심리소질에 대해서 현대적 의미를 갖춘 새로운 사상문화체계를 건립하고, 새로운 문화체계를 이용하여 우리의 정신경계를 충실하게 하여 세계문화의 숲 속에 자립하게 하기 위해서이다.

중국문화를 학습하면 중국의 민족적 자부심과 자존심을 증내시키는 데 도움을 준다. 중국문화는 동방문화를 집약적으로 표현하고 있고 독특한 가치체계와 사유방식을 가지고 있는 인류문명 발전사상에 있어 중대한 보물이다. 중국문화의 학습을 통하여 우리는 오랜 문화 속에서 역사상 훌륭했던 업적이 있었음을 알게 되고 현재에 이르기까지 그것이 여전히 존재가치가 있는 것임을 발견할 수 있으며, 중국문화가 서양의 문화보다 나은 점을 발견하여 스스로를 낮게 평가하거나 자민족에 대해 비하卑下하지 않게 된다.

중국문화를 학습하면, 좋은 것과 나쁜 것을 변별하고 봉건적인 조박糟粕함을 포기하는 데 도움을 준다. 봉건시대 문화를 주체로 삼고 있는 중국문화는 지금까지 이미 그 합리성을 상실한 것을 적지 않게 가지고 있는데, 그 속에 있는 몇 가지 내용을 예로들면 『낡은 것을 답습하다 因循守舊』『유상유서唯上唯書』등은 이미 우리가 전진하는 데 장애물이 되었음은 의심할 나위가 없으며, 따라서 반드시 학습을 통하여 이를 제거하여야 한다. 중국문화의 우수한 전통에 대해서는 예를들면, 역사에 대한 깊은 책임감·자강불식·타인에 대한 관심·정조의 중시 등은 반드시 계승하여 새로운 내용을 부여하고 발양해야 한다.

중국문화를 학습하면 문화에 대한 시야를 넓히는 데 도움을 주며, 〈탄납백천呑納百川〉하는 기개로써 또 개방하는 자세로써 현실 및 미래와 세계로 얼굴을 돌리고 다른 문화체계의 적극적인 내용과 우수한 전통을 흡수하여 고도로 발달한 사회주의 정신문명을 건설하는 데 도움을 준다. 중국문화에는 본래부터 포용정신이 있어서 외래문화와 잘 융합하며 자신을 승화시킬 수 있다. 우리는 이 전통을 발양하여 중국 민족문화와 다른 기타의 모든 문화를 학습하여, 남의 장점을 취하여 자신의 단점을 보완함으로써 사회주의의 신문화를 창조해야 한다.

중국문화를 학습하는 방법은 물론 변증법적 유물주의와 역사적 유물주의의 방법이다. 구체적으로 말하면, 역사와 논리를 서로 일치시키는 방법, 추상성으로부터 구체성에 이르는 방법·계급분석법·귀납과 연역·분석과 종합의 방법 등등이다. 이밖에 구조분석법·심리분석법·해석학적 방법·문화인류학적 방법·신로삼론新老三論의 방법 및 기타 자연과학적 방법을 모두 채용할 수 있다. 총괄적으로 말해서 중국문화에 대해 합리적으로 해석하여 사람들에게 받아들여지고 남을 가르치는 데 유익한 일체의 방법은 모두 유효한 방법이며, 마땅히 사용을 장려해야 한다.

제1장

중국 문명발전의 특수 경로

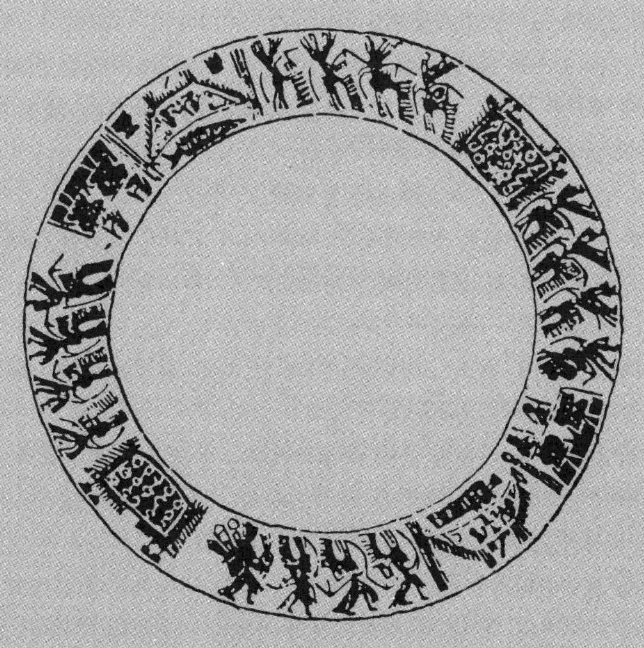

〈문화〉의 개념에 대해서 학설이 분분한 것처럼, 〈문명〉에 대한 인식에 있어서도 사람에 따라 커다란 차이가 존재한다. 대부분의 논저 중에서 〈문명〉과 〈문화〉는 동등개념으로 인식된다. 대다수 사람들은 양자간에 근본적인 구별은 있지만 그러나 아직 공통된 인식을 얻을 수 없다고 생각하고 있다.

내 생각에는 〈문명〉과 〈문화〉는 내포가 다르고 외연이 다른 두 가지 개념이다. 〈문명〉의 함의는 〈문화〉보다 더욱 광범하다. 한편으로 〈문명〉은 〈문화〉와 동등한 내포를 가지고 있는데, 즉 정신 혹은 의식형태를 가리킨다. 다른 한편으로 더욱 중요한 것은 〈문명〉의 내포는 〈문화〉와 다르며 〈문화〉의 외연보다 크다. 중국의 고적 중에서 〈문명〉은 『문채나고 환하게 빛나다 文章而光明』라는 뜻을 가지고 있다. 예를들면 《주역周易 · 건괘乾卦 · 문언文言》에는 『용이 밭에 있음을 보니, 천하의 사람들이 모두 그것의 문명을 볼 수 있다 見龍在田, 天下文明』라고 하였으며, 《주역정의周易正義》에서는 여기에 주석을 하여 『천하문명이라고 하는 것은 양기가 밭에 있어서 처음 만물을 생겨나게 하므로 천하에는 문채나고 환하게 빛나는 것이 있다 天下文明者, 陽氣在田, 始生萬物, 故天下有文章而光明也』라고 하였다. 여기에서 말한 〈문명〉은 『처음 만물을 생겨나게 함 始生萬物』과 서로 연계되어 있으며, 그것이 포괄하고 있는 범위는 결코 정신방면에만 한정된 것은 아니고 우선은 물질방면의 내용을 가리킨다. 고문헌 중에서 〈문명〉은 때때로 〈문물文物〉과 통용되어, 〈문장文章 · 기물器物〉의 뜻을 가지고 있는데, 예를들면 『문장을 사용하여 기재하고 소리와 빛으로 발휘시킨다. 文物以紀之, 聲明以發之』《左傳 · 桓公 二年》〈문명〉의 또 다른 함의는 인류사회의 진보상태를 가리키며 〈야만〉과 상대된다.

외국의 어떤 학자는 다음과 같이 주장하였다. 『문명은 사회생활과 문화적 사회조직 자체이며, 그 특징은 개인간 혹은 기층의 사회단위 사이에서 보편적 연계를 가지고서 사회 재부의 재생산에 편리하게 함으로써 사회조직의 생존과 앞으로의 발전을 보증한다. 문명은 의식적으로 공동체 내부활동의 상호교환에 대한 조절을 통하여 주위의 자연계와 사회환경의 상호작용과 함께 재부의 누적 · 재분배와 판매를 장악하는데, 재부는 바로 문명의 중요한 잠재력, 즉 사회가 미래를 향하여 자아발전하는 근원이다.』[1]

개괄적으로 말해서 〈문명〉은 인류가 창조한 물질과 정신 양방면의 성과를 포괄하며, 물질방면과 사회진보의 상태를 가리키는 데 치중한다.

중국문명의 기원에 관하여 중국학자들 사이에 매우 큰 시각 차이가 존재한다. 당란唐蘭은『중국은 6천여 년의 문명사를 가지고 있다』[2]는 의견을 제출하였으며, 이학근李學勤은『중국문명의 형성을 초기 상商으로부터 다시 하나의 비교적 긴 역사단계로 소급시킬 수 있다』[3]고 주장하였다. 이러한 의견에 따르면『문명시대의 시작은 역시 계급사회의 기원인 것이다.』이와는 다른 의견을 가진 학자들은『인류문명의 역사는 계급사회의 역사보다 더 오래되었다』든가,『인류는 유사 이래로 문명을 가지고 있다』또는『계급사회가 나타나기 이전에, ……이미 문명은 정도상의 차이는 있지만 발전을 해왔다. 중국의 고사전설시대古史傳說時代, 즉 수인씨燧人氏로부터, 복희씨伏羲氏·신농씨神農氏·황제黃帝 등은 모두 원고문화遠古文化의 일정한 단계를 대표하고 있다』[4]는 등등의 주장을 한다.

엥겔스는《가정, 사유재산 및 국가의 기원》에서〈문명〉시대를〈야만〉시대 뒤의 한 시대로 간주하고 아울러『문명시대의 기초는 한 계급의 다른 계급에 대한 착취이기 때문에 그것의 모든 발전은 언제나 모순 속에서 진행된 것이다』[5]라고 하였다.

나의〈문명〉에 대한 이해와 본서의 서론 제1절에서 기술한〈문화〉의 개념에 대한 해석 및 엥겔스의 논술에 근거하여, 나는 중국 문명시대의 시작을 계급의 탄생·국가의 출현과 동시기로 본다. 그러나 서술상의 편리와 독자의 이해를 돕기 위해서 이 장에서는 원시종교부터 이야기하도록 하겠다.

제 1 절 원시종교의 발생

원시종교原始宗教는 원시인류가 자연계의 심한 압박을 받아서 자연의 힘과 자연물을 신격화神格化한 결과이다.

인류가 씨족사회로 진입한 후, 생산경험이 확대되고 실천경험이 누적되어 점차적으로 수많은 자연현상과 인간의 경제생활과의 연계를 인식하게 되었고, 따라서 어떠한 자연현상에 대해서 희망을 갖게 되어 그것을 통제할 요구가 발생하였으나 실제적으로 통제할 방법이 없을 때, 주관적인 염원을 환상을 통해 표현해내고 자연현상을 신격화한다. 정령精靈·신神 등은 바로 원시인류가 각종 자연현상간의 연계 및 사람과 자연 사이의 관계를 고찰하면서 만들어낸 허환虛幻의 관념이다. 사람에게는 영혼이 있으며 영혼은 죽지 않는다고 믿는 것은 원시종교 발생의 사상적 기초이다.

원시종교는 인류문명사 이전의 종교형태이다. 그것의 주요형식으로는 자연숭배·동식물숭배·귀신숭배·조상숭배·토템숭배·영물숭배·우상숭배 등이 있다. 이들 원시종교형식은 크게 두 가지로 귀납시킬 수 있다. 하나는 자연력과 자연물에 대한 직접숭배인데, 즉 감각기관에 의해 느낄 수 있는 자연물과 자연력을 숭배대상으로 삼는 것으로 예를들면 호랑이·사자·산·강·우뢰·번개 등이다. 다른 하나는 정령과 귀혼鬼魂의 숭배인데, 즉 환상으로 인해 형성된 어떤 신비스런 자연 역량인 정령·귀혼 등에 대한 숭배로, 예를들면 산정山精·하신河神 및 중국인의 환상 속에 있는 용 등이다. 총괄적으로 말해서, 원시종교의 숭배대상은 자연물의 범위를 뛰어넘지 않으며 명확한 직관성과 신비성을 가지고 있다.

1 만물유령萬物有靈에서 다신숭배까지

세계의 각 민족은 자연숭배의 단계를 거쳤으며 중국도 예외는 아니다. 어떤 사람은 최초의 자연숭배가 산정동인山頂洞人시대로부터 이미 출현했을 가능성이 많다고 주장하였지만 직접적인 증명자료가 부족하다. 설사 산정동인이 죽은 사람의 몸 옆에 붉은 철광석 가루를 뿌려놓은 것으로 미루어 붉은색에 대한 숭배라고 분석할 수 있지만, 그러나 이것이 바로 자연숭배라고 주장하기에는 불충분하다. 더욱이 이 현상에 대하여 학자들 사이에 적지 않은 해석상의 차이가 있으니 더 무엇을 말하겠는가? 어떤 학자는 미美를 사랑하는 마음의 발로라고 주장하며, 또 어떤 학자는 영혼불멸관념의 물태화物態化라고 주장한다.

대략 앙소문화仰韶文化시대(기원전 5천 년-기원전 3천 년)에 만물유령萬物有靈의 관념과 이로부터 일어난 자연종교 제사활동이 성행하기 시작했다.

자연계의 변화에 신기한 역량의 근원을 해석하기 위하여 원시인들은 간단한 유비類比를 통해 자연물을 의인화하여 그것이 사람과 같이 정감의지를 가지고 있으며, 아울러 각각에 영혼이 존재한다고 설정한다. 이것이 바로 만물유령의 관념이다. 이러한 관념은 해·달·바람·비·우뢰·번개 등이 모두 초인간적인 힘을 가지고 있는 신령이고, 천지·산천·물과 불 등도 신령이 주재主宰하고 있으며『사람이 죽으면 귀신이 되고, 나무에는 영혼이 있으며, 돌멩이도 생각을 할 수 있고, 새와 짐승은 말을 할 수 있으며, 어떠한 사물에도 신령하지 않음이 없고, 어떠한 귀신도 영혼이 없을 수 없다 人死爲鬼, 樹木有靈, 頑石能思, 鳥獸會言, 無物不神, 無鬼不靈』고 보았다.

각종 자연현상이 여러 자연신에게 나뉘어 지배되기 때문에 원시인들은 복을 희구하고, 재앙을 면하고자 하면 자연신과의 관계를 좋게 하여야 되었는데, 이에 수많은 종류의 종교 제사활동이 생겨남으로써 신과 인간의 관계를 교류시켰다. 앙소문화시대의 제사는 인간생활 가운데 가장 큰 일이다. 고고학에서 발견한 이 시기의 문화유적에서 잘 보여주듯이 제사는 씨족생활을 하는 데 있어서 필수불가결한 일이다.[6)]

중국 고대에 〈국가〉를 대신하여 사용한 낱말인 〈사직社稷〉은 본래 토신土神과 곡신穀神을 가리키는데 그들은 인간 제사의 주된 대상이었다. 중국문자 중에서 제사를 표시하는 문자는 대부분 시示에서 나왔다. 《설문해자說文解字》에는 시示는 『상上에서 나왔으며, 세 개의 내려진 것은 해·달·별이다 從二(二古文〈上〉字) 三垂, 日月星也』『시示는 신의 일이다 示, 神事也』라고 하였는데, 여가에서 제사는 최초에 해·달·별 등의 자연물을 숭배하는 데에서 명명한 것임을 알 수 있다. 이러한 종교 제사활동은 역사가 유구하여 매우 멀리까지 영향을 끼쳤다. 이른바 『국가의 대사는 제사와 전쟁에 있다 國之大事, 在祀與戎』《左傳·成公 十三年》고 한 것이 명확한 증거이다. 《좌전左傳·소공원년昭公元年》에서 『산천의 신은 홍수와 가뭄, 전염병 따위의 재앙이 닥쳐올 때 제사하고, 일월성신의 신은 눈·서리·바람·비가 제때에 오지 않을 때 제사한다 山川之神, 則水, 旱, 厲疫之災, 於是乎榮之, 日月星辰之神, 則雪, 霜, 風, 雨之不時, 於是乎榮之』고 한 것은 자연숭배(아울러 다신숭배)의 광범성을 반영한 것이다. 이러한 만물유령을 기초로 하여 형성된 자연에 대한 다신숭배는 뒤의 긴 역사시대 속에서 줄곧 보존되었다. 사람들은 여러 자연신에 대해 전문적인 이름을 붙였는데, 즉 태양신을 희화羲和, 물의 신을 하백河伯, 바람신을 비렴飛廉, 불의 신을 축융祝融이라고 하였던 것이다.

2 동물숭배에서 토템숭배까지

중국 원고의 원시종교인 다신숭배 중에서 자연숭배를 제외하고는 동물숭배도 보편적 현상이었다.

자연력의 강대함과 자연숭배의 관념이 너무 깊게 뿌리박혀 있어서 사람들이 자연숭배의 관념을 이용하여 사회와 역사문제를 해석하였기 때문에 자연과 사회의 관계가 불투명하였다. 동시에 동물에 대하여는 의지하면서도 두려워하여 사람들로 하여금 동물을 신령물로 간주하여 받들도록 하였다. 엥겔스는 일찍이 포이에르바하Feuerbach, Ludwig Andreas의 말을 인용하여 『하나의 부락, 혹은 민족이 살고 있는 특정한 자연조건과 산물은 모두 그의 종교 속으로 옮겨졌다』든가 『사람은 자신의 발전 속에서 다른 실체의 지지를 얻는다. 하지만 이들 실체는 고급한 실체 또는 천사가 아니며 저급한 실체 또는 동물이다』[7]라고 하였다. 포이에르바하 자신은 《종교의 본질》속에서 『자연에 대한 의뢰감에다 자연을 하나의 임의적 작위로 삼고 인격이 있는 실체로 간주하는 그러한 생각을 추가하는 것은, 바로 이 자연종교의 기본행위를 숭배하는 기초이다』[8]라고 주장하였는데, 이것은 동물숭배의 발생원인에 대한 과학적인 설명이다.

중국의 고문헌 속에는 동물숭배에 관한 기록이 매우 풍부하다. 《산해경山海經》에서는 매우 많은 역사와 전설 속의 인물, 혹은 각 지역의 신령을 모두 기이한 동물 혹은 동물과 유관한 것으로 묘사하고 있다. 《남산경南山經》에 나오는 신령은 전부 새·용과 관계가 있고, 《서산경西山經》에 나오는 신령은 모두 말·소·양·호랑이·표범과 관계가 있으며, 《북산경北山經》에서 언급된 신은 모두 뱀·말·돼지와 관련되어 있어서 그 신은 『사람의 얼굴에 뱀의 몸』혹은 『말의 몸에 사람의 얼굴』혹은 『멧돼지의 몸』을 갖고 있다. 《동산경東山經》의 신령은 『사람의 몸에 용의 머리』혹은 『짐승의 몸에 사람의 얼굴』혹은 『사람의 몸에 양의 뿔』등의 형상을 하고 있다. 《중산경中山經》속의 신령은 『사람의 얼굴에 새의 몸』혹은 『그 모습은 사람과 같은데 호랑이의 꼬리』가 있거나, 혹은 『말의 몸에 용의 머리』혹은 『용의 몸에 사람의 얼굴』등으로 묘사되어 있다. 이밖에 책 속에는 수많은 기이한 새와 괴수를 출현시켜 물·나무·바람·전염병 및 사회혼란을 함께 연계시키고 있다. 《산해경》에서 이들 기록은 사람들의 공포심리와 신비감 아래에서 발생한 동물에 대한 이상적 기탁을 반영하고 있으며, 아울러 사람과 동물 사이의 밀접한 관계를 반영하고 있다.

만일 동물숭배가 사람들의 사고수준이 여전히 감성직관의 단계와 구체적 사물에 대한 인식단계를 반영하고 있다면 토템숭배는 바로 추상적 사유를 향해 매진하는 새로운 시도이다. 토템숭배의 동식물 대상은 이미 어떠한 구체적인 개체를 가리키는 것이 아니고, 그 물류物類 전체를 가리킨다. 이러한 관념상의 종합능력은 인류의 추상적 사유능력이 발전되었음을 반영하는 것이다. 동시에 토템숭배의 대상은 일반적으로 그 민족 혹은 씨족과 특정한 연계가 있어서, 그들의 조상이거나 수호신이며 선명한 개성과 특징을 지니고 있다. 그래서 토템숭배의 대상은 유개념類概念을 갖춘 종합성을 반영하고 있고 동시에 어떤 구체적인 씨족이 자신을 다른 씨족으로부터 구별해내는 분석성을 반영하고 있으며, 씨족의 개성을 구현하고 있다.

　　토템숭배는 동물숭배와 사람들이 씨족의 조상에 대해 깊이 캐는 것이 서로 결
합하여 발생한 산물이다. 중국의 원고시대의 토템숭배는 상당히 유행하였다.
《설문해자》에는『남방의 만민은 벌레에서, 북방의 적은 개에서, 동방의 학은 돼
지에서, 서방의 강은 양에서 나왔다 南方蠻閩從蟲, 北方狄從犬, 東方貉從豸, 西
方羌從羊』고 하였는데, 이들 부족의 칭호는 벌레·개·돼지·양 등이 일찍이 그
들의 원조 씨족의 토템이었음을 나타내준다. 현대의 고고학에서는 여러 차례에
걸쳐 토템숭배의 흔적을 발굴하였는데, 예를들면 산동에서 발견한 반인반조半人
半鳥 형상이 조각된 동한東漢의 화상석畫象石, 인면사신人面蛇身 형상이 조각된
한대漢代의 석조石雕 등이다. 주의해야 할 점은 하후씨夏后氏의 조상들은 용을
토템으로 삼았다는 것이다. 용은 상상 속의 동물인데, 그것은 범·짐승·물고기
등 여러 가지 동물의 형상 특징을 갖추고 있다. 용토템은 여러 동물토템의 특징
을 흡수 융합하여 이루어진 토템일 가능성이 높으며, 그것은 몇몇 씨족의 결합
및 동화의 과정을 반영했을 가능성이 있다.[9] 즉 용토템의 출현은 중국 고대문화
가 구비하고 있는 융합성의 특징을 반영하였다고 말할 수 있다.

3 토템숭배에서 조상숭배까지

　　모계씨족사회가 부계씨족사회로 바뀌기 시작한 후, 남자는 생산의 주요담당자
가 되었기 때문에 씨족에서 주도적인 지위를 차지하게 되었다. 씨족은 남자의 계
통을 따라 혈통을 정하여, 모계씨족사회에서 사람들이『어머니만 알 뿐 아버지
를 모르는』그 상황을 뒤바꾸었다. 이 시기에는 사람들이 씨족 혹은 부락의 시조
신을 동물에서 남성의 영웅으로 교체하여 비로소 사회 자체의 활동으로 사회의
역사를 설명하기 시작하였다. 이러한 변화는 토템숭배로부터 조상숭배로 가는
과도기적 형태임을 나타내준다.
　　부계씨족사회의 서경鋤耕농업은 사람들의 생활을 보다 안정되게 보장해 주었
으며, 목축업의 흥성은 사람이 동물을 정복하고 지배함으로써 위대한 승리를 획
득했음을 의미하는 것이다. 사람들이 동물 앞에서 가졌던 자비감과 의미감은 줄
어들었으며, 동시에 우월감과 자주감이 증대되어 더이상 동물을 신성한 그 무엇
으로 간주하지 않았다. 동시에 부권제와 사유재산의 출현은 부계의 혈통관계를
확립하고 공고히 함으로써 재산계승권을 보장할 필요가 있었는데, 이것은 남성
조상숭배로 하여금 필요성과 가능성을 구비하게 하였다. 토템숭배의 후기에는
남성 생식기를 토템으로 숭배하는 경향이 나타났다. 용산문화龍山文化와 제가문

화제가문화華齊家文化의 유적지에서는 도조陶祖와 석조石祖가 발견되었다. 조祖는 남성 생식기의 조상造象으로서 생식 번성의 신을 상징한다. 〈조祖〉라는 글자는 〈시示〉에서 나오고 〈조且〉에서 나왔는데, 〈시示〉는 제사를 나타내며 〈조且〉의 갑골문甲骨文과 금문金文의 자형은 모두 남자의 성기를 형상하고 있다. 도조와 석조의 출현은 토템숭배가 쇠락하고 조상숭배가 흥기함을 의미한다. 조상숭배의 중요 산물 중의 하나는 영웅적 조상에 관한 신화의 출현이다. 전하는 바에 의하면, 염제炎帝는 고강인古羌人 씨족의 시조 및 종신宗神으로서 농업을 창시하여 신농씨로 불리었다. 황제黃帝는 북방에 거주하는 여러 씨족의 선조이며 화하족華夏族의 창시자인데, 배와 수레·집·의상·의약 등의 문명기물은 모두 그에 의해 발명된 것이다. 이러한 신화들은 당시의 각 씨족 모두 재주와 지혜가 남보다 뛰어나고 공헌이 큰 남성 신화식 선조로부터 나왔다는 공통점이 있다.[10] 이러한 조상숭배의 관념은 매우 깊은 영향을 주었다. 그것은 고대 중국사회로 하여금 씨족제를 가지고 문명사회로 들어서게 하였으며 나아가 씨족제로부터 종법제로 발전하게 하였다. 그것은 또한 중국의 가정구조·사회구조 및 사회심리와 의식형태에 깊은 영향을 주었다.

제 2 절 씨족제라는 탯줄과 문명이라는 문지방

중국사회가 씨족제라는 탯줄에서 문명시대라는 문지방을 넘어 들어감으로 인해 혈연심리의 기초 위에서 건립된 조상숭배관념이 특별히 발달하였다. 인공관개人工灌漑를 위주로 한 농업생산은 전체적인 협동의 역량을 발휘하여 가뭄과 장마의 재해를 막아야 했으며, 또한 통치자로 하여금 씨족제라는 탯줄을 이용하여 상당한 정도의 군체의식을 갖춘 종법제로 발전시키도록 하였다. 그래서 중국사회의 구조와 문화는 서방과는 전혀 다른 특징을 가지게 되었다.

1 조상숭배와 혈연심리

조상숭배는 씨족사회의 산물이며 혈연친족관계는 그것의 생리적·심리적 기초이다. 동시에 조상숭배 역시 귀혼鬼魂숭배의 산물이다. 귀혼숭배는 혈통인연 관념과 서로 결합하여 조상숭배로 발전되었다. 최초의 조상숭배는 씨족단체의 공동조상을 숭배한 후에야 비로소 부족단체의 공동조상이 숭배되었으며, 그후

가정이 나타남에 따라 가정의 조상숭배가 출현하였다.

조상숭배의 대상은 본질적인 측면에서 말한다면 역시 귀혼이다. 그러나 그것과 숭배자 사이에는 혈연관계가 있다고 인정되는데, 숭배자는 귀혼에 대해서 제사를 지낼 의무가 있으며 귀혼은 숭배자의 보호신으로 간주되어 제사를 받는다.

원시인들은 일반적으로 조상의 귀혼을 자손을 보호해주는 선령善靈으로 간주하여 숭배하였다. 조상숭배의 대상은 선령善靈이며, 또한 숭배자와 혈연적으로 서로 밀접하게 관계를 갖고 있기 때문에 조상의 영혼은 지방의 수호신으로 변형되어 숭배되었다.

가장 원시적인 조상숭배는 토템숭배내에 포함되어 있다. 그러나 토템숭배 속에 체현된 조상의 관념은 일종의 자연숭배의 범주인데, 이것은 귀혼숭배의 한 형식으로 발전해온 조상숭배와는 다른 것이다. 전자에서의 숭배대상은 어떤 부류의 신비한 힘이며, 후자에서의 숭배대상은 죽은 사람의 영혼이다.

숭배의 대상이 되는 귀혼은 임의로 선택되어 정해진 것이 아니며, 세속에서 공인된 것으로 힘이 강대하며 민족에게 복을 줄 수 있는 것이다. 전해져 내려오는 조상숭배를 반영한 제사법도는 이것을 증명하기에 충분하다. 《예기禮記 · 제법祭法》에는 『성왕이 제법을 제정하는 데 원칙이 있다. 백성에게 공이 있는 사람, 공무를 위하여 죽은 사람, 나라를 안정시킨 공훈이 있는 사람, 대중을 위해 재해를 방지한 사람, 백성이 고통을 받지 않도록 보호한 사람 등이 죽으면 제사지내야 한다 夫聖王之制祀也, 法施於民則祀之, 以死勤事則祀之, 以勞定國則祀之, 能禦大菑則祀之, 能捍大患則祀之』고 규정하였다. 조상숭배관념으로 사용된 〈조종祖宗〉개념의 의미와 그것이 가리키는 인물에서도 엿볼 수 있다. 《예기 · 제법》에는, 유우씨有虞氏는 『전욱을 조로 삼고 요를 종으로 삼았고 祖顓頊而宗堯』, 하후씨는 『전욱을 조로 삼고 우를 종으로 삼았으며 祖顓頊而宗禹』, 은대殷代 사람들은 『설을 조로 삼고 탕을 종으로 삼았고 祖契而宗湯』, 주대周代 사람들은 『문왕을 조로 삼고 무왕을 종으로 삼았다 祖文王而宗武王』라는 기록에서 알 수 있듯이 조와 종이 되는 인물은 모두 강대한 힘을 가진 인물이거나 혹은 개국의 원훈이다. 『조는 나라를 세워 자손에게 대대로 물려준 인물이다. 종은 덕이 높아 존경할 만한 인물인데 그 묘는 이전시킬 수 없다. ……조는 공훈을 세운 인물이고 종은 덕성을 갖춘 인물로서 그 묘는 대대로 보전해야 한다 凡祖者, 創業傳世之所自來也. 宗者, 德高而可尊, 其廟不遷也. ……祖者, 祖有功, 宗者, 宗有德, 其廟世世不毁也.』(《禮記 · 祭法》注에서 조씨광趙氏匡의 말을 인용)고 해야 정확한 해석이라고 할 수 있다.

혈연관계는 조상숭배의 기초이다. 혈연관계가 없으면 본씨족의 조상을 확정할 방법이 없으며, 또한 씨족부락 내부의 관계를 정리할 방도가 없다. 한 부락이 정복되거나 혹은 다른 부락을 합병하여 하나의 공동체 속에서 생활할 때, 서로 다른 혈연관계는 융합하는 데 있어 장애가 된다. 만일 사람들이 혈연관계를 중시하는 것을 이용하여 두 부족 사이의 혈연관계를 찾아낼 수 있다면 공동체의 통일을 유지하고 융합을 촉진시키는 작용을 할 수 있을 것이다.

조상숭배의 작용은 씨족사회 및 그 구체적인 씨족연합체 속에서 표현되는데 주로 조상의 공적을 기념하며, 혈연관계를 이용하고 조상숭배에 대한 혈연관념을 증대시켜 혈연을 기초로 한 내부단결을 공고히 함과 동시에 사람들간의 배분관계를 확정하는 것이다.[11]

가정제도가 확립된 후 가정과 가족 내부의 조상숭배는 보다 엄격한 혈연관계를 기초로 하며, 아울러 보다 친근한 혈연관계로써 감정을 연결하고 단결을 증진시키는 유대역할을 한다. 그것은 혈연상 인간관계의 멀고 가까움을 구분해 주며 재산의 계승, 권력의 전이 등에 대하여 중요한 작용을 한다.

2 농업사회와 종법제도

원시 공사공동체公社共同體가 되는 씨족 및 조상숭배관념은, 중국의 특수한 지리환경 및 여기에서 결정되는 사회상황으로 말미암아 중국이 문명시대로 진입할 때 씨족제를 철저하게 청산하지 못하게 하였을 뿐 아니라 반대로 씨족제라는 탯줄을 문명사회에 가지고 들어가도록 하였다.

중국은 물을 생활수단으로 하는 농업입국의 고대문명국이다. 중국인의 조상은 언제나 『그 하류와 샘을 살피고 觀其流泉』『전답이 저습한 지역과 고원한 지역을 측량하여 度其隰原』『땅세의 징수를 규정하는 데 徹田爲糧』《詩經·大雅·公劉》편리하도록 하였다. 이것은 중국의 노예제가 일찍 성숙하게 된 지리적 조건이다.

중국은 또한 치수治水로 이름을 날린 고대문명국이다. 종횡으로 교차된 강·호수·못 등은 관개상의 이점이 있는 동시에 홍수의 재난을 초래한다. 전설상의 황제黃帝 이래로 중국의 조상은 오랫동안 홍수와 투쟁을 하였다. 그러나 씨족 부락의 폐쇄성과 협애성으로 말미암아 역량을 집중시켜 홍수에 대처하지 못했을 뿐 아니라 모순이 격화됐을 때에 몇몇 씨족은 이웃을 도랑으로 삼는 방법을 취하여 남에게 피해를 주었다.(《淮南子·本經訓》을 참고) 홍수와 싸워 이기기 위해 요순요舜을 이은 우禹는 일련의 조치를 취했다. 정치적으로는 각 씨족의 수령을 단결시켜 자기의 『가장 믿을 만한 심복 股肱心膂』《國語·周語》으로 만들고 치수기구를 설치하였으며, 조직에 있어서는 『우가 마침내 땅을 분산시켜 구주를 정하였다 禹卒布土, 以定九州』《山海經·海內經》고 하였는데, 즉 씨족의 분포지역에 따라 판도를 확정하여 노동력을 적당히 조절하였으며, 경제적으로는 『하우는 수재를 모두 제거하고 만물의 고하에 따라 각기 제자리를 얻게 하였다 夏禹能單平水土以品庶類』《國語·鄭語》라고 하여, 즉 권력의 고하에 따라 치수투쟁의 승리성과를 분배하였다. 이렇게 해서 원래 관개의 공동 이익을 보호하는 기구를 중국 최초의 노예제 국가정권으로 발전시켰다. 이것은 바로 치수투쟁으로 말미암아 중국 노예제의 조숙을 촉진한 객관적인 요구이다.

인공관개人工灌漑가 중국 고대농업발전의 기초가 됨에 따라서 씨족 공사공동체는 경제생활 속에서 중요한 작용을 하였다.《사기史記·하본기夏本紀》의 기록에 의하면, 하우夏禹는 일찍이 『관개사업에 온 힘을 기울인 致費於溝洫』적이 있다. 이리두문화二里頭文化 유적지에서도 우물과 물도랑의 흔적이 발견된 것으로 미루어 보아 당시에 이미 인공관개의 도랑이 있었을 가능성이 있다. 주족周族의 선공先公 고공단보古公亶父는 부족을 이끌고 기하歧下로 옮겼을 때 『이에 큰 땅의 경계를 구분하고 작은 밭이랑을 잘게 나누며, 이에 새땅을 개간하여 경지를 만드는 것 迺疆迺理, 迺宣迺畝』《詩經·大雅·綿》 또한 공사의 조직형식을 이용하여 강계疆界를 구분하고 토지를 분배한 것이며, 아울러 부족민을 동원하여 도랑을 소통시키고 농경을 조직화하였다. 바로 인공관개의 수요로 말미암아 중국이 노예사회로 진입할 때 공사조직이 보류되었으며, 아울러 공사公社라는 겉껍질 속에서 정전제井田制를 경제의 기초로 삼는 노예제 사회가 건립되었다. 이러한 사회 속에서 『넓은 하늘 아래 왕의 토지가 아닌 것이 없고, 사해 안에 왕의 신하가 아닌 사람이 없다 普天之下, 莫非王土, 率土之濱, 莫非王臣』《詩經·小雅·北山》, 즉 토지 및 생산자는 개별 노예주의 소유가 아니고 노예주의 이익을 대표하는 국가의 소유이다.

위에서 서술한 상황에서 나타나듯이 중국이 문명사회로 진입한 경로는 동방형의 비교적 〈조숙한〉 특징을 가지고 있으며, 유럽의 고대 그리스 로마의 발전경로와는 다르다. 고대 그리스 로마는 철기를 사용한 개인 생산력이 있은 뒤에 가정의 개체 생산력을 사용하여 원시성의 집체적 협동생산을 대체하고 씨족제의 청산, 원시공사의 와해를 통하여 가정사유제의 경로로 발전하여 문명사회로 진입한 것이다. 중국은 공사조직의 형식을 보존 및 강화시키는 조건하에서 혈연적 유대관계로써 집체 역량을 발휘하여 치수로 농업생산력을 발전시키는 경로를 거쳐 문명사회로 진입하였다.

바로 중국이 문명사회로 진입할 때, 씨족제라는 탯줄을 보류하였기 때문에 통치자들은 씨족제를 이용하고 아울러 장차 그것을 종법제로 발전시킬 수 있었다.

종법제의 기원에 관하여 사학계에는 여러 가지 견해가 있다. 원시씨족시대를 기원으로 보기도 하고, 상대商代 말기를 기원으로 삼기도 하며 서주西周를 기원으로 주장하기도 한다. 그 가운데 서주를 기원으로 보는 관점이 전통적인 관점이다. 나는 종법제와 씨족제는 구별되어야 한다고 생각한다. 사학계의 어느 학자가 지적한 대로『씨족사회 속의 씨족 포족胞族은 혈연관계로 자연스럽게 형성된 사회조직이고 공동생활·이해관계·상호평등의 원칙을 기초로 한 것이며, 종법제도는 계급사회 속에서 귀족계급이 자기들의 사유재산을 보호하기 위해서 만든 제도이다.』[12] 실제적으로 볼 때 종법제도는 중국 고대에 귀족의 통치를 보호한 제도이며, 그것은 원시시대의 부계가장제父系家長制를 핵심으로 하는 혈연조직에서 발전되어온 것이다. 종법제가 형성될 때, 씨족제 말기의 조상숭배관념은 곧 구체적인 종묘宗廟로 변화되고 아울러 이론화 및 조직화된 종묘제도를 형성하였으며, 씨족의 족외혼제族外婚制는 동성불혼제同姓不婚制 및 귀족의 등급내혼제等級內婚制로 변화되었다. 또한 씨족의 상호계승권은 적장자계승제嫡長子繼承制로 변하였고, 이해상의 필요로 출발한 상호간의 협조·보호 및 지원이라는 씨족의 상호 의무는 종족 내부 및 대소 종족 사이의 상호협조와 보호 및 지원의 의무로 변하였다.

중국의 종법제도는 씨족사회의 말기에 발생해서 서주시기에 완비되었다. 주대 종법제도의 핵심은 종족의 혈연관계에 따라 〈백성과 땅을 받는 受民受疆土〉 계통법繼統法을 세운 것이다. 종통宗統과 군통君統 사이에는 상호 구별이 있다. 종통의 범위내에서 행사되는 것은 족권族權이고 그 족권이 혈연적 신분을 결정하는 데 반해, 군통의 범위내에서 행사되는 것은 정권政權이고 그 정권이 정치적 신분을 결정한다. 그러나 종통과 군통은 또한 밀접한 연계도 가지고 있는데 혈연적 신분과 정치적 신분은 대체로 일체一體로 이어져 있으며, 주대에 확립된 적장자계승제가 바로 이를 유력하게 증명해 주고 있다. 주대에서 천자는 전국의 최고 통치자이면서 전종족의 최대 종족장이다. 그는 종족의 혈연적 유대를 이용하여 부권가장제의 반배班輩에 따라 전답을 나누어주고 봉록을 제정하며, 관직을 설치하고 벼슬을 준다. 천자天子·제후諸侯·경대부卿大夫·사士는 정치상의 군신 예속관계이면서 또한 혈연상 대종大宗과 소종小宗의 관계이다. 그들은 서로 다른 입장에서 다른 역할을 하며 다른 등급의 명분을 향유하고 다른 정치적 지위와 경제적 특권을 취득하였다. 전국의 범위내에서 제각기 토지를 점유하고 부속部屬을 통솔하며, 촌·읍을 관할하고 사직을 받들며 조상과 신령을 제사하였다. 통치를 받는 〈예자제隷子弟〉(士의 자제)와 〈서인공상庶人工商〉도 『제각기 친척이 있고 各有分親』 『모두 차등이 있어 皆有等衰』《左傳·桓公 二年》 모두가 혈연적 유대로 긴밀히 연결되어 있다. 이리하여 종통은 군통을 보호하고 족권族權은 왕권을 강화하며 가규家規는 국권을 보충하고, 온정이 맥맥히 흐르는 혈연의 장막을 이용하여 통치자 내부의 군신 상호관계를 조정하고 통치자와 피통치자간, 정복자와 피정복자간의 대립과 모순을 해소시키므로써 주의 천자가 영구히 천하의 〈공주共主〉와 〈대종大宗〉의 최고 통치지위에 있도록 보호하였다. 여기에서 출발하여 주의 천자는 공사형식을 이용하여 정전을 기초로 하고 혈연을 유대로 하며, 읍리촌사邑里村社를 기층조직으로 하고 세습분봉을 정치구조로 하며, 종묘사지을 권력의 상징으로 삼고 대종 소종으로 계승자를 구별하는 피라밋 식의 등급특권제도를 만들었다. 이것이 바로 주대에 가장 완전의 경지에 이르고 후대에 커다란 영향을 미친 종족노예제宗族奴隷制이다.[13]

제 3 절 〈인유구구人惟求舊, 기유구신器惟求新〉

중국 고대 농경문명의 〈조숙早熟〉으로 말미암아 중국사회는 씨족제라는 탯줄을 가지고 문명사회의 문지방으로 들어갔으며, 그 때문에 사회적으로는 유신의 길을 걸어갔다. 게다가 조상숭배관념이 농후하고 혈연심리를 근거로 한 종법관념으로 온통 뒤덮여 있었기 때문에 고대중국의 사유는 『하늘을 종으로 삼고 덕을 근본으로 삼는 以天爲宗, 以德爲本』 윤리의 틀 속에 갇히게 되었다.

1 가족에서 국가로의 유신노선

저명한 사학자 후외려侯外廬는 일찍이 1940년대에 내놓은 《중국사상통사中國思想通史》에서 간명하게 중국문명이 발전해온 특수한 경로를 개괄하였으며, 중국 고대 사회의식과 사회심리의 보편적인 근거를 지적하였다. 그가 만일 엥겔스의 〈가족家族·사유私有·국가國家〉 등 3개항을 인류문명의 노선이라는 지적을 사용한다면, 중국 씨족공사의 해체와 문명사회로 진입한 방식은 서방 국가와 다르다. 서방은 가족에서 사유로 사유에서 국가로 이르렀으며 국가는 가족을 대표하지만, 중국은 가족에서 국가로 이르렀고 국가는 가족 속에 혼합되어 〈사직社稷〉이라고 불리었다. 전자는 신진대사의 방식으로 새로운 것이 옛것에 충돌한 것으로, 〈인유구신人惟求新·기유구신器惟求新〉의 혁명노선이며, 후자는 신·구가 뒤엉켜 옛것이 새로운 것을 끌어당긴 것으로 〈인유구구人惟求舊·기유구신器惟求新〉의 유신노선이다.[14] 후외려의 이러한 논점은 씨족제의 혈연관계와 종법가족제의 형식으로써 중국 노예사회와 봉건사회의 장기적 잔존 및 사회역사와 사상의식에 대하여 깊은 영향을 주었음을 지적하였다. 그의 해석에 의하면 〈기유구신〉의 기器는 사회계급이 분화된 이래 통치자의 피통치자에 대한 정권형식을 가리키며, 〈인유구구〉의 구인舊人은『바로 씨족의 혈연적 유대에 속박되어 있는 사람이며, 씨족의 연맹체를 가리킨다.』[15]

바로 중국사회가 문명을 향해 유신노선을 밟았기 때문에 종법제도·원시종교(조상숭배와 같은 따위) 및 씨족 윤리관념 등은 중국문화의 인자가 되었으며 이것이 계속 축적되어 후대의 중국사회에 오랫동안 깊은 영향을 주었다. 예를들면, 종법노예제가 종법봉건제로 변화된 것도 마찬가지로 유신노선을 밟았다. 인혁손익因革損益·삼통순환三統循環·온량겸공溫良謙恭, 모든 것으로 하여금 〈경천법조敬天法祖〉·〈존존친친尊尊親親〉하게 하는 윤리강상倫理綱常은 〈천天〉〈예禮〉〈인仁〉 등의 전통관념으로 응집되었고, 내재적인 심리기제心理機制상에서 사람들의 인식과 이상적 정신의 발전을 속박하였다. 이 때문에 중국 고대의 모든 격렬한 변혁 주장은 실패를 경험하지 않을 수 없었으며, 일체의 급진적 색채를 띤 언행·풍격과 인격은 배척을 받고 이단으로 취급되어 불운을 겪지 않을 수 없었다.

2 〈하늘을 종으로 삼고 덕을 근본으로 삼는 以天爲宗, 以德爲本〉 윤리틀

중국 고대문명의 형성이 〈인유구구·기유구신〉의 유신노선을 걸었기 때문에, 종법전통은 경제·과학과 문화의 발전을 심중하게 가로막았으며 아울러 사람들의 사상을『하늘을 종으로 삼고 덕을 근본으로 하는 以天爲宗, 以德爲本』《莊子·天下》 종족 윤리의 틀 속에 가두었으며, 조상들의 인식법칙과 인식규율을 연구하는 사유를 제한하였으므로 사상가들의 시각은 윤리와 정치문제에 고정되어 대자연에 대한 탐색을 소홀히 하였다.

선진의 제자학설은『모두 세상의 폐단을 구원하기 위하여 일어났으며 皆起於

救世之弊』《淮南子·要略》제자의 저서와 학설은 단지『치란에 대한 일을 말하기 위한 것 言治亂之事』일 뿐이며《史記·孟荀列傳》,『음양가·유가·묵가·명가·법가·도가 등은 모두 통치자를 위해서 힘썼다. 陰陽·儒·墨·名·法·道德, 此務爲治者也』《史記·太史公自序》사회·정치·인사 이외의 문제는 그들의 시계視界내에 있지 않았다. 온 중국사상사를 꿰뚫고 있는『하늘과 사람 사이를 궁구하고, 고금의 변화에 통달한다 究天人之際, 通古今之變』《史記·太史公自序》는 사상의 기본 줄거리는 사회역사의 치란흥쇠를 사고의 중심으로 삼고 있다. 동중서董仲舒의 손을 거쳐 신학화된 천인감응 목적론 체계는 한편으로 하나의 외재적·초인간적 역량을 사람의 머릿속(또한 마음 속)에 강화시켰으며, 또 한편으로는 삼강오상三綱五常의 종법윤리와 도덕을 사용하여 사람들의 사상을 규범화시켰으니『하늘을 종으로 삼고 덕을 근본으로 한다 以天爲宗, 以德爲本』는 관념의 전범典範이라고 할 수가 있다. 송명宋明 이학가理學家는 불교의 사변구조를 흡수하고 여기에 전통유학의 〈천天〉과 서로 결합시켜서『천지만물을 총괄하는』〈이理〉를 만들어냈는데, 실제로는 여전히 〈하늘을 종으로 삼는다〉는 사상적 틀을 벗어나지 못하였다. 게다가 화엄종華嚴宗의 〈월인만천月印萬天〉이론을 이용하여 만들어낸 주희朱熹의 〈이일분수理一分殊〉학설은 결국 사람들에게『굶어죽는 것은 작은 일이고, 절개를 굽히는 것은 큰 일이다 餓死事小, 失節事大』(《河南程氏遺書》卷二十二)라는 논리나『천리를 보존하고 인욕을 제거하는 存天理, 去人欲』도덕관념을 굳게 지키도록 한 것이기 때문에, 이것은 〈덕을 근본으로 삼는다〉는 사상의 이론화이자 강제화인 것이다.

송명 이래로 중국사회는 똑바로 서있을 수 없었을 뿐 아니라 과학기술 방면에서도『사람들의 재능이 쇠퇴하였는데 江郞才盡』이것은『하늘을 종으로 삼고 덕을 근본으로 삼는다』는 윤리틀의 속박과 뗄 수 없는 관계에 있다.

비단 이와같을 뿐 아니라, 유신노선이 조성한 사회적 모순의 복잡성은 중국 역사의 발전을 언제나 신구잡진新舊雜陳·방생미사方生未死하는 가운데 있게 하였으며, 죽은 것은 산 것을 끌어당기려 하게 하고, 새로운 것은 옛것을 돌파하도록 만들었다. 이것은 중국 역사 및 전통문화의 한 가지 중요한 특징이 되었다.

제 2 장

중국 봉건사회 경제구조와 정치구조의 기본 특징

정치는 경제에 근원을 둔다. 경제구조는 정치구조를 결정하고, 정치구조는 경제구조에 제약을 받는다. 양자는 일정한 생산방식 속에서 통일되어 상보적인 역할을 한다. 일정한 경제구조와 정치구조는 일정한 사상과 문화를 잉태하여 성장시킨다. 경제구조와 정치구조의 유형과 특징은 왕왕 사상과 문화의 유형과 특징에 영향을 준다. 정치·경제 및 문화의 삼자 사이에는 선線적인 인과관계도 있고 비선非線적인 인과관계도 있다. 경제의 문화에 대한 영향과 작용은 대부분 정치를 매개체로 하며 사회 정치구조와 정치사상을 통하여 체현된다. 동시에 사상이나 문화는 사회 경제구조와 정치구조에 대해 깊은 영향을 준다. 그래서 중국 봉건사회 경제구조와 정치구조의 기본 특징을 탐구하는 데에는 중국문화의 특질을 정확하게 파악하는 것이 무엇보다 중요한 의의가 있다.

제 1 절 중국 봉건사회 경제구조의 기본 특징

1 봉건사회의 유기체적 여러 재생산

인류의 역사는 세 종류의 재생산으로 구성된 사회유기체의 운동과정이다. 세 종류의 재생산이란 물질재생산·인구재생산과 정신재부精神財富의 재생산을 가리키는데, 그들의 통일은 사회의 유기체를 구성한다. 사회유기체의 각도에서 고찰해 보면 우리가 중국 고대문화의 발전이 하나의 자연역사과정임을 인식하는 데 도움을 줄 뿐 아니라, 거시적·정체적整體的·동태적動態的 각도에서 중국 봉건사회의 경제구조와 정치구조의 기본 특징을 분석하고, 그 내재적 구조를 해부하며, 그것과 중국 전통문화와의 관계를 지적하는 데에도 도움을 준다.·

중국 봉건사회의 물질재생산은 기본적으로 일가일호一家一戶를 단위로 하는 자발적이며 간단한 노동도구를 의탁하는 간단한 재생산이다. 이 재생산의 과정 중에서 각 가정 및 사회조직은 상호간에 간단한 교환관계만이 있을 뿐 세밀한 분업이 없다. 『위로는 부모를 섬기기에 충분하고 아래로는 처자식 먹여 살리기에 충분하며 上足以事父母, 下足以畜妻子』『아이에게는 길러주는 이가 있고 노인에게는 장사지내 주는 이가 있는 幼有所養, 老有所終』것이 바로 이 물질생산의 목적이다.

중국 봉건사회의 인구재생산은 종법사상의 영향 및 자연경제 모식의 제약을 받았기 때문에 사람들로 하여금 인구가 많음을 호사로 여기게 하였다. 각 종족은 모두 아기를 낳아 인구를 증가시키는 것이 노동력을 확대하는 직접적인 원천으로 보고, 아울러 이것을 가족세력을 확장하는 중요하고 믿을 만한 방식으로 간주하였다. 의식형태에서 주도적인 지위를 차지하는 유학에서 선전한『불효에는 세 가지 종류가 있는데 그 중 후손이 없는 것이 제일 크다 不孝有三, 無後爲大』는 주장은, 특히 정신적인 측면에서 인구의 재생산을 자극하였다. 동시에 봉건국가 기구의 중요한 지주 역할을 하는 군대는 계속적인 후비後備 역량을 필요로 하는데, 이것도 모든 가정으로 하여금 이 문제를 자기의 자녀생육 계획 속에 끌어들이도록 압박하였다. 이래서 경제적·정신적 및 종宗을 전하고 대代를 잇는 여러 이익은 모든 가정으로 하여금 온 힘을 다하여 인구의 증식을 통해 자기의 역량을 팽창시키게 하였으며, 따라서 온 사회의 인구재생산으로 하여금 꾸준히 확대되는 추세를 나타나게 하였다.

중국 봉건사회의 정신재부의 재생산은 물질재생산과 인구재생산의 제약을 받으며, 또한 규모가 협소하고 간단하며 중복되는 특징을 나타내고 있다. 도가사상 道家思想은 사람들이 〈명리장名利場〉〈무기無己〉〈무대無待〉를 떠나서 정신상의 소요지유逍遙之游를 하도록 인도하고자 한다. 진秦 이후에 〈절학絶學〉이 된 묵가墨家는 사상적인 시각에서 볼 때, 결코 소생산의 범위에서 나온 것이 아니다. 법가法家는 중앙집권을 강화하고자 하여 법法·술術·세勢의 운용에 경도되었으므로 사람들이 사유의 공간을 개척하고, 새로운 사유의 틀을 형성하는 것을 격려해 주지 않았다. 본래 인도에서 건너온 불가사상佛家思想은 먼저『사문은 왕을 공경하지 않는다 沙門不敬王者』고 주장하여 논리상으로 볼 때 중국 고유의 존왕관념을 파괴하고 사유를 계적啓迪하는 작용을 구비하고 있지만, 몇 차례의 회합을 거쳐 마침내 유가사상을 핵심으로 하는 중국 본토문화에 핍박되어 지존 무상의 왕권 앞에 〈불경不敬〉했던 머리를 숙였다. 세속화·안정화·윤리화한 유가사상은 더욱이 기존질서의 유지를 자기의 임무로 여겼다. 유가에서 주장하는 모든 정치사상과 윤리규범은 개체사상을 약속하는 것에 착안점을 둔 것이며, 모식 및 순서에 입각해 볼 때 모두 간단하고 중복된 것이다. 중국 봉건사회의 정치체계·사상체계 및 사유모식은 진한秦漢으로부터 근대에 이르기까지 2천 년 동안 근본적으로 변화가 없었다. 무술육군자戊戌六君子의 한 사람인 담사동譚嗣同은 일찍이『2천 년 동안의 정치는 진나라의 정치이며 모두 큰 도적이다. 2천 년 동안의 학문은 순자의 학문이며 모두 위선적인 것 二千年來之政, 秦政也, 皆

大盜也, 二千年來之學, 荀學也, 皆鄕愿也』(《仁學》卷上)이라 하였으며, 양계초梁啓超는 『한대의 경학자는 금문가와 고문가를 막론하고 모두 순경에게서 나왔으며(왕중의 학설), 2천 년 동안 있었던 종파의 여러 차례에 걸친 변천은 일체 순학의 팔꿈치 아래를 벗어나지 못했다 漢代經師, 不問爲今文家古文家, 皆出荀卿(汪中說), 二千年間宗派屢變, 壹皆盤旋荀學肘下』《淸代學術槪論》고 하였다. 이 주장들은 한 측면에서 중국 봉건사회 정신재부의 재생산의 협애성과 순환성을 지적한 것이다. 이밖에 중국 봉건사회 정신재부의 재생산은 또한 자발성·실용성·의뢰성의 특징을 가지고 있다. 자발성은 정신재부의 재생산이 이성理性으로 지도하는 것이 아니라 오성悟性에 의해 발휘되며 아울러 한 사상가에 의해 순수한 수공노동으로 진행되는 것을 가리킨다. 실용성은 정신재부의 재생산이 지주계급의 통치보호를 목적으로 하며 세속생활에 대한 초월을 결핍하고서 윤리적 정취情趣에 대한 추구에 국한되는 것을 가리킨다. 의뢰성은 정신재부의 재생산이 물질생활 자료재생산의 협소한 규모와 저급한 수준에 제한을 받고, 인구재생산의 수요와 특징에 제한을 받으며, 독립적인 사회의 생산부문을 이룰 수 없는 것을 가리킨다.

중국 봉건사회의 세 종류의 재생산은 상호제약을 하며 상호영향을 준다. 물질재생산은 조직이 분산되고 범위가 협소하며, 수준이 저급하여 정신재부 재생산의 확대를 제한하며 과학과 문교사업의 발전을 완만하게 한다. 이러한 상황은 반대로 역시 물질생산의 확대를 방해하였다. 물질재생산과 정신재생산의 상황은 인구재생산을 자극하였으며, 아울러 정신과 체질 질량質量상에서 인구의 제고提高에 영향을 주었다. 또한 인구재생산의 상황은 사람들로 하여금 물질상의 낮은 수준과 정신상의 낮은 요구에 만족하도록 하였다. 이리하여 역사의 거시적 발전으로 고찰했을 때 이상의 세 가지 재생산운동은 순환되는 타성 속에 빠져 중국 봉건사회의 발전을 완만하게 이끌었다.

물론 세 가지 재생산의 순환운동의 기능은 반드시 역사의 매시기마다 모두 동일한 것은 아니다. 봉건사회의 전기에, 그것은 또한 일찍이 사회의 안정·생산의 회복·인구의 증가·국방의 견실·새로운 의식형태의 건립을 하여 경제발전의 역사적 작용을 촉진하였다. 이것은 서한 전반기에 아주 두드러지게 나타났을 뿐 아니라 이후에 신왕조를 수립하는 데 있어서 경제를 회복시켜야 할 때에도 역시 일정한 작용을 나타내었다. 그러나 송명 이후 봉건 전제주의가 강화됨에 따라서 세 가지 재생산의 상호순환적 타성요소가 강화되어 중국사회의 진보를 가로막았다.

2 지주경제와 소농경제의 상호 영축盈縮

중국 봉건사회의 기본 경제구조는 진한 이후로 부문적으로 획분해서 개체농업과 가정수공업의 결합이라고 말할 수 있는데, 가정은 사회재생산을 실현하는 기본단위이다. 이러한 경제구조형식은 천재인화天災人禍를 통제하는 능력이 아주 저하된 것으로 미약한 경제형식이다. 그런데 그것은 가족 친족관계를 유대로 해서 조성됨으로 말미암아 남경여직男耕女織의 자연적인 분업을 실행하며 사회의 두 가지 재생산, 즉 물질생활 자료재생산과 인구재생산을 긴밀하게 결합시키기 때문에 이러한 구조 자체는 매우 견고하며 완강한 재생능력을 가지고 있다. 모든 봉건국가 기기機器는 바로 가족을 본위로 하는 이러한 자연 경제구조의 기초 위에서 건립된 것이다. 이 때문에 모든 왕조의 흥망은 이러한 소농 위주의 경제구조의 상황과 계속적인 상관관계를 갖고 있다. 이러한 소농 위주의 경제구조는 상대적으로 안정되었을 때는, 한대漢代의 문경지치文景之治나 당대唐代의 정관지치貞觀之治와 같은 〈치세治世〉를 출현시킨다. 그러나 반대로『부자는 전답의 밭 사잇길이 종횡으로 연결되어 있고 가난한 사람에게는 송곳을 세울 만한 땅조차도 없는 富者田連阡陌, 貧子無立錐之地』《漢書·食貨志》심각한 상황을 출현시키며, 심지어는『사람이 서로 잡아먹고 人相食』『백골이 들에 즐비하고 사방 천리에 새 울음소리가 없는 白骨露於野, 千里無鷄鳴』(曹燥:《蒿里行》) 비참한 상황을 출현시켜서 난세를 조성하게 되는 것이다. 이러한 치란이 순환적으로 출현하는 것은 주로 개체농업과 수공업이 결합한 자연경제의 미약한 본질에 의해 결정된 것이다. 이 문제를 해결하고자 하면 반드시 전체적으로 그와 상응되고 이러한 경제구조를 유지할 수 있으며 사람들의 심리상태에 적응하는 정치구조와 사상체계를 요구해야 한다.

중국 봉건사회의 기본 경제구조는 진한 이후로 소유제 형식으로 볼 때, 지주경제와 소농경제의 결합이라고 할 수 있으며 토지국유제와 사유제의 결합이라고 말할 수 있다. 여기서 말하는 지주경제와 소농경제라는 두 개념은 서로 비교해서 말하는 것이다. 소위 지주경제란 생산방식의 각도에서 말하는 것이다. 정치경제학의 각도로 고찰해 보면, 지주경제는 지주가 토지를 농민에게 대여해 주고 농민에 대해서 주로 실물형식의 지세를 착취하는 제도를 가리키는 것으로, 그것은 지주계급이 토지를 점유하고 불완전하게 농민을 기초로 한 봉건생산관계를 점유한 위에서 건립된다. 중국 지주경제의 주요 특징은 토지매매 실물지세와 소농경영이다. 토지의 자유매매는 토지의 겸병을 촉진시키며, 또한 자경농민의 파산을 촉진시켜 전농佃農으로 전락하게 한다. 지주는 토지를 소규모로 나누어 농민에게 대여하기 때문에 일가일호一家一戶는 바로 하나의 생산단위가 되며, 농민은 자기가 필요로 하는 농산품을 생산할 뿐 아니라 자기가 필요로 하는 대부분의 수공업품을 사용하기도 한다. 분산된 소농업과 가정수공업의 결합은, 특히 남경여직은 기본적으로 자급자족의 자연경제를 구성한다.

중국 봉건사회는 중앙집권적인 전제군주국가이다. 지주경제 속에서 농민은 봉건제도하에 속박되어 인신의 자유가 없다. 그들은 호적에 의해 고정화되고 요역·정부丁賦 등의 의무를 지고 있으며 마음대로 이사를 하거나 개업할 수 없고 또한 자유로이 지주를 선택할 권리가 없다. 지주와 전농 사이에는 단순한 조전租佃관계가 아니고 종법적인 주종관계 혹은 장유관계를 유지하고 있으며, 지주는 전농에 대해서 경제를 초월하는 강제역량을 가지고 있다.

여기서 말하는 소농경제는 일반적으로 농업 중의 개체경제, 즉 소규모의 토지 개체소유제를 기초로 하고 개체노동에 종사하는 자경농을 가리킨다. 그러나 일반적으로 말하는 소농경제는 주로 그 경영규모와 개체노동의 측면에서 말하는 것으로써, 생산자료의 개체소유제에 한정되는 것은 아니다. 예를들면 『지주는 소농으로부터 잉여노동력을 착취한다』[1]라는 마르크스의 말이나, 『소농은 자기의 또는 대여한 소규모의 토지를 보유한다』[2]고 한 레닌의 말은 바로 이것을 가리킨다. 이 의미에 있어서 지주제하의 소규모 토지를 임대한 전농도 모두 소농경제이다. 토지국유제를 실행하는 곳 혹은 토지소유제를 실행하는 곳에서 그러한 소규모의 경지를 나눈 농민도 모두 소농경제이다. 자경농의 이러한 소농경제로 볼 때, 그들은 노예사회·봉건사회·자본주의 사회에서 특히 이러한 사회의 초기에 모두 대량으로 존재하였다고 말할 수 있다. 자경농은 통치자의 압박과 고리대의 착취를 받아서 왕왕 농노 혹은 고용노동자로 전락한다. 이 사실은 소농경제의 불완전성을 말해 주며, 그것이 사회 속에서 통치 지위를 차지하는 생산방식이 될 수 없음을 설명해 준다. 농민의 사회이상, 소농경제의 사회주의가 시종 하나의 환상에 불과하다는 것을 설명해 주고 있다. 이것은 중국 봉건사회 중의 농민봉기의 구호와 정치이상 중에서도 분명하게 볼 수 있는 것이다.

봉건토지소유제하의 전농이라는 이러한 소농경제로 볼 때, 그것은 봉건 농업생산의 초석이다. 중국에서는 경영 지주가 극히 적고, 부농경제富農經濟가 그다지 발달하지 못했으며 지주는 분조제分租制를 실행하여 소농경제는 망망대해를 이루었다. 토지의 매매와 겸병에 따라서 지권地權이 집중될수록 경제는 더욱 분산되었다. 이러한 소농경제는 신형의 도구 사용을 무력하게 하고 자연적인 재해를 막을 수 없으며 토지를 개량 혹은 합리적으로 사용할 수 없게 하며, 심지어는 분업과 협동이 불가능하게 하여 농업생산력의 장기적인 저하를 초래한다.

　실제로 지주경제와 소농경제는 실제적으로 모두 봉건적인 생산방식이다. 지주경제는 소농경제를 기초로 하고 소농경제는 지주경제의 필연적인 결과인 동시에 본질적인 표현인 것이다. 생산방식의 내재적 구조와 운전 기제機制로 볼 때, 특히 생산목적으로 볼 때 봉건적인 생산방식은 자연경제, 즉 자급자족自給自足의 경제이다. 생산의 목적은 직접적으로 생산자 개인 혹은 경제단위의 수요를 만족시키기 위한 것이며 교환를 위한 것은 아니다. 자연경제는 상품경제와 서로 대립된다. 상품경제는 사회분업을 기초로 한다. 그것의 발전추세는 각종 생산품의 생산 심지어 생산품의 각 부분의 생산을 전문부문으로 변화시킨다. 자연경제는 이것과 상반되는데 그것은 사회의 분업을 배척하고 각 생산자 혹은 경제단위가 자신의 경세조건을 이용하여 거의 자기가 필요로 하는 모든 생산품을 생산하는 것이다. 중국의 2천 년 동안 이어진 봉건제도 중에서 자연경제는 통치지위를 점유하였으며 농민은 농업에 종사했을 뿐 아니라 수공업에도 종사하였다. 〈남경여직男耕女織〉경제는 이러한 자연경제의 생동적인 모습이다. 모택동毛澤東은 중국의 봉건경제제도의 첫째 주요 특징에 대해서 다음과 같이 말하였다.『자급자족의 자연경제는 주요한 지위를 차지하고 있다. 농민은 자기가 필요로 하는 농산품을 생산할 뿐 아니라 자기가 필요로 하는 대부분의 수공업품도 생산한다. 지주와 귀족은 농민에게서 빼앗은 지세에 대해 역시 주로 자신들을 위해서 향유하며 교환에 사용하지는 않았다. 그 당시 교환의 발전이 있기는 하였지만 전체 경제 속에서 결정적인 작용을 하지 못하였다.』[3] 중국의 2천여 년의 봉건사회는 바로 이러한 가족을 본위로 하고 소농경제를 기초로 하며 지주경제로 표현되는 자연경제모식 중에서 상호 영축盈縮 및 순환 왕복운동을 하며 지속되어 왔다. 이것은 중국 봉건사회의 정치구조와 문화형태에 심각한 영향을 끼쳤다.

　중국 봉건사회에 있어서 지주계급은 광대한 국가기구를 장악하고 생산자료를 독점하였으며, 주로 정치적 강제수단과 실물지세의 형식으로 농민의 잉여노동력 및 필요한 노동력을 착취함으로써 자신들의 사치소비성 수요에 충당하였다. 생산영역에 있어 지주계급은 생산에 참여하지는 않고 기본적으로 생산의 발전에 관심을 갖지 않았다.(그들의 이익에 영향를 주고 그들의 통치에 위험이 될 경우는 제외) 유통영역에 있어서 그들은 정치적 특권을 이용하여 독점을 하였고(예를들면 강제적으로 소금과 철의 관영을 실시), 소농의 소비를 압축시키고 자기들의 소비를 확대시켰다. 분배영역에 있어 지주계급은 특히 목숨을 걸고 착취를 하여 자신들의 탐욕을 만족시켰다. 교환영역에 있어 지주계급은 온 힘을 다하여 교환의 확대를 저지하고 상품의 형성과 발전을 억압하였다. 이 때문에 지주경제의 본질적 특징은 소비성 경제라고 할 수 있다.

지주경제의 소비성향은 거기에 방대한 기생성의 소비자 집단이 존재하고 있다는 것으로 표현된다. 그 가운데에는 황실과 그 종실 및 외척, 일반 지주계급과 그 가족구성원, 황실상비군, 지주의 집안관리자, 각급 정부관리 등등이 포함된다. 이들은 물질재부의 생산에 종사하지 않고 사치성 소비를 숭상하였다. 역사상 유명한 『주지육림酒池肉林』, 『석숭과 왕개가 호방함을 겨루었다 石崇與王愷爭豪』(劉義慶 《世說新語‧汰侈》)는 이야기는 지주경제의 소비성향의 전형이다. 봉건 전제주의가 나날이 강화됨에 따라 봉건국가의 기구가 부단히 확대되고 관료의 수가 계속해서 팽창되었으며 지주계급의 생활은 가일층 부유해져 많은 처첩을 거느렸는데, 이것은 인구증가율이 높아지는 원인이 되었고 기생집단의 사람수가 나날이 증가하게 하였으며 생산과 소비의 모순이 날로 첨예하게 조성되었다. 통치자는 일반적으로 착취율을 높이고 착취량을 증가시키는 방법을 사용하여 더한 층 백성의 고혈을 수탈하였으며, 적극적으로 생산을 발전시키는 방법을 이용하여 모순을 해결하지 않았다. 이러한 소비를 확대하고 착취를 강화하는 악순환이 지주제 경제구조의 극한에 이르러 사회의 단순재생산을 유지할 수 없는 지경에 이르게 되고, 세 가지 재생산의 평형협조관계가 완전히 파괴되면 이에 따라 사회의 대혼란과 대파괴가 초래된다. 대규모의 농민봉기가 거세게 일어나면서 장기적으로 누적된 각종의 사회재부도 대부분 구왕조와 함께 연기처럼 사라져갔다. 항우項羽가 함양咸陽에 들어가서 아방궁阿房宮을 불태웠는데『큰 불이 3개월 동안 꺼지지 않았다』는 유형의 예는 중국역사 중에 특수한 것이 아니다. 경제가 파괴되어『천자가 털빛이 같은 네 마리의 말이 이끄는 균사를 탈 수 없고 장군과 정승이 소가 모는 수레를 탈 수밖에 없는 自天子不能具鈞駟而將相或乘牛車』《史記‧平准書》상황하에서 통치계급은 유망流亡하는 백성을 위로하고, 요역을 줄이고 부세를 경감시키며 백성과 함께 휴식하는 정치를 취하도록 압박받는다. 휴양생식의 단계를 거친 후 소농경제는 회복발전을 하고, 지주경제도 그에 따라서 중건된다. 이뒤의 발전경로는 여전히 구모델에 따라 역사를 다시 한 번 재연하게 된다. 이렇게 하여 지주경제와 소농경제간의 모순운동은 언제나 위축파괴—회복발전—위축파괴라는 상호 영축盈縮하는 순환왕복 속으로 빠져 들어간다. 비록 매번의 순환왕복이 언제나 많든적든간에 생산발전과 역사적인 진보를 수반하여 절대적 의미상의 정체라고는 하기 어렵지만 역사의 수레바퀴는 이에 따라 매우 완만해지지 않을 수 없었다. 이것이 바로 중국 봉건사회가 장기적으로 완만한 발전을 하게 된 내재적인 경제원인인 것이다.

3 농본상말農本商末과 자본주의 생산관계의 맹아

지주제 봉건사회 속에서 소농경제는 시종 전체 지주경제의 기초이다. 이 기초가 없었다면, 국가정권으로 표현방식을 삼는 방대한 자연경제체계는 건립될 수 없었을 것이다. 개개 소농의 기본경향은 자급자족하는 것이며, 전체 봉건국가의 경제구조의 기본경향도 자급자족하는 것이다. 국가의 부세, 요역의 주요 부담자가 소농일 뿐 아니라 일반 지주의 소비 역시 소농에서 나왔다. 만일 소농경제가 지켜질 수 없었다면 전체 지주경제 및 이에 따른 전체 봉건국가 체제가 뿌리를 내릴 수 없었을 것이다. 그래서 역대 봉건통치자 가운데 〈유식지사有識之士〉는 모두 소농경제의 유지를 매우 중시하였으며 동시에 본능적으로 상품경제의 발전을 저해하였다. 왜냐하면 지주경제가 완전히 상품경제를 이탈할 수는 없었지만 상품경제의 발전은 가치규율작용의 확대를 촉진시켰으며, 이것은 『큰 부자가 위세를 부리며 왕과 제후를 노려보는 素封之家睥睨王候』 상황을 수반할 뿐만 아니라 대상인이 재세財勢로써 관가와 대등하게 맞서는 후과後果를 수반하기 때문이다. 게다가 더욱 두려워하는 것은 경제상의 교환과 내왕이 증대됨에 따라 〈백성들의 지혜가 나날이 열리고〉 상품화폐는 사람이 평등하다는 관념을 유행시켜서, 경제기초로부터 의식형태에 이르기까지 전면적으로 충돌되고 정치상의 긴급특권을 부정하는 현상이 반드시 나타나게 되는 것이다. 명대明代의 이학자인 왕양명王陽明은 『산 속의 적을 쳐부수는 것은 쉽지만 마음 속의 적을 깨뜨리는 것은 어렵다 破山中賊易, 破心中賊難』는 〈명언〉을 하였는데, 이것은 즉 관념의 동요, 신앙의 위기에 대한 깊은 인식이라고 말할 수 있다. 바로 이러하기 때문에 중국의 역대 봉건왕조는 〈중농억상重農抑商〉을 기본국책으로 하지 않을 수 없었는데 바꾸어 말해서 농업을 근본으로 하고 상업을 말단으로 삼지 않을 수 없었다.

〈중농억상〉정책은 지주경제와 소농경제가 상호 의존하는 모순운동작용에 대해서 말하면 결코 하나의 간단한 경제정책이 아니며, 지주계급이 국가정권에 의거하여 전체 경제구조에 대해서 조정통제하는 방패인 것이다. 이러한 〈중농억상〉 노선의 관철은 시종 봉건사회의 후기 자본주의 요소의 맹아를 말살하고 사회의 발전을 방해하는 핵심적인 작용을 하였다.

이른바 〈중농重農〉이란 여러 층의 함의를 가지고 있다. 첫째는 소농을 보호하는 자연경제의 성질을 중시한다. 생산과 유통영역내에 있어서 소농과 개인수공업과 개인상업의 과다한 연계를 차단한다. 둘째는 소농에 대한 통제권을 중시한다. 역대 봉건왕조는 일찍이 여러 차례에 걸쳐서 〈호구를 검속하였는데 檢括戶口〉, 이것은 실제적으로 국가를 대표하는 황권지주皇權地主와 사가지주私家地主 사이에 소농통제권을 쟁탈한 싸움인 것이다. 셋째는 관념형태상 농업이 〈입국의 근본 立國之本〉이라는 사상을 수립하고 농사짓는 것이 〈백성의 바른 길 民之正途〉이라고 중시하며 노동력을 토지에 고정시키려고 힘껏 노력하였다. 그 궁극적인 목적은 소농경제의 보존 및 재건을 통해서 그와 서로 의존적인 관계에 있는 지주경제의 보존 및 재건을 하는 것이다.

소위 〈억상抑商〉이란 실제적으로 볼 때, 국가정권을 이용하여 경제생활을 강제적으로 간섭하고, 인위적으로 상품경제의 발전을 억제하여 소농을 기초로 하는 자연경제의 안정성을 유지하고 상품경제가 발전함으로 말미암아 나타나는 사상관념 방면의 변화를 방지하여 〈인심이 야박하게 되어 人心不古〉 정도를 벗어나는 데 이르도록 하는 것이다.

시행의 측면에서 볼 때, 봉건국가 정권의 〈억상〉은 주로 아래의 몇 가지로 요약될 수 있다. 첫째, 정치특권을 빙자하여 직접 약탈하였다. 예를들면 서한의 〈고민告緡〉령令, 당대의 〈차상借商〉, 〈세간가稅間架〉의 법, 송대의 〈경총제전經總制錢〉, 원명시기의 〈화매和買〉 등등을 들 수 있다. 둘째, 상품생산과 유통영역 내에서 독점을 실시하여 관영공업과 금각제도禁榷制度로써 상인 및 〈말작末作〉에 대해 엄격한 통제를 하였다. 셋째, 엄격한 〈금해禁海〉조치를 실시하여 해외무역을 제한 또는 금지하였다. 넷째, 정치상으로 차별하고 제한하며 유인하였다. 한대에는 『법률적으로 상인을 천시하였고 法律賤商人』《漢書·晁錯傳》, 아울러 상인이 『명주옷을 입을 수 없고 수레를 탈 수 없으며, ……그 자손은 벼슬을 하여 관리로 임명될 수 없다 不得衣絲車, ……子孫不得仕官爲宦吏』《史記·平准書》고 규정하고 있다. 이렇게 하여 상업상의 풍파와 지세상의 안정은 선명한 대비를 이루었고, 대부분의 상인은 『말단(상업)으로 재부를 이루고 근본(농업)을 이용하여 그것을 지키는 以末致財, 用本守之』《史記·貨殖列傳》 방향으로 나아가도록 강요하였다. 이러한 억상정책의 실행은 농업·공업·상업상의 정상적인 연계방도를 혼란시키고 가로막았으며, 상품경제의 발전으로 하여금 출발점에서 지주경제의 통제를 받게 만들었고 아울러 지주제 경제의 주기성에 따라 파괴하고 다시 중건하며 변화하도록 하였다. 그것은 전국 범위내에서 효과적으로 자연경제체계를 와해시킬 수 없었으며, 특히 서구에서처럼 자본의 원시누적과정을 형성할 수 없었다. 관영 상공업의 통제 속에서 매우 어렵게 성장한 개인수공업과 상업은 매우 큰 폭으로 제한되었다. 수공업 작업장은 장기적이고 지속적으로 확대재생산을 할 수 없었고 상업자본도 대량적이고 순리적으로 농업자본으로의 전환을 할 수 없었으며, 반대로 지세와 고리대로 흘러갔고 혹은 귀금속의 형식으로 저장되었다. 이렇게 해서 상업과 상품경제가 비록 일정한 시기 일정한 지역내에서 상당히 번영하는 정도로 발전하였지만, 그 성질로 볼 때 기본적으로 지주경제의 부용적인 기존격식을 뛰어넘을 수는 없었다.

마르크스는『상업은 길드수공업, 농촌 가정수공업과 봉건농업을 자본주의 경영으로 전환시키는 전제인 것이다』[4]라고 지적하였으며, 또한『상인자본의 존재와 발전이 일정 수준에 이르면 그 자신은 자본주의 생산방식 발전의 역사적 전제가 된다』[5]라고 하였다. 중국 역대왕조에서 관철된 〈중농억상〉 노선은 이 〈역사직 진제〉를 제대로 억제한 것이다. 이 때문에 자본의 누적과 사회재부의 집중, 시장의 확대와 무역의 발전, 농민소생산자의 고용노동자로의 전락, 과학기술상의 발명과 창조의 생산영역에서의 광범한 응용, 자산계급 계몽사상의 발전 등은 모두 매우 험난했으며 여러 번 좌절을 맛보았다. 자본주의 생산의 맹아는 순환적으로 말살되었으며, 중국사회는 지주경제와 소농경제의 상호 영축盈縮하는 운동 속에서 장기간 완만하게 발전하여 근대화의 문턱에 들어설 수 없었다. 특히 봉건사회의 끝 무렵에는 지주경제와 소농경제가 소장消長 운동하는 관성이 가속화됨에 따라, 또 사상상의 전제주의가 강화되고 봉건사회의 타성 요소가 증대됨에 따라 중국의 사회구조가 나날이 경직화되었다. 따라서 중국 고대사상문화 속의 부정적인 요소가 상승하여 중국사회의 전진하는 역량을 방해하였다.[6]

제2절 중국 봉건사회 정치구조의 기본 특징

1 가국동구家國同構

중국사회가 씨족제의 탯줄을 수반하고 문명사회의 문턱으로 들어갔기 때문에, 또한 중국 봉건경제사회의 내재적 본질의 영향으로 인해서 중국 봉건사회의 정치적 틀과 특징을 나타내게 되었다.

가국동구家國同構는 봉건정치구조의 제일 중요한 특징이다. 앞에서 말한 바와 같이 중국사회가 문명사회로 들어갔을 때 씨족제를 완전하게 청산하지 못했을 뿐 아니라 반대로 씨족제의 잔재를 보존하였다. 문명의 발전은 가족에서 국가로 이르렀고, 국가는 가족 속에 혼합되어 있었다. 통치자는 국가정권의 강제적 역량을 이용하여, 종법혈연의 생리와 심리적 기초를 이용하여 씨족제를 종법제로 발전시켰고 종법혈연의 유대로써 가정과 국가를 연결시켰다. 가정 내지 가족은 가家와 국國을 연결시키는 중개역할을 담당하였다. 동시에 구조적으로 가정은 국가의 축소된 모습이며, 국가는 가정의 확대된 모습이다.

고대중국에서 가정은 가부장家父長을 핵심으로 하고 있다. 황족의 적장자계승제를 핵심으로 하는 계통법繼統法의 존재와 사회조직 중의 영향으로 말미암아, 또한 종법관념의 내재적 요구로 말미암아 가장에 대한 〈효孝〉는 가정마다 구성원의 필연적인 의무가 되었고, 동시에 가족들의 선악 여부를 판단하는 가치기준이 되었다. 국가정권구조 중에서는 군주를 핵심으로 하는데, 중앙의 삼공구경三公九卿에서 지방의 주州·군郡·현縣의 장관에 이르기까지 하나의 엄밀한 사회조직체계를 이루고 있다. 이러한 체계 속에서 군주에 대한 〈충忠〉은 모든 신민臣民이 마땅히 수행해야 할 의무이며 동시에 정치상으로 개인의 품질과 가치를 판단하는 준칙인 것이다.

〈효〉와 〈충〉이라는 이 두 개념이 포괄하고 있는 범위와 관련되는 대상 및 효용성은, 〈효〉는 윤리범주에 속하고 그것의 관련대상은 가정 혹은 종족 중의 개인이며, 후배의 선배에 대한 공순한 태도로서 친족감정을 유지하고 가정을 본위로 하는 윤리체계에 협조하는 작용을 한다. 〈충〉은 정치범주에 속하고, 그것은 군주의 아래에 있고 다른 정치경제 지위에 처한 사람을 통솔하는 데 미치며, 하속下屬이 군상 및 그가 대표하는 국가정권에 대한 정치태도로서 통치를 유지하고 질서에 협조하는 작용을 한다.

현상으로 볼 때, 〈충〉〈효〉는 별로 상관이 없는 듯해 보이지만 실제적으로는 양자 사이에는 뗄 수 없는 연계성이 존재하고 있다. 이 연계의 교량이 바로 강상교의綱常敎義이다.

봉건 강상교의의 핵심은 〈삼강三綱〉이며, 즉 이른바 군위신강君爲臣綱·부위자강父爲子綱·부위처강父爲妻綱이다. 표면적으로는 단지 군신관계만이 정치와 관계가 있으며, 부자와 부부의 관계는 가족과 유관한 것으로써 서로 연계가 없다고 볼 수 있다. 그러나 강상교의의 신묘한 효용은 윤리수양으로 정치관계와 가족관계를 교류시키는 데 있다. 그것의 내재적인 원인은 바로 가국동구家國同構에 있다. 『천하의 근본은 나라에 있고, 나라의 근본은 가정에 있으며 가정의 근본은 개인에 있다 天下之本在國, 國之本在家, 家之本在身』고 하는 격언은 바로 가족 관계와 정치관계 사이의 본질적 연계를 중점적으로 개괄한 것이다. 나라에서 가정으로 다시 개인으로 향한다는 가르침은 그 충차가 높은 데서 낮은 데로, 거시에서 미시에 이르며, 그것이 설계하는 주체는 군주(또는 국가)이며 나라를 다스리는 데에는 반드시 개인의 수양을 먼저 할 것을 강조하고, 백성을 교화하는 데 착안점을 두며 전체의 효응으로부터 개체의 수양을 본다. 이러한 나라──가정──개인이라는 가르침의 이면적 표현은 『개인이 수양되어야 가정이 다스려지고, 가정이 다스려져야 나라가 다스려지고, 나라가 다스려져야 천하가 평온해진다 修身而家齊, 家齊而國治, 國治而天下平』는 의미이다. 이것은 개인에서 가정으로 가정에서 다시 국가로 향하고, 낮은 곳에서 높은 곳으로, 미시微視에서 거시巨視로 향하며, 그것이 설계하는 주체는 개인이며, 수신을 해야 비로소 나라를 다스릴 수 있음을 강조하였고, 개체의 수양을 증대하는 데 착안점을 두며, 개체의 수양으로부터 전체의 효응을 실현시킨다. 가정과 국가의 동일구조는 전체의 효응을 구하는 통로이며, 나라에서 가정으로 다시 개인으로 향하는 것과 개인에서 가정으로 다시 나라로 향하는 이러한 두 가지 형식의 대응과 운동은 〈쌍향동구운동雙向同構運動〉이라고 말할 수 있다. 이러한 쌍향동구운동은 필연적으로 동구同構의 효응을 획득한다. 이러한 동구효응의 획득은 윤리정치의 작용에 달려있다. 왜냐하면 통치자의 설계에 따라 『군자는 부모를 섬기는 데 효를 다하므로 효를 다하는 마음을 옮겨서 군주에게 충성을 다할 수 있다. 충과 효는 근본이 같기 때문이다. 형을 섬기는 데 공경을 다하므로 이 공경을 다하는 마음을 옮겨서 윗사람에게 공순할 수 있다. 집안에서 잘 다스리므로 이 마음을 옮겨서 국가를 잘 다스릴 수 있다. 君子之事親孝, 故忠可移於君, 事兄弟, 故順可移於長, 居家理, 故治可移於官』《孝經·廣揚名》동시에 『그의 사람됨이 부모에게 효도하고 형을 경애하는데 오히려 윗사람의 뜻을 거스르기 좋아하는 사람은 매우 드물며, 윗사람 뜻을 거스르기를 좋아하지 않으면서 오히려 모반을 좋아하는 사람은 여지껏 있은 적이 없다. 其爲人也孝悌, 而好犯上者鮮矣, 不好犯上而好作亂者, 未之有也』《論語·學而》이것은 종족의 어른에게 효도하는 가정의 종법 윤리정감을 국가 조정에 충성하는 정치관념으로 변환시킨 것으로, 가정으로부터 국가로 바뀌어 정감의 전의를 완성한 것이며 여러 가지 출현 가능한 이단사상을 형태도 없이 제거한 것이다. 윤리정치의 작용은 가정과 국가가 일체인 구조를 이용하고, 가정 (또는 가족)이라는 매개체를 통하여 개인과 국가를 일치시키는 데 있다. 그래서 공자는 『부모에게 효도하고 형제끼리 우애가 있으면, 이러한 가풍을 정치체계로까지 확산시켜 나가는 것, 이것 역시 정치에 참여하는 것인데 어째서 반드시 벼슬을 해야만이 정치에 참여한다고 하겠는가? 惟孝友於兄弟, 施於有政, 是以爲政, 奚其爲政?』《論語·爲政》라고 하였다. 이것은 한 가지 문제의 양면을 반영한 것으로 한 방면은 가족의 정치화이고 다른 한 방면은 국가의 가족화인데, 윤리정치의 효용은 바로 여기에 있다. 마땅히 지적되어야 할 것은 이러한 윤리정치의 목적은 결코 몇몇 사람이 말하는 것과 같이 그러한 것이 아니라 이른바 보편적인 사랑, 즉『남의 가정 보기를 나의 가정 보듯이 하는 것 視人之家若己之家』을 실행하기 위한 것이며, 윤리친정으로 모순을 약화시켜 〈군위신강君爲臣綱〉의 통치작용을 강화하는 것이다. 이 가족의 정치화와 국가의 가족화라는 두 개의 길을 통하여, 통치자는 〈윗사람의 뜻을 거역하고 모반을 일으키는 것 犯上作亂〉을 방지하는 책임을 가정 및 가족관계를 통하여 각 가장·족장·부친·남편에게 나누어 분담시킨다. 이리하여 정치와 통치의 효용은 사회상 보편적으로 존재하는 부자와 부부관계를 통하여 사회의 곳곳에 스며들었다. 게다가 저명한 학자 왕아남王亞南이 제시한 바와 같이『가족과 정치는 연대책임이 있다. 권하는 것이 있는 경우에는 바로 「한 사람이 성불을 하면, 닭과 개 같은 미물도 모두 신선이 되고 一人成佛, 鷄犬皆仙」「온 집안에 경사가 있게 된다 滿門有慶」, 징벌하는 것이 있는 경우에는 한 사람이 법을 어기면 구족九族이 연좌된다. 그 결과 아버지는 자식에게 권면하고 아내는 남편을 장려하여 모두들 현상에 안주하고 현상 속에서 〈장구한 진보〉를 추구하며, 안녕·부유·존귀·영달을 추구하는데 그래서 천하는 〈태평〉해진다.』[7] 이러하기 때문에 중국 봉건사회에서 아버지는 자애롭고 자식은 효도하며 아내는 순종하는 윤리관념으로 이루어진 가정관계는 바로 군주는 은혜롭고 신하는 충성하며 백성은 순종하는 국가사회관계의 축소된 모습이다.

이러한 가국동구家國同構의 정치구조는 봉건사회의 물질재생산과 인구재생산 및 정신재부재생산의 제약을 받아서 직접 가국동구의 쌍향운동에 영향을 주었다. 그것의 협애성狹隘性과 실용성의 영향을 받아, 가정과 국가의 직능은 주로 기존질서에 대한 유지 및 윤리정취에 대한 추구로 나타났다. 씨족제라는 탯줄의 존재는 수공업과 농업을 시종 밀접하게 결합시켰는데, 마르크스가 말한 바와 같이 사회를 〈한정된 소천지〉 속에 속박시켜서 가국동구의 정치구조로 하여금 부단히『동일형태에 따라 재생산되게 하였다.』

2 세경세록世卿世祿과 관료제도

중국 봉건사회 정치구조의 또 하나의 주요한 특징은, 하나의 2천 년간 연속된 군주전제의 관료 정체政體와 그것과 상응된 관료계급이 존재한다는 것이다. 일찍이 어떤 사람은, 단계적으로 구분해서 볼 때, 중국 봉건사회의 정치구조는 대체적으로 두 단계로 나눌 수 있다고 지적하였다. 서주西周로부터 춘추春秋시기까지는 종법제도를 기본원칙으로 하는 단순한 정치구조이며, 구체적으로는 세경세록제世卿世祿制로 표현된다. 진한秦漢 이후는 종법제의 사회 기초 위에서 건립된 관료제를 기초원칙으로 하는 정치구조이다. 전국시대戰國時代는 종법제도의 정치구조로부터 관료제의 정치구조로 바뀌어가는 전환시기이다.

이른바 종법宗法이란, 곧 종족의 법이다. 그것은 씨족사회의 부계가장제로부터 변화발전되어 이루어진 것으로, 주대에서는 정권의 분봉제分封制를 결합시켜 완비되었으며, 봉건사회에 있어서는 점차적으로 종족을 범위로 하는 족권통치로 발전되었다. 주대에서 종법제의 구체적 내용은 천자는 대대로 물려받으며, 각 대의 전자는 석장자의 신문으로 무위父位를 계승하여 다음대의 전자가 되며 시조를 받들어 제사하는데 이것을 〈대종大宗〉이라고 부른다. 적장자는 토지와 권위의 법정계승자이며 그 지위는 가장 존귀하며 이것을 〈종자宗子〉라고 부른다. 적장자의 동모제同母弟와 서형제庶兄弟는 제후에 봉해지며 〈소종小宗〉이라고 불리운다. 각 대의 제후도 적장자가 부위를 계승하고 시조는 대종으로 받들어지고 그의 여러 아우들은 경대부卿大夫로 봉해지며 소종이 된다. 각 대의 경대부도 적장자가 부위를 계승하며 시조는 대종으로 받들어지고 그의 여러 아우들은 사士가 되고 소종이 된다. 사의 장자는 여전히 사가 되며, 그의 여러 아우들은 평민이 된다. 제후는 천자에 대해서는 소종이지만 그러나 본국에서는 대종이 된다. 이러한 적장자에 의해 세습되는 제도는 관직상에서 〈세경세록世卿世祿〉제도라고 불리운다. 이러한 세경세록의 종법제 아래에서 대종과 소종 사이에는 군신의 예속 관계가 있음을 알 수 있다.

종법제도는 통치자의 내부 모순을 조절하고 분봉제를 공고하게 하는 작용을 한다. 종법제도는 존조경종尊祖敬宗을 제창하며, 조상에 대한 존경은 제사로 표현되는데, 이른바 『국가의 대사는 제사와 전쟁에 있다 國之大事, 在祀與戎』《左傳·成公十三年》라는 말은 그것의 구체적인 반영이다. 그러나 모든 자손에게 조상에 대해 제사지낼 자격이 있는 것은 아니며 단지 대종에게만이 시조의 제사를 주관하는 특권이 주어지게 된다. 반드시 조상을 존중해야 하지만 자신에게는 조상에게 제사지낼 권한이 없는 사람은 하는 수 없이 시조를 제사지낼 수 있는 대종을 공경해야 한다. 이리하여 대종의 지위는 제사를 주관할 특권이 있기 때문에 매우 중요하다. 적장자가 부친의 권위를 계승하고, 여러 서자는 분봉分封되어 종법 혈연관계의 친소에 따라『백성을 나누어 주고 영토를 나누어 주는 것』은 당연한 이치인 것이다. 종법제는 분봉제를 유지하고 있고 층층으로 분봉을 하는데, 종족에는 순서가 있으며 족권은 정권과 서로 결합하여 실제상으로는 종법조직을 국가조직으로 변화시켜서『왕은 제후를 신하로 삼고 제후는 대부를 신하로 삼으며 대부는 사를 신하로 삼는다 王臣公, 公臣大夫, 大夫臣士』《左傳·昭公七年》는 하나의 피라밋 모양의 정치등급구조를 형성하였음을 알 수 있다. 이것은 가국동구라는 정치구조의 특징을 반영한 것이며, 동시에 이러한 동일구조로부터 조성된 효용을 설명한 것이다.

춘추시대와 전국시대 사이에 사회의 기본 경제구조는 종족 본위로부터 가정 본위로 전환되었으며, 정치구조의 기본원칙이 되는 종법제는 유지되기가 어려웠다. 전국시대 이후로는 종법제의 사회기초가 되는 관료제의 정치구조로 변화 발전되었다. 관료제는 국가의 정치구조 속의 기본적인 조직의 원칙이 되었다. 물론 종법제는 그래도 소멸되지 않고 적용의 한계를 가족관계라는 범위내로 규정하였으며, 아울러 관료제 사회의 기초가 되었다.

관료제는 국가 정치구조의 기본원칙이며, 장상將相과 대신大臣으로부터 군수郡守와 현령縣令에 이르기까지 모두 황제에 의해 임명되고, 군권軍權과 재권財權은 모두 황제에 의해서 장악되었으며 중앙집권적 통일을 조성하는 정치국면에 유리하였다. 종법제는 국가 정치구조의 기본원칙으로 이것과 상반된다. 각급의 영주領主는 모두 전면적인 자주권自主權을 향유할 수 있기 때문에 그것이 조성하는 정치국면은 필연적으로 크고 작은 제후국이 제각기 독립하여 분산·할거割據해서 분쟁을 야기시킨다. 이 때문에 통일 추세가 강화됨에 따라 정치구조상에서 관료제가 종법제를 대신하는 것은 역사적으로 필연성을 띠게 되었다. 국가의 중앙집권과 통일을 유지하려면 반드시 관료제의 정치구조원칙을 실행하여야 한다. 그런데 이러한 관료제는 또한 반드시 종법제를 사회의 기초로 삼아야 하는데, 왜냐하면 어떤 봉건왕조라도 모두 〈가천하家天下〉의 원칙을 실행해야 하며, 〈국가〉는 언제나 황제의 한 〈집안〉의 〈국가〉이기 때문이다. 이밖에 전체 사회의 기본경제구조는 농업과 가정수공업이 서로 결합된 가족을 본위로 하는 자연경제구조이며, 또한 종법제를 사용해야만이 그것의 안정을 유지해나갈 수 있다. 만일 종법제를 사회의 기초로 삼지 않으면 관료제의 정치구조는 건립될 수가 없다. 이 때문에 종법제와 관료제는 상보적인 작용을 하고 서로 표리가 된다고 말할 수 있다.

관료제가 세경세록의 종법제를 대신하는 것은 국가통일의 역사적 요구일 뿐만 아니라 신흥지주계급의 사유경제를 발전시킬 것을 요구하고 정치무대로 올라설 것을 요구하는 필연적인 결과이다. 그들은 투쟁의 방향을 영주의 특권을 유지하는 세경세록제도로 돌렸다. 역사적 기록에 의하면, 상앙의 변법은 세경세록제도를 취소하고 종실 귀족이라도 만일 군공軍功이 없으면 종실 명단에 오를 수 없고 귀족의 특권을 향유할 수 없도록 하였다.『나라에서는 공로에 따라 관작을 수여하였으며 國以功授官予爵』《商君書·斬令》『법에 따라 다스리고 공로를 논하여 상을 주었다. 緣法而治, 論功而賞』《商君書·君論》

장기간의 투쟁을 거쳐서 전국시대에 이르러서는 신흥지주계급은 전후로 취득된 정권을 이용하여 변법變法을 진행하고 세경세록제도를 말살하였으며, 군주를 우두머리로 하는 봉건관료제도를 확립하였다.

관료제는 세경세록를 대신하고 〈사士〉계층이 형성되어 중용되는 것과 밀접한 관계를 가지고 있다. 전국시기에는 이미 독립된 신분을 가지고 자기의 정치이상을 실현하기 위해서 사방으로 유세하러 다니는 일부의 사士가 출현하였다. 통치자는 모략을 잘하여 상대와의 전쟁을 승리로 이끌기 위하여 다투어 사를 양성하여, 사를 양성하는 기풍이 성행하기에 이르렀다. 이들 사는 훗날에 점차적으로 일정한 행정사무를 담당하는 관료로 전환되었다. 사의 임용은 세경세록제도를 타파하고 군주의 권력집중을 건립하는 중요한 절차라고 할 수 있다.

진한 이후, 중국 봉건사회 정치구조의 한 가지 기본적인 특징은 유생사대부를 주요성분으로 하는 방대한 관료 후비군後備軍이 있다는 것이다. 서한 초에 유방劉邦은 현자를 구하는 조령詔令에서 말하기를『현사대부 중에서 기꺼이 나를 따를 자는 내가 존귀하고 영달하게 해줄 수 있다 賢士大夫有肯從我游者, 吾能尊顯之』고 하고, 또한『천하에 포고하여 짐의 뜻을 분명하게 알리도록 하라 布告天下, 使明知朕意』《漢書·高帝紀》고 하였다. 이것은 이미 진나라의 군공작제도軍功爵制度와는 그 취지가 크게 다른 것이다. 서한 중기에는 〈찰거察擧〉와 〈징벽徵辟〉이라는 관리선발제도가 실시되어 유생들의 참정을 위한 제도가 생기게 되었다.『무제 즉위 초부터 위기와 무안이 승상이 되고 유학이 흥성하였다. 동중서의 대책에 이르러, 공자가 존숭되고 백가를 억눌러 물리쳤으며, 학교의 관을 세우고 주군에서는 무재와 효렴을 천거하였는데 이것은 모두 동중서로부터 시작된 것이다. 自武帝初立, 魏其武安爲相而隆儒矣. 及仲舒對策, 推明孔氏, 抑黜百家, 立學校之官, 州群擧茂材, 孝廉, 皆自仲舒發之』동중서의 구체적인 주장은『여러 열후와 군수 및 2천 석으로 하여금 각각 그 백성 중의 현자를 택해서 해마다 각 2인을 공출하여 숙위 벼슬을 준다 使諸列侯郡守二千石, 各擇其吏民賢者, 歲貢各二人, 以給宿衛』《漢書·董仲舒傳》는 것이다. 한대에는 또한 오경박사五經博士가 설치되었으며 관료들은 대부분 유생사대부 출신인데, 이것은 사대부계에게 출세의 길을 열어주어 관료후비군의 장대해짐을 자극하였다.[8] 도희성陶希聖과 심거진 沈巨塵의 1936년 글에 의하면, 한대에는 이미 〈문관제도文官制度〉가 건립되었다.[9] 이러한 문관제도의 건립은 유생 참정이 이미 제도화되었음을 나타내 주고 지식인이 관료의 후비군으로서 이미 통치자의 허가를 받았음을 의미한다. 이후에 찰거·징벽으로부터 과거제로 발전하여 특히 관료제를 더욱 완벽하게 하였으며, 따라서 봉건사회 속의 관료 정치구조의 중요내용을 구성하였다.

3 군권지상君權至上

군권지상君權至上은 중국 봉건사회 정치구조의 또 하나의 기본적인 특징이며, 구체적으로는 중앙집권과 군주전제로 표현된다.

진시황秦始皇이 전국을 통일하여 통일된 지주경제地主經濟를 건립하는 동시에 위로부터 아래로 향하고, 황제에 의해 대권이 총괄되는 통일된 정권구조를 건립하였다. 황제는 최고의 통치자로서 스스로를 〈짐朕〉이라 일컫고, 모든 정사를 독단적으로 처리하며 『천하의 일은 대소를 막론하고 모두 황제가 결재하였다. 天下之事無大小皆決於上』《史記·秦始皇本記》 황제의 의지는 곧 법률이다. 중대한 국가의 일을 당하면 황제는 비록 〈조의朝議〉를 소집하지만 최후에는 황제 한 사람의 의사에 의해 결정된다. 황제 집권은 봉건전제주의 중앙집권제의 핵심이다. 황제 아래에는 중앙에 삼공구경三公九卿이 있고, 지방에 군위 현령(현장) 및 〈삼로三老〉 등의 관리가 있어서 하나의 엄밀한 통치망을 구성하였다.

진나라를 이은 한나라는, 진나라의 관제를 답습하고 아울러 조정을 통하여 중앙관료기구를 강화시켰다. 한대의 삼공三公은 이미 정사를 간섭하지 않았고, 완전히 황제 개인의 〈궁관宮官〉이 되어 거의 한직이 되었다.(《文獻通考·三公總序》를 참고) 그러나 서한 초기에 승상의 권력은 매우 커지고 위망 또한 높아져서 황권皇權과 상권相權의 모순이 발생하였다. 그 결과 언제나 상권이 축소되고 황권이 강화됨으로써 해결되었으며 따라서 전제주의의 중앙집권이 강화되었다. 서한 중기 이후, 승상의 지위에는 명확한 변화가 일어났다. 하나의 변화는 승상丞相·태위太尉·어사대부御史大夫가 각각 대사도大司徒·대사마大司馬·대사공大司空으로 명칭이 변경되어 민정·군사·토목의 경영을 나누어 장악하게 된 것이다. 원래 어사대부가 주관하던 문서작업은 내정內廷에서 문서를 보관하던 상서령尙書令에 의해 대체되고, 그 감찰직권은 전적으로 어사중승御史中丞에 속하게 되어 중국 봉건사회에서 최초로 건립된 전문 감찰기구인 어사대御史臺가 나타나게 되었다. 이러한 변화는 분명히 황권을 강화하고 상권을 약화시킨 것이다. 원래 승상은 정무를 총괄하고, 단독으로 책임을 지는 최고의 행정장관이며, 관작은 열후로서 녹봉으로 1만 석을 받으며 매월 6만 전을 받지만 어사대부는 부상副相에 상당하고 녹봉으로 중이천석中二千石을 받아서 차이가 매우 크다. 삼공三公이 삼사三司로 고쳐진 이후에 삼자간의 지위는 평등하게 되고 1인책임제는 3인책임제로 변화되었으며, 3인은 서로 지배하거나 종속되지 않고 황제에게만 책임을 졌다.

또 하나의 변화는 〈중조中朝〉와 〈외조外朝〉의 출현이다. 한무제 시기에, 문치무공文治武功이 증가함에 따라 황권은 한 걸음 더 상승하였고, 황제는 지위가 비교적 낮은 내정에서 일을 처리히는 사람을 선발 등용하여 조정에 참여시키기 시작하였다. 그 가운데 황제를 위해서 문서를 관장하는 상서는 더욱 장주章奏를 독점하고 중요한 부분을 장악하였다. 어떤 때는 환관에게 〈중서령中書令〉의 칭호를 주어 국사에 참여시켰다. 이들은 점차 궁내의 결책決策기구를 형성하여 〈중조中朝〉라고 불리웠으며 승상을 우두머리로 하는 행정계통인 〈외조〉와 대립하였으며 줄곧 대등한 지위에서 맞섰다. 〈중조〉와 〈외조〉의 출현은 봉건 정권체제의 하나의 중요한 변화이며, 그것은 황제와 승상의 권력분배상의 모순과 황권의 강화를 반영하였다. 중국 역사상 자못 특색을 갖추고 있는 〈삼성제三省制〉의 형성으로부터 파괴에 이르기까지의 전과정을 종합하여 관찰해 보면, 군주전제 아래에서 재상제도의 부단한 변화발전은 군권이 상권相權을 제한한 필연적 반영이라고 말할 수 있다. 〈삼성제〉의 역사적 과정은 군권과 상권이 상호 투쟁하고 소장消長하는 과정이다. 〈삼성제〉의 파괴는 결국 전제정권체제하의 군권지상이 하나의 동요될 수 없는 원칙임을 표명해 주었다.

한나라 이후 역대의 봉건왕조는 기본적으로 〈진한의 제도〉를 답습하여 정권구조와 조직형식을 막론하고 모두 근본적인 변화가 없었는데, 이것은 중국 봉건사회의 경제구조와 의식형태 및 봉건사회 유기체 중의 여러 재생산의 상황과 분리할 수 없는 것이다.

군권지상의 또 다른 중요한 일면은 군권이 신권보다 높다는 것으로 표현된다. 이것은 중국 봉건사회가 서방과 구별되는 중요한 특징이다. 중국 고대에 있어서는 귀족분권의 〈공화제共和制〉 혹은 〈신권〉이 〈황권〉을 압도하는 〈교황제教皇

制)가 발생할 수 없었다. 이것은 중국 봉건사회 경제구조의 여러 특징과 밀접한 관계가 있다. 동시에 또한 중국 봉건사회의 의식형태(비단 유가사상만은 아니다)와 밀접한 관계가 있다.

사회조직으로 말하면, 중국 봉건사회는 종법혈연관계를 유대로 하는 가족관계 위에서 건립되었으며, 국가관계와 군신(군민)관계는 단지 가정관계와 부자관계의 연장이다. 사람들은 온정이 맥맥히 흐르는 윤리장막 속에서 생활하는 것에 익숙해졌고, 사람과 사람의 관계 및 사람과 자연의 관계는 완전히 정감화되고 윤리화되었다. 이러한 사회윤리가 누적된 결과, 사람들은 윤리친정을 흐뭇해하고 현실의 인간관계의 파악에 치중하였으며, 아울러 그 가운데서 심리적인 만족을 얻었다. 그리하여 현실을 초월하는 것에 대하여 피안세계로부터 정신적 위안을 찾는 신학설교를 기도하였으며, 사람들은 열정을 발생시킬 수 없게 되었다. 다른 방면으로는, 천하 사람들의 아버지(君父)로 자처하는 군주는 직접 신민의 생활에 간섭하고 자연경제를 통해 도야되어 나온 윤리정취와 신민을 서로 교류시켜서 자기의 권력과 위세를 사회의 각 분야로 스며들도록 하였으며, 결코 속세에 초연한 신권이 그 사이에 자리잡는 것을 허용하지 않았으며 더욱이 신권이 황권을 능가하는 것을 허용하지 않았다. 비록 황제를 신격화하여 장차 교주로 만드려고 하였더라도 중국에서는 실행될 수 없었을 것이다. 한대 동중서는 신학운동을 하여 한무제를 신격화하고 유학을 신격화하고자 하였지만 끝내 성공하지 못하였던 사실로써도 이 사실은 충분히 증명이 된다. 황제가 필요로 하는 것은 『넓은 하늘 아래 왕의 토지가 아닌 것이 없고, 사해 안에 왕의 신하가 아닌 사람이 없다 普天之下, 莫非王土, 率土之濱, 莫非王臣』《詩經·小雅·北山》『육합의 안이 황제의 땅이고 ……사람의 인적이 이른 곳에 신하 아닌 자가 없다 六合之內, 皇帝之土 ……人迹所至, 無不臣者』《史記·秦始皇本記》는 현실인 것이다. 기타의 신학설교도 황제의 전제권력을 손해 입히지 않는 것(예를들면, 도교의 연단煉丹과 장생불사를 추구하는 약)을 제외하고는 발 붙이고 서있기가 어려웠다.

총괄적으로 말해서, 전제주의의 강화는 중국 봉건사회 정치구조 발전의 전반적인 추세이며, 그것은 군권이 나날이 증대되는 것으로 집중 표현된다. 그 사이에 비록 부문체계 가운데 중앙과 지방, 권력체계 속의 황권과 상권의 모순이 존재하고 있지만, 그러나 통제자는 봉건사회 지주경제와 소농경제가 상호 영축盈縮하는 독특한 재생기능을 이용하고 봉건적인 의식형태를 이용하여, 관계를 조정하고 모순을 해결하여 군권의 강화를 역전시킬 수 없는 추세로 만들었다.

위에서 중국 봉건사회 경제구조의 기본 특징은, 이러한 정치구조가 종법제를 기초로 하고 종족윤리를 본위로 하며 관료제를 골격으로 하고 군권지상을 핵심으로 하는 전제주의의 구조임을 설명하였다. 이러한 정치구조는 봉건사회의 전기에서 일찍이 생산력 발전상황에 적응하고 생산력 발전을 촉진하는 작용을 하였다. 그러나 봉건사회발전의 후기에 들어와서는 그것은 점차로 사회생산력의 발전을 가로막는 질곡桎梏이 되었으며, 신사상과 신관념이 성장을 하는 데 장애가 되었다. 특히 상품경제가 발흥한 오늘날 개혁은 나날이 심화되고, 정치적 민주화를 요구하는 외침은 나날이 높아졌으며 정치체제의 개혁은 이미 의사일정에 올라있으며, 중국 봉건사회 정치구조의 요소 및 그것을 포함하고 있는 사상체계는 이미 전통사상문화 중에서 마땅히 버려야 할 무용지물이 되었다. 여기에 대해서 중국인은 충분한 인식을 하여야 할 것이다.

【중 편】

　이상의 3장에서 우리는 중국문화의 변천과 시대구분, 중국
문명 발전의 특수 경로, 중국 봉건사회의 경제·사회구조와
정치구조의 기본적인 특징에 대해서 연구검토하여, 중국문
화발전의 대체적인 실마리, 특히 중국문화발전의 속배경을
총체적으로 이해하였다. 본편에서 중국문화의 주체적인 내용
에 대해서 역사적인 기술을 서술함과 동시에 논리적 해석을
하여 중국문화의 기본지식에 대한 이해를 높이고 중국문화의
정신적인 면모를 정확하게 파악할 수 있도록 할 것이다.

제 3 장

주체정신을 발양한 유가儒家

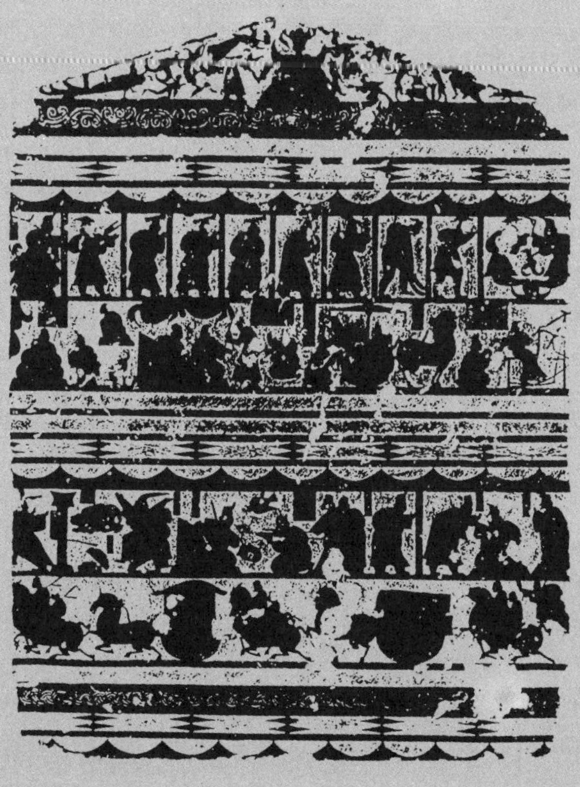

유가사상儒家思想은 중국문화의 기본 줄기의 하나이다. 성실하게 유가사상의 변화발전 및 그 내재적 특질을 연구토론하는 것은 우리가 중국문화사상의 지위와 작용에 있어서 유가사상을 인식하는 데, 또 과학적으로 중국문화를 평가하는 데 있어 매우 중요한 의의를 갖고 있다.

제 1 절 선진유가의 인정화된 윤리친정倫理親情

1 범애중이친인泛愛衆而親仁

공자로 대표되는 유가사상은 춘추전국시기에 발생했다. 그 당시는『예를 제정하고 음악을 제작하며 출병을 결정하는 것이 제후에게서 나왔다 禮樂征伐自諸侯出』『대부의 가신이 국가의 정권을 잡았다 陪臣執國命』『천하가 혼란하다 天下無道』《論語 · 季氏》 등으로 표현되는 시기였다. 사회는 노예제에서 봉건제로 향하는 극렬한 혼란시기에 처해 있었다. 사상의 영역에 있어서 서주시기 이래로 천명신권天命神權관념은 이미 동요되었으며, 종법등급제도를 반영하고 유지하는 주나라의 〈예禮〉도 이미 붕괴되었다. 공자는 이러한 변화에 대해서 부정적인 시각을 갖고서, 주대의 예를 준칙으로 해서 구축된 사회제도 및 이러한 제도로부터 생성된 사회질서가 회복되기를 희망하였으며, 기존상태하에서 안정되고 편안한 생활을 추구하여 심성으로 하여금 만족을 얻을 수 있기를 바랐다.

주례周禮를 회복하고 자기의 정치이상을 실현하기 위해서 공자는 〈인仁〉을 핵심으로 하는 일련의 학설을 내놓았다. 〈인〉은《상서尙書 · 금등金騰》의『나는 인후하고 효성이 지극하다 予仁若考』에 최초로 나타났으며 일종의 좋은 품덕을 가리킨다. 청대의 단옥재段玉裁는《설문해자주說文解字注》에서『혼자면 둘이 나란히 서서 밭을 갈 수 없으며, 둘이면 나란히 서서 밭을 갈면 서로 친해진다. 그래서 이 글자는 〈인人〉과 〈이二〉에서 나왔다 獨則無耦, 耦則相親, 故字從人二』고 하였다. 공자가 말한 인은『사람을 사랑하는 것 愛人』《論語 · 顔淵》에서는 인의 이러한 의미를 취했을 가능성이 있다. 공자가 말한 〈예〉는 주로 일종의 사회 · 정치제도이고 그 다음은 윤리규범으로서 〈인〉은 순수한 일종의 도덕적 관념 또는 품성이다. 그것은 다방면의 정감원칙을 포함하고 있으면서 또한 사람들의 복잡한 심리요소를 구성하고 있다. 공자가 구체적으로 이러한 범주를 운용할 때, 대체로 다른 함의를 가지고 있다. 비교적 대표적인 적은 그와 안연의 대화에서 엿볼 수 있다.

안연이 인을 어떻게 실천하는가를 여쭈었더니 공자가 대답했다.『자기의 욕망을 억제하고 말과 행동을 예에 맞게 하는 것이 바로 인이다. 하루를 이렇게 하면 세상 사람들이 모두 예가 어진 사람이라고 칭찬할 것이다. 인을 실천하는 것은 완전히 자기에게 달려있으니 어찌 다른 사람에 의거한다고 할 수 있겠는가?』

안연이 여쭈었다.『저에게 몇 가지 행동의 강령을 가르쳐 주시기 바랍니다.』공자가 대답했다.『예에 부합하지 않는 일은 보지 말 것이며, 예에 부합하지 않는 말은 듣지 말 것이며, 예에 부합하지 않는 말은 입 밖에 내지 말 것이며, 예에 부합하지 않는 일은 하지 말아야 한다.』

안연이 말했다.『제가 비록 느리고 둔하지만 선생님의 이 말씀에 따라 해나가겠습니다.』

顏淵問仁. 子曰:『克己復禮爲仁, 一日克己復禮, 天下歸仁焉. 爲仁由己, 而由人乎哉?』顏淵曰:『請問其目?』子曰:『非禮勿視, 非禮勿聽, 非禮勿言, 非禮勿動』顏淵曰:『回雖不敏, 請事斯語矣』《論語 · 顏淵》

여기에서 인은 도덕수양문제에 속하는 범주이며, 일종의 가장 완전무결한 도덕품성임을 알 수 있다.

공자사상체계의 총괄적인 각도에서 볼 때, 인은 그 가운데를 꿰뚫고 있어 각 범주를 연결하는 매개역할을 하며 동시에 각 범주와 언행의 총강總綱이다.

정치작용으로 볼 때, 인은 예의 정신적 지주이며 인과 예는 일체이다. 공자는 일찍이『사람이 되어서 인의 품덕을 갖고 있지 못하면 어떻게 예의제도를 대할 수 있겠는가? 사람이 되어서 인의 품덕을 갖고 있지 못하면 어떻게 음악을 대할 수 있겠는가? 人而不仁, 如禮何? 人而不仁, 如樂何?』《論語 · 八佾》라고 개탄한 적이 있다. 즉 사람이 만일 인의 관념과 품성을 갖추고 있지 않으면 정확하게 예의제도禮儀制度와 음악을 대할 수 없다는 것이다. 또한 공자는〈극기복례克己復禮〉하기만 하면 인仁이라고 할 수 있고 인을 실현시킬 수 있다고 보았다. 이 때문에 자기의 욕념을 극복하고 보고 듣고 말하고 행동하는 것을 모두 예에 부합되게 하면 곧 인을 체현하는 것이 되므로 인과 예는 하나로 융합되어 일체가 됨을 알 수 있다. 공자가 볼 때, 주례周禮는 가장 완벽한 정치제도 및 윤리규범이며 인은 가장 완벽한 도덕관념 및 품성인 것이다. 예는 도덕의 표준이며 인은 도덕의 속성인데 인의 품성을 구비하기만 하면 예에 위배되는 일은 할 수가 없다. 공자의 이른바『만일 인덕을 실행하는 것에 뜻을 두면 언제나 나쁜 점이 없을 것이다 苟志於仁也, 無惡也』《論語・里仁》는 가르침은 결국 인이 사람의 도덕수양을 촉진시키고 사상의 경계를 제고시켜 더욱 예를 잘 집행할 수 있으며, 이렇게 해서 악도 생겨날 수가 없음을 말하는 것에 지나지 않는다. 여기에서 예는 강제성을 갖춘 객관적인 제도와 규범이고 인은 주관적인 도덕수양 및 내심의 자각이며 양자는 상호 인과가 되어 종법제 사회제도를 유지하는 데 이바지하였다.

수양의 주체로 볼 때, 공경함(恭)・관대함(寬)・성실함(信)・근면함(敏)・은혜로움(惠) 등의 다섯 가지 품덕은 인을 실현시키는 구체적인 요구이다. 자장子張이 인의 문제를 가지고 청했을 때, 공자는 공경함・관대함・성실함・근면함・은혜로움 등 다섯 가지 품덕의 효용을 구체적으로 분석하였다. 즉『공경하면 모욕을 받지 않고, 관후하면 대중의 옹호를 얻을 수 있고, 성실하면 남에게 임용될 수 있고, 근면하면 작업의 효율을 높여 크게 공헌할 수 있고, 은혜로우면 사람을 부릴 수 있다. 恭則不侮, 寬則得衆, 信則人任焉, 敏則有功, 惠則足以使人』《論語・陽貨》 다시 말해서 사람됨이 장중하면 모욕을 받지 않고, 남을 관대하게 대우하면 남들에게 옹호받을 수 있고, 사람이 성실하면 임용될 수 있고, 일처리에 민첩하면 좋은 효과와 이익을 거둘 수 있고, 남을 자혜慈惠롭게 대하고 남에게 좋은 것을 주면 남을 부릴 수 있다. 이것은 실제상 온유돈후溫柔敦厚한 군자의 인격을 이용하여 주체적인 수양을 규범화시키고 나아가서 인간관계人間關係를 조절하여 개인의 이상을 실현시키는 것이다.

종법혈연관계로 볼 때, 효제孝悌는 인을 실천하는 근본이다. 앞에서 서술한 대로 중국사회는 문명이라는 문턱으로 뛰어넘었을 때 씨족제라는 탯줄을 보유하였다. 주대 통치자는 이러한 문명의 조숙한 특징을 이용하여 씨족제를 종법제로 발전시키고 종통宗統을 이용하여 군통君統을 유지하였으며 족권族權을 이용하여 정권政權을 공고하게 하였다. 가정과 국가의 동일구조는 사람들의 종법혈연의 윤리정감의 교융交融과 대류對流로 하여금 사회조직의 체계를 갖게 하였다. 주대의〈존존尊尊〉의 사회등급제도는 곧〈친친親親〉의 종법정감의 기초상에서 건립되고 공고화되었다. 공자가 볼 때, 주례의 통치질서를 회복시키고 공고히 하는 것이 바로 인이며 이것은 반드시 가족 내부의 관계로부터 착수하여야 하는데, 이 때문에 효제를 제창하고 사람들이 효제의 품덕을 갖추도록 배양하는 것에 주의하여 곧 공자 인학仁學의 하나의 중요한 내용을 이루었다.

　　공자는 청소년이 『부모의 곁에 가면 곧 부모에게 효도하고, 자기의 방을 떠나서는 곧 형을 경애한다 入則孝, 出則悌』《論語·學而》는 것을 제창하였는데 곧 부모에게 효도하고 윗사람에게 경애하며 이러한 요구에 도달한 후에 다시 문헌을 학습해야 한다는 것이다. 즉 그는 효제의 품행을 개인수양과 가정조화의 근본으로 간주한 것이다. 그의 제자 유약有若은 그에게 인의 사상적 체회體會에 관해서 얘기했을 때, 말하기를 어떤 사람이 부모에게 효도하고 윗어른에게 경애하고 상급자에게 거역하기를 좋아하는 경우는 매우 적으며 상급자에게 거역하기를 좋아하지 않으면서 반역을 좋아하는 사람은 예로부터 없었다고 하였다. 군자는 사물의 근본을 잡는 것에 노력해야 하고 사물의 근본을 장악하면 기타 문제는 순조롭게 진행된다. 부모에게 효도하고 윗어른에게 경애하는 것은 바로 인의 품덕을 실현시키는 근본인 것이다.(《論語·學而》를 참조할 것) 이것은 즉 효와 충이 통일되었으며 족권族權과 정권政權이 통일된 것이다. 효제는 종법사회에서 필연적으로 사람들에게 구비하도록 요구하는 품덕이며 사람의 사회적 가치를 재는 준칙이며 가족 내부관계 및 가족과 국가관계를 연결하는 정감적 유대이기 때문에, 따라서 〈인을 실천하는 근본 爲仁之本〉이 된다. 효제의 원칙이 국가사회로 확대된 것이 곧 충군애국忠君愛國이다. 공자는 『부모에게 효도하고 아이에게 자애로우면 그들은 곧 당신에게 온 정성을 다할 것이다 孝慈則忠』《論語·爲政》라고 하였는데, 즉 충이 효의 확장임을 설명하였다. 종족의 어른에게 효를 하는 것이 바로 국가와 조정에 충성하는 것이다. 효를 실행하는 것 또한 〈위정爲政〉이고 인을 실현하는 기본적인 요구이다. 여기에서 공자는 혈연관계를 기초로 하는 종법제도의 관건을 장악하고 중국 고대문명의 〈조숙早熟〉, 즉 씨족제라는 탯줄을 보존하고 있는 상황하에서 노예사회로 진입하는 특징과 윤리정감을 이용하여, 종법사회관계라는 그물 중에서 효제라는 벼리를 장악하여 그의 인학체계를 구축하였던 것이다.

　　타인과 나의 관계를 볼 때, 충서忠恕는 인을 실천하는 방법이다. 만일 인의 미덕을 모든 독립된 사람에게 보존하게 하고, 동시에 또한 개체간에 서로 관통하게 하여 인애정신이 사람에게 충만되도록 하고자 하면 반드시 서로를 연결하는 교량이 필요하게 된다. 공자가 볼 때, 이 교량이 바로 충서이다. 그는 『인이란 자기가 서고자 하면 동시에 남을 서도록 해주고, 자기가 만사를 실현시키고자 하면 동시에 남이 만사를 실현시키도록 해주어야 하는 것이다. 눈 앞의 사실을 예로 선택해 하나하나 해나갈 수 있으면 인을 실천하는 방법이라고 말할 수 있다 夫仁者, 己欲立而立人, 己欲達而達人. 能近取譬, 可謂仁之方也已』《論語·雍也》고 하였다. 이것은 적극적인 방면에서 말한 것으로써, 즉 자기에게 이러한 요구가 있어 만족시켜야 함을 미루어서 다른 사람에게도 이러한 요구가 있어 만족시켜야 할 것이라고 생각하는 것, 이것이 이른바 〈충忠〉인 것이다. 소극적인 측면에서 말하면 『자기가 좋아하지 않는 사물을 남에게 주지 말라 己所不欲, 勿施於人』《論語·顏淵》는, 즉 내가 남이 이렇게 대하는 것을 원치 않는다면 나도 남에게 이렇게 대하지 말아야 하는 것, 이것이 이른바 〈서恕〉인 것이다. 충서의 결합은 바로 인을 행하는 방법이며 또한 인 자체인 것이다. 그래서 증삼曾參은 『그분의 학설은 충과 서라는 이 두 글자일 뿐이다 夫子之道, 忠恕而已矣』《論語·里仁》라고 말하였다. 충서의 도를 실현하는 것이 바로 타인에 대한 사랑을 실현시키는 것인데 따라서 공자도 인이 곧 남을 사랑하는 것이라고 말하였다.

위에서 서술한 분석을 통하여 공자의 인학사상에는 다음과 같은 특징을 가지고 있음을 알 수 있다.

첫째, 정치를 돌출시켜 강조하였다. 인학에서 표면상으로 말한 것은 개체수양과 가족내부의 관계, 효제 충서로써 가족혈연의 친정을 말하여 정치와는 무관한 듯하다. 실제로는 바로 중국 봉건사회 정치구조의 특징을 분석했을 때 지적한 대로 이러한 종법혈연관계로 착수한 설교는 바로 가정과 국가가 동일구조라는 사회구조의 필연적 요구이며 동일구조에 따른 효과의 필연적인 반영인 것이다. 그것은 국가의 가족화, 가족의 정치화라는 효과를 얻었다. 『자기의 욕망을 억제하고 말과 행동을 예에 맞게 하는 것이 바로 인이다 克己復禮爲仁』라는 명제 자체는 정치의 각도로부터 인을 이해한 것을 돌출시켜 강조하였다. 이러한 전제하에서 효제와 충서는 모두 정치적 효용을 발휘하였고, 개개 가족의 조화를 통하여 국가사회의 조화를 형성 및 공고히 하였다.

둘째, 혈연적 기초에 뿌리를 두고 있다. 인은 타인과 나의 관계로부터 문제를 고찰하고 처리한 것이다. 타인과 나의 관계구분은 종법혈연관계를 준칙으로 하는 것으로써 이른바 『친족을 친애하는 데에는 순서가 있고 親親有術』『사랑하는 데에는 차등이 있는 愛有差等』것이다. 바로 이와같기 때문에 인학仁學은 광범한 사회심리적 기초와 생리적 기초를 갖추고 있다.

셋째, 윤리본위에 착안하였다. 인은 내심의 자각에 의하여 체험하고 실천하는 윤리규범으로써, 그것은 사람들의 사유경향을 제약하고 사람들의 언행을 규범화한다. 종법사상 자체는 바로 일종의 윤리관념이고 공경함(恭)·관대함(寬)·성실함(信)·근면함(敏)·은혜로움(惠) 등의 다섯 가지 품덕은 자연히 윤리범주에 속하며, 효제와 충서는 완전히 윤상倫常관계로부터 출발하였다.

넷째, 주체능력을 발휘하였다. 인의 제출은 주체수양능력에 대한 신임 위에서 건립되었다. 그것은 사람의 주관정신을 강조하고 주체수양의 중요성을 강조하였으며,『일의 성공 여부는 사람에게 달려있다 事在人爲』는 사상을 중시하여 상대적으로 천명 귀신의 인간세상에 대한 지배작용을 약화시킨 것은 중인경신重人輕神사상의 표현인 것이다.

다섯째, 개체를 억제하는 데 치중하였다. 인학을 실천하는 근본목적은 주례周禮를 회복하는 것이며, 사회 전체의 조화와 안정을 고려하는 것이다. 그것은 전체의 평형이 보호되기를 요구하며 개체의 이익에 따라 그것을 파괴할 수는 없다. 따라서 그것은 필연적으로 개체가 반성내구反省內求의 도덕수양을 통해서 〈예〉에 부합되지 않는 사념악행邪念惡行을 억제하여 전체 사회의 조화와 안정을 구하는 것이다.

2 덕으로 천하를 통치함以德王天下

공자의 뒤를 이어서 맹자는 유가학설을 전면적으로 발전시켰다.

맹자는 공자의 인애설仁愛說의 기초 위에서 중국 역사상 저명한 인정설人政說을 제출하였다. 인정학설의 가장 중요한 점은『백성들의 산업을 규정하는 것 制民之産』이다. 그는『영명한 군주는 백성들의 산업을 규정하여 반드시 그들이 위로는 부모를 받들어 모시기에 충분하게 하고 아래로는 처자를 부양하는 데 넉넉하도록 해주며, 풍년이 되면 음식을 풍족하게 하고 흉년이 되어도 굶어죽게 하지 않는다. 그런 후에 그들이 선량한 길로 걸어가게 유도하는데, 그러므로 백성도 매우 수월하게 복종한다 明君制民之産, 必使仰足以事父母, 俯足以畜妻子, 樂歲終身飽, 凶年免於死亡, 然後驅而之善, 故民之從之也輕』《孟子·梁惠王上》고 하였다. 구체적으로 말해서『집집마다 다섯 이랑의 택지를 주고 주위에 뽕나무를 심게 하면 50세 이상된 사람이 명주옷을 입을 수 있다. 모두 능력과 시간이 있어서 닭·개·돼지 등의 가축을 사육하고 번식시키게 하면 70세 이상된 사람이 모두 고기를 먹을 수 있다. 한 집에 1백 이랑의 전답을 주고 아울러 그의 생산을 방해하지 않으면 식구가 여덟 명인 가정이 모두 배불리 먹을 수 있다. 각급 학교의 교육을 잘 실시하여 반복해서 부모에게 효도하고 형을 경애하는 이치로 그들을 일깨워주면 머리가 하얀 사람이 물건을 머리에 이고, 등에 지며 길을 걸어가지 않게 될 것이다. 노인들이 명주옷을 입고 고기를 먹으며 일반 사람이 굶주리지 않고 춥지 않게 지내도록 五畝之宅, 樹之以桑, 五十者可以衣帛矣. 鷄豚狗彘之畜, 無失其時, 七十者可以食肉矣, 百畝之田, 勿奪其時, 數口之家可以無饑矣. 謹庠序

之教, 申之以孝悌之義, 頒白者不負載於道路矣. 七十者衣帛食肉, 黎民不饑不寒』
《孟子・梁惠王上》해야 하는 것이다. 만일 이와같이 하였는데도 천하가 귀순하지
않는다는 것은 예로부터 일찍이 없었던 일이다. 이것이 바로 맹자 인정설의 가장
기본적인 내용이다. 여기에서 우리들은 맹자의 주장은 실제적으로 두 가지 점인
데 즉 매농가에다『다섯 이랑의 택지 五畝之宅』와『1백 이랑의 전답 百畝之田』
을 주는 것임을 알 수 있다. 이러한 물질적 기초 위에서 다시 인민에 대해서 문화
교육을 진행하여 고상한 도덕정조를 배양시키고 양호한 사회기풍을 수립하여서
천하로 하여금 귀순하게 하는 것이다. 이러한 주장은 공자의 부민富民・교민教
民사상에 대한 계승 및 발전이며, 그것을 제도화 내지 계량화시킨 것이다. 다른
점은 공자의 부민・교민의 주장은 노예제하의 안민정책安民政策이고, 게다가 하
나의 포괄적인 구호이다. 그러나 맹자는 지주계급 사상가의 시각으로써 지주경
제의 보호로부터 출발하여 백성을 안무하고 소농경제를 안정시키는 것이다. 맹
자의 주장이 배불리 먹고 따뜻이 입는 것을 목적으로 삼고 있음은 매우 분명한
사실이다. 이것은 소농경제하에서 사람들의 물질생활에 대한 최고이상이며, 소
농경제의 사상관념상에서의 구체적 반영인 것이다.

　맹자의『백성들의 산업을 규정해야 한다』는 주장은, 그의 민위방본民爲邦本사
상과 밀접하게 연계되어 있다.『백성이 가장 중요하고 토지와 곡식의 신이 그 다
음이며 군주는 중요하지 않다 民爲貴, 社稷次之, 君爲輕』《孟子・盡心下》는 말은
오랜 세월 동안 유전된 맹자의 명언이다. 많은 사람들은 이 말을 사용하여 중국
역사상 예로부터 민주의 전통이 있었음을 주장한다. 나는 이것이 고의적인 왜곡
이 아니고 피상적인 견해라고 생각한다. 실제적으로 이것은 〈민위방본〉사상의
반영일 뿐이며 그 직접적인 목적은 농민을 토지에 속박시키기 위한 것이다. 왜냐
하면 바로 우리가 앞에서 중국 봉건사회 경제구조의 특징을 분석하여 지적하였
던 것처럼 중국 봉건사회 중에서 가정농업은 노동력과 노동조건(토지)이 서로
결합된 주요 형식이다. 바로 이러한 소농경제는 지주경제가 존재하는 조건을 이
루었으며 봉건통치의 광활한 기초를 이루었다. 만일 농민에게 일정한 토지를 주
지 않으면 그들을 토지에 속박시킬 수 없으며 지주도 노동력을 상실하게 되어 지
주경제의 존재가 상실되게 된다. 맹자가 다섯 식구를 거느린 농민에게 〈다섯 이
랑의 택지〉와 〈1백 이랑의 전답〉을 주어야 된다고 요구한 것은, 단지 그들이 소
농경제가 지주경제의 존재조건 및 농민의 역량이라고 보았음을 설명한 것일 뿐
이다. 실제상으로 맹자가 말한『제후의 보배는 세 가지가 있는데 그것은 바로 토
지와 백성과 정치이다 諸侯之寶三: 土地・人民・政事』《孟子・盡心下》및『백성

의 생활을 안정시키기 위해 노력하고 이렇게 해서 천하를 통일시킨다 保民而王』
《孟子·梁惠王上》『백성의 인심을 얻어 천자가 된다 得乎丘民而爲天子』《孟子·盡
心下》 등등은 이미 문제의 실질적인 내용을 설명하고 있다. 물론 맹자의『제민지
산制民之産』『민귀군경民貴君輕』의 사상은 당시의 역사조건하에서 그래도 적극
적 의의를 가지고 있는 것이다.

맹자의 인정설의 또 한 가지 중요한 내용은 〈왕패王霸〉〈의리義利〉의 구분이
다. 맹자는 단호하게 전쟁을 반대하고 폭력에 반대했다. 그는 봉건적 겸병兼併
전쟁이『토지를 쟁탈하기 위해 전쟁을 하여 죽은 사람이 들에 가득차게 하고 성
지城地를 쟁탈하기 위해 전쟁을 하여 죽은 사람이 성에 가득차게 하였다 爭地以
戰, 殺人盈野, 爭城以戰, 殺人盈城』《孟子·離婁上》고 비난하였으며, 인의로써 천
하를 통일하고 천하를 다스릴 것을 주장하였다. 그는 명확하게 〈왕王〉〈패霸〉라
는 정치개념을 제시하고『무력으로 남을 복종시키는 것 以力服人』은 〈패도霸
道〉이고,『덕의 정치로써 남을 복종시키는 깃 以德服人』은 〈왕도王道〉라고 주장
하였으며, 전자는 경시해야 할 것이고 후자는 고상한 것이라고 주장하였다. 맹자
의 〈존왕천패尊王賤霸〉의 정치주장은 후세에 매우 큰 영향을 끼쳤다. 왕패의 변
론과 서로 연관된 의리의 변론에 대해서도 맹자는 깊은 관심을 기울였다. 맹자는
공리주의에 반대하고, 의를 중시하고 이익을 경시하였으며 통치자에게『어째서
입을 열면 반드시 이익을 말하십니까? 인의를 말하기만 하면 됩니다 何必曰利!
亦有仁義而已矣』《孟子·梁惠王上》라고 권유하였다. 이것은 공자의 〈사생취의舍
生取義〉의 주장과 일치된다. 이러한 중의경리重義輕利사상은 자연경제의 산물
이다. 한대에 이르러 동중서는 그것을『의를 바로잡고 이익을 도모하지 않으며
도를 밝히고 공적을 염두에 두지 않는다 正其誼不謀其利, 明其道不計其功』는 것
으로 발전시켜서 일종의 가치지향과 사유방식을 이루었는데, 이것은 2천 년 동
안 중국사회에 커다란 영향을 주었다.

맹자의 인정설의 기초는 성선론性善論이다.『맹자는 인성이 본래 착하다는 이
치를 강술하였으며, 강술할 때 계속해서 요순의 언행을 실증으로 말하였다. 孟子
道性善, 言必稱堯舜』《孟子·滕文公上》『요순의 언행을 실증으로 말하였다』는 것
은 왕도를 말한 것이고 인정仁政을 말한 것이며 정치적 방면에서 말한 것이다.
『인성이 본래 착하다는 것을 강술하였다』는 것은 사람의 본질을 말한 것이며 심
리적 각도에서 말한 것이다. 성선론性善論의 중심은 이른바 〈사단四端〉설이다.

측은해하는 마음은 인의 맹아萌芽이고, 부끄러워하는 마음은 의의 맹아이며, 사양

하는 마음은 예의 맹아이고, 시비를 가리는 마음은 지의 맹아이다. 사람이 이 네 가지 맹아를 지니고 있는 것은 그들 자신의 몸에 손과 발의 사지가 있는 것과 마찬가지이다.

惻隱之心, 仁之端也, 羞惡之心, 義之端也, 辭讓之心, 禮之端也, 是非之心, 智之端也. 人之有是四端也, 猶其有四體也.《孟子‧公孫丑上》

맹자는 사람마다 모두 인의예지仁義禮智의 〈사단〉를 갖고 있어 잘 체험하고 확충시키면 곧 성인이 될 수 있다고 주장하였다. 〈사단〉을 구비하지 못한 사람은 성인이 되지 못한다. 사람마다 모두 〈4단〉이 있는 까닭은『사람에게는 누구나 남을 동정하는 마음을 가지고 있기 人皆有不忍人之心』《孟子‧公孫丑上》 때문이다. 어린아이가 우물 속으로 들어가는 것을 보고 곧 놀라서 이에 측은해하는 마음이 일어나 즉시 달려가서 그를 구한다. 맹자는 이것을 분석하여 말하기를 이때 결코 아이의 부모와 교제할 것을 생각하거나 다른 사람에게 칭찬을 듣고자 하거나 혹은 아이의 울음소리가 듣기 싫어서 그러는 것이 아니고 본능이 사람으로 하여금 직각적으로 이러한 반응을 발생시키기 때문이라고 하였다. 따라서 그는 인仁‧의義‧예禮‧지智〈사단〉은 밖의 힘이 사람에게 억지로 가해지는 것이 아니고『내가 본래 가지고 있었던 것 我固有之』《孟子‧告子上》이라고 추론하였다. 사람에게는 모두『남을 동정하는 마음 不忍人之心』이 있기 때문에 그래서 선왕은『남을 동정하는 정치 不忍人之政』《孟子‧公孫丑上》 즉 인정을 행하여야 한다. 이렇게 해서 그의 성선론은 곧 인정의 정치주장의 철학적 근거가 되었으며 인성이 본래 선하다는 주장은 밖으로 치국평천하의 사회적 실천이 되었다.

〈선단善端〉을 발전시키고 선성善性을 확대시키기 위하여 맹자는 일련의 수신양성의 방법을 제시하여 그 윤리철학의 중요 조성부분을 구성하였다. 그의 입장에서 볼 때, 인식의 목적은 윤리준칙을 파악하기 위한 것인데, 윤리준칙의 파악은 바로 인식의 완성이다. 그는『인의 주요 내용은 어버이를 섬기는 것이고, 의의 주요 내용은 형에게 순종하는 것이며, 지의 주요 내용은 이 두 이치를 명백히 하여 견지하는 것이다 仁之實, 事親是也, 義之實, 從兄是也, 智之實, 知斯二者弗去是也』《孟子‧離婁上》고 하였는데 이것은, 즉 인의가 바로 어버이를 섬기고 형을 따른다는 등의 윤리관계 속에 체현된 도덕준칙이며 이들 윤리준칙을 인식하여 아울러 보존하는 것이 바로 지智라는 뜻이다. 그래서 맹자는『시비를 가리는 마음이 지혜 是非之心, 智也』라고 하였는데 이 〈시비〉는 주로 도덕판단을 진행함을 가리킨다.

사람들이 선으로 향하고 윤리정감으로부터 자기의 정조를 도야할 것을 촉진시키기 위하여, 맹자는 또한 유비법類比法을 사용하여 사람마다 이의理義를 좋아한다는 것을 논증하였다. 그는 사람의 입은 모두 좋은 음식을 좋아하고, 귀는 아름다운 음악을 듣기를 좋아하고, 눈은 아름다운 색깔을 좋아하는데, 이것은『마음이 서로 같은 것이다 心之所同然』《孟子·告子上》라고 하였다. 그래서 인심도 공동으로 좋아하는 것이 있는데 그것이 바로 리理와 의義이다. 이것은 유비법을 이용한 것으로 생리生理로부터 심리로, 개체로부터 군체로, 도덕에 대한 자아추구를 강제성의 공동규범으로 변화시켰다.

이의인지理義仁智를 추구하고자 하면, 반드시 의를 영광으로 삼고 이익을 부끄러움으로 알아야 하는데, 그래서 맹자는『마음을 수양하는 가장 좋은 방법은 물질적 욕망을 줄이는 것이다 養心莫善於寡欲』《孟子·盡心下》라고 하였다. 그의 입장에서 볼 때, 만일 과다한 물질적 향유를 추구하면 착한 본성을 잃어버리게 되고 일체의 사회적 폐단은 모두 사람들의 〈이익추구 求利〉와 〈과다한 욕심 多欲〉에서 조성된 것이다. 이 때문에 반드시『스스로 돌이켜 반성을 해야 하며 反求諸己』단지『스스로 반성하여 보아 자신이 성실한 것 反身而誠』이『가장 큰 즐거움이다. 樂莫大焉』《孟子·盡心上》리理와 의義는 이성의 주요 내용이며『생각하면 그러한 이치를 얻을 수 있고, 생각하지 못하면 그러한 이치를 얻을 수 없다. 思則得之, 不思則不得也』《孟子·告子上》다른 방법으로 말하면『스스로 반성하여 보아 자신이 성실한 것 反身而誠』은 일종의 반성내구反省內求의 수양방법이며, 공자의『나는 매일 여러 차례 자신을 돌이켜본다 吾日三省吾身』《論語·學而》는 말과 일치하는 것이다. 그것은 주체적인 능동작용을 강조한 것으로서, 공자의『내가 인을 요구하면 인에 이른다 我欲仁, 斯仁至矣』《論語·述而》는 사상에 대한 발휘인 것이다. 이러한 수양방법은 도덕수양이 사람의 사상경계를 제고시켜 주는 데 있고, 사상경계의 제고는 또한 반드시 이성의 도움으로 반성을 진행해야 하며 수양하는 주체의 자각성을 강조하고 있음을 알 수 있다. 여기에는 합리적인 요소가 있다. 그러나 이러한 방법은 사람의 사회적 실천을 떠났으며 특히 그것은 대상을 생生과 함께 불멸不滅·불인不仁·불선不善 등의 윤리적 실체로 설정하여 언제나 개체를 연마의 중심으로 삼는데, 이로 인하여 사람의 예기銳氣와 생기발랄한 진취정신을 마멸시키기 쉽다. 동시에 맹자의 이 반성내구의 수양방법은 언제나 개인의 물욕을 극제克制하여 이理와 욕심의 모순을 해결하였는데 이것은 소농경제의 필연적인 요구이며 반영이다. 당시 사회경제의 조건하에서 그것은 일정한 적극적 의미를 지니고 있다. 그러나 정치적 목적으로 볼 때, 부자의 친애와 군신의 의리를 보호하는 데 이바지하였다.

맹자의 유가학설에 대한 또 하나의 중대한 발전은 천인합일天人合一의 사유방식 및 그와 상응하는 진심盡心·지성知性·지천知天의 인식노선을 수립한 것이다.

천인합일사상의 제출은 맹자가 사람의 도덕수양과 이상인격을 추구하는 데 있어서 주체의식을 고양시키는 것과 서로 관련이 있다.

맹자는『나는 호연지기를 배양하는 데 능하다 善養吾浩然之氣』《孟子·公孫丑上》고 주장하였다. 호연지기浩然之氣란 무엇인가? 그는『말로 설명하기는 어렵다. 이 기氣는 가장 위대하고 가장 굳세다. 정의를 가지고 그것을 배양하여 조금도 손상되지 않으면 곧 사방천지에 충만하게 되어 어느곳에서나 있게 된다. 이 기는 반드시 의 및 도와 배합되어야 하는데 이것이 결핍되면 힘이 없게 된다. 이 기는 정의가 누적되어 생겨나는 것이며 우연한 정의 행위가 얻을 수 있는 것은 아니다 難言也, 其爲氣也, 至大至剛, 以直養而無害, 則塞於天地之間, 其爲氣也, 配義與道, 無是, 餒也. 是集義所生, 非義襲而取之也』《孟子·公孫丑上》라고 주장하였다. 맹자가 말한〈기氣〉는 우리가 통상 말하는〈용기勇氣〉혹은『이유가 충분하여 떳떳하다 理直氣壯』의〈기〉와 유사한 것으로써 육체활동 혹은 실제활동 중의 정신역량이다. 이러한 정신역량은 한편으로 의와 도리의 배합으로 형성되었으며, 다른 한편으로는 오랫동안 게을리하지 않는 수양과 단련을 해야 하는데, 즉 이른바『정의를 가지고 그것을 배양하여 조금도 손상되지 않는다 以直養而無害』는 것이다.〈직양直養〉은 기氣를 배양하는 데 사심私心이 섞여있지 않은 것을 가리킨다. 동시에 이런 기와 도의가 함께 결합되어 계속 끊임없이 직도直道·정의正義로써 정신을 배양하여 나날이 축적시키고, 요행에 의하지 않고 대수롭지 않게 여기지 않아야 하며, 또한 어떠한 예기된 목적을 갖지 않고 그대로 내버려둘 수 없고 너무 조급하게 서둘러 일을 망쳐서는 안 되는데, 이렇게 해야 굳센 의지를 단련시켜서 고상한 품격을 배양시킬 수 있다. 즉 이른바〈호연지기〉는 실제적으로 장기간의 도덕수양을 거쳐서 도달하는 일종의 정신상의 경계임을 알 수 있다. 맹자는 이러한 경계가 있으면 곧 인생의 도를 파악하고 명리名利를 썩은 흙처럼 하찮게 보고 생사에 관해서 도외시할 수 있다고 주장하였다.

맹자의 수양론修養論과 인의설仁義說은 공자와 비교해 볼 때 한 걸음 발전하였으며, 이것은 바로 사람으로부터 하늘을 알고, 마음으로부터 본성을 아는 천인합일을 갖추고 있는 유형이다. 그는《진심상盡心上》에서 말하기를『선량한 본심을 충분하게 확장시키면 이것은 바로 사람의 본성을 이해한 것이다. 사람의 본성을 이해하면 곧 천명을 이해하게 된다. 사람의 본심을 보존하고 사람의 본성을 배양시키는 것 이것이 바로 천명을 대하는 방법이다. 단명을 하든 장수를 하든 나는 딴 마음을 가지지 않고 심신을 배양하고 천명을 기다리는 것이 바로 안신입명의 방법이다 盡其心者, 知其性也, 知其性, 則知天矣. 存其心, 養其性, 所以事天也. 殀壽不貳, 修身以俟之, 所以立命也』라고 했다. 그의 입장에서 볼 때, 양심良心·인성人性·천명天命 세 가지는 상호관련된 것이다. 인식상에서 말하면 만일 한 사람이 자기의 이성적 작용을 발휘하여 안으로 사색하고『성실한 본심을 충분하게 확장시키면 盡其心』고유의 본성을 인식할 수 있고 또 천도를 인식할 수 있다. 수신의 측면에서 말하면, 본심을 보존하고 착한 본성을 함양시킬 수 있으면 곧 하늘을 받드는 것이다. 이로 말미암아 하늘과 사람은 윤리수양의 범주내에서 정감이 교류하여 하나로 융합하는 것이다. 이것은 신비적인 색채을 띠고 있는 주관주의적 천인합일론이다. 이러한 천인합일사상은 하늘과 사람을 종합해서 고찰하여, 하늘을 사람의 대응물로 삼고 주체가 반드시 수양을 강화해야 하는 외재적 근거로 하늘을 간주한다. 형식상으로 볼 때, 주체와 객체가 내립되고 연결되어 있기는 하지만 실제로 그것은 주체의 정신영역내에서 양자의 합일을 완성하여 이 하나의 중간고리를 실천하지 않은 것이며, 주체 한 방면의 자아완선自我完善인 것이다. 하늘은 자연의 하늘이 아니고 의리의 하늘이며 정감의 하늘이다. 그래서 총괄적으로 말해서 이러한 천인합일의 사유모식은 여전히 간단한 직관외추直觀外推이며 내향성內向性·폐쇄성의 특징을 가지고 있다. 이러한 사유모식은 한대의 동중서의 가공 및 개조를 거쳐 일종의 사유정세思維定勢를 형성하였고 아울러 전통적 사유방식의 하나의 중요한 특징을 이루었으며, 중국 전통문화가 자연경제를 기초로 하는 농업사회문화라는 인식을 갖게 해주었다.

3 예를 높이고 법을 중시함 隆禮重法

맹자의 〈천인합일天人合一〉의 사상과는 다르게 순자荀子는 〈천인상분天人相分〉을 주장하였다.

순자의 입장에서 볼 때,『하늘의 운행에는 일정함이 있는데, 이것은 요임금 때문에 존재하는 것도 아니고 걸왕 때문에 없어진 것도 아니다. 이것과 함께 상응하여 잘 다스리면 상서롭고 이것과 함께 상응하여 혼란하면 매우 위험하다. 天行有常, 不爲堯存, 不爲桀亡, 應之以治則吉, 應之以亂則凶』《荀子·天論》이것은, 즉 자연계에는 그 운행규율이 있어서 요의 현명함으로 인해 존재하는 것이 아니고 또한 걸의 포악함으로 인해 멸망하는 것이 아니라는 말이다. 만일 합리적인 조치로 그것을 대하면 길하여 이롭고 불합리한 조치로써 그것을 대하면 곧 재난을 만날 수 있다. 이러한 이론적 전제로부터 출발하여 순자는 세간의 모든 사물은 신령한 역량의 표현이 아니고 자체 모순운동의 결과라고 생각하여『천지가 서로 합치되어 만물이 생겨나고, 음양이 서로 접촉하여 변화가 발생한다 天地合而萬物生, 陰陽接而變化起』《荀子・禮論》고 하였는데, 즉 천지가 결합하여 만물이 생겨나고 음양이 상호작용하여 사물의 변화를 일으키는 것이다. 이러한 변화는『하지 않아도 이루어지고, 구하지 않아도 얻어지는 不爲而成, 不求而得』《荀子・天論》것이며 완전히 무의식적이다. 이렇기 때문에 천도天道는 인사人事를 간섭할 수 없다. 자연계와 인류사회는 각기 직분과 규율을 가지고 있어서『치세와 난세는 하늘에 달려있는 것이 아니고 治亂非天』『치세와 난세는 시기에 달려있는 것이 아니며 治亂非時』《荀子・天論》, 사회의 안정 및 혼란의 근원은 단지 사회 속에서 찾을 수 있는 것이다.『본업(농업과 상업)에 힘쓰고 용도를 줄이면 하늘이 사람을 빈궁하게 할 수 없다. 양생의 도가 두루 갖추어지고 행동이 시의에 적합하면 하늘이 사람을 병나게 할 수 없다. 도덕을 수양하여 두 마음을 갖지 않으면 하늘이 재앙을 내릴 수 없다. ……본업에 태만하고 용도가 사치스러우면 하늘이 사람을 풍족하게 해줄 수 없다. 양생의 도가 완비되지 못하고 행동이 적으면 하늘이 사람을 건강하게 해줄 수 없다. 정도에 위배되고 함부로 행동하면 하늘이 사람을 상서롭게 해줄 수 없다. ……받은 천시天時는 치세와 동일하나 재앙은 오히려 치세와 다른데 이것은 하늘을 원망할 수 없으며 행한 도가 그것을 이렇게 한 것이다. 그래서 하늘과 사람의 구분에 밝으면 지인至人이라고 말할 수 있다. 强本而節用, 則天不能貧, 養備而動時, 則天不能病, 循道而不忒, 則天不能禍,……本荒而用侈, 則天不能使之富, 養備而動罕, 則天不能使之全, 倍道而妄行, 則天不能使之吉. ……受時與治世同, 而殃禍與治世異, 不可以怨天, 其道然也, 故明於天人之分, 則可謂至人矣』《荀子・天論》이것은 하늘과 사람이 각각 직분이 있으며 하늘과 사람은 서로 구분된다는 사상을 더욱 확실하게 논증한 것이다. 이러한 사상은 하늘(자연)과 사람(사회)을 서로 대응시켜서 하늘을 객관적 자연계로 보는 것이며 맹자와 같이 하늘이 일종의 의념意念으로, 사람이 반드시 그것과 동일해야 하는 일종의 의리로 보는 것이 아니다. 동시에 하늘과 사람이 서로 구분됨을 강조하였는데, 이것은 은주시기 천명신권관념에 대한 부정일 뿐 아니라 맹자의 천인합일사상에 대한 지양이며 사람들로 하여금 자연현상의 탐구를 통하여 원숙한 천인관계를 파악할 수 있게 하였다. 이것은 선진시기 천인관계이론의 새로운 비약일 뿐 아니라, 이후 중국사회 속의 천인관계사상에 대해 중대한 영향을 끼쳤다.

순자는『하늘과 사람의 구분에 밝다 明於天人之分』는 명제를 제출하고 아울러 공자의『죽고 사는 것은 운명에 내맡기고, 부귀는 하늘에 의해 안배된다 死生有命, 富貴在天』《論語·顔淵》는 숙명노선을 걷지 않고, 맹자의 정신영역에서 하늘과 사람이 하나가 된다는 주장의 뒤를 따르지 않았으며, 반대로 그는 사람의 주관 능력작용을 발휘할 것을 요구하고『천명을 통제하여 그것을 이용하였다. 制天命而用之』《荀子·天論》

순자의 입장에서 볼 때, 하늘을 매우 위대한 것으로 보고 그것을 사모했다기보다는 하늘을 사물로 간주하여 그것을 키우고자 하였으며, 하늘에 순종하며 그것을 칭송하기보다는 하늘의 변화를 파악해서 그것을 이용하였으며, 천시天時를 바라고 그것의 은사恩賜를 기다리기보다는 계절변화에 순응하여 그것을 이용하였으며, 사물이 자기를 위해 사용된다고 터무니없이 상상하기보다는 절실하게 만물을 다스려서 만물로 하여금 충분하게 합리적으로 이용될 수 있게 하였다. 즉 순자는 사물 발전에 그 객관규율이 있음을 승인하였을 뿐 아니라 주체적 능동성의 적극적 작용을 강조하였다. 전자를 가지고 말하면 공자·맹자의 사상에 대한 초월이며 유가사상의 적극적인 내용을 첨가시켰다. 또 후자를 가지고 말하면 공자의『해낼 수 없음을 알면서도 해내려 한다 知其不可而爲之』는 명제를 특징으로 하는 유가의 사회역사에 대한 책임감을 발양시킨 것이며 중화민족의 강건한 진취적 정신의 반영이다. 그러나 공자의『해낼 수 없음을 알면서도 해내려 한다 知其不可而爲之』는 선언은 급진적인 장막 아래에서 어찌할 수 없다는 심정을 가리고 있으며, 또한『주장이 실현되지 않으면 나는 뗏목을 타고 해외로 가겠다 道不行, 乘桴浮於海』《論語·公冶長》는 애탄과 더불어 상호 표리가 된다. 이와같을 뿐만 아니라 맹자의 〈호연지기浩然之氣〉를 기르고, 〈진심·지성·지천〉의 주체 정신의 확충과 서로 비교해 볼 때, 순자는 커다란 진보를 하였다. 사회활동이라는 이러한 실천적 수단을 통하여 주체와 객체를 교류시키고 물질수단에 의거하여 사람의 의지는 대상에 주의력을 집중시켜야 한다는 순자의 주장은 맹자가 단순하게 주체의 정신영역에서 의념에 의거하여 하늘과 사람을 관통시키는 방법과는 성격이 다르다. 이러한 의미에서 보면, 선진유학을 하나의 새로운 단계로 발전시켰다고 할 수 있다.

이러한 천도문제에 있어서 〈천인상분天人相分〉과 서로 일치되게, 순자는 인도문제에 있어서 사람의 본성을 변화시켜서 작위作爲를 일으켜야 한다는 화성기위化性起僞를 주장하였다. 맹자와는 완전히 상반되게 순자는 사람의 본성이 악하다고 주장하였다. 《성악性惡》편의 개종명의開宗明義에서는, 즉『사람의 본성은 악한데 그것이 착한 것은 작위作爲에 의한 것이다 人之性惡, 其善者僞也』라고 하였다. 이러한『본성과 작위의 구분性僞之分』의 관점은 순자사상에서 시종일관 된 것이다.

순자는『배울 수 없고 조작에 종사할 수 없으며 본래 하늘에 있는데 이것을 성 性이라 한다. 배울 수 있고, 성공에 종사할 수 있으며 사람에게 있는데 이것을 위 僞라고 한다 不可學, 不可事而在天者, 謂之性, 可學而能, 可事而成之在人者, 謂 之僞』《荀子·性惡》고 주장하였는데, 이것은 본성은 선천적인 것이며 작위는 후천 적으로 형성된 것임을 말한 것이다. 이것은 본원本源의 측면으로부터 말한 것이 다. 특질면에서 보면〈성性〉은 일종의 가공되지 않은 질박한 원시재료이며『성 이란 본래 처음에 질박한 것이다. 性者, 本始材樸也』《荀子·禮論》『태어나면서 부터 천부적으로 이와같은 것을 성性이라고 한다. 生之所以然者謂之性』《荀子· 正名》범위와 내용으로 보면〈성〉은 각종 생리기관의 자연적 생리본능 및 의衣· 식食·성聲·색色에 대한 정욕을 포괄하고 있다. 전체적으로 볼 때 순자가 말한 인성은 주로 눈은 좋은 색을 보고자 하고, 귀는 좋은 소리를 듣고자 하며, 입은 좋은 음식을 먹고자 하고, 마음의 욕구 등 생리적·심리적 본능을 가리키며 사회 관계를 이탈한 개체적이고 추상적인 생물성生物性이다.

순자의 입장에서 볼 때, 사람의 이러한 본성은 악한 것이다. 만일『사람의 본 성에 순종하고 사람의 정욕에 순종하면 반드시 쟁탈이 나오고, 사람의 분수에 어 긋나고 조리를 어지럽히는 것에 부합하게 되어 난폭한 것으로 귀결된다. 從人之 性, 順人之情, 必出於爭奪, 合於犯分亂理而歸於暴』《荀子·性惡》이 때문에 반드 시『사람의 본성을 변화시켜서 작위作爲를 일으켜야 化性起僞』하는 것이다.

『사람의 본성을 변화시켜서 작위를 일으킨다』는 주장은, 실제적으로 두 가지 방면의 문제를 반영하고 있다. 첫째, 도덕행위는 후천적 행위의 결과이며 학습과 교화를 통해 인성은 악으로부터 선으로 나갈 수 있다. 둘째, 성인의 작용을 강조 하였다. 순자는『현재 인간의 본성은 악하기 때문에 반드시 성왕의 정치와 예의 의 감화를 받은 뒤에야 비로소 잘 다스려져 선에 합치하게 된다 今人之性惡, 必 將待聖王之治, 禮義之化, 然後皆, 出於治. 合於善也』《荀子·性惡》고 하였는데, 순자가 인성이 본래 악해서 반드시 교화를 기다려야 선이 될 수 있다고 강조한 까닭은 주로 성인의 작용과 개인의 도덕수양의 중요성을 돌출시키기 위한 것이 다. 몇몇 논저에서 지적하였듯이『사람의 본성을 변화시켜서 작위를 일으킨다』 는 주장은 성인이 백성을 교화하는 작용을 강조한 것이다. 이것은 물론 정확하 다. 그러나 나는 순자의 또 다른 면의 주장이 개인적인 자아수양의 필요성을 강조하고 있다는 것을 우리가 동시에 검토해야 한다고 생각한다. 이것은 그의 수양론으로부터 매우 분명하게 볼 수 있다.

순자는 군자와 소인이 나면서부터 갖추고 있는 것은 한 가지인데, 어떤 사람은 군자가 되고 어떤 사람은 소인이 되는 원인은 후천적인 습관에 달려있다고 주장하였다. 장기간 농사를 지으면 농부가 되고, 장기간 벌목을 하면 공인工人이 되며, 장기간 예의를 쌓으면 군자가 되는 것이다. 본성은 비록 악하다고는 하나 수양을 통해 성인이 될 수 있는데, 이것을 바로『습관과 풍속은 뜻을 바꾸어 놓고 장기간의 편안함은 바탕을 바꾸어 놓는다 習俗移志, 安久移質』고 하는 것이다.

이러한 이론은 논리상 필연적으로 사람은 누구나 성인이 될 수 있다는 결론에 이르게 한다. 그는『이제 저자거리의 사람으로 하여금 그가 본래 가지고 있는 알 수 있는 소질과 실천할 수 있는 재능을 가지고서, 인의와 법도에 들어있는 알 수 있고 실천할 수 있는 도리를 바탕으로 하여 노력을 쌓아나가게 한다면, 비록 저자거리의 사람이라 할지라도 우임금과 같은 성인이 될 수 있다고 하는 것은 명백한 것이다. 또 이제 저자거리의 사람에게 도를 닦고 학문에 힘쓰게 하며 마음을 오로지 하나로 통일하고 깊이 사색하여 자세히 관찰하게 해서 오랫동안 거듭하며, 선행을 쌓아 이를 멈추지 않는다면 마침내는 저자거리의 사람이라 하더라도 성인의 신명함에 통달하여 천지와 함께 나란히 서게 된다 今使塗之人者, 以其可以知之質, 可以能之具, 本夫仁義法正之可知可能之理, 然則其可以爲禹明矣. 今使塗之人伏術爲學, 專心一志, 思索孰察, 加日縣久, 積善而不息, 則通於神明, 參於天地矣, 故聖人者, 人之所積而致也』《荀子·性惡》고 하였다. 즉 온 마음을 다해서 도덕수양에 종사하고 학습에 노력하면 곧 사람마다 인의의 이치를 인식하고 천지를 통찰하여 성인이 될 수 있다는 것이다.『저자거리의 사람도 우임금이 될 수 있다 塗之人可以爲禹』는 사상은 맹자의『사람은 누구나 요순과 같이 될 수 있다 人皆可以爲堯舜』《孟子·告子下》는 사상과 일맥상통한다. 이 이론은 수양의 주체에 대해서는 매우 좋은 정신적 격려이다. 사람은 누구나 자아수양을 통하여 성인과 같은 공덕을 완성시켜서 심리상의 만족과 평형에 도달할 수 있다. 가치의 효능으로 볼 때, 그것은 도덕 앞에서 사람은 누구나 평등함을 표방하여 사람들로 하여금 도덕을 숭상하고 재능을 다투지 말도록 하였을 뿐 아니라 도덕이 바로 능력임을 일깨워 주었으며, 도덕이 고상하기만 하면 요순과 같은 성군과 어깨를 나란히 할 수 있다고 하였다. 이러한 경계에 도달하려면 반드시『기를 다스리고 마음을 배양하여 治氣, 養心』도의를 숭상하고 물욕을 부끄러워해야 한다.『몸은 수고로우나 마음이 오히려 편안한 일이라면 마땅히 해야 하고 자기의 이익은 적으나 도의적인 일이라면 해야 한다. 身勞而心安, 爲之, 利少而義多, 爲之』《荀子 · 修身》단지 이런 태도를 꿋꿋하게 견지하기만 하면, 곧 『뜻을 굳건히 하면 부귀를 업신여길 수 있고 도의를 숭상하고 중히 여기면 왕이나 제후의 신분을 가볍게 볼 수 있어서 志意修則驕富貴, 道義重則輕王公』『내심으로 성찰하여 외물을 경시하는 內省而外物輕矣』경계에 도달하게 되며, 궁극적으로는 〈외물을 사역시키고 役物〉〈외물에 의해 사역되지 않는 役于物〉〈군자〉가 된다.(《荀子 · 修身》을 참조)

그러면 도덕수양은 무엇을 표준으로 삼는가 ? 순자는 예禮라고 주장한다. 바로 우리가 앞에서 말한 바와 같이 예禮는 서주시기 노예주 종법사회의 정치제도이며 각종 등급, 윤리와 예절의 의식규범이다. 순자는 신흥지주계급의 이익을 옹호하는 데서 출발하여 예禮에 대해서 새로운 해석을 하였다. 그는 『예는 바로 표지 禮者, 表也』《荀子 · 天論》이며 『예는 절도의 표준 禮者, 節之準也』《荀子 · 致士》이라고 하여, 예를 인간 언행의 표준으로 간주하였다. 예는 『법의 근본이고, 율조律條의 강기 法之大分, 類之綱紀』《荀子 · 勸學》이며 『나라를 견고하게 하는 근본 強國之本』《荀子 · 議兵》이다. 직접적인 정치목적으로 볼 때, 순자는 예가 확정해 놓은 신분등급에 따라 물질을 배분하고 관계를 조절하였으며 다툼을 방지하고, 통치질서를 유지하였다. 그래서 그는 『예의 원칙은 귀한 사람과 천한 사람 사이에는 등급이 있어야 하고, 어른과 아이 사이에는 차별이 있어야 하며 가난한 사람과 부자 및 사회적 지위가 낮은 사람과 높은 사람 사이에는 모두 저울질이 있어야 하는 것 禮者, 貴賤有等, 長幼有差, 貧富輕重皆有稱者也』《荀子 · 富國》이라고 하였다. 반드시 지적하고 넘어가야 할 것은, 순자가 말한 예는 비록 일종의 정치제도이기는 하지만 서주의 종법등급을 기초로 한 세경세록제와는 다르다. 그는 스스로 『비록 왕 · 상경 · 사대부의 자손이라 하더라도 예의에 부합하지 못하면 서인으로 돌아가야 한다. 비록 서인의 자손이라 하더라도 학문을 쌓고 몸가짐을 바르게 행동하여 예의에 부합할 수 있으면 경 · 상 · 사대부로 돌아가야 한다 雖王公士大夫之子孫也, 不能屬於禮義, 則歸之庶人. 雖庶人之子孫也, 積文學, 正身行, 能屬於禮義, 則歸之卿相士大夫』《荀子 · 王制》고 말한 적이 있다. 이것은 예를 표준으로 삼아 봉건등급을 나눈 것임을 알 수 있다. 내가 제2장에서 이미 말했듯이, 전국시기는 사회 · 정치구조 중 세경세록의 종법제가 봉건관료제로 탈바꿈하는 시기이다. 순자의 이러한 주장은 바로 종법제의 세경세록제가 붕괴되고 봉건관료제가 아직 형성되지 않은 시기에 사람들에게 『먹으려면 수고를 해야 하고 벼슬을 하려면 공적이 있어야 함 食有勞而祿有功』(《說苑 · 政理》에 이괴李悝

의 말을 수록)을 요구하는 구체적 반영이다.

순자는 또한 예를 치국의 근본으로 간주하고 『예를 존중하고 법을 지극하게 하면 나라가 안정되고 隆禮至法, 則國有常』《荀子·君道》, 『정치를 하는 데 예를 사용하지 않으면 정치가 잘 안 될 것 爲政不以禮, 政不行矣』《荀子·大略》이라고 보고, 『사람에게 예가 없으면 생존할 수 없고, 일에 예가 없으면 성공할 수 없으며 나라에 예가 없으면 안정될 수 없다 人無禮則不生, 事無禮則不成, 國家無禮則不寧』《荀子·修身》고 주장하였는데, 즉 순자는 사람됨·일·치국 방면의 작용을 매우 강조하였음을 알 수 있다. 그의 『예를 존중한다 隆禮』는 것은 실제로 세경세록제의 정황하에서 이미 있었던 사상자료를 이용하여 이론체계를 구축한 것이다. 그러나 사상자료의 누적이 불충분하고 통치계급의 경험도 풍부하지 못하였기 때문에 순자의 주장은 진정으로 받아들여질 수 없었다.

공자 맹자와 완전히 다른 순자는 예를 말할 때, 그것을 법과 아울러 제시하였는 데, 즉 예를 존중하였을 뿐 아니라 법을 중시하였다. 그는 예와 법은 동시에 발생한 것으로 작용이 상동하여 불가분의 관계라고 주장하였다. 그는 『예의란 사물을 다스리는 시작이고 禮義者, 治之始也』《荀子·王制》 『법이란 사물을 다스리는 처음 法者, 治之端也』이라고 하여 예와 법을 모두 국가를 다스리는 근본으로 보았다. 양자의 관계는 즉 『예는 법의 근본이고, 율조律條의 강기 禮者, 法之大分, 類之綱紀也』《荀子·勸學》이며 『예의가 산생되어 법도를 제정한다. 禮義生而制法度』《荀子·性惡》 예는 법의 근거이고 법의 총강이며, 법은 예의 체현이며 예의 확인으로서, 양자는 하나이면서 둘이고 둘이면서 하나인 관계를 이룬다.

순자는 전국시대 후기에 활동하였는데, 계급투쟁과 사상투쟁의 발전은 그로 하여금 〈예의〉만을 말하고 〈법도〉를 말하지 않으며 〈교화〉만을 중시하고 형벌을 중시하지 않는 것은 통치를 유지하는 데 부족하다고 생각하게 하였다. 따라서 『간사함이 생겨나지 않게 하고 도적이 일어나지 않게 하기』 위하여 그는 공맹유가의 중덕경형重德輕刑사상을 개조하고, 법가의 〈형상刑賞〉 주장을 흡수하여, 〈예의〉와 〈법도〉를 함께 말하고, 〈교화〉와 〈형벌〉을 함께 시행하여 지주계급을 위해 하나의 전제주의 통치를 유지하는 이론을 제공하여 봉건지주계급의 『덕과 형벌을 함께 실시하는 德刑幷擧』 통치방법의 사상적 선구가 되었다.

위에서 서술한 것을 종합해 보면, 선진유가는 인의예지를 주장하고 인애로써 인간관계人間關係를 유지하고 사회제도를 공고히 하는 접착제로 삼았으며, 정감의 심리상으로부터 사람을 감동시키고 통제하는 것을 중시하여 온유돈후溫柔敦厚한 인정화된 윤리친정이 전체 사회에 더욱 만연되게 하였음을 알 수 있다. 사회의 역사발전에 따라 예의 내포가 변화하였지만, 예를들면 사회등급제도의 준칙 및 인간 행위규범의 사유틀로 삼은 것은 옛날과 동일하다. 천인관계의 문제에 있어서 공자가 천도를 드물게 말한 것으로부터 맹자의 천인합일天人合一에 이르고 다시 순자의 천인상분天人相分에 이르러서 사람들의 사람과 자연과의 관계에 대한 인식은 점차 몽롱한 데서 분명해지고 우매한 데서 사리를 알게 되었다. 사람의 주관적 능동성은 정서화된『해낼 수 없음을 알면서도 해내려 한다 知其不可而爲之』로부터『선량한 본심을 충분하게 확장시키면 천명을 알 수 있다 盡心則知天』는 내재적 정신의 자아확충으로 발전되었으며 최후에는『천명을 통제하여 그것을 이용하였다 制天命而用之』는 이성적 결단으로 응집되었다. 그것들은 시종 천인합일의 틀을 초월하지 않았고 인정화된 윤리친정을 이탈하지 않았으며 도덕에 대한 자아추구와 완선을 이탈하지 않았는데, 그리하여 중국 전통문화의 추형雛型을 이루었다.

제 2 절 한대유가의 신학화된 천인관념天人觀念

선진유학은 당시의 사정을 제대로 파악하지 못했기 때문에 시종 통치지위를 점유하는 사상이 되지 못하였다. 진시황의 분서갱유焚書坑儒는 유가에다 더욱 치명적인 타격을 주었다. 진이 망하고 한이 일어난 후 통치자는 전왕조의 멸망을 교훈으로 삼아 형벌을 가볍게 하고 부세를 줄였으며 백성과 함께 휴식을 하고 아울러 적극적으로 새로운 체계를 세우는 데 주력하였다. 우여곡절 끝에 유가사상은 통치사상으로 선택되었다. 이것은 바로 한무제가 동중서의 건의를 받아들여 〈백가를 물리치고 유가의 학술만을 홀로 존숭한다 罷黜百家, 獨尊儒術〉고 한 말에 잘 나타나 있다. 이로부터 유가는 봉건사회의 의식형태 영역에서 홀로 〈풍소風騷〉를 2천 년간 이끌었다. 유학이 선진시기에 백가쟁명百家爭鳴 속의 일가一家에서 〈독존獨尊〉의 학술로 변하고 민간학설에서 관방官方의식으로 승격된 것은 동중서의 개조를 거쳤다. 만일 선진시기 공맹유학이 인정화된 윤리친정으로 그 주요 특색을 삼는다면 한대의 동중서로 대표되는 유가사상은 신학화된 천인관념을 분명한 표지로 삼는다.

1 천인감응天人感應과 왕권신수王權神授

　한대유학이 선진유학과 근본적으로 구별되는 점은, 천인감응天人感應을 핵심으로 하고 음양오행陰陽五行을 골격으로 하는 신학화된 천인관념이 있다는 것이다.

　우선 동중서는 천인감응의 이론을 세웠다. 그의 입장에서 볼 때, 하늘과 사람은 서로 감응할 수 있으며 감응의 근거는 하늘과 사람에게 모두 음양이 있다는 것이다. 그는 먼저 『하늘의 상도常道는 하나의 음과 하나의 양이다 天道之常, 一陰一陽』《春秋繁露·陰陽義》라고 전제하고, 연후에 『하늘에 음기와 양기가 있고, 사람에게도 역시 음기와 양기가 있다 天有陰陽, 人亦有陰陽』《春秋繁露·同類相動》고 추론하였다. 이 때문에 남녀라는 음양으로 비유될 수 있어서 『천지의 음양은 남녀에 상당하고 인간의 남녀는 음양에 상당하다. 음양은 남녀라고 부를 수 있고 남녀도 음양이라고 부를 수 있다. 天地之陰陽當男女, 人之男女當陰陽, 陰陽可以謂男女, 男女亦可以謂陰陽』《春秋繁露·循天之道》 이러할 뿐 아니라 사람의 『몸이 성과 정을 함께 갖추고 있는 것은 마치 하늘이 음과 양을 함께 갖추고 있는 것과 같으며 身之有性情也, 若天之有陰陽也』『인과 탐의 두 기는 모두 사람의 몸에 있다. 몸이라는 이름은 하늘로부터 온 것이며, 하늘은 음양 두 기의 작용을 함께 갖추고 있고 사람도 탐과 인의 두 본성을 갖추고 있다. 천도 속에는 음이 있어 제한을 가해야 하고, 사람의 몸에는 정욕이 있어 역시 제한을 가해야 하는데, 이것은 천도와 일치하는 것이다. 仁貪之氣, 兩在於身. 身之名, 取諸天. 天兩有陰陽之施, 身亦有貪仁之性, 天有陰陽禁, 人有情欲袵, 與天道一也』《春秋繁露·深察名號》그는 또 『음기와 양기는 하늘에 존재할 뿐 아니라 사람의 몸에도 존재하는데, 사람의 몸에 존재하는 것은 좋아하고 싫어하며 기뻐하고 노여워하는 것이고, 하늘에 존재하는 것은 따뜻하고 맑고 춥고 더운 것이다 陰陽之氣, 在上天亦在人, 在人者, 爲好, 惡喜怒, 在天者, 爲暖淸寒暑』《春秋繁露·如天之爲》라고 말했다. 이것은 음양의 유포를 통하여 사람의 정감심리와 자연현상을 연계시킨 것이다. 이러할 뿐 아니라 동중서는 한 걸음 나아가 『악에 속하는 것은 모두 음이고, 선에 속하는 것은 모두 양 惡之屬, 盡爲陰, 善之屬, 盡爲陽』《春秋繁露·王道通三》이라고 규정하였으며, 윤리관념을 음양 위에다 두고 아울러 바꿀 수 없다고 주장하였다. 이러한 기초 위에서 그는 음양을 가정과 국가관계로 일반화시켰으며, 『군신·부자·부부 사이의 의미는 모두 음양 사이의 이치에서 취하였다. 군주는 양이고 신하는 음이며, 아버지는 양이고 자식은 음이며, 남편은 양이고 아내는 음이다 君臣父子夫婦之義, 皆取諸陰陽之道. 君爲陽, 臣爲陰, 父爲陽, 子爲陰, 夫爲陽, 妻爲陰』《春秋繁露·基義》라고 선포하고, 음양에는 주차主次의 구분이 있어서

양은 주된 것이고 음은 부차적인 것이라고 하였는데, 이것은 가정과 국가관의 인간관계人間關係를 고정하여 형식화시켰다.

하늘·사람·사회가 모두 음양을 나누어 갖추고 있기 때문에 서로 내재적인 구성상 논리적으로 연계되어『사물은 유에 따라 감동하고 物以類動』《春秋繁露·同類相動》서로 감응하는 기초가 된다.

음양 소장消長의 동력 및 사물발전의 질서있는 순서를 설명하기 위하여 동중서는 오행과 음양을 서로 짝지었다. 그는 음양 소장의 원인이 오행의〈상생相生〉과〈상승相勝〉에 있다고 주장하였다. 오행이〈상승〉하므로 말미암아 자연계에는 사시四時가 신진대사를 하고, 사회에서는 왕자王者가 사정四政(경慶·상賞·형刑·벌罰)을 번갈아 사용하며, 개인은 사기四氣(희喜·노怒·애愛·락樂)를 전환시키는 것이다. 이러한 변화와 발전은 또한 오행의 순서에 따라 진행하는 것이다. 목木은 오행의 시작이고, 수水는 오행의 끝이며, 토土는 오행의 가운데에 위치하는데,『이것은 천도의 순서이다. 此其天次之序也』《오행상승五行相勝》편에서 그는 오행상승의 질서와 내용 및 필연성을 상세하게 설명하였다. 그의 입장에서 볼 때, 오행의〈상생〉〈상승〉의 순서에 의한 순환을 통하여 자연 특히 사회는 정화되고 완벽해지는 것이다. 오행을〈상생에 비교한〉결과 사람들은 인仁·의義·예禮·지智·신信을 숭상하고 사악함을 방지함으로써 충심으로 임금을 섬기며, 죄있는 사람을 벌주고, 의롭지 못한 무리를 토벌하며, 존귀함과 비천함에는 등급이 있으며 어른과 어린이는 순서가 있다……. 오행이〈상승을 사이에 둔〉결과 사치를 반대하고 붕당을 간악함으로 보며, 등급제等級制를 실행하고 주상主上에게 아첨하는 것을 반대하고 터무니 없이 세금을 많이 받는 것을 반대한다. 이것은 실제상으로 오행의 운전運轉과 음양의 소장을 통하여 정치관점을 해석한 것이며, 벼슬아치들의 작풍을 정돈하고 상하로 하여금 한마음이 되게 하여 사회가 조화되게 하였다.

음양을 오행과 일체로 전환시키는 동시에 우주체계의 질서성과 안정성을 증강시키기 위하여 동중서는 사시四時·사방四方과 음양오행을 결합하였다. 그는 목·화·토·금·수의 오행을 분별하여 춘·하·계하季夏·추·동에 배치시키고 동·남·중·서·북과 대응되게 하였다. 동시에 그는 춘하추동이 애愛·락樂·엄嚴·애哀의〈사지四志〉를 대표하여 낳고(生) 배양시키고(養) 거두고(收) 저장하는(藏) 효용이 있어서〈사시의 법칙四時之則〉에 부합한다고 주장하였다. 게다가『성인은 하늘의 작위에 부합하게 정치를 한다. 聖人副天之所行以爲政』그러므로 경慶·상賞·형刑·벌罰의 사정四政은 춘하추동 사시의 난暖·서暑·

량凉·한寒과 부합하는데, 이것은『유별에 따라 서로 응하는 것이 마치 부절을 합해 놓은 것과 같다. 以類相應也, 如合符』《春秋繁露·四時之副》이래서 그는『하늘에는 사시가 있고 왕에게는 사정이 있으며 사정은 사시와 같아 유별이 서로 통하는데, 이것은 하늘과 사람이 공동으로 갖추고 있는 것이다 天有四時, 王有四政, 四政, 若, 四時, 通類也, 天人所同有也』《春秋繁露·四時之副》라고 결론지었다.

위에서 음양·오행·사시·사방은 동중서에 있어서 하나의 정체整體로 이미 결합되어 하나의 동태적 평형계통을 구성하고 있다는 것을 알 수 있다. 이러한 체계 가운데의 각 자계통子系統(하늘·사람·사회)이 각기 음양오행을 갖추고 있기 때문에 유사한 종류로써 감응하여〈같은 유가 서로 감동하며 同類相動〉하늘과 사람이 음양오행의 틀내에서〈합일〉할 수 있는 것이다. 동중서의 이러한 천인감응을 핵심으로 하는 천인합일사상은 음양오행, 사시의 합치를 통하여 체계를 구성한 것이며 사물류의 비슷함과 수의 상동함을 감응의 기초로 삼은 것이다. 음양오행학설은 그것의 체계를 구성하는 이론적 틀이며 다른 유가 사물을 나누고 아울러 연상과 추측을 통하여 유비추리類比推理의 근거로 한 것이며, 그 천인감응 이론은 건립의 도구로써 빌려진 것이다. 천인감응론의 확립에 의하여 하늘과 사람을 서로 상통시키고 상호영향을 주고 상호작용을 하며 상호전환시켰으며, 이에 따라 사회적 운동이 하늘의 운행과 의지의 약속을 떨어질 수 없게 하였다. 따라서 이와같은 동중서의 대일통大一統 주장, 덕주형보德主刑輔의 왕도정치 및 이와 상응하는 일련의 사회제도와 윤리규범에는 사회의 내부적 수요와 근거가 있을 뿐 아니라 전통과 역사적 역량 및 자연과학자료에 힘입어 건립된 자연계(하늘)의 수요가 있으며 사람들의 원망願望과 정신이 새로운 기탁처가 있게 하여 천인합일 철학의 기능은 이 때문에 실현될 수 있었다.[1]

동중서가 이러한 천인감응체계를 건립한 것은 한무제의 통치를 신격화하고 봉건질서를 신격화하기 위한 것이며, 지상에서 왕권을 위해서 신학적 근거를 제공하기 위해서이다. 그것은 선진시기 맹자가〈호연지기浩然之氣〉를 기를 것을 기치로 삼고〈진심盡心〉〈지성知性〉〈지천知天〉을 인식의 방법으로 삼고서 주체적 정신영역내에서 사람과 하늘의 합일을 완성시키고 심리적 평형을 구하는 방도 및 구조와 서로 비교해 볼 때, 이미 확실히 다르다. 종합적으로 볼 때, 전자는 농후한 신비주의적 색채를 갖고 있으며 후자는 선명한 인륜정신을 갖고 있다.

2 삼강오상三綱五常과 정의명도正誼明道

　　동중서가 비록 하나의 신학화된 천인합일사상체계를 건립하였지만 선진유가가 중시하는 인정화된 윤리친정이 완전히 쇠퇴하지는 않았으며, 단지 신학화된 천인합일사상의 틀하에서만 조금 강도가 약하게 변했을 뿐인데, 그 명확한 사실은 삼강오상三綱五常의 제출이다.

　　〈삼강三綱〉 두 글자는 《한비자》에서 최초로 보이며 삼강오상의 연용은 동중서 이후 동한 때 나온 《백호통의白虎通義》 중에서 나타난다. 그러나 진정하게 삼강오상에 대해 전면적·체계적으로 논술한 사람은 동중서이다. 이 때문에 학술계에서는 일반적으로 그를 삼강오상의 창안자라고 보고 있다.

　　《춘추번로春秋繁露·기의基義》편 중에서 동중서는 『대체로 사물에는 반드시 서로 합치되는 것이 있다. ……음기는 양기의 짝이고, 아내는 남편의 짝이며, 자식은 아버지의 짝이고, 신하는 군주의 짝이다. 사물에는 모두 짝이 있는데, 그들 자체에는 또 음양이 있다. ……군신·부자·부부간의 의의는 모두 음양 사이의 이치에서 취한 것이다. 군주는 양이고 신하는 음이며, 아버지는 양이고 자식은 음이며, 남편은 양이고 아내는 음이다. 음의 도는 단독으로 행동할 수 없다. …… 그래서 신하의 공로는 군주와 합치고, 자식의 공로는 아버지와 합치고, 아내의 공로는 남편과 합치고, 음의 공로는 양과 합치고 땅의 공로는 하늘과 합치는 것이다 凡物必有合. ……陰者陽之合, 妻者夫之合, 子者父之合, 臣者君之合. 物莫無合, 而合各有陰陽. ……君臣父子夫婦之義, 皆取諸陰陽之道. 君爲陽, 臣爲陰, 父爲陽, 子爲陰, 夫爲陽, 妻爲陰. 陰道無所獨行. ……是故臣兼功於君, 子兼功於父, 妻兼功於夫, 陰兼功於陽, 地兼功於天』라고 하였다. 또 『남자는 지위가 비록 낮더라도 모두 양이고, 여자는 지위가 비록 높더라도 모두 음이다 丈夫雖賤皆爲陽, 婦人雖貴皆爲陰』《春秋繁露·陽尊陰卑》라고 하였다. 『천자는 하늘의 명령을 받고, 제후는 천자의 명령을 받고 자식은 아버지의 명령을 받고 신하는 군주의 명령을 받고, 아내는 남편의 명령을 받는다. 天子受命於天, 諸侯受命於天子, 子受命於父, 臣妾受命於君, 妻受命於夫』《春秋繁露·順命》 이러한 군주·아버지·남편은 양이 되고, 신하·자식·아내는 음이 되어, 양존음비陽尊陰卑는 위치가 정해져 바뀔 수 없다는 이론은 바로 이른바 〈삼강三綱〉의 학설이다. 『삼강의 기를 따르고 팔단의 이치에 통달해야 선이라고 말할 수 있다. 循三綱之紀, 通八端之理, ……乃可謂善』《春秋繁露·深察名號》 〈삼강〉의 학설은 봉건 종법가족제 기초 위에 있는 전제주의 통치를 위해 이론적 근거를 제공하였다는 데 의의가 있다. 그것은 부자·부부라는 가정관계에 의거하고 봉건 종법제하의 가정제도를 기초로 하며 군친君親 충효의 연결을 유대로 삼아 효를 충으로 옮기는 것을 목적으로 삼는다. 효를 충으로 옮기는 정감의 전이轉移를 통해 가족의 정치화와 국가의 가족화를 실현시켰다. 가정제도와 국가제도는 매우 자연스럽게 하나로 융합되어 공동의 효능을 발휘하였는데, 신민臣民에 대해서 말하면, 〈삼강〉은 일종의 외재적 강제성의 사회규범이며 반드시 성실하게 체험하고 실천해야 하는 도덕수양이다. 군주에 대해서 말하면 그것은 신민의 충성을 요구하는 권력이며 이것으로써 교화를 실행하는 의무이다. 군주와 신민, 규범과 수양, 권력과 의무는 이렇게 신기하게 일체로 결합되어 있으며 내재적 통제와 외재적 통제가 한데 결합되어 사회의 안정은 매우 크게 강화되었다. 이것은 봉건전제주의가 강화하는 내재적 요구를 반영하였다. 이러한 가정제도와 정치제도의 융합은 중국 사상·문화의 커다란 특징이다.

내재적 통제의 중요한 내용과 수단이 되는 것은 〈삼강〉학설 이외에도 〈오상의 도五常之道〉가 있다. 그것은 동중서가 한무제의 첫번째 책문에 대해서 제출한 것으로 『인·의·예·지·신이라는 오상의 도는 왕자가 갖추이야 되는 것이다 다섯 가지가 갖추어지면 하늘의 보살핌을 받고 귀신의 영험함을 누리며 덕이 국외에까지 베풀어지고 많은 사람에게 미친다. 夫仁·義·禮·智·信, 五常之道, 王者所當修飾也. 五者修飾, 故受天之佑, 而享鬼神之靈, 德施於方外, 延及群生也』《漢書·董仲舒傳》 확실히 동중서가 강조한 〈오상의 도〉가 대일통의 정치국면을 유지하는 데 이바지했다는 것은 의심할 나위가 없다. 그러나 주의해야 할 것은 〈삼강〉학설이 주로 신민에게 요구하고 약속하는데 사용하는 것과는 다르게 〈오상의 도〉가 스며들고 미치는 범위는 군주를 안에 포괄한다. 예가 존비등급을 구분하는 문교제도 및 사람됨의 표준인 것을 제외하고 인·의·지·신 모두 윤리본위의 가치관념이며 행위의 모식이다. 그 가운데 군주의 모범적 작용은 주된 것이다. 동중서의 대책 가운데 볼 수 있는 것을 제외하고도 《오행오사五行五事》 가운데에서 찾아볼 수 있다. 동중서는 왕자가 마땅히 닦아야 하는 〈모貌·언言·시視·청聽·사思〉의 오사五事는 공恭(공경함)·종從(따를 만함)·명明(현인과 불초자를 알고 흑백을 분별함)·총聰(일을 듣고 뜻을 살핌)·용容(말하는 데 있어서 용납하지 않음이 없음)의 기능을 가지고 있고, 숙肅·의義·철哲·모謀·성聖의 성상性狀 및 이와 상응하는 기능을 가지고 있다. 군주에게 자기의 언행을 주의하고 행정정치를 제때에 적당하게 시행하도록 권유하였으며 군주의 자아수양을 강조하였다. 이것은 바로 내재적 통제의 방법을 사용하여 군주를 사회적 통제의 범위내에 둔 것이다. 물론 〈오상의 도 五常之道〉는 일반 민중을 겨냥해서 만들어진 것이다. 〈오상의 도〉를 통하여 동중서는 군주와 신민을 모두 공동의 사회규범 속으로 들여놓았다. 〈오상〉 앞에서 인격은 평등하며 사람들로 하여금 스스로를 반성하게 하고 자기의 정감과 욕망을 조절하게 하며 〈오상〉의 추구에 대한 자아완선完善을 통하여 자기의 〈가치〉를 실현하고 공동의 목표를 지향하며 따라서 사회를 화합 속으로 이끈다. 이것은 동중서 사상이 정체整體의 이익을 중시하고 정체관념을 강조하는 특징을 체현하였다.

〈오상의 도〉의 창도에 따라 결정된, 도의을 중시하고 공리를 경시하는 것을 특징으로 하는 동중서의 의리관義利觀이 시대에 부응하여 생겨났다.

동중서의 의리관의 내용과 특징을 가장 잘 표명하는 것으로는《한서·동중서전》속의 말인『어진 사람이란 그 의를 바로잡고 그 이익을 도모하지 않으며 그 도를 밝히고 그 공적을 생각하지 않는다 夫仁人者, 正其誼不謀其利, 明其道不計其功』는 말보다 나은 것이 없다. 이밖에 또『하늘이 사람에게 부여한 본성은 사람으로 하여금 인의를 실행하고, 부끄러운 일을 하면 수치로 여기도록 하며, 사람이 금수와 같이 구차하게 생존을 도모하거나 구차하게 이익을 구하지 못하도록 할 뿐이다. ……지금 커다란 치욕을 받고도 죽을 수 없었는데 이것은 부끄러운 것이 아니다. ……그러므로 군자는 살아서 치욕을 받는 것은 죽어서 영광을 얻는 것만 못하게 생각한다 天之爲人性命, 使行仁義而羞可恥. 非若鳥獸然, 苟爲生苟爲利而已. ……今被大辱而弗能死, 是無恥也. ……故君子生以辱不如死以榮』《春秋繁露·竹林》『사적인 이익은 도적질의 근본이다 利者, 盗之本也』《春秋繁露·天道施》『인간의 본성은 도의가 옳다고 인정하지 않는 것은 아니다. 그러나 인간의 행위가 도의에 부합하지 않는 것은 사적인 이익에 의해 훼손되기 때문이다 凡人之性, 莫不善義, 然而不能義者, 利敗之也』《春秋繁露·玉英》『황급하게 금전상의 이익을 추구하면서 항상 부족함을 염려하는 것은 서인의 생각이고, 황급하게 인의를 추구하면서 백성을 교화하지 못할까 염려하는 것은 대부의 생각이다 夫皇皇求財利常恐乏匱者, 庶人之意也, 皇皇求仁義常恐不能化民者, 大夫之意也』《漢書·董仲舒傳》등이 있다.

이것은 분명히 도의가 공리보다 상위에 있음을 주장한 것으로 동중서가 인심을 규범하는 도구로써 사용한 것이며, 또한 윤리를 본위로 하는 가치판단으로 하는 표준이다. 그는『의의 법도는 나를 바로잡는 데 있는 것이며 남을 바로잡는 데 있는 것이 아니다. 자기를 바로잡지 못하면 비록 남을 바로잡았다 하더라도《춘추》에서는 그의 행동이 의에 부합했다고 칭찬하지 않는다 義之法, 在正我, 不在正人, 我不自正, 雖能正人, 弗予爲義』《春秋繁露·仁義法》고 하였는데, 이것은 〈의〉가 사람들이 스스로 자기의 욕망을 통제하는 조절기임을 나타내 준다. 이러한 중의경리重義輕利를 특징으로 하는 〈정의명도正誼明道〉의 의리관이 요구하는 주체는 신민이지 군주와 전체 지주계급이 아니다. 의를 바로잡고 도를 밝히며 이익을 도모하지 않고 공적을 생각하지 않는 것은, 신하에 대해서 말하면 살신성인殺身成仁의 정신으로써 군주와 전체 지주계급의 이익을 위해 효력이 있고, 백성에 대해서 말하면 안빈낙도安貧樂道하여 나쁜 환경이나 처지를 참고 양보하는 태도를 취하게 하였다. 『그래서 사람들에게 안빈낙도를 권유하는 것은 고금의 치국평천하를 하는 대경락大經絡이다.』[2] 정의명도는 일종의 윤리규범으로 그것이 요구하는 주체는 단지 신민이고, 모리계공謀利計功은 일종의 가치표준으로서 그것이 실행되는 대상은 단지 군주와 전체 지주계급일 뿐이다. 이것이 바로 동중서 의리관의 실질적인 내용이다. 이러한 정의명도의 의리관은 공자의 〈살신성인殺身成仁〉과 안빈낙도의 사상을 통일시켜 그것을 추상화·윤리화하여 훗날의 유학자들이 수행修行하는 하나의 준칙이 되었다. 동시에 그것은 사대부들이 실의失意했을 때 정신적 지주가 되었다. 동중서가 만년에 쓴 《사불우부士不遇賦》 중에는 『자기의 뜻을 굽히고 남을 좇는 것은 우리의 무리가 아니다. ……마음으로 근심하며, 봉록을 기대하지 않는다 屈意從人, 非吾徒矣. ……心之憂歟, 不期祿矣』고 강조하였다. 사람들에게는 청탁을 구별하지 않고 도의를 위반하여 출세하기보다는 『본래의 업에서 자신을 돌이키는 것이 나으며, 시세에 영합해서는 안 된다. 비록 자신의 감정을 억눌러 온갖 이익을 얻는다 해도 마음을 바로하고 한군데로 귀착하는 것만 못하다 莫若返身於素業兮, 莫隨世而輪轉. 雖矯情而獲百利兮, 復不如正心而歸一』《董膠西集》라고 권유하였다. 이것은 바로 구체적인 표현인 것이다. 이렇게 도의가 일체의 정의명도보다 높다는 의리관은 상품경제의 낙후, 개체소농 자연경제의 사유방식의 필연적 결과이다.

3 양덕음형陽德陰刑과 독존유술獨尊儒術

동중서가 건립한 천인감응의 신학목적론神學目的論 사상체계 및 〈삼강오상三綱五常〉을 고취하는 윤리·도덕·규범은 대일통 국면을 유지하고 봉건 전제주의 중앙집권 국가를 공고히 하는 정치사상이론의 한 측면을 반영하였다. 그의 교화를 위주로 하고 형벌로써 보충한다는 양덕음형陽德陰刑이론은 그의 정치사상의 또 다른 측면을 반영하고 있다.

동중서는 일찍이 오제삼왕의 정치를 노래로 칭송하는 형식을 빌어 그가 생각하고 있는 이상사회를 묘사한 적이 있다.

오제와 삼왕은 천하를 통치하면서 스스로 군주라고 생각하고 백성들의 마음을 임의대로 압박할 생각을 감히 하지 않았다. 백성들에게 10분 1의 부세를 징수하고 인애로써 백성들을 교화하며, 충성으로써 백성들을 사역시키고, 노인을 존경하며 자신의 어버이를 친애하고 어른을 존경하도록 가르쳤다. 백성들이 농사짓는 시간을 지체시키지 않으며, 백성을 사역시키는 데 매년 3일을 초과하지 않았다. 그래서 백성들은 집집마다 모두 풍족하여 원한과 분노의 일이 발생하지 않으며 강자가 약자를 업신여기고 모욕하지 않으며, 비방하고 시기하는 사람이 없었다. 백성들은 품덕을 수양하여 훌륭한 경지에 도달하고 머리를 풀어헤치고 음식을 배불리 먹으면서 놀았다. 부귀를 부러워하지 않고 죄악을 수치로 여기고 법을 어기지 않았다. 어버이는 자식의 죽음에 대해 울지 않고, 형은 아우의 죽음에 대해 울지 않았다. ……감옥은 비었으며(법관이 범인을 처벌하는 데) 단지 옷에다 그림을 그려 표시를 했을 뿐이지만 백성들은 법을 어기지 않았으며, 사방의 이민족이 통역을 통해 조회에 참가하여 천자를 알현하였으며, 백성들의 성정이 매우 박실하고 사치하지 않았다. 천자는 천지에 제사지내고 절차에 따라 산천에 제사지내며 제때에 태산과 양무산에 가서 하늘의 신께 제사지냈다. 명당을 건립하고, 선제에게 제사지내며, 히늘에 제사지낼 때 조상을 함께 제사지냈다. 천하의 제후들은 각자 자기의 직책에 따라 와서 제사를 돕고 그들의 봉지에서 산출된 물품을 바쳐서 먼저 종묘로 보내며, 예모를 쓰고 예복을 입고 난 뒤 조상을 뵈오면 조상은 은혜로써 그들에게 보답하는데, 이것이 바로 조상을 존경하고 받들어서 얻어진 보응인 것이다.

五帝三王之治天下, 不敢有君民之心. 什一而稅, 教以愛, 使以忠, 敬長老, 親親而尊尊. 不奪民時, 使民不過歲三日, 民家給人足, 無怨望忿怒之患, 強弱之難, 無讒賊妬嫉之人. 民修德而美好, 被髮銜哺而游. 不慕富貴, 恥惡不犯. 父不哭子, 兄不哭弟. ……囹圄空虛, 畫衣裳而民不犯, 四夷傳譯而朝, 民情至樸而不文. 郊天祀地, 秩山川以時至, 封於泰山, 禪於梁父. 立明堂, 宗祀先帝, 以祖配天. 天下諸侯, 各以其職來祭, 貢土地, 所有先以入宗廟, 端冕盛服而後見, 先德恩之報, 奉先之應也.《春秋繁露·王道》

이것은 동중서 정치사상의 청사진이며, 그의 정치사상 및 철학사상을 이해하는 관건이다. 이 논술 가운데에서 그는 맹자·순자·《여씨춘추》등의 왕도정치에 대한 이론상의 깊은 연구 및 한초漢初 황로사상黃老思想의 실시를 통하여 왕도정치를 실천하는 것을 계승하여, 제도상으로 왕도정치를 구현한다는 동경을 힘써 도모하였다. 『10분의 1의 부세를 징수한다 什一而稅』『백성들의 농사짓는 시간을 지체시키지 않는다 不奪民時』등의 주장은, 그가 요역을 줄이고 부세를 경감하여 사회를 안정시키고 인심을 안정시켜서 한왕조로 하여금 『영원히 전해지게 傳之無極』한다는 원대한 안광을 반영하였다. 『감옥을 비게 한다 囹圄空虛』『천지에 제사지낸다 郊天祀地』는 것은 중덕경형重德輕刑, 천인합일 철학의 단서를 분명하게 드러낸 것이다. 『명당을 건립한다 立明堂』『백성에게 예의를 가르친다』고 함은 그의 새로 건립한 정치·문화제도에 대한 동경을 표현한 것이다.

《춘추번로》등의 저작 중에서 그는 인정仁政과 덕치德治를 반복 강조하고 일련의 상세한 논술을 하였다. 그는 『덕으로 나라를 다스리는 사람은 설탕과 벌꿀처럼 감미롭고, 아교와 옻처럼 견고하다 以德爲國者, 甘於飴蜜, 固於膠漆』《立元神》『문덕을 중시하고 위세와 무력을 경시하는데, 이것은 천하가 영원히 안정된 원인이다 文德爲貴而威武爲下, 此天下之所以永全也』《服制像》『은혜를 베푸는 사람은 이것을 멀리 확대할수록 더욱 위대해지고, 인을 베푸는 사람은 완전히 자연에서 나와야 훌륭한 것이다 推恩者遠之爲大, 爲仁者自然爲美』《竹林》『왕도를 실행하든 패도를 실행하든간에 모두 인의를 근본으로 삼는다 霸王之道, 皆本於仁』《兪序》고 하였다. 이것은 그가 문덕의 염색작용과 덕치의 거대한 위력을 보았음을 설명해 준다. 이 때문에 그는 덕치를 주요수단으로 삼고 형벌로 보완해야 한다고 주장하였다. 그는 다음과 같이 논술하였다.

왕도정치를 하는 군주는 어떤 일을 시행할 때 반드시 하늘에다 그 단서를 구하는데, 천도의 핵심은 음양에 있다. 양은 덕교이고 음은 형벌이며 형벌은 죽이는 것을 위주로 하고, 덕교는 살리는 것을 위주로 한다. ……이로써 하늘이 덕교에다 직무를 맡기고 형벌에다 직무를 맡기지 않음을 알 수 있다.
王者欲有所爲, 宜求其端於天, 天道之大者在陰陽. 陽爲德, 陰爲刑, 刑主殺而德主生……以此見天之任德而不任刑也.《漢書·董仲舒傳》

양기가 출현하여 언제나 앞에 매달려서 일을 담당하고, 음기가 출현하여 언제나 뒤에 매달려서 실제의 업무를 책임지지 않는데, 이로부터 하늘이 양기를 친근하게 하고 음기를 소원하게 하며 덕교德教에 직무를 맡기고 형벌에 직무를 맡기지 않음을 알 수 있다. ……덕교와 형벌의 비례도 이와같다. 그러므로 성인이 집정을 하면 인애를 베푸는 경우가 대부분이고 위엄을 사용하는 경우는 적으며 덕교를 강화하고 형벌을 감소하며 이렇게 하여 천도와 서로 어울린다.

陽之出也, 懸於前而任事, 陰之出也, 常懸於後而守空處, 以此見天之親陽而疏陰, 任德而不任刑也. ……德教之與刑罰, 猶此也. 故聖人多其愛而少其嚴, 厚其德而簡其刑, 以此配天.《春秋繁露 · 基義》

하늘의 도는 양에다 직무를 맡기고 음에다 직무를 맡기지 않았다. 왕자의 도는 덕에 직무를 맡기고 형벌에 직무를 맡기지 않았는데 하늘을 따른 것이다.

天之道, 任陽不任陰. 王者之道, 任德不任刑, 順天也.《執贄》

이밖에 《천도무이天道無二》《양존음비陽尊陰卑》《음양위陰陽位》《음양의陰陽義》《죽림竹林》 등편에서 그는 여러 차례에 걸쳐 이러한 논점을 천명하고, 그가 덕치를 제창하고 전적으로 폭력에 직무를 맡기는 것을 반대한다는 정치주장을 매우 명확하게 표출하였다. 자기의 덕주형보이론에다 역사와 이론적인 근거를 부여하기 위해서 그는 《춘추》의 도움을 빌었다. 《죽림》편 속에서 그는 『그것의 뜻을 탐구하고 취지를 관찰해 보건대, 《춘추》에서 증오하는 사람은 덕화德化를 사용하지 않고 무력을 사용하며 인민을 사역시키고 인민을 살해하는 사람이다. 좋아하는 사람은 군대를 설치했으나 이를 운용하지 않고 인의를 사용하여 인민을 회복시키는 사람이다. 《시경》에는 『예악 도덕을 사용하여 남을 교화시키고, 사방의 국가를 화합시킨다』고 했다. 이것이 《춘추》에서 찬양하는 것이다. 덕행이 육친을 사랑할 수 없고, 예악이 먼 사람을 조치할 수 없으며, 오직 한 마음으로 전쟁을 일삼는 사람, 이는 《춘추》에서 매우 증오하며 모두 도의에 부합하지 않는 것이다 考意而觀指, 則《春秋》之所惡者, 不任德而任力, 驅民而殘賊之, 其所好者設而勿用仁義以服之也.《詩》云: 弛其文德, 治此四國. 此《春秋》之所善也. 夫德不足以親近, 而文不足以來遠, 而斷斷以戰伐爲之者, 此固《春秋》之所甚疾已, 皆非義也』고 하였다.

동중서가 제창한 덕주형보의 하나의 중요한 이론적 근거는 음양관념이다. 그는 자연계와 인류사회가 모두 음양으로 구성되었다고 생각하였다. 정치생활 속에서 양은 덕으로 표현되고 음은 형벌로 표현된다. 덕은 생존을 위주로 하고 형벌은 살생을 위주로 하며, 〈하늘〉은 살리고자 하고 죽이고자 하지 않으며, 천도는 양을 중시하고 음을 경시하며, 덕을 숭상하고 형벌을 숭상하지 않기 때문에 통치를 하는 데에는 덕을 위주로 하고 형벌로써 보필해야 한다. 그의 입장에서 볼 때, 유가의 인덕이라는 정치주장은 백성을 교화하고 백성을 감염시키는 기본 내용 및 방식이며, 법가의 권세와 형벌은 무력으로 위협하는 작용을 일으킬 수 있지마는 공개적으로 선전할 수 없고 더욱이 유가의 인덕정치와 함께 논의할 수 없다. 이 때문에 덕주형보德主刑輔와 양덕음형陽德陰刑이 있을 뿐이다. 즉 이것은 진이 망한 후의 역사적 경험을 종합한 결과라고 말할 수 있다. 이렇게 해서 실제로는 이론수준으로부터 통치책략에 표준양식을 규정한 것이다. 한나라 선제宣帝는 『한나라의 왕실에는 자신의 제도가 있는데, 본래는 패도와 왕도가 혼합되어 있었다 漢家自有制度, 本以霸王道雜之』《漢書·元帝紀》라고 말한 것이 바로 증명이다. 이후의 봉건왕조는 기본적으로 〈한가漢家의 제도〉를 답습한 것이다.

본질적으로 말해서, 양덕음형은 여전히 전제주의의 이론이며, 그것은 한나라 왕조의 봉건 전제통치를 위해서 봉사하였다. 이에 따라 사상문화 영역에 있어서 동중서는 『백가를 물리치고 유가의 학술만을 홀로 존중한다 罷黜百家, 獨尊儒術』는 주장을 제출하였다.

『백가를 물리치고 유가의 학술만을 홀로 존중한다』는 건의는 동중서가 진한 교체 부렵 사상의 통일을 요구하는 사회사조에 순응하여 제출한 것이다.[3]

역사적 기록에 의하면, 동중서는 세번째 무제의 책문에 대해서 격정에 차서 말하기를, 『《춘추》 대일통이라고 하는 것은 천지의 변하지 않는 법도이고 고금의 준수해야 할 도리이다. 오늘날 스승들은 도를 달리하고 사람들은 의론이 다르며 백가는 방법이 다르고 지향하는 의미가 다른데, 그래서 위에서는 통일을 유지할 수 없다. 법제는 자주 변하여 아래서는 지켜야 할 바를 알지 못한다. 신의 소견으로는 육예의 학과가 아니고 공자의 학술이 아닌 것은 모두 그 도를 끊어 함께 나아가지 말게 하여서, 도리에 어긋나고 편벽된 학설을 종식시키면 통기가 하나로 되고 법도가 밝아져서 백성들이 따를 바를 알게 될 것이다《春秋》大一統者, 天地之常經, 古今之通誼也. 今師異道, 人異論, 百家殊方, 指意不同, 是以上無以持一統, 法制數變, 下不知所守. 臣愚以爲諸不在六藝之科, 孔子之術者, 皆絶其道, 勿使并進. 邪辟之說滅息, 然後統紀可一而法度可明, 民知所從矣』《漢書·董仲舒傳》라고 하였다.

『백가를 물리치고 유가의 학술만을 홀로 존숭한다』는 건의는 한무제에게 받아들여졌다. 그것의 실행은 중국 사상문화사思想文化史상의 일대 사건이며, 당시뿐 아니라 한 이후 봉건사회에 대해서 모두 매우 중대한 영향을 주었다. 당시의 상황으로 볼 때, 한무제는 『조리가 다 없어지고 통기가 아직 마쳐지지 않음 條貫靡竟, 統紀未終』으로 인해 동중서에게 문책하였는데, 동중서는 무제(통치계급)로 하여금 〈통일을 유지하도록〉 하기 위하여 이 건의를 한 것이다. 그러므로 그의 착안점은 사상을 통일하는 데 있었지, 백가쟁명을 소멸하는 데 있는 것이 아니다. 실제적으로 앞에서 서술한 바와 같이 선진시기에 백가쟁명百家爭鳴한 각 학파는 모두 강렬한 배타성을 지니고 있으며 독존을 염두에 두고 있었는데, 한무제 때, 유가의 독존을 실행한 것은 백가쟁명의 반동이 아니고 백가쟁명의 필연적 결과이다. 바로 전인의 사상자료에 대해 충분하게 이용한 기초 위에서, 정치 문화 등 제도에 대한 창조적인 건설을 진행한 후에 동중서는『백가를 물리치고 유가의 학술만을 홀로 존숭한다』는 건의를 제출하여, 그의 진한사상을 통일한다는 구상의 모든 공정을 완성하였다.『백가를 물리치고 유가의 학술만을 홀로 존숭한다』는 사상은 통일의 방식과 길이며 사상통일의 완성을 나타내는 표지이다. 그것은 중국사회가 전국시대로부터 한초에 이르는 역사전환의 완성이며, 진한교체 무렵 사회사조 발전의 결과이자 집중적인 체현이며, 지주경제 발전의 역사적 요구이고, 봉건전제주의가 한 걸음 더 강화된 논리적 귀결이다.[4]

그러나 역사발전의 각도에서 고찰해 볼 때『백가를 물리치고 유가의 학술만을 홀로 존숭한다』는 주장은, 대규모의 지식인들이 관명이록官名利祿만 탐하여 평생 동안 경經을 주석하게 유도하여『다섯 자로 된 글귀를 설명하는데 2,3만 자에 이르는 말을 하고, 후진들은 더욱 달려가서 좇는데, 그러므로 어렸을 때부터 일예를 지켜 연구하고 노인이 되고 난 뒤에야 자기 말을 할 수 있으며, 자기가 익힌 것에 만족하고 보지 않은 것을 비난하여 결국은 스스로가 발전을 가로막았다. 說五字之文, 至於二三萬言, 後進彌以馳逐, 故幼童而守一藝, 白首而後能言, 安其所習, 毁所不見, 終以自蔽』《漢書·楚六王傳》학술은 번잡하고 침체된 막다른 길로 걸어갔으며 유가를 존중하는 데 따른 부정적인 작용은 매우 엄중하였다.[5] 더욱 나쁜 것은 독존유술이 여론을 일률적으로 조성하여 경학經學적 사유방식을 발생시키고 유상유서唯上唯書 심리가 만연되도록 이끌었다.

상술한 동중서 사상의 주요내용과 특징은 동중서가 선진유가사상을 지양하였음을 나타내 준다. 천인관념을 가지고 말하면, 그는 하나의 외재적이고 자연계와 서로 관련이 있는 골격을 건립하였다. 그 음양오행의 골격과 천인감응의 논설은 천인합일 사상이 신학적 색채를 덧입게 하였으며 따라서 선진유학과는 구별된다. 그러나 하늘과 사람의 상통相通을 추구하여서 심리평형을 획득하는 방법에 있어서는 선진유학과 인식을 같이한다. 삼강오상의 윤리규범은 한 방면으로 선진유가의 인의를 숭상하고 개체수양을 중시하는 사상에 대한 계승이고, 다른 한편으로 사회제도의 수준에서는 명확한 자각의식이고, 사회통제의 각도로부터 선진유가 수양론에 대한 이론적인 발전이다. 양덕음형·독존유술의 주장은 유가학설과 봉건전제왕권이 서로 결합되어 전제왕권을 위해서 봉사하는 자각성을 반영한 것이며, 그것은 동시에 유가사상이 새로운 역사단계로 발전하였음을 표명해 준다.

제 3 절 송대 유가의 철리화된 이욕지론理欲之論

유가는 동중서의 개조를 거친 후에 새로운 내용을 증가하여 새로운 골격을 갖추었다. 그러나 그들의 〈천인감응〉사상이 신비주의 색채를 갖춘 신학 목적론이고, 그래서 매우 빠르게 황당무계한 참위미신讖緯迷信과 서로 결합하였기 때문에 반이성적인 사상의 역류를 형성하였다. 위·진·수·당 시기에 현학玄學이 유행하고 불교가 창성하게 되자, 유학은 충격을 받았다. 여러 차례의 대항을 거쳐『명교를 초월하고 자연에 방임하며』(嵇康,《釋私論》)『탕왕과 무왕을 비난하고 주공과 공자를 경멸하는』(嵇康,《與山巨源絶交書》) 현학가들은 최후에는 역시 〈명교가 곧 자연〉이라고 표방하여 〈자연〉과 〈명교〉의 관계를 조화시키고 도교와 불교를 유가 속으로 이끌었을 뿐이다. 출세이상出世理想을 선양한 불교는 맨 먼저『사문은 왕을 공경하지 않는다 沙文不敬王者』는 고론高論을 견지하고, 후에 유학의 충효절의의 근기를 뒤흔들어 놓을 방법이 없음을 알고는 단지 유가의 〈오상五常〉의 의론을 옹호하였으며, 〈효도〉는『유가와 불가가 모두 종지로 삼고 있다 儒釋皆宗之』(宗密,《盂蘭盆經疏序》)고 강조하고, 마침내는 중국 본토문화를 향해 접근하여 〈불경不敬〉한 머리를 아래로 숙였다. 유교·불교·도교는 서로 배척 및 흡수하고, 서로 융합하며 최후에는 송대에 새로운 사상의 결정인 이학理學으로 응집되었다. 이학은 송대에 통치적 지위를 점유하는 사상이 되었으며 유가사상의 신형태로서 선진 및 한대와는 다른 특징을 갖추었는데, 이것이 바로 본체론本體論 수준으로 승격하여 철리화된 이욕지론理欲之論이다.

1 〈천지지성天地之性〉과 〈기질지성氣質之性〉

이욕지론의 기초는 〈천지지성天地之性〉과 〈기질지성氣質之性〉의 구분이다. 이것은 북송北宋 때의 사상가 장재張載가 제일 먼저 제출한 것으로, 하나의 창조라고 할 수 있다.

장재 이전의 고대중국의 사상가는 때때로 인성 중에서 도덕의 기원을 찾고 선악의 문제를 논증하였다. 공자가 말한『본성은 서로 가까운데, 후천적인 습성에 따라 서로 멀어진다 性相近, 習相遠』는 것은 단지 흥흥興을 불러일으킨 일종의 일반론일 뿐이고, 결코 실질적인 문제를 다루지 못하였다. 맹자가 주창한 성선론, 순자가 주장한 성악론, 동중서가 말한 성삼품론性三品論 및 한대 양웅揚雄이 말한 성선악혼性善惡混, 당대 이고李翱가 말한 성선정악론性善情惡論 등등은 모두 단지 일반적인 수양론에서 착안하여 도덕론의 범주에 머무른 것으로, 세계관의 각도에서 연구검토한 것이 아니며 본체론의 수준으로 승격되지 못하였다.

장재는 세계관의 고도로부터 인성의 기원, 선악의 귀속에 대해서 엄밀한 논증을 하였다. 그는 인성을 〈천지지성〉과 〈기질지성〉으로 구분하였다. 〈천지지성〉은 선한 것이며 〈기질지성〉에는 선도 있고 악도 있다. 천지지성은 바로 인·의·예·지로서 사람의 형체가 아직 형성되기 이전에 이미 존재하는 것이다. 기질지성은 사람의 형체가 형성된 후에 있는 것이며, 『형성된 후에 기질지성이 있고 선이 그것에 반하면 천지지성이 존재하게 된다. 形而後有氣質之性, 善反之則天地之性存焉』(張載, 《正蒙·誠明》)

이학가 정이程頤·정호程顥 형제는 장재의 천지지성과 기질지성에 관한 구분을 찬성하였고, 아울러 그것에 대해 충실하게 발휘하였다. 주희朱熹는 더욱 천지지성과 기질지성의 구별을 좋아하였다. 그는 맹사가 성선을 주장한 것은 인성 중에는 천부적으로 인·의·예·지의 〈사단四端〉을 갖추고 있음을 말하는 것이며, 단지 천명지성天命之性을 말했을 뿐 악이 어디서부터 왔는가에 대해서는 자세히 말하지 않고, 『기질지성에 대해 말한 적이 없고 그래서 소를 나누어 허비하였다 不曾說得氣質之性, 所以亦費分疏』(《朱子語類》卷四)고 하였다. 또 그는 순자가 성악을 제창하였지만 『단지 좋지 않은 성만을 보고서 只見得不好底性』(《朱子語類》卷五十九), 즉 기질지성만 알고 천지지성을 알지 못하여 정확하게 선이 어디서 왔는가에 대한 대답을 할 수 없었다고 주장하였다. 장재·정이·정호가 말한 〈천지지성〉과 〈기질지성〉은 맹자의 성선론의 부족을 보충하고 순자 성악론의 치우침을 규정하였으며, 인성의 내원과 귀속 및 이로 말미암아 발생된 천리인욕지론天理人欲之論을 원만하게 해결하였다. 때문에 주희는 장재의 양중인성론兩重人性論의 제출이 『공자의 문하에 대단한 공을 세우고 후학에 도움을 주었는데 極有功於聖門, 有補於後學』라고 칭찬을 하고, 『그러므로 장재와 이정의 학설이 확립되면 제자의 학설이 소멸될 것이다 故張, 程之說立, 則諸子之說泯矣』(《朱子語類》卷四)라고 하였다.

2 〈존천리尊天理, 거인욕去人欲〉

〈천리天理〉라는 낱말은 고대중국에서 여러 가지 의미로 사용되었다.《장자莊子‧천운天運》에서는 사람들에게『천리에 순응할 것 順之以天理』을 요구하였고,《한비자韓非子‧대체大體》에서는 사람들에게『천리를 거역하지 말라 不逆天理』고 하였는데, 여기에서 천리는 모두 자연법칙을 가리킨다. 서한西漢 때 대성戴聖이 편찬한《예기禮記》에는『좋아하고 싫어하는 욕념이 제한되지 않고 접촉하는 외물이 계속 유혹하고 있는데, 이때 자아반성을 하고 양지良知로써 그 충동을 제재하지 않으면 천리가 소멸될 것이다 好惡無節於內, 知誘於外, 不能反躬, 天理滅矣』《樂記》라고 하였다. 경학가 정현鄭玄은 이 〈리理〉를 〈성性〉이라고 주석하였다. 송대 이학가는 천리의 의미를 인신引申하여 의리지성義理之性(또는 天地之性)이라고 보고, 〈인욕人欲〉과 상대되는 개념으로 파악하였다.

장재는『만사는 하나의 천리일 뿐이다 萬事只一天理』《經學禮窟‧詩書》라고 하고『천하의 이치에 따르는 것을 도라 하고, 천하의 이치를 얻는 것을 덕이라 한다 循天下之理之謂道, 得天下之理之謂德』《正蒙‧至當》고 말하였다. 이른바 〈천하의 이치〉는 주로 인의를 가리킨다. 이정은 한 걸음 나아가 봉건 윤리강상을 천리라고 말하였다. 그들은『충이란 천리이고 忠者, 天理』(《遺書》卷十一)『예는 곧 리이다 禮即是理也』(《遺書》卷十五)『부자와 군신은 천하의 정한 이치로서 천지간에 도망갈 곳이 없다 父子君臣, 天下之定理, 無所逃於天地間』(《遺書》卷五)라고 하였다. 세계의 만사만물과 사회상의 모든 관계는 이정의 입장에서 볼 때『모두가 단지 하나의 천리일 뿐이다. 皆只是一個天理』(《遺書》卷二上) 이렇게 해서 이정은 봉건 윤리강상을 누구나 거역하고 범할 수 없는 천리로 바꾸어 놓았으며 봉건 도덕원칙을 우주의 최고 원칙으로 확대시켜 놓았다. 그래서『상하의 분별과 존비의 의리 上下之分, 尊卑之義』는『리의 당연함이며 리의 근본이다. 理之當也, 理之本也』(《周易程氏傳》卷一)『아래는 위에 순응하고 음은 양을 받든다 下順乎上, 陰承乎陽』(《周易程氏傳》卷一)는 것은『천하의 바른 이치 天下之正理』가 되어, 봉건 강상명교는 도덕론에서 본체론으로의 승화를 통하여 봉건전제주의의 새로운 이론근거가 되었다.

주희는 직접 이정의 〈천리〉범주를 계승하고 아울러 그것을 엄밀하고 정치精致하게 만들었다. 그는 리理를 자기 학설의 최고 범주로 삼고, 리理가 자연과 사회보다 우선적으로 존재하는 정신적 본체이고, 만사만물은 거기에서 파생되어 나온 것이라고 주장하였다. 그는『천지가 생겨나기 이전에 리理만이 존재하였다. 이 리理가 있어서 이 천지가 있게 되었다. 만약 이 리理가 없었다면 천지 역시 없

없을 것이고 사람도 없고 만물도 없었을 것이며 그 비롯하는 것이 없었을 것이다 未有天地之先, 畢竟也只是理. 有此理, 便有此天地. 若無此理, 便亦無天地, 無人無物, 都無該載了』(《朱子語類》卷一)라고 주장하였다. 즉 천지만물은 모두 리理로 말미암아 발생하였음을 알 수 있다. 마찬가지로 사회 속의 등급과 명분은 등급과 명분을 구성하는 사물보다 먼저 존재하였으며 리理의 체현인 것이다. 그는 『〈이 일이 있기 전에 이 이치가 먼저 있었다.〉 예를들면, 군주와 신하가 있기 전에 이미 먼저 군주와 신하의 이치가 있었고, 아버지와 아들이 있기 전에 이미 먼저 아버지와 아들의 이치가 있었다 〈未有這事, 先有這理〉 如未有君臣, 已先有君臣之理, 未有父子, 已先有父子之理, 不成元無此理, 直待有君臣父子, 却旋將道理入在裏面?』(《朱子語類》卷九十五)고 강조하였다. 주희의 입장에서 볼 때, 천리 중에 지극히 중요한 것은 〈삼강三綱〉으로 즉 군위신강君爲臣綱·부위자강父爲子綱·부위처강夫爲妻綱이다. 그 중 군신·부자관계는 또한 관건이며 반드시 인의로써 조정해야 한다. 그의 말을 인용해서 말하자면 『인에는 부자보다 큰 것이 없고 의에는 군신보다 큰 것이 없는데 이것은 삼강의 요체이며 오상의 근본이라고 말할 수 있으며, 인륜은 천리의 지극함이라 천지간에 도망갈 곳이 없는 것이다. 仁莫大於父子, 義莫大於君臣, 是謂三綱之要, 五常之本, 人倫天理之至, 無所逃於天地間』《文集·癸未垂拱奏禮二》 즉 삼강오상 등의 봉건명교는 주희에 있어서 이미 선험적先驗的이고 본체론에 속하는 것이며, 사람마다 반드시 준수해야 하는 세계원칙이고 윤리규범임을 알 수 있다.

삼강오상이 천리이고, 지선至善의 천지지성이며 반드시 사람마다 발양광대發揚光大해야 할 것이라면, 이것과 상대되는 것은 무엇인가? 이학가들은 인욕人欲이라고 대답하였다.

유가의 경전인 《예기禮記·악기樂記》에는 이미 천리와 인욕을 상대해서 들고 있다. 『본래 외물은 끊임없이 사람을 자극하고 있는데 만일 사람이 그 자극에 따라 호오好惡의 반응을 하고 이성적인 제재를 가하지 않으면 외물에 접촉하여 사람도 따라서 변화하는 것과 같다. 여기서 이른바 사람이 외물에 따라서 변화한다는 것은 천리를 없애고 줄곧 인욕을 따른다는 것이다. 夫物之感人無窮, 而人之好惡無節, 則是物至而人化物也. 人化物者, 滅天理而窮人欲者也』 송대 이학가들은 여기에 근거하여 천리와 인욕을 대립시키고, 봉건 윤리강상을 〈천리〉라고 말하고 사람들의 물질생활 욕망을 〈인욕〉이라고 말하였다. 그들은 『이理에서 나오지 않은 것은 욕심에서 나오고 욕심에서 나오지 않은 것은 이理에서 나온다 不出於理則出於欲, 不出於欲則出於理』고 강조하고, 사람들이 물질생활에 대한 추구를 버리고 전심으로 봉건적 강상명교를 체험하고 실천할 것을 요구하였다.

이정二程은『형태가 이미 생겨나서 외물은 그 형태에 접촉하여 그 가운데에서 움직여서 칠정이 나오게 되는데, 즉 기쁨·노여움·슬픔·두려움·사랑·미움·욕심 등이다 形旣生矣, 外物觸其形而動於中矣. 其中動而七情出焉, 曰, 喜·怒·哀·懼·愛·惡·欲』(《河南程氏遺書》卷八)라고 주장하였다. 칠정 중에서 〈욕심〉은 가장 천리를 기만하고 선한 성품을 말살하는 것이다. 그래서 정이는 『욕심이 사람에게 피해를 준다. 사람이 불선을 하는 것은 욕심이 유혹하기 때문이다. 유혹되었는데도 알지 못하면 천지가 멸하여 반을 알지 못하는 지경에 이르게 된다. 눈은 색을 욕심내며 귀는 듣는 것을 욕심내고, 코는 향기를 욕심내며 입은 맛을 욕심내고 몸은 편안함을 욕심내는데, 이것들은 그것에 사역되기 때문이다 欲之害人也. 人之爲不善, 欲誘之也. 誘之而弗知, 則至於天理滅而不知反. 故目則欲色, 耳則欲聲, 以至鼻則欲香, 口則欲味, 體則欲安, 此則有以使之也.』(《遺書》卷二十五)라고 하였다. 또한『후세에 여러 선비로부터 공경에 이르기까지 나닐이 존귀해지고 영화를 누리는 데에 뜻을 두고 농민·공인·상인은 나날이 부귀와 사치에 뜻을 두며, 억조의 민심은 서로 이익으로 치달려 천하가 어지러워졌는데, 그것을 혼란되지 않게 하는 것은 어려울 것이다 後世自庶士至於公卿, 日志乎尊榮, 農工商賈日志乎富侈, 億兆之心交鶩於利, 而天下紛然, 欲其不亂, 難矣』(《粹言》卷一)라고 하였다. 이것은 즉 사람이 이목성색耳目聲色과 공명이록功名利祿을 추구하는 것은 모두 〈욕심〉이 불러일으키는 것이며, 그 결과 착한 본성을 상실하고 천리를 위반하여 천하가 대란에 빠지게 된다는 것이다. 즉 천리와 인욕은 물과 불처럼 서로 용납할 수 없음을 알 수 있다.

주희는 인의예지라는 〈천명의 이치 天命之理〉는 〈천리〉이고,『〈성〉은 곧 천리이며 성하지 않은 것이 없다 性卽天理, 未有不善者也』(《孟子集注》卷十一》)고 하였으며, 〈음식과 남녀〉라는 〈기질지성〉은 〈인욕〉이며 인욕은 천리를 해친다고 주장하였다.『그러나 사람에게는 몸이 있어서 귀·눈·입·몸 사이에 사리사욕의 누적이 없을 수 없어서 예에 위배되고 인을 해친다 然人有是身, 則耳目口體之間, 不能無私欲之累, 以違於禮而害夫仁』(《朱子四書或問》卷十二)고 하고,『눈이 찬란한 색을 추구하고 귀가 감동적인 소리를 추구하며, 입이 훌륭한 맛을 추구하고 코가 좋은 냄새를 추구하며, 사지가 편안함을 추구하기 때문에 그 덕을 해치는 것을 어찌 말로 다할 수 있겠는가 目之欲色, 耳之欲聲, 口之欲味, 鼻之欲臭, 四肢之欲安佚, 所以害乎其德者豈可勝言也哉』《經筵講義》라고 하였다. 확실히 주자는 천리와 인욕이 명확하게 대립되는 것임을 주장하였다.

　이상으로부터 송대 이학가들은 모두 천지지성과 기질지성의 구분으로부터 착수하여 선악을 구별하고, 나아가서 봉건 윤리강상을 천리이며 선이라고 말하였으며, 사람들의 물질적 욕망을 인욕이며 악이라고 말했음을 알 수 있다. 사람들은 누구나 선을 추구하고 악을 지양하는데, 곧 논리적으로『천리를 보존하고 인욕을 멸하는 것이다 存天理, 滅人欲』라는 결론을 얻어내었다.

　선진에서 송대에 이르는 유가의 정치·윤리·철학사상의 핵심은 인에 대한 추구와 실천을 창도하는 것이다. 인을 파악하는 것은 도덕수양의 최고의 경계이며 천지만물과 일체가 될 수 있는 것이다. 정호는『만약 인이 지극하다면 천지가 한 몸이 될 것이다. 천지 사이에 만물 만형은 사지와 온갖 형체를 가지고 있다. 사람이 어찌 사지와 온갖 형체를 가지고 있으면서 사랑하지 않는가? 성인은 인이 지극한 사람이라 홀로 이 마음을 능히 체현하는데 어찌 지리하고 복잡하게 자신 밖에서 그것을 구하겠는가? 若夫至仁, 則天地爲一身. 而天地之間, 品物萬形爲四肢百體. 夫人豈有四肢百體而不愛者哉? 聖人, 仁之至也, 獨能體是心而已, 曷嘗支離多端而求之自外乎?』(《遺書》卷四)라고 하였는데, 이것은 즉 인의 품덕은 각 개인의 내심에 존재하며, 단지 성실하게 체험하기만 하면 곧 얻을 수 있으며 신체의 밖에서 찾을 필요가 없는 것이다. 바꾸어 말하면 천지지성인 인이라는 착한 성품은 사람이 태어나면서부터 있게 되는 것이고 단지 기질지성의 악에 가리워졌을 뿐인데, 그래서 기질지성인 악을 제거하기만 하면 천명지성天命之性의 선을 회복하고 보존할 수 있는 것이다. 이정二程의 입장에서 볼 때, 인은 즉 천리이고 천리와 인욕은 절대적으로 대립하는 것이며,『천리가 아니면 바로 인욕이며 不是天理, 便是人欲』『인욕이 제멋대로 되어 천리가 멸할 것이다 人欲肆而天理滅矣』(《河南程氏粹言》卷二)『사욕을 멸하면 천리가 저절로 분명해질 것이다. 滅私欲, 則天理自明矣』(《遺書》卷二十四) 여기에 근거하여 그들은『사욕을 제거하고 천리를 보존할 것 去私欲, 存天理』을 주장하고, 아울러 그것을 인을 실천하는 근본적인 방도로 삼았다.

　그렇다면 어떻게 해야『사욕을 버리고 천리를 보존』하여 〈인〉을 실현시킬 수 있는가? 이정은 방법은 단 한 가지뿐인데 즉 수양을 높여서 〈질욕窒欲〉을 해야 한다고 주장하였다. 구체적인 방법에는 세 가지가 있다. 하나는 주경主敬과 집의集義이다. 주경은 즉 주의력을 집중해서 경건한 마음으로 봉건 윤리강상를 대하는 것이다. 외모가 단정하고 행위가 규범에 맞아야 될 뿐 아니라, 내심으로 전렴하여 마음 속으로 천리를 잊지 말아야 한다. 주경을 함과 동시에 반드시 〈집의〉를 해야 되는데, 즉 시비를 밝게 분별하고『리理에 따라 행동하는 것이 의가 된다 順理而行, 是爲義也』(《遺書》卷十八) 만일 봉건 강상명교에 경건하고 전일하게 대하는 것이 주경이고,『그러함을 아는 것 知其然』이라고 한다면, 한 걸음 나아가 의리義理를 변별 분석하고『그 까닭을 아는 것 知其所以然』이 바로 집의인 것이다. 〈질욕〉을 하여 인에 도달하는 방법의 두번째는 격물치지格物致知이다. 이정은『천리를 밝히는 것』을 인식의 근본목적으로 간주하였으며, 도덕수양문제를 인식문제와 동등하게 보고 수양으로써 사람들의 외부세계에 대한 인식을 대신하였으며, 〈선〉에 대한 추구를 인생의 이상으로 보고,『선을 밝히는 것은 사물에 나아가 이치를 연구하는 데 있다 明善在乎格物窮理』(《遺書》卷十五)고 주장하였다. 즉 격물치지는 사회실천을 통하여 사물의 도리와 규율에 대한 인식을 얻는 것이 아니고, 내심의 수양을 통하여 천리를 파악하고 선한 본성을 회복하는 것이다. 이정은『이치를 연구하지만 단 지극한 선에 머물러야 하는데, 자식은 효에 머무르고 아버지는 자애에 머무르는 부류는 밖에서 구하지 말고, 단지 사물의 이치를 보는 데 힘써서 파고드는 것이 마치 유격하는 기병이 돌아오지 않는 것처럼 해야 한다 致知, 但知止於至善, 爲人子止於孝, 爲人父止於慈之類, 不須外面, 只務觀物理, 訊然正如游騎無所歸也』(《遺書》卷七)고 주장하였는데, 이것은 바로 격물치지의 실질이 외물의 유혹을 받지 않고 본심을 결속하여,『이치를 궁구하고 본성을 충분하게 확장시켜서 천명에 이르며 窮理盡性以至於命』도덕적 자아완선을 이룩하는데 있음을 반영하였다. 〈질욕〉으로써 인에 도달하는 세번째의 방법은 극기克己이다. 주경과 집의·격물치지는 모두 천명지성을 보존하는데, 극기는 외재적 물욕에 대한 억제에 치중하여『옳지 않은 것을 보고 듣는 것을 방지하고 지나친 기호와 욕심을 절제하는 防聞見之非, 節嗜欲之過』(《河南程氏粹言》卷二) 심리상태와 방식을 사용하여『천리를 보존하고 인욕을 멸하는 것이다. 存天理, 滅人欲』〈극기〉를 하면 〈사심〉을 제거할 수 있으며『자연히 예로 돌아갈 수 있다. 自然能復禮』(《遺書》卷二) 이른바 〈사심〉은 주로 강상명교에 부합되지 않는 물질적 욕망과 생명에 대한 추구를 가리킨다. 어떤 사람이 정이에게 생활할 방도가 없는 고독한 과부가 생존을 위해서 재가再嫁할 수 있느냐고 물었을 때, 그는『단지 후세에 헐벗고 굶주려 죽는 것을 두려워하므로 옳은 말이다. 굶어죽는 일은 지극히 작은 것이며 절개를 잃는 일은 지극히 큰 것이다 只是後世怕寒餓死, 故有是說, 然餓死事極小, 失節事極大』(《遺書》卷二十二)라고 대답하였다. 이것은 부녀자에게 생존인 〈인욕〉을 희생하여 봉건도덕인 〈천리〉를 보전할 것을 요구한 것이다. 이러한 봉건전제주의를 위해 봉사하는 몽매주의蒙昧主義적인 설교는 청대의 진보적인 사상가 대진戴震에 의해『리理를 가지고 사람을 죽인다 以理殺人』고 지적되었는데, 이 말은 확실히 매우 날카로운 지적이다.

이정의 뒤를 계승한 주희는 관념상으로 인성을 선과 악의 이중으로 설정해 놓고, 천리와 인욕이 서로 공존할 수 없다고 보고 나아가『명리멸욕明理滅欲』의 논점을 연역해내었다.

주희는『성이란 마음의 리理이고 정이란 성의 움직임이다. 마음은 성정의 주인이다 性者, 心之理, 情者, 姓之動, 心者, 性情之主』(《朱子語類》卷五)라고 주장하였다. 〈마음〉은 능동성을 갖추고 있어서 사람의 정감과 욕망을 통제할 수 있다. 이 〈마음〉은 두 가지로 구분되는데, 즉『귀와 눈의 욕망으로부터 지각하는 것은 바로 인심이고, 의리상으로부터 지각하는 것은 바로 도심이다 知覺從耳目之欲上去, 便是人心, 知覺從義理上去, 便是道心』(《朱子語類》卷七十八)라고 하였다. 〈도심道心〉은 천리의 표현이고 〈인심〉은 인욕의 표현이다. 천리와 인욕은 물과 불 같아 서로 용납될 수 없으며『사람의 한 마음은 천리가 존재하면 인욕이 없어지고, 인욕이 승리하면 천리는 소멸되며 人之一心, 天理存則人欲亡, 人欲勝則天理滅』『이것이 승리하면 저것이 쇠퇴하고 저것이 승리하면 이것이 쇠퇴하며 어떠한 중립이라도 진퇴의 리理가 아님이 없다. 此勝則彼退, 彼勝則此退, 無中立不進退之理』(《朱子語類》卷十三) 때문에 주희는『사욕을 소멸시키고 천리를 밝힌다 滅私欲, 明天理』는 사상을 계승하여『천리를 밝히고 인욕을 제거할 것 明天理, 滅人欲』을 주장하였다. 그는『천리를 밝히고 인욕을 제거할 것』을 근본적인 도덕수양과 인생이 추구하는 목표로 단정하고,『학자들은 반드시 인욕을 다 없애서 천리를 전부 회복해야 하며, 이것이 바야흐로 학문이다 學者須是革盡人欲, 復盡天理, 方始是學』(《朱子語類》卷十三)라고 주장하였다. 이 점을 하고자 하면 반드시 증삼曾參의『나는 매일 여러 차례 자신을 돌이켜본다 吾日三省吾身』는 말과 같이『전적으로 안에서 마음을 써야 專用心於內』(《論語集主》卷一) 하며『문을 꽉 잠그고, 스스로 몸으로 자세히 체인을 해서 바야흐로 사사로운 생각이 극복되었음을 느껴야 한다. 緊緊閉門, 自就身上細體認, 覺得方有私意便克去』(《朱子語類》卷四十一) 이렇게 해야『인욕이 싹트는 것을 저지하고 그것이 은미한 속에서 몰래 자라나지 못하게 하여 도에서 멀리 떨어지게 遏人欲於將萌, 而不使其潛滋暗長於隱微之中, 以至離道之遠也』(《中庸章句》第一章) 할 수 있는 것이다.

주희의 이러한 〈명리멸욕〉의 주장은 사상적 연원으로 보면, 공자의『군자가 알고 있는 것은 의이고 소인이 알고 있는 것은 이익이다 君子喩於義, 小人喩於利』《論語・里仁》,『군자는 도를 도모하지 않고, 먹을 것을 도모하지 않는다 君子

謀道不謀食』《論語·衛靈公》, 맹자의『마음을 수양하는 가장 좋은 방법은 물질적 욕망을 줄이는 것이다 養心莫善於寡欲』, 동중서의『그 의을 바로 하고 그 이익을 도모하지 않으며 그 도를 밝히고 자기의 공적을 생각하지 않는다 正其誼不謀其利, 明其道不計其功』는 사상에 대한 계승이자 발전이다. 주의할 것은 공맹과 동중서에 있어서『먹을 것을 도모하지 않고』『욕심을 적게 하며』『의를 바로잡고 도덕을 밝히는 것』은 모두 일종의 도덕적 요구일 뿐이라는 것이다. 주희에 있어서 이욕지변理欲之辨은 본체론의 수준으로 승화되어 사변적 색채가 풍부한 〈이일분수理一分殊〉의 본체론과 견고하게 한몸으로 전환되었다.

3 이일분수 理一分殊

이일분수理一分殊는 송대 이학가의 용어이다. 장재는 《서명西銘》을 써서『백성은 나와 동포이고 만물은 나와 벗이다 民吾同胞, 物吾與也』라는 명제를 제출하고 사람들이 남 사랑하기를 자기처럼 하기를 요구하고,『천하를 보건대 어떠한 사물도 자기가 아님이 없다 視天下無一物非我』고 하였다. 이것은 본래 일종의 추상적 인류애를 선양한 윤리사상이며, 본체론의 범주에 속하는 것은 아니다. 그러나 정이가 《양시가 논한 〈서명〉에 답하는 글》에서『《서명》은 이일분수를 밝혔다 《西銘》明理一而分殊』고 말했기 때문에, 주희는 즉 그 제목에 비추어 자기의 의사를 나타내어『《서명》의 통체는 하나의 이일분수이고 한 구는 하나의 이일분수이다 《西銘》通體是一個理一分殊, 一句是一個理一分殊』라 하고,『구에 따라서 혼륜되게 보면 이일理一을 볼 수 있고 가운데로부터 횡으로 잘라보면 분수分殊를 볼 수 있다 逐句渾淪看, 便見理一, 當中橫截看, 便見分殊』고 하였으며, 따라서 민포물욕의 도덕론을 본체론의 수준으로 승화시켜 그의 이일분수의 규범 속으로 끌어들였다.[6]

그렇다면 어째서 〈이일분수〉라고 하는가? 리理는 봉건 윤리강상이며『만물을 발생시키는 근본이다. 生物之本』《晦庵先生朱文公文集》《癸未垂拱奏禮二》 리理의 전체와 최고경계를 〈태극太極〉이라고 하며, 〈태극〉은 우주의 근본이며 이것이 이른바 〈이일理一〉이다. 그것이 각종 사물로 변화된 것으로 말하면, 모든 사물에는 각기 다른 이치가 있는데, 그것을 이른바 〈분수分殊〉라고 한다. 만물은 〈태극〉에서 발생하여 통일되고, 〈태극〉의 구체적 표현이며 〈태극〉이라는 정체整體를 체현하고 있는데, 이것을 바로 〈이일분수〉라고 한다. 주희는 《서명》에 대한 해석에서 세계만물은 천지의 자녀이고, 천지는 〈리理〉에서 파생되어 나온 것인데, 이것을 바로 〈이일理一〉이라고 부르며, 만물이 발생한 후에는 곧 〈대소大小〉와 〈친소親疏〉의 구분이 있게 되고, 『친소는 정이 다르고, 귀천은 등급이 다르며 親疏異情, 貴賤異等』 사람들은 『각각 자기의 어버이를 친애하고 각각 자기의 자식을 자식으로 대하는데 各親其親, 各子其子』 이것을 곧 〈분수分殊〉라고 한다고 말한 적이 있다.(《張橫渠集》卷一 참조)

주희는 또한 불교의 〈월인만천月印萬川〉의 비유를 사용하여 〈이일분수〉를 논증하였다. 그는 『원래는 하나의 태극(理)일 뿐인데, 만물은 각기 품수되고 또한 각기 하나의 태극을 갖추고 있을 뿐이다. 달이 하늘에 있는 것과 같이 단지 하나 있을 뿐인데 강호에 널리 산재하여 곳에 따라 볼 수 있는 것을 가지고 달이 이미 나누어졌다고 말할 수는 없는 것이다. 本只是一太極 (理), 而萬物各有禀受, 又自各全具一太極爾. 如月在天, 只一而爾, 及散在江湖, 則隨處可見, 不可謂月已分也』(《朱子語類》卷九十四) 이것은 불교 화엄종의 〈일다상섭一多相攝〉사상을 습용한 것이다. 화엄종은 『일즉시다一即是多, 다즉시일多即是一』의 논증을 통하여 사물의 차별과 모순을 말살하고 이에 따라 『이사무애理事無碍』를 설명하였다. 주희는 불교의 사변형식을 흡수하고 〈이일분수〉를 통하여 『이는 단지 하나일 뿐이고, 이치는 같은데 그 나눔은 같지 않다. 군신에게는 군신의 이치가 있고 부자에게는 부자의 이치가 있다 理只是這一個, 道理則同, 其分不同. 君臣有君臣之理, 父子有父子之理』(《朱子語類》卷六)고 논증하고, 이에 따라 삼강오상과 충효절의 등의 봉건 정치윤리도덕을 밝은 달이 대지 위에 고루 비치는 것과 같이 지고무상의 천리라고 말하고, 사람들이 천리에 따라 행동할 것을 촉구하였다. 『송대 이전에는 유가의 전통적 천명사상이 비교적 유행하였으며, 불교가 선양한 인과보응 因果報應사상을 더하여, 한 개인의 궁통窮通과 귀천을 말하여 〈명命〉은 이와같아야 한다고 말한다. 송대 이학가가 고명한 것은 바로 그들이 비록 명을 말하였지마는 그러나 더욱 강조한 것은 〈리理〉는 이와같아야 한다, 혹은 〈분分〉은 이와같아야 한다라고 말한 데 있다. 그들은 결코 종교미신을 지나치게 선양하지는 않았으며, 단지 사람들이 〈이일분수〉의 이론설교를 받아들여서 자각적自覺的이고 자원적自願的으로 봉건강상을 준수할 것을 요구하였으며, 그렇지 않으면 사회여론에 의해 〈천리를 해치고〉 본분을 지키지 않은 것으로 매도되고 명교의 죄인이 되어 영원토록 뒤바꿀 수가 없게 되는 것이다.[7]

위에 서술한 것을 종합해 보면, 유학이 송대로 발전하면서 이학가들은 선배의 사상을 계승하는 동시에 그것을 발전시키고, 사변적 색채를 띠고 철리화된 하나의 이론적 틀을 구축하였음을 알 수 있다. 그들의 인성선악·이욕지변은 모두 이일분수의 사변규범으로 들어서서, 도덕론으로부터 본체론의 수준으로 승화시켜 유학을 하나의 새로운 단계로 발전시켰다. 사상발전의 각도로 볼 때, 이것은 유교·불교·도교가 합류한 필연적 결과이며 구체적 표현이다. 사회발전으로 볼 때, 이것은 송대의 빈곤과 허약이 누적된 현실상황이 관념형태영역에서 반영된 것이다. 정치구조의 진일보한 안정이라는 측면으로 볼 때, 이것은 봉건전제주의가 더욱더 강화된 데 따른 필연적 요구이다. 송대의 유가가 수립한 이 철리화된 이욕理欲 모식은 이학이 중국 후기 봉건사회 사상계를 7,8백 년간 통치하게 된 중요한 원인인 것이다.

제 4 절 유가의 인생철학 모식模式

유가학설은 선진으로로부터 송넝에 이르기까지 여러 번 변천을 거쳤다. 다른 학설과의 상호배척과 흡수를 통해 자기의 내용을 풍부하게 하였으며 사회의 선택을 거쳐 자기의 형상을 완벽하게 하였다. 최후에는 마침내 민족정신의 주체 내용으로 응결되어 전통문화의 주된 줄기의 하나가 되어 중국민족의 이상인격·사유방식·가치지향 및 사회심리 등등에 대해 매우 깊고 큰 영향을 주었다.

1 유가의 이상인격理想人格

인격의 정의에 관해서는 동서고금에 많은 사람의 의론이 분분하여 현재에 이르기까지 어느 하나도 모두에게 공동으로 받아들일 수 있는 관점이 없다.

어떤 심리학자는 가장 간명한 견해로 인격은 사람의 특징적인 일종의 조직이라고 주장하였다. 인격은 또한 심리적 현상이다. 각종의 안정적이고 타인과 구별되는 특질모식은 사람의 행위에다 일정한 경향성을 주고 아울러 진실하게 개인의 특징을 표현할 수 있는데, 즉 이것이 인격이다.[8] 인격을 연구한 심리학자는 인격의 의미는 주로 두 가지인데, 첫째는 사람의 특성으로서 사람의 일종의 심리적 현상을 가리키며, 둘째는 심리학적인 하나의 분지分支를 가리킨다고 주장하였다. 여러 가지 인격에 대한 정의를 종합 분석해 보면, 그것을 세 가지 유형으로 귀납시킬 수 있다. 즉 (1) 인격을 일종의 내재적인 구조와 조직으로 가정한다. (2) 인격은 사람의 특색이다. (3) 인격은 환경과 유전의 영향을 받은 결과이다.

대만학자인 양국추楊國樞는, 인격은 개체가 그 환경과 서로 작용하는 과정중에서 형성된 일종의 독특한 심신조직이며, 이것이 한번 완만하게 조직을 변동시켜 개체로 하여금 환경에 적응하게 했을 때, 수요·동기·흥취·태도·가치관념·기질·성향·외형 및 생리 등 여러 방면에서 각기 그 기타의 개체와는 다른 점을 갖게 된다고 주장하였다.[9]

북경대학 교수 진중경陳仲庚 등은, 인격은 개체의 내재적인 행위상의 경향성이며, 그것은 한 개인의 부단한 변화 중에서 전체와 종합을 표현하고, 동력의 일치성과 연속성을 갖추고 있는 지구적持久的인 자아이며, 사람의 사회화과정 속에서 형성된 사람의 특색을 주는 심신조직이라고 주장하였다. 이 정의는 인격의 네 가지 방면, 즉 전면적이고 정체적인 사람, 오랫동안 통일된 자아, 특색있는 개인, 사회화된 객체를 강조하였다. 나는 대체적으로 이 인격에 관한 정의를 찬성한다.

이상인격에 관해서 대륙의 심리학계에는 심층적이고 체계적인 연구가 되어 있지 못한 실정이다. 대만학자 위정통韋政通은 이상인격에 대해서 어느 정도 깊이 있는 연구를 하였다. 그의 입장에서 볼 때, 이상인격의 함의는 인류학자와 사회학자들이 탐구하는 〈대표인격代表人格〉(representative personality)과 대략 비슷하다. 그는 부룸L. Broom의 각종 대표인격에 대한 귀류歸類를 인용하여 다음과 같이 분류하였다.

(1) 〈대표〉는 통계상의 횟수를 가리킬 것이다. 행위 중의 어떤 항목은 사회내의 대다수의 인민에게 출현하는데, 이것은 바로 그 사회의 〈대표인격〉의 일부분이다.

(2) 〈대표〉가 가리키는 것은 인격 중의 일부 공동특질이며, 외현행위外顯行爲(overt behavior)의 차이에 따라 그 존재를 상실하지 않는 것일 수도 있다. 때문에 그것이 주의하는 중점은 관찰할 수 있는 행위(orientation) 및 반응하는 사소한 행위와 자세한 조목 위에 있는 것이 아니고 기본지향(orientation) 및 인생관(outlook)에 있는 것이다.

(3) 〈대표인격〉은 경우에 따라서 문화정신 혹은 정화를 나타낼 수 있는 인격을 가리킨다. 이와같이 말하면, 대표인격은 소수의 사람에게만 공유될 수 있을 뿐이다. 이러한 종류의 인격은 가장 쉽게 주요 사회제도와 서로 정합整合된다.

위정통은 위에서 열거한 세번째 해석이 바로 그가 중국의 전통적 이상인격을 분석했을 때, 이른바 〈이상인격〉의 함의라고 주장하였다. 내가 여기에서 말하는 이상인격도 또한 위정통이 찬동하는 바의 이러한 함의를 취한다. 그는 이상인격을 상고 제왕의 형상(요·순·우·탕·문·무·주공)으로 귀결하고 성왕을 이상인격의 최고 모범으로 간주하였는데,[10] 이 점은 내가 찬동하지 않는다.

내 생각에는 이른바 이상인격이란, 일정한 학설·단체 및 사회체계의 사회정치윤리관념을 나타내는 이상적이고 일치성과 연속성을 갖추었으며 모범적인 행위 경향과 모식模式을 가리킨다. 이론적으로 말해서, 그것은 각 사회 구성원에게 공유될 수 있는 것이다.

이제 위에서 상술한 이해에 근거해서 유가 및 도가·묵가·법가·불가 등 제가의 이상인격에 대해서 분석하도록 하겠다.

선진으로부터 송명시기에 이르기까지 유가사상은 점진적이고 복잡한 변화발전을 하였지만, 그러나 인의예지와 수신양성은 시종 그 학설의 기조였다. 이와 서로 관련되어 유가는 시종일관 갈수록 내용이 충실해지고 체계가 엄밀해진 이상인격을 가지고 있다.

개괄해서 말하면 유가의 이상인격은 성현聖賢이다. 구조상으로 볼 때 성과 현은 합일된 것이고, 성이 될 수 있으면 반드시 현넝하고, 현명해지면 성과 통할 수 있다. 충차상으로 볼 때, 양자 사이에는 주체를 실천한다는 구별이 있다. 통치자에 대해서 말하면 성왕을 추구하는 목표와 행위의 모범으로 삼는데, 그 모범은 바로 요·순·우·탕·문·무·주공이다. 그들은 숭고한 덕행을 가지고 있고 극기복례克己復禮를 하였으며, 널리 백성을 구제하고 나라를 편안하게 하여 대일통의 정치국면을 실현하였다. 일반 사대부와 서민백성은, 현賢을 추구하는 목표와 행위의 모범으로 삼는다.

본질적이고 궁극적으로 보면, 유가가 추구하는 성현의 이상인격은 중점이 현에 있지 성에 있는 것이 아니다. 군주는 군주다워야 하고 신하는 신하다워야 하며 아버지는 아버지다워야 하고 자식은 자식다워야 함을 힘써 역설하는 유가의 마음 속에는 성인이 있어야만 천하일통의 대임을 실현하고 만민을 도탄에서 구할 수 있으며, 군자는『그 자리에 있지 않으면 그 정사를 계획하지 않는다.』게다가 성인이라는 표준은 이와같이 높아 공자 스스로도 감당할 수 없다고 생각했을 뿐만 아니라 요와 순이 실행함에 있어서도 일정한 곤란이 있었다. 자공子貢은 한 개인이 만약 널리 인민에게 이익을 줄 수 있고 또한 여러 사람의 생활이 잘 되도록 도움을 주면 인도仁道라고 말할 수 있겠는가, 라고 말하였다. 공자는『어찌 인에 그치리오! 그야말로 성덕인 것이다. 요순도 어쩌면 이루기 어려우리라! 何事於仁! 必也聖乎! 堯舜其猶病諸!』《論語·雍也》라고 하였다. 맹자는 성인이『사람됨의 표준 人倫之至』《孟子·離婁上》『백대의 스승 百世之師』《孟子·盡心下》이라 하고 높아서 올라갈 수 없다고 하였다. 동중서는『백성을 굽혀 임금을 펴고,

임금을 굽혀 하늘을 펴고자 하였다. 屈民而伸君, 屈君而伸天』《春秋繁露·玉杯》
주희는『군신에게는 군신의 이치가 있고 부자에게는 부자의 이치가 있어 천지간
에 도망갈 곳이 없다 君臣有君臣之理, 父子有父子之理 無所逃於天地之間』《朱子
語類》라고 강조하고 서민백성은 근본적으로 본분에 맞지 않는 생각을 하지 말아
야 함을 강조하였다. 사군자士君子들의 책임과 이상은 단지 육예六藝에 정통하
고 품행을 수양하여 자기의 재덕으로써 성인을 보좌하여 그 대업을 이루어야 하
는 것이다. 이렇게 해서 참월僭越의 혐의가 없고 또한 역사 책임을 담당하고 적
극적이고 진취적인 정신으로 자기의 이상을 삼아 분투해야 한다. 동시에 현인의
작풍, 공적과 성인의 위업을 연계시켜서 자기의 추구할 바를 의탁하는 데가 있게
하고, 민중에 대해 상당한 흡인력과 감염력을 갖추며, 자기의 인격추구로 하여금
더욱더 도의성과 실현감을 갖추게 한다. 성이든 현이든간에 모두 주체적 도덕수
양을 중심으로 삼고 〈수신제가치국평천하〉를 수행방법으로 삼는다.[11] 실제적으
로 소위 현인의 작풍은 유가경전 중에서 〈군자〉라는 낱말로써 표현된다. 군자는
덕이 있는 사람이며 유가의『사람은 누구나 요순이 될 수 있다 人皆可以爲堯舜』
는 추도推導에 근거하면 군자인격은 누구나 구비할 수 있는 것이다.

2 삼강팔목三綱八目과 대동세계大同世界

유가의 이상은 풍부하였다. 사회의 이상으로 말해서 유가가 추구한 것은 〈천
하위공天下爲公〉의 〈대동세계大同世界〉이다.

〈대동大同〉이라는 개념은 《예기·예운편》에서 나왔다. 곽말약郭沫若은『《예
운편》은 조금도 의심할 것이 없이 자유子游계통 유가의 주요 경전이다. 그것은
반드시 자유가 기록한 것이라고 할 수는 없지만, 전수하여 죽백竹帛에 기록하면
서 반드시 윤색하고 내용을 보탰을 것이다. 그렇지만 공자가 그러한 사상을 갖고
있을 수 없고, 자유子游도 그러한 사상을 갖고 있을 수 없다고 말한다면 그것은
그 내용을 너무 심원하게 본 것이다』[12]라고 주장하였다. 현재 학술계에는 일반적
으로 《예운》편이『대체로 전국시대 말엽 혹은 진한 교체시기에 유가학자가 공자
의 문답을 탁명한 저작이다』[13]라고 주장한다. 나는 뒤의 견해에 찬성한다.
《예운편》에는 대동사회에 대한 상상을 다음과 같이 하고 있다.

대도가 행해지던 시대에는 천하가 천하 사람들에 의해 공유되었다. 현명하고 유능
한 사람을 선발 등용하여 함께 천하를 다스렸으며, 사람마다 말과 행동이 일치하고 서

로 협동하였다. 그러므로 사람들은 자기의 어버이를 사랑할 뿐 아니라 남의 어버이도
사랑하며, 자기의 자식에게 인자할 뿐 아니라 남의 자식에게도 인자하며, 노인들이 각
기 천수를 누리게 하고, 성장한 사람들이 각기 재주와 능력을 공헌할 수 있었으며, 어
린이가 좋은 교육을 받을 수 있게 하며, 홀아비·과부·고아·외로운 사람·불구자
등이 모두 충분한 공양을 받도록 하였다. 남자들은 각기 자기의 직무를 다하고, 여자
들은 각기 자기의 가정을 가지고 있었다. 매우 좋은 자원이 무용한 곳에 버려지는 것
을 원치 않았지만, 또한 자기의 주머니 속에 넣지 않았으며, 힘이 있으면서 힘을 쓰지
않는 사람을 미워하였으며 단 개인을 위해 힘쓰는 것을 충성이라고 인정하지 않았다.
사람들은 누구나 성의를 다해 함께 살아서 암투 및 자기의 이익을 위해 남에게 피해를
주는 음모가 발생하지 않았으며 사람을 죽이고 재물을 약탈하는 악행이 나타나지 않
았다. 비록 문과 창문이 설치되어 있지만 그것은 바람을 막고 출입에 편리를 위한 것
이지 결코 강도의 방어에 필요한 것은 아니었다. 이러한 세계라야 진정한 대동의 세계
인 것이다.

大道之行也, 天下爲公, 選賢與能, 講信修睦. 故人不獨親其親, 獨子其子. 使老有所
終, 壯有所用, 幼有所長, 矜寡孤獨廢疾者皆有所養, 男有分, 女有歸. 貨惡其棄於地也,
不必藏於己, 力惡乎不出於身也, 不必爲己. 是故謀閉而不興, 盜竊亂賊而不作, 故外戶
不閉. 是謂大同.

또한 〈대동〉과 상대되는 〈소강小康〉의 현실은 다음과 같다.

하상주 삼대 이래로 대도는 이미 감추어져서 천하는 일가일성一家一性의 재산이 되
었고, 사람들은 제각기 자기의 부모와 자식만을 사랑하였으며 자원과 노력이 개인 소
유가 됨과 아울러 소유권도 세습으로 변해서 남이 함께 누릴 수 없게 되었다. 그래서
이러한 사유재산을 보호하기 위해서 성곽구지 등의 견고한 방어설비를 갖추고, 의식
이론 등 규율의 작성을 하였으며 군신간의 명분을 확정하고 부자간의 자효慈孝를 강
조하고 형제간의 우애를 돈독히 하고 부부간의 온정을 조화시켰다. 이렇게 제도를 정
비하고 전답과 마을을 획분하며 용기와 지능을 존중하며 공적을 개인의 소유로 하였
다. 그러므로 기만적이고 교활한 모의가 따라서 발생하였고 쟁탈을 위한 유혈 참극이
이로 말미암아 나타났다. 이러한 시대 속에서 우왕·탕왕·문왕·무왕·성왕·주공
이 가장 대단한 인물로 인정되었다. 왜냐하면 이 여섯 군자는 모두 예제를 엄격히 준
수하였기 때문이다. 이에 근거해서 의의를 발양하고 진실을 검증하였으며 착오를 지
시하였고 또한 인애를 모범으로 삼고 예양을 중시하여 사람들에게 행위의 바른 궤도

를 보여 주었다. 만일 탈선하거나 궤도를 위반하는 사람이 있으면 권세가 있다고 하더라도 반드시 축출하여 누구나 그것이 죄가 됨을 알게 하였다. 이것이 바로 소강의 시대이다.

今大道旣隱, 天下爲家. 各親其親, 各子其子, 貨力爲己. 大人世及以爲禮, 城郭溝池以爲固, 禮義以爲紀, 以正君臣, 以篤父子, 以睦兄弟, 以和夫婦, 以設制度, 二立田裏, 以賢勇智, 以功爲己. 故謀用是作, 而兵由此起, 禹·湯·文·武·成王, 周公由此其選也. 此六君子者, 未有不謹於禮者也. 以著其義, 以考其信, 著有過, 刑仁講讓, 示民有常, 如有不由此者, 在勢者去, 衆以爲殃. 是謂小康.

〈소강〉은 이미 이루어진 사실이고, 사람은 누구나 반드시 예의로 기강을 삼고 친속에 의거하여 화목하게 공존한다. 〈대동〉은 추구하는 이상이며 반드시 노력하여 실현시켜야 한다. 이러한 〈대동〉의 세계는 유가의 사회정치이상의 모식화이다. 그것은 소생산의 기초상이라는 질박한 특징을 갖추고 있으며, 자기의 수고로운 노력을 통해서 속임없이 성실하게 살고, 다른 사람과 동일하게 해서 보답받기를 원하며, 사람마다 서로 사랑하고 각기 편안하게 산다. 당시의 사회조건하에서 이것이 비록 환상이기는 하지만 결국은 사람들의 선량한 희망을 표현하여, 일정하게 긍정적인 의미를 가지고 있다. 어떤 사람은 『천하위공天下爲公』을 생산자료 공유제라고 말하고, 『선현여능選賢與能』을 『사회적 민주를 실현하는 것』이라고 보며, 『자기의 어버이만을 어버이로 대하지 않고 자기의 자식만을 자식으로 대하지 않는 것 不獨親其親, 獨子其子』을 〈진정한 박애〉라고 말하였는데, 이것은 현대사회의 민주법제관념으로 고인의 원시적 이상을 견강부회한 것으로 실제에 부합하지 않으므로 찬성할 수 없다.

그러나 대동이라는 이상의 제출은 필경 고대인민이 이상사회를 추구하는 좋은 바람을 표현한 것이며, 그것은 어두운 사회현실에 대한 부정이다. 이 때문에 훗날의 근 2천 년간의 역사 중에서, 그것은 사람들이 어두운 현실을 반대하는 것을 고무하고 사회진보를 쟁취하는 빛나는 기치가 되었다.

대동사상을 실현하고자 하면, 또한 신의를 중시하고 친목을 도모하며 힘이 몸에서 나오게 하자면 모든 사람이 반드시 자기로부터 해나가야 한다. 유가의 입장에서 볼 때, 스스로를 수양하는 것으로부터 시작하는데, 그 구체적 요구는 바로 삼강팔목三綱八目의 실행이다.

삼강팔목은 유가의 『내성외왕內聖外王』의 경계를 실현시키기 위해 창도한 수양론이다. 이른바 〈삼강〉은 즉 〈사서四書〉의 처음에 열거되어 있는 유가경전인

《대학》의 첫머리에 제출된 〈명명덕明明德〉〈친민親民〉〈지어지선止於至善〉이다. 주희의 주석에 의하면 대학은 바로 『대인의 학문 大人之學』이다. 명明은 명백하다, 파악한다는 의미를 가리킨다. 명덕은 실제적으로 천리, 즉 봉건윤리강상을 가리킨다. 명명덕은, 즉 인·의·예·지 등의 봉건윤리부류인 천리를 이해하고 파악하는 것이다. 친민은 정이와 주희가 친親을 신新으로 해석하여, 『신은 옛것을 개혁하는 것을 말한다. 그 밝은 덕을 밝히는 것으로부터 미루어서 남에게 미치게 하고 그로 하여금 옛날에 오염된 것을 제거하게 하는 것이다. 新者, 革其舊之謂也. 言旣自明其明德, 又當推以及人, 使之亦有以去其舊染之汚也』〈지어지선止於至善〉의 〈지선〉에 대해서 주희는 『사리의 지극히 당연함 事理當然之極』이라고 하였다. 나는 앞에서 송대 이학가의 천리와 인욕에 대한 분석에 근거하여 사리의 지극히 당연함인 〈지선〉이 〈천리〉를 가리킴을 알 수 있는데, 왜냐하면 주희 스스로 천지지성인 인·의·예·지는 『지극히 선하고 지극히 순수하다 至善至純』고 말한 적이 있기 때문이다. 그래서 〈지이지선止於至善〉은 즉 수신양성하여 인·의·예·지 등의 강상명교를 파악하는 경계에 도달하고, 하나에만 집착하여 『여기에 이르러서 옮기지 않는 것이다.』전체적으로 보면 명명덕明明德·친민親民·지어지선止於至善의 귀결점은 모두 『천리의 지극함을 다해서 터럭만한 인욕의 사심이라도 없게 하기 盡夫天理之極, 而無一毫人欲之私也』위함이다. 명덕은 근본이고 신민은 수단이고 지지知止는 한계이다. 주희는 『이 세 가지는 대학의 강령이다 此三者, 大學之綱領也』라고 하였다.

삼강이 가리키는 바로 말미암아 사람들은 반드시 그리고 마땅히 선을 추구하고 〈이理〉를 추구하도록 결정되었다. 명덕과 신민 사이에는 실제적으로 유가의 『자기가 서고자 하면 남을 세우고, 자기가 이르고자 하면 남을 이르게 한다 己欲立而立人, 己欲達而達人』는 추기급인推己及人, 성기성물成己成物의 관계가 존재한다. 이러한 목표에 도달하고자 하면 반드시 자기로부터 해야 하는데, 즉 자기를 먼저 바르게 하고, 뒤에 남을 바르게 세워주며, 먼저 자기 몸을 다스리고 뒤에 나라를 다스려야 한다. 그래서 자연히 〈팔목八目〉이 도출되게 되었다.

〈팔목〉은 격물格物·치지致知·정심正心·성의誠意·수신修身·제가齊家·치국治國·평천하平天下이다. 《대학》에는 『옛사람은 천하 사람들로 하여금 모두 자기의 명덕을 밝힐 수 있게 하고자 하면, 먼저 자기의 국가를 잘 다스려야 하고, 자기의 국가를 잘 다스리고자 하면 먼저 자기의 가정을 잘 이끌어야 하며, 자기의 가정을 잘 이끌고자 하면 먼저 자기가 수양을 잘해야 하며, 자기가 수양을 잘하고자 하면 먼저 자기의 마음을 평정시켜야 하며, 자기의 마음을 평정시키고

자 하면, 먼저 자기의 생각을 진실무망하게 해야 하며, 자기의 생각을 진실무망하게 하고자 하면 먼저 자기의 지식을 증진시켜야 한다. 자기의 지식을 증진하는 것은 사물에 접촉하여 이치를 탐구하는 데에 있다. 사물의 도리를 다 탐구하면 지식이 이르지 않는 곳이 없게 되고, 지식이 이르지 않는 곳이 없으면 생각이 곧 진실무망하게 되고 생각이 진실무망할 수 있으면 곧 마음이 평정되고, 마음이 평정될 수 있으면 몸도 수양이 되고, 몸이 수양될 수 있으면 가정도 잘 이끌어지고 가정이 잘 이끌어지면 국가도 잘 다스려지며, 국가가 잘 다스려지면 천하도 곧 태평해진다 古之欲明明德於天下者, 先治其國, 欲治其國者, 先齊其家, 欲齊其家者, 先修其身, 欲修其身者, 先正其心, 欲正其心者, 先誠其意; 欲誠其意者, 先致其知. 致知在格物. 物格而後知至, 知至而後意誠, 意誠而後心正, 心正而後身修, 身修而後家齊, 家齊而後國治, 國治而後天下平』고 하였다.

격물치지格物致知는, 즉 사물에 접촉해서 지식을 얻는 것이다. 격물치지를 통하여 자기의 마음을 바르게 하고 뜻을 성실하게 하며, 나아가서 수신제가치국평천하의 길에 따라 개인의 가치를 실현시킨다. 이것은 일종의 가까운 데서 먼 데로 미치고, 자기로부터 남에게 미치며, 작은 것에서 큰 것으로 미치고, 개체로부터 군체로 이르는 수양방법인데, 그것은 완벽한 봉건 윤리정치철학의 체계를 구성하였다.

삼강팔목 중에서 명명덕은 인식문제를 말하는 것으로, 전통 중국의 인식 중심은 도덕이며 자연이 아님을 알 수 있다. 명덕을 밝혀야만 백성을 친애할 수 있고 지극한 선에 머무를 수 있는데, 〈지선〉은 도덕수양의 최고 경계로서 정치상의 최종적 이상이다. 〈성의誠意〉〈정심正心〉〈수신修身〉은 도덕수양이고 〈제가齊家〉〈치국治國〉〈평천하平天下〉는 정치적 실천이다. 도덕수양을 통해서 정치포부를 실현하는데, 도덕과 정치가 잘 어울리는 것은 바로 유가사상 내지 전통문화의 중요한 특징인 것이다.『천자로부터 평민에 이르기까지 모두 수신을 근본으로 삼는다 自天子以至於庶人, 一是皆以修身爲本』《大學》는 말은 바로 유가사상 및 중국 전통문화의 윤리 본위의 특징을 잘 나타낸 것이다.

3 내성內聖과 외왕外王

『중국철학의 중심문제는 내성외왕內聖外王이며, 그 특징은 인생문화를 위해서 여러 가지 가치이상을 제공하고 이러한 가치이상을 실행하는 수행과 방법에 있다』고 당단정唐端正은 지적한 바 있다.[14] 이러한 개괄은 전통적이고 다수의 사람들이 받아들이는 관점이다. 그러나 엄격하게 말해서 내성외왕의 학문은 주로 유가의 주장이며 도가·법가·불가와는 관계가 없다.

내성외왕의 개념은 《장자·천하편》의 『내성외왕의 이치는 어두워서 밝힐 수 없고, 막혀서 발휘될 수 없다 內聖外王之道, 闇而不明, 郁而不發』는 말에 최초로 나타난다. 내성은 주체의 내재적 수양으로서 선에 대한 깨달음과 인의 도덕에 대한 파악을 가리킨다. 맹자의 말을 사용한다면 지대지강한 〈호연지기〉를 기르는 것이며, 이학가들의 말을 사용한다면 천지지성에 대한 보존이고 기질지성에 대한 포기이며, 내용으로 말하면 천리를 보존하고 인욕을 소멸시키는 것이다. 외왕外王은 주체의 내재적 수양으로 얻은 것을 사회에 보편화시켜서 천하로 하여금·도일풍동道一風同하게 하는 것을 가리킨다. 유가 자신의 말을 사용한다면, 수신을 통하여 제가를 하고 나아가서 치국평천하를 하는 것이다. 즉 삼강팔목의 내포 및 상호관계는 바로 내성외왕의 구체화인 것이다.

주의힐 짓은 유가가 비록 윤리를 본위로 하고 도딕적인 사아완선에 도쉬되었지만, 이러한 윤리정취는 결코 주체의 자신에게만 머무르는 것이 아니고 내성을 이룬 후에, 또한 외왕을 하여 전체 사회를 봉건도덕의 통제하에 두고자 하였다는 것이다. 이것은 유가가 사회적 책임감을 갖추고, 능동작용을 발휘하는 데 주의를 하는 주체의식을 반영한 것이다.

내성외왕의 창도와 실천은 한편으로 천하를 자기의 임무로 생각하는 인인지사仁人志士를 길러내고, 유가 인생철학의 내용을 확충시켰으며, 다른 한편으로는 사람들을 유가가 설정한 윤리라는 그물 속에 완전하게 속박시켜서 개체의 수양과 사회에 대한 개조로써 자연에 대한 탐색과 개조를 대치하였다.

4 정기정인正己正人과 성기성물成己成物

정기정인正己正人과 성기성물成己成物은 유가의 사상전통이다.

이른바 정기정인이란 자기의 사상과 품덕을 단정하게 해야만 다른 사람의 사상과 품덕을 단정하게 할 수 있음을 가리킨다. 이른바 성기성물이란 자기가 성공을 하고 다른 사람을 성공하게 하는 것을 가리킨다. 이러한 〈정기정인, 성기성물〉사상은 주체와 외계의 관계로부터 문제를 착안하고 고려한 것으로, 주체의 능동성을 강조하고 몸소 모범을 보이며, 타인을 움직이며 전체 사회에 확대하는 것이다. 『이것은 유가의 정치윤리 철학이 도달할 수 있는 고층의 경계이다.』[15]

공자의 『인을 실천하는 것은 완전히 자기에게 달려있다 爲仁由己』《論語·顏

淵》『내가 인을 요구하면 인이 곧 이른다 我欲仁, 斯仁至矣』《論語·述而》는 관점은 그의 수신과 행위에 대한 주동성主動性이 고도의 인식을 갖고 있음을 나타내준다. 내가 앞에서 공자의 인학을 말할 때 이미 지적하였듯이『자기가 서고자 하면 동시에 남을 서도록 해주고, 자기가 만사를 실현시키고자 하면 동시에 남이 만사를 실현시키도록 해주어야 한다 己欲立而立人, 己欲達而達人』《論語·雍也》『자기가 좋아하지 않는 사물을 남에게 주지 않는다 己所不欲, 勿施於人』《論語·顏淵》는 충서忠恕의 도는 인을 실천하는 방법이다. 충서의 도의 심리경향은 〈추기급인推己及人〉이다. 이 때문에 인간관계의 문제에 있어서『자기를 많이 책망하고 남을 좀 가볍게 책망해야 하는데 躬自厚而薄責於人』《論語·衛靈公》, 즉 자기를 대하는 것을 엄하게 하고 남을 대하는 것을 관대하게 해야 한다. 자기를 바로잡을 수 있으면 남을 바로잡을 수 있는 것이다.『영도하는 인물 자신의 행위가 정당하면 명령을 내리지 않아도 일이 잘 실행되며, 만일 그 자신의 행위가 정당하지 못하면 비록 거듭 명령을 내린다 해도 백성들이 믿고 복종하지 않는다. 其身正, 不令而行, 其身不正, 雖令不從』《論語·子路》자기를 수양하면 남을 편안하게 하고 백성을 편안하게 하며 양호한 사회효과를 거둘 수 있다.

맹자는 〈정기정인正己正人, 성기성물成己成物〉사상의 정수를 더욱 깊이 얻고,『어떠한 행위가 만일 예기했던 효과를 거두지 못하면 스스로 돌이켜 반성해야 하는데 行有不得者反求諸己』이렇게 해야 비로소『자신을 단정하게 하여 천하의 사람들이 스스로 그에게 돌아올 것이다. 其身正而天下歸之』《孟子·離婁上》『자신이 확실히 단정하게 된 것 其身正』의 외재적 표현은 바로『어버이를 친애하고서 백성들을 인애하고, 백성들을 인애하고서 만물을 아껴 준다 親親而仁民, 仁民而愛物』《孟子·盡心上》,『우리집의 어른을 존경하며 따라서 이를 미루어 남의 집 어른을 존경하고, 우리집 아이를 아끼고 사랑하며 따라서 이를 미루어 남의 집 아이를 아끼고 사랑함으로써 老吾老以及人之老, 幼吾幼以及人之幼』『천하를 통일하고자 하면 마음 속으로 물건을 뒤집듯이 그렇게 쉽게 되는 天下可運於掌』《孟子·梁惠王上》효과를 얻게 된다.

이학가 주희는 한 걸음 더 〈정기정인正己正人·성기성물成己成物〉의 사상을 발전시켰다. 그는『도를 닦는 것은 반드시 마음을 바로 하고 몸을 수양하는 데 근본을 두어야 한다 治道必本於正心修身』(《朱子語類》卷一百八)고 하고,『공자가 극기복례라고 말한 것은 모두 나의 이 마음을 바로 하여서 천하만사의 근본으로 삼은 것이다 孔子所以有克己復禮之云, 皆所以正吾此心而爲天下萬事之本也』(《戊申封事》《文集》卷十一)라고 하여, 마음을 바로 하는 것을 천하를 다스리는 근본으로 보았다. 주희는 또한 정기정인·성기성물과 삼강팔목을 연계시켜서 인재를 배양하는 중요 방법으로 삼았다. 그는『반드시 사물을 궁구하고 이치를 깨달으며, 뜻을 성실하게 하고 마음을 바로잡아 몸을 수양하고, 그것을 확대시켜 집안을 다스리고 나라를 다스려야만이 천하를 공평하게 다스릴 수 있고 바른 학문이 될 수 있다 須是格物, 致知, 誠意, 正心, 修身而推之以齊家, 治國, 可以平治天下, 方是正當學問』고 하였다. 여기에서 삼강팔목의 수양론과 정기정인正己正人·성기성물成己成物은 동일한 사유모식과 가치지향의 산물임을 알 수 있다.

정기정인正己正人·성기성물成己成物의 사상은 그 내용과 방법이 사람을 도덕수양 영역 안에 가두어 놓고 경험과 직관이라는 간단한 외추外推를 이용하여 광시제세匡時濟世의 큰 뜻을 실현시키는 것인데 그것은 치우친 점이 있다. 그러나 만일 그 봉건적 내용을 제거하고, 단순하게 먼저 자기를 단정하게 하고 다시 다른 사람을 단정하게 하며, 몸소 모범을 보이고, 자기 심정에 비추어 남의 심정을 생각하고 그를 돌보아 준다는 사유방식과 방법을 가지고 밀한다면 역시 취할 만한 점이 있다.

5 궁독窮獨과 달겸達兼

맹자는 선비와 군자의 개인의 진퇴에 대한 태도는 마땅히『뜻을 얻었을 때는 은택을 백성에게 베풀고, 뜻을 얻지 못했을 때는 개인의 품덕을 수양하여 이로써 세상에 나타낸다. 곤궁하면 홀로 자신을 수양하고 현달하면 천하 사람들과 함께 선하게 한다 得志, 澤加於民, 不得志, 修身見於世. 窮則獨善其身, 達則兼善天下』《孟子·盡心上》고 주장하였는데, 이것은 유가의 개인과 사회, 출사와 와거蝸居 태도에 관한 고전적 개괄이며, 유가의『종용진퇴從容進退』라는 문화심리상태를 반영한 것이다.

공자의 제자 증삼은 일찍이『선비는 의지가 굳세지 않을 수 없다. 왜냐하면 그는 짐이 무겁고, 갈 길이 멀기 때문이다. 인을 천하에 실현시키는 것을 자기의 임무로 삼으니 이 짐이 무겁지 않다고 할 수 있겠는가? 죽은 뒤에야 쉬니 갈 길이 멀지 않다고 할 수 있겠는가? 士不可以不弘毅, 任重而道遠, 仁以爲己任, 不以重乎? 死而後已, 不亦遠乎?』《論語·泰伯》라고 하여, 선비와 군자가 굳세고 힘있게 인덕을 천하에 실현하는 것을 자기의 임무로 삼을 것을 주장하였는데, 이것은 공자로 대표되는 유학생들의 역사 책임감을 반영한 것이다. 이러한 역사 책임감을 품고서 뒷날의 공자 및 훗날의 유생들은 모두 적극적으로 정치활동에 종사하였으며, 심지어는『그 불가함을 알고도 그것을 하였고 知其不可而爲之』자기의 정치이상을 천하에 널리 펴고자 하였다. 공자에 있어서는 구체적으로『엄숙하고 성실하게 작업을 대하고 진실하게 속임이 없어야 하고 비용을 절약하고 남을 사랑하며 백성을 사역시키는데 일정한 시간에 따라야 한다 敬事而行, 節用而愛人, 使民以時』《論語·學而》고 표현되었다. 자기의 인덕이상을 실현시키기 위해서『지사와 어진 사람은 생존을 구하기 위하여 인을 해치지 않고 자신을 희생하여 인을 이룬다. 志士仁人, 無求生以害仁, 有殺身以成仁』만일 세상의 도가 암흑에 빠져들고 개인의 운명이 순조롭지 못하며 그〈도〉가 행해지지 않으면『뗏목을 타고 해외로 가는 것이다. 乘桴浮於海』《論語·公冶長》공자는 스스로『천하가 태평하면 나와서 일하고 태평하지 못하면 은거한다 天下有道則現, 無道則隱』《論語·泰伯》고 말한 적이 있는데, 이것은 바로 전형적인『곤궁하면 홀로 자신을 수양하고 현달하면 천하 사람들과 함께 선하게 한다 窮則獨善其身, 達則兼善天下』는 사상인 것이다. 실제적으로 공자가 제창한 일련의 인·예·덕의 정치주장은 그가 희망하는 이상사회의 청사진이며, 또한 그가 하루 아침에 얻은 뜻을 세상을 구제하는 시정 강령으로 사용한 것이다. 안연顏淵의『한 대바구니의 밥, 한 바가지의 물을 가지고 작은 골목에서 사는데, 다른 사람들은 슬픔을 견딜 수 없었지만 안회는 그래도 자신이 갖고 있는 즐거움이 변하지 않았다 一簞食, 一瓢飮, 在陋巷, 人不堪其憂, 回也不改其樂』《論語·雍也》는 태도를 칭찬한 것은 바로『곤궁하면 홀로 자신을 수양한다 窮則獨善其身』는 심리태도의 반영이다.

송대 유학자 장재는《서명西銘》중에서 부귀빈천에 대해서 스스로『부귀와 복되고 윤택한 것은 장차 나의 삶을 풍부하게 해주고, 빈천과 근심 및 슬픔은 너를 완성시켜 주는 것이다. 생존해서는 내가 순종하여 섬기고, 돌아가시면 내가 편안하게 할 것이다 富貴福澤, 將厚吾之生也, 貧賤憂戚, 庸玉汝於成也. 存, 吾順事, 沒, 吾寧也』라고 자기의 뜻을 표명하였다. 이것도 유가의『궁독달겸窮獨達兼』의 처세태도가 송대 유학자의 신상에 투영된 것이다.

유가 인생철학 요소의 하나인 궁독달겸은 당송 이후의 지식인 중에 이미 모식화되고, 일종의 보편적 인격심리와 문화심리상태가 되었다. 송대 범중엄範仲淹은《악양루기岳陽樓記》에서 이러한『옛날의 어진 사람의 마음 古仁人之心』을『환경이 좋다고 해서 기뻐하지 않고 자신의 처지가 좋지 않다고 해서 슬퍼하지 않는다. 그들은 조정에서 높은 관직에 있을 때는 백성의 생활을 근심하고, 퇴직해서 재야에 있을 때는 군주의 시정의 득실을 근심한다. 이래서 그들은 관직에 있을 때도 근심하고 관직을 물러나서도 근심한다. 그렇다면 어느 때가 되어야 즐거워하는가? 그들은 반드시 이렇게 말한다. 천하 사람들이 근심하기 앞서서 근심하고 천하 사람들이 즐거워한 뒤에 즐거워한다 不以物喜, 不以己悲. 居廟堂之高, 則憂其民, 處江湖之遠, 則憂其君. 是進亦憂, 退亦憂. 然則何時而樂耶? 其必曰先天下之憂而憂, 後天下之樂而樂』고 묘사하였다. 관리가 되어 조정에 있으면 백성을 생각하고, 벼슬을 그만두고 강호에 있으면 군주를 생각한다. 총애를 몸에 받아서 너무 흥분되어 모든 것을 잊어버리고 단지 자기만을 돌보지 않고, 의욕을 잃고 자포자기하며 마음에 불만을 품고서 군주의 은혜를 저버리지 않는다. 벼슬을 하나 퇴직을 하나 모두 근심을 하고, 이해관계에 아랑곳하지 않고 시종 천하 국가를 중시하여 우환심리가 가슴에 가득한데, 이것은 실제적으로 고대 지식인 사회의 정치생활 속에서의 강렬한 참여의식을 반영한 것이다. 후에 그것은 『바람 소리, 비 오는 소리, 글 읽는 소리는 소리마다 귓속으로 들어오고, 집안일 나라일 천하의 일은 일마다 관심을 갖게 한다 風聲雨聲讀書聲, 聲聲入耳, 家事國事天下事, 事事關心』는 보편적 사회심리로 번역되있다.

궁독달겸의 인생철학은 봉건사회에서 각 세대의 지식인에게 깊은 영향을 주었으며, 이것이 점차 전환하여 지식인의 보편적 인격이 되었다. 이러한 인격의 형성은 유가의 적극진취적이며 작위하는 바가 있고 또한 몸을 깨끗이 하고 인격의 독립과 심리평형을 보존하는 가치관과 긴밀하게 연계되어 있다. 그러나 만일 그 봉건적인 내용을 제거하고, 단지 정조 도야와 인생경계의 독립이라는 측면에서 보면, 적극적인 의의가 내재되어 있다.

제 4 장

마음이 물질을 뒤좇지 않는 도가道家

유가와 마찬가지로 도가사상道家思想도 중국 전통문화의 주된 줄기이다. 그것이 선진시기에 형성된 이후로 2천 년을 거쳐왔으나 쇠약해지지 않았으며 중국민족의 심리상태·사유방식 및 정신면모에 깊은 영향을 주었다.

제 1 절 선진도가의 무위無爲에서 소요逍遙까지의 변화발전

1 〈무위이무불위無爲而無不爲〉의 노자老子

노자는 공자와 동시대의 사람이며,《노자》라는 책은 대략 전국시대 중기에 이루어졌고, 기본적으로 노자의 사상을 반영하였다.

노자사상은 당시의 혼란했던 사회현실에 대한 항의이며, 원시의 질박한 농촌공사公社에 대한 추구이다.

노자 및 그후의 장자가 모두 도에 대한 체인體認을 근본목적으로 하였고, 도는 그들 사상의 핵심이며 최고 범주이기 때문에 그들은 도가道家라고 불리워진다.

도법자연道法自然

노자는 세계의 생성모식이 『도는 통일된 사물을 낳고, 통일된 사물은 대립된 두 개의 방면으로 분열되며, 대립된 두 개의 방면은 신생의 제3자를 낳고, 신생의 제3자는 천차만별의 사물을 낳는다 道生一, 一生二, 二生三, 三生萬物』(《老子》四十二章)고 생각하였다. 여기에서 〈일一〉은 음양이 나누어지기 전의 우주의 혼돈된 일체를 가리키고, 〈이二〉는 우주가 음양으로 나누어진 것을 가리키며, 〈삼三〉은 음陰·양陽·화和를 가리킨다. 이른바 〈삼생만물三生萬物〉은 음양의 대립을 통하여 새로운 통일체를 생성하는 것이다. 주의할 것은 노자는 음양이 나누어지기 전의 〈일一〉은 결코 사물의 본원이 아니며, 그것은 〈도〉에서 생성된 것으로 〈도〉는 일보다 더욱 근본적이라고 본 것이다.

〈일一〉보다 더욱 근본적인 이 도는 결국 어떤 성질인가에 관해서 학술계에서는 여러 가지 주장을 하고 있다. 한 학자는 도가 유심주의적이라고 주장을 하고 또 한 학자는 유물주의적인 것으로 보고 있으며, 어떤 학자는 이중성인 것으로 파악하고 있다. 이들 학자가 사용하는 방법은 모두 유물과 유심의 구분법이며, 즉 철학의 기본문제로써 사실판단과 가치판단의 표준을 삼고 있다. 만일 우리가 그것의 민족문화심리에 대한 영향 및 중국문화의 구성에 대한 작용으로부터 고찰한다면, 위에서 서술한 가치지향을 초월하여 별도의 새로운 것을 볼 수 있다.

노자는 『도라고 말할 수 있는 것, 그것은 영원한 도가 아니다. 道可道, 非常道』(《老子》一章) 즉 언어로써 표현될 수 있는 도는 영원한 도가 아니라고 말하였다. 그는 스스로 그 도가 영원한 것이기 때문에 언어로써 표현될 수 없다고 본 것이다. 그것은 형체도 없고 소리도 없으며, 『그것을 보아도 보이지 않고 視之不見』『그것을 들어도 들리지 않으며 聽之不聞』『그것을 만져도 종잡을 수 없다. 搏之不得』(《老子》十四章) 이 말은 허와 무인 것이다. 그래서 도는 만물을 낳고, 또한 『천하의 만물은 (보이는) 구체 사물(有)에서 생기고, 구체 사물(有)은 보이지 않는 무無에서 생겨난다 天下萬物生於有, 有生於無』(《老子》四十章)고 표현하였다.

노자는 구체적인 사물은 모두 유와 무의 통일체라고 주장하였다. 〈유有〉는 사물의 실체 부분을 가리키며, 〈무〉는 사물의 공허한 부분을 가리킨다. 그는 비유해서 말하기를 수레바퀴가 굴러갈 수 있고, 수레가 사용될 수 있는 것은 수레바퀴살이 모아진 차축 원목圓木의 중심이 공허해서 차축을 관통할 수 있기 때문이라고 했다. 도기陶器 및 방이 사용될 수 있는 것도 그 가운데에 허공이 존재하기 때문인 것이다. 허공은 실체보다 더욱 근본적이며, 그래서 도는 바로 무이다.

노자에 있어서 도는 세계의 본원일 뿐 아니라 보편적 법칙이다. 그가 말한 『도는 언제나 아무것도 하지 않으나, 어느 사물이라도 그것이 하지 않는 것이 없다 道常無爲而無不爲』(《老子》三十七章), 『누가 명령한 것이 아니고 그것은 예로부터 이러한 것이다 莫之命而常自然』(《老子》五十一章), 『그것은 영원히 외재적인 힘에 의지하지 않고, 끊임없이 순환운행한다 獨立而不改, 周行而不殆』(《老子》二十五章) 및 『만물을 돕는 데 뛰어나고 만물과 다투지 않는다 善利萬物而不爭』(《老子》八章) 등등은 바로 도가 보편적 법칙이라는 지적이며, 또한 도의 특징에 대한 지적인 것이다. 그의 입장에서 볼 때 도의 작용은 자연히 그렇게 된 것이며, 그렇지만 어떠한 사물도 그가 하지 않은 바가 없는 것이다. 만물의 성장에 대해서 그것은 강제하지 않고 간섭하지 않으며, 그 자연에 따른다. 그것은 언제나 사물의 상반상태로 운동을 하며, 정靜으로써 동動을 제압하고 유柔로써 강强을 이긴다. 그것이 만물을 생성하는 것은 또한 자기에게 있는 것에 근거하지 않고 만물을 이롭게 하면서도 자기의 공로라고 여기지 않으며, 만물을 주재자로써 자처하지 않는다. 이것은 〈현덕玄德〉이라고 하는데 자연과 사회의 최고법칙인 것이다. 그렇기 때문에 그는 통치자가 〈도〉를 법칙으로 삼고, 〈도〉와 같이 『그 마음을 비우고 虛其心』『차는 것을 욕심내지 않으며 不欲盈』『만족함을 알고 知足』

다투지 않으며, 무위자연無爲自然해야 한다고 요구하였다. 그의 이론적 논거는 『도는 크고 하늘은 크고 땅은 크고 사람도 크다. 우주간에 네 가지 큰 것이 있는데 사람은 그 하나를 차지한다. 사람은 땅을 법칙으로 삼고, 땅은 하늘을 법칙으로 삼으며, 하늘은 도를 법칙으로 삼고, 도는 그 스스로의 모양을 법칙으로 삼는다 道大, 天大, 地大, 人亦大. 域中有四大, 而人居其一焉. 人法地, 地法天, 天法道, 道法自然』(《老子》二十五章)는 것이다. 자연自然은 저절로 그러함을 가리킨다. 도법자연道法自然은, 즉 저절로 그러함을 법칙으로 삼는다는 것이다.

무위이치無爲而治와 소국과민小國寡民

노자의 〈도법자연〉이라는 철학명제는 그의 〈무위이치無爲而治〉 및 〈소국과민小國寡民〉의 정치주장과 서로 연계를 가지고 있으며, 그것을 논증하는 것이다. 만사만물의 근거가 되는 〈도〉가 자연을 법칙으로 삼는다면 통치자의 국가경영도 그 자연에 순응해야 하며, 자기의 주관의지를 사회 정치생활에 무리하게 적용시켜서는 안 되고, 무위이치의 방침을 실행해야 한다. 그는 『도는 언제나 아무 것도 하지 않으나 어느 사물이라도 그것이 하지 않은 것이 없다. 후왕이 만일 그것을 보유한다면 만물은 자동으로 그에게 귀화할 것이다 道常無爲, 而無不爲. 侯王若能守之, 萬物將自化』(《老子》三十七章)라고 말하였다. 또한 『내기 작위하지 않으면 인민들은 자연히 순화되고, 내가 고요함을 좋아하면 인민들은 자연히 단정해지며, 내가 일이 없으면 인민들은 자연히 풍족해지고, 내가 욕심이 없으면 인민들은 자연히 순박해진다 我無爲而民自化, 我好静而民自正, 我無事而民自富, 我無欲而民自樸』(《老子》五十七章)고 하였다. 그의 입장에서 볼 때, 통치자가 백성에 대해서 관후하면 할수록 민간풍속은 더욱 순박해지며 형벌이 엄격해지고 허례허식이 팽배해질수록 민심은 더욱 야박해진다. 『정치가 관대하면 인민들이 순박하고 충성스럽게 된다. 정치가 엄격하고 가혹하면 인민들은 원망을 품고 불만을 갖게 된다. 其政悶悶, 其民淳淳, 其政察察, 其民缺缺』(《老子》五十八章) 정치가 혼란해지고, 인민이 곤궁해지는 것은 통치자가 지나치게 간섭하기 때문이며, 『천하에 금지령이 많아질수록 인민들은 더욱 빈궁해지고, 민간에 무기가 많아질수록 국가는 더욱 혼란해지며, 사람들의 기술이 더욱 교묘해질수록 기괴한 물건이 더욱 많아지고, 법령이 분명해질수록 도적은 오히려 더욱 많아진다. 天下多忌諱, 而民彌貧, 民多利器, 國家滋昏, 人多伎巧, 奇物滋起, 法令滋章, 盜賊多有』(《老子》五十七章) 이 때문에 그는 통치자에게 『작위하지 않음으로써 일을 처리하고, 말하지 않음으로써 가르친다 處無爲之事, 行不言之教』(《老子》二章)고 권유하였다. 구체적으로 말하면, 『재간있는 사람을 존중하지 않아 인민들이 경쟁하지 않게 하고 희귀한 상품을 중시하지 않아 인민들이 도적질하지 않게 하며, 욕망을 일으키기에 충분한 사물을 보지 않도록 해서 인민들의 마음을 혼란시키지 않는다. 不尙賢, 使民不爭, 不貴難得之貨, 使民不爲盜, 不見可欲, 使民心不亂』(《老子》三章)

청정무위淸靜無爲의 정치주장과 원시와 질박상태의 동경은 자연히 〈소국과민小國寡民〉의 사상을 도출해낸다. 노자는 인간세상의 아귀다툼과 수단과 방법을 가리지 않고 서로 싸우는 실태에 염증을 느끼고, 인의예지 등의 강상명교를 천시하였으며, 〈소국과민〉의 사회로 돌아가야 된다고 생각하였다. 이 사회는 국가가 작고, 백성이 적으며, 사람과 사람 사이에는 고집을 부리지 않고, 전쟁이 없으며 비록 병기와 기타의 기구가 있기는 하지만 모두 쓸 곳이 있다. 비록 수레와 배 등의 교통수단이 있지만 탈 사람이 없다. 사람들은 끈을 매듭지어서 일을 기록한다. 모두들 생명을 중시하고 먼 곳으로 이동하지 않는다. 인간관계가 간단하여 어떠한 연계를 갖지 않으며, 『이웃나라가 서로 바라다보이고, 닭울음 소리, 개짖는 소리가 서로 들리며, 인민들이 늙어 죽을 때까지 서로 왕래하지 않는다. 隣國相望, 鷄犬之聲相聞, 民至老死, 不相往來』(《老子》八十章)

노자는 이러한 〈소국과민〉의 사회 속에서 관계가 단순하고, 정감이 질박하며, 생활에 스스로 만족하고 사리사욕을 탐내지 않는 즐거움을 향수하기를 희망하였는데, 이것은 그의 현실에 대한 불만과 소극적인 항의의 표현이며, 그가 뒤를 보고, 후퇴하는 방법으로 현실의 모순을 해결하고자 하는 것을 반영하였는데, 이것은 부정적인 면이다.

절인기의絶仁棄義와 허심실복虛心實腹

노자는 이미 사회의 혼란을 통한히 여기고 질박한 원시생활을 추구하였으며, 또한 이치에 맞게 인의를 반대하였다.

노자는 어떠한 물질문명과 정신문명도 사람의 마음을 부식시키고, 풍기를 파괴시킨다고 주장하였다. 그는 『큰 도가 폐기되어야 이른바 〈인의〉가 있게 되고, 총명한 지혜가 나타나야 엄중한 허위가 있게 되며, 가정이 분쟁상태에 빠져야 이른바 효도와 자애가 있게 된다 大道廢, 有仁義, 智慧出, 有大僞, 六親不和, 有孝慈, 國家昏亂, 有忠臣』(《老子》十八章)『그러므로 도를 상실된 뒤에야 덕이 있게 되고, 덕을 상실한 뒤에야 인이 있게 되며, 인을 상실한 뒤에야 의가 있게 되고, 의를 상실한 뒤에야 예가 있게 된다. 예라는 것은 충성과 믿음의 부족함이고 대란의 장본인이다 故失道而後德, 失德而後仁, 失仁而後義, 失義而後禮. 夫禮者, 忠信之薄而亂之首』(《老子》三十八章)라고 말하였는데, 즉 그는 인의·지혜·효자 등 윤리강상과 사람의 재주와 지혜를 〈도〉의 대립물로 보고, 이상사회의 장애물로 보았음을 알 수 있다. 이러한 부정적이고 퇴폐적인 이론전제에서 출발하여, 그는 『인과 의를 버리고 絶仁棄義』 『총명과 지혜를 버리며 絶聖棄智』 『기교와 이익을 버려야 絶巧棄義』 함을 주장하였는데 이렇게 해야만이 『인민에게 백배의 이익이 있게 되고 民利百倍』 『인민들이 효도와 자애로 돌아올 수 있으며 民復孝慈』 『도적이 소멸될 수 있다 盜賊無有』(《老子》十九章)는 것이다.

만일 〈절인기의絶仁棄義〉와 〈절성기지絶聖棄智〉가 노자가 사람들로 하여금 문명사회에서 몽매한 사회로 후퇴하게 하는 이론적인 전제라고 한다면, 〈지족知足〉과 〈과욕寡欲〉은 바로 그것을 한 걸음 더 전개시킨 것이며, 심리와 생리방면에서의 구체화인 것이다.

노자는 『화려한 채색은 사람의 눈을 멀게 하고, 감동적인 음악은 사람의 귀를 멀게 하며, 훌륭한 음식은 사람의 입맛을 상하게 하며, 말 타고 사냥하는 것은 사람의 마음을 발광하게 하고, 희귀한 상품은 사람들이 도적질하고 약탈하게 만든다 五色令人目盲, 五音令人耳聾, 五味令人口爽, 馳騁田獵令人心發狂, 難得之貨令人行妨』(《老子》十二章)고 하였는데, 이것은 사람들의 기본적인 물욕과 오락을 사람의 본성에 대한 위배로 간주한 것이다. 그는 나아가서 『죄는 욕심이 많은 깃보다 지나친 것이 없고, 재앙은 만족을 알지 못하는 것보다 지나친 것이 없다 罪莫大於多欲, 禍莫大於不知足』는 논단을 제출하여 사람들에게 『외모는 단순하게 하고 내심은 소박하게 하며, 사심을 줄이고 욕망을 적게 하라 見素抱樸, 少私寡欲』(《老子》十九章)고 요구하였다. 이것은 사회현실에 대한 비판을 사람의 욕망에 대한 포괄적인 견책으로 전변시킨 것이고, 인성의 반작용에 대한 비난을 인성에 대한 속박으로 전변시킨 것이다.

이와 관련하여, 노자는 우민정책愚民政策을 주장하였다. 그는 『인민들을 통치하기 어려운 까닭은 그들의 지식이 너무 많기 때문이다. 그러므로 지혜를 써서 나라를 다스리는 것은 국가의 재해이며, 지혜를 쓰지 않고 나라를 다스리는 것은 국가의 복이다 民之難治, 以其智多. 故以智治國, 國之賊, 不以智治國, 國之福』(《老子》六十五章)라고 생각하였다. 이러한 인식에서 출발하여 그는 『옛날에 도의 원칙을 관철한 사람은 도를 사용하여 인민들의 총명함을 가르친 것이 아니고, 도를 사용하여 인민들의 우매함을 가르쳤다 古之善爲道者, 非以明民, 將以愚之』(《老子》六十五章)고 강조하였다. 성인이 천하를 통치하는 데는 백성으로 하여금 『인민의 두뇌를 단순화시키고 인민의 배를 채워주며, 인민의 의지를 약화시키고 인민의 근골을 건장하게 하여 영원히 인민으로 하여금 지식이 없게 하고 욕망이 없게 만든다. (이렇게 해서) 스스로 총명한 척하는 사람으로 하여금 감히 함부로 주장하지 못하게 해야 한다. 虛其心, 實其腹, 弱其志, 強其骨. 常使民無知無欲, 使夫智者不敢爲也』(《老子》三章) 노자가 주장한 이러한 우민정책은 그의 사회진보에 대한 어두운 심리를 충분하게 반영한 것이다. 이러한 정책은 공자의 치국권모治國權謀와 같이 모두 통치자에 의해 설계된 것이다. 역대의 봉건통치자는 노자의 이 부분에서 제왕술을 적지 않게 흡수하였다. 이러한 우민정책의 실시결과는 대대적으로 사회의 진보를 가로막고, 민지民智의 개발을 억압하며, 민족정신의 줄기찬 향상을 저해하였다.

불위천하선不爲天下先

『무위이무불위無爲而無不爲』라는 이러한 핵심사상을 둘러싸고, 노자는 대대적으로 상술한 주장을 제창한 이외에도 또 하나의 영향이 매우 큰 처세원칙을 제출하였는데, 즉 『감히 천하 사람들의 앞에서 걸어가지 않는다 不敢爲天下先』(《老子》六十七章)는 것이다.

노자의 그러한 포함하지 않는 바가 없고, 허虛와 무無를 본질적인 특징으로 하는 도는 정치의 경우와 입신처세면에서 운용되었는데, 구체적으로는 〈삼보三寶〉로 표현된다. 첫째는 〈자慈〉 즉 관용이고, 둘째는 〈검儉〉 즉 물러섬 또는 보수이며, 셋째는 〈불감위천하선不敢爲天下先〉이다. 그의 입장에서 볼 때 관용하면 용감해질 수 있고, 물러서면 넓어질 수 있으며, 천하 사람의 앞에서 감히 걸어가지 않으면 사물의 우두머리가 될 수 있다. 이것은 노자가 정으로써 동을 제압하고, 유로써 강을 이기는 전술의 응용이며, 그 『무위이무불위』라는 전략사상의 구체화인 것이다. 노자가 『불위천하선』을 주장한 까닭은 하나는 그가 유약이 강함을 이긴다는 원칙이 적과 싸워 이긴다는 법보法寶임을 굳게 믿기 때문이고, 다른 하나는 그의 『성인의 도는 무엇을 하면서 남과 경쟁하지 않는다 聖人之道爲而不爭』는 신념과 불가분의 관계에 있다.

노자는 천하의 모든 화란은 다툼에서 일어나고, 다툼은 사람의 탐욕에서 일어난다고 생각하였는데 그래서 그는 과욕을 강조하고 다투지 않는 것을 힘써 주장하였다. 그는 사람들에게 『외모는 단순하게 하고, 내심은 소박하게 하며, 사심을 줄이고 욕망을 적게 하며 見素抱樸, 少私寡欲』(《老子》十九章) 명리를 천시하고, 그 뜻을 담박하게 하여 만족을 알고 그칠 줄을 알아야 한다고 하였다. 이렇게 해야만이 사람의 자연 본성대로 정상적으로 생활할 수 있으며, 인간관계가 협조될 수 있고, 사회재능이 정상적으로 돌아갈 수 있다고 주장하였다. 개인적인 이익을 적게 하고 욕심을 줄이면, 자연히 남과 다투지 않게 되고, 남과 다투지 않으면 모든 화란이 자연적으로 소멸된다. 그리하여 그는 통치자에게『재간있는 사람을 존중하지 말아서 尙賢』『인민들이 경쟁하지 않게 하라 使民不爭』(《老子》三章)고 요구하였다. 그는『성인의 도는 무엇을 하면서 남과 경쟁하지 않는다 聖人之道爲而不爭』(《老子》八十一章)『이것을 남과 다투지 않는 덕이라고 하고, 이것을 남을 이용하는 힘이라 하고, 이것을 천도와 부합한다고 하는데, 이것은 옛날부터 있어온 준칙이다 是謂不爭之德, 是謂用人之力, 是謂配天, 古之極』(《老子》六十八章)고 강조하였다. 하늘의 도는 다투지 않으며, 또한 승리에 능하다. 다투지 않는 것은 결코 자기의 이익을 희생시키는 것이 아니며, 그것은『그가 남과 다투지 않기 때문에 천하에는 그와 다투어 이길 사람이 없게 되는 以其不爭故天下莫能與之爭』(《老子》六十六章) 효과를 얻기 위한 것이다.

다투지 않으면 자연히 다른 사람의 앞을 걸어갈 수 없으며, 다른 사람의 앞을 걸어가지 않으면, 자연히 천하사람보다 앞서서 걸어가지 않아야 한다. 그래서 결과는『자기를 맨 뒤에 놓으면 자기는 오히려 앞을 차지하게 되고, 자기를 도외시하면 생명을 보전할 수 있으며 後其身而身先, 外其身而身存』바로『무위이무불위無爲而無不爲』의 원칙과 서로 일치된다. 이러한『불감위천하선不敢爲天下先』의 사상은 사람의 날카로운 기개를 소멸시키고, 사람의 진취적인 정신을 저해하여 민족심리 속의 겁 많고 겸손하며 감히 두각을 나타내지 못하는 부정적인 측면을 조성하였다.

2 〈무하유지향無何有之鄕〉에서 소요逍遙하는 장자莊子

장자莊子는 전국시대 중기에 살았으며, 그의 사상은 노자의 사상과 일맥상통한다. 〈도〉는 장자사상체계의 최고 범주이며 핵심이다. 노자와 비교해 볼 때, 장자는 현실적인 불만에 대해서 더욱 강렬하였고, 비판이 더욱 날카로웠으며, 인생의 이상과 사회의 이상에 대해 더욱 소극적이고 퇴보적이었다.

〈나라를 도적질하는 자는 제후이다 竊國者爲諸侯〉

장자는 자기가 〈혼란〉한 세상에 살고 있어서 인의 따위의 명교는 통치자가 백성을 기만하고, 나라를 빼앗아 자기 소유로 하는 도구라고 주장하였다. 성인과 대도적은 함께 살며, 인의와 나라를 훔치는 것은 상통한다. 그는『도척은 성인의 도를 얻지 못하면 행세하지 못한다 蹠不得聖人之道不行』『성인이 태어나자 큰 도적이 일어났다, 그러므로 성인을 타도하고 도적을 풀어 주어야 천하가 크게 다스려질 수 있을 것이다 聖人生而大盜起. 掊擊聖人, 縱舍盜賊, 而天下始治矣』『성인이 죽지 않으면 큰 도적이 소멸되지 않는다. 비록 성인을 존중하며 천하를 다스린다 하더라도 단지 도척의 이익을 증가시키는 것이 될 뿐이다 聖人不死, 大盜不止, 雖重聖人而治天下, 則是重利盜蹠也』《莊子·胠篋》라고 공격하였다.

즉 그는 유가가 높이 제창한 인의를 모든 악의 근원이라고 보았다. 그는 인의예지를 〈백성의 상성 民之常性〉, 즉 사람의 자연본성을 위배하는 것이므로 마땅히 전부 지양하고, 사람들로 하여금 본성에 따라 생활해야 한다고 주장하였다. 그는 인의예지가 인류에게 끼치는 해로움을 구체적으로 분석하였다.

첫째, 인의예지는 사람의 본성에 위배된다. 사람의 성정은 다양하고, 자연적이며, 성인은 오히려 일부러 인의예지를 이용하여 그것을 하나의 고정되고 쓸모없는 규범 속에 넣으려고 하는데, 이것은 마치 남은 손가락을 찍어 없애고, 붙어있는 발가락을 자르며, 오리의 짧은 발을 길게 하고, 학의 긴 다리를 짧게 자르는 것과 같이 사람의 본성에 위반되는 것이다.

둘째, 인의예지는 허위와 쟁탈을 조성한다. 그는 『사랑과 이익은 인의에서 나오며, 인의를 버리는 사람은 매우 적고 인의로써 이익을 삼는 사람은 매우 많은데, 그래서 인의의 행위는 불성실의 표현일 뿐 아니라 탐욕한 사람들에게 도구로 제공된다 愛利出乎仁義. 損仁義者寡, 利仁義者衆. 夫仁義之行, 唯且無誠, 且假夫禽貪者器』《莊子·徐無鬼》고 하였다. 인의를 행하면, 바로 사랑과 이익을 얻을 수 있는데 이것은 가인가의假仁假義의 위선현상을 나타나게 하여 탐욕한 자에게 목적을 달성하는 도구를 제공해 줄 수 있다. 장자는 또한 인의예지가 통치자가 만들어낸 일종의 기형적 병태현상이며, 빈부와 귀천, 기만과 쟁탈 등의 죄악현상은 모두 인의예지를 행한 결과라고 주장하였다.

셋째, 인의예지는 나라를 빼앗은 대도大盜가 국가를 통치하는 도구이다. 그는 예를 들어가면서 다음과 같이 설명하였다.『옛날 제나라에서 ……모든 사방 국경 안에 종묘와 사직을 세우고, 읍邑·옥屋·주州·여閭·향곡鄕曲(역주—모두 행정구획단위)을 관리하였는데 어찌 성인을 법으로 삼지 않은 것이 있었겠는가? 그런데 전성자가 하루 아침에 제나라 임금을 죽이고 그의 나라를 도적질하였다. 도적질한 것이 어찌 그 나라뿐이었겠는가? 성인이 건립해 놓은 법칙까지도 도적질하였던 것이다. 그러므로 전성자는 도적이란 명칭을 갖기는 하였지만 몸은 요임금 순임금처럼 편안하게 지냈다. 작은 나라는 감히 그를 비난하지 못하였고 큰 나라도 감히 그를 처벌하지 못하였으며, 그래서 자손이 12대에 걸쳐 제나라를 차지하였다. 昔者齊國, ……闔四境之內, 所以立宗廟社稷, 治邑屋州閭鄕曲者, 曷嘗不法聖人哉! 然而田成子一旦殺齊君而盜其國, 所盜者豈獨其國邪? 并與其聖智之

法而盜之. 故田成子有乎盜賊之名, 而身處堯舜之安, 小國不敢非, 大國不敢誅, 十二世而有齊國』《莊子 · 胠篋》

인의예지는 이미 나라를 훔친 대도의 호신부가 되었으며, 나라를 훔친 대도 또한 인의예지의 체현자가 되었다. 『허리띠를 훔친 사람은 주살되지만 나라를 훔친 사람은 오히려 제후가 되며, 제후의 집안에서 한 것은 모두 인의에 부합한다. 彼竊鉤者誅, 竊國者爲諸侯, 諸侯之門而仁義存焉』《莊子 · 胠篋》

장자의 이러한 논술은 사회의 추악한 현상에 대한 날카로운 폭로인데, 그는 통치자의 고귀하고, 존엄한 가면을 벗겨서 그 강도적인 본래의 면모를 밝혀내었다.

심여사회心如死灰

장자의 입장에서 볼 때 〈백성의 상성民之常性〉과 인의예지는 조화될 수 없고 대립적인 것이며, 전자는 지선至善이고, 후자는 위선僞善이다. 이 때문에 〈백성의 상성〉을 이용하여 인의예지를 철저하게 부정하고자 하였다.

그는 성인을 타도하고, 성지聖智의 법과 인의의 규범을 폐기하면 대도가 소멸될 수 있고, 백성들의 욕심이 소박해질 수 있으며, 천하가 큰 혼란에서 큰 안정으로 전환될 수 있다고 주장하였다. 이러한 관점에서 출발하여 그는 무위이치無爲而治를 주장하였는데, 『그러므로 군자가 부득이해서 천하를 다스리게 되었다면 무위보다 더 좋은 것이 없다. 아무런 작위를 하지 않아야만 천하 인민의 성정이 편안해질 수가 있다. 故君子不得已而臨莅天下, 莫若無爲. 無爲也, 而後安其性命之情』《莊子 · 在宥》 무위이치無爲而治는 가장 좋은 통치방법이며, 그것은 사람들로 하여금 자기의 성정을 편안하게 하고, 천하가 영원히 태평할 수 있도록 한다.

개인의 인생철학으로 말하면, 장자는 사람의 자연본성에 따라 생활하고, 명리와 욕망을 제거하며, 유가의 인의 도덕을 폐기할 것을 주장하였다. 그는 『효제와 인의 · 충성 · 신용 · 정절 및 청렴은 모두 스스로 힘써 그 덕을 부리는 것으로써 훌륭하다고 칭찬할 수 없다. 夫孝悌仁義, 忠信貞廉, 此皆自勉以役其德者也, 不足多也』《莊子 · 天運》『예악을 받들어 행하고 인의의 기치를 높이 쳐들고서 천하의 인심을 위로하는데, 이것은 인류의 본성을 상실하는 것이다 屈折禮樂, 呴愈仁義以慰天下之心者, 此失其常然也』《莊子 · 騈拇》라고 지적하였다. 단지 『발자취를 감추고 기세를 낮추며, 공명을 추구하지 않아야 削迹損勢, 不爲功名』 평안무사할 수 있다.

사람의 자연본성에 따라 생활하고자 하면 반드시 효제인의孝悌仁義 등의 명예 관념에서 벗어나야 할 뿐 아니라 물욕을 천시해야 한다. 장자는 만일 생존 및 입는 것과 먹는 것을 넉넉하게 하기 위해서 신체를 해친다면 『인민을 보양하는 데

쓰는 것(토지)을 위해서 보양할 것(인민)을 해친다 以所用養害所養』《莊子·讓王》
는 꼴이 됨으로써 본말이 전도된다고 하였다. 그는 또한 사람이 부유해지면 혼란·
고통·질병·수치·근심·두려움 등의 해로운 점이 발생하고 강도를 유발시
킬 수 있으며, 그때에 이르면 온 세상을 포기하여 하룻동안의 편안한 날을 바꾸
고자 하여도 불가능해진다. 사람이 존귀한 지위에 처하면 날마다 어떻게 하면 높
은 지위를 보존할 수 있을까를 타산해 보아 형체를 수고롭히고, 정신을 해쳐서
조금도 좋은 구석이 없다. 전체적으로 말해서 인의를 추구하는 것과 물욕을 추구
하는 것은 모두 사람의 자연본성에 위배되는 것이며,『물질로서 형체에 누를 끼
치는 以物累形』것이다.

　사람의 자연본성에 따라 생활하고자 하면, 명예에 유혹당하지 않고, 물욕에 곤
궁해지지 않는 것 이외에도 더욱 중요한 것은 심령의 염담허정恬淡虛静을 유지
하는 것인데 이것은 또한 명리에 유혹되지 않는 관건이기도 하다. 장자는 〈양신
養神〉을 주상하었는데, 그 구제직인 요구는『순수히여 뒤섞이지 아니하고, 고요
하고 한결같아 변함이 없으며, 담박하여 작위함이 없으며, 움직이는 것이 모두
자연 운행에 따른다. 이것이 정신을 보양하는 방법이다. 純粹而不雜, 精一而不
變, 淡而無爲, 動而以天行, 此養神之道也』《莊子·刻意》양신의 결과는『오직 정신
을 지켜야 하며, 그 정신을 지켜서 잃지 않으면 도道와 정신이 하나로 합치되며,
하나로 합치되어 정신이 막힘이 없으면 곧 천지자연의 이치에 합치되는 것 唯神
是守, 守而勿失, 與神爲一, 一之精通, 合於天倫』《莊子·刻意》이며, 그 구체적인
조건은 부富·귀貴·현顯·명名 등의 욕망을 떨쳐버리고, 용容·동動·기氣·
의意·오惡·욕欲·희喜·노怒·애哀·락樂 등의 정서를 소멸시켜서『몸은 마
른 나무와 같고 마음은 식은 재와 같은 形若槁木, 心如死灰』경지에 도달하여 속
세에 대해서 일체 동요하지 않는 것인데, 이것이 바로 하늘과 합해서 하나가 되
고 도와 함께 일체가 되는 것에 도달하는 것이다. 그래서 그는『지극한 덕으로
다스려지던 시대에는 금수와 서로 함께 살았었고, 만물과 서로 어울려 생활하였
으니 어찌 군자와 소인의 구별을 알았겠는가? 다같이 무지하여 그 본성을 떠나
지 않았으며 다같이 욕망이 없었는데, 이것을 〈소박〉이라고 한다. 소박한 연후에
야 인민이 진정한 본성을 얻을 수 있다 夫至德之世, 同與禽獸居, 族與萬物幷, 惡
乎知君子小人哉? 同乎無知, 其德不禽, 同乎無欲, 是謂素樸. 素樸而民性得矣』《莊
子·馬蹄》고 하였다.

　『사정이 어찌할 수 없음을 알고서 명을 편안히 여기다 知其不可奈何而安之
若命』

　장자는 인간세상을 이미 간파하고서 세상의 밖에 은둔할 것을 생각하여 자연의 본성을 얻는 만족을 추구하였으며, 이치대로 하여 사람과 외계의 관계에 대해서 그는 또한 사람의 힘으로 변화시키는 것을 반대하였다. 그의 입장에서 보면 『죽음과 삶·존재와 소멸·곤궁과 영달·빈부·현명함과 우둔함·비방과 칭찬·굶주림과 목마름·추위와 더위 등은 사물의 변화이며 천명의 유행 死生, 存亡, 窮達, 貧富, 賢與不肖, 毁譽, 饑渴, 寒暑, 是事之變, 命之行也』《莊子·德充符》인 것이다. 이것은 모두 사람의 힘으로 변화시킬 수 있는 것이 아니다.《응제왕應帝王》에서 그는 숙과 홀의 두 제왕이 〈혼돈混沌〉이 지혜를 갖도록 〈혼돈〉에게 7개의 구멍을 뚫어주었는데, 오히려 〈혼돈〉을 구멍 뚫어 죽였다는 우언寓言을 사용하여 천하를 통치하고자 하면 최후에는 반드시 세계를 멸망시킨다고 설명하였다. 만일 일체 운명의 안배安排에 복종한다면 애락哀樂의 방해가 없게 되는데 이것을 해탈解脫이라고 부른다. 그는 『얻는 것은 시기이고 잃는 것은 순응이며 시기에 편안하여 변화에 순응하면 슬픔과 즐거움이 마음 속으로 들어올 수가 없다. 이것이 바로 옛날에 말하던 현해(인간정신의 참다운 해방)이다 得者, 時也, 失者, 順也. 安時而處順, 哀樂不能入也. 此古之所謂懸解也』《莊子·大宗師》라고 하였다. 이러한 인식에 기초하여 그는 『사정이 어찌할 수 없음을 알고서 명을 편안히 여기는데 이것이 덕성 수양의 최고 경지 知其不可奈何而安之若命, 德之至也』《人間世》라고 강조하였다. 운명을 하늘에 맡기는 것을 가장 좋은 도덕이라고 극찬을 하고 『인위로써 자연을 손상시켜서는 안 되며, 지혜로써 천명을 손상해서는 안 된다 無以人滅天, 無以故滅命』《莊子·秋水》고 주장하였는데, 이것은 그의 소극적인 인생관을 반영한 것이다.

〈무기無己〉〈무대無待〉와 소요유消遙游

　장자는 사람이 자연본성에 따라 생활하고 인의예지의 질곡에서 해방되어, 정신상의 자유를 얻을 것을 희망하였지만 현실생활은 오히려 그의 이상과는 현격하게 거리가 멀었다. 이에 고민스런 현실 속에서 생활한 그는 할 수 없이 사상으로부터 해탈의 방법을 추구하여 자기가 구축한 이상적인 정신왕국에서 〈소요유消遙游〉하였다.

　장자의 입장에서 보면, 사람이 고통을 받고 자유롭지 못한 까닭은 현실세계의 옳고 그름의 분별·귀하고 천함의 오르내림·빈부의 변천·생사화복生死禍福 등의 곤란을 받고, 각종 물질적 조건의 제한을 받기 때문이며, 사람들이 의뢰하는 바가 있고 기대하는 바가 있으며 추구하는 바가 있어서 조성되는 것이다. 이것을 〈유대有待〉라고 한다. 큰 배가 강에서 항해를 할 때는 반드시 물에 의지해야 하며, 대붕이 날아오를 때는 직접 하늘에서 9만 리를 날지만 그러나 바람의 영향을 벗어날 수 없다. 이것은 모두 〈유대〉이며, 모두 진정한 자유가 아니다. 마찬가지로 만일 〈유기有己〉 즉 자아의식이 있으면 또한 자유롭지 못한데, 왜냐하면 〈유기〉는 사람으로 하여금 선악을 구분하고 시비를 분별하며, 화복을 구별하게 하고 따라서 여러 가지 고민을 야기시키기 때문이다. 고통이 없는 경지에 도달하고, 진정한 자유를 실현시키고자 하면 반드시 무기無己·무대無待해야 한다. 무기는 즉 정신상에서 일체의 자연과 사회의 제한을 초탈하여 사물과 나의 대립을 소멸시켜서 사회와 자아를 잊어버리는 것이다. 무대는 즉 어떠한 조건에 의뢰하지 않는 것이다. 그의 입장에서 볼 때, 객관이 필연적으로 인간의 자유를 속박하는 것이 아니고, 인간의 사상이 자기를 소박하는데, 그래서 〈무기〉는 〈무대〉할 수가 있다. 그 구체적인 방법은 『사물과 나를 가지런히 하고 齊物我』『옳고 그름을 가지런히 하며 齊是非』『만물을 가지런히 하며 齊萬物』, 따라서 수양을 통해 〈지인至人〉〈신인神人〉〈성인聖人〉이 되어 각각 〈무기無己〉〈무공無功〉〈무명無名〉의 경계에 도달해야 하는데, 이렇게 하면 바로 〈유대〉의 현실세계로 부터 〈무대〉의 〈무하유지향無何有之鄕〉으로 도달하여 정신상의 절대적 자유, 즉 소요유逍遙游를 얻을 수 있는 것이다.

장자의 위에서 서술한 사상은 전제주의가 한층더 강화된 전국시대 중기에 발생되었다. 그것은 종법등급제도와 전제정체專制政體에 대해서 극도의 멸시를 표현한 것이고, 통치자의 허위적인 모습을 폭로한 것으로, 당시의 조건하에서 일정한 적극적인 의미를 갖추고 있다. 게다가 바로 이미 어떤 사람이 지적한 바와 같이 장자의 사상을 만일 미학의 각도로 고찰하면, 그것의 중대한 가치를 발견할 수 있다. 그러나 만일 중국사회를 하나의 자연역사의 발전과정으로 보고 주체와 객체의 상호과정으로 본다면, 또한 만일 민족정신을 강건유위剛健有爲하고 적극적 진취적인 과정으로 본다면, 그것의 사회가치와 인생의미로부터 볼 때 장자의 사상이 부정적이라는 것을 인정해야 한다. 시비를 분별하지 않고 만족함을 알고 명을 편안히 여기며, 일체의 제도규범을 반대하는 것 등등은 장자가 문명의 진보를 반대하고, 문화적 역사관을 갖지 않았음을 반영한 것이다. 이러한 것들은 역사상에서 일찍이 민족문화 속의 가치 없는 부분이 되었다. 현재 그것은 중국민족의 비약적인 향상과 분발진취, 전면적인 발전의 추구, 개성을 풍부하게 하고자 하는 노력을 방해한다.

제 2 절 도가사상의 전기 봉건사회에서의 변화발전과 그 작용

1 진한 신도가新道家의 형성과 쇠락

노자의 이후에, 장자와 제나라 직하稷下의 도가는 노자사상을 다른 방향으로 발전시켰는데 후자는 바로 사람들이 일반적으로 말하는 황노학파黃老學派이다.

도가 황노학은 전국시대 후기에 형성되었다. 그들의 사상경향은 노자와 장자의 허정염담虛靜恬淡사상을 기조로 하고, 〈도〉를 핵심으로 하여 법가사상을 흡수하고서 유가·묵가·명가·음양가 등을 포용하였다. 사마담司馬談은 일찍이 개괄하여 『도가는 사람의 정신을 전일하게 하고 행동을 무형의 도에 부합하게 하며 만물로 하여금 풍족하고 아름답게 한다. 도가의 학술은 음양가의 사시운행 순서의 학설에 의거하고 유가와 묵가의 장점을 흡수하였으며, 명가와 법가의 정수를 끌어들여 시세의 발전에 따라 발전시키고 사물의 변화에 순응하여 변화하였으며, 양호한 풍속을 수립하고 인사에 응용한 것이 모두 적합하지 않음이 없으며, 뜻이 간명하여 요점을 잡아서 장악하기가 쉽고 일하는 것은 적지만 거두어들이는 효과는 많다 道家使人精神專一, 動合無形, 瞻足萬物. 其爲術也, 因陰陽之大順, 采儒墨之善, 撮名法之要. 與時遷移, 應物變化, 立俗施事, 無所不宜, 指約而易操, 事少而功多』《史記·太史公自序》고 하였다. 이금전李錦全은 이것이 황노도가사상을 지적한 것이며, 아울러 황노도가사상이 『각 학파의 장점을 조화시키고, 종합했다는 의미를 가지고 있으며 분명히 노자가 유가·묵가·법가의 사상을 공격한 것과는 구별된다』고 주장하였다.[1] 나는 이것이 사실에 부합한다고 생각한다.

일반적으로는 1973년 장사長沙의 마왕퇴馬王堆에서 출토한 《황노백서黃老帛書》는 전국시대 말기에 나온 황노학의 대표작이다.[2] 이 책 속에는 상술한 황노학의 사상적 특징이 구체적으로 반영되어 있다.

《경법經法·도법道法》에서는 『도는 법을 낳고, 법이란 득실을 먹줄로 이끌고 굽은 것과 곧은 것을 밝히는 것이다. 그러므로 도를 잡는 것은 법을 낳아 감히 범하지 못하고 법이 세워지면 감히 폐할 수 없다 道生法. 法者, 引 得失 以繩, 而明曲直者也. 故執道者, 生法而不敢犯也, 法立而不敢廢也』고 하였고, 《경법經法·군정君正》에서는 『법도란 가장 올바른 것이고, 법도를 사용하여 다스리면 혼란되지 않는다 法度者, 正之至也, 而以法度, 治者, 不可亂也』고 하였으며, 《십육경十六經·칭稱》에서는 『법에 따라 다스리면 혼란되지 않는다 案法而治則不亂』고

하였다. 이것은 모두 황노도가가 법가사상을 흡수하여, 도가와 법가가 하나로 혼합되었음을 나타내 준다. 동시에 유가의 인의사상이 대량으로 흡수되었다. 《경법經法·육분六分》에서는『군주가 은혜롭고 신하가 충성스러우면 그 나라는 안정된다 主惠臣忠者, 其國安』고 하였고, 《십육경·관觀》에서는『덕을 우선적으로 하고 형벌을 나중에 하여 백성을 돌본다 先德後刑以養生』『덕을 우선적으로 하고 형벌을 나중에 하는 것은 천도를 따르는 것이다 先德後刑, 順于天』라고 하였다. 군혜신충君惠臣忠, 선덕후형先德後刑은 유가의 정치주장으로, 선진 노장도가사상과는 조금도 어울리지 않으며, 이 내용이 황노도가사상의 중요한 조성부분이 된 것으로 보아 황노도가사상은 확실히 전국시대 말기의 국가통일·사상통일의 역사적인 조류에 순응하여『시세의 발전에 따라 발전하고 만물의 변화에 순응하여 변화하였음』을 알 수 있다.『형벌은 음이고 덕은 양이다 刑陰而德陽』《十六經·姓爭》,『천하에 일이 있으면 반드시 그 명분을 살펴야 한다 天下有事, 必審其名』《經法·名理》『형과 넝이 확립되고 법령이 이미 세워졌으면 지취를 숨기고 바른 것을 은닉시킬 수가 없다 刑名已立, 聲號已建, 則無, 所逃, 迹匿正矣』《經法·道法》등의 의론은 황노도가의 음양, 형명학刑名學에 대한 수용을 반영한 것이다. 즉 사마담이 황노도가가『유가와 묵가의 장점을 수용하고, 명가·법가의 요점을 흡수하였다』는 말은 확실히 허언이 아니다. 또한 바로 그것이 여러 학파의 장점을 흡수하고 또한 사회생활을 억지로 간섭하지 않았기 때문에『뜻이 간명하여 요점을 잡아서 장악하기가 쉽고 일하는 것은 적지만 거두어들이는 효과는 많다 指約而易操, 事少而功多』는 효과를 얻을 수 있었다. 그러나 그것이『강건의 덕은 알지만 오히려 유약의 도를 지켜 이기기를 구하지 않으며, 유약의 도가 강건의 덕을 이긴다 知雄守雌, 柔弱勝剛強』《十六經·雌雄節》는 입장을 고집했기 때문에 신흥지주계급의 강한 힘으로써 천하를 취한다는 전략과 책략의 수요에 부합하지 못하였으므로 선진시기에는 통치사상이 될 수 없었다.

　진이 망하고 한이 일어나서 사회경제가 온통 영락되어 통치자들은 어떻게 경제를 회복하고, 민생을 안정시켜서, 통치를 유지할 것인가 하는 중대문제에 봉착해 있었다. 전전前前 왕조가 멸망한 참담한 교훈은 사회경제발전의 객관적 추세와 통치자들의 견제를 느슨하게 하고 백성과 함께 휴식할 것을 요구하였다. 그렇다면 어떠한 것이 시정을 지도하는 사상으로 선택될 수 있을까? 진왕조가 편면적으로 법가의 엄형준법嚴刑峻法을 시행한 결과 이세二世 때에 멸망하게 되어 법가사상은 명성이 나빠져 인심을 얻지 못하였다. 유가는 비록 현학顯學이라고 일컬어졌지만『유가는 육예를 법으로 하는데, 육예의 경전이 엄청나게 많아 여러 대 동안하여도 그 학문에 통할 수 없고 당년에는 그 예를 공부할 수 없다 儒者以六藝爲法, 六藝經傳以千萬數, 累世不能通其學, 當年不能究其禮』는 것은 일종의『넓어서 요점이 적고 수고로우나 효과가 적다 博而寡要, 勞而少功』『그 일을 다 쫓아 하기가 어렵다 其事難盡從』《史記·太史公自序》는 학설이며, 포의布衣로부터 일어나서 눈앞의 이익에만 급급한 유씨정권은 일시에 스스로 그 학설을 따르기 어려웠다. 도가만이 전국시기에 여러 학파와의 논쟁을 하고 진의 전제적 통치라는 폭풍우를 거친 뒤에 시세에 순응하고, 여러 학파를 수용하였으며, 간편하여 실행하기 쉽고 사소공다事少功多의 특징과 작용을 갖추고 있기 때문에 통치자에게 채용되어 주도적인 지위를 차지하는 사상이 되었다. 이때의 도가사상은 이미 선진의 순순하고 소극적인 노장사상이 아니며, 전국말기에 형성되어 한초에 창성한 황노학이다.

한초에 조참曹參은 재상이 되어『청정무위를 숭상하고 백성들이 스스로 안정되게 하였으며 貴淸静而民自定』황노의 술로써 제나라를 다스렸다. 제나라에서 9년간 제상을 지냈으며『청정무위가 도가의 원칙에 가장 부합된다고 말했다. 백성이 진나라의 잔혹한 통치를 겪은 후라 조참은 그들에게 휴식할 수 있는 시기를 주어 무위로써 다스렸으므로 천하 사람들이 그의 미덕을 칭송하였다. 淸静極言合道. 然百姓離秦之酷, 後參與休息無爲, 故天下俱稱美矣』《史記·曹相國世家》서한 중기의 문제文帝, 경제景帝와 두태후竇太后는 모두 황노를 존중하였다.《풍속통의風俗通義·정실正失》에는『문제는 본래 황노학을 배워 유가의 학술을 그다지 좋아하지 않았으며, 그의 통치방법은 청정무위를 숭상하였다 文帝本修黃老之言, 不甚好儒術, 其治尙淸静無爲』고 기록되어 있다.《사기史記·외척세가外戚世家》에는 두태후가『황제黃帝와 노자의 말을 좋아하여 황제 및 태자와 외척이 황제와 노자를 읽고 그 술법을 존중하지 않을 수 없었다 好黃帝老子言, 帝及太子, 諸竇, 不得不讀黃帝老子, 尊其術』고 하였다.《사기史記·여후본기呂后本紀》에는『효혜황제와 여태후 제위시절에 사람들이 전국시기의 고통을 벗어나야 함으로 군신상하가 모두 무위의 지도방침으로 휴양생식하기를 희망하였는데, 그래서 혜제는 팔짱을 끼고 아무것도 하지 않으며 여태후가 황제의 직권을 대행하고 명령이 방문을 나가지 않아 천하는 오히려 편안해졌다. 형벌을 매우 적게 사용하였으나 죄인은 오히려 극히 적었다. 백성들은 농사에 전념하여 의식이 풍족해졌다 孝惠皇帝, 高后之時, 黎民得離戰國之苦, 君臣俱欲休息乎無爲. 故惠帝垂拱, 高后女主稱制, 政不出房門. 天下晏然, 刑罰罕用, 罪人是希. 民務稼穡. 衣食滋殖』고 하였다. 이것은 한초의『무릇 쌀 오천 석에 사람이 서로 잡아먹어 죽은 자가 반을 넘었다. 고조는 이에 백성에게 명을 내려 자식을 팔게 하고 촉한에서 먹었다. 천하가 이미 평정되었으나 백성들은 덮어두고 저장해둘 것이 없었으며 천자는 순사(빛깔이 같은 네 마리의 말이 끄는 마차)를 탈 수 없었으며 장군과 재상은 간혹 소가 끄는 수레를 탔다 凡米石五千 人相食, 死者過半. 高祖乃令民得賣子, 就食蜀漢. 天下旣定, 民無蓋藏, 自天子不能具醇駟, 而將相或乘牛車』《漢書·食貨志》는 처참한 모습과는 이미 확실히 다르다. 즉 황노학은 한초에 실제로 행해졌으며 확실히 양호한 사회적 효과를 거두었던 것이다.

선진 노장도가사상과 한초의 황노도가사상은 다른 특징을 가지고 있다. 그것은 우선 앞에서 말한 유가와 묵가를 물리치고, 인의를 배척한 것으로부터 유가와 법가를 수용하고, 명가와 법가를 합친 것으로 전환하여 여러 학파를 포용하고, 여러 학술의 장점을 널리 흡수한 것으로 나타났다. 그 다음은 분세憤世, 피세避世로부터 입세入世로 전환한 것이다. 《회남자淮南子·요약훈要略訓》에서는 『서론書論을 짓는 것은 도딕을 기강으로 삼고, 인사를 경위로 삼기 위해서이다. 그래서 위로는 하늘에서 이를 생각해내고 아래로는 땅에서 이를 헤아리며 중간에서는 이를 리理에다 통하게 하면, ……또 사람들이 근본을 떠나 지엽으로 나아갈까 두려워한다. 그러므로 도만 말하고 일을 말하지 않으면 세상과 부침浮沈을 같이하지 못하고 일을 말하고 도를 말하지 않으면 조화와 함께 유식游息할 수가 없다 夫作爲書論者, 所以紀綱道德, 經緯人事, 上考之天, 下揆之地, 中通諸理 …又恐人之離本就末也, 故言道而不言事, 則無以與世浮沈, 言世而不言道, 則無以與化游息』고 하였다. 이러한 도덕에다 기강을 세우고, 〈도道〉와 〈사事〉를 함께 중시한 사상은 일종의 적극적인 입세入世의 태도이며, 노장의 도세逃世 태도와는 이미 같다고 말할 수 없다.

한초는 70년 정도의 평온한 생활을 거쳐서 사회경제는 회복될 수 있었지만 동시에 엄중한 사회적 모순이 나타나게 되었다. 지방의 세력은 용병할거하고, 지주와 세력가들은 토지를 겸병하며, 관료귀족은 지칠 줄 모르는 탐욕에 젖어있었다. 그들은 『군주의 은총을 받아 높은 지위를 차지하고 있고 집은 따뜻하며 후한 봉록을 받았다. 부유하고 고귀한 신분에 편승하여 천하에서 백성들과 이익을 다투었다. ……이 때문에 그들은 노비가 많고 소와 양이 많으며 전답과 택지가 넓고 산업이 다양하였으며 쌓아두고 저장해 놓은 것이 풍부하였다 身寵而載高位, 家溫而食厚祿, 因乘富貴之資力以與民爭利於天下, ……是故衆其奴婢, 多其牛羊, 廣其田宅, 博其産業, 畜其委積』《漢書·董仲舒傳》고 한다. 이것은 황노학이 주장한 무위정치 속에 내포된 방임정책이 수반하고 있는 폐단을 반영한 것이다. 이 때문에 인의를 기본으로 하고 적극적이고 유위有爲의 유가학설은 새로이 도약하기 시작하였다. 기원전 135년(건원建元 6년), 두태후가 세상을 떠나자 전분田蚡이 다시 승상으로 임명되어『황노와 형명 등 백가의 학설을 축출하고, 문학유생 수백 명을 끌어들였다. 絀黃老刑名百家言, 延文學儒者數百人』《史記·儒林傳》기원전 134년(원광元光 원년) 동중서는『육예의 학과와 공자의 학술 이외의 것들은 모두 그 도를 금지하시고 함께 나아가지 못하도록 하십시오 諸不在六藝之科, 孔子之術者, 皆絶其道, 勿使幷進』라고 건의하였다. 한무제가 이 건의를 받아들임으로써 유가는 통치사상으로 승격되었고, 도가는 정치상에서 쇠퇴하게 되었다.

2 현학玄學의 흥기와 변화발전

한무제가『백가를 물리치고 유가의 학술만을 존중 罷黜百家, 獨尊儒術』한 이후로 도가사상은 쇠퇴하게 되었다. 그러나 동중서의 천인감응 신학목적론이 허황하고 이치에 맞지 않으며, 매우 빠르게 참위讖緯신학과 흐름을 같이했기 때문에 새로 우뚝 선 유학으로 하여금 곤경에 처하게 했다.

한나라와 위나라의 교체시기에 사회가 매우 혼란되어 유학은 이미 〈독존獨尊〉의 지위를 유지할 수 없었고, 각 학파의 사상이 다시 활약하게 되었다. 〈자연自然〉〈무위無爲〉의 특징을 가지고 달생순민達生順民하는 노장사상이 대두되기 시작하였다. 《문심조룡文心雕龍·논설論說》에는『정시(240-249) 연간에 이르러, 수문을 힘쓰는 기풍이 있었다. 하안何晏 등이 현학을 흥성하게 하였으며, 이에 노담과 장주의 사상이 주요한 위치를 차지하여 공자의 사상과 쟁론하였다 迄至正始, 務欲守文, 何晏之徒, 始盛玄論, 於是聃周當路, 與尼父爭塗矣』고 기록되어 있다. 도가사상이 새롭게 활약하게 되고 아울러 유학과 세력을 다투게 된 원인은 통치자의 〈수문守文〉의 수요에 적응하는 데 있었다. 이른바 〈수문〉은 실제적으로 강상명교를 유지하고, 아울러 이론적인 논증을 하였다. 이러한 역사조건 하에서 도가사상은 문벌의 전제정치를 보호하고 강상명교를 논증하는 가장 적합한 도구가 되었다. 그러므로 도가사상이 새로운 형식으로써 사상문화영역에 더욱 확산되게 된 것은 필연적인 결과이다.

위진시기에 도가사상은 주로 현학玄學으로 표현된다. 현학의 주요 경전은《노자》《장자》와《주역》이며, 이를 합하여 〈삼현三玄〉이라고 일컫는다. 현학가들의 강상명교의 합리성에 대한 논증은 명교와 자연의 구별에 집중적으로 표현된다.

한대에 찰거察擧·징벽徵辟을 주요방식으로 했던 사진제도仕進制度는 명교를 보호하는 것을 종지로 삼는다. 그 가운데 거효렴擧孝廉·무재茂才의 두 과는 향리의 여론에 의거한다. 이러한 여론에 의거하여 인재를 선발하는 방법은 실질적인 내용을 가지고 말하면, 일종의 실제능력을 중시하지 않는 도덕적 판단방식이다. 그 폐단은 동한 후기〈절명위복竊名僞服〉〈순도허성純盜虛聲〉이라는 엄중한 후과를 초래하였다.《포박자抱朴子·심거審擧》에는 당시 사람들이 찰거제察擧制를 비평한 말이 실려있는 바『수재로 천거된 사람이 글을 알지 못하고 효렴에 뽑힌 사람이 부모와 별거해 있으며, 청빈하고 청렴결백한 사람이 진흙처럼 혼탁하고, 뛰어나고 훌륭한 장수가 닭처럼 겁이 많다 擧秀才, 不知書, 察孝廉, 父別居, 寒素淸白濁如泥, 高第良將怯如鷄』고 하였다. 이 말은 바로 찰거제의 폐단에 대한 날카로운 폭로이며 힘있는 지적인 것이다. 이밖에『부모를 장사지내고 무덤의 수도隧道를 폐하지 않고 그 속에서 20여 년간 복을 행했기 때문에 향읍에서 효자라고 부르고 주와 군에서 여러 차례 예를 갖추어 청해서 葬親而不閉埏隧, 因居其中行服二十餘年, 鄕邑稱孝, 州郡數禮請之』명성이 일시에 성행하였으나, 결과적으로 사람들에게 무덤 앞의 길목에서 다섯 명의 아이를 낳은 명사 조선趙宣의 행위가 발견되었는데《後漢書·陳蕃傳》, 이것은 더욱 명교에 대한 절묘한 풍자가 되었고 명교가 말로로 치닫게 되는 생동적인 증명인 것이다.

사물의 발전이 극도에 이르면 반드시 쇠퇴한다. 명교가 이미 중도에 쇠미해지자 그것과 상대되는 자연관념이 필연적으로 발흥하게 되었다. 그러나 발흥된 자연관념은 오히려 현학가들에게 받아들여졌으며, 명교의 발전을 가로막는 내용은 슬프게도 이미 사라진 명교를 딴 형태로 되살아나게 하는 도구가 되었다. 그러나 바로 이와같기 때문에 오히려 명교와 자연, 유가와 도가가 상호 융합하게 되었는데, 도가사상은 바로 이 과정 속에서 그 독특한 작용과 특징을 나타내서 중국의 민족성격을 만들어내고, 민족문화를 형성화시켜서 독특한 공헌을 하였다.

당시 사정의 복잡다단함과 현실생활 속의 여러 가지 모순의 곤란함은, 현학자들로 하여금 도가의 입장에서 출발하여 무를 근본으로 하여 이론적으로 현실의 모순이 모두 허무임을 논증하도록 하였다. 몸 바깥에 누가 되지 않고, 제멋대로 방임하고자 하면 정신상의 소요지유逍遙之游가 된다. 이러한 정신상태의 이론적 표현이 바로 하안何晏·왕필王弼 일파의 명교가 자연에 근본을 두고 있다는 말인 것이다.

《진서晉書·왕연전王衍傳》에는『위나라 정시 연간에 하안·왕필 등이 노장을 조종으로 삼고 전술하였다 魏正始中, 何晏, 王弼等祖述老莊』고 하였다. 두 사람이 도가를 숭상했다는 것은 의심할 여지가 없다. 주의할 것은 하안은《논어집해

論語集解》를 저술하였고 왕필은 《주역》에 주를 달고, 또한 《논어석의論語釋疑》를 지었는데, 이 사실 자체는 그들이 결코 자연으로써 명교를 파괴하지 않았으며, 반대로 자연으로써 명교를 보충하고 명교를 보호하려고 하였음을 나타내 준다. 이 몇 가지 책의 내용에서 보면, 하안과 왕필은 모두 개조된 노자사상으로써 유가경전을 해석하여 유가와 도가를 절충시키고 명교와 자연을 조화시켰다. 하소何劭가 쓴 《왕필전王弼傳》에서 볼 수 있듯이 왕필은 노자가 공자만 못하다고 하였는데 이것은 그가 자연을 숭상하였으며, 또한 명교를 존중했다는 사상적 상황을 반영해 주고 있다. 하안은 《무명론無名論》 속에서 무명無名을 중시하면서도 유명有名을 폐하지 않았으며, 도가 자연에 합치되고, 명교는 자연에 근본한다고 주장하였다. 즉 근본적으로 말해서 하안과 왕필은 유가와 도가가 본래 일가이며, 명교와 자연은 통일될 수 있는 것으로 보았음을 알 수 있다.

하안과 왕필의 뒤를 이어 조위曹魏집단과 사마司馬집단이 권력을 쟁탈하는 투쟁이 격화되자, 서로가 모두 명교로써 이론적 무기를 삼아 상대방을 공격하였기 때문에 명교의 명성은 또다시 위기를 맞이하였다. 혜강嵇康과 완적阮籍은 사마씨 집단이 명교를 돈독하게 믿지 않고 단지 명교가 자기를 위해 봉사하도록 이용하는 것에 대한 증오를 통해 깨닫고서『명교를 초월하고 자연에 방임한다 越名敎而任自然』는 구호를 제창하였다. 혜강은 명교를 공격하면서『인의는 다스림과 인위에 힘쓰므로 천부적인 본성을 양육하는 술법이 아니고, 청렴과 양보는 쟁탈에서 생겼으니 자연이 내놓은 것이 아니다 仁義務於理僞, 非養眞之要術, 廉讓生於爭奪, 非自然之所出也』《難自然好學論》라고 하였다. 그러나 이와 동시에 그는 또한『성인은 하늘과 자연의 이치에 밝기 聖人明乎天人之理』때문에『천지의 위치를 건립하고, 존비의 제도를 확립하였다 建天地之位, 守尊卑之制』고 크게 강조하였으며, 아울러 성인은『간편하고 쉬운 가르침을 숭상하고 무위로써 다스리며, 임금은 위에서 고요하고, 신하는 아래에서 순종할 것 崇簡易之敎, 御無爲之治, 君靜於上, 臣順於下』을 요구함으로써『대중을 안일하게 하고, 스스로는 다복을 구하며, 잠잠히 도를 좇아 충의를 마음에 품고서도 그 까닭을 깨닫지 못하도록 하였는데 群生安逸, 自求多福. 黙然從道, 懷忠抱義, 而不覺其所以然』《聲無哀樂論》, 이에 명교는 곧 자연과 일치하게 되었다. 이로부터 혜강·완적은 한편으로『명교를 초월하고 자연에 방임하며 越名敎而任自然』『탕왕과 무왕을 비난하고 주공과 공자를 천시할 것 非湯武而薄周孔』을 제창하였으며, 『노자와 장주는 나의 스승 老子, 莊周是吾師』(嵇康《與山巨源絶交書》)이라고 말하였다. 다른 한편으로 여전히 명교를 방기放棄하지 않고, 『충의를 가슴에 품고서 懷忠抱義』단지

『그 까닭을 깨닫지 못하는 不覺其所以然』〈자연〉상태에 도달할 것을 요구했을
뿐이다. 표면적으로 보면 혜강과 완적은 명교와 자연을 대립시킨 사람인데, 예를
들면『육경은 반드시 태양과 같은 것이 아니다 六經未必如太陽也』《難自然好學論》
고 공격하였지만, 본질적으로 보면 여전히 왕필이 명교와 자연을 조화시키고, 유
가와 도가를 절충시킨 사상의 계승이며 발전에 불과한 것이다. 혜강과 완적에 있
어서 〈자연〉은 〈명교〉의 겉껍데기가 되며, 거짓 명교를 반대하는 도구가 된다.
노신魯迅 선생은『위진시대에 예교를 파괴한 것은 실제로는 예교를 신봉하여 끝
까지 고집한 것』[3]이라고 하였는데 이것은 확실히 날카로운 지적이다.

그러나 혜강과 완적의 명교에 대한 공격은 필경 객관적으로 명교에 대해서 파
괴한 바가 있다. 게다가 일부 귀족자제들은 자연의 이름을 빌려서 제멋대로 방탕
생활을 하고 사회의 풍기에 대해서 독소적인 작용을 하였다. 이 때문에 악광樂廣
은 그러한 사람들은 권유하여『명교 즉 인류의 가르침을 행하면 쾌락이 스스로
오는데 무잇을 하겠는가 名教中自有樂地, 何爲乃爾也!』《晋書·樂廣傳》라고 하였
는데, 실제로는 명교와 자연을 새롭게 통일시키기를 기대한 것이다. 이러한 역사
임무를 완수한 사람은 상수向秀와 곽상郭象이다.

상수는 혜강의 《양생론養生論》에 대항하여 쓴 《난양생론難養生論》에서『산다
는 것은 즐거움이며, 은혜로써 서로 접한다. 천리 인륜에서 편안함은 뜻을 즐겁
게 하고 영화는 뜻을 기쁘게 한다. 맛 좋은 음식을 먹고 누려서 오정(기쁨·노여
움·슬픔·미워함·욕망)을 펴고 감동적인 소리와 현란한 색채를 받아들이고 부
려서 본성과 기질을 도달하게 한다. 이것은 천리의 자연으로서 사람이 마땅히 해
야 할 바이며 삼왕이 바꿀 수 있는 것이 아니다 且生之爲樂, 以恩愛相接. 天理人
倫, 燕宛娛志, 榮華悅志. 服饗滋味, 以宣五情, 納御聲色, 以達性氣. 此天理自然,
人之所宜, 三王所不易也』라고 하였다. 이것은 분명 사람들의 생리적 심리적 욕
망을 합리적이라고 간주한 것이다. 동시에 그는 또한『느껴서 집을 생각하고 허
기져서 먹을 것을 구하는 感而思室, 饑而求食』〈자연의 이치〉는『예로써 조절해
야 함 節之以禮』을 강조하였다. 이러한 견해는 실제적으로 〈명교〉와 〈자연〉을
조화시키고 유가의 예의를 이용하여 도가의 〈자연〉으로 말미암아 초래될 수 있
는 방종을 조절하고자 하는 것이다. 사령운謝靈運은 《변종론辨宗論》에서 상수가
『유가와 도가를 하나로 만들었다』고 하였는데, 이것은 확실히 정곡을 찌르는 말
이다.

만일 상수가 사람의 자연본능과 윤리규범의 각도에서 자연과 명교를 조화시키
고 유가와 도가를 하나로 만들었다고 한다면, 곽상은 정치상에서 이 목적이 실제

적으로 실현되게 하였으며, 명교와 자연을 과거에 서로 관련이 없던 것을 한 문제의 양면으로서 서로 표리가 되도록 변화시켰다. 《대종사주大宗師注》에서 그는 『대체로 이치에는 지극함이 있으니 밖과 안이 서로 심원하다. 밖에서 향락의 극치를 누리면서 안에서 심원하지 않은 것은 없으며, 안에서 심원하면서 밖에서 향락을 누리지 않는 것은 없다. 그러므로 성인은 항상 밖에서 향락을 누리고 안에서 넓히며, 아무 생각 없이 자연스럽게 생각을 하는데, 비록 종일토록 형체를 움직여도 정신과 기력이 변하지 않으며 만기에 따라 조금도 거역하지 않으며 담담하고 태연하다 夫理有至極, 外內相冥. 未有極游外之致, 而不冥於內者也, 未有能冥於內而不游於外者也. 故聖人常游外以弘內, 無心以順有, 故雖終日揮形而神氣無變, 俯仰萬機而淡然自若』라고 하였다. 이 사상의 논리에 따라 처리하여, 당시의 권문세가는 바로 청고淸高라는 이름을 가지고서 향락이라는 알맹이를 폐하지 않을 수 있었으며, 명교를 표방하면서도 자연에 부합할 수 있었다. 이것은 바로 탕일개湯一介가 지적한 바와 같다. 『상수는 〈명교〉와 〈자연〉을 조화시키고 또한 단지 양자를 대립적이 아니라 〈명교〉가 〈자연의 예〉를 보충할 수 있고 〈자연의 성性〉을 조절할 수 있다고 보고 반드시 〈명교를 초월하고 자연에 방임하지는 越名敎而任自然〉 않았지만 그에 있어서 자연은 여전히 자연이고, 명교는 여전히 명교이며, 유가와 도가는 또한 별개였다고 말한다면, 곽상은 〈명교〉는 즉 〈자연〉이고 〈산림 속〉은 〈묘당의 위〉에 있으며 진정한 외왕外王은 반드시 내성內聖이어야 하고, 유가와 도가는 근본적으로 말해 〈하나이면서 둘이고〉, 〈둘이면서 하나〉라고 생각하였다.』[4] 명교와 자연의 모순은 마침내 조화되고 새롭게 통일되어 유가와 도가의 두 학설은 역경과 고난의 분쟁을 거친 뒤에 다시 화목해져 일체로 융합되었다.

상술한 명교와 자연의 변론에 대한 개황에서 볼 수 있듯이, 현풍玄風의 형식으로 나타난 도가사상은 동한東漢 경학의 번쇄함과 천인감응 및 참위미신의 신학적 폐단으로 말미암아 막다른 골목에 이른 한대의 정종正宗 유학사상에 대한 이론상의 광정匡正이며, 일종의 정치상의 보충이고 또한 풍속상의 변역變易이라고 할 수 있다. 선진시기에 단순히 내심자유內心自由, 청정무위淸靜無爲를 추구한 노장사상과는 달리, 또한 한초에 자연을 인습하고 백성과 더불어 휴식을 하며, 무위無爲 가운데에서 유위有爲를 찾고자 하는 황노도가학설과는 달리, 위진의 현풍형식으로 나타난 도학은 적극적인 태도와 소극적인 형식(청담)으로서 봉건예교를 위해 봉사하였다. 한편으로 그것은 명교로써 사람의 본성을 억압하고 사람으로 하여금 소심하고 스스로 지키게 하는 유가의 결함을 보충하였고, 다른 한편으로 그것은 명리를 탐내지 않고 자연에 의거하는 태도로써 유가의 사치와 허례허식을 숭상하는 정취를 대치하였다. 이러할 뿐 아니라 도가사상은 위진시기에 횡행한 정치풍파의 시련을 거쳐서 일종의 사상의식과 일종의 문화로써 표현되었으며, 통치계급 및 사대부뿐만 아니라 일반민중에게 정신적인 역량을 주었다. 그래서 어떠한 혼란과 위험을 만났다고 하더라도 자연스럽게 대처하고 평상시처럼 태연자약할 수 있다. 이것은 물론 소극적인 일면이지만 단지 소극적인 일면에만 그친 것은 아니다. 특히 지적해야 할 것은 하나의 이론으로서, 과거에 유가와 대립한 하나의 학설로서 도가는 이 시기에 유가가 부득불 자기의 형태를 변화시키고 자기의 학설을 조정하여, 『공맹의 학풍이 장차 사라지려 하고 유가의 바른 도리가 수난을 당하며 예악이 붕괴되려고 하는 洙泗之風, 緬焉將墮, 儒雅蒙塵, 禮壞樂崩』《晋書·範寧傳》국면을 만회하지 않을 수 없게 만들었다는 사실이다. 특히 당시에 『학자들은 장자와 노자를 종주로 삼고서 육경을 배척하였고, 담론하는 사람들은 공허하고 적게 이야기하고 명분과 검소함을 천시하였으며, 행인은 자유로이 제멋대로 통행하고 부절(신표)을 배척하였다 學者以莊老爲宗而絀六經, 談者以虛薄爲辨而賤名檢, 行者以放濁爲通而斥節信』(干寶《晋經·總論》)는 상황은, 유가학자들이 분발하여 스스로 노력하게 자극을 주어 오래도록 도모하게 하였다. 동시에 도가사상의 장점을 흡수하여 자신을 완선에 이르게 하였다. 특히 중요한 것은 정치풍운의 잦은 변화와 명교와 자연에 관한 변론의 우여곡절은 유가와 도가로 하여금 각기 장점을 베풀어 기존질서를 유지하는 공동효용을 발견하게 하고 아울러 이로부터 이론 의미상의 상호결합을 시작하게 하였다. 유가와 도가의 결합은 위진시기에 시작되었는데, 이러한 결합은 뒷날 송명이학이 유가와 불가, 도가를 한 용광로 속에서 융합하는 데 사상적인 전제가 되었으며, 사상적 자료를 제공해 주었다.[5]

3 수당에서의 도가사상의 전파

정치이론 형태로서 도가사상은 서한 중기에서 시작하여 이미 점차로 쇠약하게 되자 새로운 분화와 조합을 시작하였다. 『대체로 동한에 이르러 황노도가는 한편으로는 신선방술과 종교미신의 방향으로 발전하여, 후에 불교와 서로 대립한 중국본토의 종교인 도교가 되었고, 다른 한편으로는 도가인 노장의 본원론을 본체상에 치중하여 이론적으로 심화시켜서 일시에 성행한 위진현학魏晋玄學을 형성하였다.』[6] 엄격하게 말하면, 도가와 도교는 구별이 있다. 전자는 정치철학이며 인생철학이고, 후자는 종교이다. 단 도교는 도가에서 탈태脫胎하였으므로 도가사상의 한 측면을 반영하고 있다. 그래서 일반적으로는 도교를 도가학설에 넣어서 고찰하고 있다.

서한 중기에서 위진남북조에 이르기까지 도교사상은 비교적 큰 발전을 하였다. 금단도교金丹道教와 부수도교符水道教는 각기 상층사회와 하층인민에 대해 상당한 영향을 주었다.[7] 그러나 내 생각으로는 이론적 사유 각도에서 고찰해 보면 중국문화의 형성과 영향으로 볼 때 이 시기의 도교는 별로 큰 공헌을 하지 못했고, 오히려 현학보다 훨씬 뒤진다. 이 때문에 나는 앞에서 현학의 영향과 작용을 말하는 것에 치중하였으며, 도교에 대해서는 생략하고 언급하지 않았다.

역사의 발전에 따라서 도교는 수·당시기에 흥성하기 시작하였으며 당대에 최고로 발전하였다.

도교는 노자를 교조로 삼고 있다. 북조 이래로 황제들은 본래 도교를 신봉하여 『황제가 즉위할 때마다 부록을 받고 고사를 삼았다. 每帝卽位, 必受符籙, 以爲故事』(《隋書》卷三五《經籍志》四) 비록 북주北周의 무제가 불교와 도교를 금하였지만 수 문제가 정권을 잡자, 다시 이 두 교를 중시하고 제창하였으며 명령을 내려 불상과 천존상天尊像의 파괴를 금지시켰다. 양제煬帝 때에 이르러 수많은 방사方士들은 도술로써 황제의 총애를 얻었다.

당대에 이르러 도교는 더욱 융성하였다. 자기 가문의 명망이 고귀하고 역사가 오래되었음을 표방하기 위하여, 더욱이 신권에 의지하여 왕권을 공고히 하기 위해서 당대의 황제들은 노자(이이李耳)와 동성임을 빌미로 의탁부회依託附會하여, 고종 건봉乾封 원년(서기 666년)에 노자를 〈태상현원황제太上玄元皇帝〉라고 추존하였다. 당 현종시대에 도교는 더욱 창성하였다. 그는 꿈에 노자를 보았다는 것을 구실로 하여 사람들에게 노자상을 그리게 하여 천하에 반포하고 아울러 친히 《도덕경道德經》에 주注를 달고서 도교사상을 보급시켰다. 개원開元 25년(서기 737년) 정식으로 『도사와 여관이 종정사를 살피라 道士女冠隷宗正寺』고 하는 조령을 내렸다. 당대의 종정사宗正寺는 종묘와 능침 및 종성과 친족을 책임지고 관리하는 기구인데, 이 조령은 당대의 황제가 도사와 여관을 자기의 본가로 간주하였음을 의미하고 있다. 개원 29년(서기 741년)에 또한 전국 각지에 현원황제의 묘를 건립하였고 아울러 널리 숭현학崇玄學을 성립시켰으며, 『생도를 두어 《노자》《장자》《열자》《문자》를 학습하게 하고, 매년 명경의 예에 준하여 시험을 보았다. 置生徒, 令習 《老子》《莊子》《列子》《文子》, 每年準明經例考試』(《舊唐書·玄宗本記》) 천보天寶(서기 742-756) 연간에는 숭현관崇玄館을 두어 숭현학을 통도학通道學, 박사를 도덕박사道德博士라 개명하고, 재상으로 대학사大學士를 삼아서, 천하의 도원道院을 총괄하게 하여 도교를 숭봉하는 기풍을 진작시켰다.

총체적인 통치책략으로 볼 때, 당대 황제가 실행한 것은 바로 유·불·도 삼교의 겸용정책이다. 내재적인 특질로 보면, 유학은 종법봉건사회에서 작용을 일으킬 수 있고 따라서 그것은 통치사상의 주도적인 내용이며, 불교와 도교는 단지 일종의 보좌역할을 하는 데 그친다. 또한 바로 이러하기 때문에 불가와 도교는 반드시 필연적으로 유학에 의거할 수밖에 없었다.

도교가 중국 본토의 종교이기 때문에 그것의 교조敎條는 시작부터 선명하게 존장을 보호하는 특색을 가지고 있었다. 예를들면, 도사는『군왕에게 반역하고, 가정과 국가를 모해할 수 없으며 不得叛逆君王, 謀害家國』『부모와 스승 및 어른에게 반역 불효할 수 없다. 不得違戾父母師長, 反逆不孝』《雲笈七籤·說十戒》당대의 도사들은 선진시기 도가노장의 인의예지를 공격하는 주장에 대해 새로운 해석을 하였다. 당말의 도사 임광정林光庭은 노자의 『《노덕경》 2편은 ……인·의·성·지를 포기한 것이 아니라 경박하고 기만하며 총명함을 누르는 데 뜻이 있다. 장차 군주는 군주다워야 하고 신하는 신하다워야 하며 아버지는 아버지다워야 하고 자식은 자식다워야 하며, 표면은 단순하게 하고 내심은 소박하게 하여 태화에 부합하도록 하였으며, 도를 체득하고 근원을 회복하여 스스로 충효에 이르도록 하였다. 道德二篇, ……非謂絶仁義聖智, 在乎抑澆詐聰明. 將使君君臣臣父父子子, 見素抱樸, 泯合於太和, 體道復元, 自臻於忠孝』《道德眞經玄德纂疏·序》오대시기의 도사 담초譚峭는 도덕과 인의예지신을 연계시켰다. 그는『넓고 무위한 것을 도라고 하고, 도를 스스로 지키는 것을 덕이라고 하고, 덕이 만물을 생장시키는 것을 인이라 하고, 인이 안위를 구하는 것을 의라고 하고, 의에 진퇴가 있는 것을 예라고 하고, 예로 변통하는 것을 지라고 하고, 이것을 통틀어 사용하는 것을 성이라 한다 曠然無爲之謂道, 道能自守之謂德, 德生萬物之謂仁, 仁救安危之謂義, 義有去就之謂禮, 禮有變通之謂智, 智有誠實之謂信, 通而用之之謂聖』(《化書》卷四)고 하였다.

즉 수·당 이래로 유가와 도가 사이에는 비록 서로 고하를 다투었지만, 실제적으로는 이미 상호조화하고, 상호융합하기 시작하였다.

제 3 절 도가사상의 후기 봉건사상에서의 변화발전

1 도가사상의 송대에서의 흥성과 유가와 도가의 융합

송왕조는 도교를 극력 제창하였으며 특히 태종太宗·진종眞宗·휘종徽宗 때
에는 더욱 극성하였다.

태종은 일찍이 화산도사華山道士 진단陳搏을 불러 보고서 〈희이선생希夷先
生〉이라는 호를 내려주었고, 아울러 개봉開封 소주蘇州 등지에 도관道觀을 설립
하였으며, 오대五代의 병화 속에 산일된 도교 경전을 다방면으로 수집하였다. 진
종은 봉건전제주의 통치에다 신학적 근거를 마련하기 위해서 일찍이 도교를 이
용하고 천서天書를 위조하여서 자기의 왕권신수가 〈봉천승운奉天承運〉한 것임
을 증명하였다. 휘종은 더욱 도교를 존숭하고 〈교주도군황제敎主道君皇帝〉라고
자칭하였다. 정화政和 4년(서기 1114년)에는 교급제도敎級制度를 설립하였다.
선화宣和 원년(서기 1119년)에는 명령을 내려 부처의 이름을 〈대각금선大覺今
仙〉이라고 바꾸고, 그 나머지는 선인仙人·대부大夫라고 하였으며 아울러 절을
궁으로 바꾸었다. 불교의 〈사문沙門〉을 도교의 〈덕사德士〉로 바꾸고《한서, 고
금인표古今人表》상에 원래 제4등에 나열되어 있던 노자를 제1등으로 올려놓았다.

이 시기는 한편으로 도교가 통치자에게 추존되고, 한편으로 도교사상도 비교
적 깊숙이 유학에 영향을 주어, 유가와 도가가 상호 흡수하고 융합하는 추세를
나타내었다.

장백단張伯端은 송대의 저명한 도사이다. 그의 저작 속에는 이미 분명하게 삼
교합일의 추세가 반영되어 있다. 그는 《오진편悟眞篇·서序》에서『노자와 석가
는 성명학으로서 방편문을 열고 사람들이 수양을 쌓아 생사에서 도피하라고 가
르쳤다. 석가는 공적을 종지로 삼고서 만일 돈오원통하면 곧 바로 피안세계를 초
월할 수 있고 익힌 것이 미진하면 오히려 유생을 따른다고 하였다. 노자는 연단
과 양생을 참되다고 하고 만약 그 요추를 얻으면 성인의 위치에 오를 수 있으며,
만일 본성을 밝히지 못하면 환영에 머무르는 것과 같다고 하였다. 그 다음 《주
역》에는 궁리·진성·지명에 대한 해설이 있으며, 《노어》에는 사욕·기필·고
집·자아 등 네 가지에 집착하지 말라는 말이 있는데 이것은 공자가 성명의 오묘
함에 이르른 것이다 老釋以性命學開方便門, 敎人修積以逃生死. 釋氏以空寂爲宗,
若頓悟圓通, 則直超彼岸, 如有習漏未盡, 則尙徇於有生. 老氏以煉養爲眞, 若得其
樞要, 則立躋聖位, 如其未明本性, 則猶殢於幻形. 其次, 《周易》有窮理盡性至命之
解, 《魯語》有毋意, 必, 固, 我之說, 此又仲尼極臻乎性命之奧也』라고 하였다. 또
『가르침은 비록 세 가지로 나누지만 도는 하나로 귀착되는데 어찌하여 후세에

누런 옷과 검은 옷을 입은 무리들이 제각기 문호를 세워 서로 옳고 그름을 따져서 유·불·도 삼가의 종지가 사악하게 흩어지도록 하여 하나로 혼합되어 귀결될 수 없게 하는가 教雖分三, 道乃歸一, 奈何後世黃緇之流各自專門, 互相非是, 致使三家宗要迷設邪歧, 不能混一而同歸矣』라고 하였다. 이것은 삼교합일三敎合一의 사상이 분명하다. 그의 성명설性命說은 명대 유학자 장재張載와 상통한다. 그는 〈성性〉을 〈기품지성氣禀之性〉(기질지성氣質之性이라고도 함)과 〈선천지성先天之性〉(천지지성天地之性 혹은 본원지성本元之性이라고도 함)으로 나누었다. 장재는 〈성〉을 〈기질지성〉과 〈천지지성〉으로 나누었다.(본서 제3장 제3절 참조) 즉 두 사람이 시대가 서로 가깝고 사상이 서로 일치하며 심지어 용어까지도 동일한데, 이것은 유가와 도가가 합류한 시대적인 추세를 반영한 것이다.

송명이학의 창시자인 주돈이周敦頤의 《태극도설太極圖說》이 도가사상의 영향을 받아서 이루어졌다는 것은 공인된 사실이며, 더이상 서술할 필요가 없다.[8]

주돈이는 도가의 〈무극無極〉과 유가경전인 《역전易傳》에서 사용된 〈태극太極〉의 두 범주를 통일시켜서 우주의 본원에 대한 새로운 개괄을 하여, 그의 『유학에다 노장을 합한 合老莊於儒』《宋元學案·濂溪學案下》 사상적 특색을 표명하였다.

주희朱熹는 유가의 도통이론과 문호門戶에서 나온 관점을 견지하기 위하여, 《태극도설》과 도가사상이 연계가 있다는 것에 대해 인정하지 않았다. 그는 주돈이의 무극에서 『자무극이태극自無極而太極』의 견해를 『무극이태극無極而太極』으로 바꾸고 〈태극〉의 위에는 〈무극〉이 없으며, 〈태극〉과 〈무극〉은 일치하는 것임을 설명하였다. 이것은 우주의 본원으로 하여금 실제 있는 것으로 변화시킨 것이지만 하나의 구체적인 사물과는 다르며, 무無에 근본하는 것이지만 그러나 순순한 허무는 아니다. 이것은 도가사상의 장점을 받아들였으며, 또한 현학과 불교의 공무본체空無本體의 이론적 국한을 극복한 것이다. 동시에 주희는 〈극極〉을 『도리의 극함이 이르는 것이다. 천지만물을 총망라하는 이치가 바로 태극이다. 태극은 단지 하나의 실제 이치일 뿐이다 是道理之極至. 總天地萬物之理, 便是太極. 太極只是一個實理』라고 해석하였다. 이렇게 해서 〈리理〉는 우주만물의 본원이 되었고, 자연계와 인류사회에 반드시 준수해야 될 최고원칙이 되었다. 봉건사회의 강상명교는 또한 절대적으로 위배할 수 없는 〈천리〉가 되었다. 이로 말미암아 유가의 윤리도덕은 철학의 최고 범주로 개괄되었으며, 따라서 이학 유심주의 본체론本體論을 하나의 새로운 단계로 끌어올렸다. 즉 봉건사회 후기에 도가와 유가의 사상이 상호 융합하였고, 도가사상은 송대 신유학의 이론체계 건립에 적

극적인 공헌을 하였음을 알 수 있다.[9]

2 도가사상의 원대에서의 흥망성쇠

송왕조가 남으로 옮겨간 후, 북방에서 활동한 도교는 주로 태일太一 전진全眞 등 새로 창립된 교파 및 혼원교渾元敎 등이다. 금나라 초엽에 전진도는 몽고 통치집단에 빌붙어서 충성을 하여 도교의 다른 교파 및 불교와 유학 등과는 현격하게 우월한 지위를 얻었으며, 심지어는 북방에서『교를 설파하는 것은 오직 전진가일 뿐 說敎者獨全眞家』(王惲《眞常觀記》《秋澗集》卷四十)이라는 국면이 나타나게 되었다. 그러나 몽가蒙哥의 제위시기에 두 차례에 걸친 불가와 도가의 변론은 모두 전진도사의 실패로써 종말을 고하게 되었다. 결과적으로 도가의 지위는 불가의 아래로 내려갔으며, 아울러 전진도가 북방의 여러 교파 속에서 홀로 독존하던 지위는 동요되었다. 전국이 통일된 후 남송의 고토에서 활동한 구도교인 부록符籙의 각 파는 계속 강남에서 유행하였으며, 전진全眞·진대眞大 등의 교파는 여전히 북방에서 전파를 하였고, 그 가운데 전진도의 세력이 가장 컸다.

원세조 지원至元(서기 1264—1295) 연간에 도가의 세력은 한 차례 심한 타격을 받았다. 지원 17년(서기 1280년)에 불가는 전진교도가 승려를 구타하고, 자신이 집에다 불을 지르고서는 오히려 승려가 방화를 하였다고 무고를 했다 하여 고소하였다. 이 소송의 결과 도가는 패배하여 종말을 고하였다. 전진도인 중에서 주살되고 귀향을 간 자가 10여 명에 달하였다. 불가에서는 기세를 이용하여 조정에다 도가의 위경僞經을 조사하여 증명해 줄 것을 요구하였다. 원나라 조정에서는 다음해에 불가 승려, 한림원翰林院 문신文臣과 도교의 전진과 대도大道 양파의 장교掌敎 등을 불러서 도장道藏 제경諸經의 진위眞僞를 고증하였다. 불교와 도교가 수십 일간 변론을 한 결과《도덕경》이외에 나머지 도가경전은 전부 위경으로 판명되어 쿠빌라이의 명령에 의해서 불태워지게 되었다. 그러나《도덕경》이외에 그 나머지 문자 및 판본화도板本化圖를 일체 불태워 없애라는 조령詔令은 어떤 사람의 간청에 의해 완전하게 집행되지는 않았다. 성종이 즉위한 뒤 그것을 다시 새로이 천하에 반포하였지만, 그러나 이때의 도교는 이미 원기를 크게 상실하였다.

한 가지 말해야 할 것이 있다. 도교 현교玄敎의 대종사大宗師를 맡은 오전절吳全節은 깊이 유가학술에 정통하였고, 아울러 조정에서 많은 지위있는 유신儒臣과 좋은 우호관계를 갖고 있었다. 동시에 그는 또한 의정에도 참여하였다.『국가

정령의 득실, 인재의 적당함 여부, 백성의 이해관계, 길흉의 전조 등을 진실로 말할 수 있는 사람은 감히 타국의 신하로 스스로 속여서 온 정성을 다하지 않는 행위를 할 수 없다. 國家政令之得失, 人才之當否, 生民之利害, 吉凶之先徵, 苟有可言者, 未嘗敢以外臣自詭而不盡心焉』(虞集《河圖仙壇之碑》《道園學古祿》卷二十五) 즉 유가와 도가는 서로 용납하고 공존공영하였으며, 또한 도교도道敎徒가 자발적으로 정치를 위해 봉사한 것은 이 시대의 사상 특징임을 알 수 있다.

제 4 절 도가의 인생철학 모식

1 도가의 이상인격

도가의 이상인격은 은사隱士이다. 원시의 길박한 인성을 숭상하고 추구한 데서 출발한 도가는 사회가 발전하고 문명이 진보함에 따라 나타나는 쟁탈 간사 등의 품행을 증오하였으며, 원시인성의 완미성을 특별히 높게 본다. 무위부쟁無爲不爭·소사과욕少私寡欲·절학기지絶學棄智를 함으로써 인성과 사회가 원시질박한 상태로 회복하여야 함을 주장하였다. 그리하여 그들은 낡은 사회와 낡은 풍속을 증오하였으며, 외물外物(즉 명리名利)에 얽매이지 않으므로써 〈전생보진全生葆眞〉한다.

조신휘曹晨輝는 노자가 추구하는 이상인격은 유가와 같이 성인이지만 『양가의 성인에 대한 논술과 해석에는 상당한 거리가 있다』고 주장하였다. 유가의 성인은 『인류 윤리도덕의 최고 체현자이다.』『노자가 추구하는 성인의 품격은 〈천도를 높이고〉 〈자연을 법칙으로 삼으며〉 〈청정무위〉이다.』또한 〈유柔〉는 노자 이상인격의 〈의지력意志力〉이고, 〈우愚〉는 노자 이상인격의 〈이지력理智力〉이며, 〈색嗇〉은 노자 이상인격의 〈도덕력道德力〉이다.[10]

최대화崔大華는 장자의 이상인격이 『지인은 모든 것을 잊고, 신인은 공을 추구하지 않으며, 성인은 명성을 추구하지 않는다 至人無己, 神人無功, 聖人無名』《莊子·逍遙游》고 주장하였다. 이러한 인격을 실현시키고자 하면 생사지태生死之態·세속지례世俗之禮·애악지정哀惡之情이라는 세 가지 정태情態의 속박에서 초탈해야 한다.[11]

나의 생각으로는 위에서 서술한 첫번째 관점, 즉 도가의 이상인격을 〈성인〉이라고 개괄하면 개념상의 혼란과 이론 정의가 모호해질 우려가 높다. 유가와 도가는 사유방식, 정치사상 및 도덕관념과 가치지향 방면에서 모두 분명하게 다르며, 양자는 함께 논할 성격의 것이 아니다. 동시에 도가는 〈성인〉에 대해서 멸시하는 태도를 가지고 있다. 『성인이 죽지 않으면 큰 도적이 소멸되지 않는다 聖人不死, 大盜不止』《莊子·胠篋》, 『총명과 지혜를 버린다 絶聖棄智』(《老子》十九章) 등은 이미 매우 정서화되어 도가의 〈성인〉에 대한 가치평판을 표명한 것이다. 상식적으로 말해서, 도가(비단 도가뿐만은 아님)가 자신이 공격하는 대상과 증오하는 대상을 자기가 열렬히 사랑하는 것 또는 추구하는 것으로 삼을 수는 없는 것이다.

위에서 서술한 두번째 관점, 즉 장자의 이상인격을 〈무기無己〉〈무공無功〉〈무명無名〉으로 개괄한 것은 이치에 맞는다. 그러나 문제는 〈무기〉〈무공〉〈무명〉이 단지 장자의 인생철학의 구체적 내용이거나, 혹은 장자의 이상인격의 외재적 표현일 뿐이며, 일종의 개별 속에서 일반적인 것을 끌어내고 외재형식 속에서 본질적인 규정을 개괄한 것은 아니라는 데 있다. 실제상 〈무기〉〈무공〉〈무명〉의 구체적 표현은 작자의 정확한 개괄을 이용해서 말하면 바로 사망이라는 정신적 압력 속에서 해탈하고, 여러 가지 세속관념, 예를들면 인의예악의 도덕원칙·공명부귀의 추구로부터 해탈하며, 궁극적으로는 『사물 밖에 초월하여 소요자재하고 乘物以游心』《莊子·人間世》 『세속의 밖에서 노니는 游乎塵埃之外』《莊子·齊物論》 경계에 도달하는 것이다. 주지하다시피 이러한 사상은 일종의 은사사상隱士思想이다.

첫번째 관점에서 말한 노자가 추구하는 『천도를 중시한다 尊天道』 『자연을 법칙으로 한다 法自然』 『청정무위清静無爲』 등의 성인품격은 실제상 세속과 동류가 아니고 외계에 동요되지 않는 심리상태이다. 이것 역시 속세를 간파하여 『마음 속으로는 속세를 멀리하여 비록 사람 사는 곳이지만 자연히 쓸쓸하다 心遠地自偏』(陶淵明《飲酒》第五首)고 하는 은사라야만이 해낼 수 있는 것이다. 노자와 장자의 인생철학 태도를 종합해 보면, 도가의 이상인격을 은사로 개괄하는 것은 비교적 적절하다. 이것은 내가 다음에서 말하고자 하는 도가의 인생철학 모식의 네 가지 요소로부터 잘 살필 수가 있다.

2 불이물누형不以物累形과 반박귀진返樸歸眞

도가의 입장에서 보면, 인류사회의 모든 죄악은 사람들의 욕망이 과다한 소치이다. 개인에 대해서 말하면, 화려한 색채는 사람으로 하여금 눈을 멀게 하고, 감동적인 음악은 사람으로 하여금 귀가 멀게 하고, 훌륭한 음식은 사람으로 하여금 입맛을 상하게 하고, 말을 타고 사냥을 하는 것은 사람으로 하여금 발광하게 하고, 희귀한 상품은 사람으로 하여금 도둑질하고 약탈하게 한다. 통치자에 대해서 말하면, 백성이 생활고에 허덕이게 되는 까닭은 통치자가 착취하는 조세가 너무 많기 때문이며, 백성들을 통치하기 어려운 까닭은 통치자가 유위有爲를 좋아하기 때문이며, 백성들이 생명을 걸고 모험을 하는 까닭은 통치자가 목숨을 걸고 그들 자신의 생명을 보양하기 때문이다. 이로 말미암아 도가는 한 걸음 나아가서 『죄는 욕심이 많은 것보다 지나친 것이 없고 罪莫大於多欲』『재화는 만족을 모르는 것보다 지나친 것이 없으며, 죄과는 끝없는 욕심보다 지나친 것이 없다 禍莫大於不知足, 咎莫大於欲得』(《老子》四十六章)고 주장하였다.

  사람은 자기가 죄를 짓지 않고, 화를 당하지 않으며, 잘못을 저지르지 않고자 하는데 총체적인 원칙은 〈소사과욕少私寡欲〉〈무위부쟁無爲不爭〉이다. 노자의 입장에서 볼 때 인간 자신의 존재과 본성의 보존은 신외지물身外之物인 명예와 재산보다 중요하다. 그는 『허영과 생명은 어느것이 더 친밀한가? 생명과 재산은 어느것이 더 중요한가? 획득과 상실은 어느것이 더 유해한가? 이 때문에 지나친 아낌은 반드시 더욱 많은 낭비를 초래하고, 풍부한 저장은 반드시 엄중한 손실이 있게 된다 名與身孰親? 身與貨孰多? 得與亡孰病? 是故甚愛必大費, 多藏必厚亡』(《老子》四十四章)고 하였다. 그래서 반드시 심한 것을 버리고, 착취를 버리며, 편안함을 버려서 무사무욕하고 남과 다투지 말고, 정신적으로 외물에 얽매이지 말아서 내심의 편안함과 인성의 순결함을 보존해야 한다. 장자는 인의예지 등의 외재적 제도와 규범 및 인간 내심의 물욕은 모두 인간의 자연본성과 근본적으로 대립하는 것이라고 보았다. 그는 인의의 학설, 시비의 논변이 모두 마음을 구속하는 정신적 멍에라고 주장하였다. 인의도덕은 사람들의 〈이익을 추구하는〉 탐욕을 유발시키고 무지무욕無知無慾의 〈소박〉한 천성을 파괴하며 사람들로 하여금 좋은 명성을 얻기 위해 『생명을 해치고 본성을 상하게 한다. 殘生傷性』이익을 탐하는 자는 심지어 그것들을 이용하여 명예와 지위를 절취하는 도구로 삼고 『허리띠를 훔친 사람은 주살되지만 나라를 훔친 사람은 오히려 제후가 되며, 제후의 집안에서 한 것은 모두 인의에 부합한다 竊鉤者誅, 竊國者爲諸侯, 諸侯之門而仁義存焉』《莊子·胠篋》는 상황을 조성한다. 시비의 논변은 사람들로 하여금 노심초사하게 하여 심신을 나날이 쇠약하게 한다. 그는 한 걸음 더 나아가『목숨을 아껴서 행위가 이치에 맞지 않거나 貪生失理』『나라를 망치는 일 亡國之事』『불량한 행위 不善之行』『헐벗고 굶주리는 재난 凍餒之患』및 귀천의 오르내림, 죽음과 삶의 변화 등등은『모두 사람이 살아있을 때의 얽매임이다 皆生人之累也』

《莊子·至樂》라고 주장하였다. 종합적으로 말해서 장자의 입장에서 보면, 현실인 인생은 곳곳에서 사물에 의해 사역되고 시시각각으로 사물에 의해 얽매인다. 따라서 그는 생사·화복·명리·시비의 구속에서 벗어나서 여러 가지 속박 속에서 해탈해야 함을 주장하였다. 그 기본태도는『시기를 편안히 여기고 변화에 순응하는 것 安時而處順』《莊子·養生主》이며,『죽음과 삶·존재와 소멸·곤궁과 영달·빈부·현명함과 우둔함·비방과 칭찬·굶주림과 목마름·추위와 더위 死生, 存亡, 窮達, 貧富, 賢與不肖, 毀譽, 饑渴, 寒暑』등을『사물의 변화이며 천명의 유행 是事之變, 命之行也』《莊子·德充符》으로 간주하고, 〈부동심不動心〉의 태도로써 인생을 대함으로써 사람의 자연본성이 굽은 것으로 전환되지 않도록 보증하는 것이다.

종합적으로 볼 때, 도가가 중시한 것은 사람의 소박한 본성의 보존이며 〈전생보진〉을 인생의 취지로 보고 물외物外에 초연하는 태도로써 세속과 함께 사는 것이다. 배척하는 것은 자기의 영혼을 돌려서 물욕에 만족하는 인생태도이다. 도가의 이러한 인생태도는 당시의 사회조건하에서 소극적이었지만 그러나 그것은 탐욕이 사람들의 사상을 침식하는 것에 대해 비판과 멸시를 하였다는 점에서 일정한 가치를 지니고 있다.

3 무위무불위無爲無不爲와 불위인선不爲人先

도가 인생의 조우 방면에서의 기본적인 태도는 〈무위이무불위無爲而無不爲〉이다. 노자는『하늘의 도는 다투지 않고도 승리의 획득을 잘하고, 말하지 않고도 화답을 잘하며, 부르지 않아도 자동으로 도착한다 天之道, 不爭而善勝, 不言而善應, 不召而自來』(《老子》七十三章)라고 하였다. 천·지·인의 순서상태는『사람은 땅을 법칙으로 삼고, 땅은 하늘을 법칙으로 삼으며, 하늘은 도를 법칙으로 삼고, 도는 그 스스로의 모양을 법칙으로 삼는다 人法地, 地法天, 天法道, 道法自然』(《老子》二十五章)이며, 사람들의 도덕원칙은 마땅히『도만을 따라야 한다. 唯道是從』자연은 즉 저절로 그러한 것이며 인위를 사용하지 않는다. 그러므로 사람들은 마땅히『작위한 바가 없이 천하를 취해야 한다. 以無事取天下』(《老子》五十七章) 〈성인〉이 만일 무위無爲하면 백성들은 자연히 순화되고, 정静을 좋아하면 백성들은 자연히 행위가 단정해지고, 무사無事하면 백성들은 자연히 풍족해지고, 무욕無欲하면 백성들은 자연히 순박해진다. 백성이 만일 무위하면 곧 여러 가지 번뇌가 사라질 수 있다. 무위는 반대로 그 하는 바를 이룰 수 있고, 하지 않음이 없게 한다. 다투지 않으면 반대로『천하에서 그와 다투어 이길 사람이 없게 된다. 天下莫能與之爭』(《老子》二十二章) 성인이 일을 하는데 자기를 뒤로 놓은 것은 오히려 앞을 점할 수 있으며, 생사를 도외시하면 생명은 오히려 보존될 수 있고 사리사욕을 하지 않으면 사리사욕의 목적에 도달할 수 있다. 이것은 분명『물러서므로써 나아간다 以退爲進』는 사상방법이며 책략인 것이다.

장자는 편안히 명에 따를 것을 주장하고『어찌할 수 없다는 것을 알고 마음 편히 명을 따른다 知其不可奈何而安之若命』《莊子·德充符》고 하였다.『구름을 타고 비룡을 몰며 사해의 밖에서 노닐고자 하였다. 乘雲氣, 御飛龍, 而游乎四海之外』《莊子·逍遙游》이러한 안명安命과 소요逍遙의 통일은 실제상 무위사상의 표현이다. 그는《소요유》속에서『제멋대로 그 옆에서 배회하고, 자유자재로 그 아래에서 소요한다 彷徨乎無爲其側, 逍遙乎寢臥其下』고 말하였고,《대종사大宗師》에서『막연히 속세 밖에서 배회하면서 하는 바가 없는 사업 속에서 소요한다 芒然彷徨乎塵垢之外, 逍遙乎無爲之業』고 하였는데, 이것이 그 증명이다.

무위무불위無爲無不爲의 원칙에 근거하여 도가는 인간관계人間關係와 진퇴 및 비방과 칭찬의 일을 처리할 때에 논리적으로〈불위천하선不爲天下先〉의 결론을 얻어냈다.

노자는 인생의 사상경계는『겉모습은 단순하게 하고 내심은 소박하게 하는 것 見素抱樸』이며, 그 뜻을 담박하게 해야 한다고 강조하였다. 그는 스스로『나에게 세 가지 법보가 있는데, 나는 그것을 장악 보존하고 있다. 첫째는〈관용〉이고, 둘째는〈인색〉이며, 셋째는 감히 천하 사람들의 앞에서 걸어가지 않는 것이다 我有三寶持而保之. 一曰慈, 二曰儉, 三曰不敢爲天下先』(《老子》六十七章)라고 말하였다. 남이 하지 않기 때문에 천하의 사물을 통제할 수 있는 것이다. 실제상 노자의 유약柔弱·주정主静·수자守雌·처하處下·절학絶學·절교絶巧 등은 모두『감히 천하 사람들의 앞에서 걸어가지 않는다』는 심리상태의 체현인 것이다. 장자가 시기를 편안히 여기고 명에 순응하였으며,『금수와 서로 섞여서 살고 만물과 함께 생활하여 군자와 소인의 구별을 알지 못한다 同與禽獸居, 族與萬物幷, 惡乎知君子小人』는〈지덕의 시대 至德之世〉《莊子·馬蹄》를 추구하는 것도 결국『불감위천하선不敢爲天下先』의 또 다른 표현형식인 것이다.

도가의 이러한 무이무불위無爲無不爲와 불위천하선不爲天下先의 사상은, 일종의 인생철학으로서 당시 사회제도가 급격하게 변혁되었던 시대에 있어서 인생의 도정 중에 실패한 자의 몰락한 정서를 반영해 주고 있다. 오늘날 상품경제가 발흥하고 경쟁장치가 전사회에서 작용을 하기 시작한 때에 그것이 대표하는 것은 경쟁적 자연경제의 사유방식과 심리상태를 방기하고 반대하는 것으로써 취할 만한 것이 못 된다.

4 여시천이與時遷移와 공성신퇴功成身退

사마담司馬談은 《논육가요지論六家要旨》에서 도가에 대해서 다음과 같이 평론하였다. 『도가는 사람의 정신을 전일하게 하고 행동을 무형의 도에 부합하게 하며 만물로 하여금 풍족하고 아름답게 한다. 도가의 학술은 음양가의 사시운행 순서의 학술에 의거하고 유가와 묵가의 장점을 흡수하였으며, 명가와 법가의 정수를 끌어들여 〈시세의 발전에 따라 발전시키고 사물의 변화에 순응하여〉 변화하였으며, 양호한 풍속을 수립하고 인사에 응용한 것이 모두 적합하지 않음이 없으며 뜻이 간명하여 요점을 잡아서 장악하기가 쉽고 일하는 것은 적지만 거두어들이는 효과는 많다. 道家使人精神專一, 動合無形, 瞻足萬物. 其爲術也, 因陰陽之大順, 采儒墨之善, 攝名法之要, 〈與時遷移, 應物變化〉立俗施事, 無所不宜, 指約而易操, 事少而功多』(강조점은 필자가 덧붙임 것임) 나는 이 말의 핵심이 『시세의 발전에 따라 발전하고 사물의 변화에 순응하여 변화한다 與時遷移, 應物變化』고 생각한다. 사마천司馬遷은 도가에 대해서 높이 찬양하였는데 그 주요 원인은 여기에 있는 것이다. 만물의 요구를 만족시키고, 유가와 묵가의 장점을 수용하고, 명가와 법가의 정수를 흡수한 것은 바로 『시세의 발전에 따라 발전하고 사물의 변화에 순응하여 변화한다』는 것의 필연적인 결과이다. 각 학파의 장점을 널리 흡수하고자 하면 반드시 『시세의 발전에 따라 발전하고 사물의 변화에 순응하여 변화해야 한다.』 실제상 도가사상의 노자에서 장자로, 다시 황노로, 다시 도교로 가는 진화역정은 도가사상의 한 이론학설로서의 임기응변능력과 자아조절기능을 반영한 것이다.

그러나 우리들은 도가의 인생철학의 하나인 『시세의 발전에 따라 발전한다』는 사상은, 특히 선진노장의 신상에서 체현되었으며 일종의 소극적인 인생관이라는 것을 마땅히 살펴야 한다. 노자의 천도를 본받고, 자연에 순응한다는 일체의 사상은 확실히 〈여시천이〉의 사상결과이며, 이러한 순응과 이러한 〈천이遷移〉는 완전히 사람의 주관적 능동성을 배제하는 것이며 퇴보적이고 진취적이지 못한 인생태도인 것이다. 장자는 『시기를 편안히 여기고 변화에 순응하였으며 安時而處順』《莊子·養生主》『상대방이 아이처럼 무지하면 그와 함께 아이처럼 무지하였고, 상대방의 행위가 경계가 없는 밭처럼 기준이 없으면 그와 함께 기준 없이 행동하였으며, 상대방이 황야처럼 끝이 없게 행동하면 그와 함께 황야처럼 끝이 없이 행동하였는데 이것은 원칙 없이 남에게 맞장구를 친 것이다 彼且爲嬰兒, 亦與之爲嬰兒, 彼且爲無町畦, 亦與之爲無町畦, 彼且爲無崖, 亦與之爲無崖』《莊子·人間世》라고 하였는데, 이것은 원칙 없이 다른 사람을 따르는 것이다. 그가 존중하는 〈진인眞人〉은 다수 사람을 거스르지 않으면서 개별적인 사람을 거스르지 않으며, 모든 사람에 대해서 그들의 뜻에 따라서 그들이 하는 행위를 내버려두는 것이다. 그가 주장한 『시세의 변화에 따른다 與時俱化』《莊子·山木》는 것은 『세상에서 노닐기 游世』위해서는 『남이 자기를 말이라고 부르고 남이 자기를 소라고 불러도 一以己爲馬, 一以己爲牛』《莊子·應帝王》 무방하였는데, 즉 함부로 자기를 어떠한 사물로 간주해도 상관이 없었다. 이것은 분명 사회에 대해 책임을 지지 않겠다는 혼세주의混世主義의 인생철학이다.

〈여시천이〉와 불위천하선의 사상과 서로 연계가 있는 것으로 도가의 인생철학의 또 하나의 주장은 사업이 성공했을 경우 『좋을 때 그만두며 見好就收』『공을 세운 뒤에는 그 자리에 머물러 있지 않고 물러난다 功成身退』는 것이다. 이른바 『급류에 휩쓸리지 않고 용감하게 물러난다 急流勇退』는 사상은 노장의 『천성을 보전하고 保身』『본성을 보전하며 全生』『하늘이 부여한 수명을 다 누린다 盡年』《莊子·養生主》는 호신부이다. 그것은 일찍이 봉건통치계급에게 이용되어 상호대립을 하고, 자기와 다른 것을 배척하는 도구가 되었으며, 일찍이 교활하고 간사한 봉건관료가 자신을 보존하는 책략사상 및 심리적 위안거리가 되었다. 더 중요한 것은 중국 사상문화상의 오랜 영향을 준 인생철학으로서 그것은 사람들이 부단한 진취정신을 저해한 부식제 역할을 하여 민족심리의 결함을 조성하고, 건강치 못한 인격심리를 형성하게 된 하나의 중요원인이 되었다.

물론 도가인생철학의 모식은 특정한 가치를 지니고 있다. 예를들면, 그것은 윤리철학의 이상경계와 인생태도 방면에 있어서 유가사상이 남겨둔 정신적 공간을 보충해 주었고, 역경에 항거하는 정신적 고뇌를 희석시키는 방법을 제공해 주었으며, 따라서 종교적 요인이 중국의 고유문화 속에서 성장하는 것을 막아주었고, 그것은 중국문화로 하여금 매우 강하게 외래문화를 포용하고 이해하며 소화시키는 능력을 갖추게 해주었다.[12] 그러나 과학적으로 도가의 인생철학에 대한 중국문화의 영향을 비판하고자 하면, 반드시 중국사회의 역사적 발전과 민족정신의 진화를 연계시켜야만이 사람들을 믿게 할 수 있는 비평이 될 수 있다. 이것은 아래의 각 장에서 점차적으로 전개하도록 하겠다.

제 5절 유가와 도가가 상호보완하게 된 내재적 원인

유가와 도가는 다른 사유방식 심리틀 가치체계를 가지고서 서로 대항하고, 서로 자극하며 서로 흡수해서 민족정신의 진화를 추동推動시켰으며, 따라서 공동으로 중국 전통문화의 주류가 되었다. 해내외를 막론하고 중국 사상문화의 연구에 종사하는 사람은 기본적으로 이 사실을 승인하고 있으며, 단지 가치평가만이 다를 뿐이다. 특히 유가와 도가가 상호보완했다는 이 사실은 학자간에 많은 언급이 있었으며, 또한 청년학자들이 즐겨 이야기하였지만, 유가와 도가가 어떻게 상호보완할 수 있었는가 하는 것은 깊이 토론해야 할 문제인 것이다.

1 양강陽剛과 음유陰柔

유가와 도가, 두 학파의 외재적인 특징은 중국전통철학의 고유 범주인 〈음양陰陽〉으로써 개괄할 수 있다. 유가학설은 양강陽剛의 특징을 갖추고 있고, 도가학설은 음유陰柔의 특징을 갖추고 있다.

유가의 대표작인 《주역대전周易大傳》에는 『건괘는 천도와 같이 쉬지 않고 영원히 운행하므로, 군자는 건도를 본받아 스스로 힘쓰고 영원히 쉬지 않고 노력해야 한다 天行健, 君子以自強不息』고 하였다. 이것은 유가가 주장하는 인생태도이며, 또한 그 학설의 근본적인 특징 중의 하나라고 말할 수 있다. 공자는 〈강의剛毅〉를 찬양하였고 그의 제자 증삼曾參은 〈홍의弘毅〉를 제창하였는데, 이것은 모두 금회탄탕襟懷坦蕩·강강유위剛強有爲의 사상적 표현이다. 유가경전의 하나인 《중용》에서는 『널리 배우며, 자세하게 물으며, 신중하게 생각하며, 명백하게 분별하며, 절실하게 실행해야 한다. …… 남이 한 번 배워 이해하면 나는 그것을 백 번 배우고, 남이 열 번 배워 이해하면 나는 그것을 천 번 배워야 한다 博學之, 審問之, 愼思之, 明辨之, 篤行之. …… 人一能之己百之, 人十能之己千之』고 하였는데, 이것은 확실히 자강불식정신의 체현이다.

실제상 유가의 대동이상大同理想, 내성외왕內聖外王의 학설, 정기정인正己正人 성기성물成己成物의 주장 및 『곤궁하면 홀로 자신을 수양하고, 현달하면 천하 사람들과 함께 현달한다 窮則獨善其身, 達則兼善天下』는 심리태도는 강건유위와 분투도발정신을 반영하지 않은 것이 없다. 이러한 양강진취의 사상은 매우 깊게 각 조대의 지식인 및 하층의 민중들에게 영향을 주었다. 송대 유학자인 구양수歐陽修는 학문을 하는 데 있어서 시간을 아끼기 위해 잠잘 때나 화장실에 있을 때나 말타고 길을 갈 때에도 충분하게 시간을 이용하였는데, 이것은 사대부의 대표적 심리인 것이다. 명대 유학자 문가文嘉가 쓴 저명한 《명일가明日歌》는 다음과 같다.

명일 또 명일, 명일은 어찌 이다지도 많은가! 나날이 명일을 기다리니 만사가 시기를 이미 놓친다. 세상 사람들이 모두 명일에 얽매이니 명일은 끝없이 늙음을 장차 이르게 한다. 밤낮으로 물은 동쪽으로 흘러가고 지금이나 옛날이나 유유하게 해는 서쪽으로 진다. 1백 년 동안 명일은 얼마나 될 것인가? 그대는 나의 《명일가》를 들어보시오.

明日復明日, 明日何其多! 日日待明日, 萬事成蹉跎. 世人皆被明日累, 明日無窮老將至. 晨昏滾滾水東流, 今古悠悠日西墜. 百年明日能幾何? 請君聽我.《明日歌》

이것은 사대부 계층의 심리를 반영했을 뿐 아니라 더욱이 하층민중의 생활태도를 체현하였다. 이것은 유가인생철학의 세속화 혹은 대중화라고 말할 수 있다.

도가는 또 다른 모습을 가지고 있다. 그것은 청심과욕淸心寡欲·견소포박見素抱樸을 요구하였고 소국과민小國寡民의 사회로 돌아갈 것을 요구하였으며,『금수와 서로 섞여서 살고 만물과 함께 생활하는 同與禽獸居, 族與萬物幷』『지덕의 시대 至德之世』를 좋아하였다. 도가는 무지無知·무위無爲·무욕無欲·부쟁不爭을 주장하였고, 귀유貴柔·수자守雌를 강조하여 유가의 마음 속에 충만한 〈지대〉하고 〈지강〉한 〈호연지기浩然之氣〉와 인생의 이상을 실현하기 위한 분투적 노력과는 달리 순전히 자연에 맡겨서 주체적 능력을 제거하여 부드러움으로 강함을 이기는 이유극강以柔克剛의 방법으로써 승리에 이르는 것이다.

도가사상은 봉건사회의 실의한 지식인들의 신상에 반영되었는데, 바로 도연명식의『나는 꿈 속에서 사는 어느 세월에 속세의 굴레를 벗어날 것인가 吾生夢幻間, 何世紲塵羈』《飮酒》『인생은 환영과 같으니 종당에는 공과 무로 돌아가리라 人生似幻化, 終當歸空無』《歸園田居》는 것이다. 사회 정치생활을 새장으로 간주하고 언제나 자연으로 복귀할 것을 잊지 않으며,『집 옆에는 열 이랑 남짓한 땅이 있고 누추한 초막이 여덟아홉 칸이라. 버드나무는 그늘져서 집 뒤의 처마를 뒤덮고 도리화는 툇마루 앞에 심어져 있다. 멀리 촌마을에는 황혼이 물들어 있고 아련히 밥짓는 연기가 올라온다. 개 짖는 소리 으슥한 골목에서 나고 닭울음 소리 뽕나무 꼭대기에서 난다 方宅十餘畝, 草屋八九間. 榆柳蔭後檐, 桃李羅堂前. 暖暖

遠人村, 依依墟里烟. 狗吠深巷中, 鷄鳴桑樹顚』《歸園田居》는 생활환경이 될 것을 추구하였다. 이것은 봉건사회 속에서 실의한 문인의 상당히 전형적인 심리상태이며, 염담한 생활을 추구함으로써 자오自娛하고 인품과 정절을 보존하였는데 이것은 유가의『곤궁하면 홀로 자신을 수양한다』는 사상과 상통하는 것이다.

2 진취進取와 퇴수退守

근본적으로 말해서 이상에서 말한 유가의 〈양강〉, 도가의 〈음유〉의 외재적 특징은 실제상 그 인생태도의 진퇴에 근거하는 것이다. 논증관계로 나는 그것을 상대적으로 구별하고자 한다.

유가의 인생태도는 적극진취적이며 입세적이다. 공자는 언제나『자기의 사욕을 이기고 예로 돌아감 克己復禮』을 생각하였고,『광범하게 백성에게 이로움을 주고 대중이 잘 살도록 도와줄 수 있다 博施於民而能濟衆』《論語·雍也》고 생각하였다. 인생의 이상을 실현시키고, 지사인인이 되기 위해서는 반드시『구차하게 살기를 도모함으로써 인을 손상시키려 하지 않고 대담하게 희생함으로써 인을 이루어야 한다 無求生以害仁, 有殺身以成仁』《論語·韋靈公》는 유가의 생활준칙은,『예에 부합하지 않는 일은 보지 말 것이며, 예에 부합하지 않는 말은 듣지 말 것이며, 예에 부합하지 않는 말는 입 밖에 내지 말 것이며, 예에 부합하지 않는 일은 하지 말아야 한다 非禮勿視, 非禮勿聽, 非禮勿言, 非禮勿動』《論語·顏淵》는 것인데, 즉 언제 어디서나 무엇이든지 윤리도덕을 실천함으로써 지귀指歸로 삼는다. 맹자는 사람이 자기의 호연한 정기를 배양시킬 수 있고, 진심盡心·지성知性·지천知天할 수 있어서 자기의 학설을 가지고 적극적인 영향을 주어 그 인정仁政 학설을 가지고 천하에 혜택을 줄 수 있다고 굳게 믿었다. 동중서는 노심초사하여 하나의 천인감응론을 핵심으로 하는 신학목적론 체계를 세웠으며, 한무제의 〈지일통持一統〉에 이바지하기 위해 지주계급의『하늘이 변하지 않으면, 도道 역시 변하지 않는다』는 정치이상에 온 힘을 기울였다.『문장은 팔대의 침체함을 일으켰다 文起八代之衰』는 당대의 한유韓愈는, 힘껏『문장은 유가의 도를 내포해야 한다 文以載道』고 주장하고서 유가도통의 보호에 힘썼는데, 이것은 그의 정치 참여의식을 반영한 것이다. 천재소년 왕발王勃은 《등왕각서滕王閣序》에서 『마원馬援처럼 늙을수록 건장해져 머리털이 하얗듯이 마음 역시 변하지 않는다. 백이伯夷처럼 곤궁하면 곤궁할수록 더욱 강해져서 죽음에 이르러도 고결한 절개를 잃지 않는다 老當益壯, 寧知白首之心, 窮且益堅, 不墜靑雲之志』고 말하였는데, 이것은 유가의 진취적인 정신의 보편적 심리상태의 반영이라고 할 수 있다. 송대 이학가는 더욱 『천지를 위해서 마음을 세우고, 백성들을 위해서 천명을 세우며, 옛성인을 위해서 절학을 이으며, 만세를 위해서 태평시대를 연다 爲天地立心, 爲生民立命, 爲往聖繼絶學, 爲萬世開太平』고 표방하고 강렬한 주체의식을 사회생활 속에 스며들게 하였다. 민족의 영웅 문천상文天祥의 『사람이 살면서 예로부터 누가 죽지 않았던가? 참된 마음을 남겨두어 한간汗簡에 빛나게 한다 人生自古誰無死, 留取丹心照汗靑』 및 범중엄範仲淹의 『천하 사람들이 근심하기에 앞서서 근심하고 천하 사람들이 즐거워한 뒤에 즐거워한다 先天下之憂而憂, 後天下之樂而樂』는 천고의 명언은 더욱 유가의 적극적인 진취정신의 결정체이다.

도가의 인생태도는 유가와 다르다. 그들은 만물을 깔보고서 『죽음과 삶이 한 가지이고, 옳고 그름을 동일하게 여기고 자기의 질곡을 풀었다 以死生爲一條, 以可不可爲一貫者, 解其桎梏』《莊子·德充符》고 하였다. 그들은 옳고 그름을 한 가지로 보고 만물을 동일하게 보았으며, 『속세의 밖에서 노닐며 游乎塵埃之外』《莊子·齊物論》, 인간 세상의 성인·신인·진인을 초탈하고자 하였다. 그들은 현실 생활의 사람에 대한 여러 가지 억압을 체험하였지만, 그러나 그 소극적이고 퇴보적인 인생태도를 감히 변화시키려고 하지 않았고 또한 변화시킬 힘도 없었다. 사람이 살면서 실의한 뒤의 가장 적합한 거처는 『한나라가 있는지를 모르고 있었으니 위진시대는 더 말할 나위가 없다 不知有漢 無論魏晉』(陶淵明《桃花源記》)는 속세의 바깥에 있는 무릉도원武陵桃源이다.

분명, 도가의 인생철학과 유가의 인생철학 사이에는 상호 대립적이고 상호 보충적인 관계가 형성되어 중국문화로 하여금 매우 일찍이 범위가 넓고 층차가 완전하며 성질상 현세에 속하는 인생철학체계를 갖게 해주었다. 이 현세에 집착하는 인생철학 체계 중에서 여러 인생태도를 내포하고 있는데 이미 적극적으로 입세入世를 하고 천하 사람들이 근심하기에 앞서서 근심하고, 천하의 사람들이 즐거워한 뒤에 즐거워하는 어진 사람이 있기도 하고, 속세에 초연하고 정욕이 고요하며 스스로 쓸쓸함을 달게 여기는 은사도 있다. 바로 이러하기 때문에 유가와 도가는 서로 보충이 될 수 있고 진퇴進退와 취수取守가 모두 자연스럽게 대응하며 심리평형을 유지할 수 있는 조절제가 되었다. 양자가 모두 인생가치추구의 실현을, 자기의 방식대로 내세 혹은 천국이 아닌 현생 현세에 두었기 때문에 중국문화의 토양 위에서 생장한 사람은 모두 『곤궁하면 홀로 자신을 수양하고 현달하면 천하 사람들과 함께 선하게 한다 窮則獨善其身, 達則兼善天下』는 태도로 심리적인 틀을 삼았다. 명·청 교체시기의 대사상가 왕부지王夫之는 『당시에 뜻을 얻으면 천하를 도모해야 하니, 즉 관자와 상앙을 좋아하고, 당시에 뜻을 얻지 못하면 자신을 도모해야 하니, 즉 장자와 열자를 좋아한다 得志於時而謀天下, 則好管, 商, 失志於時而謀其身, 則好莊, 列』[13]고 하였는데, 이것은 바로『궁독달겸窮獨達兼』의 심리적인 틀을 나타낸 것이다. 최대화崔大華는 다음과 같이 지적하였다.『만일 문화의 활력과 발달은 그것의 정형시기의 이론사상의 다양성과 적응성으로써 전제를 삼는다고 말한다면, 선진시기 장자의 도가사상과 유가사상이 구성한 상호대립적이면서도 상호보충적인 관계의 의의는 그것이 훗날 중국문화에 대해 풍부하고 다채로운 발전을 하게 하고 자아조절능력을 발휘하게 하여, 최초의 정신적 토대를 세웠다는 데 있다.』[14] 이 지적은 매우 날카로운 것이라고 말할 수 있다.

3 묘당廟堂과 산림山林

유가와 도가는 각자의 이상인격과 인생태도에 의하여 결정된 정치지향에 있어서 전자는 묘당廟堂에 마음을 기울이고 후자는 산림山林에 치중한다.

묘당은 고문헌의 해석에 따르면 태묘太廟의 명당을 가리키며, 고대 제왕에 제사하고 의사를 결정하는 곳이다.《초사楚辭·구탄九嘆·봉분逢紛》에는『처음에 묘당에서 이미 설정하였지만 중도에 이르러 믿음을 배반하였다 始結言于廟堂兮, 信中途而叛之』라고 하였고, 왕일王逸의 주注에는『군주가 정사를 할 때는 반드시 종묘에 고하고, 명당에 의론한다는 말이다 言人君爲政擧事, 必告於宗廟, 議之於明堂也』라고 하였다. 뒤에 와서는 조정을 가리키는 것으로 사용되었다.

유가의 양강진취陽剛進取적이고 적극입세적인 인생태도의 집중적인 표현은 마음이 묘당에 가있고 일심으로 정치에 참여하고자 하는 것이다. 공자가 일생 동안 바쁘게 제후를 찾아다니며 유세한 것은 정치에 참여하기 위함이다.『공자가 남자를 만났다 子見南子』는 말은 공자의 정치에 참여하고자 하는 열렬한 심정을 반영한 것이다. 맹자는 스스로『천하를 공평하게 다스리고자 하면 현시대에 나 말고 또 누가 있겠는가 如欲平治天下, 當今之世, 舍我其誰也』라고 하였는데, 이 것 역시 참정의식의 공개적인 표현이다. 평소에 사람들에게 찬양받았으며, 〈허망〉을 미워한다는 기치를 내세운 한대 사상가 왕충王充 역시 인생의 이상을 실현시키는 희망을 조정에 기탁하였다. 그가 정력을 기울여 쓴《수송須頌》편은 통치자의 공덕을 노래한 것으로,『한나라의 덕을 백대에까지 빛나게 하고 황제의 이름을 해와 달처럼 길이 전해지게 한다 彰漢德於百代, 使帝名如日月』는 것을 희망하였다. 그는 벼슬길이 불우하였으며, 언제나 동중서 등이 황제의 책문에 대책對策하는 기회가 있어서『성왕의 궁정에다 훌륭하게 세울 수 있으며 能建美, 善於, 聖王之庭』《論衡 · 別通》조정에서 자기의 정치주장을 제시하는 것을 부러워하였다. 송대 범중엄의『고관을 차지하고 있을 때에는 백성을 근심한다 居廟堂之高, 則憂其民』《岳陽樓記》는 것은, 비록 어느 정도 민중의 관념을 내포하고 있지만 여전히 조정에서 관리가 되는 것을 의탁하고 있다. 종합적으로 말해서, 전봉건사회에 걸쳐 유학자들은 천자의 하문下問을 받고 높은 지위에 오르는 것을 영광으로 알고 즐거움으로 생각하였다.

유가와는 반대로 도가는 오히려 당관심리當官心理가 희미하였다. 그들은 곤룡포를 입는 것이 자연본성을 상실하는 것이라고 보았다. 그들은『탕왕 · 무왕을 비난하고 주공과 공자를 가볍게 여겼으며 非湯武而薄周孔』(嵇康《與山巨源絶交書》)『명교를 초월하고 자연에 방임하였으며 越名教而任自然』(嵇康《釋私論》)조정과 손잡지 않았다. 심지어는『군주가 일어서자 포악함이 일어났고 신하를 두자 도적이 생겨났다. 앉아서 예법을 제정하여 백성들을 속박하였다 君立而虐興, 臣設而賊生. 坐制禮法, 束縛下民』(阮籍《大人先生傳》)고 생각하였다. 장자는 정치를 하고 관리가 되는 일이『말머리에 굴레를 씌우고 소의 코를 꿰는 것 絡馬首, 穿牛鼻』과 유사하여 인심을 파괴하고 천성에 위배된다고 보았다. 바로 이러한 이유 때문에 도가는『아무것도 없는 마을에 가서 노닐고 한없이 넓은 광야에서 살려고 游無何有之鄕, 以處曠壤之野』《莊子 · 應帝王》하였다. 이에 산림은 은사를 이상인격으로 추구하는 도가에서 동경하는 곳이 되었다.《진서 · 혜강전》에는『그러므로 조정에 처해서는 나가지 않고 산림에 들어가서는 돌아오지 않는다는 의론이 있다 故有處朝廷而不出, 入山林而不反之論』고 하고 있다.《한서漢書 · 왕길전찬王吉傳贊》에는『산림의 선비는 가서 돌아오지 않고 조정의 선비는 들어가서 나오지 않는데 양자는 각기 단점을 가지고 있다 山林之士, 往而不能返, 朝廷之士, 入而不能出, 二者各有所短』고 하고 있다. 즉 산림과 조정(묘당)이 서로 대치되며 산림지사가 바로 은사임을 알 수 있다.

엄격하게 말하면 산림과 묘당은 봉건사회에 있어서 결코 초월할 수 없는 한계가 없다. 진실로 은사가 되고자 하는 사람은 결국 극소수에 불과하다. 다수의 지식인들은 실의했을 경우에만 도가학설을 빌어 현실에 대한 불만을 토로하고 마음의 상처의 위안으로 삼았을 뿐이다. 즉 그들은 대상臺上(묘당 · 조정)에 있을 때는 유가이고 대하臺下(산림 · 강호)에 있을 때는 도가였다고 말할 수 있다. 이것은 유가와 도가가 어떻게 상호 보충할 수 있었으며, 두 가지 다른 인생철학이 어떻게 장기간 공존하고 번영 발전할 수 있었는가 하는 문제의 원인인 것이다.

4 군체群體와 개체個體

최근 몇 해 동안 학술계에서는 상당수의 사람들이 유가사상을 이야기할 때 대부분 〈인학仁學〉〈인성의 각성〉 등을 사용하여 그 이론적 특질과 가치를 많이 개괄하였다. 실제상 근 반세기 이전인 1944년에 곽말약郭沫若은 그의 《공자와 묵자에 대한 비판 孔墨的批判》이라는 글에서 공자사상의 핵심인 〈인도仁道〉의 특질에 대해서 지적하면서 〈인간의 발견〉이라고 주장하였다.[15] 문제는 유가의 마음 속에 있는 〈인간〉이 어떠한 형태의 사람이냐? 하는 데에 있다. 이것은 사람에 따라 보는 견해가 달라서 일치되는 관점이 수립되기가 어렵다.

유가의 마음 속에 자리잡은 사람은 〈인〉을 덕으로써 체인하고 실천하는 것을 인생의 목적으로 삼는 것이다. 인의 실현은 주체 수양의 승화에 있으며, 그런 연후에 추기급인推己及人하는 것이다. 《논어》에는 『인이란 자기가 서고자 하면 동시에 남을 서도록 해주고, 자기가 만사를 실현시키고자 하면 동시에 남이 만사를 실현시키도록 해주어야 하는 것이다 夫仁者, 己欲立而立人, 己欲達而達人』《雍也》하고, 『자기가 좋아하지 않는 사물을 남에게 주지 말라 己所不欲, 勿施於人』《衛靈公》고 하였다. 이것은 일반적 의미의 인아관계人我關係의 협조로부터 인을 실현시키는 것이다. 『군주는 예에 따라 신하를 부려야 하며 君使臣以禮』『신하는 충심으로 군주를 섬겨야 한다 臣事君以忠』《八佾》 즉 군신관계의 협조로부터 인을 관철시키는 것이다. 이 때문에 이금전李錦全이 지적하였듯이 공자의 인은 사람과 사람 사이에 협조하는 것으로써 상호관계를 맺으며, 『이 각도로 볼 때 또한 일종의 인간관계학人間關係學이라고 말할 수 있다.』[16] 이 주장은 정밀하고 날카로운 것이다.

공자 이후의 유학자는 맹자·순자·동중서 및 정이·정호·주희를 막론하고 모두 인간관계를 중시하지 않은 사람이 없다.

유가의 이러한 인간관계를 중시하는 사상은 군체群體와 개체個體의 관계를 사고배경으로 하고 있다. 인간관계를 조화시켜야 하는 까닭은 개체로 하여금 군체에 융합시켜서 군체의 조화통일을 보존하고 군체의 이익을 보호하는 것이다. 이른바 『구차하게 살기를 도모함으로써 인을 손상시키려 하지 않고 대담하게 희생함으로써 인을 이룬다 無求, 生以, 害仁, 有殺身以成仁』《論語·衛靈公》, 이른바 『무릇 일반 백성이 그 주장을 포기하도록 강요할 수 없다 匹夫不可奪志』《論語·

子쭈》, 이른바 〈이일분수理一分殊〉는 결국 전체 이익을 보호하기 위하여 개인의 욕망을 억제하고 심지어는 개인의 생명을 희생하는 것을 아까워하지 않는다는 것의 다른 표현일 뿐이다.

도가의 입장은 그것과 상반된다. 도가가 중시하는 것은 개인생명의 존재와 인성자연의 보호이다. 그들은 군주를 공격하고, 물욕을 천시하고, 문명을 비난하였는데 이것은 개체가치의 실현과 독립인격의 보존을 위한 것이다. 그들은 국가관념이 없었을 뿐만 아니라 종법가족관념도 없었고 오히려 국가가족이 얽매임이 된다고 보고, 그 인성자연에 대한 속박에서 벗어나고자 하였다.

노자는 인의예지를 사회의 원흉으로 보고 물욕을 부끄럽게 여겼다. 〈명名과. 신身〉〈신身과 화貨〉의 선택에 있어서 노자는 〈신〉을 중시하고 〈명〉과 〈화〉를 천시하였다.(《老子》四十四章 참조) 그는 『나에게 큰 근심이 있는 까닭은 나의 신체가 있기 때문인데, 만일 나의 신체가 없게 되면 나에게 또한 어떤 화가 있겠는가? 그러므로 천하를 경시하고 자기를 중시하는 사람이라야만이 천하의 중임을 담당할 수 있고, 천하를 경시하고 자기에 대한 사랑이 천하에 대한 사랑보다 앞서는 사람이라야만이 천하의 중임을 그에게 건네줄 수 있다 吾所以有大患者, 爲吾有身, 及吾無身, 吾有何患? 故貴以身爲天下, 若可託天下, 愛以身爲天下, 若可寄天下』(《老子》十三章)고 하였다. 이것은 몸을 몸으로 보아야 몸을 잃지 않으며, 자기의 몸에 집착하고 욕구하는 바가 있으면 큰 화가 자신에게 이를 수 있으며, 자기 자신에게 집착하지 않고 욕심과 바람이 없으면 자기 자신을 보존할 수 있으며, 천하보다 자기 자신을 더 중하게 여기는 사람만이 천하를 그에게 부탁할 수 있고 천하를 아끼고 사랑하는 것보다 자기 자신을 더욱 아끼고 사랑하는 사람이 있어야만이 천하를 그에게 기탁할 수 있다는 것이다.[17] 즉 노자는 개체의 정신적 자유를 추구하였으며, 천하국가(군체)를 중시하지 않았음을 알 수 있다.

장자의 인생철학의 근본목적은 『단지 형벌을 면하기에 급급한 僅免刑焉』《莊子・人間世》〈현재의 세상 當今之世〉에서 몸과 마음의 안전을 구하고자 하는 것이다. 그는 자신을 보존하기 위해서『쓸모있는 것과 쓸모없는 것의 중간에서 살고자 處於材與不材之間』《莊子・山木》하였다. 그는 『하는 바가 없는 사업 속에서 소요하고자 逍遙乎無爲之業』《莊子・大宗師》하였으니, 즉 『외천하外天下』『외물外物』을 중시하고 『천하를 일로 삼지 않았다. 以天下爲事』《莊子・齊物論》이것은 분명 군체를 염두에 둔 것이 아니다. 《양생주》에서 말한『선을 행함에 명성을 추구하는 데 가깝게 하지 말고, 악을 행하더라도 형벌에 가깝게 하지 말 것이며……자기를 보전할 수 있고 천성을 보전할 수 있다 爲善無近名, 爲惡無近刑, ……可

以保身, 可以全生』고 하였는데, 이것은 장자의 〈보신전생保身全生〉, 즉 생명을 보존한다는 근본적인 주장을 표현한 것이다. 이러한 주장은 물론 소극적인 것이다. 그러나『이론적으로 말해서, 사람이 개체 혈육의 몸으로써 존재하고 어떤 군체(가정·국가)의 사회에서 존재하거나 또는 어떤 목적(명예·이익)의 수단으로서 존재하는 사이의 모순과 충돌을 의식하였다는 것은 고대사상사古代思想史상의 한 중요한 발견인 것이다.』[18] 엄격하게 말한다면 장자는 정신적 자유와 인격 독립의 추구에 대해서 노자보다 더욱 집착하였고 더욱 강렬하였다고 할 수 있다.

요약해서 말하면 유가와 도가는, 인간관계의 사유틀 속에서 전자는 전체를 중시하고 후자는 개체에 정을 기울임으로써 취지는 달랐지만 상호보충이 되었다.

5 항상恒常과 변동變動

사회역사와 인생노정의 발전이라는 방면에 있어서 유가와 도가의 관점은 크게 달랐다.

유가가 본 것은 안정상태의 것이며, 〈경經〉이고 〈상常〉이다. 그들은 현실인생의 의미에 대해서 충분히 긍정하는 태도를 가지고 있었다. 사회역사의 발전방면에서『역대로 모든 왕이 변경하지 않은 예禮는 도의 조치가 되기에 충분하며 百王之無變, 足以爲道貫』《荀子·天論》〈삼통三統〉 및 〈삼정三正〉의 순환왕복이고,『하늘은 변하지 않고, 도 역시 변하지 않는다. 天不變, 道亦不變』《漢書·董仲舒傳》변동이 있기는 하지만 동요할 수 없는 〈상〉의 보충일 뿐이다. 〈변〉은 또한 〈권權〉이라고 일컬을 수 있으며 〈경〉과 상대된다. 그들은『경으로서 권을 통제하고 以經統權』『권은 반드시 경으로 돌아온다 權必返於經』(동중서의 말)는 것을 견제한다. 공자의 인혁손익因革損益의 사상은 바로 이러한 사유의 결과이다. 인생의 의미와 가치방면에 있어서 유가가 보고 아울러 희망한 것은, 주체의 노력을 통하여 개인의 가치를 전체 이익의 실현 속에서 구현할 수 있고, 아울러 이로부터 자기의 공훈과 업적을 역사문화의 누적 속에 융합시켜서 정신적인 영원함을 얻는 것이다. 그들은 인의 실현을 자기의 임무로 삼고『의를 바로잡고 이익을 도모하지 않으며, 도를 밝히고 자기의 공을 생각하지 않는다 正其誼而不謀其利, 明其道而不計其功』《漢書·董仲舒傳》고 하였으며,『거경궁리居敬窮理』하고 〈인심〉을 억제하고 〈도심〉을 발양하였는데, 최종적인 목적은『만세를 위해 태평시대를 여는 것이다. 爲萬世開太平』이것은 주로 그들이 인생에는 그 변하지 않는 내재 가치가 있음을 굳게 믿고 또한 이러한 가치가 사회의 변천, 인생의 조우가 달라

짐에 따라 변화할 수 있고 소멸될 수 있기 때문이다.

도가가 본 것은 다른 측면이다. 그들의 안중에 있는 사물은 변동하는 것이고 본질적인 안정성이 없는 것이다. 그들은 인생의 짧음과 변화무쌍함을 감탄하여 『흰 망아지가 (빠르게) 틈바구니를 통과하는 것과 같이 일순간에 지나가 버린다. ……이미 자연의 변화에 따라 생겨났으며 또 자연의 변화에 순응하여 소멸된다 人生天地之間, 若白駒之過郤, 忽然而已. ……已化而生, 又化而死』《莊子·知北游》고 말하였다. 이것은 인생이 변화하여 영원하지 않으며, 변화에 따라 생겨나지 않는 것이 없고 변화에 순응하여 죽고, 이미 변화하여 살며, 또한 변화하여 죽는다고 본 것이다. 그들은 『만물의 생장은 빠르게 달리듯 질주하듯하며, 어느 한 동작이라도 변화하지 않는 것이 없고, 어느 한 시각이라도 이동하지 않는 것이 없다 物之生也, 若驟若馳, 無動而不變, 無時而不移』《莊子·秋水》고 말하였다. 즉 도가가 인간세상의 변화에 슬퍼한 것은 그것이 불변하지 않기 때문이다. 물론 그들도 일정불변한 것이 있음을 인정하였는데, 이 일성불변한 것은 바로 『처음과 끝이 없는 無終始』〈도〉이다. 그것은 『그 스스로가 자신의 뿌리이고 자신의 근본으로서, 천지가 생기기 이전에 예로부터 본래 존재하여 왔다. 그것은 귀신과 상제를 낳고 하늘과 대지를 낳았다. 그것은 태극의 위에 있으나 높지 않고, 육극의 아래에 있으나 깊지 않으며, 천지보다 먼저 존재하였으나 오래지 않고 상고시대보다 더 오래되었으나 늙지 않았다. 自本自根, 未有天地, 自古以固存, 神鬼神帝, 生天生地, 在太極之先而不爲高, 在六極之下而不爲深, 先天地生而不爲久, 長於上古而不爲老』《莊子·大宗師》애석한 것은 도의 영원성과 절대성을 표방하면 할수록 인간세상의 짧음과 상대성을 더욱더 느끼며 따라서 일종의 〈유세遊世〉하는 태도를 갖게 하였다. 이것은 바로 유가의 인생철학의 사유지향과 서로 어울려 더욱 흥미가 있다.

6 긍정肯定과 부정否定

유가와 도가는 이상의 여러 방면에 있어서 그 취지가 다르지만 그 사실을 고찰해 보면 각자의 사유방식과 뗄 수 없는 관계에 있다. 유가는 긍정의 방법을 사용하여 현실사회와 인생의 가치를 확인하고 자기의 이상을 추구하였다. 도가는 부정의 방법을 사용하여 현실사회의 여러 죄악에 대한 폭로와 인생의 여러 번뇌에 대한 위로를 통하여 자신을 보존하고, 이상경계에 대한 동경을 표현하였다.

유가는 인류사회가 앞을 향해서 발전한 것을 긍정적으로 보고, 입덕立德·입공립공功立功·입언立言이 〈삼불후三不朽〉의 사업임을 긍정하였다. 인의도덕에 대한 긍정적인 창도를 통해 자기의 소극적이고 퇴폐적인 인생태도에 대한 부정과 배척을 표현하였다. 수신제가치국평천하는 가정에서 국가에 이르는 것으로 적극적이고 진취적인 정신에 대한 제창이자 긍정인 것이다.『부귀는 나의 마음을 혼란시킬 수 없고, 빈천은 나의 뜻을 변화시킬 수 없으며 위세와 무력은 나의 절개를 굽힐 수 없다 富貴不能淫, 貧賤不能移, 威武不能屈』《孟子·滕文公》는 것은 〈사대부〉의 기개에 대한 긍정인 것이다.

도가는 유가와 대응되는 다른 일극一極으로부터 안신입명安身立命의 도를 추구하였다. 그들의 사유방식은『반면의 것으로 정면의 것을 구한다 以反求正』로 개괄할 수 있다. 그들은 지웅수자知雄守雌·주정主静·귀유貴柔를 강조하고 미리 대응상태에 있는 일극으로써 스스로를 보존하고자 하였다. 노자의 이른바『성인은 자기를 맨 뒤에 놓으면 오히려 앞을 차지하게 되고 자기를 도외시하면 생명을 보전할 수 있다 聖人後其身而身先, 外其身而身存』는 것은 〈점선占先〉과 〈유신有身〉사상의 부정을 통하여 〈후신後身〉〈외신外身〉사상의 긍정을 표현한 것이며, 그것은 노자의 이퇴위진以退爲進의 사상상의 특징을 반영한 것이다. 전통과 현실사회 및 유가사상에 대해서 노자는 또한 부정의 방법으로써 자기의 관점을 펴나갔다. 예를들면『큰 도가 폐기되어야 인의가 있게 된다 大道廢, 有人義』(《老子》十八章)『총명과 지혜를 버려야 백성들에게 1백 배의 이익이 있게 되고, 인과 의를 버려야 백성들이 효도와 자애로 돌아올 수 있다 絶聖棄智, 民利百倍, 絶仁棄義, 民復孝慈』(《老子》十九章)『도를 상실한 뒤에야 덕이 있게 되고 덕을 상실한 뒤에야 인이 있게 되며, 인을 상실한 뒤에야 의가 있게 되고 의를 상실한 뒤에야 예가 있게 된다. 예라는 것은 충성과 믿음의 부족함이고 대란의 장본인이다 失道而後德, 失德而後仁, 失仁而後義 失義而後禮. 夫禮者, 忠信之薄而亂之首』(《老子》三十八章) 등이다. 이러한 것들은 모두 인·의·예에 대한 부정을 통하여 자기가 지향하는 〈도〉를 얻은 사회와 인생경계를 긍정하는 것이다. 〈도〉의 작용은 유약柔弱(약이란 도의 작용이다 弱者道之用)이며, 그것은 어떤 것도 긍정하지 않으며, 일체를 부정하는 것만을 긍정하고자 하고 아울러 이로부터 모든 존재하는 사물로 하여금 그 자신의 긍정방면의 작용을 갖도록 한다. 〈도〉는 그 공용이 유약柔弱하여 어떠한 것을 극복하거나 어떠한 것을 이기려고 추구하지 않기 때문에 진정으로 모든 것을 주재하고 모든 것을 지배할 수가 있는 것이다.

노자는『정면의 말은 반면의 말과 같다 正言若反』고 주장하였다. 탕일개湯一介는『이것은 노자의 그 자신의 사유모식과 철학체계를 세워나가는 방법에 대한

종합적인 결론이다. 그의 사유모식은 바로 상반된 방면·부정의 방면·부負의
방면으로부터 그가 긍정하고 건립하고자 하는 것을 표현하는 것이다』[19]라고 지
적하였다. 이것은 물론 매우 날카롭고 과학적인 견해이다.

노자의 사유방식과 동일하게 장자도 부정형식의 방법과 언어로써 자기의 세계
관과 인생관을 표현하였다. 그는 사물의 변이성變異性, 존재의 상대성을 필연성
으로 과장하고 상대주의의 눈으로 문제를 처리하였으며 어떠한 사물의 어떠한
차별이라도 부인하고,『도의 관점에서 보면 모두 통하여 하나가 된다 道通爲一』
《莊子·齊物論》고 주장하였는데, 이것은 결국 그의 혼세주의混世主義의 인생철학
을 선전하고 긍정한 것이다.[20]

위에서 서술한 몇 개의 방면을 종합하면, 중국문화의 양대 줄기로서 유가와 도
가의 사상은 인생철학·심리상태 및 사유방식의 측면에서 명확하게 다른 점이
존재한다. 바로 이러한 이유로 인해서 유가와 도가의 사상은 필연적으로 상호보
충이 될 수밖에 없다.

우리가 또한 지적하고 넘어가야 될 것은, 유가와 도가가 상호보충할 수 있었던
까닭은 두 학파의 다른 점에 있을 뿐 아니라, 어떤 의미상에서 말하면 두 학파를
연결하고 그들로 하여금 능히 상호관통할 수 있게 하는 것이 바로 그들이 일치하
는 점이라는 것이다. 예를들면 두 학파는 모두 물욕을 부끄럽게 여기지 않는다.
유가는 모도불모식謀道不謀食·중의경리重義輕利·안빈낙도安貧樂道를 신봉하
였고, 도가는 견소포박見素抱樸·청심과욕淸心寡欲을 제창하였다. 또한 모두
도덕수양을 중시하였다. 유가는 극기복례·정심성의·수신제가치국평천하를 강
조하였고 도가는 〈수도修道〉〈적덕積德〉『이 원칙을 개인에게 관철시키면 그의
덕은 순진해질 수 있고, 한 집안에 관철시키면 그의 덕이 여유가 있을 수 있으며,
한 고을에다 관철시키면 그의 덕이 영도될 수 있으며, 한 나라에 관철시키면 그
의 덕이 강대해질 수 있으며, 천하에 관철시키면 그의 덕이 보편적이 될 수 있다
修之於身, 其德乃眞, 修之於家, 其德有餘, 修之於鄕, 其德乃長, 修之於國, 其德乃
豊, 修之於天下, 其德乃普』(《老子》五十四章)『사물에 의해 형체를 얽매이지 않
고 不以物累形』『전인을 보호하는 以保全人』본성을 주장하였다. 또한 두 학파
는 간단한 유추의 사유방식을 채택하였다. 유가의 인생철학과 정치사상은 가정
과 국가의 이익을 일치하는 것으로 설정해 놓고, 수신하면 제가치국평천하할 수
있으며, 작은 것에서 큰 것에 이르고, 안에서 밖으로 추도推導한다. 도가가 문제
를 고찰하는 방식은『개인(의 관점)으로부터 개인을 인식하고, 집안(의 관점)으
로부터 집안을 인식하고 고을(의 관점)으로부터 고을을 인식하고, 나라(의 관점)

으로부터 나라를 인식하고, 천하(의 관점)으로부터 천하를 인식하는 以身觀身, 以家觀家, 以鄕觀鄕, 以國觀國, 以天下觀天下』(《老子》五十四章) 것이며, 그 〈수덕〉의 서열은 신체·가정·국가·천하인데 이는 유가와 동일한 것이다.

묵가사상의 흥쇠

묵가는 선진시기에 유가와 쌍봉을 이룬 학파이며, 함께 〈현학顯學〉이라고 불리워졌다. 두 학파의 사상관점은 다르며 상호 논박하면서 선진 백가쟁명의 서막을 올렸다. 묵가는 소생산자의 이익을 대표하며 농후한 공리주의 색채를 갖고 있다. 인간학술로써 그것의 〈현학顯學〉 지위는 전 전국시기를 꿰뚫고 있으며, 진나라 통일 이후 묵가사상은 흥성으로부터 쇠퇴해졌으며, 서한 중기에 이르러서는 한무제가 동중서의 건의를 받아들여 유가의 학술만을 존중하였기 때문에 묵학은 점점 사라지게 되어 〈절학絕學〉이 되었다.

제 1 절 백성의 〈삼환三患〉과 〈겸이역별兼以易別〉

1 백성의 〈삼환〉을 근심하는 동정심

춘추전국의 교체되는 시기부터 진의 통일 전까지 묵학은 흥성히었다. 그 주요 원인은 통일된 전제집권국가가 아직 건립되지 않아 사상의 통제가 그다지 엄격하지 못했을 뿐 아니라 묵자가 대부분 사계층 출신으로서 글을 잘 쓰고 언변에 능한 것과 관계가 있으며, 특히 묵가의 인민성을 띤 사회정치 주장과 공리성을 띤 윤리도덕관념은 밀접한 관계가 있다.

묵가는 당시의 사회혼란에 싫증을 느끼고 백성들의 고통을 동정하였으며 백성에게는 〈3가지 우환 三患〉 즉 『굶주린 사람이 먹지 못하고, 헐벗은 사람이 입지 못하며, 노동한 사람이 쉬지 못하는 饑者不得食, 寒者不得衣, 勞者不得息』《墨子·非樂上》 상황이 있다고 주장하였다. 묵자는 이러한 상황을 조성한 근본원인이 통치계급의 가혹한 세금징수라고 생각했다. 그는 〈현 군주 當今之主〉의 무도한 착취, 즉 백성에게 무거운 세금을 징수하여 궁실누각을 건조함과 아울러 그 구조를 다채롭고 성대하게 하였음을 폭로하였다. 또한 그의 측근에 있는 사람들은 모두 일어나서 본받았기 때문에 재정이 궁핍해져서 재황을 막거나 어려운 사람을 구제하고 국가의 빈곤을 해결할 수 없기 때문에 백성들을 다스리기가 어렵게 되었다.(《墨子·節用下》 참고) 〈현 군주〉는 궁실누각을 건립하기 위해서 이와같았음에도 불구하고 그들은 백성의 배와 수레, 처첩에 대해서 교묘한 수단으로 착취하여 그들의 탐욕을 만족시켰다. 이렇게 하여 『부유하고 지위가 높은 사람들은 사

치한 생활을 하고 고아나 과부 등 불행한 사람들은 헐벗고 굶주리는 富貴者奢侈,
孤寡者凍餒』국면을 조성하여 백성들에게 추위와 배고픔이 함께 이르는 엄중한
결과를 초래했다. 그래서 묵가는 통치자에게 〈절용節用〉〈비악非樂〉하여 일체의
불필요한 지출을 줄이라고 요구하였다. 재정지출을 경감한다면 백성들의 부담이
줄어들어서 백성들로 하여금 휴식할 수 있게 하고 국가가 비로소 부강해질 수 있
는 것이다. 묵자는『백성들이 사용에 충당하는 데 충분하면 그친다. 비용만 많이
들고 백성의 이익에는 도움이 되지 않는 일체의 행위는 성왕이 하지 않았다 凡足
以奉給民用則止, 諸加費不加於民利者, 聖王弗爲』《墨子·節用中》고 말했다.

　이러할 뿐 아니라 묵자는 특별히 전쟁에 반대하여 〈비공非攻〉을 주장하였다.
그는 소생산자의 이익을 보호한다는 입장에서 출발하여 그러한 공벌겸병攻伐兼
幷의 전쟁에 반대하였다. 그는『왕·공·대인 및 천하의 제후 王公大人天下之諸
侯』들이 자기의 사리사욕을 위해서『무죄한 나라를 침략하고 功伐無罪之國』다
른 사람의 국경을 침입하며 그 곡식을 베어버리고 그 노시를 파괴하며, 그 가축
을 살해하고 그 조상의 묘당을 불질렀으며, 그 백성들을 주살하고, 그 국가의 보
물을 운반해가서 사람들에게 엄청난 재난을 안겨주었으며,『봄철에는 백성들의
밭갈고 씨뿌리는 농사일을 망치게 되고 가을철에는 백성들의 추수를 망치게 된
다. 현재 어느 한 농사 시기를 망치게 되면 백성들은 이에 따라 굶주리고 헐벗어
얼거나 굶어죽는 사람이 부지기수일 것이다 春則廢民耕稼樹藝, 秋則廢民穫斂,
今唯毋唯一時, 則百姓饑寒凍餒而死者, 不可勝數』《墨子·非攻中》라고 비난하였
다. 이 때문에 묵자는 단호하게 다른 나라를 침략하는 전쟁을 반대하고 백성의
〈삼환〉을 제거하여 백성들에게 최소한도의 생존조건을 보장해 주고『굶주린 자
가 밥을 먹도록 하고 헐벗은 자가 옷을 입도록 하며, 근로하는 자가 휴식을 얻도
록 饑者得食, 寒者得衣, 勞者得息』하였는데, 이것은 그의 백성들에 대한 깊고
절실한 동정심을 반영한 것이다.

2 〈이겸역별以兼易別〉의 인애정신仁愛精神

　묵자는 인민에게 〈삼환〉이 있게 된 까닭과 사회상 다툼이 그치지 않는 까닭은
주로 사람과 사람 사이에 인애하는 마음이 결핍되었기 때문이라고 주장하였다.
　묵자는『나라와 나라가 서로 공격하고 집안과 집안이 서로 빼앗으며 사람과
사람이 서로 해를 준다. 군주는 신하에게 은혜를 내리지 않고 신하는 군주에게
충성을 다하지 않으며 부모는 자식에게 자애롭지 못하고 자식은 부모에게 효도

를 하지 않으며 형제간에 화목하지 않는 것 國之與國之相攻, 家之與家之相篡, 人之與人之相賊, 君臣不惠忠, 父子不慈孝, 兄弟不和調』은『천하의 재해이므로 天下之害』《墨子・兼愛中》 반드시 제거되어야 한다고 주장하였다. 묵가의 입장에서 볼 때, 백성들이 음식・의복・휴식에 있어서 만족할 수 없는 〈삼환〉을 가지고 있고 나라가 서로 공격하고 가정이 서로 약탈하며, 사람들이 서로 적대시하는 해가 있게 된 까닭은, 사람들이『서로 사랑하지 않고 不相愛』『서로 배반하고 해치며 交相虧賊』《墨子・兼愛中》 단지 자기만을 돌보고 사리사욕을 취하기 때문인 것이다. 그들은 이것을 〈별別〉이라고 불렀고, 일종의 좋지 않은 현상이라고 생각했다. 단지 자기만을 돌보고 남을 돌보지 않는 사람을 〈별사別士〉라고 불렀으며, 단지 자기만을 돌보고 온 나라를 돌보지 않는 군주를 〈별군別君〉이라고 불렀다.

〈별〉은 천하의 큰 해害이며 마땅히 사라져야 되는데 그 방법은『겸으로써 별을 바꾸는 것이며 兼以易別』 즉『겸상애・교상리의 방법을 사용하여 바꾸는 것이다. 以兼相愛, 交相利之法易之』이른바 〈겸兼〉은 상호・서로의 의미이며 즉 남과 나를 구분하지 않고『남의 나라를 자기의 나라로 보고, 남의 집안을 자기의 집안으로 보며, 남의 몸을 자기의 몸으로 보는 視人之國, 若視其國, 視人之家, 若視其家, 視人之身, 若視其身』《墨子・兼愛中》 것이다. 묵가는 〈겸〉이 〈성왕의 도〉이며 왕공대인의 통치로 하여금 안정되게 하고 만민에게 의식으로 하여금 풍족하게 하는 근본적인 방법이므로 반드시 겸으로써 별을 바꾸어야 한다고 주장했다.

이겸역별以兼易別의 근본내용은 겸애兼愛이다. 겸애는 묵가학설의 핵심이다. 겸애의 기본요구 및 특징은 사랑하는 데 차등이 없다는 것이다.

묵자는『만약 천하 사람들로 하여금 모두 서로를 사랑하게 하고 남을 사랑하기를 자기를 사랑하듯하게 하면, 그래도 불효하는 사람이 있겠는가? 부형과 군주를 자기와 똑같이 간주하면 어찌 불효를 행하겠는가? 그래도 자애롭지 않은 사람이 있겠는가? 제자와 신하를 자기와 똑같이 간주하면 어찌 자애롭지 않은 행동을 할 수 있겠는가? 그러므로 불효와 자애롭지 못한 행위가 없게 될 것이니 그래도 도적이 있을 수 있겠는가? 그러므로 남의 집안을 자기의 집안과 똑같이 본다면 누가 도적질을 하겠는가? 남의 몸을 자기의 몸과 똑같이 보는데 누가 해치겠는가? 그러므로 도적이 모두 없어졌는데 남의 집안을 어지럽히는 대부들과 남의 나라를 공격하는 제후가 있겠는가? 남의 집안을 자기의 집안과 똑같이 본다면 누가 난리를 일으키겠는가? 남의 나라를 자기의 나라와 똑같이 본다면 누가 공격하겠는가? 그러므로 대부들이 서로 남의 집안을 어지럽히고 제후들이 서로 남의 나라를 공격하는 일이 없게 될 것이다. 만일 천하 사람들이 서로 사랑할 수 있으면, 나라와 나라가 서로 공격하지 않을 것이고 집안과 집안이 서로 난리를 일으키지 않을 것이며 도적이 없게 되고 군신 및 부자 사이에 모두 충효忠孝하고 인자仁慈하게 될 수 있는데, 만일 이와같이 되면 천하가 잘 다스려질 것이다 若使天下兼相愛, 愛人若愛其身, 猶有不孝者乎? 視父兄與君若其身, 惡施不孝? 猶有不慈者乎? 視弟子與臣若其身, 惡施不慈? 故不孝不慈亡有. 猶有盜賊乎? 故視人之室若其室, 誰竊? 視人身若其身, 誰賊? 故盜賊亡有, 猶有大夫之相亂家, 諸侯之相攻國者乎? 視人家若其家, 誰亂? 視人國若其國, 誰攻? 故大夫之相亂家, 諸侯之相攻國者亡有. 若使天下兼相愛, 國與國不相攻, 家與家不相亂, 盜賊無有, 君臣父子皆能孝慈, 若此則天下治』《墨子·兼愛上》라고 하였다. 묵자의 이러한 관점은 등급을 구분하지 않고 차별 없이 모든 사람을 사랑하도록 요구한 것인데 실제적으로 종법등급관념을 타파하는 작용을 갖추고 있다.

묵자는 또한 효를 예로 들면서 사랑에는 차등이 없다는 사상을 논술하였다. 그는 반드시 먼저 남의 부모를 사랑하면 남이 자기의 부모를 사랑하게 된다고 생각했다. 남의 부모를 사랑하는 것은 자기의 부모로 하여금 사랑하고 보호하게 하는 전제이며『반드시 내가 먼저 남의 부모를 사랑하고 이롭게 해주고 그런 뒤에 남이 나의 부모를 사랑하고 이롭게 해줌으로써 보답하도록 하여야 한다. 必吾先從事乎愛利人之親, 然後人報我以愛利吾親也』《墨子·兼愛下》그래서 효자로서 남의 부모를 사랑하는 것은 마땅히 자기의 부모를 사랑하는 것과 같이 응당 구분이 없는 것이다.

그 입장의 기준점에서 말한다면 묵가와 유가는 사람과 사람 사이, 단체간의 관계를 처리하는 문제에 있어서 모두 사랑으로 사람을 대하며, 즉 정감심리에서 사람을 감동시키고 남과 나를 일체시킬 것을 주장한 것이다. 그러나 묵가와 유가는 남을 사랑하는 문제에 있어 근본적인 차이가 있다.

첫째, 묵가가 강조한 〈겸애〉는『사람의 사람에 대한 사랑에는 친소후박의 차이가 없으며 愛無差, 等』《孟子·滕文公上》종법도덕과 등급제도에 대한 일종의 부정이며 돌파이다. 유가에서 중시하는 〈범애泛愛〉〈인자애인仁者愛人〉은 사랑함에 차등이 있는 것이며,『친족을 친애하는 데에는 순서가 있고, 현인을 존중하는 데에도 등급이 있는 것이다. 親親有術, 尊賢有, 等』《墨子·非儒下》

둘째, 묵가가 주장한 상애相愛는 상호간의 의무를 강조한 것이다.『남을 사랑하는 사람에 대해서는 남도 반드시 따라서 그를 사랑하게 되고, 남을 이롭게 하는 사람에 대해서는 남도 반드시 따라서 그를 이롭게 해주며, 남을 미워하는 사람에 대해서는 남도 반드시 따라서 그를 미워하게 되며, 남을 해치는 사람에 대해서는 남도 반드시 따라서 그를 해치게 될 것이다. 夫愛人者, 人必從而愛之, 利人者, 人必從而利之, 惡人者, 人必從而惡之, 害人者, 人必從而害之』《墨子·兼愛中》 유가가 중시한 상애는 비록 추기급인推己及人을 강조하였지만, 그러나 주로 주체 수양의 각도로부터 사람들이 의무를 다할 것을 요구함으로써 자기의 인격을 완성시키며 상대에게 보답할 것을 요구하지 않는 일종의 도덕경계의 자아승화이다. 이 방면의 구별은 또한 유가의 중의경리重義輕利와 묵가의 의리병거義利幷擧, 의즉시리義即是利의 구별을 반영하고 있다.

셋째, 묵가가 중시한 겸애는 물질이익과 서로 연계가 있다. 묵자는『어진 사람이 하는 일은 반드시 천하 사람들을 위해 이익을 장려하고 천하 사람들을 위해 해악을 제거하는데 힘써서 천하 사람들의 법칙을 삼는다. 남에게 이로우면 행하고 남에게 이롭지 않으면 그만둔다 仁之事者, 必務求興天下之利, 除天下之害, 將以爲法乎天下, 利人者乎即爲, 不利人乎即止』《墨子·非樂下》고 하였는데, 겸애의 목표는『만백성이 화합하고 국가가 부유하며 재용이 풍족하게 되어 백성들이 모두 따뜻한 옷을 입고 배불리 먹을 수 있어서 편안하여 근심이 없도록 하는 것이다. 萬民和, 國家富, 財用足, 百姓皆得暖衣飽食, 便寧無憂』《墨子·天志中》 유가가 강조한 범애泛愛는『군주는 군주다워야 하고 신하는 신하다워야 하며, 아버지는 아버지다워야 하고 자식은 자식다워야 함 君君, 臣臣, 父父, 子子』을 정치의 전제로 하며 인에 대한 추구와 체인體認을 목적으로 하고,『도를 추구하고 먹을 것을 추구하지 않음 謀道不謀食』을 표방하여 물질이익과는 관계가 없으며, 아울러 주로 물질이익을 희생시키므로써 그 사랑을 완전하게 이룬다.

제 2 절 이즉시의利即是義와 충효혜자忠孝惠慈

1 이즉시의利即是義와 공리功利 원칙

공자가『이익의 문제에 대해서 매우 드물게 말하였다 罕言利』《論語·子罕》『군자가 알고 있는 것은 의이고, 소인이 알고 있는 것은 이익이다 君子喻於義, 小人喻於利』《論語·里仁》를 선양한 태도와는 확연히 다르게 묵자는〈리利〉를 강조하였다. 만일 공자가 윤리규범으로 이익을 제약하였다면 묵자는 이익을 이용하여 윤리규범을 충실케 한 것이다.

묵자의 안중에『의는 이익이다 義, 利也』《墨子·經上》『어진 사람이 하는 일은 반드시 천하 사람들을 위해 이익을 장려하고 천하 사람들을 위해 해악을 제거하는 데 힘써서 천하 사람들의 법칙을 삼는다. 남을 이롭게 하면 행하고 남을 이롭게 하지 않으면 그만둔다. 仁之事者, 必務求興天下之利, 除天下之害. 將以爲法乎天下, 利人乎卽爲, 不利人乎卽止』《墨子・非樂上》 일체의 언행은 모두 이로운가 그렇지 않은가를 가지고 표준을 삼으며,『모든 언어와 행동이 하늘의 귀신과 백성에게 유리하면 실행하고 凡言凡動, 利於天鬼百姓者爲之』그렇지 않으면『하지 않는다. 舍之』《墨子・貴義》 의가 제창되고 옹호를 받을 수 있는 까닭은『의가 실제로 남에게 이익이 되기 義可以利人』《墨子・耕柱》 때문이다.

묵자 정치사상의 핵심인 겸애학설은 또한 이를 근본원칙으로 하고 있다. 묵자는『대체로 한 나라에 들어가면 반드시 필요한 것을 선택해서 하여야 하는데, 국가가 혼란하면 그에게 상현尙賢과 상동尙同을 가르쳐 주고, 국가가 빈궁하면 그에게 절용節用과 절장節葬을 가르쳐 주고, 국가에서 음악과 음주를 좋아하면 비악非樂과 비명非命을 가르쳐 주고, 국가가 음란하고 괴벽하며 예가 없으면 그에게 존천尊天과 사귀事鬼를 가르쳐 주고, 국가가 만일 쟁탈과 침략을 일삼으면 그에게 겸애兼愛와 비공非攻을 가르쳐 주어야 한다 凡入國, 必擇務而從事焉. 國家昏亂, 則語之尙賢尙同, 國家貧, 則語之節用節葬, 國家熹音湛湎, 則語之非樂非命, 國家淫僻無禮, 則語之尊天事鬼, 國家務奪侵凌, 則語之兼愛非攻』《墨子・魯問》고 말하였다. 이 상현尙賢・상동尙同・절용節用・절장節葬・비악非樂・비명非命・존천尊天・사귀事鬼・겸애兼愛・비공非攻의 10가지 주장은 묵자사상의 기본 내용이다. 이들 주장은 모두〈이익〉을 출발점으로 삼고 있다. 예를들면『그러므로 옛날의 성왕들은 오로지 잘 살피어 현명한 사람을 숭상하고 능력있는 사람을 부리어 정치를 하였으며, ……천하 사람들이 모두 그 이익을 얻었다. 故古者聖王, 唯能審以尙賢使能爲政, ……天下皆得其利』《墨子・尙賢中》 또한『옛날에 상제와 귀신이 나라와 도읍을 건설하고 우두머리들을 세웠던 것은 ……만백성들에게 유익을 주고 재해를 없애 주고자 한 것이다. 古者上帝鬼神之建設國都, 立正長也……將以爲萬民興利除害』《墨子・尙同中》 또한 겸애는『성왕의 도이며, 만백성 최대의 이익이다 聖王之道, 而萬民之大利也』《墨子・兼愛下》 등이다.

묵자는 겸상애兼相愛・교상리交相利를 한데 섞어 논하였는데, 겸상애는 교상리를 위한 것이며 교상리는 바로 겸상애이다. 그는 통치자가 백성을 사랑한다고 말하는데 단지 말로만 그쳐서는 안 된다고 생각하였다. 마땅히『이익을 백성들에게 보여주어야 하고 示之以利』《墨子・節用中》 백성들에게 실제로 이익을 주어야 한다. 이 때문에 묵자는 겸애를 말하였는데, 주로〈애인愛人〉과〈이인利人〉을 함께 거론한다.

묵자의 이러한 이즉시의利即是義의 관점은 일종의 공리주의 가치관이며, 일종의 군체본위의 사상의 반영인데 그것은 개인의 이기주의를 배척한 것으로써 중국 고대문화 속의 좋은 전통인 것이다. 그러나 지적하고 넘어가야 될 것은, 묵자의 겸애호리사상이 과연 유가의 〈친친유술親親有術〉의 종법도덕관념을 반대하는 경향을 갖추고 있기는 하지만, 그러나 그는 등급제도에 반대하지 않았는데 이것은 그가 주장한 가정과 사회관계의 충효혜자忠孝惠慈에 집중적으로 표현되어 있다.

2 충효혜자忠孝惠慈의 윤리규범

묵자의 겸상애·교상리의 주장은 그 평등호조平等互助사상의 반영이며, 그것은 묵가학설이 하층의 노동인민을 대변한다는 입장을 체현한 것이다. 그러나 그는 결코 등급제도에 반대하지 않았으며, 등급관념과 평등호조관념은 그의 머릿속에 병존하고 있었다.

묵자가 힘써 주장한 겸상애·교상리는『나라와 나라가 서로 공격하고 집안과 집안이 서로 빼앗으며 사람과 사람이 서로 해를 준다. 군주는 신하에게 은혜를 내리지 않고 신하는 군주에게 충성을 다하지 않으며 부모는 자식에게 자애롭지 못하고 자식은 부모에게 효도를 다하지 않으며 형제간에 화목하지 않는다 國之與國之相攻, 家之與家之相簒, 人之與人之相賊, 君臣不惠忠, 父子不慈孝, 兄弟不和調』《墨者·兼愛中》는 혼란한 현상을 위한 것이다. 결국 그는 나라와 나라, 가정과 가정, 사람과 사람 사이를 서로 사이좋게 하기 위해서 군혜신충君惠臣忠·부자자효父慈子孝·형우제제兄友弟悌의 사회질서를 회복하고자 하였다. 따라서 유가와 같이 그도 충효혜자의 윤리규범을 대대적으로 제창하였다.

묵자는『군주된 사람은 반드시 은혜롭고 신하된 사람은 반드시 충성되며, 부모된 사람은 반드시 자애롭고 자식된 사람은 반드시 효성스러우며, 형된 사람은 반드시 우애를 다하고 아우된 사람은 반드시 공순해야 한다. 그러므로 군자는 은혜로운 군주, 자애로운 부모, 효성스러운 자식, 우애있는 형, 공순한 아우가 되고자 한다 爲人君必惠, 爲人臣必忠, 爲人父必慈, 爲人子必孝, 爲人兄必友, 爲人弟必悌. 故君子莫若欲爲惠君, 忠臣, 慈父, 孝子, 友兄, 悌弟』《墨子·兼愛下》는 상황을 희망하였다. 만일 임금이 은혜롭지 못하고, 신하가 충성되지 못하고, 아버지가 자애롭지 못하고, 자식이 효성스럽지 못하고, 아우가 공손하지 못하다면 천하의 해로움인 것이다. 이러한 충효혜자의 사상은 본질적으로 말해서 유가가 주장하는 도덕규범과 같다. 묵자는 인간관계 방면에서 주장한 상호이익으로 귀결되는 겸애사상과 그가 사회 각방면에서 강조한 충효혜자 의식은 모순을 가지고 있고 묵학 이후에 〈절학〉으로 변모되는 원인의 하나가 되었다.

그러나 지적하고 넘어가야 할 것은 묵자의 충효혜자의 윤리규범이 비록 등급 제도가 예전과 같이 존재하는 것을 전제하고, 아울러 그것을 위해 종사하는 것을 종지로 삼고 있지만 그것은 필경 유가의 인의예지·효제충서 등의 도덕교조와는 다르다. 이것은 묵자가 이익의 관념을 군신·부자·형제관계 속에서 주의를 기울이고 추상적인 주장에 반대하는 것으로 표현되었을 뿐 아니라, 그는 종법제를 멸시하고 종법제를 비판하였다. 그는 공개적으로 천하에 임금된 자, 부모된 자, 학문하는 자는 많지만 인자는 적으며 따라서 부모·학자·임금 삼자는 천하의 본보기가 될 수 없다고 말하였다.(《墨子·法儀》를 보라.) 이것은 유가가 임금·어버이·스승을 존숭하는 경건한 태도에 대한 멸시와 비판인 것이다.

제 3 절 상현尙賢과 상동尙同

1 인격이 평등하다는 상현심리

묵자의 겸애학설 중에 중요 내용은 상현尙賢이다. 묵자는 종법제의 세경세록 제도를 공격하였다. 그는 『현재 군주나 대신들이 부유하고 귀하게 해주는 사람들은 모두 군주나 대신들의 골육지친이거나 공적이 없이 은총을 입은 무리들이거나 용모가 뛰어난 사람들이다 今王公大人, 其所富, 其所貴, 皆王公大人骨肉之親, 無故富貴, 面目美好者也』《墨子·尙賢下》라고 폭로하였다. 골육지친이기만 하면 비록 『백 명도 다스릴 능력이 없는 사람 不能治百人者』을 오히려 『천 명을 다스리는 관직에 앉혀놓는데 使處乎千人之官』《墨子·尙賢中》 이것은 『상받을 사람은 진정한 현인이 아닌 賞不當賢』경우에 속한다. 상을 받을 사람이 진정한 현인이 아님은 필연적으로 『죄받는 사람이 진정한 악인이 아니게 된다. 罰不當暴』이로 말미암아 나아가서 좋은 일하는 현인으로 하여금 고무격려할 수 없고 나쁜 일을 하는 악인으로 하여금 제지할 수 없으며, 집에 돌아가서는 부모에게 효경스럽지 못하고, 문을 나가서는 이웃에게 정중하게 대하지 못한다. 이것이 발전되어 『자기의 국가를 상실하고 사직을 멸망시키게 失措其國家, 傾覆其社稷』《墨子·尙

賢中》할 수 있다. 그러므로 우국우민하는 마음으로 출발하여 그는 〈상현尙賢〉을 해야 하고 현인정치의 실행을 요구하였다.

묵자는 『상현은 천제·귀신·백성의 이익이고 정치의 근본 尙賢者, 天鬼百姓之利, 而政事之本也』《墨子·尙賢下》이라 하고, 또 『옛날에 성왕들이 정치를 할 때에는 덕있는 사람을 관직에 앉히고 현인을 존중하였으며, 비록 농업이나 상공업에 종사하는 사람일지라도 능력이 있으면 그를 등용하여 높은 작위를 주고 상당한 녹봉을 주며 정치를 맡기어 결단하여 명령할 권한을 주었다 古者聖王之爲政, 列德而尙賢, 雖在農與工肆之人, 有能則擧之, 高予之爵, 重予之祿, 任之以事, 斷之以令』《墨子·尙賢上》고 하였다. 종합해 볼 때 현인을 등용하는 데 있어서는 학파와 출신을 불문하였고, 『부형에게 편들지 않고, 부귀한 사람에게 치우치지 않으며, 훌륭한 용모를 편애하지 않아서 不黨父兄, 不偏富貴, 不嬖顔色』《墨子·尙賢中》 『관직에 있는 사람이 항상 부귀한 것은 아니고 백성들이 영원히 비천하지 않았으며 능력이 있으면 등용되고 능력이 없으면 좌천되었다. 官無常貴, 而民無終賤, 有能則擧之, 無能則下之』《墨子·尙賢上》

이러한 상현사능尙賢使能의 원칙에 근거해서 묵자는 비록 〈골육지친〉이라 할지라도 만일 그가 무능하다는 것을 알면 단호하게 그를 등용하지 말아야 된다고 주장한다. 만일 경세치국의 재주를 가지고 있으며 겸상애·교상리의 요구에 부합한다면 친속이 아니고 일반의 공인·천인이라 할지라도 중임을 맡겨야 한다. 그는 또한 역사상 요가 순을 천거하고, 탕이 이윤을 천거하고, 무정武丁이 부열付說을 천거한 전설고사를 예로들어서 현인을 천거하는 의의를 설명하였다. 순은 산야 속에서 물고기를 잡고 밭갈이를 했던 사람이며, 이윤은 요리사이며, 부열은 성을 축조하는 노무자였지만 그들이 남을 사랑하고 남을 이롭게 하며 천하에 가장 현명한 사람이었기 때문에 결과적으로 요임금 탕왕 무정에게 천자 재상으로 천거되어 천하를 다스리게 되었다. 이러한 것은 모두 〈골육지친骨肉之親〉이거나 혹은 용모가 뛰어난 것이 작용을 한 것이 아니다. 이로 말미암아 그는 『만약 요·순·우·탕과 같은 성군들의 도를 멀리 조종으로 삼아 전술하고자 하면 현인을 숭앙하지 않을 수 없다. 현인을 숭상하는 것은 정치의 근본이다 尙欲祖述堯舜禹湯之道, 將不可以不尙賢. 夫尙賢者, 政之本也』《墨子·尙賢上》라는 결론을 도출해내었다.

묵자의 이러한 친소귀천親疏貴賤을 구별하지 않고 현능賢能을 등용의 표준으로 삼는 사상은 전통의 〈친친유술親親有術〉의 종법제도에 대한 부정이며, 소생산자가 정권에 참여하여 자신이 정치경제적 지위를 변화시키는 것을 희망하는 요구를 반영한 것이다. 이러한 능력 앞에서는 모든 사람이 평등하다는 사상은 유가의 『사람은 누구나 요·순과 같은 성인이 될 수 있다 人皆可以爲堯舜』는 것을 표방하고, 도덕 앞에서는 모든 사람이 평등하다는 설교에 대한 일종의 부정이며 사상상의 진보이다.

2 천하는 일가一家라는 상동정신

묵자의 겸애학설은 공적인 생각에서 출발하고 사리사욕을 취하지 않는다는 사상을 내포하고 있다. 그러므로 상현은 그의 논리적 표현인 것이다. 겸애는 인아일체人我一體를 요구하고 〈상동일의尙同一義〉해야 비로소 차별하지 않는 인애정신으로 하여금 천하에 가득차게 하며, 그래서 상현은 상동으로 통하는 방식의 하나일 뿐이며, 상동尙同은 상현이며, 또한 겸애의 근본적인 목적이다.

묵자는 『천하가 혼란하게 된 원인은 행정장관이 없는 데서 생겨난다 天下之所以亂者, 生於無政長』《墨子·尙同上》즉 혼란의 원인이 행정장관에 의해 관리되지 않기 때문이라고 보았다. 그래서 사람들은 천하의 현량賢良으로서 당정을 맡을 수 있는 사람을 선택해서 『천자로 세우고 立以爲天子』천자는 상현의 원칙에 따라 천하의 현량으로서 정치를 감당할 수 있는 사람을 선택해서 〈삼공三公〉을 두어 임명한다. 이와같이 유추하여 이장里長·향장鄕長·가군家君 등 각급의 행정조직의 관원을 설립한다. 이렇게 하면 천하의 혼란이 없어질 수 있다.

그러나 오직 행정상의 보장이 충분하지 못할 수밖에 없다면 묵자는 근본적으로 사회혼란을 소멸하고 또한 사상상에서 통제를 강화해야 한다고 생각했다. 여러 사람, 여러 가정 및 여러 제후국은 모두 통일된 사상을 행위준칙으로 삼고 묵자의 이야기로써 말한다면 바로 〈상동尙同〉, 『천하 사람들의 뜻을 하나로 화합케 하고 그 나라 국민들의 뜻을 하나로 화합케 하는 것이다. 一同天下之義, 一同其國之義』《墨子·尙同下》백성들은 마땅히 『선한 것과 선하지 않은 것을 들으면 모두 윗사람에게 보고해야 한다. 윗사람이 옳다고 하는 것은 모두가 반드시 옳다고 여겨야 하며, 윗사람이 그르다고 하는 것은 모두가 반드시 그르다고 여겨야 한다. 聞善與不善, 皆以告其上. 上之所是, 必皆是之, 上之所非, 必皆非之』《墨子·尙同上》상동의 근본적인 표지는 인간세상에 있어서는 천자이고 인간세상 밖에서는 하늘이다. 묵자는 스스로 『천하의 백성들은 모두 천자를 숭상하고 따르며 天下之百姓, 皆上同於天子』《墨子·尙同上》『천자는 또한 천하의 의견을 총괄하여 하늘을 숭상하고 따른다 天子又總天下之義, 以尙同於天』《墨子·尙同下》라고 말하였다. 이것은 분명 층층이 예속적이고 윗사람이기만 하면 복종하는 심리상태이며 상급의 시비가 시비의 가치표준이 된다. 이러한 가치표준은 묵자의 입장에서 볼 때『백성을 다스리는 도 治民一衆之道』이며, 위정의 근본이다.

묵자의 상동사상은 겸애를 기초로 하고 있다. 소생산자의 마음 속에 이미 겸애한 바에는 사람마다 환란에 서로 돕고 자기의 심정을 가지고 다른 사람의 심정을 가늠해야 한다. 딴 사람의 집을 대하는 것을 자기의 집 대하는 것과 같게 하며, 딴 사람의 신체 대하는 것을 자기의 신체를 대하는 것과 같게 하며, 딴 사람의 국가를 대하는 것을 자기의 국가를 대하는 것과 같게 해야 한다. 이것은 일종의 추기급인·천하일가의 정신이다. 그것은 소생산자가 통일을 희망하고 안정된 생활을 희망하는 심리를 반영하였으며, 천하를 한 집으로 보고 사해의 안이 모두 형제라는 생각을 반영한 것으로 일정한 적극적 의미를 갖고 있다. 그런데 그것은 동시에 소생산자가 자기의 운명에 대한 무능과 통치자에 대한 의뢰심리를 반영하며 객관상에 있어서 집권주의·전제주의의 사상적 기초가 될 수 있다. 이 점에 있어서 묵가는 유가, 특히 법가의 전제주의·중앙집권에 관한 사상과 일맥상통한다. 바로 이러하기 때문에 상동사상은 겸애학설에 대한 내재적 부정이며, 겸애학설은 단지 일종의 선량한 바람일 뿐이다.

제 4 절 묵가의 인생철학 모식

1 묵가의 이상인격

묵가의 이상인격은 의협義俠이다. 유가의 의와 이익이 대립되고, 이익을 버리고 의를 취한다는 가치지향과 달리 묵가는 의와 이익을 아울러 중시하고, 의가 바로 이익이며, 이익이 없으면 의가 없다고 생각한다. 사람들은 서로 돕고 서로 이익을 주며, 평균평등해야 하며, 나라와 나라 사이에 서로 공격하며, 국가와 국가 사이에 서로 약탈하고 사람과 사람 사이에 서로 적대시하는 것을 반대하였다. 임금과 신하가 은혜롭고 충성하지 않으며, 어버이와 자식이 자애롭고 효성스럽지 못하며 형제가 화합하지 못하는 현상을 소멸시켜야 한다. 개인의 이익을 존중하고 보호해서 의와 기가 서로 이어지고 상호원조하여 실혜實惠를 줄 것을 요구하였다.

실제상, 묵자사상체계의 공리주의 원칙·이리위인以利爲仁·위의爲義의 가치관념은 모두 명확한 이타주의 색채를 띠고 있다. 겸상애는 사람을 이롭게 해야 하는 것이다. 사람을 사랑하고 남에게 이익이 되게 하려면 먼저 자기로부터 시작해야 한다. 『반드시 내가 먼저 남의 부모를 사랑하고 이롭게 해주고 그런 뒤에 남이 나의 부모를 사랑하고 이롭게 해줌으로써 보답하도록 하여야 한다. 必吾先從事乎愛利人之親, 然後人報我以愛利吾親也』《墨子・兼愛下》묵자는 특별히 남을 친 형제자매와 같이 보고 서로 도울 것을 강조하고『힘있는 사람은 재빨리 남을 돕고, 재물이 있는 사람은 남에게 그것을 나누어 주는 데 힘쓰며, 올바른 도를 가진 사람은 권면하여 남을 가르쳐야 하며 有力者疾以助人, 有財者勉以分人, 有道者勸以教人』《墨子・尙賢下》『남는 힘으로 서로 수고를 하고 남는 재물로 서로 나누어 주며 훌륭한 도로써 서로 가르쳐야 함 餘力以相勞, 餘財以相分, 良道以相教』을 주장하였다. 실제생활에 있어서 묵자 및 그의 제자들은 그 〈이인利人〉원칙에 따라서 일을 처리하였다. 그들은『스쳐서 머리가 벗겨지고 걸어서 발뒤꿈치가 해셔노 천하에 내해 이익이 있기만 하면 모두 하였다. 摩頂放踵, 利天下, 爲之』《孟子・盡心上》그들의 생활은 청빈하였으며 남을 원망하지 않고『먹는 양을 생각해서 음식을 먹고, 몸의 크기를 헤아려서 옷을 해입었다. 量腹而食, 度身而衣』《墨子・魯問》제자들은 모두『거친 베로 만든 옷을 입고 나막신이나 짚신을 신었으며, 주야로 쉬지 않고 일하여 스스로 각고의 일을 하는 것을 최고의 이상으로 삼았다. 以裘褐爲衣, 以跂蹻爲服, 日夜不休, 以自苦爲極』《莊子・天下篇》제자들은 모두 거친 베옷을 입고 짚신을 신었으며 바삐 뛰어다니며 노력하고 약자를 도와주고 강자에게 대항하였다. 이러한 것들은 모두 그들이 남보기를 자기와 같이하며 일심으로 남을 진지하고 정열적으로 대우해 주었으며, 협의정신을 체현했음을 나타내 주고 있다.

그러나 묵가의 협의의 의미는 일반적 의미의 협, 특히 후세의 소설 속에 묘사된 협객과는 본질적으로 다르다. 전자는 하나의 체계를 갖춘 이론을 가지고 있으며 명확한 정치주장을 가지고 있고, 강렬한 단체의식을 가지고 있는 반면에 후자는 주로 개인운명에 순조롭지 못하거나 혹은 현실에 대한 불만에 따라 부자를 죽이고 가난한 자를 구제해 주며 위험에 처한 사람을 도와주고 곤궁한 사람을 구제해 주고 강렬한 개인정서를 띠고 있으며 이론적 의식이 결핍되어 있다. 풍우란馮友蘭 선생의 견해에 따르면 묵가는 비록 협에서 나왔지만 보통의 협사俠士와는 다른 점이 있는데 협사는 남을 도와 싸우는 전문가이고 묵가학파는 의를 주로 하여 남을 도와 싸우는 전문가이며, 묵자는 의를 주로 하여 싸우는 전문가일 뿐 아니라 나아가서 치국의 도를 이야기하며, 협사의 단체 속에는 스스로 그 도덕이 있지만 묵자는 그 도덕을 실행할 뿐 아니라 이 도덕을 체계화시키고 이론화시키며, 아울러 보편화시켜서 일반사회에 공인되는 도덕으로 만들고자 한다.[1] 이것은 이치에 합당한 주장이다.

2 실혜實惠를 중시하는 공리주의

묵가는 중국 사상문화사상 최초로 이론형식으로써 체계적으로 공리주의 원칙을 제출한 학파이다.

묵자는 비록 일찍이『유가의 학업을 배워 공자의 학술을 전수받았지만 學儒者之業, 受孔子之術』《淮南子·要略訓》그는 유가의 잡다한 예의범절과 인의를 공담하는 풍토를 반대하고 그것과는 별도의 길을 걸어 스스로 문호를 세웠다. 그의 학설의 근본적인 특징은 실혜를 중시하는 것이다.

유가와 마찬가지로 묵자도 의義를 귀히 여기지만, 의에 대한 이해는 양자 사이에 현격한 차이가 있다. 유가의 의는 예와 서로 연계를 가지고 있으며 예를 원칙으로 한다. 묵자의 의는 이익을 내포하고 있으며 의와 이익이 상통한다. 묵자의 입장에서 보면 다른 사람의 이익을 침범하지 않고 다른 사람의 노동결과를 가로채지 않는 것이 바로 의이다. 다른 사람의 과수원에 들어가서 도리桃李를 훔치지 않고 다른 사람의 국가에 대해서 공격과 전투를 하지 않는 것이 바로 의이다. 남에게 위험과 어려움이 있을 때 물질과 정신적으로 도와주는 것이 바로 의이다. 여력이 있으면서 남을 돕는 데 사용하지 않고, 남는 재물이 있으면서 남에게 나누어 주는 데 사용하지 않고 좋은 문화를 가지고 있으면서 남에게 가르쳐 주지 않는다면『마치 금수처럼 된다. 若禽獸然』《墨子·尙同上》종합하여 말해서, 묵자가 말하는 의는 실제적인 좋은 점을 포함하고 있다.

유가의 공·맹의 관점은 인의와 이익이 대립되는 것이다. 공자는『군자가 알고 있는 것은 의이고 소인이 알고 있는 것은 이익이다 君子喩於義, 小人喩於利』《論語·里仁》라고 말하였다. 맹자는『어째서 입을 열면 반드시 이익을 말하는가? 인의를 말하기만 하면 된다 何必曰利? 亦有仁義而已矣』『윗사람과 아랫사람이 모두 사적인 이익을 추구하면 국가가 위태로워질 것이다 上下交征利而國危矣』《孟子·梁惠王上》라고 하였다. 그들은 의를 추구하면 인심을 파괴하고 혼란을 조성할 수 있다고 생각했다. 이와 반대로 묵자는 인의를 말하는 것은 사람들의 실제이익과 결합된다고 보았다. 그는 남들에게 실혜를 주는 것이 바로 의이며, 의와 이익은 일치하는 것이라고 주장했다. 의를 말하면서 남에게 실제이익을 주지 않는다면 그것은 바로 공담空談이다. 그가 제창한 겸애는 결국 남에게 실제이익을 주기 위한 것이다. 그는 고대의 명주성인明主聖人이 천하를 통일할 수 있었던 원인은 그가 백성을 사랑하고 백성에게 이익을 주어 충성과 신의가 서로 연결되어 있으며 『또 이익을 백성들에게 보여주었는데 又示之以利』《墨子·節用中》 즉 인민에게 실제의 이익을 주었기 때문이다.《묵자》라는 책 속에는 왕왕 〈애인愛人〉과 〈이인利人〉이 함께 기록되며 〈겸상애〉〈교상리〉를 원칙으로 삼는다. 종합해 볼 때 묵자의 가치관은 실혜를 중시하는 공리주의 가치관이다. 이러한 공리주의는 앞에서 서술한 바와 같이 개인을 위한 것이 아니며 이타주의적인 것이다. 그것은 후에 법가인 한비의 공리주의와 그 취지를 크게 달리하여 그 합리적인 가치를 지니고 있다.

3 사랑하는 마음으로 충만된 군체의식

묵가가 말한 겸애는 사랑에 차등이 없다는 것이다. 그 구체적인 방법 및 태도는 『남의 나라를 자기 나라와 똑같이 보고, 남의 집안을 자기 집안과 똑같이 보며, 남의 몸을 자기 몸과 똑같이 보는 것인데 視人之國, 若視其國, 視人之家, 若視其家, 視人之身, 若視其身』《墨子·兼愛中》 즉 다른 사람의 국가·가정·신체를 자기의 국가·가정·신체로 간주하여 동등하게 사랑하고 보호하는 것이다. 다른 사람의 부모에 대해서도 이와같이 한다. 강자가 약자를 억압하고 다수가 소수를 우롱하며 간사한 자가 충후한 자를 기만하며, 고귀한 자가 비천한 자를 기만히 보는 것에 대해 묵자는 반대하는 태도를 갖고서 정력적으로 〈겸애〉로써 이러한 불합리한 현상을 제거하자고 주장하였다.

주의하고 넘어가야 할 것은 묵자는 이익을 원칙으로 하는 인애정신을 천하에 널리 펴서 사람과 사람·가정과 가정·국가와 국가 사이의 관계를 고려하는 기준점으로 삼고, 아울러 궁극적으로는 공동으로 실혜를 향유하여 온 천하가 안녕·무사하게 되는 것을 목적으로 한다는 것이다. 그의 상현尙賢·상동尙同·겸애兼愛·비공非攻 또는 절용節用·절장節葬·천지天志·명귀明鬼를 막론하고 모두 온 겨레, 사람마다 상친상애相親相愛하며 상호 실제이익을 줌으로써 사회의 조화를 얻는 것을 종지로 삼는다. 이것이 강렬한 군체의식임은 의문의 여지가 없다. 사실상 묵가에게는 엄밀한 조직, 규율이 있어서 자기의 이상을 실현시키기 위해서 불에 뛰어들고 칼날 위를 걸을지라도 『죽어도 물러나지 않는데 死不旋踵』《淮南子·泰族訓》이도 역시 묵가의 군체의식을 반영한 것이다.

　엄격하게 말해서 묵가의 이러한 사랑하는 마음으로 충만된 군체의식은, 유가의 사생취의舍生取義로써 전체의 이익을 보호하려는 인애정신과 일치하는 점이 있는데, 이는 다시 말해서 모두 일개인이 사리사욕으로 인생의 추구를 삼지 않고 동일 민족의 공동이익을 중시하고 있다. 두 학파의 사상이 포함하고 있는 구체적 내용과 가치준칙만이 다를 뿐이다. 유가와 묵가, 두 학파의 군체의식 혹은 정체관념整體觀念은 뒷날의 중국문화에 깊은 영향을 주었다.

4 평균평등의 문화심리상태

　묵가사상의 또 하나의 현저한 특징은 평균평등平均平等을 주장했다는 것이다. 겸애학설 자체는 바로 일종의 원시적인 평등관념이다. 그것은 유가의『친족을 친애하는 데에는 순서가 있고 현인을 존중하는 데에도 등급이 있다 親親有術, 尊賢有等』는 사상에 대한 일종의 이론상의 비판이며 행동상의 광정匡正이다. 그것은 혈연친소관계를 기초로 하여 건립한 종법등급제도에 대한 힘있는 도전이며 충격이다.『부형에게 편들지 않고 부귀한 사람에게 치우치지 않는 不黨父兄, 不偏富貴』《墨子·尚賢中》등용원칙·겸이역별兼以易別의 박애정신·상애호리相愛互利의 윤리원칙은 모두 명확한 평등사상을 포함하고 있다.

　이밖에 기본생활면에서 묵자는『굶주린 사람이 배불리 먹고, 헐벗은 사람이 따뜻한 옷을 입으며, 노동한 사람이 휴식할 수 있도록 使饑者得食, 寒者得衣, 勞者得息』《墨子·非命下》요구하였다. 소비면에서 묵자는『재물이 있는 사람이 그것을 나누어 주는 데 힘써야 하며 有財者勉以分人』많이 소유하지 말 것을 주장하였다. 그는 또한 절용節用과 숭검崇儉을 주장하여 사람마다 모두 생활수요에 만족하는 것을 목표로 삼아야 함을 요구하였다. 음식은『허기를 채우고, 팔과 다리를 강하게 하며, 귀와 눈을 밝게 할 수만 있으면, 더 바라지 않는다 充虛繼氣, 強股肱, 耳聰目明, 則止』즉 영양이 충분하면 되는 것이다. 옷은 겨울에 따뜻하고 여름에 서늘할 수 있다면 가볍게 입더라도 괜찮다. 거주하는 조건은 풍상우로風霜雨露를 피할 수 있고 환경이 청결하며, 제사를 지낼 수 있으며 남녀가 분별해서 사용할 수 있으면 된다. 종합적으로 말해서, 묵자는 교만과 사치를 반대하고,『검약하고 절제하면 창성하고 지나치게 즐기면 멸망한다 節儉則昌, 淫佚則亡』《墨子·辭過》고 하였다. 이것은 묵가의 생활을 하는 데 있어서 사람마다 절검을 하고 평균의 생활을 해야 한다는 사상을 반영한 것이다.

　묵자의 평균평등의 사상은 소생산자의 생활요구를 대표하며, 일정한 진보적

의미를 갖고 있다. 그러나 평균평등을 요구하는 동시에 아울러 묵자는 등급제도의 존재에 반대하지 않았다. 그의 이상국가 속에는 왕공대인 부자 존귀한 자가 여전히 존재하고 있다. 그의 겸상애는 결코 사람마다 사회지위가 평등할 것을 요구하지 않으며 동일한 등급 및 다른 등급내에서의 상애를 요구할 뿐이다. 그는 등급국가 속에서『형벌과 정치가 잘 다스려지고 만백성이 화합하고 국가가 부유하며 재용이 풍족하게 되어 백성들이 모두 따뜻한 옷을 입고 배불리 먹을 수 있어서 편안하여 근심이 없는 刑政治, 萬民和, 國家富, 財用足, 百姓皆得煖衣飽食, 便寧無憂』《墨子·天志中》이상적인 사회질서를 실현시키려는 생각을 가졌다. 이러한 전형적인 소생산자의식은 묵가가 개량할 생각만 하였지 개혁을 하지 않은 사회변천사상을 반영한 것이다. 그들은 폭군·간상奸相·탐관에 반대하고 명군·현상賢相·청관淸官이 나와서 천하를 다스리기를 갈망했다. 안녕·무사하고 따뜻한 의복에 음식이 충분하기만 하면 소생산자는 마음이 만족하게 되어 사회변혁을 할 줄도 모르고 할 수도 없는데, 이것은 바로 소생산자의 사상석 한계이다.

제 5 절 묵가의 비극─현학顯學으로부터 절학絕學으로

선진시기에 묵가는 일찍이 유가와 평등한 지위에서 맞섰다. 전국시대 중기의 맹자는 일찍이『양주와 묵적의 학설이 천하에 가득차서 모든 주장이 양주파에 속하지 않으면 묵적파에 속하였다 楊朱墨翟之言盈天下. 天下之言, 不歸楊則歸墨』《孟子·滕文公下》고 하였다. 전국 말기의 대법가 한비는 묵학과 유학을 함께 거론하였으며, 모두 〈현학顯學〉이라고 일컬었다. 《여씨춘추呂氏春秋·당염當染》편에서는 공자와 묵자에게『따르는 무리가 더욱 많아지고 제자가 더욱 풍성해져 천하에 가득찼다 從屬彌衆, 弟子彌豊, 充滿天下』고 하고 있다. 즉 묵가사상은 선진시기에 확실히 극히 성하였음을 알 수 있다. 그런데 진한 이후로 그것은 〈절학絕學〉이 되었다. 중단된 원인에 대해서는 긴긴 세월 동안 사람들이 제각기 일설을 주장하고 있다. 사마담司馬談은『지나치게 검약하여 준수하기 어려웠다 儉而難遵』《論六家要旨》고 보았다. 현대학자들은 묵학의 이러한 원인은 통치자의 반대(묵학은 백성의 이익을 대변함), 유가의 공격, 지나친 절검으로 인해 일반사람들이 받아들이기 어렵다는 것이나 다름없다고 주장했다. 사실 외재적 원인을 차치하고 단순히 묵가학설 자체로서 본다면 그것은 극복할 수 없는 내재적 모순을 가지고 있으며 이러한 내재적 모순은 그것의 필연적인 몰락을 결정지었던 것이다.

1 천하 사람들이 천자를 숭상하고 따른다 天下尙同於天子 ─ 평등사상에 대한 내재부정

묵자의 겸애학설은 본래 일종의 원시적인 대동평등관념이 있다. 이른바 〈교상리交相利〉는 또한 물질적인 이익으로부터 사랑의 내용을 충실하게 한 것에 불과하며, 결국 사람마다 모두 굶주리면 먹을 것을 얻고, 헐벗으면 옷을 얻으며, 노동하면 휴식을 얻는다는 균등한 기회를 누릴 수 있어야 한다는 것이다. 묵자의 이른바 상현은 〈상동〉의 수단일 뿐이다. 이른바 〈상동〉은 겸애에 도달하는 길이다. 묵가의 비극은 바로 여기에서 발생하였다.

소생산자의 역량은 박약한 것이며 그런데도 그들의 겸상애의 사회이상은 매우 숭고하였다. 현실과 이상 사이에는 커다란 거리가 있으며 묵가 자신의 역량으로 난亂을 치治로 바꾸고 별別을 겸兼으로 바꿀 수가 없었다. 따라서 그들은 위에다가 희망을 걸 수 있을 뿐이었다. 그들의 상동은『천하 사람들의 뜻을 하나로 화합케 하고 一同天下之義』『그 나라 국민들의 뜻을 하나로 화합케 하여 同其國之義』《墨子 · 尙同下》 전사회로 하여금 최고 통치자의 사상과 의지에 복종하게 하고 군주의 의견을 전체의 의견으로 삼으며『윗사람이 옳다고 하는 것은 모두가 반드시 옳다고 여겨야 하며, 윗사람이 그르다고 하는 것은 모두가 반드시 그르다고 여겨야 한다. 上之所是, 必皆是之, 上之所非, 必皆非之』《墨子 · 尙同上》 궁극적으로는『천하의 백성들이 모두 천자를 숭상하고 따르게 된다. 天下之百姓, 皆上同於天子』《墨子 · 尙同上》 이와같이 되기만 한다면 천하는 크게 다스려질 수 있다. 이렇게 해서 묵가가 비록 〈상현〉으로서 세경세록의 귀족제를 부정하였지만 그러나 하나의 이상적 색채가 풍부한 〈겸군兼君〉으로써 백성을 구하고자 했던 것이다. 이것은 경제적 기반이 극히 박약한 소생산자계급이 빈부가 현격이 다르고 전화재란戰禍災亂에 대해 본능적으로 두려워하며 진심으로 운명을 환상 속의 명군성주에게 바치기를 원했음을 반영하는 것이다.

표면적으로 볼 때 상동은 겸애를 실현하는 방도이다. 천하가 상동하면 천자로 하여금『천하의 나라들을 다스리는 것을 한 집안 다스리는 것과 같게 하고, 천하의 온 백성을 사역하는 것을 한 남자를 사역하는 것과 같게 治天下之國, 若治一家, 使天下之民, 若使一夫』《墨子 · 尙同上》할 수 있다. 그러나 실제상 상동의 실현은 바로 겸애 자체에 대한 부정이다. 천자로 하여금 천하의 사상을 통일케 하고 나라 다스리는 것을 일가 다스리는 것과 같게 하며, 백성으로 하여금 한 사람을 부리는 것과 같게 하고 중인衆人이 천자의 시비로서 시비를 삼는데 어디에서 겸애할 수 있단 말인가? 전국시대 중기·후기 신흥지주계급을 대표하는 법가가 창립한 집권주의集權主義 이론에서 그 사상내용의 하나는 묵가의 상동사상이었다고 말할 수 있다. 정치와 통치의 각도로 볼 때, 집권주의와 전제주의는 근본적으로 겸애를 실행할 수 없는 것이다. 사상학술의 각도에서 고찰해 볼 때 묵가의 상동이론은 법가의 절대적으로 임금을 존귀히 여기는 집권주의이론보다 훨씬 덜 엄격하고 덜 실용적이다. 이 때문에 묵학의 쇠퇴는 역사적 필연이 되었다. 그 자체가 『천하 사람들이 천자를 숭상하고 따르는 것 天下尙同於天子』을 귀결로 하는 상동사상은, 오히려 그 평등을 특징으로 하는 겸애사상의 내재적인 부정이 되는 것이다. 소생산자는 구세주를 바라고, 장관에 의거한다는 사상은 흔히 전제주의가 존재할 수 있는 중요한 사회조건이 되었다.

2 〈화和〉가 〈동同〉을 이김 — 묵가가 쇠퇴하고 유가가 흥성한 내재적 원인

유가는 사유방식·인간관계·문화관념 등의 방면에서 모두 〈화和〉를 주장하고 〈동同〉을 반대하였다. 공자가 말한 『군자는 남과 화합하지만 편들지 아니하며, 소인은 결당하여 편들지만 남과 화합하지 않는다 君子和而不同, 小人同而不和』《論語·子路》는 바로 〈화〉를 중시하는 사상의 전형적인 표현이다.

유가는 종법혈연관계의 각도에서 인간관계를 바라보았다. 그들이 중시한 것은 전체의 가족 이익이 사회에 확대되는 것이며, 바로 국가의 이익을 중시한 것이다. 개인의 가치는 전체이익을 보호하는 가운데 실현된다. 따라서 유가는 〈화〉를 강조하였다. 인애학설·추기급인推己及人하는 충서忠恕의 도·살신성인殺身成仁·사생취의捨生取義 등의 사상은 모두 전체이익을 위해서 개체이익을 희생시켜서 조화를 유지할 것을 제창하는 것이다. 사유방식에서 볼 때 유가는 개별, 특수와 일반 사이의 〈화〉를 중시하였다. 맹자의 〈진심盡心〉〈지성知性〉〈지천知天〉의 천인합일론은 개체의 수양으로부터 겨레의 선성善性을 파악하는 것으로 추도推導되었으며, 나아가서 만물을 포함하고 있는 하늘의 뜻을 이해하여 물아일체物我一體·심성통일心性統一의 경계에 이르는 것이다. 순자의 『사람이 천지와 함께 선다 人與天地參』는 주장은 또한 이러한 전체의 조화를 중시하는 사상의 반영이다. 문화관 방면에서 유가의 〈화〉를 중시하는 사상 역시 특히 두드러진다. 순자는 유가 출신으로 유학을 존중하였지만 법가를 이끌어다 유가에 넣었으며, 법가의 학술로써 예를 해석하여 유가사상을 풍부하게 하고 발전시켰는데, 이것은 유가가 다른 학파의 학설을 흡수하거나 또한 함부로 맞장구치지 않는다는 사상원칙을 반영한 것이다. 동중서는 유학을 종으로 삼고 묵가·법가·음양가의 학설을 종합적으로 흡수하여 하나의 방대한 사상체계를 구축하였는데, 이것 역시 유학의 〈화〉를 중시하는 사상의 표현이다. 유가의 〈화〉를 중시하는 사상을 강조하는 것은 모순·대립 속에서 통일함으로써 사물의 다양성을 승인하고 세계의 화해성을 보존·희망하는 것을 전제로 한다. 이러한 사상은 유가사상이 하나의 자아조절기능을 갖추고 적응성이 비교적 강한 문화체계임을 반영해 주고 있다. 따라서 사회변혁이 격렬한 단계에서 그것이 모종의 개량적인 주장을 제출할 수 있고, 사회가 안정된 단계에 처해 있을 때에는 그것이 〈수성守成〉의 정책에 공헌할 수 있다. 진한 이후에 중국사회는 봉건사회의 정상궤도에 진입하여 유가 〈수성〉의 기능을 전면적으로 발휘하였으며, 〈화〉를 중시하는 사상체계는 크게 쓰여져 유학은 바로 주도적인 지위를 차지하는 사상이 되었다.

유가와 동일하게 묵가도 전체 이익의 보호를 중시하였다. 그러나 양자 사이에는 명확한 구별이 있는데, 이것은 바로 유가는 전체이익의 실현을 개체가치의 실현으로 보고 묵가는 개체가치의 실현을 전체이익의 완성으로 보는 데 있다. 그런데 묵가는 또한 개체가치의 실현의 최종적인 귀결이 천하 〈상동〉이며 명군성주에 의해 자기가 지향하는 이상경계를 인도하는 것이다. 게다가 묵가의 상동사상은 간단하고 동일한 것을 강조하는 색채를 가지고 있으며, 그것은 각 학파를 종합할 수 없어서 이론적으로 응당한 탄성과 관용을 결핍하고 있다. 한편으로 그것은 자기의 학설로 기타의 학설을 배척하고 개성적인 공동성을 거부하며, 다른 한편에서 그것은 상동을 무기로 삼아 자기 학설이 미치는 범위내에서 공동성을 이용하여 개성을 제약하고 규범화하며 융해시킨다. 이렇게 해서 그것은 스스로 진일보한 발전의 길을 막고 자기의 시야를 제한시켰다. 특히 그것은 간단하게 동일한 사상을 추구하여 자아조절·인시제의因時制宜(시대의 변함에 따라 시기에 맞게 함)의 기능을 결핍하였다. 이 때문에 진한 이후로 유가가 흥성하고 묵가가 쇠퇴한 것은 돌이킬 수 없는 역사적 추세가 되었다.

진한 이후로 묵학이 쇠락하여 절학이 된 것은 학파로서의 묵가를 가리켜 말한 것이다. 묵학은 소생산자를 대변하는 사상학설로서 소농경제를 기초로 하는 봉건사회 속에서 자취를 감추지 않았다. 사실상 바로 어떤 연구자가 지적한 바와 같이, 여러 차례에 걸쳐 폭발하고 걸어갈 수 있는 길이 없는 환경 아래에서 평균평등을 기치로 내세운 농민봉기는 농민계급이 경제역량의 취약으로 말미암아 비록 평균평등사상에 의거하여 정권을 탈취하고자 하였지만 반드시 운명을 성명聖明한 천자에 기탁하여 왕권의 비호에 의하여 평온한 생활을 추구하였다. 이러한 〈동〉을 특징으로 하는 사상은 묵학이라는 이름이 아니고 묵학의 실질적인 내용이다. 그것은 우리들에게 묵학이 슬픈 〈이율배반〉적인 중연重演 ── 농민계급의 〈대동〉을 최고이상으로 삼는 것을 볼 수 있게 하였는데, 그렇지만 〈대동大同〉에 이르는 길 자체는 바로 〈대동〉에 대한 무자비한 부정인 것이다. 농민계급이 〈대동〉을 실현시키는 사회조건을 창조해낼 수 없다면 농민봉기가 실현코자 하는 〈대동〉사상은 영원히 실패하거나 이 두 길을 물거품으로 변하게 할 수 있을 뿐이다.[2]

제 6 장

법가사상의 부흥과 몰락

법가사상은 선진시기에 발생하여 성숙되었다. 그 사상적 특질을 살펴보면 그것은 주로 일종의 전제주의 정치이론이다. 그것은 신흥지주계급의 이익을 대표하며 춘추전국시기의 사회제도가 노예제로부터 봉건제로 향하는 전환에 대해, 또한 당시 중국의 통일에 대해 적극적인 작용을 하였다. 진나라가 멸망한 이후에 법가사상의 명성은 허물어지고 통치자는 다시는 공개적으로 법가사상을 제창하지 않고 유가사상을 선양하였으며 비밀히 법가사상을 운영하였는데, 즉 양유음법陽儒陰法(혹은 유표법리儒表法裏)의 통치수단을 실행하여 자신의 통치에 이바지하도록 하였다. 유가·도가·묵가·불가와 같이 법가사상도 중국문화의 기본 구성요소이며 뒷날의 중국사회에 대해 심원한 영향을 주었다.

제 1 절 법法·술術·세勢의 산생과 합일

1 법·술·세의 취지

법·술·세는 법가사상의 기본 내핵內核이다. 그들은 다른 내용과 기능을 갖추고서 군주권력과 통치질서를 옹호하는 방면에 있어서 상호 보충적인 역할을 하였다.

전국시대 전기·중기에 신흥지주계급의 입장에 서있던 정치개혁가는 역사의 조류에 순응하여 일부 군주를 도와서 위로부터 아래로의 정치·경제개혁을 진행하였다. 그들은 일련의 이론과 방법을 제출함으로써 개혁을 실현시키고 개혁의 성과를 공고히 하였다. 그들 상호간의 주장이 동일하지는 않지만 그래도 몇 가지 공통된 특징을 가지고 있는데 그것은 변법혁신을 주장하고 군주의 권한을 강화하며, 지주계급의『한결같이 법으로 판단한다 一斷於法』는 법치원칙을 사용하여 나라를 다스리고 인간관계를 처리하며, 귀족의 세경세록제와 혈연종법제를 반대하며, 봉건경제를 발전시킬 것을 주장하고 경전정책耕戰政策과 부국강병을 제창하였다. 이러한 유형의 개혁가와 사상가는 전기의 법가로 불리워지고 이들을 대표하는 인물은 이회李悝·오기吳起·상앙商鞅·신도愼到·신불해申不害 등이다.

일반적으로 볼 때 전기의 법가는 세 파로 나누어진다. 상앙을 대표로 하는 중법파重法派, 신불해를 대표로 하는 중술파重術派, 신도愼到를 대표로 하는 중세

파중세파派重勢派가 바로 그것이다.

상앙은 〈법法〉을 중시하였다. 그는 진효공秦孝公에게 협조하여 진나라에서 철저한 변법운동을 전개하였으며, 진나라를 부강하게 만들어서 훗날 진시황이 중국을 통일하는 기초를 세워놓았다. 상앙은 『법령은 인민의 생명이며, 치국의 근본이다 法也者, 民之命也, 爲治之本也』《商君書·定分》라고 생각하였다. 그는 또한 『인의는 천하를 통치하기에 부족하다 仁義不足以治天下』고 하였으며, 따라서 성명한 군왕은 『의를 귀하게 여기지 않고 법이 귀하게 여겨지면 법이 반드시 밝아지고 명령이 반드시 실행된다 不貴義而貴法, 法必明, 令必行』《商君書·畫策》고 하였다. 그는 공개적으로 법을 밝히고 형벌을 엄격하게 함으로써 지주계급의 전제정치를 강화해야 한다고 강조하였다. 그의 입장에서 볼 때 법령이 밝아지고 형벌이 엄격해지기만 하면 사회질서가 안정되어 그 정책을 관철시켜서 〈민안民安〉〈국치國治〉에 도달할 수 있는 것이다. 그는 〈이형거형以刑去刑〉, 즉 엄격한 형벌로써 〈사악하고 지나친 행동을 금지시키고 禁奸止過〉 화란을 소멸시키며 형벌에 의거하여 형벌을 소멸시킬 것을 주장하였다. 이 때문에 그는 국가를 다스리는 데에는 『형벌이 많고 상을 적게 주며 刑多而少賞』『형벌은 아홉으로 하고 상은 하나로 하며 刑九而賞一』『죽이는 것으로 형벌을 내리고 덕으로 돌아오게 以殺刑之返於德』《商君書·開塞》해야 한다고 주장하였다.

상앙의 법치사상은 엄형준법嚴刑峻法 이외에도 상행벌필賞行罰必과 형무등급刑無等級의 주장을 포함하고 있다. 그는 나라를 다스리는 데는 형벌이라는 한 손에 의거하고, 또한 상이라는 한 손을 응용해야 한다고 주장하였다. 『형벌이란 사악한 것을 금지시키는 것이고 상이라는 것은 금지시키는 것을 돕는 것이다. 刑者所以禁邪也, 而賞者所以助禁也』《商君書·算地》 형벌이든 상이든을 막론하고 모두 『상은 후하게 주고 신용을 지키며 형벌은 중하게 내리고 반드시 시행해야 한다. 賞厚而信, 刑重而必』《商君書·修權》이러할 뿐 아니라 형벌과 상은 모두 『사이가 가깝고 멂에 따라 형평을 잃으면 안 되고, 친근한 사람을 피하지 않아야 한다. 不失疏遠, 不達親近』《商君書·修權》그는 『형벌은 지위의 고하를 가리지 않는다. 공경 재상 장군에서부터 대부와 서인에 이르기까지 …… 앞에서는 공을 세우고 뒤에서는 패하면 형벌을 낮추어 주지 않는다. 앞에서 잘하고 뒤에서 잘못이 있으면 법을 봐주지 않는다 刑無等級. 自卿相將軍以至於大夫庶人 …… 有功於前, 有敗於後, 不爲損刑. 有善於前, 有過於後, 不爲虧法』《商君書·賞刑》고 말하였다. 지위가 높고 공로가 큰 것을 상관하지 않고 죄를 지으면 일률적으로 똑같이 처벌되어야 한다. 누구를 막론하고 『왕의 명령을 따르지 않고 나라의 금법을 혼란시키며 위에서 제정한 것을 어지럽히는 사람은 죄를 물어 죽이고 용서하지 않는다. 有不從王令, 亂國禁, 亂上制者, 罪死不赦』《商君書·賞刑》

즉 상앙의 중법사상은 법률 앞에서는 만인이 평등함을 강조한 것으로 유가에서 주장한『형벌은 위로 대부에게까지 적용되지 않고 예는 아래로 평민에게까지 해당되지 않는다 刑不上大夫, 禮不下庶人』는 〈존존尊尊〉의 등급원칙를 타파하였다. 그것이 비록 잔혹하게 진압하는 전제주의 이론이기는 하지만 당시에는 진보적인 정치주장이었다.

신불해는 〈술術〉을 주장하였다. 〈술〉은 즉 권술權術이다. 그는 한韓나라에서 소후昭侯를 보좌하여『안으로는 정치와 교화에 힘쓰고 밖으로는 제후를 응대하여 內修政教, 外應諸侯』한나라로 하여금『안정되게 하고 군사력을 증강시켜 한나라를 침범하는 자가 없게 하였다. 國治兵強, 無侵韓, 者』《史記·老莊申韓列傳》그가 중시한 〈술〉의 목적은 군주의 권력을 강화하는 것이다. 한비韓非는 일찍이 이를 분석하여『이른바 술이란 능력을 보고 관직을 주고, 관직에 따라 직책을 요구하며, 생사의 권한을 장악하고서 신하들의 능력을 심사하는 것인데 이것은 군주가 마땅히 장악하여야 하는 것이다 術者, 因任而授官, 循名而責實, 操生殺之柄, 課群臣之能者也. 此人主所執也』《韓非子·定法》라고 말하였다.

신불해는 군주는 반드시 대권을 장악하여 군신을 통제해야 한다고 생각하였다. 군신의 관계는『군주는 몸과 같고 신하는 수족과 같으며, 군주는 호령하고 신하는 응답하며, 군주가 그 근본을 세우면 신하는 그 말단을 잡으며, 군주는 그 요추를 다스리고 신하는 그 상세한 법령을 시행하며, 군주는 권력을 잡고 신하는 상도를 섬긴다 君如身, 臣如手, 君若號, 臣如響, 君設其本, 臣操其末, 君治其要, 臣行其詳, 君操其柄, 臣事其常』《申子·大體》는 것이며, 즉 신하는 군주 의지의 집행자일 뿐이다. 그의 입장에서 보면『일을 당했을 때, 스스로 결단할 수 있으면 천하를 영도하여 제왕이 될 수 있다. 能獨占者可以爲天下王』《韓非子·外儲說右上》혼자서 판단하고자 하면 〈술〉을 잘 사용해야 한다. 자기의 의지정감과 심리를 내심에 깊이 저장시켜서 짐작할 수 없게 해야만이 대신의 사상을 꿰뚫어보아서 장악할 수 있다. 그는『훌륭한 군주는 ……무사함을 감추고, 일의 전모를 숨기고 흔적을 감추어 천하 사람들에게 아무것도 하지 않는 것처럼 보여준다 善爲主者, ……藏於無事, 竄端匿迹, 示天下無爲』《申子·大體》고 하였다. 이것은『군주의 통치술 君人南面之術』이다. 총괄적으로 말해서 술의 주요 작용은 여러 신하 중 충신과 간신을 구분하고 그 능력을 심사하며, 그 공로와 허물을 헤아려서 법제와 군주전제를 강화하는 데 있다.

신도는 〈세勢〉를 중시하였다. 〈세〉는 바로 권세權勢이다. 그는 일찍이 제나라에서 강학講學하면서 매우 명성을 날렸다. 그는『현명한 사람은 불초한 자를 복종시키기에 부족하고, 세력있고 지위 높은 사람은 현인을 굴복시키기에 충분하다 賢不足以服不肖, 而勢位足以屈賢』《愼子・威德篇》고 말하였다. 여기에 근거하여 그는 현인이 불초한 사람을 굴복시킬 수 있는 요인은 〈권경權輕〉 때문이고, 불초자가 현인에게 굴복하는 까닭은 현자의 지위가 높기 때문이라고 주장하였다. 바로 이와같기 때문에 군주는 절대적인 권세를 가지고서 〈포법처세抱法處勢〉하면, 천하를 잘 다스릴 수 있다.

위에서 알 수 있듯이, 전기법가의 법法・술術・세勢의 사상은 당시에 신흥지주계급이 정권을 탈취하고 정권을 공고히 하는 것을 촉진시키기 위한 것이었으며, 그것은 역사의 조류에 순응한 것으로 적극적인 의미를 가지고 있다. 그런데 법 술 세의 사상은 결국 군주전제를 위해서 이바지하였으며, 그것은 권력과 형벌을 숭상하는 것을 특징으로 하였는데, 이것은 진한 이후에 특히 봉건사회 후기에 있어서 오히려 주로 백성을 진압하는 도구가 되었다.

2 한비의 법法・술術・세勢에 대한 종합

한비는 전국시대 말엽의 경세가이다. 그는 전기 법가사상을 집대성하여 법法・술術・세勢를 유기적으로 결합하여 중앙집권국가의 보호를 목적으로 하고 군주전제의 강화를 핵심으로 하는 사상체계를 수립하였다.

한비는 전기 〈법〉・〈술〉・〈세〉 세 파의 득실을 비교하고서, 반드시 세 파의 장점을 종합적으로 채용해야만이 천하를 바로잡을 수 있는 제왕의 업을 완성시킬 수 있다고 주장하였다. 그는 진나라에서는 상앙의 〈법〉을 사용하여 부국강병을 이루었지만『간신을 알 수 있는 술이 없었기 無術以知姦』때문에, 국가가 부강한 성과는 모두 대신에게 찬탈되어 그들의 사적인 세력을 확장시키는 자본이 되었다고 하였다. 신불해의 〈술〉은 법령이 통일되지 못하고 전후 모순이 있었기 때문에 간신들로 하여금 좋은 기회를 제공하여, 신불해가 17년간 집정하면서도『패왕의 지위로 발전할 수 없게 된 不至於霸王』《韓非子・定法》결과가 되었다. 신도의 〈세〉는 군주가 실행하여 다스려지기도 하고 혼란되기도 하였는데 그 원인은 필요한 〈술〉을 갖추지 못했기 때문이다. 이 때문에 한비는 장점을 취해 단점을 보완하여 법・술・세를 결합해서 사용하므로써『제왕의 공을 이루는 데 致帝王之功』편리하도록 해야 한다고 주장하였다.

한비는 상앙의 법치이론을 계승 및 발전시켰다. 그는 『이른바 법이란 관부에서 법령을 공포하여 백성들이 마음 속으로 상벌이 절대적으로 실시됨을 믿게 하는 것이며, 상은 법을 지킨 사람에게 주고, 형벌은 명령을 위반한 사람을 처분하는 것이다 法者, 憲令著於官府, 刑罰必於民心. 賞存乎愼法, 而罰加乎姦令者也』《韓非子·定法》라고 하였다. 법은 국가가 제정하고 반포하며 관리에 의해 집행되는 성문법이다. 법의 주요 내용은 〈상〉과 〈벌〉이며, 한비는 그것을 〈이병二柄〉이라고 불렀는네 즉 군수가 통치를 하는 두 개의 권병權柄이다. 그는 『이른바 두 개의 권력이란 형과 덕이다. ……죽이는 것을 형이라 하고, 상 주는 것을 덕이라 한다. 二柄者, 刑德是也. ……殺戮之謂刑, 慶賞之謂德』《韓非子·二柄》 신민臣民에 대해서는 『상을 주어 격려하고 형벌을 내려서 응징한다 勉之以慶賞, 懲之以刑罰』고 하였다. 이것은 상앙의 상을 〈문文〉이라 하고 형을 〈무武〉라 하며 〈문무〉가 법의 강요라는 사상과 일치하고 있다. 이밖에 한비자는 『현명한 군주가 통치하는 국가에서는 고대의 경전을 사용하지 않고, 법률을 가지고 백성을 가르쳤으며, 선생이 전수하지 않고 관리를 스승으로 삼았다 明主之國, 無書簡之文, 以法爲敎, 無先王之語, 以吏爲師』《韓非子·五蠹》고 극력 주장하여, 법치를 절대화된 정도에 이르게 해야 한다고 강조하였다. 그는 또한 『법은 존귀한 사람을 위해서 굽힐 수 없고 法不阿貴』『죄과를 처벌하는 데는 대신을 피하지 않고, 선을 장려하는 데는 필부를 누락시키지 않아야 된다 刑過不避大臣, 賞善不遺匹夫』《韓非者·有度》고 강조하였는데, 이것은 〈형무등급刑無等級〉사상에 대한 계승이며 종법등급제에 대한 부정이다. 한비의 법에 관한 사상은 군주지상의 특징을 가지고 있다.

신불해의 〈술術〉을 한비는 또한 계승 발전시켰다. 그는 『이른바 술이란 가슴 속 깊이 간직하여 여러 가지 일에 대처하고 아울러 모든 관리를 장악하는 데 사용해야 한다. 그래서 법은 공개하는 것이 가장 좋으며, 술은 반드시 비밀을 보장해야 한다 術者, 藏之於胸中, 以偶衆端而潛御群臣者也. 故法莫如顯, 而術不欲見』《韓非子·難三》고 하였다. 한비 입장에서 보면, 〈술〉은 바로 권술이며, 군주가 뭇신하를 길들이고 사용하며 고찰하는 일종의 수단이며, 군주의 심중에 감추어져 있어 가장 친근한 사람도 알 수가 없는 것이다. 〈술〉의 원칙에 근거하여, 군주는 『술을 사용하여 신하를 길들이는 것을 귀신처럼 은밀하게 하고 其用人也鬼』《韓非子·八經》『하늘과 땅처럼 광대하여 모든 것을 포괄해서 친소후박의 치우침이 없어야 하며 若天若地, 孰疏孰親』《韓非子·揚權》 사람들이 자기의 내막을 알지 못하게 해야 한다. 『현명한 군주는 인물을 관찰함에 있어서 절대로 그가 할 수 없는 일을 시켜서는 안 된다 明主觀人, 不使人已難』《韓非子·觀行》고 하였다. 만일 군주가 〈술〉이 없으면 곧 어두워져 간신을 알아낼 수가 없다.

한비는 또한 신도의 〈세勢〉를 계승 발전시켰다. 그의 마음 속에 〈세〉는 법과 술을 실행하는 기초이다. 『세는 대중을 장악하는 구실이다. 勢者, 勝衆之資也』《韓非子·八經》신민의 생사를 주고 빼앗는 세가 없으면 군주는 천하를 호령할 수 없으며 유명무실한 존재가 된다. 그는 만일 재주가 있으면서 세가 없다면 현자는 불초한 사람을 제압시킬 수 없음을 지적하였다. 걸桀이 비록 어둡고 난폭하였지만 귀하기로는 천자이며 천하를 장악할 수 있었던 것은 그가 현명해서가 아니고 〈세〉가 많았기 때문이다. 그래서 그는 군주는 반드시 권세를 튼튼히 장악하는 데 힘써야 된다고 하였다. 군주의 권세는 마치 깊은 연못과 같고 신민은 마치 물고기와 같다. 군주가 깊은 연못을 가지고 있으면 바야흐로 신민을 연못 속에 가두어서 자기가 사용할 수 있다.(《韓非子·內儲說下》를 보라.) 그렇지 않으면, 신민을 길들일 수 없어서 나라를 잃고 몸을 망치는 결과를 초래할 수 있나. 이 때문에 그는 군주가 『은혜의 마음을 배양하지 말고 위엄의 역량을 증강시켜야 한다 不養恩愛之心, 而增威嚴之勢』《韓非子·六反》고 주장하였다.

한비는 전기법가의 법·술·세의 사상을 종합하여 완벽한 체계를 갖춘 군주전제의 정치이론학설을 건립하였으며, 그 〈존주안국尊主安國〉의 정치이상을 위해서 봉사하였다. 그는 일찍이 『신하는 군주를 섬기고 자식은 부모를 섬기며 아내는 남편을 섬기는데, 이 세 가지가 순조로우면 천하가 잘 다스려지고, 이 세 가지가 위반되면 천하가 혼란될 것이다 臣事君, 子事父, 妻事夫. 三者順則天下治, 三者逆則天下亂』《韓非子·忠孝》라고 한 적이 있는데, 이것은 봉건적인 〈삼강三綱〉의 맹아이다. 그는 공개적으로 법·술·세 이 삼자는 『하나라도 빠져서는 안 되고, 모두 제왕이 천하를 통치하는 도구 不可一無,皆帝王之具也』《韓非子·難勢》라고 강조하였다.

제왕의 통치도구로써 법·술·세가 서로 결합된 전제주의 정치이론은 역사의 산물이며, 봉건경제의 산물이다. 당시에 그것은 신흥지주계급이 정권을 탈취하고, 정권을 공고히 하며, 전국통일을 실현하여 중앙집권 봉건제국을 건립하는 수요에 적응하였으며, 중국사회의 발전에 대해서 촉진작용을 하였다. 그러나 이러한 존주비신尊主卑臣을 특징으로 하는 전제이론은, 역사조건의 변화에 따라서 나날이 봉건제왕이 인민을 통치하는 도구로 변질되었다. 그래서 봉건전제주의는 백성의 멍에 및 사회진보의 질곡이 되었는데, 이것은 반드시 청산해야 될 것이다.

제 2 절 〈쟁어기력爭於氣力〉과 〈계산지심計算之心〉

1 도덕으로부터 〈기력氣力〉의 삼세변천설三世變遷說

한비는 역사는 진화하고 발전하는 것이라고 생각했다. 따라서 천하를 다스리는 정치는 시세에 순응해야 한다. 그는『성인은 고대의 제도를 준행하지 않고 반드시 기존관례를 본받지 않으며 현재의 사회정세를 감안하여 이 정세에 따라 적당한 조치를 한다 聖人不期循古, 不法常可, 論世之事, 因爲之備』《韓非子·五蠹》는 논단을 제출하였다. 뜻은 성인이 옛날부터 이미 있었던 것을 따르지 말고 전날의 규범을 묵수하지 말며, 당시의 실제 사회정황에 근거하여 상응하는 조치를 제정해야 한다는 것이다. 예를들면『경쟁이 극렬한 시대 當大爭之世』에는『현인에게 자리를 양보하는 관례를 따를 수 循揖讓之軌』《韓非子·八說》없고,『혼란한 시대의 백성을 다스리는 데에는 治急世之民』『관대하고 느슨한 정치 寬緩之政』를 사용할 수 없으며,『현시대의 백성을 다스리는 데에는 治當世之民』『선왕의 정치 先王之政』《韓非子·五蠹》를 사용할 수 없다. 만일 선왕의 정치로『당세의 백성을 다스린다면 當世之民』『구습에만 젖어 시대의 변천을 모른다는 守株待兎』것과 다를 바 없다. 이러한 관점은 한비가 실제에서 출발하여, 때에 따라서 변화한다는 사상의 융통성을 반영한 것이다.

한비는 물질방면에서 사회발전과 사람들이 서로 투쟁하는 원인을 찾고자 노력했다. 그는 물질적 이해관계를 모든 사회관계의 기초로 보고 재부와 인구의 수는 사회제도와 도덕면모의 다른 근거라고 생각했다. 그는 사회역사의 발전은 다투지 않음에서 다툼으로의 과정이라고 생각했다. 고대에는『인민이 매우 적고 재화는 매우 많아 인류가 쟁탈을 하지 않았는데 人民少而財有餘, 故民不爭』오늘날에는『인민이 증가하고 재화가 모자라서 힘들여 일하고 낮은 대우를 받기 때문에 인민이 쟁탈을 하지 않을 수 없다. 人民衆而財貨寡, 事力勞而供養薄, 故民爭』《韓非子·五蠹》 이 때문에 옛사람은 요즘 사람의 도덕보다 고상하여 재물을 다투지 않은 것이 아니라 재물이 풍요로웠기 때문이다. 군주가 나라를 통치하는 데 있어서는 재부의 분량, 공양의 후박厚薄을 정책을 제정하는 근거로 삼아야 한다. 이것은 이론상에서 지주계급이 재부를 다투고, 천하를 다투는 합리성에 대해 논증한 것이다.

이에 근거하여 한비는 인류사회역사의 발전을 〈상고上古〉〈중세中世〉〈당금

當今〉의 세 단계로 개괄하였다. 세 단계 사이에는 다투지 않음에서 다툼으로, 도덕을 중시하는 것에서부터 기력을 숭상하는 것으로 이행하는 과정이며, 아울러 내재적인 필연성을 갖추고 있다. 한비는 『상고시기에는 도덕으로 경쟁하고, 중세시기에는 지모로 경쟁하였으며, 현대에는 기력으로 경쟁한다 上古競於道德, 中世逐於智謀, 當今爭於氣力』《韓非子·五蠹》고 생각했다. 이 때문에 반드시 법·술·세가 상호결합된 이론으로 실행하여야만이 부국강병해지고 〈기력〉으로 천하를 통일할 수 있는 것이다.

이러한 도덕에서 지모智謀로, 지모에서 〈기력〉으로의 삼세변천설은 발전을 인정하는 역사관이며, 한비가 내세운 전제주의 법제이론의 필연적인 결론이다. 그것은 지주계급의 자기 역량과 앞길에 대한 자신감을 반영한 것이며, 동시에 법가의 강건통치의 한 측면을 반영한 것이다.

2 『이익을 계산하는 마음을 가지고 상대하는 用計算之心以相待』인간관계론 人間關係論

한비의 법·술·세가 상호결합된 이론 및 도덕으로부터 〈기력〉으로의 삼세변화설은 모두 그 사람이 『이익을 계산하는 마음으로 상대하는 用計算之心以相待』《韓非子·六反》이성론과 밀접하며 불가분의 관계가 있다. 그는 군신관계·인아人我관계가 모두 여기에서 출발한다고 보았다.

한비는 인성이 〈자위自爲〉《韓非子·外儲說左上》적이며, 『이익을 좋아하고 재해를 싫어한다 好利惡害』《韓非子·難二》고 주장하였다. 사람들은 모두 〈자위심自爲心〉을 갖고서 『이익을 계산하는 마음으로 상대하려고 한다. 用計算之心以相待』이 때문에 사람과 사람의 관계는 완전히 이해관계이며 군신간에는 『군주는 관작을 팔고, 신하는 지혜와 역량을 판다. 主賣官爵, 臣賣智力』《韓非子·外儲說右下》부모와 자식 사이에는 『아들을 낳으면 축하를 받고, 딸을 낳으면 물에 빠뜨려 죽인다. ……이것은 훗날의 편리함을 고려하고 장구한 이익을 계산했기 때문이다. 그래서 부모는 자녀에 대해서 이익을 계산하는 마음으로 그들을 대하는데, 하물며 부모의 은택이 없는 사람은 더 말할 나위도 없다. 産男則相賀, 産女則殺之. ……慮其後便, 計之長利也. 故父母之於子女也, 猶用計算之心以相待, 而況無父母之澤乎!』《韓非子·六反》기왕 이러한 바에는 수레를 만드는 사람은 남들이 부유해지기를 희망하고 관을 만드는 사람은 사람들이 빨리 죽기를 희망하는데, 이것은 결코 수레를 만드는 사람의 마음씨가 곱고, 관을 만드는 사람이 양심을 저버려서 그런 것이 아니라 이익의 소재 때문이다. 후비·태자 등이 군주가 일찍 죽기를 바라는 것도 이와같다.『편안함과 이익을 추구하고 위험과 재해를 피하는 것이 인간의 상정常情이다. 安利者就之, 危害者去之, 此人之情也』《韓非子·奸劫弒臣》이것은 한비가 이익을 추구하고 재해를 제거하려는 것이 사람의 본성이라고 보고, 이익을 사람들 행위의 진정한 원동력이라고 보았음을 나타내 준다. 한비의 이러한 관점은 실제이익으로부터 출발하여 인성과 인간관계를 고찰한 것이며, 유가의 인의애혜仁義愛惠를 공허하게 말하는 것에 대한 비판이며, 또한 그의 형덕이병刑德二柄·존주안국尊主安國의 이론을 확대시켜준 것이다. 그것은 명확한 공리주의의 색채를 띠고 있으며 당시의 조건하에서 사상을 자유롭게 만드는 역할을 하였다. 물론 한비의 이러한 관점은 도덕 수준의 고저를 기계적으로 물질이익의 분량과 동등하게 보았으며, 인간관계를 순수한 이해관계로 본 것으로 지주계급의 사리사욕과 끝없는 탐욕을 반영한 것이다. 길게 볼 때, 이러한 어두운 심리를 내포한 인간관계론은 투쟁을 격화시키고 간악함과 요사함이 동시에 생기게 하는 작용을 하며, 단지 인간관계를 비속화·긴장화시킬 뿐이다.

제 3 절 〈성인집요聖人執要〉와 군주전제

1 제왕의 도구 ──〈성인집요〉

한비사상의 궁극적인 목적은 존주비신尊主卑臣으로서 절대적으로 군주를 존중하고 전제군주에게 무한한 권력을 부여하는 것이다.

법·술·세가 서로 결합된 체계를 갖춘 이론 속에서 한비는 하나의 저명한 논단인 〈성인집요聖人執要〉를 주장하였다. 그의 입장에서 볼 때『모든 일은 각 방면의 신하에 의해 처리하고 군주에 의해 중추를 장악한다. 군주가 중추를 잡고 있으면 각 방면의 신하들이 진심진력하게 된다. 事在四方, 要在中央, 聖人執要, 四方來效』《韓非子·揚權》요要는 중추·관건 즉 국가의 최고권력을 가리킨다. 법제를 시행하는 군주(성인)는 국가의 최고권력을 장악하기만 하면 천하 사람들은 충실하게 복무할 것이다. 이것은 즉 앞에서 말한 위세로써 사람을 굴복시키고 〈포법처세抱法處勢〉하여 다스리는 것이다.

한비는『죄악을 방지하는 방법에서 가장 좋은 것은 그 생각을 방지하는 것이고 그 다음은 말을 방지하는 것이며, 그 다음은 행위를 방지하는 것 禁奸之法, 太

上禁其心, 其次禁其言, 其次禁其事』《韓非子·說疑》이라고 생각했다. 간신의 마음·말·일을 금지시키면 반드시 대권이 손에 쥐어지며 그렇지 않으면 바로 공담이 된다. 그래서 그는『선왕이 나라를 다스리는 방법은 매우 요약적인데, 그래서 법률은 간략하고 침범을 받을 수 없으며 홀로 사해 안의 광대한 지역을 장악한다 先王之所守要, 故法省而不侵, 獨制四海之內』《韓非子·有度》고 개괄해서 말했다. 그는 또『절실하게 군주의 할 일을 다하고, 이로써 자연의 발전에 적응하며, 적절하게 국가의 중추를 장악하여야 하는데 이래야 성인이라고 할 수 있다 謹修所事, 待命於天. 毋失其要, 乃爲聖人』《韓非子·揚權》고 하였다. 결국 군주는 자기의 지위를 보존하고 천하를 제압하기 위하여 반드시 최고권력을 장악하기만 하면,『군주가 비록 불초하다고 하더라도 신하가 감히 침범할 수 없다. 人主雖不肖, 臣不敢侵也』《韓非子·忠孝》

군주가 어떠한 방식으로 최고권력을 보전하는가에 대해서 한비는 일련의 논술을 하였다. 그는 군주는 도적을 방어하는 것같이 대신 및 근신의 왕위에 대한 찬탈을 방지해야 함을 지적하였다. 이것은 인성이 자위自爲이고, 군신간의 이익이 일치하지 않으며 신하된 자는 항시 왕권을 빼앗을 것을 생각하지 않을 때가 없기 때문이다. 이러할 뿐 아니라 군주는 자신의 〈귀부인貴夫人〉과 〈애유자愛孺子〉조차도 믿어서는 안 된다. 대신大臣과 근신近臣에게 과다한 권력과 신임을 줄 수 없다. 왜냐하면『총애하는 신하는 너무 친근해지면 반드시 군주의 생명을 해치고, 대신이 너무 존귀해지면 반드시 군주의 지위를 탈취하며 愛臣太親, 必危其身, 人臣太貴, 必易主位』《韓非子·愛臣》『대국의 화근은 대신이 너무 중요한 데 있고, 소국의 화근은 측근의 신하가 너무 신임을 받는 데에 있는데, 이것은 군주들의 공통된 근심 萬乘之患, 大臣太重, 千乘之患, 左右太信. 此人主之所公患也』《韓非子·孤憤》이기 때문이다.

이상에서 알 수 있듯이, 한비는 군주의 이익을 신민과 서로 대립되는 위치로 설정해 놓고 그런 연후에 임금을 존귀하게 하는 방법을 이용하고, 또 군주의 권세를 강화시키는 방법을 이용하여 모순을 해결하였다. 〈성인집요〉는 왕권주의를 보호하고 전제주의를 공고히 하는 중요한 방도 및 도구가 되었다.

2 법가사상과 전제집권

법가사상은 유가사상과 마찬가지로 중국 봉건사회 전제주의 정치사상의 기초이다. 외재적 형식으로 볼 때, 만일 유가사상이 전제주의 정치 속에서 목사牧師

의 역할을 담당하였다면 법가사상은 사형을 집행하는 교형리의 역할을 하였다.

선진의 법가는 전기의 상앙·신도·신불해로부터 법法·술術·세勢를 집대성한 한비에 이르기까지 각자의 중점이론이 비록 다르기는 하지만, 힘으로써 남을 복종시키고 강권정치를 고취하며 전제주의를 밀고 나갈 것을 주장하였다. 법가에서 말하는 법치는 근대적 의미의 민주정치가 아니고 정반대로 군주가 대권을 독차지하는 데 이바지한 전제주의의 정치학설이다.

법가의 마음 속에는『법을 만드는 사람은 군주이고 법을 지키는 사람은 신하이며 법을 법칙으로 삼는 사람은 백성이다 生法者, 君也, 守法者, 臣也, 法於法者, 民也』《管子·論法》라는 생각을 가지고 있다. 즉 입법권은 군주에 속하고 신민은 단지 법을 집행하고 법의 의무를 다할 뿐이다.『군주와 신하, 지위가 높은 사람과 낮은 사람, 존귀한 사람과 미천한 사람이 모두 법을 따르기 때문에 君臣上下貴賤皆從法』《管子·論法》법은『백성을 통일시키는 궤도 一民之軌』《韓非子·有度》가 되었고, 전국 상하가 군주가 만든 법으로서 언행의 준칙을 삼을 수 있었으며, 이것은 군주의 의지를 사회 각 측면에 강제적으로 주입시키고 따라서 군주의 권력을 강화시킨 것이다. 한비 스스로 말한『법이 확실하면 군주가 존숭되어 침범을 받지 않고, 군주가 존숭되어 침해를 받지 않으면 충분한 역량이 있게 된다 法審則上尊而不侵, 上尊而不侵則主強』《韓非子·有度》는 말로 바로 증명이 된다. 이래서 군주는 법을 이용하여『홀로 사해 안의 광대한 지역을 장악할 수 있으며 獨制四海之內』《韓非子·有度》, 법은 군주가『한 사람의 힘으로 한 나라를 장악하는 以一人之力禁一國』도구가 되었다. 바로 앞에서 말한 바와 같이 법은〈세勢〉를 기초로 하고 있다. 권세가 없으면 법은 행해질 수 없고 권세가 있으면 법은 크게 그 행위를 확대할 수 있다.『권세는 대중을 장악하는 구실이다. 勢者, 勝衆之資也』《韓非子·八經》『군주가 존귀한 이유는 권력이 있기 때문인데 主之所以尊者, 權也』『영명한 군주가 권력을 장악하면 지위는 그에 따라 존귀해진다. 明君操權而上重』《韓非子·心度》군주는 세를 가지고 있으면 곧 천하를 호령할 수 있고 반대로『군주가 세를 잃으면 신하가 그것을 장악하게 된다. 人君失勢, 則臣制之矣』《管子·法法》이러한 것들은 모두 군주를 높이고 신하를 낮춰서 권력을 군주 일인의 손에 집중하게 하기 위함이다.

군주의 지위를 공고히 하기 위해서 법가는 군주가 법술지사法術之士를 기용해서 법술을 이용하고, 여러 신하 가운데서 마음대로 장악하여 줄기를 강하게 하고 가지를 약하게 해서『나뭇가지(신하)가 여러 갈래로 뻗어나게 해서는 안 되고 毋使木枝扶疏』『나뭇가지(신하)를 크게 하고 나무 줄기(군주)를 작게 해서는 안 된다. 毋使枝大本小』《韓非子·揚權》 이것이 존군집권尊君集權사상임은 의심할 여지가 없다.

진나라가 천하를 통일한 후 법가사상을 이용하여 통치를 하였고 시행하는 속에서 법가의 전제집권사상을 극단에까지 미루어 군주 일인독존의 국면을 형성하였다. 『육합(천지와 사방) 안이 황제의 영토이고 六合之內, 皇帝之土』『사람의 발자취가 이르는 곳에 있는 사람이 모두 신하이다. 人迹所至, 無不臣者』《史記·秦始皇本紀》 정치제도 방면의 삼공구경三公九卿으로부터 사상과 의식형태 방면의 분서갱유焚書坑儒 및 문자의 통일, 치도馳道의 건설 등에 이르기까지 통일을 공고히 하는 조치는, 어느 하나라도 군권을 강화하고 봉건통치를 공고히 하는 것을 목적으로 삼지 않은 것이 없었다.

한대 이후의 전 봉건사회에서 역대의 통치자들은 대권을 장악하고, 황제 개인의 전제를 실행하기 위해서 법가학설에 대해 묘방을 찾았다. 법가학설 중의 군주를 높이고 신하를 낮추며, 줄기를 강하게 하고 가지를 약하게 하며, 신하로 하여금 상호견제하게 하고 군주의 의지가 남에게 보여지지 않도록 하는 등의 권술은 확실히 큰 공로를 세웠다. 이러한 진압을 중요한 수단으로 하는 법가사상은 온유돈후溫柔敦厚와 교화를 주요 특색으로 하는 유가사상과 상호표리가 되고 상호작용을 하여 봉건통치의 연속에 대해 중요한 작용을 하였다.

제 4 절 법가의 인생철학 모식

1 법가의 이상인격

법가의 처세태도는 법령과 규율을 준수하고, 타인의 비호에 의거해 생활하지 않으며 자기의 역량으로써 인생의 지위를 쟁취하고 개체의 가치를 실현시키며, 적극적으로 사회생활을 하여 용기있게 나아가서 천하를 통일하는 것을 자기의 임무로 삼는다. 이러한 태도에서 출발한 법가의 이상인격은 자연히 영웅이다. 그들은 인간이 모두『이익을 계산하는 마음으로 서로 대한다 用計算之心以相待』는 인성론에서 출발하여 공리주의를 원칙으로 하고 형벌과 경상慶賞으로써 사람의 생존욕망을 자극한다. 적을 죽여서 나라에 보답을 하고 공을 세워서 상을 받는 용무지사勇武之士는 그들이 좋아하는 형상이다.

법가의 이러한 이상인격은 자기에 대한, 또 힘에 대한 믿음의 기초 위에서 형성되었다. 그것은 혈연종법제도에 대한 일종의 부정이며 일종의 힘 앞에서 사람은 누구나 평등하다는 사상이다. 이러한 이상인격은 스스로 돌이켜 반성하는 도덕자아의 승화에 의하여 실현되는 것이 아니고, 또한 타인의 동정 혹은 협의로운 마음의 원조에 의거하여 완성된 것이 아니며, 더구나 시비를 정리하고 물아를 소멸시키는 것에 의하여 체험하는 것이 아니다. 그것은 밖을 향한 추구이며 실제를 중시하는 인생이상이다. 적어도 선진시기 법가의 이상인격은 일종의 군체의식으로서 지주계급이 상승하는 시기의 왕성한 생기를 표현한 것이며, 지주계급의 자기의 역량과 전도에 대한 높은 믿음을 반영한 것이다. 일종의 개인추구로써 건강한 인격과 심리를 대표하고 있다. 물론 법가의 이상인격도 지주계급의 사리사욕과 탐욕을 포함하고 있는데, 이것은 부정할 수 없다. 그런데『주요인물은 일정한 계급과 경향을 대표하며, 따라서 그들 시대의 일정한 사상의 대표이며 그들의 동기는 자질구레한 개인의 욕망으로부터가 아니고 바로 그들이 정한 역사조류 가운데에서 얻어진 것이다.』[1] 한비로 대표되는 법가의 이상인격은 바로 천하대란에서 천하대치로 걸어가는 역사조류 속에서 얻어진 신흥지주계급의 원망願望이며 어떤 개인의 사욕이 아니다. 역사적 사실이 증명하듯이 신흥지주계급의 이러한『매우 나쁜 정욕인 탐욕과 권세욕은 역사발전의 지렛대가 되있다.』[2]

2 〈법불아귀法不阿貴〉의 평등관

유가의 도덕수양 앞에서는 누구나 평등하며『사람은 누구나 요순과 같이 될 수 있다 人皆可以爲堯舜』《孟子·告子下》『저자거리의 사람도 우임금과 같은 성인이 될 수 있다 塗之人可以爲禹』《荀子·性惡》는 표준과는 다르게, 법가는 평등이상의 실현을 자기의 역량에 기탁하는 동시에 법률 앞에서 사람은 누구나 평등하다는 것에 집착한다.

법가의 입장에서 볼 때『군주와 신하의 관계는 형제의 친근함보다 훨씬 못하며 臣主之間非兄弟之親也』《韓非子·難四》군신상하는 모두 법으로써 표준을 삼아야 된다.『법은 존귀한 사람을 위해서 굽힐 수 없고, 먹줄은 굽은 나무 때문에 구부릴 수 없다. 법이 시행되면 지혜있는 사람이 쟁변할 수 없고 용맹한 사람이 반항할 수 없다. 죄과를 처벌하는 데는 대신을 피하지 않고, 선을 장려하는 데는 필부를 누락시키지 않아야 된다. 法不阿貴, 繩不撓曲. 法之所加, 智者弗能辭, 勇者弗敢爭. 刑過不避大臣, 賞善不遺匹夫』《韓非子·有度》이것은 재지才智와 지위 고하를 막론하고 사람은 누구나 평등하다는 뜻이다. 법가의 대표인물은 자신들이 스스로 선전한 이러한 이론에 대해서 몸소 역행하였다. 상앙은 태자가 범법한 사건을 처리하면서 『그의 사부 공자 우를 목 베고 그의 스승 공손가에게 입묵하는 형벌을 주었다. 刑其傅公子虞, 黥其師公孫賈』《史記·商君列傳》 역사에서는 『상앙이 진나라를 다스리자 법령이 제대로 시행되고 공평무사하였다. 벌 주는 데 있어서는 세력이 강대한 사람을 피하지 않았고 상 주는 데 있어서는 가까운 사람에게 사사로이 대하지 않았다. 법이 태자에게 미치고 그의 사부에게 입묵하고 코 베는 형벌을 주었다. 일 년이 지난 뒤, 길에서 떨어진 물건을 줍지 않았으며 백성들이 함부로 물건을 취하지 않았으며 군사력이 크게 강대해졌다 商君治秦, 法令至行, 公平無私. 罰不諱強大, 賞不私親近. 法及太子, 黥劓師傅, 期年之後, 道不拾遺, 民不妄取, 兵革大強』《戰國策·秦策》고 기록하고 있다. 법가의 또 다른 대표인물인 신도는 만일 군주가 법령을 저버리고 개인의 감정에 따라 일을 처리하면 잘못이 발생한다고 생각했다. 정확한 견해는 『법을 각기 그 분수에 따라 시행하면 상을 받거나 형벌을 받는 데 있어서 군주에게 기대하지 않는다. 法之所加, 各以其分, 蒙其賞罰, 而無望於君也』《愼子·君人》 군주가 법 앞에서는 역시 제도에 따라 일을 처리해야 하며 개인의 의견에 따라 주관적으로 판단할 수 없다는 뜻이다. 이른바 『군주는 ……법과 제도에 의거하여 다스리고 ……수고를 하지 않는 육친은 관리로 임명하지 않는다. 관리는 자신의 육친을 개인 감정으로 대하지 않고 법은 사랑하는 사람을 제외하지 않으며, 지위의 고하를 막론하고 오직 법만이 있을 뿐이다. 爲人君者 ……據法倚教(即 制度), ……無勞之親, 不任於官. 官不私親, 法不遺愛, 上下無事, 唯法所在』《愼子·君臣》 한비가 비록 엄형을 주장하였지만 그는 반드시 법에 따라야 하며 군주의 호오好惡에 따라 함부로 주륙誅戮할 수 없다고 주장하였다. 만일 『법을 버리고 함부로 성을 내면, 비록 죽인다고 하더라도 간사한 사람도 두려워하지 않을 것이며 釋法制而妄怒, 雖殺戮而姦人不恐』『법을 버리고 자기 생각대로 다스리면 요임금도 일국을 바로잡지 못했을 것이다. 釋法而心治, 堯不能正一國』《韓非子·用人》 이러한 말들은 모두 법가가 법과 제도 앞에서 사람은 누구나 평등하다는 사상을 반영한 것이다.

한대 사마담은 선진의 육가六家를 평론할 때에 『법가는 친소후박을 구별하지 않고, 지위의 귀천을 달리 대하지 않고 한결같이 법에 따라 처리하여 육친을 친애하고 존귀한 사람을 존경하는 은정이 끊어지는 결과를 초래했다 法家不別, 親疏, 不殊貴賤, 一斷於法, 則親親尊尊之恩絶矣』《論六家要旨》고 지적하였는데, 이것은 확실히 정곡을 찌른 말이다. 뒷날의 봉건사회에서 몇몇 백성들에게 찬양되어 온 청관淸官, 예를들면 포증包拯 같은 사람은 공평하게 법을 집행하고 권력과 고관을 두려워하지 않았으며 심지어는 『왕자라도 법을 어겼으면 백성과 똑같이 죄를 받아야 한다 王子犯法, 與民同罪』고 강조하였는데, 비록 진정하게 실행할 수는 없었지만 그들은 어느 정도 이러한 방면의 정신을 가지고 있었으며 이것은 〈법불아귀法不阿貴〉의 사상전통과 불가분의 관계가 있다.[3]

물론, 진한 이후의 봉건통치자가 수용한 법가사상은 주로 법法·술術·세勢가 결합된 권모權謀이며 법불아귀의 평등관념을 저버렸음을 마땅히 보아야 한다. 그런데 봉건종법의 문화토양 위에서 주도적 지위를 차지한 친친존존의 유가의 법권사상은 바로 그와 상응하는 〈형무등급刑無等級〉〈법불아귀法不阿貴〉의 법가의 법권관념을 가지고 있다. 그러나 후자는 오히려 아이러니하게도 평민백성이 종법정치에 반항하는 사상적 무기 및 심리평형을 구하는 조절제로 전환되었으며, 아울러 대체로 농민소생산자가 〈청백리〉를 바라고 구세주를 찾는 사상적 기초가 되었다.

3 〈기력氣力〉에 의하여 세상에 우뚝 서는 독립정신

법가는 법불아귀하고 적극적으로 혁신을 하며 진취에 용감하여야 된다고 강조하였는데, 그 근본원인은 그들이 상호비호하고 서로 제휴하는 존존친친의 혈연종법제도 및 이 제도와 맥락을 같이하는 평범한 인간관계에 대한 통한과 자기의 역량에 대한 굳은 신념에 있다. 그들의 관점에서 볼 때 사람들은 마땅히 법과 제도의 범위내에서 자기의 〈기력〉에 의하여 공평하게 경쟁하고 세상에서 자립해야 한다.

법가는 사람이 세상에 살면서 마땅히 『먹는 데에는 자신의 노동이 있어야 하고 봉록을 받는 데에는 자신의 군공이 있어야 한다 食有勞而, 祿有, 功』《說苑·政理》 즉 자기의 노동에 의해서 입을 것과 먹을 것을 도모하고 군공에 의해서 봉록을 받아야 한다고 주장한다. 그들은 단호하게 세경세록제를 반대하고 적극적으로 제거하고자 하였다. 상앙 변법의 정치조치의 하나는 바로 군공에 따라 상을 내리는 20등작等爵제도를 실행하여 적에게서 베어온 수급에 따라 군공을 계산하는 것이다. 적의 갑사수급 하나를 베어오면 관작 일급을 상으로 준다. 동시에 군주의 친족이라도 군공이 없으면 공족의 명단에 집어넣을 수 없으며 종족의 특권을 누릴 수 없다고 규정하였다. 『군공이 있는 사람은 입신하여 번영하고 군공이 없는 사람은 비록 부유하더라도 화려하지 못하다. 有功者顯榮, 無功者雖富無所芬華』《史記·商君列傳》 상앙은 세습특권에 의해 『하는 일 없이 밥먹고 전쟁에 참가하지 않고 영화를 누리며 작위가 없어도 존귀하고 봉록이 없어도 부유하며 벼슬이 없으면서 우두머리 노릇을 하는 不作而食, 不戰而榮, 無爵而尊, 無祿而富, 無官而長』《商君書·畫策》그들 구귀족을 〈간민奸民〉으로 간주하고 부국강병의 주요 장애물로 보았다. 한비는 『사치하고 게으른 사람은 빈궁하고 侈而惰者貧』『노력하고 검소한 사람은 풍족해야 함 力而儉者富』《韓非子·顯學》을 희망하였다. 국가를 통치하는 데 있어서 그는 『옛법도대로 다스릴 것을 기필하지 말고 항상 옳은 것을 법칙으로 삼지 말 것 不期修古, 不法常可』을 주장했는데 당대의 형세를 연구하여 상응한 조치를 취하는 것이다. 사람이 많고 재물은 적으며 투쟁이 잡다하게 일어나는 현실에 근거하여 〈법〉을 사용하여 사상을 획일화시키고 행동을 가지런하게 해야 한다. 그는 민중은 본래 권세에 굴복하며 매우 드물게 인의에 의해 감명을 받는다고 생각했다. 이 때문에 군주는 자기의 〈기력〉인 권세를 운용하여 나라를 다스리고 『법도를 삼가 수호하고 권세를 선용하면 나라가 안정된다 抱法處勢則治』《韓非子·難勢》『상 주는 것은 후하고 믿음있게 하여 백성들이 추구하게 하는 것이 가장 좋고, 벌 주는 것은 엄중하고 단호하게 하여 백성들이 두려워하게 하는 것이 가장 좋으며, 법률은 통일하고 고정시켜서 백성들이 알게 하는 것이 가장 좋다. 賞莫如厚而信, 使民利之, 罰莫如重而必, 使民畏之, 法莫如一而固, 使民知之』《韓非子·五蠹》한비의 입장에서 볼 때, 천하에서 왕이라고 자부하고자 하면 반드시 역량을 구비해야 하며 『천하를 통치하고자 하면 남을 공격할 수 있어야 하고 ……군사력이 강한 나라는 남을 공격할 수 있다. 夫王者, 能攻人者也, ……強者, 則能攻人者也』《韓非子·五蠹》다른 나라를 공격할 수 있으면 바야흐로 천하의 왕을 일컬을 수 있으며 역량이 강대해지면 다른 나라를 공격할 수 있다. 그래서 국가의 통치와 강대함은 다른 나라와 관계를 맺는 것에 도움을 바랄 수 없고 마땅히 본국 내정을 잘 처리하므로써 얻어야 한다. 그래서 그는 『힘이 강대하면 남이 조회하러 나에게 오고 힘이 약하면 내가 조회하러 남에게 가야 하는데, 그러므로 영명한 군주는 자기의 힘을 증강시키는 데 주력한다 力多則人朝, 力寡則朝於人, 故明君務力』《韓非子·顯學》고 결론지었다.

　개인과 국가가 〈기력〉에 의해서만이 세상에 설 수 있을 뿐 아니라 가정을 다스리는 데에도 이와같다. 한비는 엄격하게 통제하여 교육하는 가정에는 흉악한 노복이 없으며 자애로운 모친의 지나친 사랑 아래에서는 돼먹지 못한 아들이 있게 된다. 어떤 불초한 자식은 부모가 그의 기氣를 낳아주어도 그는 회개하지 않고 동내의 이웃이 그를 비난해도 조금도 마음이 동요되지 않으며 스승이 그를 교육해도 역시 고치지 않는다. 부모의 사랑과 이웃의 선의, 스승의 훈도 이 세 가지

방면의 호의를 동시에 병행하여도 결국은 그의 다리에 있는 털 한 오라기도 움직일 수 없으며 조금도 회개하지 않는다. 그런데 하루 아침에 지방의 관리가 병정을 이끌고 법에 따라 간악한 범인을 수색하고 체포하면, 그는 비로소 두려워하여 좋지 못한 습관과 행위를 고치게 된다. 여기에서 단지 말로써 타이르기만 하고 〈기력〉이 없으면 가정을 잘 다스릴 수 없음을 알 수 있다.

한비의 이러한 관점은 결국 그의『현대에는 기력으로 경쟁한다 當今爭於氣力』는 사상을 확대한 것이다. 이러한 자신의 〈기력〉에 의해 세상에 자립하는 사상은 자립정신의 체현이며 적극적이고 진취적인 인생관이다. 그것은 종법혈연관계·세경세록제도 등에 대해 유력한 비판역할을 하였으며, 당시의 이성정신을 대표하고 있다. 물론 한비의 이러한 〈기력〉에 의해 세상에서 자립한다는 사상은 강권정치의 색채를 갖고 있지만, 그러나 그것은 필경 사람의 가치의 실현을 자아노력의 바탕 위에 건립한 것이며 어둠 속에서 천지신명 혹은 조상의 공덕의 비호 아래 기탁하는 것이 아닌데 이것은 일종의 역사적인 진보인 것이다.

제 5 절 진의 통일과 법가사상의 현顯으로부터 은隱으로의 전환

1 법가사상과 진왕조의 흥망

진왕조의 흥망은 법가사상과 밀접한 관계를 갖고 있다.

진나라는 기원전 356년 효공孝公이 상앙을 임용하여 변법을 실행한 것으로부터 기원전 221년 진시황이 중국을 통일할 때까지 계속해서 법가사상으로써 나라를 세웠고, 경전정책耕戰政策을 실시하여 부국강병을 이루었다. 가난으로부터 부유로의 전환, 약함으로부터 강함으로의 변화를 겪은 진나라가 천하를 통일한 것은 법가사상에 힘입은 것이다. 진시황은 한비의《고분孤憤》《오두五蠹》등의 문장을 읽고서 극찬을 하여 말하기를『과인이 이 사람을 만나서 그와 더불어 노닐 수 있으면 죽어도 여한이 없겠다 寡人得見此人與之游, 死不恨矣』《史記·老莊申韓列傳》고 하였으니, 즉 진왕조와 법가사상의 관계를 잘 알 수가 있다.

그런데 진의 급속한 쇠망 역시 법가사상과 상당한 관계를 갖고 있다. 이 점에 대해서 학술계는 여러 가지 견해가 있다. 다수의 학자들은 진시황의 독재전제 및 진秦 이세二世와 조고趙高의 시대 흐름의 역행은 진의 급속한 쇠망을 초래했으며 법가, 특히 한비의 법치이론을 존중한 결과라고 주장한다. 또 다른 몇몇의 학자들은 상술한 관점이 편면적이라고 주장한다. 그들은 비록 진시황이 한비의 법치이론을 존중하였지만, 그러나 실제일을 처리하는 데는 반드시 그렇게 집행한 것은 아니다. 또한 오히려 몇몇 행사는 한비의 법치정신에 위배되고 있다. 신도로부터 한비에 이르기까지 제창한 법치는 모두 군주의 개인의지에 의한 주관적 독단을 반대하고 군신상하간에 모두 법도에 따라서 일을 처리할 것을 희망하였다. 한비는 군주의 집권을 주장하였는데 이것은 단지 뭇 신하를 잘 통제하여 대권이 남의 손에 떨어지는 것을 면하고자 한 것이며, 결코 군주가 모든 일을 반드시 몸소 처리하게 하고자 한 것은 아니다. 그러나 진시황은 오히려『천하의 일은 대소에 관계없이 모두 위에서 결재하도록 하여 天下事無大小皆決於上』《史記 · 秦始皇本紀》고가과인孤家寡人으로 변하였는데, 이것은 한비의 법치이론에 허물을 돌릴 수 없는 것이다. 진왕조는『형벌을 많게 하고 살육을 가혹하게 하며 繁刑嚴誅』『상벌이 부당하고 세금을 터무니 없이 거두어들여서 賞罰不當, 賦斂無度』『간악함과 거짓이 함께 일어나서 상하가 서로 피하고 죄를 받는 사람이 많으며 형을 받아 피살된 사람이 길에서 서로 바라다볼 정도로 많게 되어 천하 사람들이 고통스러워 하였다. 奸僞幷起, 而上下相遁, 蒙罪者衆, 刑戮相望於道, 而天下苦之』《史記 · 秦始皇本紀》이것은 한비가『법을 간략하게 하고 침범하지 못하게 法省而不侵』하므로써 공과에 따라 상벌을 행하는 것을 주장한 사상과 현격한 차이가 있다.[4] 한비의 법치사상 중 적어도 세 가지 점에 있어서 진대의 군신이 소홀히 한 내용이 있다. 하나는 지나친 형벌을 반대하였다. 둘째는 상으로써 형벌의 보충을 삼는다. 셋째 군주는『법을 폐하고 지혜에 맡기거나 釋法而任智』혹은『법을 폐하고 자신의 사감정에 맡길 釋法任私』수 없다. 법가의『법을 근본으로 삼는다 以法爲本』는 사상은 엄형을 강조하는 것 이외에도 기타 여러 풍부한 내용을 가지고 있다. 진대의 군주가 이해하여 준수한 것은 단지 그 가운데의 한 부분일 뿐이다.『이 때문에 진대의 법이 바로 법가의 법이라고 말하기는 힘들며』진왕조는『이론이 결핍된 시대였다.』[5]

나는 뒤의 관점, 즉 진의 급속한 쇠망은 법가에게 완전하게 죄를 뒤집어씌울 수 없으며 법가사상을 실시한 필연적 결과가 아니라는 관점이 정확하다고 생각한다.

내가 보기에 진나라의 급속한 쇠망은 권력을 남용하고 함부로 일처리를 한 것 이외에도 하나의 중요한 원인은 바로 진왕조사상의 인식상의 국한이다. 그것은 법가사상 속의 중형重刑의 일면만을 보고 그것이 공있는 자와 능력있는 자를 상주는 일면을 저버렸다. 법가의〈형벌〉과〈경상慶賞〉을 병행하는, 또 회유와 탄압을 동시에 실시하는 〈이병二柄〉사상을 편면화시켜서 단일한 형벌로써 국가를 통치하였다. 사상의 인식상의 근원으로 볼 때, 〈화和〉를 제거하고 〈동同〉을 취하였으며 정책으로 하여금 응당의 장력張力과 탄력성을 결핍하게 하였다. 결국에는 필연적으로 인간관계를 긴장하게 하여 천인공노하게 되었으니 망하지 않을 수 없었던 것이다. 이 때문에 나는 진의 급속한 쇠망이 법가사상과 일정한 관계는 있지만 완전히 법가사상에 허물을 돌릴 수는 없다고 생각한다.

2 덕주형보德主刑輔 — 유가와 법가지위의 모식화

법가사상은 선진시기에 발생하여 전중국 고대사회를 꿰뚫은 사상정치적 이론학설이며 중국문화의 중요한 구성요소이다. 만일 진퇴출수進退出守의 인생철학과 사회심리로부터 고찰했을 때 유가와 도가의 상호보충이 중국문화 고유의 특징이라고 한다면, 통치사상과 국가직능의 각도로 고찰해 볼 때 유가와 법가의 상호보충은 중국문화와 시종을 같이하는 특색인 것이다.

진나라가 망하고 한나라가 일어나서 통치계급은 전조가 몰락한 비참한 교훈을 본받아서 장기적인 통치와 안녕을 위하여 적극적으로 새로운 통치사상을 찾음과 동시에 이를 건립하였다. 한나라 초기의 70여 년의 참담한 경영을 거쳐서 한무제 때에는 사상영역에서 유가와 법가의 고하를 다투는 투쟁이 잠시 동안 멈췄다. 『유학자가 정통 爲儒者宗』이라고 한 동중서는 한무제에게 『백가를 물리치고 유가의 학술만을 존중할 것 罷黜百家, 獨尊儒術』을 건의하여 유학으로 하여금 사상영역에 있어서 통치지위를 차지하는 관방사상이 되도록 하였다. 그런데 유학의 독존은 다른 사상으로 하여금 소리없이 자취를 감추게 하지 못했고 할 수도 없었다. 통치책략으로 말하면 동중서는 〈양덕음형陽德陰刑〉〈덕주형보德主刑輔〉를 주장하여 천도와 인도를 하나로 전환시킬 것을 주장하였으며, 양에 맡기고 음에 맡기지 않는 것은 하늘의 도이고 덕에 맡기고 형벌에 맡기지 않는 것은 왕자王者의 도라고 생각했다. 군주는 반드시 하늘의 뜻에 따라야 함으로 덕에 맡기고 형벌에 맡기지 말아야 한다.[6] 이것은 실제로 법가사상의 지위와 작용이 단지 그것의 법규를 중시하고 인정仁政을 제창하는 유가사상의 종속적 지위에 불과할 뿐임을 인정한 것이다. 이른바 양덕음형陽德陰刑은 양이 주가 되고 음이 종이 되는 것으로 유가와 법가의 지위를 형식화하고 순서화시킨 것일 뿐이다.

물론 유가사상 자체에도 〈형〉의 일면이 포함되어 있다. 그러나 동중서의 사상체계로 볼 때, 그가 말한 〈양덕음형〉의 〈형〉은 바로 법가사상이다. 그는 『양은 덕이고 음은 형벌이며 형벌은 죽이는 것을 위주로 하고 덕은 살리는 것을 위주로 한다 陽爲德, 陰爲刑, 刑主殺而德主生』《漢書·董仲舒傳》고 하고, 또한『하늘이 양기를 친근하게 하고 음기를 소원하게 하며 덕교에다 직무를 맡기고 형벌에다 직무를 맡기지 않음을 알 수 있다. ……덕교와 형벌의 비례도 이와같다. 그러므로 성인이 집정을 하면 인애를 베푸는 경우가 대부분이고 위엄을 사용하는 경우는 적으며, 덕교를 강화하고 형벌을 감소시키며 이렇게 하여 천도와 서로 어울린다 天之親陽而疏陰, 任德而不任刑也. ……德敎其與刑罰, 猶如此也. 故聖人多其愛而少其嚴, 厚其德而簡其刑, 以此配天』《春秋繁露·基義》고 말하였다. 그는 진나라의 폭정이『탐욕이 많은 것이 습속이 되었고, 문덕을 가지고 천하를 가르치는 것을 비난하였다. ……이 때문에 목베인 자가 매우 많았고 죽은 자가 서로 바라볼 정도로 많았다 以貪狼爲俗, 非用文德以敎訓於(天)下也. ……是以刑者甚衆, 死者相望』《漢書·董仲舒傳》고 공격하였다. 동중서는 결코 법가사상을 요구하지 않은 것이 아니고, 단지 공개적으로 선양하지 않고 일송의 넉교를 보충하도록 했을 뿐임을 잘 알 수가 있다. 즉 동중서가 겉으로는 유술을 존중하고 속으로는 법가를 절취했다고 말할 수 있다. 실제로 한대의 기본국책 역시 유가와 법가의 병용이며 왕도와 패도의 공존이다. 동중서 이후에 한 선제宣帝는 스스로『한왕실에는 자체적인 제도가 있었는데, 본래는 패도와 왕도가 혼합되어 있었다 漢家自有制度, 本以霸王道雜之』《漢書·元帝紀》고 하였는데, 이것은 바로 덕주형보 및 유가와 법가의 지위를 고정화시켰다는 명확한 증거이다.

한나라 이후로 역대의 봉건통치자는 왕도와 패도의 병용, 양유음법陽儒陰法의 통치책략을 채용하지 않은 이가 없다. 여러 왕조 사이에 구별이 있을지 모르지만 정치형세의 수요에 근거하여 유가와 법가사상의 지위와 작용에 대한 강조가 다를 뿐이며, 그 기본적인 격식은 시종 변화하지 않았다.

제 7 장

불교의 전파와 중국문화에 대한 영향

불교는 일종의 외래문화이다. 그것은 한대에 중국으로 들어와 본토문화와의 배척·흡수·의존을 통하여 최종적으로 하나로 융합되었으며, 중국문화의 한 중요 성분이 되어 중국문화의 발전을 추동시켰다.

제 1 절 불교의 기본사상

1 불교 기본교의의 핵심

불교는 세계 3대종교(불교·기독교·이슬람교) 가운데 하나이다. 그것은 기원전 6세기에 인도에서 발생하였으며 후에 아시아 각지로 전파되었다.

기원전 6세기 지금의 인도·네팔 지역내에서 노예주에 의해 통치되는 수많은 소국이 건립되었다. 이들 작은 나라에는 거주민이 4계등급으로 나뉘어진다. 제 1등급은 브라만(승려)이다. 그들은 최고의 지위를 갖고 있으며 전적으로 제사를 담당하고 지식을 독점하여 사람들에게 공양을 받고 정신적 특권을 누린다. 제2등급은 크샤트리아(군사귀족)이다. 그들은 군사행정의 권리를 갖고 있지만 승려에게 감시를 받고 노획한 전리품의 반을 승려에게 바쳐야 한다. 제 3등급은 바이샤(농민·수공업자·상인)이다. 그들은 신분이 자유로운 사람이지만, 승려는 임의대로 그들의 재산을 빼앗을 수 있다. 제4등급은 수드라(노예, 고용노동자와 아리아인에게 정복된 토착민)이다. 그들의 지위는 가장 낮으며 착취를 당하고 압박을 받는다. 당시에는 보편적으로 승려의 특권과 전횡을 반대하는 감정이 존재하고 있었다. 군사귀족과 상인들 가운데에는 이러한 감정이 특히 강렬하였는데, 불교는 바로 이러한 사회 분위기 속에서 창립된 것이다.

불교의 창시자는 싯달다悉達多(기원전 565-480, 대략 공자보다 앞선다)라고 하는데 부족의 성은 교달마喬達摩이며 제2등급, 즉 군사귀족에 속하였다. 그는 승려의 신권통치에 불만을 갖고 29세에 왕족의 생활을 버리고 집을 떠나 수도를 하였다. 6년의 고행을 거쳐서 35세 때 불교를 창립하였다. 그뒤로 그는 줄곧 항하恒河유역 일대에서 전교를 하였다. 그는 신도들에게 불타佛陀라고 존숭되어 불리었는데, 이말의 뜻은 〈깨달은 자〉이며, 또한 석가모니라고도 불리었는데 이 말은 석가족의 〈성인〉이란 뜻이다.

불교의 기본교리의 내용은 사체설四諦說·십이인연설十二因緣說·업력설業
力說·무상설無常說과 무아설無我說 등이다.[1]

불교의 기본교의의 핵심은 인생이 고통으로 충만되어 있기 때문에 단지 불교
를 믿고 세계를 만인의 것으로 보고 자아를 〈공空〉으로 보기만 하면 고통의 길에
서 벗어날 수 있다고 선전하였다. 고통에서 해탈하고자 하면 일체의 욕망을 종식
시켜서 〈열반涅槃〉의 경계에 이르러야 한다. 이렇게 하자면 반드시 장기적인 수
도를 통해야 하며 그 방법은 몸과 마음을 단속해야 하는데 그것이 바로 〈계戒〉이
며, 고통받는 인내력을 연마해야 하는데 그것이 바로 〈정定〉이며, 사리에 통달하
여 스스로 총명한 척하지 않아야 하는데 그것이 바로 〈혜慧〉이다. 불교는 또한
어떠한 등급의 사람을 막론하고 모두 수도할 수 있으며, 또한 〈정과正果〉를 이룰
수 있다고 주장하였다. 불교의 이러한 설교는 당시의 인도사회에서 사람들 특히
군사귀족과 상인등급이 승려의 특권과 전횡을 반대하는 요구에 부합하였다. 불
교에서 신앙하는 비판주의의 논조는 하층의 가난하고 고통받는 인민들의 공명을
쉽게 일으켜서 그들의 옹호를 받았다.

2 사체설四諦說

불교에서는 현실세계가 고통의 과정, 즉 이른바 〈고해무변苦海無邊〉이라고 본
다. 어떻게 고통의 원인과 결과를 구체적으로 설명하며 고통에서 해탈하는 방법
을 찾을 수 있는가? 불교에서는 〈사체설四諦說〉을 제출하였다.

체諦는 곧 진리이다. 사체四諦는 고체苦諦·집체集諦·멸체滅諦·도체道諦를
가리킨다. 고체苦諦는 현실에서 존재하는 여러 가지 고통현상이다. 그것은 주로
감정상의 고통을 전적으로 가리키는 것이 아니라 정신의 핍박성逼迫性, 즉 번뇌
를 핍박하는 의식을 총괄적으로 가리킨다. 불교에서는 일체의 것이 모두 변화무
상變化無常하다고 본다. 대천세계大千世界는 단지 고통의 집합에 불과하다. 중
생이 자아를 주재할 수 없고 무상의 환루患累에 어지럽혀지기 때문에 안락이 없
으며 고통만이 존재하게 된다. 불교의 입장에서 볼 때 사람의 출생은 고통(생고
生苦)이며, 늙음은 고통(노고老苦)이며, 사망은 고통(사고死苦)이며, 서로 사랑
하지 않는 사람이 모이는 것은 고통(원증회고怨憎會苦)이며, 서로 사랑하는 사람
이 이별하는 것은 고통(애별리고愛別離苦)이고, 욕망이 만족을 얻을 수 없는 것은
고통(구불득고求不得苦)이다. 총괄적으로 말해서, 일체의 심신은 모두 고통이며
사람이 세상에 살면서 어느곳에 있든지 모두 고통인 것이다.

집체集諦는 고통을 조성하는 원인과 근거를 말한다. 집집은 집합의 의미이다. 불교에서는 고통을 발생시키는 원인이 〈무명無明〉, 즉 심지心智의 미혹에 있다고 본다.

멸체滅諦는 불교의 최고이상인 무고통상태를 말한다. 멸멸은 인생고난의 멸적滅寂·해탈解脫을 가리킨다. 멸체는 탐욕을 멸진滅盡시키고, 고통을 멸제滅除시켜 다시 생겨나지 못하게 하는 이치를 말한다. 인생의 고해에서 벗어나고자 하면 반드시 근본적으로 생사윤회生死輪回를 벗어나서 열반涅槃의 경계에 들어가야 한다. 『열이란 생기지 않는 것이고, 반이란 없어지지 않는 것이며 涅者不生, 槃者不滅』일체의 번뇌를 적멸寂滅하고, 일체의 청정공덕清静功德을 원만하게 하여 인생의 최고경계를 실현시키는 것이다.

도체道諦는 불교의 이상경계를 실현시키는 데 준수해야 할 수단과 방법을 말한다. 도는 도로·지름길·방법을 가리킨다. 도체는 고통을 멸제하는 데로 이끌어 열반의 정도正道를 증명한다. 방법의 각도에서 볼 때, 도체는 신도의 확고한 신앙과 부지런한 태도를 배양시켜야 한다고 강조하며 신도의 사상·언론과 행위에 대해서 소극적인 경계를 가지고 있으며, 동시에 적극적인 인도를 한다. 또한 신비한 직관을 채용하여 불교에 부합하지 않는 일체의 인식과 사상을 다스리며 동시에 또한 마음과 뜻을 조련하므로써 일종의 특이한 심리상태를 형성하는 것을 매우 중시한다. 이러한 방법은 불교도의 신앙을 수립하고 확고하게 하는 데에 거대한 작용을 발휘하였다. 내용의 측면에서 볼 때 도체의 요인은 도덕을 변혁하여 도덕의 자아완선을 희망하고 마음을 안정되게 하여 안식의 경계를 추구하는 데 있다. 불교에서는 개인의 노력을 통하여 인생의 이상경계를 실현해야 한다고 강조한다.

고苦·집集·멸滅·도道의 사체 중에서는 고체가 핵심이며, 이것은 불교 인생관의 이론적 초석이다. 바로 불교가 인생을 호된 고난의 역정으로 설정하였기 때문에 따라서 세속을 초탈하는 입장을 다져놓았다. 불교가 제창한 도덕책임과 봉헌정신奉獻精神·거악종선去惡從善·자아에 대한 단속 등등은 모두 여기에서 발생된 것이다.

3 연기緣起와 윤회輪回

석가모니는 일체의 사물은 모두 인연의 화합에 의해 이루어졌으며 모두 인과관계因果關係에서 생겨난다고 주장하였다. 사람의 고통·생명과 운명은 모두 스스로 인因을 만들고 스스로 과果를 받는다. 불교에서 볼 때, 연기의 의미는 사물의 인과관계를 가리킨다. 〈연緣〉은 조건·기인起因을 가리키며 〈기起〉는 〈연〉의 효용을 표시한다. 모든 사물은 연에서 일어나며 일정한 조건하에서 존재하는 것이다. 『만약 연기를 보면 법이 보이고 만약 법을 보면 연기가 보인다. 若見緣起便見法, 若見法便見緣起』(《中阿含經》卷三十) 〈법法〉은 세상의 모든 사물을 가리키며 물질과 정신을 포괄한 것이다. 『이것이 있으면 저것이 있고 이것이 생겨나면 저것이 생겨나고 이것이 없으면 저것이 없고 이것이 소멸되면 저것이 소멸된다. 此有則彼有, 此生則彼生, 此無則彼無, 此滅則彼滅』《中阿含經》 이것은 연기사상의 가장 개괄적인 표현이다. 불교의 연기설緣起說은 주로 인생문제를 중심으로 전개된다. 불교에서는 인생이 12개의 환절(12인연)로 구성된다고 보고 있다. 12인연은 무명無明·행行·식識·명색名色·육처六處(육입六入)·촉觸·수受·애愛·취取·유有·생生·노사老死이다. 그 가운데 앞의 두 개는 전생을 가리키며(과거적) 중간의 8개는 현생을 가리키며(현재적) 앞의 5개는 또한 현재의 과果를 가리키고, 뒤의 3개는 뒤의 인因을 가리키며, 맨 뒤의 두 개는 내생을 가리킨다.(미래적) 인생이 유전하고 윤회하는 과정 속에서 12인연은 과거·현재·장래의 3세에 관련된다. 그 가운데 현재의 과는 반드시 과거의 인이 있으며, 현재의 인은 반드시 미래의 과를 발생시킨다. 그래서 12인연 중에서 두 종의 인과에 관련되며, 총괄하여 삼세양중인과三世兩重因果가 된다. 도식으로 나타내면 다음과 같다.

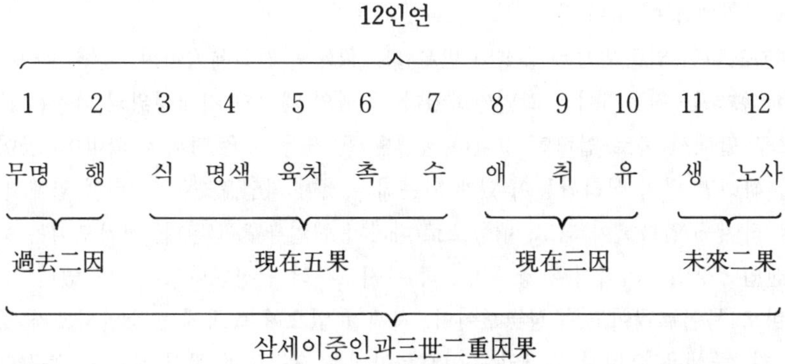

삼세이중인과의 순서는 순順과 역逆의 두 방면에서 고찰할 수 있다. 만일 인으로부터 과를 미루면 무명(우매무지愚昧無知)은 근본원인이며, 무명으로부터 각종

의 선과 불선행위(행行)를 일으키며, 행위로부터 개인의 정신통일체(식識)를 일으키며, 식으로부터 신체를 구성하는 정신(명名)과 육체(색色)를 일으키며, 명과 색이 있으면 눈·귀·코·혀·몸·의지 등의 여섯 가지 감각기관이 있게 되며, 외계사물과의 접촉이 있게 되어 괴로움과 즐거움의 감수感受를 일으키며, 수受로부터 갈애渴愛·탐애貪愛·욕애欲愛 등등을 일으키며, 애愛가 있게 되면 곧 외계사물의 추구에 대한 색취索取가 있게 되고, 취取로부터 생존과 생존의 환경(유有)을 일으키며, 유에서 생生이 있게 되고, 생이 있으면 곧 사死가 있게 된다. 전인생은 바로 이 12인연의 유전流轉과정이다. 결과로부터 원인으로 역추逆推하면, 즉 노사老死로부터 미루어 무명無明에 이르게 되는 것은 또한 무명이 생사를 조성하는 근본원인이라고 귀결할 수 있다. 이것은 실제로 고체·집체에 대한 진일보한 천명이다. 무명을 깨끗이 제거하고 아울러 12인연의 순서에 따라 점점 노사의 현상을 제거하고자 하면 또한 멸체·도체와 결합시켜야 한다. 결국 중생의 세속적 인식의 전변과 우매무지를 극복하는 것은 가장 중요하고 가장 근본적인 임무인 것이다. 이것이 바로 불교의 일련의 종교 설교의 출발점이며 근거이다.

12인연 중의 삼세이중인과이론은 논리적으로 윤회사상을 포함하고 있다. 무명과 행의 두 환절環節로부터 〈과거인過去因〉이 만들어지고 식識·명색名色·육처六處·촉觸·수受의 다섯 개 환절로부터는 〈현재과現在果〉가 이루어지며 유애由愛·취取·유有의 세 개 환절로부터는 〈현재인現在因〉이 이루어지고 생生·노사老死로부터는 〈미래과未來果〉가 된다. 불교에서 볼 때, 생명이 있는 개체라면 어느것이나 해탈이 있기 전에는 반드시 이 인과율因果律에 따라 생사가 윤회되어 영원히 끝이 없다.

석가모니는 업력業力은 중생이 받은 과보果報의 전인前因이며, 중생의 생사가 유전流轉하는 원동력이라고 언명하였다. 중생의 행위와 지배행위의 의지는 본질적으로 말해서 바로 업력인 것이다. 〈업業〉은 행동 혹은 작위의 의미이다. 어떤 일을 하려면 먼저 심리활동이 있게 되는데 이것이 의업意業이고, 뒤에 입에서 발설을 하여 구업口業이 되고, 행동으로 나타나 신업身業이 된다. 석가모니는 중생의 신업·구업·의업이 왕왕 무명, 즉 무지로부터 결정된다고 주장하였다. 인생은 바로 무아無我이고 무상無常이며, 자체가 없으며 종국에는 소멸되고자 하는 것이다. 중생은 오히려 그것의 유아有我이기를 요구하며 항상 불변을 요구한다. 중생의 이러한 행위는 즉 무지의 표현이다. 이러한 무지로부터 발생된 행위는 바로 모든 괴로움의 근원이다. 중생이 행한 악업과 선업은 모두 상응하는 과보果報를 일으킨다. 업의 성질이 다르기 때문에 내세는 곧 다른 경우에서 윤회한다.

　불교의 이러한 윤회설輪回說은 개인 언행의 자아책임을 강조하였고, 일체의 것이 모두 자작自作·자수自受한 것임을 강조하여 객관상 사람들의 행위에 대해 일정한 권계勸誡와 단속작용을 하였다. 불교는 사람들의 활동이 그 후과와 일정한 관계가 있어서 보응을 얻게 되므로 이른바 선에는 선보善報가 있고 악에는 악보惡報가 있다고 주장하였는데, 이것은 일정한 의미에 있어서 그것의 합리적인 일면을 가지고 있다. 그러나 불교는 이러한 이론을 무조건적인 지경으로 강조하여 황당무계한 학설로 흘렀다. 특히 불교의 본질은 일종의 신학적 허구인데, 이것은 우리가 특별히 주의해야 할 것이다.

　엄격하게 말해서 불교는 중국의 일반인의 마음 속에 있으며, 업보윤회설은 불교의 기본사상이 되었다. 중국의 불교학계에서 볼 때 인과응보는 불교의 실리實理이자 근본이므로 인과응보를 부정하는 것은 불교를 포기하는 것과 같다.[2] 실제로 세속적인 관점으로 볼 때, 불교는 중국인의 심리에 깊은 영향을 주었는데, 주로 인과응보因果應報·삼세윤회三世輪回사상은 조정과 민간을 막론하고 또한 관과 백성을 막론하고 마찬가지였다.

4 무상無常·무아無我와 열반涅槃

　불교에서는 무명이 즉 무지이며, 인생 고통의 총근원이라고 본다. 이른바 무명은 바로 인생의 〈무상無常〉〈무아無我〉의 도리를 이해하지 못하는 것이다. 인생의 무상·무아를 논쟁하기 위하여 사람들로 하여금 불교이론에 귀의하여 정과正果를 수성修成하도록 하였으며, 불교는 〈삼법인三法印〉설을 제출하였다.

　〈삼법인〉은 즉 〈제행무상諸行無常〉〈제법무아諸法無我〉〈열반적정涅槃寂静〉이다. 〈인印〉의 의미는 〈옥쇄〉를 가리킨다. 국왕의 옥쇄는 문건文件의 진실을 증명하는 일종의 표기이다. 〈법인法印〉은 즉 인증·표기이다. 삼법인三法印은 즉 불교학설을 판단하는 세 개의 표준이다.

　제행무상諸行無常은 세계만인이 변화무상한 것임을 가리킨다. 행行은 본래 유전流轉하고 변화한다는 뜻이다. 앞에서 서술한 바와 같이 불교에서는 세간의 일체 사물은 모두 인과 연의 화합으로 생겨났으며, 모두 고정되어 있지 않고 변동하는 것이기 때문에 〈행行〉이라 부르고, 세계는 만물만상을 가지고 있기 때문에 〈제행諸行〉이라 부른다고 주장하였다. 〈상常〉은 항상을 가리킨다. 그러므로 제행무상은 바로 세간의 일체 사물현상은 모두 끊임없이 변화하며 영원히 변하지 않는 것은 없다는 것을 말한다. 인생은 무상하기 때문에 일체가 괴로움이다. 앞에서 말한 12인연이론은 바로 인생의 변화무상·생사윤회에 대한 체계적인 설명이다. 이 이론에 근거하면 인생은 어떠한 고정불변의 일이 없고 어떠한 사람을 유쾌하게 하는 일도 없으며 따라서 인생은 고통으로 충만된 과정인 것이다. 제행무상의 이론은 결국 불교가 고해무변苦海無邊을 선양하고 사람들의 출세사상出世思想을 배양시키기 위한 논증임을 알 수 있다.

제법무아諸法無我는 일체의 현상이 모두 인과 연의 화합으로 이루어졌으며 독립적인 실체 혹은 주재자가 없음을 가리킨다. 제법은 현상과 본질·현실세계와 피안세계를 포괄하는 총칭이다. 〈아我〉는 이합집산離合集散함이 없으면서 변화와 생멸이 없는 실체이며 독립적으로 자생하고 영원불변하는 주재자이다. 이른바 〈제법무아〉는 일체의 존재하는 것은 모두 독립불변의 실체 혹은 주재자가 없으며 일체의 사물은 모두 주재작용을 일으키는 아我 혹은 영혼이 없음을 말하는 것이다. 바꾸어 말해서 세상에 홀로 독립된 자아존재·자아결정의 영원한 사물은 없으며 일체의 모든 사물은 모두 인과 연이 모여서 이루어진 것이고 상대적이며 일시적인 것이다.

불교의 인생관으로 볼 때, 제법무아의 핵심은 〈아집我執〉을 제거하기 위함이다. 자아에 집착하는 것을 〈아집〉이라고 한다. 〈아집〉은 〈인아집人我執〉(인집人執)과 〈법아집法我執〉(법집法執)으로 나누는데, 이것은 불교에서 제거하고자 하는 가장 주요한 관념이다. 인아·법아와 인집·법집과 서로 대응되는 것에는 인무아人無我·법무아法無我가 있다. 인생은 무상하여 필연적으로 무아이다.『무상하기 때문에 괴로우며 無常故苦』인생은 고뇌를 갖고 있어서 자유롭지 못하고 자아가 주재할 수 없으며, 무아 즉 인무아인 것이다. 이러한 것이 전부는 아니다. 기타의 일체사물도 시시각각으로 변화하여 자유롭지 못하여 법무아라고 일컫는다. 이러한 인무아·법무아의 이론은 불교의 기본학설이다. 인집과 법집을 제거하고자 하기 때문에 반드시 제법무아의 도리를 모든 방면에 확대시켜야 하며, 따라서 이것은 만법개공萬法皆空과 동의어가 되고 원활하게 불교 출세이론을 논증해 주었다.

〈열반적정涅槃寂静〉은 생사윤회를 초탈하여 일체의 번뇌, 내심의 적연부동寂然不動을 식멸熄滅시켜 주는 경계로 들어가는 것을 가리킨다. 열반은 불교에서 추구하는 최고의 경계이다. 불교에서 제행무상·제법무아를 선양하는 궁극적인 목적은, 곧 사람들이 마음을 수양하도록 인도하여 열반경계로 들어가도록 하는 것이다. 〈열반적정涅槃寂静〉의 경계는 언어와 사유에서 파악할 수 있는 것이 아니며 단지 신비적 내성사內省似적 직각에 의하여 증거하고 깨달을 수 있는 것이다. 실제적으로 볼 때 열반적정설은 현실의 부정을 통하여 환상을 강조하고 세간의 〈상常〉〈아我〉의 부정을 통하여 출세간의 〈상〉〈아〉를 긍정하는데, 이것은 바로 불교이론의 현실목적인 것이다.

제 2 절 불교의 중국에서의 전파와 발전

1 불학의 3단계 발전 및 본토문화와의 관계

불교가 한대에 중국으로 전해져 들어온 뒤로부터 현재에 이르기까지 이미 2천년이 되었다. 이 기간 동안 불교의 중국에서의 발전은 대체로 세 단계로 구분할 수 있다.

한에서부터 남북조까지 —전입傳入과 발전

이 단계는 한나라에서부터 위진시기를 거쳐 남북조에 이르며 전입과 발전의 시기이다. 이 시기는 불경의 번역·해석·소개를 위주로 하며 번역한 것은 주로 선경禪經과《반야경般若經》이다.

한나라에서 삼국에 이르기까지 불교의 발전은 완만하여 사람들의 주의를 크게 끌지 못하였다. 교파는 주로 두 개인데 하나는 안세고安世高를 대표로 하는 소승선학小乘禪學이며, 또 하나는 지참支讖·지겸支謙을 대표로 하는 대승반야학大乘般若學 즉 공종학설空宗學說이다. 전자는 종교의 수지修持·묵좌黙坐의 전념에 치중하고 후자는 교의의 연구와 선전에 치중하여 현실세계의 허망함을 논증하였다.

동한시기의 사람들은 왕왕 불교를 황노학과 동류로 보았으며, 선학禪學은 학도성선學道成仙하는 방술 중의 하나로 간주되었다. 동한시기의 불교는 도술방사道術方士사상과 결합되는 과정 속에서 발전된 것이다.

동진東晋 16국시기에 사회가 혼란하여 불교는 장족의 발전을 하였다. 이 시기에 불경은 대량으로 번역되었으며 중국 승려의 불학에 관한 저술이 분분히 세상에 나왔고, 반야학般若學은 여러 학파를 출현시켰으며 민간 속으로 신앙이 나날이 보급되고 심도가 깊어졌다. 저명한 대사로는 도안道安·혜원慧遠·구마라습鳩摩羅什과 승조僧肇이다. 중요한 불학사조로는 첫째 반야학의 〈공空〉론이고, 둘째 인과응보론因果應報論과 신불멸론神不滅論이다. 반야공종般若空宗이론의 대표적인 사람은 승조이다. 그는『세계는 유도 아니고 진유도 아니며, 무도 아니고 진무도 아닌 것 世界是非有非眞有, 非無非眞無』으로 『불진공不眞空』이며 즉 만물은 진실성이 없는데, 그러나 존재하지 않는 것이 아니고 진실하지 않은 것이 존재하는 것이라고 주장하였다. 인과응보와 신불멸론을 선양한 전형적인 대표 인물은 혜원이다. 그는 불교의 업보윤회학설業報輪回學說에 근거하여 중국 고유의 미신관념을 흡수하고 직접 인체 자신의 주체활동 속에서 인과응보설을 건립하였다. 《삼보론三報論》과 《명보응론明報應論》 속에서 그는 사람들이 겪는 모든 불행은 무명과 탐욕 등의 감정이 일으키는 과果에 의한 것이라고 강조하였다. 이것은 즉 인생의 조우遭遇는 외래의 주재자가 없고 완전히 자신의 작용에 의해 조성되며 자작자수自作自受라는 것이다. 그는 이러한 자작자수의 인과응보를 현보現報(현세에 받는 보), 생보生報(내세에 받는 보), 후보後報(2생, 3생 후에 받는 보)로 나누었다. 1세는 1윤회이므로 그래서 삼세윤회三世輪回라고 하기도 한다. 삼세윤회를 벗어나고자 하면 반드시 불교를 믿고 수지修持에 힘써야 하며 무명과 탐애 등의 세속감정을 제거해야만이 자아해탈하여 사후에 고통이 없는 극락의 열반경계에 진입할 수 있는 것이다.

형체와 정신의 관계에 관하여 혜원은 〈신불멸神不滅〉을 주장하였다. 그는 신은 만물을 감응感應하여 그것을 변화시킬 수 있으며, 만물은 소멸할 수 있지만 정신은 소멸될 수 없다고 주장하였다. 그 원인은 정신이 이 형체로부터 저 형체로 옮아갈 수 있기 때문인데, 이것은 마치 불이 이 장작에서 저 장작으로 옮아가는 것과 같은 이치이다.

남북조시기에 들어와, 사회는 여전히 혼란하여 불교는 진일보한 발전을 하였다. 이 시기에 각종 불전佛典이 연이어 나왔으며 경사經師들은 일경一經·일론一論을 전공專攻하여 각기 문호를 수립하면서 상호쟁명하였다. 열반학涅槃學은 이 시기의 중요한 불학이론이다. 그것은 주로 불성학설佛性學說을 밝히고 있다. 〈열반불성涅槃佛性〉의 문제는 남북조시대 불교이론의 중심문제이다.

불성설을 선양한 저명한 대표 인물은 도생道生이다. 도생道生의 학설은 주로 열반불성설涅槃佛性說과 돈오성불설頓悟成佛說이다. 불성은 성불의 원인·근거와 가능을 가리키며 성불의 근본적 전제이다. 그는 중생은 모두 불성을 갖고 있으며, 중생은 모두 성불할 수 있다고 주장하였다. 『불성은 곧 나이다 佛性即我』 『본래 불성이 있으며, 즉 중생에게 자비를 베푸는 것이다 本有佛性, 即是慈念衆生也』《大般涅槃經集解》『모든 중생은 부처가 될 수 있다 一切衆生, 皆當作佛』《妙法蓮華經疏》고 하였는데, 이것은 천국에 들어가는 티켓을 염가로 대중에게 주는 것이다.

열반불성설의 기초 위에서 도생은 돈오성불설을 제출하였다. 돈오頓悟는 성불의 절차·방법에 관한 것이며 점오漸悟와 상대된다. 장기적인 수행과 학습을 통할 필요가 없이 하루 아침에 〈진리〉를 파악하는 것, 즉 돌연히 깨달음이 있는 것을 가리킨다. 혜달慧達은 《조론소肇論疏》에서 도생의 말을 인용하여, 간단하면서도 명확하게 돈오의 이치를 논술하였다. 『돈이라고 하는 것은 이치를 밝히는 것과 뗄 수 없으며, 둘이 없는 깨달음으로써 나눌 수 없는 이치에 합치시키는 것이다. 夫稱頓者, 明理不可分, 悟語極照. 以不二之悟, 符不分之理』즉 불교의 이치는 나눌 수 없는 정체이기 때문에 그것에 대한 깨달음도 역시 단계를 나누어 실현시킬 수 있는 것이 아니라는 뜻이다. 사용하는 데 차별이 없는 지혜와 불리佛理를 서로 결합하는 것이 바로 돈오이다. 이러한 돈오성불설은 신비주의적인 직각直覺이론이고 직각사유이며, 뒷날의 불교사상과 송명이학사상에 대해서 깊은 영향을 주었다.

수당   종파가 다양해진 전성기

불교가 중국에서 발전한 제2단계는 수당隋唐시기이다. 이 시기는 불교의 전성기이며 불교가 중국화된 시기이기도 하다. 이 시기에 번역된 불교전적은 지극히 풍부하다. 정치의 통일·경제의 발전·문화교류의 융합추세가 강화됨에 따라서 불교는 공존의 발전을 하였으며 적지 않은 신종파가 창립되었다. 예를들면 천태종天台宗·법상종法相宗·화엄종華嚴宗·선종禪宗·삼론종三論宗·정토종浄土宗·율종律宗·밀종密宗 등이다. 각 종파는 모두 자기의 이론과 수지修持체계를 가지고 있으며 사도師道가 서로 전해져 엄격하게 지켜지고 변하지 않았다.

당나라의 통치자는 유·불·도 3교의 병행정책을 실시하였다. 당대의 20명의 황제는 무종武宗을 제외하고 모두 불교를 신봉하였다. 이러한 정황은 불교를 창성케 함과 동시에 유·불·도의 융합을 촉진시켰다. 봉건통치자는 유학의 치세治世·불학의 치심治心·도교의 양신養身이라는 다른 기능을 충분하게 이용하여 그것으로 하여금 통치를 보호하는 방면에서 상호보완을 실현하였다. 봉건통치자의 제창에 의해 당·송 교체 무렵에 이르러 삼교 사이의 영향은 더한층 깊어졌고, 삼교합일三敎合一의 사조가 한 걸음 나아가 이루어져 불교는 마침내 중국의 본토문화와 일체로 융합되어 중국문화의 일부분이 되었고 중국인의 정신생활과 고락을 같이하여 송명이학의 추형雛型을 형성하였다.

불교와 중국 전통문화의 융합은 그 자체의 발전으로 볼 때 유가와 도가사상의 섭취를 통하여 중국화된 불교종파인 천태종·화엄종과 선종 등을 형성하였다. 그 사상이론 관점으로 보면 그것들은 일련의 인도불교와는 다르면서 유가와 도가사상을 흡수한 이론을 제출하였다. 구체적으로 살펴보면 다음과 같다.

심성心性을 종파학설의 중심으로 삼았다. 심성문제는 중국 전통사상, 특히 유가사상의 중요내용이다. 그것은 개인의 도덕수양에서 국가안녕에 영향을 주는 것과 관련있는 중대한 문제이며, 불학의 이른바 성불의 근본문제이기도 하다. 진晋과 송宋 이래로 도생과 같은 불교학자는 현학가가 우주본체를 연구하는 사조의 영향을 받고 인격의 본체 즉 심성의 고찰을 중시하였으며 본체론本體論과 심성론心性論의 연구를 통일시켜서 불성은, 즉 성불의 근거임을 크게 강조하였다. 당대의 천태종·화엄종·선종 등은 모두 심성문제의 설명에 치중하였다.

유가의 윤리도덕을 선양하였다. 중국 봉건사회는 중앙집권의 군주제도 및 농업경제의 기초와 서로 적응하는 종법제도를 실행하였는데, 이 때문에 충군효친은 윤리도덕의 기본규범이 되었다. 특히 효는 더욱 윤리도덕의 근본으로 간주되었다. 중이 출가하여 마음 속으로는 임금도 없고, 어버이도 없어서 황제에게 절하지도 않고 부모에게 효도하지 않는 것은 인륜에 대한 패역행위로 간주되었다. 당 고종高宗은 일찍이 중이 군주와 어버이에 대해서 절을 하도록 명령하였는데 도선道宣 등의 반대에 의해 부모에게만 절하도록 내용을 고쳤다. 그러나 중당中唐에 이르러 유·불·도 3교의 투쟁이 격화됨에 따라 불교가 유가와 도가에게 이기고 통치자에게 3교 병행의 정책을 봉행하도록 하기 위해 불교도들은 부득불 통치자에게 고개를 숙이지 않을 수 없었다. 이 때문에 사문이 상소할 경우에 자칭 〈빈도貧道〉〈사문沙門〉으로 표기하던 것을 〈신臣〉으로 고쳤다. 불교는 또한 효도를 크게 선양하였는데, 불교학자는 효를 이야기하는 불경을 창작하였으며, 예를들면 《부모은중경父母恩重經》과 같은 것은 부모의 생육은혜에 대한 응보를 선양한 것이다.

〈방편方便〉〈원융圓融〉과 〈자오自悟〉를 제창하였다. 천태종은 《법화경法華經·방편품方便品》을 근거로 해서 중생을 도탈度脫시키기 위해서는 여러 가지 신축성 있는 방법을 수용할 수 있다고 선양하여 방편법문方便法門을 창도하였는데, 따라서 중국 전통사상과 조화되기 위하여 방편의 문을 열었다. 천태종 사람들은 도교의 단전丹田·연기煉氣 등의 설법을 자기의 학설에 흡수하여 수습지관좌선제병법修習止觀坐禪除病法을 창도하였다.

이것은 도교의 신앙과 서로 결합된 것이다. 화엄종 사람인 종밀宗密은 유교와 도교를 불교사상체계 속에 흡수시켰을 뿐 아니라, 《주역》의 원元·형亨·리利·정貞의 〈사덕四德〉을 불교의 상常·락樂·아我·정淨의 〈사덕〉에 배합하고 유가의 인仁·의義·예禮·지智·신信의 〈오상五常〉을 불가의 살생하지 않음

(不殺) 도적질하지 않음(不偸盜) 사악하고 음란하지 않음(不邪淫) 술 마시지 않음(不飮酒) 함부로 말하지 않음(不妄語)에 배합하였다. 이것은 불교의 이상경계와 도덕규범을 유가의 덕성德性·덕행德行과 동등하게 본 것이다. 선종은 한 걸음 더 나아가 염경念經·배불拜佛·좌선坐禪을 제창하지 않을 뿐 아니라 심지어 부처를 꾸짖었으며 성정자오性淨自悟, 〈범부즉불凡夫即佛〉을 주장하여 일상생활 속에서 성불成佛의 이상을 실현할 수 있다고 주장하였다. 이러한 인도불교에 대항하는 사상은 실제로 도가의 자연주의·현학가의 득의망언得意忘言이론 및 광달방탕曠達放蕩·자아소요自我逍遙의 영향을 깊이 받았음의 표현이다.

(3) 송에서 청까지 ─ 흥성으로부터 쇠퇴에 이른 정체기

불교가 중국에서 발전한 제3단계는 송·원·명·청시기이다. 이 시기의 불교는 이미 흥성으로부터 쇠퇴로 전환되어 정체기로 들어갔다. 불교와 중국 고유문화 및 민속은 더한층 융합되었으며 민간신앙상에서 가장 광범하고 견고한 기초를 수립히었는데, 그리나 새로운 종파를 싱립시키시 못했고 이본방면에 있어서도 새로운 것을 만들어내지 못하였다. 그 기간에는 주로 선종이 계속 유전流轉되었으며 그 다음은 정토종浄土宗이다.

불교는 중국으로 들어온 이후 대체로 계속해서 중국 전통사상문화의 부용적 지위에 처했으며 단지 유가사상의 보충수단일 뿐이었다. 역사의 발전에 따라서 송·원·명·청시기에 이르러 불교종파가 내부적으로 통합되는 추세가 증강되어 심성문제에 대한 인식도 갈수록 일치를 보여 심성문제가 이 시기 불교철학이론의 핵심이 되었으며, 동시에 불교가 유가·도가사상과 조화되는 경향이 나날이 현저해졌다. 북송의 천태종학자 지원智圓은 자호를 〈중용자中庸子〉라고 하였으며, 만년의 학설에서는『유가의 존중을 근본으로 삼을 것 以宗儒爲本』을 강조하였으며,『공자의 가르침이 아니면 나라가 다스려질 수 없고 가정이 안정될 수 없으며 몸이 편안해질 수 없고 非仲尼之教, 則國無以治, 家無以寧, 身無以安』『나라가 다스려지지 못하고 가정이 안녕하지 못하고 몸이 편안하지 못하면 부처의 도가 무엇을 통해 행해질 수 있겠는가? 國不治, 家不寧, 身不安, 釋氏之道何由而行哉?』《中庸子傳上》라고 하였다. 여기에는 유가를 불가의 위에 놓고 유가를 빌어 불교를 행한다는 뜻을 함유하고 있다. 계숭契嵩이 지은《보교편輔教篇》에서는『옛날에 성인이 있었는데 불가·유가·제자백가 등이다. 그들의 마음은 같지만 행적이 달랐다. 같다고 함은 그들이 모두 인간을 착하게 만들고자 했다는 것이고, 다르다고 함은 학파를 달리하여 제각기 가르쳤다는 것이다 古之有聖人焉, 曰佛, 曰儒, 曰百家. 心則一, 其迹則異. 夫一焉者, 其皆欲人爲善者也, 異焉者,

分家而各爲其教者也』라고 강조하였다. 그는 《효론孝論》 12장을 지어서 체계적으로 유가와 불교의 효도관계를 논술하였으며, 불교에서는 효를 가장 중시하며 『효는 계율보다 우선한다 孝爲戒先』고 말하였다. 그는 또한 세간의 허다한 도리는 『모두 유가에서 발단하였으며, 널리 불가에 효과가 미쳤다 皆造端於儒, 而廣推效於佛』《上仁宗皇帝萬言書》고 주장하였는데, 실제로 불가이론을 유가학설로 귀결시킨 것이다. 명대의 불교사대사佛教四大師는 불교는 『드러나지 않게 왕화가 미치지 못함을 돕고 陰助王化之所不及』유교는 『겉으로 불법이 미치지 못하는 부분을 도우며 顯助佛法之所不及』유가와 불가는 상호작용이 될 수 있다고 보았다. 덕정德靖은 『학문을 하는 데는 세 가지 요체가 있다. 즉 《춘추》를 모르면 세상일을 많이 경험할 수 없고, 《노자》와 《장자》에 정통하지 못하면 세상일을 잊을 수 없으며, 성에 들어가지 않으면 속세를 떠날 수가 없다 爲學有三要, 所謂不知《春秋》, 不能涉世, 不精《老》,《莊》, 不能忘世, 不參禪, 不能出世』《憨山大師夢游全集·說·學要》고 하였다. 그는 『공자와 노자는 석가의 화신 孔, 老即佛之化身』임을 강조하였는데 실제로는 유·불·도를 하나로 본 것이다.

불교가 이 시기에 심성문제를 중시하였으며 유가·도가의 사상과 조화되었다고 하는 것은 또한 이학으로부터 인증될 수 있다. 이학가의 인생철학과 도덕학설은 앞에서 이미 말한 바 있는 격물格物·치지致知·성의誠意·정심正心·수신修身·제가齊家·치국治國·평천하平天下(본서 제3장 제2절을 참고)에 의거하며, 동시에 선종의 〈직지본심直指本心〉의 이론을 흡수하여 인격의 자아완성을 제가·치국의 근본으로 삼고 또한 봉건 정치질서 윤리규범이 체현된 천리天理로써 자신의 인격완성의 유일한 표준으로 삼는다. 이것은 곧 유가이론을 외재규범으로부터 내심의 자각으로 전환시킨 것이다. 인욕은 인신人身의 자연적 수요로부터 외재의 죄악이 집중된 것으로 변화하였다. 불교의 인심의 본성과 만물 본체에 관한 서로 통일된 사상의 영향을 받아서 이학가들은 신성론身性論과 본체론本體論을 통일시켜 봉건윤리관념을 우주의 규율·본체로 승화시켰다. 이밖에 이학가는 또한 불교 선정禪定(역주―즉 선나禪那라고도 하며, 마음을 조용히 가라앉히고 진리를 직관하는 일)의 수련모식을 흡수하여 주정主静·주경主敬에 힘써서 사욕을 제거하고 천리에 합할 것을 제창하였다. 이러한 것은 모두 불교가 심성을 중시하고 유가·도가와 조화한다는 사상이 확실히 십분 돌출되었고, 또한 이학과 상통함을 나타내 준다.[3]

2 중국불교 ― 선종禪宗

선종의 유래

선종은 중국불교 속에서 가장 오랫동안 유전되고 가장 크게 영향을 준 종파이 며 세계적으로 어떠한 종파와도 다른 전형적인 중국불교이다.

〈선禪〉은 범어梵語 〈선나禪那〉의 약칭으로 〈정려靜慮〉〈선정禪定〉으로 의역 되며, 불교의 〈진리〉를 생각으로 깨닫고 일체의 욕념을 정식靜息하는 것을 수양 방법으로 삼는다. 선종은 〈직지인심直指人心〉〈견성성불見性成佛〉을 강조하기 때문에 불심종佛心宗이라고도 불리운다.

남북조 이후로 사원경제寺院經濟가 나날이 발전하여 불교는 사회생활에 영향 을 주는 중요한 역량이 되었다. 수·당의 통치자는 유·불·도 3교 병행의 방침 을 봉행하여 불교세력에 대해서 의거하고 연합하며 이용하는 정책을 취하였다. 불교도인 상층인사는 왕왕 통치집단의 정치투쟁에 참여하여 황제에게 관작을 하 사하게 하여 그들로 하여금 가사袈裟를 벗어던지고 고관高官이 되게 하였다. 그 들은 명리를 추구하고 사치하고 부패하였기 때문에 사회에서 점차로 그들의 기 만작용을 상실하였다. 사원경제의 발전은 한때 승려지주계층과 세속지주계층으 로 하여금 토지·노역·국세·병역 등의 방면에서 엄중한 이해 충돌을 야기시켜 지주계급의 국가이익에 위험을 끼쳤으며, 지주계급으로 하여금 부득불 국가정권 의 역량을 이용하여 그것에 대해 타격을 가하여 사회모순을 완화시키게 하였다. 역사상의 저명한 〈삼무의 난 三武之難〉(북위의 태무제太武帝, 북주의 무제武帝, 당 의 무종武宗이 불법佛法을 훼멸시킨 사건)은 바로 이러한 모순투쟁의 집중된 반영 이다. 그 가운데 당 무종은 불교를 없애고자 26만의 승니僧尼를 환속시키고 15만 개의 사원노비에게 자유를 주었으며 양전良田 수십만 경을 몰수하고 사원 수천 개소를 철폐하여 불교에 막심한 타격을 주었다. 불교자체에서 볼 때 각 종파의 이론이 나날이 번쇄해지고 경전이 방대해져(무측천시대에 이미 경전목록이 3616부, 4841권이나 간행되었다) 일반사람들이 나날이 싫증을 느끼고 흥미가 급격히 떨어 졌다. 그래서 불교발전은 위기에 직면하게 되었다.

불교발전의 위기를 만회하기 위하여, 당대 중기에 선종은 혁신파의 면목으로 서 시의적절하게 생겨났다. 선종은 한문서족寒門庶族인 중소지주계층의 지지를 받았다. 선종은 이전 불교 각파의 번쇄한 교조敎條를 타파하고 〈즉심즉불卽心卽 佛〉〈견성성불見性成佛〉〈언하돈오言下頓悟〉를 선양하여 서족지주의 구미에 맞 았다. 선종은 불독경不讀經·불예불不禮佛·불좌선不坐禪을 주장하였으며, 〈직 지인심直指人心〉의 통속적인 설교를 채용하여 불교의 기본정신을 선양해서 사람들의 지지를 얻고 중국화된 불교에 새로운 영역을 개척해 주었다.

이론의 연원으로 볼 때 선종은 남조 도생의 〈열반불성涅槃佛性〉학설을 한 걸음 발전시킨 것이다. 선종사상은 당나라 초기의 홍인弘忍(서기 601－74년)에게서 근원한다. 홍인의 제자로는 신수神秀와 혜능惠能이 있는데 신수는 〈북종北宗〉으로 불리우며 〈점오漸悟〉를 주장하였고, 혜능은 〈남종南宗〉으로 불리우며 〈돈오頓悟〉를 주장하였다. 후에 혜능의 남종은 북종을 대신하여 중국 선종의 주류가 되었다.

선종의 불교이론에 대한 혁신은 실질적으로 중국 전통철학 중 맹가孟軻, 장주莊周의 사상 등을 불교에 흡수하였고 종교를 한층 정련화·철학화·세속화시켰으며 번쇄한 수련과정과 경론사구經論詞句의 해석에서 벗어나서 사변적 추리로부터 신비한 직관으로 전향하였으며, 〈돈오성불〉이라는 천국행 염가 티켓으로 불교의 법력을 강화하여 광대한 군중을 끌어들였다.

견성성불見性成佛과 범부즉불凡夫即佛

선종은 현실세계의 모든 것은 마음에 의존한다고 주장한다. 혜능慧能은『마음이 생겨나면 여러 가지 법이 생겨나고 마음이 소멸되면 여러 가지 법이 소멸된다 心生, 種種法生, 心滅, 種種法滅』『심량이 광대하여 오히려 허공과 같으며 …… 능히 만물의 색상과 일월성수와 산하대지를 포함하고 ……자기의 본성이 능히 만법을 포함함이 이처럼 크다. 만법이 모든 사람의 본성 가운데 있다 心量廣大, 猶如虛空, ……能含萬物色象, 日月星宿, 山河大地, …… 自性能含萬法是大, 萬法在諸人性中』『모든 법은 자기 본성 가운데에 있다 ……자기의 본성 가운데 만법이 모두 나타난다 諸法在自性中, ……於自性中萬法皆現』《壇經》고 강조하였다. 이것은 사람의 마음을 만물발생의 근원으로 간주한 것이다. 선종의 이러한 규정은 불성이 인성 중에 있음을 강조하기 위함이며, 단지 자아의식의 이 본체를 인식하기만 하면 곧 불성을 인식하는 것이고 성불의 공부를 완성하는 것이다. 그래서 혜능은『만법은 자기 마음 속에 있으니 어찌 마음 밖에서 진여를 볼 것인가 萬法盡在自心, 何不從心中頓見眞如』『너희가 지금 부처를 믿는데 단지 너의 마음 속에 있고 달리 부처는 없다 汝今當信佛知見者, 只汝自心, 更無別佛』《壇經》고 하였다. 그는 특별히 내심을 추구하는 성불의 길을 강조하여『보리는 마음 속에서 찾아야 하는데 어찌 수고로이 마음 밖에서 현명한 것을 찾는가? 듣자하니 이에 따라 수행하면 서방세계가 눈 앞에 있게 된다 菩提只向心覓, 何勞向外求玄? 聽說依此修行, 西方只在眼前』『일체의 반야를 아는 것은 모두 자기의 본성으로부터 생겨나며 밖에서 들어올 수 없다 一切般若知, 皆從自性而生, 不從外入』《壇

經》고 하였다. 이것은 〈마음〉이 곧 〈부처〉이며 단지 본마음을 인식하기만 하면 곧 부처가 될 수 있다는 말이다. 그의 이른바 『자성이 미혹되면 부처가 곧 중생이고 자성이 깨달으면 중생이 곧 부처다 自性迷, 佛卽衆生, 自性悟, 衆生卽佛』《壇經》라는 것은, 바로 이러한 이론의 간단하고 명확한 개괄이다. 마음·부처·중생은 서로 통하고 융해되어 조금도 차별이 없다.

선종의 이러한 견성성불見性成佛의 이론은, 성불의 여부가 자아심성의 인식에 있으며 주체의식의 발휘에 있음을 강조한 것일 뿐 아니라 현실생활과 성불경계의 일체를 논증하였으며 객관적으로 사람마다 모두 부처가 될 수 있다는 현실적인 가능성을 설정하였다. 견성성불과 상보적인 작용을 하여 선종은 〈범부즉불凡夫卽佛〉의 명제를 제출하였다.

선종 이전의 각 불교 종파는 불성의 존엄함을 높이기 위해 왕왕 부처를 머나먼 서방 극락세계에 있으며 피안에 있는 것으로 말하고 수행하여 성불하는 길과 방법을 매우 번쇄하게 하여 사람들로 하여금 천국행 티켓을 보장한 약속의 실현에 대해 현실감을 결핍하게 하였다. 선종은 불성을 머나먼 피안으로부터 현실적인 〈범부凡夫〉의 마음 속으로 옮겨놓아 천국과 인간세상을 타파하였다. 단지 누구나 자아본성을 인식하기만 하면 곧 부처가 될 수 있다. 부처가 된 이후에 일체의 것은 예전대로 『사람의 경계는 빼앗지 못함을 가지고 있지만 人境俱不奪』 사람은 이미 〈범부〉로부터 〈해탈〉한 〈자유인〉으로 변한 것이다. 혜능은 『범부는 즉 부처이고 번뇌는 즉 보리이다. 전념이 미혹되면 즉 범부이고 후념이 깨달으면 즉 부처이다. 전념이 경계에 붙으면 즉 번뇌이고 후념이 경계에 붙으면 즉 보리이다 凡夫卽佛, 煩惱卽菩提. 前念迷, 卽凡夫, 後念悟, 卽佛, 前念著境, 卽煩惱, 後念離境, 卽菩提』《壇經》라고 강조하였다. 이것은 범부와 부처의 구별이 단지 〈일념一念의 차이〉에 있음을 말한 것이다. 단지 자아가 인식을 바꾸고 자아가 초탈할 수 있으면 현실적 고난에 찬 인간세상은 즉 피안의 안락한 세계인 것이다. 선종의 불교도가 사용하는 비유설법은 사람이 비록 종일 밥을 먹지만 오히려 쌀 한 톨을 깨무는 감각이 없으며 온종일 길을 걸어도 한 뼘의 땅을 밟는 깨달음이 없다. 총괄적으로 말해서 〈착경著境〉하지 않고 현실생활에 미혹되지 않는 것이 바로 〈자재인自在人〉이며, 이것을 〈해탈解脫〉이라고 한다. 이렇게 해서 압박자에 대해 말하면 『도살하는 칼을 놓으면 그 자리에서 부처가 될 수 放下屠刀, 立地成佛』 있을 뿐 아니라, 심지어 손으로 도살하는 칼을 잡고 있어도 부처가 될 수 있다. 피압박자에 대해 말하면 현상을 변화시킬 것을 요구할 필요없이 단지 소일전념消一轉念하면 번뇌는 곧 〈보리菩提〉가 되고, 고난세계는 곧 〈청정淸靜한 불토佛

土〉로 변화하며 몸은 굴레에서 벗어나 이미 〈자유인〉이 된다. 선종의 정치상의 기만작용은 분명하고도 쉽게 찾아볼 수 있다.

돈오頓悟와 직각直覺

선종은 〈마음〉의 작용을 과장하여 자성시불自性是佛·견성성불見性成佛을 선양하였는데, 그 목적은 돈오성불설을 위해 이론적 기초를 다져서 천국과 인간세상의 거리를 좁히며 간단명료한 성불방법을 사용하여 더욱 많은 사람이 불교를 믿도록 인도하여 선종을 크게 성행시켰다.

혜능을 대표로 하는 선종은 좌선坐禪과 염불念佛에 반대하고 누세 동안의 수행을 요구하지 않고 재물을 보시布施하지 않으며, 〈직지본심直指本心〉을 강조하고, 〈돈오성불〉을 주장하였다. 이른바 돈오는 장기간의 수행을 할 필요없이 자기의 지혜에 의하여 하루 아침에 불교의 〈진리〉를 파악하는 것, 즉 돌연히 깨달을 수 있다는 것을 가리킨다. 혜능의 설법에 따르면 『한 번 말을 듣자마자 곧 깨닫게 되고, 한순간에 진여본성을 보게 된다. 一聞言下便悟, 頓見眞如本性』《壇經》이것은 단지 자기의 영지靈知에 의해 한 찰나에 깨달은 바가 있으면 곧 성지에 도달한다는 말이다. 그가 신수神秀와 선종의 계승권을 다툴 때 쓴 게송偈頌은 『보리는 본래 나무가 아니며 명경은 역시 누대가 아니다. 본래 한 사물도 없으니 어디에서 먼지가 일어날 것인가 菩提本無樹, 明鏡亦非台, 本來無一物, 何處惹塵埃』《壇經》인데, 이것은 그의 철저한 공관空觀을 반영한 것일 뿐 아니라 더욱이 그가 『시시각각으로 먼지를 털어버리는 데 힘쓴다 時時勤拂拭』는 식의 점오방식을 반대하고 돈오를 주장한 사상적 입장을 반영한 것이다. 혜능파 선종의 입장에서 볼 때 『일념이 서로 상응하면 바로 정각을 한다. 一念相應, 便成正覺』『만약 스스로의 믿음을 알면 한 번 깨달음이 곧 부처에 이르는 것이다. 若識自信, 一悟即至佛也』『곧 바로 자기의 마음이 본래 부처라는 것을 깨달으면 일법도 얻을 것이 없고 일행이라도 닦을 필요가 없는데 이것이 무상도이고 이것이 진불이다. 唯直下頓了自心本來是佛, 無一法可得, 無行可修, 此是無上道, 此是眞佛』『인성은 스스로 날카로움과 무딤을 가지고 있으며 미련한 사람은 점차적으로 수행하고 깨달은 사람은 한순간에 수행한다. 人性自有利鈍, 迷人漸修, 悟人頓修』《壇經》

선종의 이러한 돈오의 수행방법은 간편하고 민첩한 방법이며 돈을 낭비하지 않고 부처가 될 수 있는 경제적인 방법이기 때문에 하층군중에게 환영을 받았다.

사유방식의 각도에서 고찰해 보면, 선종의 돈오성불방법은 신비주의적 색채를 띤 직각인식방법이다. 그것은 개념·판단·추리의 논리사유를 필요로 하지 않고 외계사물에 대한 해석을 필요로 하지 않으며 경험의 장기적인 누적도 필요로 하지 않고 감성의 직관에 의해, 〈견성성불見性成佛〉의 관념에 의해, 순간의 생각에 의해 인식대상을 파악하여 의경意境의 승화를 실현하는 것이다. 이러한 방법의 결점은 세밀하고 조리있게 대상을 정의할 수 없으며 따라서 이성으로서 파악할 수 없다. 그러나 전체적으로 사물을 이해하는 것에 대해, 또한 어떤 특정한 정신경계를 체득하는 것에 대해 이러한 돈오식의 직각인식방법은 또한 일정한 의미를 가지고 있다.

무념위종無念爲宗

사람은 누구나 불성을 갖추고 있으며 단지 한번 전념轉念하기만 하면 부처가 되는데 그렇다면 어째서 누구나 수시로 부처가 될 수가 없는가? 혜능은 이를 해석하여 『세상 사람들의 본성은 본래 스스로 정화되어 있으며 만법은 자신의 본성에 있다. 이처럼 일체의 법은 모두 자기의 본성에 있는 것이다. ……해와 달이 항상 빛나지만 단지 운무에 의해 가리우면 위는 밝지만 아래는 어두워서 일월성신을 볼 수 없다. 올연히 은혜로운 바람이 불어와 운무를 서두어가 버리면 삼라만상이 일시에 모두 드러난다. 세상 사람들의 본성은 깨끗해서 마치 푸른 하늘과 같다. 혜慧는 해와 같고 지智는 달과 같다. 지혜는 항상 빛난다. 밖의 경계에서부터 망념이라는 뜬구름에 가리워지면 자신의 본성은 밝아질 수 없다 世人性本自淨, 萬法在自性. ……如是一切法, 盡在自性. 自性常淸淨. 日月常明, 只爲雲霧覆蓋, 上明下暗, 不能了見日月星辰. 忽遇惠風吹散, 卷盡雲霧, 萬象參歲, 一時皆現. 世人性淨, 猶如淸天. 慧如日, 智如月. 智慧常明. 於外著境, 妄念浮雲蓋覆, 自性不能明』(敦煌本《壇經》)고 하였다. 바꾸어 말해서 사람의 본성은 청정한 것이며 만법은 자기의 마음 속에 있는 것이다. 자성自性은 언제나 청정한 것이며 마치 해와 달처럼 빛난다. 그러나 망념이라는 뜬구름에 가리움이 있기 때문에 청정한 불성으로 하여금 나타나게 할 수가 없는데, 이것은 마치 맑고 투명한 하늘과 밝고 맑은 빛을 내는 해와 달이 뜬구름에 가리워진 것과 같다. 이 때문에 선종에서는 사람은 모두 누구나 불성을 가지고 있으며 성불의 가능성을 구비하고 있다고 강조한다. 이러한 가능성을 현실로 변화시키려면 한 차례 공부를 해서 망념의 뜬구름을 취산吹散시켜야 한다.

그렇다면 어떻게 망념의 뜬구름을 취산시켜 청정한 불성을 나타나게 할 수 있는가? 혜능은 이것은 그다지 어렵지 않다고 주장한다. 단지 〈무념無念〉하기만 하면 될 수 있다. 그는 〈무념〉을 선종의 최고 종지라고 말하고, 『나의 이 법문은 예로부터 먼저 무념을 종으로 세우고 무상을 본체로 세우며 무주를 근본으로 세운다 我此法門, 從上以來, 先立無念爲宗, 無相爲體, 無住爲本』《壇經》고 하였다.

이른바 〈무념〉은 즉『무념법은 일체의 법을 보고 일체의 법에 집착하지 않는 것이다. 無念法者, 見一切法, 不著一切法』『모든 경계 위에서 마음이 물들지 않는 것이다. 于諸境上心不染』즉 외계와의 접촉 속에서 외계의 영향을 받지 않고 달콤한 맛을 맛보고도 맛이 좋음을 느끼지 않고 아름다운 색을 보고도 즐거움을 느끼지 못하는 것이다. 이러한 경계에 도달하는 것이 바로 〈무념〉인 것이다. 이른바 〈무상無相〉은 즉『밖으로 일체의 상을 떠나는 것 外離一切相』이다. 이것은 결코 외계와 접촉해서는 안 된다는 것을 말하는 것이 아니라, 즉 외계와의 접촉 속에서 어떠한 표상을 만들어내지 않으므로써 본심의 허공적정虛空寂静을 보존해야 하는 것이다. 이른바 〈무주無住〉는 바로 마음이 외물에 집착하지 않고 어떠한 사물을 그리워하지 않으며『물들지 않고 섞이지 않으며 오고가는 것이 자유롭고 통용되어 막힘이 없다. 無染無雜, 來去自由, 通用無滯』《壇經》이러한 〈삼무三無〉가운데 〈무념〉이 가장 중요한 것이며 〈무상無相〉〈무주無住〉는 결국 바로 〈무념〉이다. 위에서 서술한 바와 같이 혜능은 범부와 부처·현실과 피안의 구별이 단지 일념의 사이에 있으며『전념이 미혹되면 즉 범부이고 후념이 깨달으면 즉 부처이다. 전념이 착경하면 즉 번뇌이고 후념이 경계를 떠나면 즉 보리이다 前念迷即凡夫, 後念悟即是佛, 前念著境, 即煩惱, 後念離境即菩提』《壇經》라고 주장하였다. 바꾸어 말해서 〈무념〉은 즉 몸이 속세 가운데 있으나 마음은 속세 밖에 있으며 정신이 해탈을 얻는 것은 바로 극락세계, 즉 천당에 들어가는 것이다. 반대로 만일 외계사물의 영향을 받아들이고 외계사물에 집착하면 반드시 망념이 생겨나 번뇌가 모여들어 지옥으로 떨어진다. 《단경壇經》에 의하면 혜능은 그의 제자 신회神會에게 〈무념위종無念爲宗〉의 교의를 말할 때, 지팡이를 들어 신회를 세 번 내리치고 그에게 아프냐고 물었다. 신회는『아프기도 하고 아프지 않기도 하다 亦痛亦不痛』고 대답하였다. 이러한 아프면서도 아프지 않는 경계를 바로 〈무주〉라고 하며, 외경에 집착하지 않는 것이다. 만일 아프다고 말하면 아프다는 상相이 붙은 것으로 즉 아픔이라는 가상假相에 의해 미혹된 것이고, 만일 아프지 않다고 말하면 아프지 않다는 상이 붙은 것인데 이것은 모두 〈자성진공自性眞空〉이 아니다. 이른바 〈무주〉는 〈무념〉을 종지로 하고 있음을 알 수 있다.

선종에서는 〈무념위종〉설을 고취하고 사람들이 외계를 인식하는 것을 반대하여 사람들에게 외계를 변화시키는 활동을 방기放棄하도록 요구하며, 특히 사람들이 외계를 인식하는 활동 속에서 자기의 인식을 변화시켜 주체와 객체로 하여금 통일시키는 것을 반대하였다. 사회작용에서 볼 때 그것은 사람들이 현상을 편안히 여기고 물욕을 제거할 것을 요구하였는데, 이것은 당시의 이미 부패로 치달고 있었던 당 왕조의 통치를 위해서 복무한 것이다.

마르크스는 《헤겔법철학비판·도언導言》 가운데 독일의 마르틴 루터의 종교개혁을 평론하면서 『그는 권위에 대한 신앙을 타파하였으나 오히려 신앙의 권위를 회복시켰다. 그는 승려를 속인으로 만들었지만 속인 또한 승려로 만들었다. 그는 사람을 외재의 종교로부터 해방시켰지만 또한 종교를 사람의 내재세계로 바꾸었다. 그는 육체를 쇠사슬 속에서 해방시켰지만 또한 사람의 마음에다 쇠사슬을 덧씌웠다』[4]고 하였다. 마르크스의 이러한 뛰어난 분석은 비록 다른 나라와 다른 시대를 가지고 말한 것이지만 그 정신을 내용으로 한다면, 우리가 선종사상의 특질과 작용을 파악하는 데 있어 계발의 의미를 가져다 주는 것이다.

제3절 불가의 인생철학 모식

1 불가의 이상인격

불교는 일종의 종교로서 그 이론적 실질내용으로 말하면 신학유심주의神學唯心主義이다. 이로부터 결정되어 불교가 추구하는 이상인격은 〈신격神格〉이라고 말할 수 있다. 그러나 불교가 고해무변苦海無邊·만법개공萬法皆空을 고취하고 명심정성明心淨性·열반적정涅槃寂靜을 강조하는 것은 모두 결국 사람을 이론적 사고중심으로 보고 치인治人을 목적으로 하고 있다. 그런데 불가에는 응당 그 이상인격의 추구가 있게 마련이다.

불가의 이론은 대단히 번쇄한데, 그러나 천이고 만이고간에 말하는 것을 보면, 결국 그 이상인격은 속세에 초연하고 칠정七情과 육욕六欲을 제거한 〈초인〉이다.

불교의 중국에서의 전파와 발전으로 볼 때 어떠한 종파를 막론하고 모두 〈공空〉자를 극력 강조한다. 대천세계大千世界·만물의 복잡함·높은 벼슬·산해진미·금전과 미녀 등등은 불교도의 입장에서 볼 때 단지 허망한 것이고 근본적으로 존재하지 않는 것이다. 마치 환각중에 있는 사람이 비록 사람이기는 하지만 필경엔 환각 속에 있는 것이며 거짓된 것과 같다. 객관사물과 현상은 비록 있으나 없는 것, 즉 『이른바 있으나 없는 것 즉 비유非有이며, 비록 없으나 있는 것 즉 이른바 비무非無이다. 이와같다면 물物이 없는 것이 아니고 물은 진물眞物이 아니다. 물이 진물이 아닌데 그러므로 어떻게 물이 될 수 있는가? 그러므로 경전에서는 〈색의 본성은 공이고 색이 아니면 공은 패한다〉雖有而無, 所謂非有. 雖

無而有, 所謂非無. 如此, 則非無物也, 物非眞物. 物非眞物, 故於何而可物? 故 經 云. 〈色之性空, 非色敗空〉』(僧肇《不眞空論》)고 하였다. 이것은 사물의 현상을 본질과 분리시켜 그것을 가상假象이라고 말하는 것이다. 가상이라고 한 이상 물론 포기해야 마땅하고 그 미혹을 받지 않아야 한다. 이렇게 해서 〈자성진공自性眞空〉의 이치를 인식하여 열반적정涅槃寂静의 경계에 도달할 수 있는 것이다.

선종의 주장에 의하면 자성은 부처이며 외계의 모든 것은 진실하지 않으며, 사람들의 〈직지본심〉 원만청정의 공덕을 방해하는 것이다. 만일 망상과 사념을 제거할 수 있으면 『본성이 스스로 청정해질 수 있고 性自清净』이 때문에 사업이 좌절을 당하거나 이상에 대해 환멸을 느낄 때에는 마땅히 자아반성을 하여 내심으로 망념이라는 뜬구름에 가리워진 것을 인식하고 제거해야 한다. 훌륭한 업적을 쌓아 명성을 떨치고 윗사람에게 총애를 받을 때에는 이것이 곧 사라져버리고 신외지물身外之物이라고 생각해야 한다. 총괄적으로 말해서 영욕·비방과 칭찬·진퇴에 집착하는 것은 모두 불성에 대한 모독이다. 할 수 없이 몸은 속세 속에 있지만 마음은 속세의 밖으로 초월하고 총애와 굴욕을 염두에 두지 않고 진퇴가 자연스러워야만이 불가의 진체眞諦를 파악하는 것이다. 『내가 없고 욕심이 없으면 휴식하고 자연히 청정하면 해탈을 얻는데 이것을 공이라고 한다. 無我無欲心則休息, 自然清净而得解脱, 是名曰空』(《佛說聖法印經》《大正藏》卷二 阿含部下, 五百頁) 이 경계에 이를 수 있는 사람은 절대 범부속자凡夫俗子가 아니고 단지 『사람이 사는 곳은 빼앗지 못할 것을 가지고 人境俱不奪』《古尊俗語錄》 있을 뿐이며, 『말하고 침묵하며 움직이고 고요한 것 등 일체의 성과 색 語黙動静, 一切聲色』을 『모두 부처의 일 盡是佛事』(黃蘗)로 보는 초인이라고 말해야 한다.

2 심여고정心如古井

불교에서는 세계상의 모든 사물을 〈공〉으로 간주하는데, 즉 이른바 〈만법은 모두 공 萬法皆空〉이다. 중국불교의 각 종파는 이와 동일하다.

동진의 고승 도안道安은 반야공종般若空宗을 강조하고 〈현玄〉으로써 〈불佛〉를 해석하였는데, 즉 위진현학가 왕필王弼의 〈귀무설貴無說〉을 이용하여 반야학般若學의 〈공〉의 이론을 해석하고 강조하였다. 그는 『무는 원화보다 먼저 있고 공은 모든 형의 시초이다. 그러므로 본무라고 한다 無在元化之先, 空爲衆形之始, 故謂本無』《名僧傳·顯濟傳》에서 《七宗論》을 인용함)고 말하였다. 즉색종即色宗의 지도림支道林은 『색은 스스로 색이 아니고 비록 색이지만 공이다 色不自色, 雖

色而空』라고 주장하였는데, 주로 물질현상(색)이 모두 연기緣起로 말미암아 자성自性이 없음(不自色)으로부터『비록 색이나 공임 雖色而空』을 설명하고 있다. 남북조의 승조僧肇는『즉 만물의 자허임 即萬物之自虛』《不眞空論》을 강조하고 사물은 결코 진실되게 존재하는 것이 아니고 일종의 〈가호假號〉일 뿐이라고 하였다. 당대의 화엄종에서는 세계의 만물이 모두 인과 연의 화합으로 이루어진 것이며, 〈마음〉과 〈먼지〉는 상호 연기가 되어『먼지는 마음의 연기이고 마음은 먼지의 인연이다. 인연이 화합되어 환상이 생겨나게 된다 塵是心緣, 心爲塵因. 因緣和合, 幻相方生』《華嚴義海百門》고 주장하였다. 선종은 앞에서 서술한 바와 같이『만법은 모두 자기의 마음 속에 있고 萬法盡在自心』『마음이 생겨나면 여러 가지 법이 생겨나고 마음이 소멸되면 여러 가지 법이 소멸된다 心生, 種種法生, 心滅, 種種法滅』《壇經》고 주장하였는데, 이러한 것은 모두 불교의 객관적 세계와 현실사회에 대한 기본관점을 반영한 것이다.

바로 불교가 세세를 공이고 신실뇌지 않은 것으로 간수하기 때문에 불교도만이 이 경계에 도달할 수 있고, 다른 사람에게『산 위에서 부는 광풍은 정지한 것이며 일사천리를 흐르는 강물도 흐르지 않는 것이며 신속하게 떠다니는 유기游氣도 움직이지 않는 것이며 하루 종일 도는 일월도 운행하지 않는 것』이라는 이러한 경계에 도달하기를 요구할 수 있다. 나아가서 인생태도에 있어서 불교도들은『근본으로 돌아가 종을 구하는 것은 생으로서 그 신에 얽매이지 않고, 초락진봉하는 것은 정으로서 그 생에 얽매이지 않는다. 정으로서 그 생에 얽매이지 않으면 생이 소멸되고, 생으로서 그 신에 얽매이지 않으면 신이 곧 어두워진다. 신을 어둡게 하고 경계를 끊으므로 니원(열반)이라고 한다. 反本求宗者, 不以生累其神, 超落塵封者, 不以情累其生. 不以情累其生, 則生可滅, 不以生累其神, 則神可冥. 冥神絶境, 故謂泥垣(涅槃)』(慧遠 《沙門不敬王者論》) 이것은 진여불성眞如佛性의 추구를 최후의 귀결점으로 삼을 것을 요구하는 것이며, 따라서 죽고 사는 것으로써 그 정신을 연루되지 않게 하고 좋아하고 증오하는 감정으로 그 생명을 연루되지 않게 하므로써 속세를 초탈하는 것이다. 정신이 해탈할 수 있으면 생명을 포기할 수도 있다. 이에 따라『미녀를 보았을 때 호랑이나 이리를 본 것처럼 하고, 황금을 보았을 때 썩은 흙을 본 것처럼 할 수 있다. 見美女時作虎狼看, 見黃金時作糞土看』(〈明〉鄭瑄 《昨非庵日纂》卷十三)『일체를 증오하지 않고 사랑하지 않으며 一切不憎不愛』『경계에 대해서 마음이 항상 일어나지 않으며 對境心常不起』(《水月齋指月錄》卷十三), 일체의 욕념은 모두 불성에 대해 추구하는 정신노력 속으로 용해되었다. 세상의 일체의 영욕부침榮辱浮沈과 희로애락은 모두 고정古井(오래된 우물)과 같은 마음 속에서 조그마한 파문도 불러일으킬 수 없는 것이다.

3 수연이안隨緣而安

불교에서는 만물은 공무空無이고 인생은 무상하며 일체의 것은 인과 연의 만남일 뿐이며, 사람은 그 현실적 운명을 파악할 수 없고 더욱이 미래에 대해 진취적일 수 없다고 보기 때문에, 사람들은 할 수 없이 불문에 귀의하여 현실에 만족한다.

송대의 저명한 대혜선사大慧禪師는 세 가지 조항의 생활경험을 총결산하였다. 첫째『일에는 거역과 순응이 없고 인연에 따르면 응하고 마음 속에 남겨두지 않는다. 事無逆順, 隨緣即應, 不留心中』즉 어떠한 사물에 대해서도 모두 활달하고 방임하며 자연적인 태도를 안고 스스로 마음 속의 근심과 기쁨을 정리한다. 둘째『간밤에 익힌 것이 농후하면 정리하지 않고 저절로 경미해지게 한다. 宿習濃厚, 不加排遣, 自爾輕微』즉 본심에서 생겨나는 오랜 습관에 대해서 심혈을 기울여 변화시킬 필요없이 그 자연에 순응해야 하는데 그것은 언제나 본심의 청정함과 담박함으로 복귀할 수 있다. 셋째 청정염담의 심정으로써 외계사물을 자연 그대로 내맡긴다.(《居士傳》卷三十 참고) 즉 대혜선사의 이러한 생활경험은 바로 사람들이 현실에 만족하여 그 자연에 순응하고 현상을 변화시키지 않을 것을 요구하는 것이다. 내심의 편안함을 간직하고 염담한 자연으로 인생정취를 삼으며 속세를 망각하고 비환이합悲歡離合·영욕부침榮辱浮沈에 대해서 무관심하게 대하기만 하면 불성을 인식하고 해탈을 구할 수 있다.

불가의 이러한 수연이안隨緣而安의 사상은 하층백성에 대해서 상당한 마취력을 가지고 있다. 이 때문에 생활할 방도가 없고 억울함을 하소연할 곳이 없을 때 사람들은 왕왕 어둠 속의 역량에 기탁하여 정신상의 위안을 추구하고 심리적 평형을 간직하고자 한다. 이러할 뿐 아니라 수연이안의 사상은 봉건사대부에 대해서 깊은 영향을 주었다. 명대의 정선鄭瑄이 쓴《작비암일찬昨非庵日纂》권6에는『불가의 말〈수연〉은 가장 의미가 있으며, 많든적든간에 스스로 편안함이 있고 세상 사람들이 평화의 복을 누리고자 하면 종신토록 이 두 자를 사용해도 다함이 없다 佛語〈隨緣〉最有意味, 有多少自在安舒, 世人欲享和平之福, 終身受用此二字不盡』고 하였다. 봉건사회의 사대부들은 왕왕〈수연隨緣〉의 사상을 이용하여 실의했을 때 정신조절제로 삼아 심리적인 평형을 유지한다. 송대 소동파의『이기는 것이 비록 좋지만 패하는 것도 역시 즐겁다 勝固欣然, 敗亦可喜』《觀棋》는 사상, 범중엄의 『재야에 있으면 군주를 근심한다 處江湖之遠則憂其君』는 사상 내지는 장재의 그 유명한 《서명》 가운데의 『생존해서는 내가 순응하여 섬기고 돌아가셔서는 내가 편안하게 한다 存, 吾順事, 没, 吾寧也』는 것은 어찌 일종의 〈수연〉의 심리적인 반영이 아니겠는가! 후세 사대부들에게 찬양된 유가의『곤궁하면 홀로 자신을 수양한다 窮則獨善其身』는 인생철학은 더욱이 〈수연〉의 심리상태인 것이다.

4 여세무쟁與世無爭

만법은 모두 공이고, 인연에 순응하여 편안하게 살려고 한 바에는 반드시 세상과 다투지 않아야 한다.

《열반경涅槃經》에는『수보리는 허공에서 살며 만약 중생들이 내가 서있는 것을 싫어하면 나는 종일토록 단정하게 앉아서 일어나지 않는다. 내가 앉아있는 것을 싫어하면 나는 서서 장소를 옮기지 않는다 須菩提住虛空地, 若有衆生嫌我立者, 我當終日端坐不起. 嫌我坐者, 我當終日立不移處』고 하였다. 이것은 즉 사람들이 내가 서있는 것을 싫어하면 나는 곧 온종일 앉아서 일어나지 않으며, 사람들이 내가 앉아있는 것을 싫어하면 나는 곧 하루 종일 일어서서 조금도 움직이지 않는다는 말이다. 이것은 다른 사람에게 순응하여 시비를 논하지 않으므로써 심리적 청정을 보존하는 것이다. 당 오대의 명승 한산寒山과 습득拾得의 대화는 더욱 이러한 인생태도의 전형적인 반영이다. 한산이 묻기를 만일 어떤 사람이 나를 욕하고 때리며 속이고 참아낼 수 없는 태도로 나를 대한다면 내가 어떻게 해야 됩니까? 습득이 대답하기를 마땅히 그를 피하고 그의 행동을 참으며 그를 존경하고 그를 두려워하며 그에게 양보하며 그가 하는 대로 내버려두고 그가 어떻게 하는지를 보아야 한다.(《堅瓠二集》卷一《寒拾問答》) 이것은 철저하게 〈다투지 않는 不爭〉 태도로써 세속과 함께 사는 것이다.

불가의 경전 속에 이러한 기록은 이루 다 열거할 수 없을 정도로 많다.《대주선사어록大珠禪師語錄》권상에는『인욕의 제일도는 먼저 나와 남을 제거하는 것이다. 일하여 받은 바가 없는 것이 곧 진보리의 몸이다 忍辱第一道, 先須除我人. 事來無所受, 即眞菩提身』라고 하였다. 실제 불교의 〈삼법인三法印〉인 〈제행무상諸行無常〉〈제법무아諸法無我〉〈열반적정涅槃寂静〉은, 결국 세간의 일체 사물의 생멸변화는 무상한 것이며 아집과 법집은 모두 불성에 위배된 것이고 열반적정은 최종의 목적임을 사람들에게 철저하게 인식하도록 한 것이다. 따라서 사람은 어디에서나 이해타산을 따지고 〈밖에서 착경著境〉해서는 안 되고 그 자연을 따르고 남과 다투지 말아야 한다.

불교의 이러한 여세무쟁의 인생철학은 중국 사회심리에 심원한 영향을 일으켰다. 송대의 황정견黃庭堅은 일찍이 『백 번 싸워 백 번 이기는 것이 한 번 참는 것만 못하고 만 번 말해 만 번 타당한 것이 한 번 침묵하는 것만 못하다. 고르지 않으면 시야가 평평해지고 추호라도 감추지 않으면 마음이 곧아진다 百戰百勝, 不如一忍, 萬言萬當, 不如一黙, 無可簡擇眼界平, 不藏秋毫心地直』《贈張叔和》고 읊은 바 있다. 이것은 분명히 적극적인 것을 생각지 않는 인생취지를 고취한 것이다. 명대의 정선은 『남들은 크게 말하는데 나는 작게 말하고, 남들은 많이 기억하는데 나는 적게 기억하며, 남들은 두려워하지만 나는 노여워하지 않는다. 담담하게 아무 일하지 않고 신기를 스스로 만족하게 하는 것이 바로 장생불사의 약이다 人大言我小語, 人多煩我少記, 人悸怖我不怒. 淡然無爲, 神氣自滿, 此長生之藥』(《昨非庵日纂》卷七)라고 강조하고, 또한 『그에게 말하게 하고 나는 단지 입을 다물고 있고, 그에게 책망하게 하고 나는 단지 팔짱만 끼고 있는데 이 가운데 어느 정도 한기가 줄어들었다 讓他說話我只閉口, 讓他指責我只袖手, 這個中省了多少閑氣』(《昨非庵日纂》卷十三)고 하였다. 이러한 순세順世 및 완세玩世의 사상은 민족정신과 문화의 발전으로 볼 때 일종의 장애요소인 것이다.

분명히 불가의 수연이안·여세무쟁의 사상은 이미 유가의 낙천지명·안빈낙도·순응시세의 사상과 서로 연계되어 있으며, 또한 도가의 무위부쟁·안시처순의 태도와 서로 교류하고 있고 특히 장자의 피세避世·유세游世의 사상과 서로 일치하고 있다. 이것은 또한 유가·불가·도가가 서로 용인하고 흡수하여 최후에는 하나로 융합될 수 있는 중요한 원인인 것이다.

제 8 장

선왕관념先王觀念과 전통숭배傳統崇拜

중국 사회경제구조와 정치구조의 제약을 받아 중국 봉건사회에는 시종일관 선왕관념과 전통숭배사상이 존재하고 있다. 그것은 일단 형성되어 사회경제구조와 정치구조의 기능을 증강시켰다. 선왕관념과 전통숭배사상은 중국민족의 이상인격·가치지향·사유방식 및 민족심리에 대해서 모두 심원한 영향을 불러일으켰다.

제 1 절 선왕관념의 유래 및 그 영향

선왕관념은 가치지향 및 사회심리로서 보편적으로 나타나고 강대한 사회적 기초를 가지게 되었다. 앞에서 말한 이론형태를 갖추고 있는 유가·묵가·도가·법가·불가 등의 학설 또는 일반 민중의 세속적인 심리상태를 막론하고 모두 선왕관념의 색채를 내포하고 있다. 그 가운데 특히 경천법조敬天法祖, 신종추원愼終追遠을 특징으로 하는 유가사상이 가장 발달되었다.

1 종법사회와 존조경종尊祖敬宗

종법사회의 사람과 사람, 사람과 사회조직 및 사회조직간에는 혈연관계를 연결유대로 하고 혈연관념을 정감교류의 심리적 기초로 삼는다.

종법사회 속에서 각 개인은 혈연의 친소관계에 따라 사회조직의 그물 속에서 고정되어 각각 자기의 직분을 담당하고 자기의 분수에 만족한다. 이 원칙에 의해 조직된 각 가정과 가족은 모두 윗사람에 대한 효도와 순종을 윤상倫常의 원칙으로 삼는다. 《효경孝經》의 개종명의開宗明義에는 『원래 효도는 모든 덕행의 근본이며 동시에 모든 교화가 발생하는 내원이다. ……사람의 몸·사지·모발·피부는 모두 부모로부터 받은 것이다. 감히 훼손시키지 않는 것이 효도의 시작이다. 입신출세하여 인덕仁德을 준수하면서 일하여 명성을 후세에 떨침으로써 부모를 드러나게 하는 것이 효도의 끝마침이다. 원래 효도는 유년에는 부모를 섬기는 것에서 시작하며, 중년이 되면 효를 충으로 옮겨서 군주를 섬기고 나라를 위해 봉사하며, 노년이 되어서는 정천입지頂天立地하여 후세에 이름을 떨치는 것이다 夫孝, 德之本也, 教之所由生也.……身, 體, 髮膚, 受之父母, 不敢毀傷, 孝之始也, 立身, 行道, 揚名於後世, 以顯父母, 孝之終也. 夫孝, 始於事親, 中於事君, 終於立

身』라고 하였다. 효는 모든 덕행의 근본이며 모든 교화가 발생하는 근원이다. 자기의 신체를 보호하는 것이 바로 부모에 대한 효도의 첫걸음이다. 〈도〉에 따라 일을 처리하고 입신양명하여 부모를 빛나게 하는 것은 지고지선한 효도이다. 어렸을 때 부모에게 봉사하고 중년의 나이에 효를 충으로 옮겨서 군왕에게 봉사하고 국가에 이바지하며, 노년에 정천입지頂天立地하고 이름을 후세에까지 드날리면 효도의 전과정을 완성한 것이다.

국가사회 속에서 군왕은 효도에 따라서 일을 행해야 한다. 공자의 말을 사용하면『자기의 부모를 친애하는 사람은 남의 부모를 미워할 수 없고, 자기의 부모를 존경하는 사람은 남의 부모를 업신여길 수 없다. 친애와 존경의 최고경계는 부모를 섬기는 것이다. 그런 후에 덕행과 교화가 백성에게 미칠 수 있고 동시에 전국에 모범을 보일 수 있다. 이것이 바로 천자의 효도이다. 愛親者, 不敢惡於人, 敬親者, 不敢慢於人. 愛敬盡於事親, 而德敎加於百性, 刑於四海, 蓋天子之孝也』《孝經·天子》부모를 친애할 수 있는 천자는 감히 인민의 부모를 싫어하지 않고, 양친을 존경할 수 있는 천자는 인민의 양친을 감히 경시하고 모멸하지 않는다. 친애와 존경의 최고원칙이자 완벽한 표현은 바로 부모를 섬기는 것이다. 그런 연후에 덕행과 교화가 백성에게 미치고 전국에 모범을 보일 수 있는 것이다. 이것이 바로 천자의 효도이다. 천자가 효도를 실행하고 효로써 천하를 다스리면『천하의 모든 사람이 전적으로 의지하는 兆民賴之』《書經·呂刑》효과를 거둘 수 있다. 경卿·대부大夫·사士 등도 입덕수신立德修身하고 효로써 솔선수범하며 위로 천자에게 공손하고 아래로 백성을 가르쳐야 한다.

종법사회 속에서 이러한 효로써 입신하고 효로써 천하를 다스리는 원칙은 하나의 보편적이고 움직일 수 없는 인생의 준칙 및 사회심리가 되었다. 이에 따라 필연적으로 존조경종의 윤리관념이 생겨나게 되었으며, 아울러 효는 정치의 원칙으로 전환되어 이 윤리관념과 정치원칙의 필연적 표현이 되었다.

《시경·대아·하무下武》에『그는 영원히 선인에게 효도를 다할 수 있으며 그의 효는 실제로 본받아야 한다 永言孝思, 孝思爲則』고 하였는데, 이것은 주나라의 성왕成王이 선인에게 효도했다는 사상이 신민의 본보기가 되었음을 칭찬한 것이다. 또한『無念爾祖, 聿修厥德』이라고 하였는데, 이 말은 어떻게 당신의 조부(문왕)를 생각할 것인가? 한마음 한뜻으로 문왕의 미덕을 발양해야 한다는 뜻이다. 이것은 곧 존조경종과 개인수양 및 사회국가를 연계시킨 것이다.

이러한 존조경종을 내재적 수양요구로 하고 밖으로는 치국평천하의 원칙이 되는 윤리정치철학이 중국사회에 미친 영향은 매우 심원하였다. 한대의 동중서는

◉260

〈부위자강父爲子綱〉을 고취하였는데, 이것은 사실 존조경종을 윤리원칙의 의거로 삼은 것이며, 진대晉代의 사마씨司馬氏는 비록 권력욕이 지나쳐서 찬원簒怨이 병기하였지만, 그러나 여전히 자신은 『효로서 천하를 통치함 以孝治天下』을 표방하였으며, 송명이학가는 특히 존조경종이라는 이 〈강綱〉을 갖고서 자기들의 이론을 완성시켰다. 장재張載는 군주를 『내 부모의 적장자 吾父母宗子』로 비유하고, 대신을 『적장자의 가상 宗子之家相』(즉 군주의 하인)으로 비유하였으며, 천하의 모든 사람을 그의 동포로 보았는데, 이것은 실제로 종법의 시각에 비추어 사회관계를 본 것이다. 그는 그러한 무조건적으로 부모의 명을 삼가 따르는 사람을 〈순호효자純乎孝者〉라고 칭찬하고 부모의 명에 순종하지 않는 사람을 오역자忤逆子라고 배척하였다.(장재의《서명西銘》참고) 유가의 경전인《대학大學》에서는 『군자는 집의 문 밖을 나가지 않아도 좋은 덕풍과 교화를 온 나라에 확대시킬 수 있다. 부모에게 효도할 수 있으면 또한 군주를 섬길 수 있다 君子不出家而成教於國. 孝者, 所以事君也』고 하였고, 대이학가 주희는 이것을 주석하여 『몸이 수양되면 집안을 가르칠 수 있는 것이다. 효도와 공손과 자애는 몸을 수양하여 집안을 가르치는 것이다. 그러나 나라의 군주를 섬기고 윗어른을 섬기며 대중을 사역시키는 이치도 여기에서 벗어나지 않는다. 이것이 이른바 위에서 집안이 다스려지면 아래에서 교화가 이루어진다는 것이다 身修則家可教矣. 孝·悌·慈, 所以修身而教於家者也. 然而國之所以事君, 事長, 使衆之道, 不外乎此. 此所謂家齊於上, 而敬成於下也』라고 하였다. 이것은 한 마디로 존조경종의 논리적 표현인 효의 효용이 군주를 섬기고, 웃사람을 섬기며, 대중을 사역시키는 데 있음을 말한 것이다.

내재적 관계로부터 볼 때 종법사회의 내재적 본질은 필연적으로 존조경종을 요구하고, 존조경종은 봉건사회에 대해 보호하고 견고하게 하는 작용을 하였으며, 양자는 동시에 존재하면서 서로 보충·배합되었다.

2 존조경종과 선왕숭배

종법사회 속에서 존조경종은 인심을 동일한 사고방향으로 나아가게 하고, 공동가치관념에 대한 일종의 인동認同방법이다. 만일 존조경종한다면 앞에서 서술한 바와 같이 효의 내용을 담고 있는 글을 장악해야 한다.

《효경》의 기록에 따르면, 공자의 수제자 증삼은 공자가 천자·제후·경·대부·사·서민 등이 각자 준수해야 할 효도에 대해 강해하는 것을 들은 뒤에 매우 감동하여 효도는 고심박대高深博大한 도리라고 생각하였다. 공자는『효도는 하늘에 영원불변의 이치가 있고 지상에 순승順承하는 능력이 있는 것에 상당한다. 사람은 그 한복판에서 위로는 하늘의 우주를 뒤덮어주는 인자함을 받고, 아래로는 대지가 만물을 생육하는 은혜를 받아서 자연적으로 효도를 실행할 수 있는 것이다. 천지의 이치는 영원불변한 것이라서 사람은 마땅히 천지를 법칙으로 삼아야 한다. 하늘이 우주를 밝게 비추는 이치를 본받고 대지가 만물을 순승하는 이익을 선용하여 천하의 민심을 교화시키는 데 사용한다 夫孝, 天之經也, 地之義也, 民之行也. 天地之經而民是則之, 則天之明, 因地之利, 以順天下』고 강조하였다. 효는 천지의 영원히 변하지 않는 법칙이며, 군주가 만일 변함없이 집행할 수 있으면 곧『그 교화는 엄숙하지 않으나 성공하고, 그 정치는 엄격하지 않으나 제대로 다스려지는 其教不肅而成, 其政不嚴而治』《孝經·三才》사회적 효과를 거둘 수 있다. 바로 이와같기 때문에 공자는 지난날의 성명聖明한 군주가『효를 가지고 천하를 통치하는 以孝治天下』《孝經·孝治》태도를 극력 잔양하였다. 효로써 천하를 통치하면『각국 제후의 환심을 얻을 수 있고 得萬國之歡心』『백성의 환심을 얻을 수 있고 得百姓之歡心』『군중의 환심을 얻을 수 있으며 得人之歡心』아울러 이렇게 하여『선왕을 섬기고 事其先王』『그 조상을 섬길 수 事其先君』《孝經·孝治》있는 것이다. 이것은 효를 유대로 하여 존조경종과 선왕관념을 연계시킨 것이다.

선왕숭배의 사상은 중국 고대에 매우 발달하였으며 전체사회에 만연하였다. 『주공이 국도의 교외에서 하늘에 제사지낼 때, 그의 시조 후직을 천제와 같이 제사지냈고, 또 명당에 제사지낼 때 부친 문왕을 상제와 같이 제사지냈는데 周公郊祀後稷以配天, 宗祀文王於明堂以配上帝』《孝經·聖治》이것은 분명히 하늘과 상제를 선왕과 동일한 위치에 놓아 선왕의 권위를 강화시켜서 현실적인 통치에 이바지하게 한 것이다.

은·상시대에 선왕숭배관념이 매우 유행하였다는 것은 더 말할 나위가 없다. 바로 사회가 크게 혼란되고 크게 변동하였던 춘추전국시기에 선왕숭배관념은 역시 매우 유행하였다. 각 계급과 각 계층·학파는 모두 선왕에게 서로 다른 함의를 부여하였다. 선왕이라는 의식을 가지고 자중하고, 선왕에 의탁하여 정치를 시행하며, 계급의 이익과 이상을 선왕숭배와 전통관념의 확대와 발휘 속에 응결시켰다. 선진시기의 문헌을 뒤적이면 선왕을 숭배하는 구절이 자주 눈에 띈다. 예를들면,『선왕은 능히 예를 닦아 천리 인정을 표현할 수 있다 先王能修禮以達義』《禮記·禮運》『선왕은 지고무상의 덕행과 중요한 이치를 갖고 있었다 先王有至德

要道」《孝經‧開宗明義》『선왕의 은택이다 先王之澤也』《詩經》『선왕은 법을 밝힘으로써 법을 경계한다 先王以明法勅法』《易經》『선왕은 남을 동정하는 마음을 가지고 있다 先王有不忍人之心』《孟子》『선왕이 천지를 받아서 先王所禀於天地』《左傳‧召公二十六年》『선왕이 국가를 다스리는 데 있어서 고귀한 점은 바로 여기에 있다 先王之道斯爲美』《論語‧學而》인데 이와같은 것들은 이루 다 열거할 수 없을 정도로 많다. 총괄적으로 말해서, 선왕은 예악을 제정하고 덕을 밝히고 법을 세웠으며 백성에게 은택을 주었을 뿐 아니라 선량하고 부지런하며 정중하고 사리에 밝아 하늘에서 명을 받았다. 이렇게 해서 곧 하나의 지선지미한 인격신, 하나의 신임하고 의지할 수 있는 명군성왕을 형상화하였으며 따라서 일방적인 기치를 세우고서 선왕의 도라면 무조건 복종하였다.

선진제가 중에는 유가의 선왕숭배관념이 가장 발달하였고 가장 전형적이며 후세에 대한 영향이 가장 크다. 공자는 요‧순‧우‧탕‧문‧무‧주공을 극도로 찬양하였으며 선왕의 도에 대해서 더할 수 없을 정도로 추숭하였다. 그는 일찍이 『주대의 예의제도는 하‧상 양대를 근거로 삼아 제정한 것이니, 얼마나 풍부하고 다채로운가? 나는 주대의 것을 주장한다 周監於二代, 郁郁乎文哉, 吾從周』《論語‧八佾》고 굳게 맹세하였다. 이러할 뿐 아니라 그는 또한 문왕의 도의 당연한 계승자로서 자처하고 『주나라 문왕이 죽은 뒤 모든 문화유산이 여기에 있지 아니한가? 하늘이 만일 이 문화를 없애려고 한다면, 나라는 이 뒤에 죽은 사람도 이 문화에 참가하여 이해하지 못할 것이다. 하늘이 만일 이 문화를 없애려고 하지 않는다면 그 광 사람이 나를 어떻게 하겠는가? 文王旣没, 文不在玆乎? 天之將喪斯文也, 後死者不得與於斯文也, 天之未喪斯文也, 匡人其如予何?』《論語‧子罕》라고 하였다. 통계에 의하면 《논어》 가운데에서 《요왈堯曰》편을 제외하고 모두 33장에 선왕이 언급되어 있다. 그 인물을 논한다면 요‧순‧우‧탕‧문‧무‧주공과 같은 이는 모두 성덕인지聖德仁智의 대표이며, 그 시대를 따진다면 당唐‧우虞‧하夏‧상商‧주周는 모두 황금시대의 상징이다. 진실로 진선지미至善至美하다고 말할 수 있다. 이 때문에 공자는 〈술이부작述而不作〉을 주장하고 몸소 실천하였다. 〈술述〉의 내용은 명군성왕의 도에 지나지 않으며, 〈술〉의 방법은 주해注解와 인신引申의 발휘에 지나지 않는다. 공자의 〈술〉에 대한 창도는 중국사상문화사상에 있어서 두 방면에 걸쳐 작용을 하였다. 한편으로는 사람들이 문화전통을 존중하고 문화성과를 적극적으로 보호해야 함을 각성시켰다. 다른 한편으로는 창신創新작용을 경시하고 말살하여 학술의 발전을 방해하였으며 사상의 진보를 가로막았다. 이러한 〈술이부작〉의 태도는 실제적으로 선왕숭배의 결과이며 표현형태인 것이다.

맹자는 중국 역사상 첫번째로 명확하게 〈법선왕法先王〉의 구호를 제출한 사람이다. 그는 공자가 상고를 지향하고 선왕을 찬미한 태도를 계승하여『강술할 때 계속해서 요순의 언행을 실증으로 말하였고 言必稱堯舜』《孟子・滕文公上》『요순의 도가 아니면 감히 진술하지 않았음 非堯舜之道, 不敢以陳』《孟子・公孫丑下》을 강조하고 요・순의 이름을 빌려 자기의 주장을 선전하였다. 그의 입장에서 볼 때 선왕의 도는 사람들의 행위준칙이다. 그것은 위정자의 모든 과실을『전대 선왕의 도를 실행하지 않은 것 不行先王之道』에 책임을 전가하고, 심지어는『전대 선왕의 법도를 준수하고서 잘못을 범했다는 것은 아직 있어본 적이 없는 일이다 遵先王之法而過者, 未之有也』《孟子・離婁上》라고 하였다. 그가 주장하는 인정설・성선설 등은 선왕의 도를 의거하지 않는 것이 없다.

순자荀子는 명확하게 〈법후왕法后王〉을 강조하였는데, 그렇지만 그는 실제로 여전히 〈고자성왕古者聖王〉을 예이 교회의 기의로 심았다.『선왕을 법으로 삼지 않고 예의에 찬동하지 않는다 不法先王, 不是禮義』는 주장에 대해서 그는『국가의 강기를 다스릴 수 없다 不可以爲綱紀』는 이유를 들어 배척하였다. 한편으로 그는『왕자王者의 제도에서 왕도는 하상주 3대의 일에 불과하고, 법은 후왕에서 벗어나지 않으며 王者之制, 道不過三代, 法不貳后王』《荀子・王制》『백가의 학설 중에서 후왕에 관한 것이 아니면 듣지 않겠다 百家之說, 不及后王, 則不聽也』《荀子・儒效》고 주장하였다. 다른 한편으로 문・무・주공・공자를 칭찬하고《비십이자非十二子》편 중에서『선왕을 법으로 삼지 않고 예의에 찬동하지 않는 것 不法先王, 不是禮義』에 대해 비판을 하였다. 이것은 모순인 것처럼 보이지만 실제로 그가 신흥지주계급을 위해서 봉사한다는 정치적 목표 위에 통일되어 있다. 왜냐하면 역사는 전진하고자 하고 옛제도를 그대로 따를 수 없기 때문에 단지 후왕을 법으로 삼아야 하는데, 그러나 지주계급의 예법제도를 건립하고 아울러 그것으로 하여금 권위성을 갖게 하고자 하면 누대에 걸쳐 연면히 이어온 〈예〉라는 탯줄을 절단할 수가 없으며 이 때문에 할 수 없이 선왕을 존중해야 한다. 순자는『역대로 모든 왕이 변경하지 않은 예禮는 도의 조리가 되기에 충분하다 百王之無變, 足以爲道貫』《荀子・天論》고 보았으며, 심지어는『위로는 순임금・우임금이 정한 제도를 법으로 삼고, 아래로는 공자・자궁의 도리를 법으로 삼아야 한다 上則法舜禹之制, 下則法仲尼, 子弓之義』《荀子・非十二子》고 주장하였다. 순자의 머릿속에 있는 선왕관념・전통사상은 매우 엄중하였지만, 단지 그가 명석한 사상가에 불과하여 구제도에 얽매이지 않고 형식상에 있어서 지주계급의 예법을 규범으로 하고 선왕의 도를 의탁으로 삼는 새로운 내용이 뒤섞여 들어갔음을 알 수 있다.

유가와 대립하면서 똑같이 현학顯學적이었던 묵가도 선왕을 매우 숭배하였다. 《묵자墨子》 속에 선왕을 숭배하는 내용은 이루 다 열거할 수 없을 정도로 많다. 《상현尙賢》 상·중·하 3편에는 수십 차례에 걸쳐 선왕을 칭송하고 있다. 입을 열든닫든 언제나 〈고지古之〉〈고자古者〉를 들먹였다. 물론 묵자가 말하는 선왕은 모두 그의 주장과 서로 일치되고 있는 것이다. 예를들면 묵자는 예악을 반대하고 겸애를 주장하였는데, 이에 우리는 《겸애兼愛》 상·중·하 3편 속에서『성왕은 예를 제정하지 않았고 聖王不爲禮』『성왕은 음악을 제정하지 않았으며 聖王不爲樂』게다가 우·탕·문·무왕도 모두 〈겸애〉를 실행하였음을 볼 수 있다. 그 논리의 결론은 반드시 선왕이 〈겸애〉를 엄격히 실행하였고 선왕은 반드시 숭배되어야 한다는 것이다. 언행은 모두『고대 성왕들의 일에 근본을 두며 本之於古者聖王之事』《墨者·非命上》『모든 언어와 행동은 하·상·주 삼대의 성왕 및 요·순·우·탕·문·무왕에 부합되게 해야 한다. 凡言凡動, 合於三代聖王堯舜禹湯文武者爲之』이것을 사실대로 폭로한다면 선왕들로 하여금 겸애와 상현이라는 당시에 유행하는 옷을 입혀놓고 이것에 근거하여 상설하교上說下敎를 하고 사람들로 하여금 자기의 학설을 신봉하게 한 것이다. 이러한 선왕관념은 소생산자가 안정된 생활을 추구하고 검박儉樸을 숭상하는 선량한 염원의 반영인 것이다.

이밖에 도가가 〈소국과민小國寡民〉의 과거사회를 추구하고 농가農家가 원고遠古의 신농을 시조로 받드는 것도 모두 선왕관념의 굴절된 형태이다.

존조경종이 선왕숭배관념과 서로 교류할 수 있는 까닭은 사회구조로부터 볼 때 종법제적이고 가정과 국가가 일체인 사회·정치구조가 윤리친정의 각도로부터 사람들로 하여금 공동의 정감원칙을 인식할 수 있도록 하기 때문이다. 군주전제라는 정치적 요구로부터 보면 조야와 상하가 모두 공동의 원칙을 준수해야 하며『선왕이 제정하여 예법에 부합하는 의복이 아니면 경대부가 감히 입지 않고, 선왕이 말하여 예법에 부합하는 말이 아니면 감히 말하지 않으며, 선왕이 실행한 품덕 및 행위가 아니면 감히 하지 않아 非先王之法服, 不敢服, 非先王之法言, 不敢道, 非先王之德行, 不敢行』《孝經·卿大夫》온 천하로 하여금 도가 같고 풍습이 동일하게 하였다. 중국 고대농업 종법사회구조로부터 줄곧 근대 이전에 이르기까지 모두 근본적으로 변화가 없었기 때문에 존조경종의 사상과 선왕숭배의 관념은 2천 년의 오랜 세월을 거치면서도 쇠퇴하지 않았다.

3 선왕숭배와 상고심리尙古心理

선왕숭배의 가치지향은 왕고往古와 성왕이며 선인에 대한 중시와 의거이다.

한편으로는 요·순·우·탕·문·무·주공 등의 명군성인을 정천입지頂天立地하는 영웅인물로 간주하고 그들의 인격을 본보기로 삼았는데, 이것은 곧 왕고라는 현란한 색채를 증가시킨 것이다. 다른 한편으로 일반사람들은 자기의 이상실현을 선왕의 덕정에 기탁하고 특히 사士계층은 선왕을 마구 형상화하면서 자기의 이상을 그 가운데 기탁하였는데, 이것은 필연적으로 사람들로 하여금 왕고를 그리워하고 선왕에게 정이 쏠리도록 하였다. 성왕관념은 실제로 상고심리의 표현이다. 가족 속의 존조경종사상, 국가사회 속의 선왕숭배관념은 모두 상고심리의 구체적인 표현이라고 할 수 있다.

외국학자는 『역사상 중국은 바로 과거지향을 첫번째의 가치우선으로 삼고 조상숭배와 매우 강한 가족전통은 비로 이러한 우신하는 두 가지의 예이다. 이 때문에 중국인의 태도상에는 어떠한 새로운 사물이 현재 혹은 미래에 발생하지 않으며 모든 새로운 사물은 이미 먼 과거에 발생한 것이다』라고 지적하였다.[1] 이러한 현상을 어떻게 평가하는가는 별개의 문제인데, 단 우리는 이러한 현상이 보편적으로 존재하는 사실임을 인정해야 한다.

상고심리의 존재는 종법제 농업사회와 밀접한 관계를 가지고 있다. 앞에서 서술한 바와 같이 중국은 농업입국의 국가로서 뿌리깊은 종법전통을 갖고 있는 국가이기도 하다. 이러한 나라에서 농업생산의 춘종추수春種秋收로부터 사람 자신의 생로병사에 이르기까지, 치국치민治國治民으로부터 수신양성에 이르기까지, 과학기술의 사용으로부터 사상문화의 전파에 이르기까지 사람들의 각 영역 규율에 대한 인식은 모두 하루 또 하루, 일 년 또 일 년의 반복된 경험의 누적에 의거하고 있다. 이러한 오랜 세월 동안 매우 큰 맹목성을 띠고 있는 직관적인 모색이 지불하는 댓가는 매우 막중한 것이다. 이 때문에 사람들은 이미 있는 경험을 지극히 중시하고 매우 조심스럽게 예로부터 이미 있었던 국면을 유지보호한다. 바로 기왕의 것을 매우 중시하고 위대하게 보기 때문에 필연적으로 비쇄심리卑瑣心理와 자아위축의 인격이 형성되며 현시적이고 신기한 것에 대해서는 덜 신뢰하게 된다. 이것은 또 안정을 요구하고 수성을 특징으로 하는 종법제 농업사회와 서로 일치하는 것이다.

이러한 상고심리에 의해 결정된 바가 사회에 표현된 것이 통치자가 선왕이 남긴 〈산업〉—기성의 사회상황에 대해서 보호유지하는 것이다. 가정에 표현된 것은 바로 내부의 존비장유관계의 절대적 권위이다. 개인생활 태도에 표현된 것은 바로 활용을 추구하기만 하고 혁신을 숭상하지 않으며 매사를 전적으로 전통에 의거하는 것인데, 그래서 개인성격의 인순因循·자아억제·퇴양退讓·내향內向 등의 보수적인 특징을 형성하였다.

4 선왕숭배와 중국사회

상고심리를 내재근거로 하는 선왕숭배관념은 중국사회에 대해 광범하고 심원한 영향을 주었다.

한대에는 숭고崇古의 기풍이 성행하였다. 당시 사람들은『세속 사람들은 대부분 옛날을 존중하고 현재를 천시하기 때문에 도를 연구하는 사람들은 반드시 신농황제에 기탁한 뒤에 자신의 설을 내세울 수 있는 것이다. 난세의 못난 군주는 자기의 근본을 모르며, 그래서 귀하게 여긴다. 학문을 하는 사람은 의론에 가리워서 자기가 들은 것을 존중하여 서로 단정하게 앉아서 그것을 일컫고 옷깃을 바로하고 그것을 칭송한다 世俗之人多尊古而賤今, 故爲道者必托之於神農黃帝而後能入說. 亂世暗主高遠其所從來, 因而貴之. 爲學者蔽於論而尊其所聞, 相與危坐而稱之, 正領而頌之』《淮南子·修務訓》고 지적하였다. 이러한 지적은 객관적으로 한대사회의 보편적인 상황을 제시한 것이다.

한대의 대경학사 동중서는『하늘은 변하지 않고, 도 역시 변하지 않는다 天不變, 道亦不變』《漢書·董仲舒傳》고 강조하고, 선왕의 기치를 높이 쳐들고서 옛것을 오늘의 현실에 맞게 받아들였다. 그는《초장왕楚莊王》편에서『《춘추》의 도리는 하늘을 받들고 옛것을 본받는 것이다. ……선왕을 거울삼지 않으면 천하를 평정할 수 없다《春秋》之道, 奉天而法古. ……不覽先王, 不能平天下』고 하고, 성인은『항상 그 선왕을 본받고자 한다 常欲法其先王也』고 말하였다. 바로 이러한 사상의 지도하에서, 그는 모든 성주명군은 근원을 가지고 있으며 선례가 있었음을 생각해내었다. 그는 임의대로《춘추》의 뜻을 연역하고 문관제도의 체례體例, 대일통의 관념, 치옥청송治獄聽訟의 의거, 시정의 준칙, 인정덕치를 특색으로 하는 왕도정치 등등으로 하여금 모두 옛날의 성현을 모범으로 삼게 하였다. 이것은 실제로 선왕이라는 기치에 호소하여 상하의 인심을 하나로 모아지게 한 것이다. 종법 봉건사회 속에서 분산된 개체소농생산의 자연경제인 나라에서, 조상숭배는 실제로 신령숭배보다 더욱 보편적이고 더욱 영향이 깊으며 더욱 인정에 부합한다. 특히 유가가 충효절의를 강조한 이후 조상숭배는 더욱 사람들이 감정을 기탁하고 귀의하는 바가 되었다. 따라서 선왕숭배는 객관적 자연경제조건을 갖추고 있을 뿐 아니라, 더욱 중요한 것은 진왕조가 선왕의 가르침을 유린하고 한대 초기의 사상가들이 선왕의 도를 회복한 뒤에 더욱 사회적 기초를 구비하게 되었다. 이러한 사회심리를 이용하여 사람들로 하여금 동일한 목표를 지향하게 하였는데, 이것은 동중서사상의 통찰력이자 공적이라고 할 수 있다. 더욱 근본적인 것은 종법혈연관계를 기초로 하고 효제를 중시하는 나라에서 조상숭배는 광활한 시장을 가지게 되었고 옛날 성현의 언행은 흔히 사람들의 도덕수준과 일을 처리하는 능력을 가늠하는 척도가 되었다. 선배에 대한 충효를 표시하기 위해 각 군주는 모두 조상의 훈계를 엄수하고 조상이 제정한 제도를 엄수함을 표방하여 선왕의 도는 시정施政 및 수신의 가장 좋은 모식이 되었다. 선왕숭배는 유구한 역사전통을 가지고 있으면서 현실적인 혈연기초와 사회심리적 조건도 아울러 가지고 있었음을 알 수 있다. 동중서는 바로 이 점에 경도되었으며, 아울러 이를 이용하여 봉천법고奉天法古를 기지로 하고 선왕의 노를 표순으로 삼아 사상을 통일하는 그의 작업을 완성하였다.

동중서 등의 건설을 거쳐 선왕숭배관념은 사람들의 마음 속에 깊이 파고 들어갔으며 사회의 구석구석에 침투하였다.

조조曹操는 문무를 겸비한 패기있는 정치가로서 급히 사람을 필요로 할 때 과감하게 삼교구류三教九流에 속하지 않는 사람을 발탁하여 등용하였지만, 그러나 먼 관점으로부터 출발된 인재양성의 문제에 있어서는 여전히 선왕의 도와 강상명교綱常名教를 지침으로 하였다. 《수학령修學令》에서는 『선왕의 도가 폐기되지 않고 천하에 가득차게 되기를 바란다 庶幾先王之道不廢, 而有以量於天下』고 하고 있다.

당 태종은 조서 가운데 『군주와 신하는 의를 중시하고 君臣義重, 名教所先』 『노인을 존경하고 옛날 선왕을 중시하여 모범을 보이라 尙齒重舊先王以之垂範』(《舊唐書》卷二 참고)고 강조하였다. 《신당서新唐書》 권2 《태종기太宗紀》에는 태종이 『탕왕과 무왕을 따르고 比迹湯武』 『성왕과 강왕 같은 성군이 되기를 바란다 庶幾成康』고 하였는데, 이것은 실제로 선왕숭배의 반영인 것이다.

송대 이학가는 선왕숭배관념을 더욱 고취시키고 이용하였으며 자신들의 이론의 근본으로 삼았다. 주희는 《사서집주四書集注 · 중용장구서中庸章句序》 가운데 『예로부터 성인과 신인이 하늘의 명을 이어받아 그 극을 세워서 도통을 전하는 것이 시작되었다. ……성실하게 정도를 견지한다는 것은 요가 순에게 전해준 것이고 인심은 위험하고 도심은 미묘하니 오로지 정밀하게 하고 한결같이 하여 성실하게 정도를 견지한다고 하는 것은 요가 우에게 전한 것이다. ……이로부터 성인간에 서로 전해졌다 自上古聖神, 繼天立極, 而道統之傳有自來矣. ……允執厥中者, 堯之所以授舜也, 人心惟危, 道心惟微, 惟精微一, 允執厥中者. 舜之所以授禹也. ……自是以來, 聖聖相傳……』고 하였다. 이것은 바로『인심은 위험하고 도심은 미묘하니 오로지 정밀하게 하고 한결같이 하여 성실하게 정도를 견지한다 人心惟危, 道心惟微, 惟精微一, 允執厥中』의『십육자심전十六字心傳』을 요·순 등 성명聖明한 선왕의 유훈遺訓이라고 말하고, 그것을 인심과 도심으로 구분하고 나아가서 천리를 보존하고 인욕을 제거하는 사상을 고취시키기 위한 이론적인 근거로 삼았다.

청대와 근대에 이르러 선왕을 존숭하는 관념은, 비록 진보사상가들의 공격을 받아 위축되기는 하였지만 결코 소멸된 것은 아니었다. 반대로 시대 풍운의 변화에 따라 여러 계급의 대표 인물은 비록 불시에 수법을 바꾸었지만 삼대의 성왕, 공맹孔孟의 도통道統이라는 테두리를 벗어나지 않았다. 양계초梁啓超가《청대학술개론淸代學術槪論》에서 청대 학술사상발전의 전반적인 추세를 분석한 내용을 살펴보면, 이를 잘 알 수 있다. 양계초는『옛것으로 돌아가 해방함 復古爲解放』이라고 하여 청대 학술사상의 전반적인 추세를 개괄하였는데, 그 과정은 송의 옛것으로 돌아가 왕학王學(즉 陽明學)에 대해 해방을 얻고, 한당의 옛것으로 돌아가 정주학程朱學에 대해 해방을 얻고, 선왕의 옛것으로 돌아가 일체의 경전주석으로 하여금 해방을 얻게 하고, 예봉이 미치는 곳이 공맹에 이르렀다고 주장했다. 우리들은 양계초의 이러한 분석을 통해 다음의 사실을 잘 알 수 있다. 즉 진보사상가들은 여전히 선왕숭배의 음영陰影을 벗어나지 못했으며, 왕학의 공소함을 지향하였으나 오히려 정주학의 기존격식에 빠졌으며, 정주학의 속박으로부터 벗어나려고 노력하면 경학의 질곡을 헤어나지 못하고, 경학의 속박을 깨버리려고 하였으나 오히려 공맹의 기반羈絆에 얽매이게 되었다. 그 원인은 사상가들이 언제나〈복고〉의 기치를 들고자 하였고, 언제나 선왕과 공자라는 우상을 높이 떠받들고 전 봉건제도 및 그 의식형태를 고치지 않는다는 전제하에서 즉 전통체계의 틀내에서 어떤 학자나 학설에 대한 비판과 개조를 통해 사상상의 출로를 찾고자 하였기 때문이다. 그 결과〈해방〉하자면 반드시 탁고托古해야 하고, 탁고하자면 반드시 존고尊古와 서로 연결되어야 하며 존고는 결국 해방이라고 말할 수가 없다. 나는 무술유신戊戌維新의 실패는 기타의 원인을 제외하고 탁고托古기치의 수립, 존고사상의 존재가 사상이론적인 원인 중의 한 가지라고 생각한다.

이로부터 알 수 있듯이 선왕숭배관념과 중국사회는 천만 갈래의 연계를 가지고 있으며, 그것의 역사작용에 대해서는 한두 마디로 딱 잘라서 분명하게 이야기하기가 어렵다. 총체적으로 보면, 대체로 아래와 같이 평석評釋할 수가 있다.

우선 정의·용감의 상징인 선왕과 화하華夏의 정통사상인 선왕의 도는 역사상 적극적인 작용을 하였다. 이것은 다음으로 표현된다.

첫째, 대일통을 제창하고 중화민족의 강역疆域을 확고하게 하였으며, 통일된 국가를 형성하는 데 있어서 적극적인 작용을 하였다. 선왕은 찬란한 형상이며 본받을 만한 표준인데, 이러한 기치를 내세우므로써 사람들로 하여금 하나의 공동목적 아래에 집합시킬 수 있다. 매번 분열되고 할거된 뒤에는 모두 선왕의 제업을 회복하는 것을 기치로 삼아 통일전쟁을 진행하였다. 이러한 대일통의 사상은 중화민족의 형성 및 공동문화와 공동심리의 형성에 대해서 적극적인 작용을 하였다.

둘째, 대담하게 말하고 행동하며 백성들의 생명을 보호하고 고통을 덜어줄 것을 염원하는 사상가를 양성하였나. 예를들면, 굴원屈原은 《이소離騷》 가운데 팽함彭咸·순임금·우임금을 존숭하였으며, 선왕의 유칙遺則을 따라 정도직행正道直行하고 구사불회九死不悔할 것을 강조하였다. 또한 한유는 도통의 학설을 강조하고 불가와 노자의 도를 극력 배척하였으며, 번진藩鎭의 할거를 반대하고 환관의 전횡을 공격하였으며, 『옛날에 입언한 것 古之立言者』이라는 기치를 세우고 제齊·양梁 이래의 사치를 숭상하고 지나친 수식의 글 및 내용이 빈 것을 숭상하는 문학기풍을 반대하고 새로운 문풍文風을 제창하였다. 또한 강유위康有爲는 탁고개제托古改制의 기치를 세우고 무술유신을 일으켜 지주계급에 대한 변법을 하고 자산계급에 대한 유신을 하여 민주입헌사상이 민중 속으로 전파되기를 기도하였는데, 그 사상해방 방면에서의 공적은 결코 낮게 평가될 수가 없다.

셋째, 객관적으로 고대문화를 보존하고 있다. 선왕숭배로부터 결정된 공자의 왕성선현往聖先賢사상에 대한 〈술이부작述而不作〉의 입장과 한대 유학자들의 전시대 사람들이 남긴 전적에 대한 경학적 태도는 객관적으로 고대문화가 비교적 완벽하게 보존되어 내려오도록 하였다.

그러나 모든 일에는 양면성이 있는 것이다. 특히 선왕숭배라는 이러한 오랜 관념은 수천 년 동안의 진행과정 속에서 여러 사람의 수식과 치장을 통해, 특히 통치계급에 이용되어 그것의 소극적인 일면이 눈에 띄게 돌출되었다. 역사의 망령으로서, 복고주의자가 기탁하는 바로서 선왕의 도는, 또한 통치계급이 인민의 사상을 견제하는 선왕의 도는 중국 사상문화사에서의 작용이 매우 부정적인데 그것은 다음과 같이 말할 수 있다.

첫째, 구도덕을 제창하고 가장제의 봉건종법통치를 공고히 하였으며 봉건제도를 보호하고 그것의 멸망을 더디게 하였다. 선왕숭배는 씨족혈연의 종법관념에 연원을 두고 있으나 오히려 가장제를 특징으로 하는 종법제도를 공고히 하는 데 이바지하였다. 역대 통치자는 선왕의 제업을 받들고 조종의 법을 계승하는 것을 표방하고 자기의 합법성과 합리성을 증명하였으며, 이러한 허울 좋은 미명하에 자신이 하고자 하는 것을 감행하였다. 황제는 바로 백성의 부모이며 조종의 뜻을 받들어 행사하는 사람이며 온 나라의 가장이다. 이 가장 아래에 또한 주·현의 자칭 〈부모관父母官〉이라는 대소관리로부터 족장 부류의 가장이 있다. 그들은 선왕을 존중하고 종법을 승계하는 것을 구호로 삼고 〈저자거리 사람들의 눈과 귀가 되어 塗民耳目〉 사상통치를 강화하였다. 이러할 뿐 아니라 선왕숭배의 낡은 풍습은 또한 도덕을 파괴하였다. 삼강오상·남녀수수불친男女授受不親 등의 중국의 전통적 윤리도덕은 대부분 〈조종의 법 祖宗之法〉〈선왕유칙先王遺則〉의 면모로 나타나는데 따라서 거대한 위력을 가지고 수많은 〈열녀烈女〉〈절부節婦〉라는 〈위대한 업적〉을 조성했을 뿐 아니라 이러지도 못하고 저러지도 못하는 적지 않은 추문을 낳았다. 노신 선생의 지적에 의하면, 1934년에 〈북평사회국北平社會局〉은 국수國粹를 보호하고 도덕을 순결케 하기 위하여 마침내 여자가 수캐 기르는 것을 금지시켰는데, 그 글을 보면『……여자가 수캐와 같이 사는 것을 조사하여 보니 건강상에 장애가 있을 뿐 아니라 몰염치한 추문이 발생하기 쉽다. 우리나라가 예의의 나라라는 것을 생각해 보매 또한 습속習俗에서도 허가하지 않는 바 삼가 통령通令으로 엄금하며 집 지키는 개와 사냥개를 제외하고는 모든 부녀자는 수캐를 기르지 못하며, 만약 이를 어길시에는 그 개를 죽여서 단속하고자 한다』[2)]고 하였다. 이러한 전통과 도덕·국수는 정말 언어도단이다. 이로써 중국 고대 부녀자의 자연미·인성미는 모두 선왕숭배라는 이름하의 도덕에 의해 희생되었음을 알 수 있는데, 이는 매우 비통하고 한스러운 일이 아닐 수 없다.

둘째, 노예주의를 제창하고 지혜로 하여금 도덕에 복종하게 하였고, 인욕으로 하여금 천리에 복종하게 하였다. 공자는『군자가 잘 아는 것은 의이고 소인이 잘 아는 것은 이익이다 君子喩於義, 小人喩於利』라고 하였고, 주희는『천리를 보존하고 인욕을 제거시킬 것 存天理, 滅人欲』을 주장하였다. 그들이 내세우는 근거의 하나는 바로 선왕이 모두 의를 중시하고 이익을 경시하며, 물욕을 부끄럽게 여기지 않는 사람이라는 것이다. 이 때문에 사람들은 선왕을 본받고 자신을 반성하기만 하면 되었다. 어떠한 사상행위라도 모두 열조열종列祖列宗이 남긴 도덕에 복종해야 하며『성인의 손을 거친 것인데 어찌 감히 의론할 수 있겠는가? 曾

經聖人手, 議論安敢到?』(주희의 말) 이러한 식이라서 사람들의 지혜는 당연히 〈선왕의 도道〉라는 질곡 속에서 말살되었다.

셋째, 중국인의 사유발전을 정체시켰다. 진秦 왕조 이후로 〈5·4운동〉에 이르기까지 중국 2천 년간의 철학사유의 발전은 줄곧 선진시기의 규범을 벗어나지 못했다. 각 시대·각 학파의 철학사조는 선진철학과 서로 연결되지 않음이 없었다. 이러한 상황은 경제적·정치적 원인 이외에도 선왕숭배사상의 존재가 하나의 중요한 원인으로 작용하였다.

넷째, 창조성을 말살하였다. 선왕의 시대가 태평성대이고 선왕의 도가 지극한 도이며 선왕의 덕이 지극한 덕이라고 하여 사람들은 단지 그대로 모방해야만 되었고, 자기사상을 창조적으로 발휘하는 것이 용납되지 못했으며『선왕이 제정하여 예법에 부합하는 의복이 아니면 경대부가 감히 입지 않고, 선왕이 말하여 예법에 부합하는 말이 아니면 감히 말하지 않으며, 선왕이 실행한 품덕 및 행위가 아니면 감히 하지 않았다. 非先王之法服不敢服, 非先王之法言不敢道, 非先王之德行不敢行』《孝經》 그래서 가장 실제를 중시하는 이공李塨조차도『복희로부터 공·맹에 이르기까지 이미 모든 것을 말했으므로 후학들은 대대로 이것을 지켜야 한다 伏羲以至孔孟, 言道已盡, 後學宜世世守之』《恕谷文集·論宋人分體用之訛》고 하였다. 1920년대 청조의 유로遺老와 유소遺少 및 반동군벌이『국고國故를 정리한다』는 것을 내세워 신사상의 역사적 사실을 견제한 것은 선왕숭배관념의 이해가 막중함을 설명하기에 충분하다. 노신 선생은 단도직입적으로 국고를 정리하는 사람들의 목적은 사람들이 옛것이 소멸되기 전에 새로운 것을 하는 것을 인정하지 않는 것임을 지적하였다.[3]

다섯째, 배타주의를 제창하였다. 선왕숭배관념이 수립되자 외래의 모든 것은 고려해 볼 여지가 없게 되었다. 한유가 건립한 도통설은 불교를 배척하기 위함이었고, 그 이유는 바로 불교가 수입품이었다는 데 있다. 청조의 황제는 근대 자본주의의 과학기술을『기이하고 음사한 기교가 우리의 인심을 파괴시킨다 奇技淫巧, 壞我人心』고 한 마디로 매도하여 배척하였다. 제국주의가 서양의 총포를 앞세우고 중국에게 개항을 요구하였을 때 〈대청〉의 황제는 여전히 구도舊道를 사수하고 개변을 생각하지 않았다. 그 원인은 바로 선왕의 도를 따르고 조종의 법을 준수하는 데 있는 것이다. 이러한 맹목적인 배타의 수단은『이류를 배척하고 국수를 드높이는 것 排斥異流, 擡上國粹』이다.[4] 이류를 배척하고 국수를 드높인 결과 쇄국정책을 단행하였고 남의 침략을 받게 되었다.

위에서 서술한 것을 종합하면, 우리는 선왕숭배가 중국 사상문화의 한 중요한 특징임을 알 수 있다. 일정한 역사조건하에서 그것은 적극적인 작용을 하였지만 이것은 사정의 한 방면이다. 그러나 그것은 역사상 또 매우 나쁜 작용을 하였는데, 이는 사정의 또 다른 방면이며 더욱 중요한 방면인 것이다. 〈5·4운동〉이래로 신문화운동의 공격을 받고 구사상·구문화의 중요조성구분으로서 선왕숭배의 사상은 비록 이미 쇠퇴하였지만, 바로 이른바 『노래기는 죽어도 뻣뻣해지지 않는다 百足之蟲, 死而不僵』는 말과 같이 그것의 유령은 여전히 사라지지 않았다. 〈사인방四人幇〉을 분쇄한 후에 어떤 사람은 수많은 사람이 맹종한 〈양개범시兩個凡是〉의 관점을 제출하였는데 사상의 본질적인 측면에서 보면 선왕숭배 관념의 현대판에 불과한 것이다. 마르크스는 『이미 죽은 일체의 선배들의 전통이 목마와 같이 산 사람들의 머릿속을 휘감고 있다』[5]고 날카롭게 지적하였다. 이것은 우리가 깊이 생각해 볼 만한 가치가 있는 것이다.

제 2 절 전통숭배의 유래 및 그 영향

중국사회는 유구한 전통을 가진 사회이며, 중국문화는 심오한 전통을 가진 문화이며 중국인은 전통을 열렬히 숭배하는 사람들이다.

《사해辭海》에 따르면, 이른바 전통이란 『역사적으로 전해져 내려온 사상·도덕·풍속·예술·제도 등을 말한다』[6] 대만에서 출판된 《중문대사전中文大辭典》에서는 전통을 『역사적으로 전해 내려온 풍속·도덕·습관·신앙·사상 등』이라고 하였다. 또한 〈전통주의傳統主義〉를 『지나간 도덕·제도 혹은 종교상의 권위에 대해 존중을 표시하는 것』이라고 해석하고 있다. 나는 기본적으로 위의 정의에 동의한다. 본절에서는 중국인의 과거의 사상과 신앙·도덕·풍속·습관·심리상태·예술·종교 등에 대한 존중을 근거로 하고, 중국 고대의 사유방식·가치관념과 사회심리 방면의 전통에 대한 존중과 의거를 중시하여 전통숭배의 내재적 원인 및 그 역사적 평가를 탐구하고자 한다.

1 농업사회의 안정상태와 전통관념의 불변

전통적 중국사회는 농업의 생산 위에서 건립된 〈농업입국〉이다. 농업의 기본 생산자료는 토지인데, 농민과 토지의 결합은 사회의 존속을 유지하는 기본조건이다. 농민이 편하게 살고 즐겁게 일하는 것은 농업사회의 존재 및 발전의 전제이다. 만일 농민이 먹을 것이 충분하지 못하고 입을 것이 넉넉하지 못하며, 나아가서 생명을 유지하는 것이 문제가 될 때에는 곧 모험적인 행동을 하게 되어 사회의 안정이 혼란으로 변하고 치세治世가 난세亂世로 전환될 수가 있다. 이 때문에 〈민위방본民爲邦本〉〈사민이시使民以時〉〈민귀군경民貴君輕〉 등의 민본주의 사상은 바로 유가가 창도하는 인정仁政·왕도王道 등의 형식으로서 표현되며, 전제주의·왕권주의의 보충으로서 사회안정의 조절제가 된다. 이것이 농업사회의 안정을 조성하는 사상정치적 원인이라고 말할 수 있다.

경제형태의 성질부터 고찰해 보면 농업사회의 경제는 자연경제이며, 농민은 남자는 밭갈고 여자는 길쌈하며, 해가 뜨면 나가서 일하고 해가 지면 돌아와 쉬는데, 이로써 안정조화의 상태가 유지되는 것이다. 자연경제의 조건하에서 생산력 수준의 저하에 따라 생산규모가 협소해지고 각 경제의 단위는 분산되고 고립되어 상호 왕래가 없게 되는데, 이것은 자연경제가 반드시 낡은 것을 고집하고 문을 닫고 외부와 단절하는 특징을 갖추고 있도록 결정해 준다. 마르크스는 자연경제와 서로 연계가 있는 생산물 소작료 형식을 분석하면서『이러한 형식에 의해 말한다면 농업경제와 가정공업의 결합은 필수불가결한 것이며, 농민 가정이 시장과 그 이외의 사회의 생산운동과 역사운동에 의뢰하지 않기 때문에 거의 완전하게 자급자족의 생활을 형성한다. 총괄적으로 말해서 일반 자연경제의 성질에 의해 이러한 형식은 완전히 정지된 사회상태에 기초를 제공해 주는 데에 적합하며, 마치 우리가 아시아에서 본 것과 같은 것이다』라고 지적하였다.[7] 마르크스가 여기에서 개괄한 〈정지된 사회상태〉는 실제로 농업사회의 안정원인을 설명한 것이다. 바로 어떤 학자가 지적한 바와 같이, 중국인은 농업민족으로서 그들이 추구하는 것은 계속 순환되고 자급자족하는 농업경제가 반드시 동요되지 않고 안정될 수 있도록 종사하는 것이다.

농업사회와 서로 연계되는 종법제도는 그것과 시종을 같이한다. 종법제도하의 문화는 조상에 대한 정례막배頂禮膜拜(발 밑에 엎드려서 공손히 절하는 행위)로 표현될 뿐만 아니라 전통에 대한 극단적인 존중으로 표현된다. 중국 고대에서 이러한 전통에 대한 극단적인 존중은 고금을 수직으로 관통하는 도통관념道統觀念으로 압축되어 나타난다.

도통관념의 출현은 선왕숭배관념과 내재적인 일치성을 갖고 있으며, 양자는 모두 상고심리의 표현으로 유고시법唯古是法(옛것이면 무조건 본받는다)이라는 가치지향의 반영인 것이다. 중국불교의 의발衣鉢을 전하는 〈법통法統〉, 유가의 성현이 서로 전하는 〈도통〉은 바로 도통관념의 다른 표현형식이면서 전통숭배의 구체적인 표현인 것이다.

도통관념은 사상의식으로서 농업사회와 맥락을 같이하며 전제주의와 시종을 같이한다. 봉건사회에서 각 가족은 모두 세대가 서로 이어지는 가계를 가지고 있는데 보첩제譜牒制가 중국에서 고도로 발달한 것은 바로 조상숭배를 통하여 표현된 도통관념을 반영한 것이다. 각 시기의 각 학파는 대체로 각자의 도통이론을 만들어서 자신들의 신분을 높이고 탁고를 통하여 자신들의 도가 행해지게 하였다. 봉건제왕도 자신의 도통을 표방하므로써 자기 머리 위의 광휘를 증가시켰는데, 예를들면 당나라의 황제는 노자와 친척관계를 맺었다. 요컨대 사회의 경제구조라든가 정치통치의 요구 및 학파, 개인이 세상에서 확고하게 위치를 정하는 것은 모두 도통을 심리적 위안 및 신분을 상승시키는 도구로 삼았다. 이 때문에 도통관념은 중국에 깊이 뿌리박혀 있으며 오랫동안 쇠락하지 않고 일종의 규율성을 띤 문화현상이 되었다.

2 도통관념의 역사적 표현

조상숭배와 선왕숭배가 발달되고 창성한 선진시기에 도통관념은 이미 형성되어 있었다.

중국역사상 첫번째로 도통을 제창한 사람은 전국시대 중기의 맹자이다. 그는 『요·순으로부터 탕에 이르기까지 5백여 년이 지났는데 우·고요와 같은 분들은 친히 요순의 도를 보고서 알았고, 탕과 같은 분은 요순의 도를 단지 듣고서 알았다. 탕에서부터 문왕에 이르기까지 또 5백여 년이 지났는데, 이윤과 내주 같은 분들은 친히 보고서 알았고, 문왕 같은 분은 단지 듣고서 알았다. 문왕에서부터 공자에 이르기까지 또 5백여 년이 되었는데, 태공망·산의생 같은 분은 친히 보고서 알았고, 공자 같은 분은 단지 듣고서 알았다. 공자로부터 계속 현재까지 1백여 년이 되었는데 성인의 시대와 이처럼 멀리 떨어져 있지 않고 성인의 고향과 이처럼 가까이 있지만 그러나 계승한 사람이 없으니 필경 계승할 사람이 없겠도다 由堯舜至於湯五百有餘歲, 若禹·皋陶則見而知之, 若湯則聞而知之, 由湯至於文王五百有餘歲, 若伊尹·萊朱則見而知之, 若文王則聞而知之, 由文王至於孔子五百有餘歲, 若太公望·散宜生則見而知之, 若孔子則聞而知之, 由孔子而來至於今, 百有餘歲, 去聖人之世, 若此其未遠也, 近聖人之居, 若此其甚也, 然而無有乎爾, 則亦無有乎爾』《孟子·盡心下》라고 말하였다. 주희는 이 말 뒤에다 주석을 하여 『이 말은 비록 스스로 감히 그 전함을 얻었다고는 하지 못하고 후세에 그 전함을 잃을까 두려워한 것이나, 그러나 스스로 자기가 사양만 할 수는 없음을 알았다. ……그러므로 편의 끝에다가 여러 성인의 도통을 차례로 서술하였으며, 이것으로 끝을 맺어 그 전함이 존재하고 있음을 밝히고 후세의 성인을 한없이 기다리게 하였으니 그분의 뜻이 깊도다 此言雖若不敢自謂已得其傳, 而憂後世遂失其傳, 然乃所以自見其有不得辭者. ……故於篇終, 歷序群聖之統, 而終之以此, 所以明其傳之有在, 以俟後聖於無窮也, 其旨深哉!』(《四書集注》강조점은 필자가 붙임)라고 하였다. 이것은 맹자가 이미 도통을 말하였고, 아울러 그것을 오랫동안 전해지게 하려고 매우 애썼음을 지적한 것이다. 맹자가 여기에서 요·순으로부터 공자에 이르는 도통을 건립하였고, 아울러 스스로 도통의 계승자로 자청하였는데 그 목적은 바로 그의 정치주장을 위해 역사적 근거를 만드는 데 있다. 맹자의 입장에서 볼 때 선왕의 도는 인간행위의 준칙이며 반드시 전적으로 그것을 따라야 한다. 선왕의 도는 바로 인정仁政으로 천하를 공평하게 통치하는 것이다. 사람들이 요·순 등의 선왕이 오늘날까지 전한 인정의 도통을 계승하기만 하면 천하를 통치할 수 있고 천하를 하나로 안정되게 할 수 있다.

한대의 동중서는『하늘이 변하지 않으면 도 역시 변하지 않음 天不變, 道亦不變』을 극력 제창하였고, 하늘을 받들고 옛것을 본받는 것을 기치로 내세워 덕주형보德主刑輔·양덕음형陽德陰刑의 왕도정치를 고취시켰다.(윗절에 자세히 나옴) 실제로 이것은 전통숭배 심리가 작용한 것이며, 바꾸어 말해서 도통관념의 또 다른 표현인 것이다.

역사상 가장 유명한 도통론道統論은 한유韓愈의 도통설이다. 한유는 선왕을 보위하는 것을 자기의 임무로 삼고, 불교의 〈법통설法統說〉에 대항해서 정통유학을 운용하여 불가와 노자의 도를 극력 배척하고 유가의 도통을 수립하였다. 그는『이 도는 어떠한 도인가? 말하기를, 내가 말한 이 도는 지난번의 이른바 노자와 불가의 도가 아니다. 요는 이것을 순에게 전하고 순은 이것을 우에게 전하고 우는 이것을 문왕·무왕·주공에게 전하였다. 문왕·무왕·주공은 이것을 공자에게 전하고 공자는 이것을 맹가에게 전했는데 맹가가 죽은 뒤 그것이 전해지지 않았다 斯道也, 何道也? 曰, 斯吾所謂道也, 非向所謂老與佛之道也. 堯以是傳之舜, 舜以是傳之禹, 禹以是傳之湯, 湯以是傳之文·武·周公. 文·武·周公傳之孔子, 孔子傳之孟軻. 軻之死, 不得其傳焉』《原道》고 하였다. 이렇게 해서 그는 공·맹의 도를 위로 요·순에 접합시키고, 아래로 맹가에게 받게 하여 불교의 법통과 서로 대항하는 유가도통을 제출하여 이로써 정통 지위를 쟁취하고 불교를 배척하고 다른 학파를 압도하였다. 한유는 선왕의 도가 맹가에 이르러 중단된 것은 사설邪

說과 유론謬論의 침투 혼란 때문이라고 보고, 혼란을 뿌리뽑아 원상태로 돌아서게 하고 도통을 회복시키고자 하였다. 그는 『나의 능력은 맹자에 미치지 못한다. ……비록 그렇기는 하지만, 그 도를 대충이라도 전할 수 있다면 죽더라도 여한이 없을 것이다 韓愈之賢不及孟子 ……雖然, 使其道得其粗傳, 雖滅死萬萬無恨』《與孟尙書書》라고 하였는데, 이 말은 한편으로 한유가 스스로 맹가를 계승한 것을 자처한 자부심을 반영한 것이고, 다른 한편으로는 그가 유가 도통을 보호하겠다는 불요불굴의 결심을 반영한 것이다. 사실상 그가 영도한 고문운동古文運動, 그가 제창한 문과 도의 결합은 모두 도통관념으로부터 출발하여 문학을 유도의 규범 속으로 끌어들여 문인학사의 사상감정을 정통유학으로 귀의하게 하고, 시비와 희로를 봉건도덕의 표준에 합치시키려고 한 것이다. 그가 불가를 배척하는 것은 그의 정치목적으로 말한다면 역시 〈도〉, 즉 그가 계승하고자 하는 〈이제삼왕二帝三王 및 여러 성인의 도〉를 보호하기 위함이다. 한유는 종법관념과 중국인이 중시하는 『오랑캐와 중국의 경계 夷夏之大防』라는 협소한 심리를 이용하고, 유가를 중심으로 하는 도통설을 이용하여 선왕숭배관념을 강조하였다. 한유의 이 도통설은 중국문화사에 극히 심원한 영향을 주었으며, 뒷날의 사상가·문학가 들은 이것을 가지고 자중하고 지위하며 스스로 격려하고 스스로를 기만하지 않는 자가 없었다.

  이학가 주희는 한유의 도통설을 이었으나 오히려 한유를 도통에서 배제하였으며 이정二程(정호·정이 형제)을 맹자에다 상접上接시켰다. 그는 《사서집주四書集注·중용장구주서中庸章句注序》에서 요로부터 순에 이르기까지의 〈십육자심전十六字心傳〉(윗절에 자세함)을 서술한 뒤에 도통이 맹자에 이르러 실전되었으며, 이에 『정선생 형제가 나와서 고찰한 바가 있어 1천여 년간 전해지지 않았던 단서를 이었다 程夫子兄弟者出, 得其所考, 以續夫千載不傳之緒』고 하였다.《대학장구서大學章句序》에서 주희는 재차 이정이 『맹자의 전함을 이은』 사람이라고 강조하였다. 이렇게 해서 한편으로는 정주가 공맹의 진전眞傳으로 정통성과 합법성을 갖추고 있음을 강조하였으며, 다른 한편으로 주의해야 할 것은 주희가 한유가 말한 비교적 광범위한 추상적인 도통 내용을 〈십육자심전〉으로 구체화시켰으며, 그가 고취한 수신제가치국평천하·인심도심人心道心·존천리存天理·멸인욕滅人欲의 이론을 위해 역사적 근거를 만들어냈다는 것이다.

  주희의 수제자이며 사위인 황간黃幹은 주희의 도통 승전承傳 속에서의 작용이 이정보다 높다고 말하였다. 그는 『도의 정통은 사람을 기다린 후에 전해진다. 주나라 이래로 도의 전수를 책임진 사람은 몇 명에 지나지 않았으나 이 도를 밝혀서 환히 드러나게 한 사람은 한두 명에 그칠 뿐이다. 공자 이후에 증자와 자사가 그 은미함을 계승하였고 맹자에 이르러 비로소 밝혀졌으며, 맹자 이후에 주돈이·이정·장재가 그 끊어진 것을 계승하였으며 나에 이르러 비로소 밝혀졌다 道之正統, 待人而後傳. 自周以來, 任傳道之責者, 不過數人, 而能使斯道彰明較著者, 一二人而止耳. 由孔子而後, 曾子子思繼其微, 至孟子而始著, 由孟子而後, 周程張子繼其絶, 至熹而始著』《宋史·朱熹傳》고 하였다.

현실적인 목적으로 말한다면 맹자이든 정주이든간에 모두 사람들의 전통에 대한 숭배심리를 이용하고 도통학설을 이용하여 자기들의 세력을 확장시켰으며, 자기들의 정종正宗의 지위를 긍정하므로써 통치질서를 공고히 하는 데 이바지하기 편리하도록 하였다. 이학가 정이 자신의 말을 사용하면『이단을 구별하고 사설을 물리쳐서 성인의 도를 환연하게 세상에 다시 빛나도록 辨異端, 辟邪說, 使聖人之道煥然復明於世』하기 위해서『인욕이 제멋대로 되고 천리가 없어지는 것 人欲肆而天理滅』을 방지하였다.《宋史·道學·程顥傳》

3 정통政統·군통君統과 도통道統

일반적으로 말해서 도통道統은 주로 학술이 전파된 사승師承관계 및 성군시주聖君時主가 전후로 전승된 사상적 연원을 가리키며, 그것은 군통 및 정통과 일정한 관계를 갖고 있는데 삼자는 결코 상호 동등한 것이 아니다.

맹자가 말한 도통은 주로 요순에 의탁하고 있다.『맹자는 인성이 본래 착하다는 이치를 강술하였으며, 강술할 때 계속해서 요순의 언행을 실증으로 말하였다 孟子道性善, 言必稱堯舜』《孟子·滕文公上》에서 본다면, 이른바 도통은 주로 인민애물仁民愛物의 사상감정이며 정권의 전승 혹은 백성을 통치하는 도구가 아닌데 즉 군통 혹은 정통이 아니다. 그렇지 않다면 맹자는 결코 도통이 문왕으로부터 공자에게 전해졌다고 말하지 않았을 것이다. 공자가 비록『성인 중 시무에 밝은 사람 聖之時者』이었지만 필경에는 포의布衣였는데 포의로써 군통 혹은 정통을 잇고자 생각한다는 것은 분명히 사실과 부합하지 않을 뿐 아니라, 유가의『생각이 자기의 지위를 벗어나지 않고 思不出其位』『군주는 군주다워야 하고 신하는 신하다워야 하며 아버지는 아버지다워야 하고 자식은 자식다워야 한다 君君臣臣父父子子』는 정치윤리사상과 부합하지 않으며, 유가의 사유격식에 위배되기 때문이다.

한유가 말한 도통으로 본다면, 주로 학파 내부의 일맥상승一脈相承하는 관계를 말하는 것이다. 그는 맹자를 자신에 비유하면서 맹자가 양주와 묵적을 배척했기에 그도 불가와 노자를 배척해서 유가의 도통으로 불가의 법통에 대항하고 유가사상의 순결성을 지키고자 한 것이다. 이 의미에서 한유의 도통은 학통學統 내지는 사통士統을 가리킨다고 볼 수 있다.

정주 등의 이학가가 말한 도통으로 볼 때 한유 도통설의 의미를 함유하고 있으면서 나라와 백성을 통치하는 방면이 부각되었다. 정이는『주공이 죽고 나서 성인의 도가 행해지지 않았으며 맹가가 죽고 나서 성인의 말씀이 전해지지 않았다. 도가 행해지지 않아 백 세 동안 통치가 잘 되지 못했으며 학설이 전해지지 않아 1천 년간 진정한 유학자가 없었다. 통치가 잘 되지 못하면 선비는 통치를 잘하는 도를 밝히고 그것을 남한테서 배우며 후학들에게 전수해 준다. 진정한 유학자가 없으면 눈이 어두워서 가는 바를 알지 못하고 인욕이 제멋대로 되고 천리가 없어질 것이다 周公沒, 聖人之道不行, 孟軻死, 聖人之說不傳. 道不行, 百世無善治, 學不傳, 千載無眞儒. 無善治, 士猶得以明夫善治之道, 以淑諸人, 以傳諸後, 無眞儒, 則貿貿焉莫知所之, 人欲肆而天理滅矣』라고 하였다.《宋史·道學·程頤傳》이학가가 도통을 강조하고 발양하는 것은 〈선치善治〉를 위한 것임을 알 수가 있다. 〈선치〉가 있으려면 반드시 〈진유眞儒〉가 있어야 하며, 〈진유〉가 있으려면 〈선치〉가 있어야 하는데 양자는 논리적인 내재관계를 갖추고 있다. 주의해야 할 것은 이학가가 강조하는 〈사〉(유사儒士)는 〈선치의 도 善治之道〉를 이해하여야 하는데 이것은 바로 자각적으로 도통·사통과 치통治統(즉 정통政統)을 연계시켜서 전통숭배의 내재심리가 이미 치국평천하의 실천으로 외화外化된 것이다.

이른바 정통이란 즉 정권통치 방면의 일맥상승하는 전통이며, 즉 어떤 학자가 말한 이른바 치통治統이다. 각 왕조의 역대 군주들은 정권을 운용하고 백성을 통치하는 방면에 있어서 제각기 다른 풍격과 중점을 가지고 있다. 그러나 진秦 왕조를 제외하고 일반적으로 말해서 각 왕조와 역대 군주는 모두 인정덕치仁政德治·애민여자愛民如子를 표방하고 이로써 〈목민牧民〉의 수단으로 삼았다. 동시에 그들은 또한 선왕의 제도를 계승하는 것을 기치로 내걸고 가족윤리 가운데의 조상숭배와 사회정치 가운데의 선왕숭배심리를 이용하여 자기의 통치를 옛날부터 이미 있어왔던 합리적인 현상이라고 말하여 통치의 효과를 증강시켰다.

이른바 군통이란, 전제집권하의 군주개인 권위의 일맥상승하는 계통을 가리킨다. 이것은 주로 적장자계승제를 핵심으로 하는 정권 전승방면의 계통법으로 표현된다.

주의해야 할 것은 송대 이학가가 한·당을 도통에서 제외시키고 삼대(하·상·

주)는 도로써 천하를 다스려 오로지 천리가 세상에 행해졌으며, 한·당은 지력智力으로써 천하를 장악하여 오로지 인욕이 세상에 행해졌다고 본 것이다. 동시대의 사공학파事功學派의 대표적인 인물인 진량陳亮은 그것과 대항해서 한 문제·당 태종을 삼대에 접통接統시켰다. 이것은 인덕으로써 또는 지력으로써 천하를 통치하는 것이 다르다는 의향 및 제왕과 공경을 도통의 내에서 통괄한다는 의향을 반영한 것이다.

청대 초기의 반이학反理學 사상가 비경우費經虞·비밀費密 부자는 송유의 도통이 전적으로 유생에 속한다는 것에 관한 사상을 반대하고 제왕과 공경을 도통 속에 끌어들였다. 그들은 『위진 이후로 청담으로 도를 말하고, 실질을 버리고 공허를 추구하였으며, 평범한 것을 천시하고 높은 것을 좋아하였는데, 이것이 오랫동안 널리 전파되다가 남송에 이르러서 드디어 개인에 의해 도통이 건립되었다. 도통설이 행세하면서 복희·신농 이래로 요·순·우·탕·문왕·무왕이 천지를 다스려서 만물에 널리 미치고 천하를 구제한 도는 갑자기 군주에게 속하지 않고 유생에게 속하게 되었다. 그래서 후에 도를 이야기하는 사람들은 초야를 조정보다 중시하고 공언을 사실보다 높이 여기게 하여 세상에서 제왕을 도통에 관련시키지 않은 지가 5,6백 년이 되었다. …… 역대의 제왕과 공경을 합하여 도통이라고 한다면 대체로 옳다. 제왕이 아니면 통이라고 말할 수 없다. ……상고시기는 씨에 해당하고, 복희·신농 이래는 뿌리에 해당하며, 황제 요·순 및 하·은·주·진·양한시기 이래의 역대 군주는 줄기에 해당한다. 한의 고제·광무제·당의 태종·숙종·대종은 모두 탕왕·무왕·중종·선종과 공적이 같고, 문제·경제·명제·장제 및 원위의 효문제 송의 인종·명의 선종·효종은 모두 태갑·성왕·강왕과 덕이 같다. ……도통을 바로잡고자 하면 제왕과 공경이 일을 요점으로 삼고 말을 보조로 삼지 않으면 안 된다 魏晋而後, 淸淡言道, 去實而就虛, 陋平而喜高, 歲遷月改, 流傳至南宋, 遂私立道統. 自道統之說行, 於是羲農以來, 堯舜禹湯文武裁成天地, 周萬物而濟天下之道, 忽焉不屬之君上, 而屬之儒生. 致使後之論道者, 草野重於朝廷, 空言高於事實, 世不以帝王系道統者五六百年矣! …… 合歷代帝王公卿稱曰道統, 庶可也, 無帝王, 則不可謂之統矣. ……上古, 核也, 羲農以來, 根也. 黃帝·堯·舜·夏·殷·周·秦·兩漢而下, 歷代之君, 本也, 如漢之高, 光, 唐之太宗·肅·代, 皆與湯·武·中·宣同功, 而文·景·明·章, 與元魏孝文, 宋仁宗, 明宣·孝, 皆, 與太甲, 成康同德. ……欲正道統, 非合帝王公卿以事爲要, 以言爲輔不可』《弘道書·統典論》고 하였다. 비씨 부자가 결코 근본적으로 도통을 반대한 것은 아니고, 단지 이학가의 도통설을 반대했음은 분명하다. 양자는 도통을 승인하고 찬양하는 방면에 있어서 결코 근본적인 차이가 없으며, 다른 점은 단지 송유가 사통과 학통을 중지하고 사통을 도통에 예속시키며 도통과 치통을 둘로 나눈 데 반해, 비씨 부자는 군통과 치통을 중시하고 도통을 치통에 덧붙여서 도통과 치통을 하나로 합했다는 데 있다.[8]

외재적 표현으로 볼 때 도통은 사상의 전승에 치중하고 그 주체는 유사儒士이며, 정통은 통치술의 연속에 치중하고 그 주체는 군주를 우두머리로 하는 통치계층이며, 군통은 권위의 상접相接에 치중하고 그 주체는 군주 및 그 계승자이다. 삼자 사이에는 각기 치중하는 바가 다르고 각기 구별되는 바가 있으며 상호 연결되고 서로 관통하고 있다. 그 공통된 기초심리는 전통숭배이다. 전통숭배는 또한 가족 속의 조상숭배와 사회국가 속의 선왕숭배를 감정 흐름의 통로로 삼는다. 이렇게 해서 통치자의 입장에서 말하면, 정통·군통과 도통은 삼자가 상호보완적인 작용을 하며 조상숭배·선왕숭배와 전통숭배는 구분이 되면서 합치하여 세 개의 점이 하나의 선으로써 서로 보충하고 배합되었다. 전체적으로 볼 때 상고심리를 내재적 의거로 하고, 종법 농업사회를 기초로 하고 있는 것이다.

4 전통숭배와 중국사회

앞에서 이미 말한 대로 전통숭배는 선왕숭배와 같이 왕고를 가치지향으로 삼고 있으며, 양자는 모두 상고심리의 다른 표현이다. 종법성 농업사회의 안정과 오랜 유지로 말미암아, 이러한 문화 토양 위에서 성장한 전통숭배는 또한 오랫동안 쇠퇴하지 않고 흥성하여 중국사회에 깊은 영향을 주었다.

외국의 많은 학자는 일찍이 숭고崇古지향과 국민성간의 관계를 분석하였다. 그들은 하나의 과거시간을 우선가치로 하는 사회 속에서는 마땅히 과거의 전통(노인의 방식)을 이용하여 아동을 교육하고, 그들로 하여금 옛날의 방식이 좋다는 것을 믿도록 한다고 주장하였다. 행위의 옳고 그름이 이미 전통 혹은 노인의 방식을 표준으로 삼는 바에는 반드시 권위태도와 권위인격의 여러 특징을 발생시킨다. 그 특징은 다음과 같다.

(1) 관례를 인습하고 풍속습관을 준수한다.

(2) 비평없이 권위(예를들면, 부모·선대·초자연적인 힘 등), 특히 이상화된 도덕권위에 복종한다.

(3) 풍속습관을 위반하고 옛날의 규칙과 제도질서를 파괴하는 사람을 공격(견책·배척·징벌)하기를 좋아한다.

(4) 미신을 갖고 있으며 특히 운명을 믿는다.

(5) 사상에 융통성이 없으며 이분법二分法을 애용한다.

(6) 권위를 중시하고 엄격함을 강조한다.

(7) 다른 사람을 의심하여 어떤 음모를 진행시키고 있지 않은가 하고 의심한다.

(8) 과학에 반대하고 자아를 중심으로 삼는 생각에 빠지거나, 심지어는 자연현상에 대해 일종의 애니미즘animism을 갖고 있다.[9]

우리는 이러한 문화현상이 중국의 전통적 성격과 서로 부합됨을 인정해야 할 것이다.

전통숭배는 반드시 이른바 권위적인 성격을 형성한다. 중국사회 속에서 그것의 특징은 다음의 몇 가지로 표현된다. (1) 하늘(또한 우주를 대표하는 것)·황제·웃사람과 정치적 사회적인 지위가 있는 사람에게 복종한다. (2) 과거의 지식과 경험을 존중한다. (3) 기존의 사회규범에 순종한다. (4) 집단의 명예와 이익을 중시하고 개인을 소홀히 하며 개인의 생활방식은 반드시 집단의 안배를 받아들여야 한다. 그것이 극단화되면『군주가 신하에게 죽으라고 하면 신하는 죽지 않을 수 없고, 부모가 자식에게 죽으라고 하면 자식은 죽지 않을 수 없다. 君要臣死, 臣不得不死父要子亡, 子不得不亡』이러한 권위적인 성격은 주로 유가로부터 건립된 것이며 그것은 2천여 년 동안의 봉건사회 속에서 대다수의 중국인을 지배하고 있다. 이러한 성격은 대부분 장기적으로 전통과 권위의 가치지향에 의해 조성된 것이다.[10]

역사의 동태적 발전으로부터 고찰하면, 전통숭배는 적극적인 작용을 하였다. 선진과 한당시기에 상고심리를 기초로 하는 전통숭배는 기존의 성과에 대한 계승과 현실질서의 보호를 중시하였기 때문에 사상문화로 하여금 완전하게 보존 및 전파되게 하였으며, 아울러 그러한 전범의 물태화物態化된 문화, 예를들면 만리장성萬里長城·용문석굴龍門石窟·운강석굴雲崗石窟 등과 같은 것을 보존시켜서 중국 고대문명의 표징이 되게 하였다. 중국 고대의 사실을 올바르게 기록하는 사학전통·문이재도文以載道의 문학전통은 모두 매우 심후하고 오래된 것이다. 이러한 것들은 중국이 세계의 4대문명 발생지의 하나가 되고 독특한 특색을 갖춘 동방문화의 전범이 되는 것에 대해 적극적인 작용을 하였다.

그런데 송명시기 이후의 중국사회는, 생산방식의 타성력이 증강되고 경제구조와 정치구조가 나날이 경직화됨에 따라 민족심리이며 공동문화 응집력의 하나인 전통숭배는 사회의 진보, 민족정신의 확장에 대해 속박하는 작용을 하였으며 중국민족의 깊은 사상적 병집이 되었다. 이러한 사상적 병집은 전통이 심후하고 오랜 것으로 나타날 뿐 아니라 역대로 지나치게 전통을 중시하는 것으로 나타났다. 이것은 바로 노신 선생이 공격한 중화민족의 어깨를 압박하는 『인습의 무거운 짐』인 것이다. 근대사에서 대단한 위력을 나타낸 인물인 강유위康有爲·양계초梁啓超·엄복嚴復·장태염章太炎 등은 모두 민주와 자유의 이상으로 중국을 개조하려고 생각하였지만 결국은 공자에 대한 존중을 주장하고 국수國粹를 떠받들었는데, 이것은 바로 이 무거운 사상적 병집에 의해 압박을 받은 것이다. 우리들은 수십 년 동안 정치·경제·문화 등의 방면에서 많은 시행착오를 거쳤는데 이것 역시 이 사상적 병집과 관계가 있다.

제 9 장

문관제도의 흥기와 관리선발제도의 변천

중국 고대의 종법제 농업사회는 사람들이 혈연 온정으로써 입신행사하고, 아울러 이로써 인간관계를 헤아리도록 요구하였다. 따라서 사회질서가 상대적으로 안정된 〈치세〉에는 사람들이 강력한 것에 의지하지 않고 지혜에 의거한 출세의 길을 희망하였다. 정치구조로 볼 때, 군주의 집권을 특징으로 하는 중앙집권의 피라밋식 정권구조는 그와 상응되는 관료계통 및 그 예비군을 갖도록 요구하였다. 이 관료체계의 운용 및 예비군의 선발은, 평화시기에는 국가직능 속에서 목사牧師라는 일면이 매우 중요함으로 인하여, 또 통치자의 〈수성守成〉에는 반드시 하나의 체계를 갖춘 엄밀한 제도와 이러한 제도를 관철시키는 관리가 있어야 함으로 인하여, 근본적으로 말한다면 장기적인 측면에서 볼 때 군공으로 집안을 일으킨 문부에 의지할 수는 없으며 통치술에 정통하고 시험을 통해 선발된 문사文士를 이용할 수 있을 뿐이다. 이 때문에 문관제도의 발생, 그와 상응된 관리선발제도의 변천은 역사적 필연이 되었다.

중국에서 문관제도는 서한시기에 확립되었다. 문관제도의 확립은 이전의 관리선발제도를 변화시켰을 뿐 아니라 인격심리 방면에서 유생을 위주로 하는 각 세대의 지식인 및 전체사회의 인격모식이다.

제 1 절 문관제도의 흥기

〈문관文官〉이라는 단어는 중국에서 옛날부터 이미 있어왔다.《후한서後漢書·예의제禮儀制》에는『입춘에 사자를 통해 속백을 보내어 문관에게 하사하였다 立春, 遣使者賷束帛以賜文官』고 하였다.《청회전淸會典·이부吏部》에는『문관의 등급은 18단계이다. 1등급은 광록대부, 2등급은 영록대부, 3등급은 자정대부, …높고 낮음이 각기 그 관리의 수와 같다 凡文官之階十有八. 一曰光祿大夫, 二曰榮祿大夫, 三曰資政大夫 ……高下各如其官之數』고 하였다.《홍루몽紅樓夢》제 34회에서는『그 문관은 더욱 무관만 못하다 那文官更不比武官了』라고 하였다.

문관을 말하면 사람들은 왕왕 서방의 문관 및 문관제도를 연상하지만 실제로 중국 고대의 문관 및 문관제도는 서방 근대 이래로 발생한 문관 및 문관제도와 근본적인 차이가 있다. 서방국가의 〈문관〉은 특정한 함의를 갖고 있다. 광의의 관점에서 말한다면, 최초의 문관은 무관과 상대해서 말한 것이며 후에는 주로 삼권분립 속의 행정부문의 관원을 가리킨다. 서방 각국의 문관에 대한 칭호는 모두 동일한 것은 아닌데, 예를들면 미국에서는 〈정부고용원〉이라 하고 프랑스에서는 〈공무원〉이라고 하는데 실질적으로는 정부의 사무기관에서 일하는 사람을 가리킨다. 그러나 부장 혹은 대신·국무대신·정무차관·정부비서·전문위원·기업의 종사인원·지방자치기관의 종사인원·법관·대통령·의원 등은 모두 문관이 아니다. 그래서 이른바 문관이란 바로 자본주의 국가에서 내각과 함께 진퇴를 하지 않고 공개적으로 시험을 거치며 과실이 없으면 장기간 직책을 맡는 사무요원인 것이다.

서방 각국의 문관제도는 봉건관리제도와 초기 서방의 〈개인 전횡〉 및 〈나누어 먹기식의 정당제도〉를 반대한 관원제도 속에서 점차로 건립되고 발전된 것이다. 현재 서방 각국의 문관제도는 다음의 몇 가지 특징을 가지고 있다. (1) 법제화되었다. (2) 공적제를 실행하고 공직을 담임하는 기회가 균등하며, 공개적으로 고시考試하여 우수한 자를 신발하여 임용하고 임직하세 심사하여 논공행상論功行賞을 한다. (3) 사람을 기용하는 데에 있어서 지식과 전공을 중시한다. (4) 정치적 중립을 지키며 상임으로 직무를 맡는다. (5) 과학적인 관리를 한다. (6) 직업도덕을 중시한다.[1]

그럼 이제 중국고대의 문관제도와 서방 문관제도의 본질적인 차이에 대해서 살펴보도록 하겠다.

1 포악한 진왕조의 급속한 패망과 한대 초기 군인의 정치간섭

진시황은 법가학설을 이용하여 통치하였으며, 경전정책耕戰政策을 실행하고 군공치사정책君功致士政策의 자극하에 용감하게 전쟁하는 군대에 힘입어 육국六國을 병합하고 천하를 통일하여 중국 역사상 최초의 중앙집권적 전제주의의 봉건제국을 건립하였다. 진의 통일은 법가학설에서 도움을 얻고 강권과 폭력에서 힘을 얻은 것이다. 진시황이 천하를 빼앗는 것과 천하를 지키는 데에는 반드시 다른 방법을 사용해야 함을, 즉『취여수부동술取與守不同術』을 알지 못했기 때문에 전국을 통일한 뒤에도 계속 강권을 사용하고 고압정책을 실시하였다. 장성을 축조하고 치도馳道를 건설하였으며 문묘를 만들고 병기를 거두어들이고 분서갱유焚書坑儒를 감행하였는데, 어느 하나라도 강렬한 강권정치 색채를 띠지 않은 것이 없었다. 이러한 자아조절을 할 수 없는 정책은 마침내 진승陳勝과 오광吳廣의 봉기를 초래하였다. 진 왕조는 농민봉기의 세찬 흐름 속에서 결국 무너

져버리고 말았다.

한나라가 일어난 이후 고조 유방劉邦은 천하는『말 위에서 얻는 것 馬上得之』이라고 믿고서 유가의 학술을 좋아하지 않고 유생을 멸시하였다. 유방의 이러한 사상기조의 제약하에서 한초의 정부요직은 전부 말 타고 창 잡고서 천하를 누빈 군인에 의해 독점되었다. 즉 한초의 정권은 군인정권이라고 말할 수 있는 것이다.

군인의 장악하에 있는 정권은 반드시 군인의 심리상태를 가지게 된다. 구체적으로 표현하면 다음과 같다. (1) 지식인을 멸시하는데 당시에는 유생을 천시하는 것으로 나타났다. 예를들면 유방은 〈익유관溺儒冠〉, 즉 오줌을 유생의 머리 위에 뿌리고서 유생들을 모멸하였다. (2) 예의제도의 건립을 반대한다. 예의제도가 쓸데없는 것이며 실제적인 이익이 없는 형식에 불과한 것이라고 생각한다. (3) 강권을 숭상하고 인덕을 경시한다.『인은 도의 기강이고 의는 성인의 학문 仁者道之紀, 義者聖之學』(陸賈《新語·道基》)이라는 도리를 이해하지 못하고 역취순수逆取順守(정도에 어긋나는 행위로써 천하를 빼앗고서 정도로 지키는 술책)·문무병용文武幷用을 하는 것이『장구한 술책長久之術』《史記·酈生陸賈列傳》임을 이해하지 못한다. (4) 윤리규범의 건설을 경시한다.『군신관계를 확립하고 상하를 구분하며 기강을 질서있게 하고 육친을 화목하게 하는 立君臣, 等上下, 使綱紀有序, 六親和睦』《漢書·禮樂志》정치적 효용을 이해하지 못한다. (5) 인재의 배양을 견제한다. 국가를 통치하는 데 강권과 직관적 경험에 의지하고 학교를 개설하여 대규모적으로 인재를 배양하는 것에 주의하지 않는다. 이러한 것들은 모두 극심하게 봉건국가정권의 건설을 방해하였다. 이러한 정황은 한대가 개국한 이후로 줄곧 무제의 등극에 이르기까지 근본적으로 해결되지 못하였다. 이것은 바로 객관적으로 문관제도의 건립을 위해 역사적 전제를 만들어 준 것이다.

2 군인정부와 문인학사의 모순

유가는 한의 개국초에 영락되었으며 단지 숙손통叔孫通이 조정의례를 정하고 유방으로 하여금 방대한 허례허식 속에서 황제의 재미를 맛보게 하였을 뿐인데, 육가가《신어新語》를 헌납하여 문무병용의 장구한 술책을 봉헌한 뒤에야 정황이 비로소 개선되었다. 문제文帝 때에 이르러 가의賈誼는『제도를 정하고 예악을 일으키며 定制度, 興禮樂』『군신관계를 확립하고 상하를 구분하며 기강을 질서있게 하고 육친을 화목하게 할 것 立君臣, 等上下, 使綱紀有序, 六親和睦』《漢書·禮樂志》을 제창하였다. 이것은 유가사상의 활약이며 또한 문관제도 건립의 시초이다. 그런데 이 제안은 처음부터 군공중신의 반대에 직면하였다. 가의가『초안하여 그 예의를 구비하자, 천자는 기뻐하였으나 강후 관영 등의 대신들이 이것을 해롭게 생각하였으므로, 이 이론은 마침내 고개를 숙이게 되었다. 草具其儀, 天子說焉, 而大臣絳, 灌之屬害之, 故其議遂寢』《漢書·禮樂志》 무제가 즉위하여 명당을 세우고 예복을 제정하며 태학을 일으켜서 문관제도를 확립하고자 하였는데, 결국은『두 태후가 황노의 말을 좋아하고 유가의 학설을 좋아하지 않았기 때문에 그 일은 곧 폐지되었다. 竇太后好黃老言, 不說儒術, 其事又廢』《漢書·禮樂志》

사실 무장과 무신의 모순은 일찍이 한나라가 일어나기 이전에 이미 존재하였다. 진평陳平은 초가 한에 항복한 이후로 유방에게 대단한 신임을 받았으며, 강후絳侯·관영灌嬰 등은 마음 속으로 불만을 갖고서 진평이 집에서 형수를 도적질하고 관리에게 뇌물을 받으며 품행이 부정한 〈반복란신反復亂臣〉이라고 공격하였다. 비록 유방의 현명한 판단에 의해 진평은 여전히 승진할 수 있었으며 여러 장수늘은 감히 다시 말하지 않았다.(《漢書·張陳王周傳》을 보라.) 그러나 분관과 무관의 투쟁의 화근은 이미 매몰되었다. 개국 이후에 유방이 스스로 천하는『말 위에서 얻는 것』이라고 하였기 때문에 개국원훈은 기본적으로 모두 무공에 의해 어렵게 쟁취한 군인이며, 심지어『효혜황제와 여후시대에 공경은 모두 공을 세운 신하들이었다. 孝惠, 呂后時, 公卿皆武力有功之臣』《史記·儒林列傳》 그래서 모든 장수는 공로가 있다고 자처하고 거만을 떨며 문인을 경시하였다. 육가의 일생 동안의 지위는 무장과 문인의 모순 및 군인정부의 문인학사에 대한 멸시를 반영해 주고 있다. 우리들은 육가가 한왕실에서 시기를 제대로 만나『천하를 평정하고 사직을 편안하게 한 공 定天下, 安社稷』(《文選》, 陸士衡 《漢高祖功臣頌》)이 있음을 잘 알고 있다. 왕충王充은 이를 칭찬하여『육가의 계책이 아니면 제실이 편안하지 못했을 것 非陸賈之策, 帝室不寧』《論衡·書解》이라고 말하였다. 그런데 육가의 지위는 태중대부에 지나지 않았으며 시종 공신의 서열에 오르지 못했다. 《사기·고조공신후자년표高祖功臣侯者年表》 또는 《한서·고혜고후문공신표高惠高后文功臣表》 등등에서는 모두 그 명단 가운데 포함되지 못했는데 원인은 바로 군공이 없었기 때문이다.

군인정부와 문관제도, 군공중신과 문인학사의 모순과 서로 뒤엉켜 유가와 도가 사이의 모순도 첨예화되고 깊어졌다.『한왕조가 일어난 뒤에 유생들은 비로소 유가의 경전을 학습하고 대사례와 향음례를 강습하였다. 숙선통은 한 조정을 위해서 예의를 제정하였으며 이 때문에 태상이 되었다. 유생 제자들과 그가 공동으로 예의를 제작한 것은 모두 조정에서 우선적으로 쓰는 대상이 되었고, 이에 그는 감개무량하여 유학을 도와서 학파를 일으켰다. 漢興, 然後諸儒始得修其經藝, 講習大射鄕飮之禮, 叔孫通作漢禮儀, 因爲太常. 諸生弟子共定者, 咸爲選首, 於是喟然嘆興於學』《史記・儒林列傳》이것이 유가사상의 대두이다.『그런데 이때에 전쟁을 하고 국내의 반란을 평정하여 학교 세우는 일을 돌볼 시간이 없었다. 然尙有干戈, 平定四海, 亦未有暇遑庠序之事也』《史記・儒林列傳》유학이 아직 중시되지 못했음을 잘 나타내 주고 있다. 문제 때에 문학하는 선비는 부분적이나마 등용이 되기는 하였지만 결국은 주도적인 위치를 차지하지는 못했는데, 왜냐하면『효문제가 본래 형명의 학설을 좋아하였고 孝文帝本好刑名之言』『효제・경제에 이르러서도 유학자를 신임하지 않았고, 두태후 역시 황노의 학술을 좋아하였기 때문에 여러 박사들이 헛되이 자문에 응하는 벼슬에 앉아있어 진언하는 자가 없었다. 乃至孝景, 不任儒者, 而竇太后又好黃老之術, 故諸博士具官待間, 未有進者』《史記・儒林列傳》즉 이 시기에 황노도가사상이 우세를 차지하고 있었음을 알 수 있다. 도가로써 유가를 축출한 사건은 문제・경제・무제시대에 연이어서 발생하였다. 저명한 신도가新道家의 대표자 황생黃生은 유림의 박사 원고생轅固生과 탕무혁명湯武革命에 관해 변론하여 유가를 제압하여 위축되게 하였다. 그럼에도 불구하고 유가사상은 결코 소멸되지 않았다. 한편으로『유가의 학설을 존중하고 도가의 말을 천시한』신배공申培公・원고생轅固生・조관趙綰・왕장王臧의 무리가 존재하고 있어서 수시로 세력을 흥성하게 하기 위하여 기회를 엿보고 있었다. 다른 한편으로 두태후 등이 도가학설을 고양시킨 것과 동시에 통치계급 내부에서도 유학에 대해 동정하고 지지하는 사람들이 없지 않았다. 바로 경제와 무제는 유가학자에 대해 매우 좋은 감정을 가지고 있었다. 경제는『원고생에게 날카로운 칼을 주고 假固利兵』원고생으로 하여금 돼지의 입에서 목숨을 구하게 하였을 뿐 아니라 두태후가 원고생을 파멸한 후에 얼마 안 있어 또한『원고생을 청념하고 곧다고 하여〈청하왕의 태부〉로 임명하였으니 以固爲廉直, 拜爲淸河王太傅』《史記・儒林列傳》대단히 후하게 대우하였다고 말할 수 있다. 무제는 신배공을 접견하였을 때 문사文詞부터 좋아하게 되었다. 문사를 좋아하는 것은 결코 도가의 본질이 아니며 유사儒士의 색채인 것이다. 두태후가 세상을 떠나자 문경지치文景之治의 강대한 경제적 힘의 바탕 위에서 뜻대로 되어 만족한 한 무제는 대담하게 뜻을 펼 수 있었다. 이에『무안후 전분이 승상이 되어 황노・형명 등의 백가학설을 물리치고 문학유자 수백 명을 등용하였으며 공손홍은《춘추》로 인해 평민에서 천자의 삼공이 되고 평진후에 봉해졌다. 천하의 학자들이 바람 불어 넘어지듯이 유학에 경도되었다. 武安侯田蚡爲丞相, 絀黃老, 刑名百家

之言, 延文學儒者數百人, 而公孫弘以《春秋》白衣爲天子三公, 卦以平津侯, 天下之
學士靡然鄕風矣』《史記·儒林列傳》 이것은 유학이 처음으로 주도사상이 되었으며
도가사상이 쇠퇴해졌음을 잘 나타내 주고 있다. 주의할 것은 공손홍 등의 유학자
는 백의에서 삼공의 위치에 이르렀는데 이것은 한초에 군공이 없어서 후로 봉해
질 수 없었고 『공경은 모두 무력으로 공로가 있는 신하』라는 국면과 선명한 대비
를 이루고 있으며 하나의 새로운 시대가 도래하였음을 예시해 주고 있다.

그러나 사상의 투쟁은 결코 일조일석에 완결될 수 있는 것은 아니다. 무제의
뒤에 도가사상은 여전히 굴곡을 달리하며 거듭 일어나고 있었다. 황노의 학설을
주장한 급암汲黯은 유학자 전분이 재상이 된 것에 대해 매우 못마땅하게 여기고
전분을 만났을 때 『절을 한 적이 없고 읍만을 하였다. 未嘗拜, 揖之』《漢書·張馮
汲鄭傳》 무제가 문학유자를 부르고 인의의 정책을 실시하고자 하는 생각에 대해
그는 『내심으로는 욕심이 많으면서 겉으로는 인의의 정책을 시행하면서 어찌 요
순의 치세를 본받고자 하는가! 內多欲而外施仁義, 奈何欲效唐虞之治乎!』라고
비난하였다. 그는 언제나 유학과 유사를 헐뜯었다. 장탕張湯과의 변론에서 패한
뒤『욕하여 말하기를, 천하에서 도필리는 공격이 될 수 없다고 하는데 과연 그러
하다 罵曰, 天下謂刀筆吏不可(謂)〈爲〉公卿, 果然』《漢書·張馮汲鄭傳》하였다. 이
것은 유가와 도가가 통치방법과 의향의 다름을 반영한 것일 뿐 아니라 군인정부
와 문인학사의 모순을 나타낸 것이다.

요컨대 한이 일어난 때로부터 무제 즉위에 이르기까지 70여 년간 통치계급은
시종 진왕조가 망한 교훈을 검토하고 새로운 통치사상을 찾았는데, 이것은 사상
의 통일을 찾고자 하는 사회사조의 주된 흐름을 나타낸 것이다. 사상통일을 완성
하는 과정 속에서 여러 사상과 학파의 인물이 각기 등장하여 각자의 사명을 완수
하였지만 진정하게 봉건통치로 하여금 장기적으로 지속할 수 있게 하는 사상체
계를 제공하지는 못했으며 사상의 통일은 실현되지 못하였다. 도가와 법가의 상
호비난, 유가와 도가의 상호배척은 이 힘이 소멸되면 저 힘이 자라나는 식으로
되어 유익한 사상자료를 제공하였으며 사상통일의 역사적 진행과정을 추동시켰
다. 군공중신과 문인학사의 분쟁, 군인정부와 문관제도의 모순은 임금과 신하,
문관과 무관의 신경을 건드려 새로운 국면의 도래를 불러일으켰다. 문제와 경제
의 치세 이후 강대한 경제적 역량은 신국면의 개척을 위해 견실한 물질적 바탕을
제공해 주었다. 웅대한 재략을 갖춘 한무제의 즉위는 더욱 신국면의 도래를 위해
유리한 조건을 제공해 주었다.

3 사상통일의 완성과 문관제도의 탄생

사상통일의 역사조류에 순응하여 동중서는 해박한 지식, 탁월한 견해와 독특한 방법을 이용하여 전대의 사람들이 해놓은 노력의 기초 위에서 사상을 통일하는 역사적 중임을 완수하여 당시의 조류에 부합하고 인심에 순응하는 인물이 되었다.

동중서의 정치이상은 봉건주의 중앙집권국가를 공고히 하고 대일통의 국면을 유지 보호하는 것이다.

한무제는 제3차의 책문 속에서, 황위와 봉건통치로 하여금 무궁하게 전해지고 계속적으로 시행되도록 하며 『깊이 만사의 실마리를 생각하려는 永惟萬事之統』 목적에서 출발하여 『대도의 요점과 지극한 이론의 핵심을 듣고자 聞大道之要, 至論之極』 하였다. 동중서는 자유자재로 응대하면서 《춘추》의 뜻을 이끌어다 대일통의 주장을 역설하였는데, 즉 『《춘추》의 대일통이라고 하는 것은 영원불변의 법도이며 고금으로 세상에서 준수해야 할 도의 《春秋》大一統者, 天地之常經, 古今之通誼也』《漢書·董仲舒傳》라고 하였다. 이 중심목표를 둘러싸고 동중서는 인정仁政사상을 득색으로 하는 일련의 주장과 조치를 내놓았다. 그는 일찍이 오제 삼왕의 정치를 칭송하면서 그가 생각하고 있는 이상사회를 서술하였다.

오제·삼왕은 천하를 통치하면서 스스로 군주라고 생각하고 백성들의 마음을 임의대로 압박할 생각을 감히 하지 않았다. 백성들에게 10분지 1의 부세를 징수하고 인애로써 백성들을 교화하며, 충성으로써 백성들을 사역시키고, 노인을 존경하며 자신의 어버이를 친애하고 어른을 존경하였다. 백성들이 농사짓는 시기를 지체시키지 않으며, 백성을 사역시키는 데 매년 3일을 초과하지 않았으므로 백성들의 집집마다 모두 풍족하여 원한과 분노의 일이 발생하지 않으며, 강자와 약자를 업신여기고 모욕하지 않으며, 비방하고 시기하는 사람이 없었다. 백성들은 품덕을 수양하여 훌륭한 경지에 도달하고 머리를 풀어헤치고 음식을 배불리 먹으면서 놀았다. 부귀를 부러워하지 않고 죄악을 수치로 여기고 법을 어기지 않았다. 어버이는 자식의 죽음에 대해 울지 않고, 형은 아우의 죽음에 대해 울지 않았다. ……감옥이 비었으며(법관이 범인을 처벌하는데) 단지 옷에다 그림을 그려 표시를 했을 뿐이지만 백성들은 법을 어기지 않았으며, 사방의 이민족이 통역을 통해 조회에 참가하여 천자를 알현하였으며, 백성들의 성정이 매우 박실하고 사치하지 않았다. 천자는 천지에다 제사지내고 절차에 따라 산천에 제사지내며 제때에 태산과 양무산에 가서 하늘의 신께 제사지냈다. 명당을 건립하고, 선제에게 제사지내며, 하늘에 제사지낼 때 조상을 함께 제사지냈다. 천하의 제후들은 각자 자기의 직책에 따라 와서 제사를 돕고 그들의 봉지에서 산출된 물품을 바쳐서 먼저 종묘로 보내, 예모를 쓰고 예복을 입고 난 뒤 조상을 뵈면 조상은 은혜로써 그들에게 보답하는데 이것이 바로 조상을 존경하고 받들어서 얻어진 보응인 것이다.

五帝三王治天下, 不敢有君民之心, 什一而稅, 敎以愛, 使以忠, 敬長老, 親親而尊尊. 不奪民時, 使民不過歲三日, 民家給人足, 無怨望忿怒之患, 強弱之難, 無讒賊妬嫉之人. 民修德而美好, 被髮銜哺而游. 不慕富貴, 恥惡不犯. 父不哭子, 兄不哭弟. ……囹圄空虛, 畫衣裳而民不犯, 四夷傳譯而朝, 民情質樸而不文. 郊天祀地, 秩山川以時至, 封于泰山, 禪於梁父. 立明堂, 宗祀先帝, 以祖配天. 天下諸侯, 各以其職來祭, 貢土地, 所有先以入宗廟, 端冕盛服而後見, 先德恩之報, 奉先之應也.《春秋繁露·王道》

이것은 바로 동중서 정치사상의 설계도이며 그 정치사상 및 철학사상을 이해하는 관건이다. 이 논술 속에서 그가 맹자·순자와《여씨춘추呂氏春秋》등의 왕도정치에 대한 이론상의 검토 및 한초 황노사상의 실시를 통하여 왕도정치를 실천한 뒤를 이어 제도상으로 왕도정치를 구현하는 아름다운 동경을 힘써 도모하였음을 볼 수 있다.『10분지 1의 부세를 징수하고』『백성의 농사짓는 시기를 지체시키지 않았다』는 주장은, 동중서가 부역을 가볍게 하고 부세를 줄여 사회를 안정시키고 민심을 편안하게 하여 한왕조로 하여금『영원히 전해지게 하려는 원대한 안광』을 반영한 것이다.『감옥이 비었고』『천지에다 제사지낸다』는 것은 중덕경형重德輕刑·천인합일의 철학적 단서를 드러낸 것이다. 명당을 세우고 백성에게 예의를 가르친다는 것은 그의 새로운 정치·문화제도를 건립하는 것에 대한 동경을 표현한 것이다. 특히 명당을 세운다는 의론은 두태후가 세상을 떠난 뒤 매우 중대한 의미를 갖게 되었다. 왜냐하면 명당은 천자가 정교를 선포하고 밝히는 곳이며, 모든 조회 및 제사·경상·관리선발 등의 대전大典이 모두 그 속에서 거행되기 때문이다. 게다가 금문경학今文經學의 구학설에 따르면 명당은 곧 대학大學으로서 집정을 감독하는 의정기관과 유사하다. 한무제가 즉위할 때 유학을 지지하는 낭중령郎中令 왕장과 어사대부 조관은 기회를 틈타 명당을 세워서 제후를 조회하도록 건의하였다. 무제는 사람을 시켜 사마고거駟馬高車로써《시》학의 전문가인 신배공을 영접하여『명당의 일을 의논하였다. 議明堂事」뒤에 두태후의 반대 속에서 무제는『명당의 일을 폐지하도록 廢明堂事』《史記·儒林列傳》압박을 받았다. 동중서는 두태후가 세상을 떠난 뒤 명당을 세울 것을 요구하였는데 이것은 군인정부를 유생의 감독하에 두고자 한 것이 분명하며, 비록 좀 천진스럽기는 하지만 결국은 그가 제도규범으로부터 정권체계에서 순전히 군인만 임명하는 것을 변화시키고자 한 노력을 반영한 것이다.

동중서는 유가사상을 뿌리로 하고 음양오행을 골격으로 하여 왕도정치를 표방하고 제가의 학설을 수용하여 천·지·인을 관통시켜서 천인감응을 핵심으로 하는 천인합일 철학체계를 건립하여 대일통을 한 한왕조의 합리성과 영원성에 대해 논증하였다. 동시에 동중서는 문교제도를 건립하는 데 주력하고, 아울러 문관제도의 건설을 극력 제창하고 적극적으로 참가하였으며 사람들에 대한 외재적 통제를 강화하였다. 최후에 그는『제자와 백가를 물리치고 유가의 학술만을 존중해야 한다 罷黜百家, 獨尊儒術』는 건의를 제출하여 한무제의 승낙을 얻으므로써 전국 중기 이래로 사상의 통일을 요구한 임무를 완성하였다.[2]

사상통일의 완성과 문관제도의 건립은 보조를 같이하여 진행된 것이다. 동중서는 문관제도의 건립에 대해 개창적인 일을 하였다.《한서·동중서전》에 기재된 바에 의하면, 동중서는 한무제의 제2차 책문에 대한 대책을 할 때 한무제가 나라와 백성을 걱정하여『현사를 구하는 데 힘써』그 노력이 요순과 대비될 수 있기는 하지만 줄곧 현사를 얻지 못한 이유는 〈사士〉에 대해 격려를 하지 않고 지위를 보장해 주지 않았기 때문이라고 하였다. 그리하여 그는 무제에게 다음과 같이 진언하였다.

평소에 선비를 양성하지 않고서 현사를 바라는 것은 옥을 다듬지 않고서 광채가 나기를 바라는 것과 같습니다. 그러므로 선비를 양성하는 데 있어서 가장 중요한 것은 태학을 건립하는 일입니다. 태학은 현사를 배출하는 곳이며 교화의 본원입니다. ……저는 폐하께서 태학을 건립하고, 훌륭한 스승을 초빙하여 천하의 선비를 양성해 주시기를 바라옵니다.

夫不素養士而欲求賢, 譬猶不(璪)〈琢〉玉而求文采也. 故養士之大者, 莫大乎太學. 太學者, 賢士之所關也, 教化之本原也. ……臣願陛下興太學, 置明師, 以養天下之士.

동중서의 목적은 양성한 〈사士〉—미래의 문관—로서『주상의 법을 따르지 않고 백성에게 포악하게 하는 자는 간적과 함께 기시형에 처한다 不承用主上之法, 暴虐百姓, 與奸爲市』를 대신해서 〈백성의 본보기 民之師帥〉인 군수·현령 부류의 〈장리長吏〉를 대체시키는 것이었다. 그는 또한『모든 열후·군수·이천석을 하는 자로 하여금 각기 그 다스리는 백성 중에 현자를 골라 해마다 2명씩 보내도록 使諸列侯, 郡守, 二千石各擇其吏民之賢者, 歲貢各二人』《漢書·董仲舒

傳》건의하였으며, 전심전력으로 현인을 구하여『널리 천하의 현인을 얻었으며 遍得天下之賢人』『재능을 헤아려 벼슬을 주고 봉록과 덕으로 직위를 정하고 量才而授官, 祿德而定位』『오래도록 귀함을 누리고 오래도록 벼슬하는 것 累日以取貴, 積久以致官』을 반대하여『청렴과 수치는 길이 다르고 현명한 사람과 불초한 사람은 그 사는 곳이 다르다 廉恥殊路, 賢不肖異處』《漢書·董仲舒傳》하였다. 이에 한무제는 그의 건의를 받아들였다. 이후에『학교의 관리를 세우고 주·군에서 무재 효렴을 천거하게 된 것은 모두 동중서로부터 시작되었다. 立學校之官, 州郡擧茂才孝廉, 皆自仲舒發之』《漢書·董仲舒傳》동중서의 이 건의가 순조롭게 채택된 것은 무제의 정치적인 필요성 이외에도 이 당시 군공중신軍功重臣의 반대가 없었다는 것도 중요한 원인 중의 하나이다. 무제가 현량문학賢良文學의 선비를 중시함에 따라 특히 공손홍이 자기의《춘추》학에 의거하여 백의의 선비에서 공후의 서열에 오른 것은 독서로써 벼슬길에 들어서는 것이 이미 개방되었음을 나타내 주며, 그래서『전하의 학자늘이 바람 물어 쏠리듯이 유학으로 경도되었다. 天下學士靡然鄕風矣』《漢書·董仲舒傳》

동중서가 태학의 창설을 제창한 뒤, 원삭元朔 5년(기원전 124년)에 무제는 이 발의에 근거하여 승상 공손홍에게 태학 설립의 계획을 제출하도록 하명하였다. 공손홍은『삼대의 도에서, 향리에는 학교가 있는데 하나라 때는 교라 하고 은나라 때는 서라 하고 주나라 때는 상이라고 하였다. 거기에서는 선을 권하여 조종에서 중용되게 하였으며 악을 징벌하여 형벌을 내렸다. ……옛날에는 정치와 교화가 흡족치 않았다 三代之道, 鄕里有教. 夏曰校, 殷曰序, 周曰庠. 其勸善也, 顯之朝廷, 其懲惡也, 加之刑罰. ……古者政教未洽』라고 해답을 하고,『각 군 제후국 현·도·읍에는 문학을 애호하고 웃사람을 존경하며 법도를 준수하고 향리에서 친목하여 명실이 상부한 사람이 있으며 현령 제후국의 재상·현장·현승 중에서 군태수에게 소속되어 있는 사람, 왕국의 재상은 삼가 괜찮다고 인정되는 사람을 고찰하여 상계리와 함께 수도로 올라가서 태상에게 이야기하면 제자처럼 학습에 참가할 수 있다. 일 년이 되면 시험에 참가하는데 하나의 경서이상에 정통한 사람은 문학장구의 빈 자리에 보충될 수 있고, 그 수제자는 낭중朗中에 임명될 수 있으며 태상이 책으로 만들어 상주한다. 만일 재능이 특별하게 우수하거나 석차가 특등인 사람은 이름을 주상께 보고한다. 성실하게 학습하지 않거나 재능이 부족한 자 및 하나의 경서에도 통달하지 못한 사람을 추천한 관원은 처벌을 받는다. ……문학예의를 수양한 사람을 관리로 삼는다 郡國縣道邑有好文學, 敬長上, 肅政教, 順鄕里, 出入不悖所聞者, 令相長丞上屬所二千石. 二千石謹察可者,

當與計諧, 詣太常, 得受業於弟子. 一歲皆輒試, 能通一藝以上, 補文學掌故缺, 其高第可以爲郎中者, 太常籍奏. 即有秀才異等, 輒以名聞. 其不事學若下材及不能通一藝者, 輒罷之. ……以文學禮義爲官』(《史記·儒林列傳》, 또는 《漢書·儒林傳序》를 보라. 강조점은 인용자가 덧붙임)라고 건의하였다. 이 박사제자원博士弟子員 제도를 설립하자는 주의奏議는 무제의 비준을 얻었다. 『이 이후로 공경대부 사리는 골고루 예를 갖추고 학술 수양을 갖춘 선비들로서 自是以來, 則公卿大夫, 士吏斌斌多文學之士矣』《史記·儒林列傳》 마침내 한초 공경이 군인 출신이 아니면 행세하지 못하고 공신이 군공이 없으면 임명되지 못하는 국면을 변화시켰으며, 관리선발제도로 하여금 근본적으로 전환시켜 찰거察擧와 징벽徵辟은 진 이래의 군공작軍功爵제도를 대신해서 한대에 관리를 선발하는 기본제도가 되었다. 동중서가 창도하고 아울러 그 건설에 참여한 문관제도의 확립은 유가의 사문전학私門傳學과 법가의『학술은 관부에 있다 學在官府』『관리를 스승으로 삼는다 以吏爲師』는 전통을 변화시켜서 두 학파의 교육사상과 방법을 한데 합쳐 대규모적으로 인재를 양성하는 길을 열었을 뿐만 아니라, 더욱 중요한 것은 정치교화의 시행, 가정제도의 건립과 완성을 독서관리제도와 결합하여서 선진시기와는 다르게 더욱이 망한 진나라와는 다른 문관제도를 건립하였다. 교육제도와 관리선발제도가 결합하여 중국 문화정치제도의 하나의 커다란 특색을 형성한 것은 동중서 등의 일대 발명이자 공헌이라고 할 수 있다.

　동중서는 이 문관제도에 대해서 독자적인 구상을 갖고 있었다.《춘추번로》에서 그는『왕자가 관제를 제정함에 있어서 3공·9경·27대부·81원사로 나누어, 총계 1백20명으로 뭇 신하가 갖추어졌다. 내가 들으니 현명한 군주가 채용한 것은 하늘의 정상궤도인데 (하늘의 정상궤도는) 3개월이 한 계절을 이루고, 사계절이 돌아서 1년을 마치게 되며, 관제도 이와같다…… 王者制官, 三公九卿, 二十七大夫, 八十一元士, 凡百二十人而列臣備矣. 吾聞聖主所取議, 金天之大經, 三起而成, 四轉而終, 官制亦然者……』《官制象天》고 주장하였다. 이것은 군주제 아래에서 공경대부로부터 조성된 관료체계를 건립하자고 주장한 것이다. 이 주장을 확대시키기 위하여 그는 덕치의 기치하에서 문인의 역할을 중시하고자 하여『경학에 정통한 사람을 추천하고, 군주가 제왕으로 가는 길을 이끈다 進經術之士, 道之以帝王之路』《五行相生》『금에 변화가 생기면 필수畢宿와 앙수昴宿가 3중으로 돌고, 전쟁이 생기며 군대가 많아지고 도적이 많아지는데, 이것은 도의를 저버리고 재부를 탐내며 백성의 생명을 경시하고 재화를 중시하며, 백성이 이익을 추구하고, 범법 및 난을 일으키는 사람이 많아지게 한다. 구제의 방법은 청렴결백한 사람을 발탁하고, 정직한 사람을 육성하며 전쟁을 종식시키고 문교를 시행하는 것이다 金有變, 華昴有回, 三覆有武, 多兵多盜寇, 此棄義貪財, 輕民命, 重貨賂, 百姓趣利多奸軌. 救之者, 擧廉潔, 立正直, 隱武行文』(《五行變救》, 강조점은 인용자가 덧붙임)『원컨대 군후(공손홍을 가리킴)께서 소상국이 현인을 구하는 길을 크게 열어주고 관리선발의 문을 넓혀주십시오. 적임자를 만나면, 주공이 신분이 천한 선비를 대하던 대로 받아들여 주면 기인과 은자 및 탁월한 선비 등이 제각기 능력을 발휘할 생각으로 덕이 성대한 분에게로 모여들어, 영준한 인재들로 조정이 가득차게 될 것입니다. 모든 현능한 관리가 다 갖추어지고 군후가 크게 서면, 도덕이 크게 통행되고 교화가 사방 끝까지 미칠 것입니다. 願君侯(公孫弘)大開蕭相國求賢之路, 廣選擧之門. 旣得其人, 接以周公下士之義, 卽奇偉隱世異倫之人, 各思竭愚, 歸往盛德, 英俊滿朝. 百能俱備, 卽君侯大立, 則道德弘通, 化流四極』(《董膠西集·詣丞相公孫弘記室書》, 淸壽考堂刻本)

이 관료체계의 활력을 보손하기 위해, 계속 끊임없이 인재를 공급하기 위해 동중서는 또한『군주는 현량한 사람을 등용하고, 수재를 선발하며, 재능있는 사람을 임용하여 관리로 삼아야 관리는 모두 온 힘을 다하여 일할 수 있다 擧賢良, 進茂才. 官得其能, 任得其力』《五行順逆》『효제를 귀히 여기고 예의를 좋아하며, 인덕과 청렴을 중시하고 재물과 이익을 경시하였다 貴孝弟而好禮義, 重仁廉而輕財利』《爲人者天》『벽옹(천자가 설립한 대학)과 상서(학교)를 설립하여 효도·공손·공경·겸양의 도리를 강술하며, 교화로써 백성에게 명시하고, 예악으로써 그들을 감동시킨다 立辟廱庠序, 修孝悌敬讓, 明以敎化, 感以禮樂』《立元神》고 주장하였다. 이것은 교화와 심사의 방식으로부터 관리의 선발에 대해 구체적으로 규정한 것일 뿐 아니라 관리의 품행과 능력에 대해 명확한 요구를 제시하여 제도와 순서로부터 문관이 정치를 하는 기초를 세워놓은 것이다. 이 제도는 유가의 도덕수양과 법가의 공리를 한데 융합시킬 것을 요구했기 때문에, 따라서 근본적으로 전국 이래로, 특히 진이 망하고 한이 일어선 이래로 존재해왔던 군공중신과 문인학사의 모순을 해결하였으며 한왕조 국가기구의 조절기능을 순통하게 하고 목사의 작용을 더욱 강화시켰다.

동중서가 건립한 이 문관제도는 근대 서방의 문관제도와 근본적인 차이가 있다. 우선 서방의 문관제도는 자산계급국가의 삼권분립원칙에 적응하여 건립되어 자산계급의 정권을 위해 이바지하였다. 문관은 삼권분립 속의 행정부문의 관원이다. 동중서가 건립한 문관제도는 황제가 대권을 독차지하는 것을 전제로 한 것이며 그것은 지주계급의 정권을 위해 이바지하는 것으로서 전제왕권의 행정적 기초인 것이다. 문관은 독립적인 행정부문의 관원이 아니고 행정·입법·사법 삼권의 혼합된 관료체계 속의 일원인 것이다. 그 다음 서방의 문관제도는 엄격하게 법률을 준수하고 실행하여 안면에 구애되지 않고 일체 법제를 표준으로 삼고 있다. 동중서가 건립한 문관제도는 혈연종법사회의 제한을 받는다. 경제구조·관료체제와 어느곳에서나 존재하고 있는 사회인정관계학은 분명하지 않게 뒤엉켜 있다. 친구·제자·옛친구 등의 인정관계는 시종 관료정치체계를 온통 뒤덮고 있으며, 따라서 문관제도의 기능을 크게 저하시켰다.『다스리는 사람은 있지만 다스리는 법이 없는 有治人而無治法』유가의 전통은 이 때문에 전파되어 연속될 수 있었으며, 문관제도는 전제군주의 개인의지를 관철하는 도구가 되었다. 그 다음으로 서방의 문관제도는 정무인원과 사무인원을 구별하는데 동중서가 건립한 문관제도는 양자가 하나로 혼합되어 있다. 서방국가에서는 정치활동과 행정관리가 정무인원과 사무인원을 구별하는 기초이다. 일반적으로 말해서 정무인원은 대부분 정치활동가로부터 선거에 의해 만들어지거나 대의기관에 의해 선임되며 일정한 임기를 가지고 있고, 선거의 승부 혹은 정권의 변화에 따라 진퇴가 결정된다. 사무인원은 이와 달리 일반적으로 정부 속의 행정관리와 법률 법령의 시행작업에 종사한다. 서방의 문관제도는 정부 속의 행정관리작업을 일종의 직업으로 보고 정파의 다툼에 참가하지 않는 사람이 담임하며 집권당의 경질과 무관하도록 규정하도록 하고 있다. 그것은 정부작업의 전문화의 요구에 부응하는 것이며, 다당제의 정당제도하에서 국가관리작업의 연속성을 보증하고 행정작업의 유효성을 보존하는 데 유리하다. 동중서가 건립한 문관제도는 정무인원과 사무인원의 구별이 없어서 정무와 사무는 대체로 관원 일인에게 모아져 있다. (예를들면 현관이 친히 사건을 심리한다) 관원은 상급자에 대해서 또는 황제에 대해서만 책임을 지며, 지주계급이나 국가의 이익에 저촉되지만 않는다면 〈치세〉일 경우에는 직무는 대부분 종신제이다. 그러나 만일 왕조가 바뀌게 되면『한 왕조의 천자에 한 왕조의 신하 一朝天子一朝臣』이므로, 전조의 관원은 관복을 벗게 되고 심지어는 죽음을 당하기도 한다. 사실대로 말해서 관원의 진퇴는 정국의 변동에 제약을 받고 있는 것이다. 이것은 국가관리공작의 연속성과 유효성에 대단히 불리하다.

제 2 절 관리선발제도의 변천

1 진의 군공제軍功制로부터 한대의 찰거察擧 징벽徵辟까지

중국 고대관리의 선거제도는 하나의 변화발전과정을 가지고 있다. 『천하가 공유 天下爲公』이던 원시사회에서는 〈선현수능選賢授能〉의 제도가 시행되었으며 전설적인 요와 순의 선양禪讓을 전형으로 삼고 있다. 하夏·상商·주周 삼대는 〈거현재擧賢才〉제도를 실행하여 탕湯이 이윤伊尹을 천거하고 무정武丁이 부열傅說을 천거한 것을 대표로 하고 있다. 전국시기에는 초현양사招賢養士를 관리 선거제도로 삼고 있다.

전국시기에 신흥지주계급은 획득한 정권을 이용하여 위로부터 아래로의 변법운동을 진행시켰다. 변법운동을 통해 세경세록제를 무너뜨리고 군주를 우두머리로 하는 봉건관료제를 확립하였다. 이 기간에 일정한 지식과 기능을 갖춘 사士가 존재하여 그들이 팔방으로 유세를 하고 자유자재로 누볐으며, 선비를 양성하는 기풍이 성행하게 되어 관료제가 세경세록제를 대신하는 데 중요한 작용을 하였다.

진나라의 관리선발제도는 비록 초기에는 주나라와 동일하게 세관제世官制를 시행한 적이 있고 조금 뒤에는 천거를 시행한 적이 있지만,[3] 전체적으로는 군공작제도가 주요한 선거제도였다.

상앙의 변법 이후에 법가사상으로 나라를 통치한 진은, 공리를 중시하고 경전 정책을 실시하였으며 군공을 논하여 상벌을 내리는 관리선발제도를 실시하였다. 이른바 『군대를 일으켜 토벌을 하면 군공에 따라 관작을 주고 등용하였다 興兵而伐, 則武爵武任』《商君書·去强》는 것은 군공의 대소에 따라 관작을 내리고 관리에 임명되었다는 것을 말하는 것이다. 『재상은 반드시 지방관리로부터 끌어올리고, 맹장은 반드시 사병 중에서 나와야 한다 宰相必起於州部, 猛將必發於卒伍』《韓非子·顯學》는 말도 군공제의 굴절된 표현이다.

진나라에서는 농사와 군공이 함께 벼슬하는 길이 되었다. 그러나 전국시대에 각나라의 전쟁이 끊이지 않았기 때문에 진나라는 천하를 합병할 생각으로 군사를 격려하여 전쟁터에서 효력을 내도록 하였으며 전사해서 돌아오는 것을 안타깝게 생각하지 않았다. 이 때문에 군공에 의한 등용은 주요한 방법이 되었다.

《사기·상군열전商君列傳》에는 상앙의 변법령에『종실 사람이 군공이 없으면 족보에 넣지 않는다 宗室非有軍功論, 不得爲屬籍』고 하였다. 군공의 앞에서 승급의 기회는 누구에게나 평등한 것이다. 이것은 〈종실〉신분의 귀족에 탐닉하고자 하는 생각에 대한 일종의 제한이며 자극이고 나아가서는 일종의 위협이라고 말할 수 있다. 동시에 서민에 대하여는 매우 고무적인 격려인 것이다. 제나라 사람 노중련魯仲連은 진나라를 일컬어 『상수공의 나라 上首功之國』《史記·魯仲連列傳》라고 하였다. 〈상수공上首功〉은, 즉 전투에서 참수를 하여 공을 세우는 자가 위가 되는 것이다. 군공작제도의 구체적인 내용에 관하여 문헌에는 많은 기록이 있다. 예를들면 『상군의 법에는 다음과 같이 기록되어 있다. 적의 수급 1개를 베어오는 사람은 작위를 1등급 높여주고, 벼슬을 원하는 사람은 50석의 봉록을 받는 관리가 될 수 있다. 적의 수급 2개를 베어오는 사람은 작위를 2등급 높여 주고, 벼슬을 원하는 사람은 1백 석의 봉록을 받은 관리가 될 수 있다. 관직과 작위의 상승은 적의 수급을 베어온 공로와 상당한다. 商君之法曰, 斬一首者, 爵一級, 欲爲官者, 爲五十石之官, 斬二首者, 爵二級, 欲爲官者, 爲百石之官, 官爵之遷與斬首之功相稱也』《韓非子·定法》또 《상군서·경내境內》에는 『길을 공격하는 군사가 신속하게 싸우고 물러서지 않으며 적 5명의 수급을 베어오면, 길을 공격하는 군사에게 작위 1등급을 높여준다 陷隊之士如疾斗, 不得, 斬首. 隊五人, 則陷隊之士, 人賜爵一級』고 말하고 있는 것이다. 총괄적으로 말해서 진의 군공작제도의 기본정신은 《사기·상군열전》에 기록된 바와 같이 『군공이 있는 사람은 각기 상작을 주었다. 有軍功者, 各以率受上爵』

군공제도의 실시는 전인민을 물질이익을 추구하는 규범 속으로 끌어들였으며, 사기를 격려하고 군대의 전투력을 높이는 데 거대한 작용을 하였다. 이러한 제도를 통하여 군공지주와 소자경농을 육성하였으며, 그들로 하여금 진나라의 통일전쟁 수행을 지지하는 계급의 기초역할을 담당하게 만들었다. 즉 군공제는 진나라의 상하를 한마음으로 만들어서 육국을 겸병하고 통일의 대업을 완성시킨 지렛대라고 말할 수 있다.

그러나 군공작제에도 한계가 있다. 한비는 스스로 비평하여 『상군의 법에는……, 관직과 작위의 상승은 적의 수급을 베어온 공로와 상당한다. 현재 제정된 법률에는 〈적의 수급을 베어온 사람은 그를 의사 또는 장인이 되도록 명한다.〉그러면 건물이 완성되지 못하고 병이 낫지 않는다. 장인은 손재주가 있어야 하고, 의사는 약을 지을 수 있어야 한다. 적의 수급을 베어와서 공이 있는 사람에게 시킨다면 그의 능력과 적합하지 않다. 현재 공무를 처리하는 것은 지식과 재능에 의해서이고, 적의 수급을 베어오는 것은 용기와 힘에 의해서이다. 용기와 힘에 의해 획득한 지위를 가지고 지식과 재능이 필요한 공무를 처리하는 것은 마치 적의 수급을 베어와 공이 있는 사람에게 의사 또는 장인을 시키는 것과 같다 商君之法……, 官爵之遷與斬首之功相稱也. 今有法曰. 斬首者令爲醫匠, 則屋不成而病不已. 夫匠者, 手巧也. 而醫者, 齊藥也. 而以斬首之功爲之, 則不當其能. 今治官者,

智能也. 今斬首者, 勇力之所加也. 以勇力之所加, 而治智能之官, 是以斬首之功爲醫匠也』《韓非子·定法》고 말한 바 있다. 사람은 각기 능한 바가 있는데 적을 이기는 용력이 있다고 해서 반드시 정사를 다스리는 지능이 있는 것은 아니며, 정사를 다스릴 수 있는 지능이 있다고 해서 반드시 적을 이기는 용력이 있는 것은 아니다. 그래서 〈승적勝敵〉의 군공만을 가지고 유일한 벼슬의 길로 삼아서는 안 되며 아울러 군공작제를 장기적으로 실행할 수는 없는데, 왜냐하면 평화시기에는 군공을 세울 수가 없기 때문이다. 바로 이러한 까닭에 진나라는 군공작제 외에도 『군대를 내지 않고 농사를 지으면 곡식의 양에 따라 관작을 주고 등용하였다. 按兵而農, 粟爵粟任』《商君書·去強》즉 평화시기에는 거두어들이는 양식의 양을 가지고 관작을 내리고 등용하는 관리선발제도를 실행하였다. 이밖에 진나라에서는 유명한 객경제客卿制를 실행하였다. 그러나 전사회에 가장 영향력이 크고 가장 흡인력이 있는 것은 바로 군공작제도였다.

한나라는 진나라의 제도를 계승하여 군공에 따라 후侯를 봉하고 관작을 내렸다. 한초에 정부관리는 기본적으로 유방을 따라 전쟁을 하여 무력으로 공이 있는 신하들이다. 황유주黃留珠는 《한서·고혜고후문공신표高惠高后文功臣表》의 기록에 의거해 고조 일대에 후로 봉해진 공신은 1백43명이라고 통계하였다. 이로부터 추산하면 당시에 군공으로 관작을 받은 인원은 제7급 공대부 이상 이른바 〈고작高爵〉의 수는 수는 8만1천6백40명이 된다.《한서·백관공경표百官公卿表》의 기록에 의하면, 서한의『관리는 좌사로부터 승상에 이르기까지 12만2백85명 吏員自佐史至丞相十二萬二百八十五人』이며, 이 12만여 명의 관리명단은 이미 관작을 받은 자의 분배에 훨씬 못 미치는데, 즉 당시 정부의 각급관리는 대부분 전쟁에 의해 만들어진 신귀족에 의해 장악되었음을 알 수 있다.[4]

경제가 회복되고 사회질서가 안정됨에 따라 용력으로 통치하는 공신과 지능으로 다스리는 관리 사이의 모순이 나날이 돌출하게 되었다. 유방은 본래 《시》《서》를 좋아하지 않았지만 육가陸賈·가의賈誼 등의 유가의 수성守成 작용에 대한 선전으로 말미암아 《시》《서》 중에서 치국안방治國安邦의 도를 흡수하는 방향으로 전환하였다. 이 때문에 관리선발제도는 조정 및 전환되기 시작하였다. 후에 찰거와 징벽은 한대 관리선발제도의 주체적 내용이 되었다.

찰거는 고대의『향리에서 천거하고 선발하는 鄕擧里選』방식을 연용한 것이며, 제후국과 주州와 군郡의 지방장관이 각자의 관할구역내에서 수시로 통치자에게 필요한 인재를 고찰하고 선발하여 중앙정부에 선발 임용하도록 추천하는데, 그래서 천거薦擧라고도 한다. 천거된 사람은 고시를 거치며 합격자는 관직에 임명된다. 인재를 찰거하는 명목은 매우 많은데, 예를들면 〈현량방정賢良方正〉(품덕이 현량하고 행위가 단정함) 〈능언극간能言極諫〉(비평과 건의에 과감함) 〈효렴孝廉〉(부모에 대해 효도 공경하고 일처리를 청렴하고 공정하게 함)과 〈무재이茂才異〉(재능이 출중함) 등이다.

일반적으로 엄격한 의미의 찰거는 한대 문제시기에 발생하였다고 본다. 이에 앞서 한고조 유방은 현사를 구하는 조서에서 군국郡國에서 치국의 재능을 갖춘 〈현사대부賢士大夫〉를 추천하도록 요구하였는데, 이것이 한대 찰거제의 선구가 되었다. 한문제 2년(기원전 178년) 조서에『……현량과 방정으로 천거되고 능히 직언하고 간언할 수 있는 사람은 나의 부족한 점을 바로잡아 주도록 하라. …… 擧賢良方正能直言進諫等, 以匡朕之不逮』하였고, 15년 조서에서『제후왕 공경 군수 등이 현량과 능히 직언 극간을 할 수 있는 사람을 천거하니 주상이 친히 책문하여 훌륭한 대책으로 받아들였다 諸侯王, 公卿, 郡守擧賢良能直言極諫者, 上親策之, 傳納以言』《漢書·文帝紀》고 하였다.

한문제가 확립한 이러한 관리선발의 방법은 정식으로 찰거제를 형성하였다. 그러나 찰거는 일종의 완비된 선관제도로서 진정으로 그 관리선발제도 속의 지위를 확립한 것은 한무제 시기라고 말할 수 있다.《한서·무제기》에는 다음과 같이 기록되어 있다.

건원建元 원년(기원전 140년) 겨울 10월에, 조서에서 승상 어사 열후 중이천석 이천석 제후에게 품덕이 현량하고 행위가 단정하며 직언과 극간을 할 수 있는 선비를 천거하라고 하였다. 승상 위관이 아뢰었다.『품덕이 현량하거나 신불해·상앙·한비·소진·장의 등의 학설을 연구한 사람들은 국정을 어지럽히므로 모두 파하여 주소서.』주의奏議가 받아들여졌다.

建元元年(公元前 一百四十年) 冬十月, 詔丞相·御史·列侯·中二千石·二千石·諸侯相擧賢良方正直言極諫之士. 丞相衛綰奏.『所擧賢良或治申·商·韓非·蘇秦·張儀之言, 亂國政, 淸皆罷.』奏可.

여기에서 신불해·상앙·한비 등의 학설을 제거하였으며, 유가가 중국학술사에서 정통 지위를 수립하였을 뿐 아니라 찰거제察擧制라는 주로 유가의 학술로써 관리를 선발하는 새로운 규정을 열었음을 분명하게 알 수 있다.[5]

찰거제와 상호보완적으로 실행된 또 다른 선관제도는 징벽이다. 그것은 일종의 위로부터 아래로의 관리선발제도이다. 징徵은 즉 징소徵召이며, 황제가 사회

저명인사를 조정에 초빙하여 요직을 맡기는 것이다. 벽은 즉 벽거辟擧로서 중앙 정부의 고급관료(재상급의 사마司馬·사도司徒·사공司空) 혹은 지방의 정부장관이 속리屬吏를 불러서 조정에 추천하는 것이다.

찰거와 징벽은 유가사상을 원칙으로 하고 향리여론鄕里與論을 근거로 하고 있다. 그것의 실행은 근본적으로 이전의 군공에 의해 벼슬하던 것을 주체로 하는 관리선발제도를 변화시켰고 평화로운 발전시기의 사회상황에 부흥하였으며, 문관제도를 충실하게 하고 아울러 제도상으로『학습하고 여력이 있으면 벼슬을 한다 學而優則仕』는 태도에다 조건을 제공하고 지식인의 참정을 위해 측문을 열어둔 것이다. 물론 찰거와 징벽은 결국 상급자 개인의 가치지향을 선발원칙으로 한 〈인치人治〉의 표현이며, 따라서 매우 큰 신축성과 임의성을 갖고 있음을 알아야 한다. 동시에 도덕수양·향리여론에 의거한 것은 이러한 관리선발제도의 이론적 색채를 증가시키고, 아울러 벼슬을 원하는 사람을 세속여론의 요구에 영합하도록 만들었다. 이것은 뒷날의 봉건사회 속에서 민족가치관념과 사회심리에 대해 부정적인 역할을 하였다.

2 조위曹魏의 구품중정제九品中正制로부터 수당의 과거제科擧制에 이르기까지

찰거제도 아래에서 사인士人이 관리생활을 하기에 적합한가의 여부는 일반적으로 천거될 수 있느냐의 여부에 달려있으며, 천거될 수 있는냐의 여부는 향리의 여론에서 결정된다. 이 때문에 사인은 단지 남에게 순응하여 잘 보이기만 하면 된다. 동한 후기에 명사가 인물을 품평하는 기풍이 일어났는데 이것을 〈청의淸議〉라고 부르며, 향리의 여론을 좌우하고 사인의 진퇴에 영향을 주는 위력을 가지고 있다. 명사 곽태郭泰가 사방에서 인물을 평론하였는데『먼저 말을 해놓고 나중에 증험하면 대중이 모두 승복하였다. 先言後驗, 衆皆服之』(《後漢書·郭泰傳》주에 인용된 사승謝承의 말) 청의는 탐관오리를 처벌하고 청렴결백한 사람을 찬양하는 등 긍정적인 의미를 가지고 있지만, 한편으로 명예를 추구하는 위군자偽君子를 수없이 많이 양성하였으며 아울러 선거를 조정하는 관료와 대족大族에게 이용되기도 하였다. 한 환제桓帝와 한 영제靈帝 시기에는 조정이 혼란하여 환관이 전횡을 하였으며, 현인은『침체되어 죽음에 이르렀고 등용되지 못했으며 沈滯詣死, 不得登敍』『당이 있고 힘이 있는 자는 분연히 모였으며 有黨有力者紛然鱗萃』『수재로 천거된 사람이 글을 알지 못하고 효렴에 선발된 사람이 부모와 별거하며, 청렴결백한 사람이 진흙처럼 때묻어 있고 훌륭한 장수가 닭처럼 겁이 많았다. 擧秀才, 不知書, 察孝廉, 父別居, 寒素潔白濁如泥, 高第良將怯如鷄』《抱朴子·審擧》조조曹操는 『오직 재주있는 사람만을 등용하여 唯才是擧』 위에서 서술한 부패한 현상을 바로잡았다. 그러나 이러한 방법의 폐단은 향리에서 인사를 평론한 의견을 소홀히 하는 것이다. 그러나 명사로 하여금 자의로 인물을 품평하게 한다면 서로 결탁하여 나쁜 짓을 하는 악습이 조장될 우려가 있다. 국가는 사인들의 상세한 정황을 이해하고 선거라는 대권을 장악하고자 하여 반드시 상응하는 제도와 이 일을 전담하는 관원을 필요로 하게 되었다. 이에 구품중정제九品中正制가 시대적 요구에 부응하여 생겨나게 되었다.

구품중정제는 또한 구품관인법九品官人法이라고도 한다. 이 제도는 이부상서 진군陳群이 발의한 것이다. 연강延康 원년(서기 220년) 봄에 조비曹조에 의해 채납되어 시행된 후 점차로 완비되어 위진남북조시기의 주요한 선거제도가 되었다. 구품중정제의 주요한 내용은 세 방면이다. 하나는 중정中正을 설치하는 것이다. 군郡에는 소중정을 설치하고 주州에는 대중정을 설치한다. 구체적인 방법은 사도司徒에 의해 『현명하고 식별하는 학식이 있는 사람 賢有識鑒』으로 선거된 현임 중앙관원이 그 원적의 중정을 겸임하는 것이다. 경우에 따라서는 사도 혹은 이부상서에 의해 직접 주의 대중정을 겸임할 수도 있다. 대소중정은 모두 〈방문訪問〉이라고 불리워지는 하급관리를 가지고 있다. 중정이 현임 중앙관원에 의해 겸임되는 것은 다른 사람이 중정의 사무를 간섭하는 것을 막고 중앙의 선거에 대한 직접적인 장악을 보증하기 위한 것이다. 둘째는 인물의 등급을 평가하는 것이다. 중정은 찰방察訪과 그와 동일 본적의 사인을 담당하며 그 가세원류家世源流를 숙지하고 그의 덕재德才를 기록한 자료를 정리하며 이것에 근거하여 간단한 평가의 말을 첨가하고 그 차례를 정한다. 차례는 구품, 즉 상상上上·상중上中·상하上下·중상中上·중중中中·중하中下·하상下上·하중下中·하하下下로 나눈다. 품제品第를 평가하는 근거는 주로 덕행이며 문벌도 고려의 대상에 포함된다. 중정은 매월 한 차례 전문회의를 소집하고, 사인의 품제를 평가하거나 승진 또는 강등시키며, 3년마다 사인의 품제에 대해 한 차례 전체적으로 조정을 하는데 이것을 〈청정清定〉이라고 한다. 셋째는 품제에 따라 관직을 수여하는 것이다. 중정은 사인에 품제한 관련된 자료를 책으로 만들어 사도부司徒府에 보내서 이부吏部가 관리를 선발하는 참고자료로 제공해 준다. 일반적으로 말해서 관위의 존비와 품제의 고저는 반드시 동일해야 한다.

구품중정제는 봉건국가가 인재를 선발 등용하는 대권을 장악하는 일종의 선거제도이다. 그것은 명사나 대족이 사인을 장악하는 방식에 대한 국가의 용인제도상의 반영이며, 또한 명사나 대족에 대한 일종의 제약이다. 이러한 제약성은 구품중정제가 일정한 진보성을 갖추도록 결정하였는데 적어도 처음 시기에는 이러하였다.[6] 그러나 위진 무렵에 이르러 세가와 대족이 나날이 팽창되었기 때문에 구품중정제의 부정적인 면이 나날이 부각되어 반대의 길로 걸어갔으며, 결국에는 완전히 문벌의 고저를 가지고 인재를 선발하는 표준으로 삼게 되었다. 이른바 『위나라 때 구품중정제를 만들었는데, 중정을 두는 데는 세가를 높이고 가난한 선비를 낮추며 권세는 지체 높은 집안으로 돌아갔다. 그 주의 대중정은 주부이고 군의 중정은 공조인데, 모두 종씨를 취한 것으로 이로써 혈통을 정하고 인물을 품평하였는데 진나라와 송나라에서도 그대로 따라하여 성을 숭상하게 되었다. 魏氏立九品, 置中正, 尊世胄, 卑寒士, 權歸右姓. 其州大中正主薄, 郡中正功曹, 皆取著姓氏族爲之, 以定門胄, 品藻人物, 晋宋因之, 始尙姓矣』《唐書·柳沖傳》〈상성尙姓〉즉 문벌의 고하로서 선관의 표준을 삼았기 때문에 『상품을 차지하는 사람은 공후의 자손이 아니면 출세한 사람의 형제이다 居上品者, 非公侯之子孫則當途之昆弟也』《晋書·段灼傳》라는 상황이 나타나게 되었으며, 심지어는 『상품에는 미천한 집안이 없고 하품에는 권문세족이 없는 上品無寒門, 下品無勢族』지경으로 발전되었다. 이렇게 해서 구품중정제는 사족士族의 세력을 확대하고 문벌제도를 공고히 하는 도구로 변질되었다. 이러한 변질은 세가대족勢家大族·고관현요高官顯要를 세습형태로 바꾸었고 전제군주가 그에 대한 상벌을 실시하는 것을 무력하게 만들었으며, 그가 전제왕권을 위해 목숨을 바치는 열정을 자극시켰으며 아울러 한문서족寒門庶族의 승진기회를 막고 그들의 희망을 무너뜨려서 관료제도의 확립과 발전에 불리하게 되었다. 이 때문에 수의 문제는 개황開皇(서기 581－600년) 연간에 이르러 마침내 구품중정제를 폐지하도록 명령하였다. 과거科擧制는 이에 따라 시대의 요구에 부응하여 생겨난 것이다.

과거는〈개과취사開科取士〉, 즉 국가에서 일정한 과목을 설정하여 정기적으로 통일된 고시를 통해 인재를 선발하여 관직을 분배하는 것이다. 과거제는 수 양제煬帝 대업大業 2년(서기 606년)에 진사과進士科를 설립한 것을 시작으로 해서 청 광서光緒 31년(서기 1905년)에 최후로 일과一科의 진사고시를 거행한 것을 끝으로 1천3백여 년간 존재하였으며 중국민족의 인격모식과 사회심리에 깊은 영향을 주었다.

수 양제 대업 2년에 진사과를 개설하여 시책(시무책)방법을 사용하여 관리를 선발하고 구품중정제와 주현지방관의 천거제를 대신하였으며, 따라서 독서·응시 및 관리가 되는 것을 하나로 연결하였다. 그것은 한편으로 서족지주庶族地主

로 하여금 이러한 단계에 따라 정권에 참여하는 기회를 얻을 수 있게 하였고, 다른 한편으로 중앙정부가 사족士族의 손에서 선발관리의 권력을 탈취 회복하여 그 통치지위를 공고히 할 수 있게 하였다. 과거제는 일종의 새로운 정교政教제도로써 중앙집권에 유리하며, 따라서 이후의 각 봉건왕조에게 연용되었다.

수나라가 망한 이후 당왕조는 한 걸음 더 과거제를 완비시켰다. 당대의 과거제의 과목은 매우 많은데 수재秀才·명경明經·준사俊士·진사進士·명법明法·명자明字·명산明算 등이 있다. 그 가운데 상설된 것은 명경·진사의 두 과이며 응시자 역시 이 두 과가 가장 많았다. 명경과에서는 첩경帖經을 시험하는데, 즉 유가의 경서 가운데 한 구절을 뽑아내어 응시생들에게 명하여 위아래의 구절을 외워쓰게 하는 것이다. 이것은 순수하게 기계적인 암기를 요구한다. 진사과에서는 시부詩賦와 시무책時務策을 시험한다. 고시에 합격하는 것을 〈급제及第〉라고 부른다. 합격비율은 진사과가 1백 명 중에 하나나 둘이고, 명경과는 열 명 중에 하나둘이다. 과거에 참가하는 것이 벼슬의 길이었기 때문에 당대의 지식인들은 다투어서 시험에 참가하였다. 《당척언唐摭言·산서진사散序進士》에는『진신이 비록 지위가 신하의 최고 위치에 올랐어도 진사 출신이 아니면 결국 칭송되지 못했다. 세공에 이르러 항상 8,9백 명 이하로 내려가지 않았다. 그것을 존중하여 〈백의공경〉 또는 〈일품백삼〉이라고 불렀으며, 그것의 어려움을 「30세에는 명경에 합격하기 힘들고, 50세에는 진사되기 어렵다」고 말하였다. ……그들은 시험장에서 늙어죽어도 여한이 없었다. 그러므로 시에서는 다음과 같이 말했다. 「태종황제는 정말 긴 책문을 내어 영웅이 백발이 다할 때까지 기만하였다」縉紳雖位極人臣, 不由進士者, 終不爲美. 以至歲貢, 常不減八, 九百人. 其推重謂之〈白衣公卿〉, 又名〈一品白衫〉. 其艱難謂之 「三十老明經, 五十少進士.」……其有老死於文場者, 亦無所恨. 故有詩云. 「太宗皇帝眞長策, 賺得英雄盡白頭」』고 하였다. 당 태종 자신이 이에 대해 매우 흡족해하며『일찍이 대궐 정문을 나아가는데 새로된 진사의 행렬을 보고 나가면서 기뻐 말하기를 「천하의 영웅들이 내 수중으로 들어왔다」嘗私幸端門, 見新進士綴行而出, 喜曰. 「天下英雄入吾殼中矣.」』(《唐摭言》第一卷 三-五頁) 하였다. 당대의 중요 관원은 대부분 진사 출신이다. 진사시험에 합격한 일은 매우 영광이라서 〈등용문登龍門〉이라고 일컬어진다.

구품중정제와 비교해 볼 때 과거제는 좀더 나은 선관제도이다. 그것은 학식과 재간을 중시하였으며 우선 출신을 중시하지 않았는데, 따라서 광대한 서족지주에게 벼슬의 문을 두드릴 수 있게 해주었으며 당대의 봉건정권으로 하여금 더욱 폭넓은 계급 기초를 갖추게 하였다. 과거제의 창립은 봉건정권을 공고히 하고 문화발전을 촉진시키는 데에 적극적인 작용을 하였다.

3 과거제의 송명으로부터 청대까지의 강화

과거제의 발전은 송명시기에 이르러 더욱 완비되었다. 또한 전제주의가 강화됨에 따라 과거제는 지식인을 구속하고 사람들의 사상을 금고하는 효용이 나날이 증가되었다.

송대의 문무관리의 주요 내원은 과거이다. (무거武擧는 무측천시대에 처음 생겼다.) 송대에는 문벌귀족이 존재하지 않았기 때문에 과거는 명예이록名譽利祿의 길로써 문인들에게 광범하게 개방되었다. 문장에 합격하기만 하면 문벌과 향리를 불문하고 합격되어 관직을 받을 수 있었다. 합격인원의 수는 크게 넓어져서 일반적으로 매번 5백 명 이상이 합격되었으며 가장 많게는 1천 명에 이른 적도 있다. 고시의 수속도 크게 간소화되었다. 당대에는 합격된 뒤에 반드시 이부吏部의 고시를 거쳐야만 관직을 받을 수 있었는데, 송대에는 일반 고시에 급제하면 관직을 받을 수 있었다. 고관考官과 고생考生 사이에 〈사문師門〉〈문생門生〉의 종파관계가 형성되는 것을 방지하기 위해 훗날에는 진사급제에는 황제 자신의 〈전시殿試〉를 거쳐야 하고 전시 뒤에는 전殿 앞에서 〈창명唱名〉하도록 하고, 황제가 『급제를 하사해서 賜及第』 진사권이 황제의 손에 집중되게 하였다. 이것은 고생으로 하여금 황제의 은덕에 감격하여 견마지로犬馬之勞를 다하게 하고 권력이 남의 손에 넘어가지 않게 하였으며, 따라서 전제주의의 통치를 강화하였다.

송대의 고시과목은 매우 많은데 과거라는 선발시험 이외에도 황제가 친히 관장하는 제거制擧가 있으며, 과목은 황제에 의해 임시로 선정된다. 여러 차례 시험을 봤으나 합격하지 못한 자에 대해서 황제는 〈특은〉의 방법을 채용하여 본과 출신으로 특사하였는데, 이렇게 하여 인심을 농락하였다.

과거제를 통해 송대의 통치자는 대량의 인재를 망라하고 통치의 기초를 확대하였으며, 따라서 문인들이 좁은 출세길에 불만을 품고 모험적으로 행동하는 것을 방지하였다. 그러나 과거제가 개혁된 뒤에 관리가 많이 증가되고 관료기구가 전에 없이 너무 방대해져 백성의 부담을 가중시켜서 송대의 〈적빈적약積貧積弱〉의 추세가 더욱 증가되게 하였다.

명대의 관원을 선발하는 주요한 길은 과거이며, 팔고八股로써 선비를 뽑는 것이 명대고시의 중요한 내용이다. 이른바 팔고문八股文이란 시문時文·제의制義 혹은 제예制藝라고도 부르는데, 그것은 명·청의 과거고시제도가 규정하는 문체로 매편에는 모두 파제破題·승제承題·기강起講·입수入手·기고起股·중고中股·후고後股·속고束股 등의 여덟 부분으로 조성된다. 〈파제〉는 두 구절을 사용하여 제목의 요의를 설파하는 것이고, 〈승제〉는 파제의 의미를 이어받아 다시 천명하는 것이다. 〈기강〉은 의론의 시작이다. 〈입수〉는 기강의 뒤에 착수하는 것이다. 〈기고〉로부터 〈속고〉에 이르기까지가 비로소 정식의론이며 〈중고〉는 전편의 중심이다. 이 사단 중에는 모두 양고의 배비排比와 대우對偶의 문자가 있어서 합하여 모두 팔고가 되어 팔고문이라고 일컫는 것이다. 팔고문의 제목은 《사서》《오경》의 문구에서 채택하며 의론 내용은 반드시 송대 이학가 주희의 《사서집주》에 의거해야 하며 자유로 발휘하는 것을 허락지 않았는데, 단지 『성현을 대신해서 입언할 代聖賢立言』 수 있을 뿐이다. 팔고로써 선비를 뽑는 것은 엄중하게 사상을 금고하고 창조성을 말살하는 일종의 관리선발방법인 것이다.

명대의 개국초에는 과거시험을 통해 선비를 뽑지 않았다. 홍무洪武 3년(서기 1370년)에 정식으로 과거제를 건립하고 팔고문으로 선비를 뽑도록 규정하였다. 과거고시는 3급, 즉 향시鄕試·회시會試와 전시殿試로 나눈다. 향시는 보통 3년마다 각성의 성성省城에서 거행되며, 합격자는 〈거인擧人〉이라 불리우고 제일등의 명칭은 〈해원解元〉이다. 회시는 향시를 본 뒤 두번째 봄에 예부禮部에서 거행하는데 황제가 시험을 주관하기 때문에 합격자는 〈진사〉라고 통칭하며 제일등을 〈장원狀元〉이라고 한다. 진사의 방榜은 황색 종이에 쓰기 때문에 〈금방金榜〉이라고 부르며 진사에 합격한 것을 〈금방제명金榜題名〉이라고 한다.

명대에는 진사과를 매우 중시하였다. 선덕宣德 원년(서기 1426년) 이후로 진사가 아니면 한림翰林에 들어가지 못하고, 한림에 들어가지 못하면 내각에 들어갈 수 없는 국면이 형성되었다. 명대의 재상 1백70여 명 중에서 10분지 9는 한림 출신이다.

관료사회와 이록利祿이라는 유혹에 의해 명대의 지식인은 출세하기 위하여 《사서》《오경》에 몰두하였고, 아무런 내용도 없는 팔고문을 썼으며, 사상은 공맹의 도와 정주이학에 속박되었다. 이 때문에 명대의 과거제도는 문화전제文化專制제도의 집중된 표현이며 전제왕권의 공범자이다.

청대의 과거고시는 명대를 계승하였는데, 그 내용은 《사서》《오경》의 범위를 벗어나지 않고 그 방법은 여전히 팔고의 양식이다. 문장의 사상과 격식에는 모두 엄격한 규정이 있다. 청대 통치자는 모두 인재를 망라하고 한족사대부의 적대감정을 완화시키며 통치기초를 확대할 목적으로, 강희康熙시대에 박학홍사과博學鴻詞科·경제특과經濟特科·효렴방정과孝廉方正科 등의 신과新科를 개설하였다. 과거제가 실행됨에 따라 지식인 사상의 금고와 봉건국가기구에 대한 작용이 강화되었다.

4 팔고취사八股取士의 인격모식과 사회심리에 대한 영향

과거 특히 팔고취사의 선거제도는 전체 봉건사회의 후기에 해당하는 1천3백여 년에 걸쳐 깊은 영향을 주었다. 그것은 중국민족의 인격모식과 사회심리에 대해 깊은 영향을 준 것이다.

유학이 한대에 독존하게 된 이후로 위진남북조를 거쳐 수·당에 이르기까지, 그 가운데 비록 현학과 불교의 공격과 도전을 받았지만, 전체적인 추세로 볼 때 유가의 성현을 이상으로 하는 인격모식은 그 영향이 부단히 확대되고 내포가 부단하게 충실화되었다. 수·당 이후로 봉건 전제주의가 나날이 강화됨에 따라 사람들의 사회 속에서의 역할이 나날이 고정되었으며 이상인격도 나날이 모식화되었다. 이러한 상황추세는 필연적으로 사회구성원들이 각기 자기의 직분에 안주하고 자기의 분수를 지키며『자기의 지위를 벗어나서 생각하지 말 것 思不出其位』을 요구하게 되었다. 이에 유가에서 추구하는 성현 이상인격은 더욱 광활한 사회문화적 배경과 내재적 심리요구를 갖게 되었으며, 따라서 사람들이 자각적으로 배우의식을 갖고서 이러한 이상인격을 추구하고 실천하게 하였다. 더욱이 〈현賢〉이 되는 모식에 중점을 두고 사람들(주로 사인)로 하여금 성인의 작풍을 실현하고 현인의 품격을 구비하는 것을 만족으로 여기게 하였다. 현으로서 성을 보완하는 것은 자기의 직분내에서 수신양성하고 유가의 윤리도덕규범을 파악하고, 아울러 나아가서 다른 사람에게 영향을 주어서 세상을 편안하게 하고 백성을 구제하므로써 개체의 가치를 실현시켜서 지식인 및 일반민중의 인격모식이 되었다. 이러한 인격모식의 형성은 봉건적 통치질서를 유지하는 작용을 하였다. 동시에 개체의 배우의식이 더욱 집체화되는 경향으로 흐르게 하여 개성의 독립적인 발전과 주체의식의 확장에 영향을 주었다.

팔고로 관리를 선발하는 것은 후기 봉건사회 속의 사회심리에 대해 심원한 영향을 주었다.

첫째, 그것은『학습하고 여력이 있으면 벼슬을 한다 學而優則士』는 태도로 하여금 보편적 사회심리 및 풍습이 되게 하였다. 지식인들은 독서할 수 있는 것을 영예로 생각하고, 독서할 수 없는 사람은 독서하는 사람을 부러워하였다. 그 근본적인 원인은 독서가 지식을 획득할 수 있어서가 아니라 독서를 통해 관리가 될 수 있다는 데 있다. 독서와 벼슬 사이에는 내재적인 연계를 갖고 있으며, 관본위官本位의식이 대대적으로 증강되고 사람들의 관리가 되고자 하는 심리를 대대적으로 강화시켜 사람들의 독서열정을 자극하였다. 한 사람이 비록 훌륭한 경륜의 소유자라고 할지라도 과거시험에 합격하지 못하면 통치계층에 올라설 수 없고 세상에서 영달을 누릴 수가 없다. 만일 과거시험장에서 높은 성적으로 합격하면, 비록『그와 대화를 나눌 때, 두 눈을 똑바로 뜬 채 쳐다보고 있고 혀는 나무처럼 뻣뻣하여 응대하지 못하며 與之交談, 兩目瞪然視, 舌木強不能對』(〈明〉宋濂《난파후집鑾坡后集 · 大明故中順大夫禮部侍郎曾公神道碑銘序》, 四部叢刊初編縮印本《宋學士文集 · 鑾坡后集》第七卷 第百五十一頁) 목석같이 둔하여도 사람들에게 존경을 받을 수 있었다.

둘째, 벼슬심리의 제약으로 말미암아 독서해서 관리가 되는 것은 조상을 빛내는 수단이 되었으며 종법심리를 증강시켰다. 지식인이 문서의 해독에 온 정열을 기울이고, 백발이 될 때까지 경전을 연구하는 것은 대부분 자신을 정신적으로 충실하게 하고 개성을 풍부하게 하며, 시야를 확장시키기 위해서가 아니고 열조열종列祖列宗에게 부끄럽지 않기 위해서이며 가문을 빛내기 위해서였다. 그 결과 사람들은 목적이 아닌 수단이 되었다.

셋째, 중도경기重道輕器의 사회심리를 강화하였다. 유가경전에서는『형이상인 것을 도道라 하고 형이하인 것을 기器라고 한다 形而上者之謂道, 形而下者之謂器』고 하여, 사람들이 도에 대한 추구에 집착하고 기에 대한 연구고찰을 경시하고 소홀히 할 것을 요구하고 있다. 이것은 사람들의 자연계에 대한 탐구과학기술에 대한 학습 및 장악을 방해하였다. 팔고취사八股取士는 바로 이 가치지향과 사유원칙에 대한 강화인 것이다.

【하 편】

　이상의 각 장에서 우리는 역사와 논리가 서로 통일된 각도에서, 또한 중국문화의 동태動態적 발전 중에서 분야를 나누어 중국문화의 주체적 내용과 특질을 살펴보았다. 본장에서부터는 시각을 전환하여 상대적으로 정지된 각도에서, 또한 중국문화발전의 공시성共時性과 역시성歷時性이 서로 통일된 층면에서 중국문화의 구조·핵심·유형·기본정신 등에 대해 기술 및 해석을 하고, 중국문화에 대한 우리의 관점을 설명하기로 하겠다.

제10장

중국 전통문화의 구조와 핵심

중국 전통문화에는 그 나름대로의 구조가 있는데, 이 구조는 독특한 내용을 내포하고 아울러 특정한 기능을 나타낸다. 이 구조를 해석하고 또 이로부터 중국 전통문화의 핵심을 찾아내며 나아가서 그 특징을 깊이 탐구하여, 중국문화의 내재적 특질과 기본정신을 파악하는 데 도움이 되고자 한다.

제1절 중국 전통문화의 구조

1 중국 전통문화의 구조에 관한 여러 학설

중국 전통문화의 구조에 관해서는 학설이 분분하다. 여러 사람이 공인할 수 있는 하나의 정의를 내린다는 것은 상당히 곤란한 일이다. 매우 저명한《구조주의》작자인 스위스의 심리학자 피아제Piaget, Jean는 『구조주의의 특징을 규정하는 것은 매우 어려운 일인데, 왜냐하면 구조주의의 형식이 다양하여 하나의 공통분모가 없기 때문이다』[1]라고 하였다. 이 때문에 연구자들은 자기의 능한 바를 충분히 발휘해서 중국문화구조에 대해 연구토론하여 문화연구가 진리를 향해 접근해 가도록 노력하고 있다.

중국 전통문화의 구조에 관해서 학자들은 여러 가지를 제시하였다.

방박龐樸은 문화구조를 물질적·제도적·심리적 등 세 가지 층면으로 나눌 수 있다고 주장하였다. 그 가운데 『문화의 물질층면은 가장 표층적이고, 심미적 취미·가치관념·도덕규범·종교신념·사유방식 등은 가장 심층에 속하며, 양자 사이에는 여러 종류의 제도와 이론체계가 있다.』[2]

양헌방楊憲邦은 중국 고대의 문화구조가 아래의 각 부분으로 구성된다고 보았다. 즉 (1) 자급자족의 농업경제 (2) 전항前項에서 결정된 가족을 본위로 하고 혈연관계를 유대로 하는 종법등급宗法等級관계 (3) 소생산小生産 자연경제와 가족을 본위로 하는 종법등급관계의 기초 위에서 형성된 종법등급제도 (4) 안정된 상하존비上下尊卑 등급질서의 문화심리구조 (5) 중국 고대의 사상체계, 즉 고대의 정치사상·법률사상·윤리도덕·과학이론·문학·예술·철학·종교 등의 사회의식 형태[3]이다.

장립문張立文은 물질적 층면은 문화의 표층구조에, 정신적 층면은 문화의 심층구조에 속하며, 전체 사유의 시각에서 볼 때 중국 전통문화의 발전은 한문화漢文化·송문화宋文化·근대문화近代文化 등 3개의 층차層次구조를 포괄한다고 주장하였다.[4]

조석인曹錫仁은 주체론·방법론과 가치관은 문화구조를 구성하는 3대 요소이며, 중국 고대문화의 구조는 이 3요소에 의해서 하나의 정체整體를 이룬다고 하였다.[5]

봉조성封祖盛·임영남林英男은 어떠한 단일문화체계 속에서의 경제체제와 정치제도는, 그것의 표층구조가 되고 문화가치관과 철학적 사유방식은 그것의 심층구조가 되는데, 중국 전통문화 역시 이와같다고 주장하였다.[6]

왕건무王建武는 중국 전통문화사상의 구조는 세계모식·습관심리·사유방식·정감情感방식·가치척도 등의 5개 부문으로 구성되어 있으며, 그 가운데 세계모식과 습관심리는 사유방식·가치척도의 정감방식을 통해 표현되고 아울러 사회·성지·경제구소와 상호연계되어 있는데, 후삼자는 사회·성지·경제구소와 직접적인 상관관계가 있다고 주장하였다.[7]

이상의 여러 가지 관점은 상이한 각도에서 각기 저마다의 특성을 가지고 있다.

2 중국 전통문화의 표층구조表層構造와 심층구조深層構造

중국 전통문화는 문명의 숲 속에 있는 하나의 독립된 정체整體이다. 이 정체는 그 자신의 내재적 구조를 가지고 있다. 광활한 문화적 관점에서 자세히 살펴보면, 중국 전통문화는 물질적·제도적·심리적이라는 3개의 층차로 구성되어 있다. 구체적으로 말해서, 물질적 층면은 소농업과 소수공업이 서로 결합된 자연경제 및 이로부터 결정된 생산방식·노동대상·생산도구·생산자·각종 물질재부를 포괄하며, 제도적 층면은 사회·경제·정치·법률·교육제도 등을 포괄하고, 심리적 층면은 문화적 심리상태로 가치관념·사유방식·사회심리 등을 포괄한다. 세 가지 층면을 중국 전통문화의 고유한 〈도기道器〉의 범주로써 개괄해 보면, 물질적 층면은 〈기器〉라고 말할 수 있고 제도적·심리적 층면은 〈도道〉라고 말할 수 있다. 전자는 형이하形而下학적인 것이고 후자는 형이상形而上학적인 것이다. 세 가지 층면은 서로 연계를 가지고 있고 서로 관통하고 있다. 예를들면, 물질적 층면의 생산방식은 제도적 층면의 경제제도와 서로 중첩되며, 심리적 층면 가운데의 가치관념·사유방식·사회심리 및 제도적 층면의 정치제도(예를들어 관리선발제도)·교육제도(예를들어 과거제도)와 동일하다. 총괄적으로 말해서

3개의 층면은 상호구별되어 각기 특색을 갖추고 있으며, 또 상호연결되어 중국 전통문화의 정체구조整體構造를 구성하였다.

중국 전통문화의 정체구조는 표층구조와 심층구조로 나눌 수 있다.

표층구조와 심층구조에 관하여 학자들은 여러 가지 구분을 하고 있다. 현대 서방철학의 구조주의학파는, 표층구조는 현상의 외부관계로써 인간의 감각에 의해 인식될 수 있으며, 심층구조는 현상의 내부관계로써 인간의 감각에 의해서는 인식될 수 없고 단지 이지理智의 모식模式을 통해서만 인식할 수 있다고 보았다. 구조는 정체성·전환성과 자율성의 세 가지 특징을 갖추고 있다. 정체성은 구조가 일정한 조합규칙에 따라 구성된 정체임을 말한다. 전환성은 동구성同構性이라고도 하는데 구조 중의 각 성분이 일정한 규칙에 따라 서로 교체되기도 하지만 구조 자체는 변화되지 않는 것이다. 자율성은 구조를 조성하는 각 성분이 상호제약을 하며 상호조건이 되어 외부의 어떠한 요소의 영향도 받아들이지 않는 것이다. 그래서 구조는 자급자족의 성질을 갖추고 있는 하나의 폐쇄적인 체계이다. 나는 구조주의 철학자의 표층구조와 심층구조에 대한 이해 및 구분이 타당하다고 생각한다.

위에서 서술한 부분을 참조하여 나는 중국 전통문화의 표층구조는 앞에서 말한 물질적 층면이고, 중국 전통문화의 심층구조는 앞에서 말한 심리적 층면이라고 생각한다. 제도적 층면은 상당한 탄성彈性을 갖추고 있다. 전체 생산방식의 구성이라는 측면에서 말하고, 사람에게 외재하는 객관적 통제수단 및 총체상 문자로 나타낼 수 있는 것은 남에게 직접 감지된다는 등의 각도에서 말한다면 중국 전통문화의 표층구조라고 볼 수 있다. 그 전체 사회에 내포된 보편적 사유방식·가치지향·사회심리 등의 방면에서 보면, 중국 전통문화의 심층구조라고 볼 수 있다. 예를들면, 해외의 손융기孫隆基는 중국 고대의 정치와 교육·예악과 행정·대일통大一統 정치 등을 『중국문화의 심층구조』라고 본다.[8] 바로 제도적 층면이 상당한 탄성을 갖고 있기 때문에 한 학자는 그것을 〈중층구조中層構造〉로 나누는데, 이 역시 타당성이 있다.

제 2 절 중국 전통문화의 핵심

1 중국 전통문화의 핵심

　　중국 전통문화의 핵심은 어떤 학자가 말했듯이 진실로 중국철학이라고 할 수 있다. 이것은 정확한 사실이다. 상세하게 논증할 수 없다는 문제가 있기 때문에 어떤 학자는 이 점에 대해서 부인을 하고 있는데, 나는 중국 전통문화의 핵심이 중국의 고대철학이라고 본다. 그 이유는 다음과 같다.

　　첫째, 철학의 가치와 기능에서 보았다. 주지하다시피『철학은 시대정신의 정화이다.』[9] 어느 시대 어느 민족의 철학을 막론하고 그것은 모두 그 시대 그 민족의 사상가가 자연현상·사회현상과 사유현상에 대해서 개괄 및 종합하여 형성한 특정한 개념·범주 그리고 사상체계인 것이다.『백성의 가장 정치精致하고 가장 고귀한 것과 보이지 않는 정수精髓는 모두 철학사상 속에 집중되어 있다.』[10] 각 시대 각 민족의 일정한 철학발전단계는 그 민족의 인식발전사상 필수불가결한 고리의 하나이며, 그 이론적 사유수준의 표지이다. 세계관의 이론체계로서의 철학은 세계관과 방법론의 통일이다. 그것은 가장 보편적·본질적 의미에서, 사람들에게 세계에 대해 이론적으로 설명한다. 동시에 그것은 또한 사람들의 인식활동에 대해 지도적인 작용을 한다. 바로 마르크스가 말한 바와 같이『철학은 내부에서 그 내용으로 말하거나, 또 외부에서 그 표현으로 말하거나 모두 자기 시대의 현실세계와 접촉하고 상호작용을 한다.』[11] 사람들의 문화예술관점·국가관념·법적관념·종교관념은 모두 철학사상의 영향을 받는다. 이 의미상에서 볼 때 광의이든 협의이든 사람들이 보통 말하는〈문화〉범주 속에서, 철학은 핵심적인 지위를 차지한다. 마찬가지로 중국 전통문화 속에서 중국 고대철학은 핵심적인 지위를 차지한다.

　　둘째, 중국 고대철학의 특징과 기능으로부터 본 것이다. 중국 고대철학의 특징에 대해서 학술계에는 관점이 각기 다르며 학설이 분분하다. 그 내용을 살펴보면 전체적으로 볼 때 중국 고대철학의 특징은 주로 논리본위에 착안하고, 현실정치에 관심을 두고, 주체의식을 발양하며, 변증사유가 풍부하고 정체整體관념을 강조하고, 직각사유에 편중되어 있고, 경학적 태도에 치우치고, 인간관계人間關係를 중시한다. (아래에서 상세하게 논술할 것이다.) 이들 특징은 중국 전통문화에 대해서 깊은 영향을 주었다. 예를들면 전통의 윤리가치관념 방면에서『군자가 알고 있는 것은 의이고 소인이 알고 있는 것은 이익이다 君子喩於義, 小人喩於利』《論語·里仁》『의를 바로잡고 이익을 도모하지 않으며, 도를 밝히고 자기의 공로를 생각하지 않는다 正其誼不謀其利, 明其道不計其功』《漢書·董仲舒傳》『굶어죽는 것은 작은 일이고, 절개를 굽히는 것은 큰 일이다 餓死事小, 失節事大』(《河南程氏遺書》卷二十二)라는 유형의 사회심리는 주도적 지위를 차지하는 가치관념이다. 이러한 가치관념은 사람들로 하여금 도덕정조의 배양을 어떠한 일보다도 중요하게 보고, 차라리『생존를 버리고 舍生』『의를 취하도록 取義』한다. 사유방식의 방면에서, 사람들은 어떤 개인의 언행을 평가하고 판단할 때, 그 언행의 실제정황과 작용을 보는 것이 아니라 그가 이미 설정된 가치체계에 부합하는지를 본다. 즉 객관적 사실판단을 진행하지 않고 가치판단으로 사실판단을 포용하고 대체하였다. 아울러 가치판단은 도덕에 의거하고, 도덕평판으로써 객관적 사실에 대한 인식을 동등하게 보거나 대신한다.[12] 사람과 사회의 관계면에서 사람들은 현실정치에 충실하다. 중국 고전문학으로 말한다면, 〈경세치용經世致用〉은 전통적인 문학관이다. 선진제자는 모두『사람들이 수식만을 생각하면서 그 작용을 버리는 것 人懷其文而忘其用』을 반대하고 현실을 위해서 봉사할 것을 강조하였다. 공자의 〈흥관군원興觀群怨〉의 이론과 〈온유돈후溫柔敦厚〉의 시교詩敎는 문학의 사회효용을 강조하였으며, 또한 문학이 반드시 준수해야 될 도덕규범을 규정하였다. 한대의 유생들은, 문학은『부부를 다스리고, 효경을 이루고, 인륜을 두텁게 하고, 교화를 훌륭하게 하고, 풍속을 바꿀 수 있어야 한다 經夫婦, 成孝敬, 厚人倫, 美敎化, 移風俗』고 주장하고, 문학은 권선징악의 작용을 발휘하여 현실을 위해 봉사해야 함을 주장하였다. 당송시기의 이른바 문이재도설文以載道說과 문이명도설文以明道說은 모두 현실적인 효용을 숭상하고 문학이 정치에 봉사할 것을 요구하는 전형적인 언어이다. 왕안석王安石은『또한 이른바 문이라고 하는 것은 세상에 유익함이 있도록 힘써야 할 뿐이다 且所謂文者, 務爲有補於世而已矣』《臨川先生文集·上人書》라고 하였고, 백거이白居易는『문장은 시무에 부합하여 쓰고, 시가는 일에 부합하여 쓴다 文章合爲時而著, 歌詩合爲事而作』《與元九書》고 하였다. 이러한 유형은 모두 중국 고대철학의 사유방식·가치체계와 밀접한 관련을 갖고 있으며 모두 의식적이든 무의식적이든 그 훈도를 받은 것이다.

셋째, 문화의 개념과 구조로 본 것이다. 문화의 개념에 대한 정의는 국내외에 현재까지 통일된 표준과 결론이 없다. 문화가 정신적인 면의 성과라고 주장하는 사람은 문화구조에 대해서 두 가지 종류로 구분한다. 하나는 그것을 지식체계와 사회심리·민족정신체계로 구분한다. 지식체계 속에는 각 실증적 사회과학과 자연과학·철학과 종교·모든 과학 속에 포함되어 있고 보편적 의의를 갖추고 있는 학문연구방법과 사유방법을 포함한다. 사회심리와 민족정신체계 속에는 풍속습관·사회심리·민족정신을 포함한다. 이 두 체계 중에 포함된 서열은 얕은 데에서 깊은 데로 들어가는 태세를 나타낸다. 앞의 체계 중에서는 철학과 사유방법이

체계의 심층에 있고, 뒤의 체계 중에서는 사회심리와 민족정신이 체계의 심층에 있음을 판단하기는 어렵지 않다. 일반적 의미의 철학은 말할 필요도 없이 사유방법·사회심리·민족정신도 이치상 마땅히 철학의 범주에 속한다. 이와같은 의미 상으로 볼 때 철학은 문화의 핵심적 지위를 차지하는 것이다. 두번째는 문화의 외연外延을 세 개의 층차로 구분한다. 최고 층차는 철학과 종교로서 그들은 사회 생활의 최고 지도사상이며, 두번째 층차는 문학예술·자연과학과 과학기술 및 정치·법권·도덕 등의 관점이며, 세번째 층차는 사회심리구조이다. 삼자는 상 호영향을 주고 상호작용을 한다. 사회심리구조는 사회존재와 사회의식을 연결하 는 교량이며 전통관념의 주요 매개체이다. 이러한 층차구분법 중에서 철학은 여 전히 문화의 핵심적 지위를 차지한다는 것을 쉽게 알 수 있다.

문화는 사람이 창조한 물질적 성과와 정신적 성과라고 주장하는 사람은, 문 화에는 세 개의 층차가 있다고 본다. 즉 표면의 〈물질층차〉는 혹은 〈물物의 문 화〉라고도 하는데, 그것은 사람의 주관적 의식의 가공개소를 거친 물物로서, 마 르크스가 말한 〈제2의 자연〉이며, 가장 이면의 것은 심리층차로서 혹은 관념문 화라고도 하는데 사람들의 가치관념·사유방식·심미정취·도덕정조·종교감 정과 민족심리 등을 포괄하며, 두 층차 사이에는 하나의 중간층차가 있는데 그것 은 심물결합心物結合·역심역물亦心亦物·비심비물非心非物의 일층으로서 주 로 정치경제제도·법률·문예·인간관계人間關係와 습관·행위 등을 포괄한다. 이러한 구분에 따르면, 사유방식·민족심리의 유형이 철학범주의 관념문화에 속 하여 여전히 문화의 핵심적 지위를 차지하고 있음을 설명하지 않아도 알 수 있다.

이밖의 기타 구분법은 그 언어풍격과 표현방식이 어떻게 다른가를 논의의 대 상으로 하지는 않지만, 모두 사유방식·민족심리가 『문화 중의 가장 심층구조』 라고 보며 철학이 문화의 핵심부분이라고 본다.

중국 전통문화는 특정한 민족군체문화로서 하나의 복잡하고 거대한 체계이다. 우리는 우선 현시기의 어떤 구분법을 빌어서 그것을 신앙·인격·습관이라는 세 개의 분체계分體系로 나누어 보자. 신앙체계는 주체와 객체의 상대관계 속에서 변화발전된 것으로 실제로는 종교·철학과 과학의 종합된 지식이다. 인격체계는 사회인격의 자아완선이며 대부분 어떤 이념에 대한 추구로 표현되며 이론체계를 형성하는데, 그것은 도덕질서관념·가치관념·군체행위에 대한 가치판단 및 사 회심리층면상의 심미의식을 포괄한다. 습관체계는 상대적으로 안정된 문화구조 이다. 언어문자·풍속·민족심리 등 세 개의 자계통子系統으로 나눌 수 있다. 언 어문자는 습관성문화의 표지로서 하나의 군체가 어떠한 문화유형에 속하는가를 표명해 주며, 풍속은 비교적 문화구조의 저층면에 위치하지만 그러나 가장 접촉하기가 어려우며, 민족심리는 『문화 중의 가장 심층구조이고 민족 전통문화의 유전심리 유전자이다.』이러한 구분에 따르면 중국 고대철학사상은 여전히 전통문화의 핵심적인 위치를 차지한다.

넷째, 문화토론의 실제정황으로부터 본 것이다. 최근의 문화토론 중에서 하나의 명확한 특징은, 토론에 참가하는 사람의 상당 부분이 중국 철학사를 전공하면서 아울러 중국 고대철학을 전공하는 사람이며, 연구토론하는 문제가 대부분 사상사·철학사 방면의 문제라는 것이다. 비록 중국 철학을 전공하지 않은 그러한 학자들이 말하는 문제 역시 주된 것은 중국 철학과 중국 고대철학 방면의 문제인 것이다. 문화토론 중에서 사람들의 관심을 집중시키는 것은 주로 가치관념·사유방식과 심리구조 등의 문제이다. 장대년張岱年 선생은 『가치관은 중국 전통철학의 핵심문제』라고 주장하였다.[13] 상과령商戈令은 중국인은 『사유방식상에서 장기간 주체와 객체가 나누어지지 않는 집체의 표상表象단계에 머물러 있다』고 주장하였다.[14] 또한 반지상潘知常은 중국 고대문화의 사유기제思惟機制는 『투박하고 모호하며 직관적이고』 중국 고대문화는 중국으로 하여금 『폐쇄적이고 보수적이며 편협한 심리를 길러주었다』고 주장하였다.[15] 또 어떤 사람은 『중국 전통의 인문사상·사유방식의 특징은 일체화一體化 사상이다』라고 주장하였다.[16] 모종감牟鍾鑒은 전문적으로 그러한 전통문화를 부정하는 관점에 정면으로 맞서서 명확하게 상반된 견해를 제출하고 중국 전통철학은 적어도 네 가지 특징이 있음을 지적하였다. 즉 첫째로 강렬한 사회현실성을 갖추고 있다. 둘째, 광대한 계통관을 갖추고 있다. 셋째, 선명한 주체성 의식을 갖추고 있다. 넷째, 고도의 변증법적 사유성을 갖추고 있다.[17]

이상에서 열거한 사람들이 어떻게 평가하느냐를 논의대상으로 하지는 않지만, 이들 관점이 문화토론의 범주에 속하며 문화토론에 관한 수많은 학술잡지의 특집란과 종합서술된 문장 속에 존재하는 것은 부인할 수 없는 사실이다. 위에서 열거한 문화토론 가운데 이러한 관점은 실제적으로 중국 고대철학의 기본문제이다. 이 때문에 우리들은 철학과 문화관계의 이론논증으로부터, 또 중국 고대철학의 역사적 사실로부터, 나아가서 문화토론의 현실적인 상황으로부터 중국 고대철학이 중국 전통문화의 핵심임을 설명할 수 있는 것이다.

물론 문화토론 속에는 확실히 개념이 분명치 않고 모호한 현상이 존재한다. 어떤 사람은 중국 고대철학을 중국 전통문화와 동등하게 보거나 혹은 중국 전통문화를 일반적인 역사로 일반화시킨다. 그러나 개별적인 난잡하고 투박한 현상이 사람들이 전통문화 중의 사유방식·가치관념과 민족심리의 비판적 계승에 관심을 갖는다는 사실을 말살할 수는 없다. 사실대로 말한다면, 사람들이 관심을 갖는 것은 전통문화와 현대화의 관계이며, 옛날의 깊은 정을 생각하거나 혹은 학술을 위한 학술을 하는 것은 아니다. 문화연구에 대해서 크게 힐문하는 사람은 『문화는 철학과 일반 의식형태 사이에 끼어있으며 후자로부터 정련되어 나오지만, 여전히 철학수준의 민족적 심리구조·사고방식과 가치체계로 승격되지는 못한다』는 데 동의하고,[18] 아울러 『이렇게 문제를 보는 사고의 실마리는 가치가 있는 것이다』고 주장하였다. 게다가 『문화는 결코 철학이 아니며 철학의 연구는 문화연구와 동등할 수 없다』고 반복 강조하는 이 선생은 여전히 『문화연구의 핵심이 철학이다』라는 것에 대해서는 동의하고 있다.[19] 즉 우리가 중국 고대철학이 중국 전통문화의 핵심적 지위를 차지한다고 말하는 것은 타당하다고 생각한다.

2 중국 전통철학의 특징

중국문화의 핵심이 중국 고대철학이라는 것을 분명하게 짚고 넘어가는 것은, 우리가 중국문화의 특질을 파악하는 데 있어서 중요한 의의를 가지고 있다. 마찬가지로 중국 고대철학의 특징을 명확하게 구별하는 것은 중국 전통문화에 대한 우리의 인식을 심화시키고, 그것과 현대화와의 관계에 대한 우리의 사고를 이끌어 줄 수 있다.

중국 고대철학의 특징에 관해서 학술계에서는 대체적으로 아래와 같은 관점을 가지고 있다.

(1) 정치윤리와 긴밀한 관계가 있어서 현실의 인생을 중시하고 인간관계人間關係의 처리에 착안한다. (2) 사람을 사고의 중심으로 보고 현실생활과 도덕이상을 서로 통일시켜 선명한 주체성 의식을 갖추고 있다. (3) 소박한 유물주의와 소박한 변증법의 유구한 전통을 가지고 있어 대립통일을 강조하며, 음양오행과 우주생성론은 고대 변증사유이론의 골격이다. (4) 철학과 자연과학이 서로 결합하여 기일원론氣一元論을 기초로 하는 변증자연관을 가지고 있으며 우주생성론과 우주본체론이 서로 통일되어 있다. (5) 광대한 계통관을 가지고 있으며 세계를 정체整體로 간주하고 과정過程으로 간주하며, 통일을 추구하는 사유방식을 가지고 있다. (6) 유가사상은 장기적으로 통치적인 지위를 점유하고 있어 철학은 유학의 시녀가 되었으며, 경학의 태도는 『서술은 하되 창작은 하지 않는다 述而不作』는 것이다. (7) 천인합일사상은 발전의 기본 줄거리이다. (8) 유구한 무

신론의 전통을 가지고 있다. (9) 철학과 종교는 혼연동체渾然同體이다. (10) 형식논리와 인식론이 발달하지 못하고 사유는 직각直覺을 위주로 한다. (11) 생산과 자연을 경시한다. (12) 화합을 중시하고 안으로의 집중을 주장하고 대립면의 동일성을 강조하며 투쟁성을 경시한다. (13) 강렬한 배타성·보수성과 폐쇄성을 갖추고 있다. (14) 시종여일한 선왕관념이 있다.

이상의 개괄은 학자들의 신중한 사고를 거쳐서 얻어진 것이며 제각기 논리성을 가지고 있다. 그러나 학자들 각자의 소양·경력·시각의 차이에 따라 결론도 일치하지 않으며 경우에 따라서는 전혀 상반되는 것도 있다. 그 가운데 어떤 것은 중국 고대철학의 정체에 착안하여 그것의 총체적인 특징을 파악하였다. 어떤 것은 중국 고대철학의 단면 예를들면 본체론本體論·인식론·범주·논리구조 등으로부터 착수하여, 세밀하고 조리있게 분석하여 일정한 근거를 갖고 있는 결론을 얻어내었다. 그러나 어느 한 방면 혹은 어느 한 단계의 특징은 전체적인 중국 고대철학의 특징을 대표하기에는 부족하다.

나는 중국 고대철학의 총체적 특징은 마땅히 염황족류炎黃族類의 정신생활을 대표할 수 있고 중국 고대사회의 시종始終을 관통하며, 대다수 철학가의 사상에 표현되어 있고, 다른 민족의 철학적 특질과 구별되어야 한다고 생각한다. 그 가운데 가치관념과 사유방식은 가장 중요한 것이다. 이러한 인식에 기초하여, 나는 중국 고대철학이 아래와 같은 특징을 갖고 있다고 생각한다.

첫째, 윤리본위에 착안하였다. 서양사회와는 다르게 중국사회는 문명의 문턱으로 들어설 때, 씨족제의 잔재가 남아있었다. 통치자들은 씨족혈연관념과 친정親情관계를 이용하여 종법제宗法制를 발전시켰다. 종법제는 서주西周시기에 이미 완비되어 사회구조의 안정요인의 하나가 되었으며, 이후 전체 중국 고대사회에 영향을 주었다. 종법 분위기 속에서 성장한 중국철학은 필연적으로 효제孝悌의 윤리관계에 의거하고, 아울러 종법윤리문제를 해결하는 데 착안하였다. 역대 철학가들은 하늘을 말하고 땅을 말하며 사람을 논하는 데 있어서 시종 농후한 윤리적 색채를 띠고 있다. 한대의 동중서가 하늘에는 선선악악의 마음이 있다고 말하고, 『하늘은 오곡을 생장시켜 사람을 길러준다 天生五穀以養人』고 말하였던 송대의 정이·주희가 〈천명지성天命之性〉〈기질지성氣質之性〉이라는 천리와 인욕의 구별을 말하였던간에 모두 자연과 사회를 윤리화시킨 것이다. 공자의 〈인자애인仁者愛人〉의 설교, 북송 장재의 〈민포물여民胞物與〉의 사상은 더욱 윤리정신에 스며들었다. 〈삼강三綱〉〈명명덕明明德·신민新民·지어지선止於至善〉〈팔목八目〉〈격물格物·치지致知·성의誠意·정심正心·수신修身·제가齊家·치국治國·

평천하平天下)을 인생철학으로 삼는 유가의 수양론과 인식론은 완전히 도덕적 자아추구와 완성을 종지宗旨로 삼고 있다. 도가에서는 불위경루不爲境累·불위물역不爲物役·절성기지絶聖棄智·결신자호潔身自好를 추구하였는데, 실제로는 자유로운 인격에 대한 추구로써 개체가치를 실현하는 것에 대한 동경을 표현한 것이다. 불가는 만법개공萬法皆空·요무자성了無自性·자비위본慈悲爲本·보도중생普渡衆生을 강조하고 권선징악勸善懲惡을 기치로 삼고서 여전히 속세와 윤리의 틀을 벗어나지 않았다. 법가는 사람들은 모두『이익을 계산하는 마음으로 상대한다 用計算之心以相待』《韓非子·六反》고 높이 부르짖어 사람들에게 〈비도덕주의〉라고 평가되지만 실제적으로 〈순유醇儒〉 동중서가 강조한 〈군위신강君爲臣綱〉〈부위자강父爲子綱〉〈부위처강夫爲妻綱〉의 〈삼강三綱〉설은 오히려 대법가 사상가인 한비자韓非子에 뿌리를 두고 있다. 〈삼강〉과 〈오상五常〉(인·의·예·지·신)은 서로 짝이 되어 봉건사회 윤리정신의 핵심이 되었다. 법가의 사상도 상당히 윤리적인 색채를 띠고 있으며, 또한 유가의 윤리와 상호보충적이고 상호융합적인 것을 알 수 있다. 위에서 서술한 여러 가지 사상은 역사의 진행과정 속에서 상호영향을 주고 침투하며 융합하여 마침내 중국 철학의 선명한 윤리적 특징으로 결집되었다.

둘째, 현실정치에 관심을 두고 있다. 중국 철학가는『하늘과 사람 사이를 탐구하고, 고금의 변화에 통하는 것 究天人之際, 通古今之變』에 몰두하였으며, 각 학파들은 모두『치국에 힘썼다. 務爲治』《史記·太史公自序》 유가의 〈극기복례克己復禮〉에 대한 제창과 실천은 바로 정치적 이상으로써 개인의 욕망을 제약한 것이다. 공자의 제자들은『선비는 의지가 굳세지 않을 수 없다. 왜냐하면 그는 짐이 무겁고, 갈 길이 멀기 때문이다. 인을 천하에 실현시키는 것을 자기의 임무로 삼으니 이 짐이 무겁지 않다고 할 수 있겠는가? 죽은 뒤에야 쉬니 이 갈 길이 멀지 않다고 할 수 있겠는가? 士不可以不弘毅, 任重而道遠, 仁以爲己任, 不亦重乎? 死而後已, 不亦遠乎?』《論語·泰伯》라고 하였고, 공자는『구차하게 살기를 도모하므로써 인을 손상시키려 하지 않고 대담하게 희생함으로써 인을 이룬다 無求生以害仁, 有殺身以成仁』《論語·衛靈公》는 경계를 높이 평가하여 깊은 역사적 책임감을 표현하였다. 한대 동중서는『의를 바로잡고 이익을 도모하지 않으며, 도를 밝히고 자기의 공적을 생각하지 않는다 正其誼不謀其利 明其道不計其功』고 하고 천인감응을 고취시켜서 봉건통치의『영원한 계승 傳之罔極』《漢書·董仲舒傳》을 옹호하였다. 송대 이학가들은 대부분이『이일분수理一分殊』『천리를 보존하고 인욕을 소멸시킬 것 存天理, 滅人欲』을 말하였는데, 그 목적은『천지를 위해서 마음을 세우고, 생민을 위해서 명을 세우고, 지나간 성인을 위해서 절학을 잇고, 만민을 위해서 태평을 연다 爲天地立心, 爲生民立命, 爲往聖繼絶學, 爲萬世開太平』《宋元學案 · 橫渠學案》는 것이다. 묵가학파는 세풍世風이 나날이 하향하는 것을 근심하고 민생의 어려움이 많은 것을 근심하였으며, 도를 준수하고 백성을 이롭게 하며 궁극적으로 천자를 숭상하고 따를 것을 주장하였다. 이러한 것은 모두 철학가들이 정치에 힘쓴 것을 반영하며 그 학설은 강렬한 사회현실성을 가지고 있다. 도가의 노담老聃과 장주莊周는 소국과민小國寡民 · 절성기지絶聖棄智를 동경하여 공명을 구차한 것으로 보고, 〈무하유지향無何有之鄕〉에서 소요하기를 희망하였으며, 부정적인 형식으로써 반면으로부터 사회현상에 대한 불만과 관심을 표현하였으며 자기의 정치이상을 위해서 시야를 확장했다. 법가는 강력한 힘으로 천하를 통일하고 〈성인집요 聖人執要〉를 위해서 출모획책出謀劃策할 것을 주장하여 특히 고도의 정치열정을 표현하였다. 불교는 중국으로 전입한 후에 여러 차례의 대결을 거쳐 최종적으로 본토문화에 접근하였으며 〈효자보은孝子報恩〉의 유형과 같은 사상을 선양하여 현실정치를 위해 효력을 발휘하였다. 역사적인 도태를 거쳐 민족문화의 심층에 위치한 철학사상은 『천하 사람들이 근심하기에 앞서서 근심하고, 친하 사람들이 즐거워한 뒤에 즐거워한다 先天下之憂而憂, 後天下之樂而樂』는 민족정신 및 『집안일 · 나라일 · 천하일 · 모든 일에 관심을 갖고 家事國事天下事, 事事關心』『천하의 흥망은 필부에게도 책임이 있다 天下興亡, 匹夫有責』는 사회심리로 전환되었다. 고대 철학가들이 정치현실에 관심을 집중한 것은 중국 철학의 학용일치學用一致 및 이론과 실제를 연계시킨다는 우량한 학풍을 반영한다. 그러나 정치현실에 대한 지나친 관심은 중국 철학의 사변적 색채를 경감시키고 아울러 이것에 영향을 주었으며, 게다가 왕왕 철학이 정치에 이용되고 정치의 시녀가 되었다.

셋째, 주체의식을 고양하였다. 중국 철학에는 〈천인합일〉의 전통이 있어서 〈하늘〉과 일치시키기 위하여 주체능력을 발휘하는 것을 정신경계의 승화와 완성으로 간주한다. 사람을 핵심으로 하고 천지인을 서로 나란히 하는 것은 철학가의 일관적인 주장이며 이상이다. 유가의 〈삼강팔목三綱八目〉의 수양론에서 『자기를 바로 해야 남을 바로 할 수 있고 正己正人』『자기를 이루어야 만물을 이룰 수 있다 成己成物』는 언행은 모두 일의 성공 여부는 사람에게 달려있다는 철학적 표현이다. 공자는 『인을 실천하는 것은 자기로부터 말미암아야 하고 爲仁由己』『사람은 도를 발양해야 함 人能弘道』을 말하여 주관적 노력을 통하여 〈인〉을 성취시킬 수 있다고 하였다. 송대 유학자들은 천리와 인욕은 이것이 나아가면 저것이 물러나고, 일분一分의 인욕을 개혁하여 다시 일분의 천리를 얻어야 한다고 말하였다. 만일 철학의 시각으로 주체와 객체의 관계로부터 이러한 사상을 고찰하면 곧 주체의식에 대한 발양이 그 이론의 입각점立脚點임을 알 수 있다. 법가는 적을 죽여 나라에 보답하고, 공을 세워 상을 받는 것에 심취되어 개인의 노력에 의해 인생의 지위를 쟁취해서 자신의 가치를 실현시키고 주체능력에 대한 확인을 구현해내야 한다고 보았다. 묵가는 사람마다 겸애兼愛의 마음을 발양해서 상호이익의 법을 실행하여 천하 상동尚同의 바른 길로 향해서 걸어갈 것을 주장하여 사람의 능동성에 대한 신뢰를 충분히 표현하였다. 도가는 도에 대한 추구 및 정신적인 해탈에 집착하였으며 주체의식에 대한 승인을 기초로 삼았다. 불교에서는 육근청정六根淸靜·이무념위종以無念爲宗·일심향불一心向佛을 가르쳤으며, 만일 주체능력에 대한 신임이 없으면 〈열반涅槃〉의 경지에 진입할 수 없다고 하였다.

넷째, 변증사유가 풍부하다. 중국 철학은 대립이라는 전제하에 화합과 통일을 중시한다. 유가는 『끊임없이 생기는 것을 역이라고 한다 生生之謂易』『건괘는 천도와 같이 쉬지 않고 영원히 운행하므로, 군자는 건도를 본받아 스스로 힘쓰고 영원히 쉬지 않고 노력해야 한다 天行健, 君子以自強不息』고 말하여 사물의 발전변화의 연속성과 합리성을 강조하였다. 변화 발전의 근원은 음양의 상호 소장消長과 강유剛柔의 상호 움직임에 있다. 『하나의 음과 하나의 양을 도라고 한다 一陰一陽之謂道』는 것은 바로 가장 훌륭한 이론적 개괄이라고 할 수 있다. 《노자》에서는 동정動靜·고하高下·강약強弱·선후先後의 상련상대相聯相對·상반상성相反相成을 기술하였다. 『도는 통일된 사물을 낳고, 통일된 사물은 대립된 두 개의 방면으로 분열되며 대립된 두 개의 방면은 신생의 제3자를 낳고, 신생의 제3자는 천차만별의 사물을 낳는다 道生一, 一生二, 二生三, 三生萬物』는 발전순서 중에서 도의 운행은 끊이지 않으며 『순환하여 돌고 또 돈다. 周而不殆』한비의 도리가 상응한다는 규율론規律論은 사물의 변증발전을 내재적 규율로 간주한다. 그는 『법술을 쥐고 있는 사람과 정권을 잡고 있는 관리는 서로 용납할 수 없다 法術之士與當途之人, 不相容也』《韓非子·人主》라고 인정을 하고, 『얼음과 숯은 한 그릇 속에서 병존할 수 없으며 泳炭不同器而久』『잡다하고 모순되는 학문은 국가를 다스리는 데 함께 사용할 수 없다 雜反之學 不兩立而治』《韓非子·顯學》고 인정하면서, 또한 모순 대립하는 쌍방의 『명의와 사실은 검증하여 부합시킬 수 있고, 군주와 신하는 조화·융합시킬 수 있다 形名參同, 上下和調』《韓非子·揚權》고 주장하였는데, 즉 그는 대립을 강조하면서 통일을 함께 강조하였음을 알 수 있다. 불교의 일다상섭一多相攝·사체원융四諦圓融·일즉시다一即是多·다즉시일多即是一의 명제는 모두 대립통일의 정심한 뜻을 포함하고 있다.

다섯째, 정체整體관념을 강조하였다. 중국철학은 사람과 사람·사람과 자연의 조화를 부지런히 추구하여 천天·지地·인人을 통일된 정체로 보았으며, 『사람과 천지만물을 일체로 보고 人與天地萬物爲一體』『하늘과 사람을 하나로 일치시키는 것 天人合一』을 최고의 경계로 본다. 철학가들은 문제를 처리하는 데 있어서 언제나『위로는 하늘에서 그것을 고찰하고, 아래로는 땅에서 그것을 살피며, 중간에서는 이치에서 그것을 통하므로써 上考之天, 下揆之地, 中通諸理』《淮南子·要略訓》『위로는 천시를 따르고, 아래로는 땅의 재물을 다하며, 중간에서는 인력을 사용하는 데 上因天時, 下盡地財, 中用人力』《淮南子·主術訓》편리하게 하며, 만사만물로 하여금 각각 제자리를 얻게 한다. 군주가 정치를 하고 교화를 하는 것도『우러러 하늘에서 상을 취하고, 구부려 땅에서 도를 취하며, 중간에 사람에게서 법을 취하여 仰取象於天, 俯取度於地, 中取法於人』《淮南子·泰族訓》, 천·지·인으로써 꿰뚫어서 나란히 통하게 하며 정체로부터 문제를 고찰하고 한 측면에 집착하지 않는다. 정체관념은 정치영역에서 〈춘추대일통春秋大一統〉의 관념으로 표현되며, 사회영역에서 개인·가정·국가의 나눌 수 없는 정감으로 표현되고, 문화영역에서는 겸수병축兼收幷蓄·화이부동和而不同의 관용정신으로 표현되며, 군사영역에서는『군사를 온전히 하는 것이 가장 좋고 군사를 잃게 하는 것이 그 다음이다 全軍爲上, 破軍次之』는 전략사상으로 표현되며, 윤리영역에서는 전체적인 국면을 돌보고 필요한 경우에는 개인 혹은 국부적인 이익을 희생하는 것을 아끼지 않으므로써 전체 이익을 보호하는 가치지향으로 표현된다. 이러한 것들은 중국민족의 집체지상集體至上의 사유지향과 공동심리를 구성하였으며, 국가의 통일과 민족적 단결을 유지하는 것에 대해 중대한 촉진작용을 일으켰다. 그러나 일정한 조건하에서 객관적으로 보면, 개인의 발전을 억압하였다. 정치영역에서의 국가지상의 의식은 봉건통치자에게 이용되어 노동인민에게 무의미한 희생을 강요하는 구실이 되기도 하였다. 정체관념은 사유방식으로 표현되며 인식상의 모호성을 이끌었다.

여섯째, 직각사유直覺思惟에 편중하였다. 중국 고대 철학가들은 사물을 인식하고 현상을 분석하며 체계를 세우는데 대체로 일상생활의 경험으로부터 출발하며, 직각에 의해서 일을 처리한다. 전통의 〈진심盡心〉〈지성知性〉〈지천知天〉의 방법은 내심세계에 대한 자아반성·도덕경계의 자아승화를 통해 타인의 착한 본성을 깨달으며 주체적 정신영역내에서 천인합일의 임무을 완수한다. 송대 유학자의『하루 아침에 이치를 환히 깨달음 一旦谿然貫通』에 대한 추구와 체인은 일종의 전형적인 직각사유이다. 사유유형 및 방법으로부터 볼 때, 고대 철학가가 사물을 인식하고 체계를 건립하는 것은 경험 기초상의 유비類比와 유추類推이다. 이러한 것들은 모두 엄밀한 논리추리와 체계의 인식론 범주를 운용하여 연역되어 실현된 것이 아니다. 직각사유의 장점은 경험을 참조해서 총체적으로 대상을 파악하고 때에 따라서 논리사유가 지적할 수 없는 의경을 체험하고 체득할 수 있다. 결점은 엄밀성이 부족하며 대상에 대한 인식이 모호해서 명석하지 않으며 그 결론이 매우 큰 개연성을 가지고 있는 데 있다.

일곱째, 경학태도經學態度에 치우친다. 고대 철학가들은 왕왕『성현을 대신해서 입언한다 代聖賢立言』는 것을 표방하여 성인의 옳고 그름을 시비판단으로 삼고 매우 수구적이어서 창조성을 결핍하고 있다. 공자의 〈술이부작述而不作〉의 실천은 바로 경학태도의 표현이다. 한대에 유학이 독존한 이후 경학은 매우 창성하였는데 유생들이 문서의 해독에 온 정열을 기울이고, 백발이 될 때까지 경전을 연구한 것은 신사상·신체계의 창립을 위한 것이 아니고 전인前人의 사상을 위한 것이다. 송명시기의 대다수의 철학자들은 모두『복희로부터 공·맹에 이르기까지 도를 말한 것이 이미 지극하다. 후학들은 마땅히 대를 이어서 그것을 지켜야 한다 伏羲以至孔孟, 言道已盡, 後學宜世世守之』《恕谷文集·論宋人分體用之訛》고 주장하였다. 주희의『일찍이 성인의 손을 거쳤는데 어찌 감히 의론할 수 있단 말인가? 曾經聖人手, 議論安敢到?』라는 말은, 옛뜻에 집착하고 창조성을 생각지 않는 사상경향을 더욱 전형적으로 표현한 것이다. 경학태도의 형성은 중국사회의 특이한 선왕을 숭배하는 숭고가치 취향과 밀접한 관계가 있다. 물론 객관적으로 경학태도는 고대문화로 하여금 비교적 완전하게 보존해 내려올 수 있게 하였다. 그렇지만 그것이 수구를 따르고 창조성을 염두에 두지 않으며 전인에 의지하는 사상작풍을 형성하여 창조적인 사유의 발전을 가로막은 사실은 짚고 넘어가지 않을 수 없다.

여덟번째, 인간관계人間關係를 중시하였다. 고대 철학가들은 자연에 대한 탐구를 경시하고 인간관계의 협조를 중시하였다. 유가가 주장한『자기가 서고자 하면 동시에 남을 서도록 해주고, 자기가 만사를 실현시키고자 하면 동시에 남도 만사를 실현시키도록 해주어야 한다 己欲立而立人, 己欲達而達人』,『자기가 좋아하지 않는 사물을 남에게 주지 말라 己所不欲, 勿施於人』는 추기급인推己及人의 방법 및『자기를 바로 해야 남을 바로 할 수 있고, 자기를 이루어야 만물을 이루게 할 수 있다 正己正人, 成己成物』는 사상은 결국 인간관계를 조절하기 위해서 자아억제 중에서 전체의 평형통일의 효과를 구하는 것이다. 유가와 대립적인 도가 역시 인간관계의 화합을 매우 중시하였다. 도가는 사람들의 청심과욕淸心寡欲과 천하 사람들보다 먼저 걸어가지 않을 것을 요구한 것은 소극적이고 퇴수退守적인 방법으로 조화시킨 것이다. 법가는 비록 군신간의 이해가 다르다고 보았지만, 그러나『이익을 계산하여 결합할 수 있고 以計合』《韓非子·飾邪》『군주는 명의를 장악하는 데 절실하고·신하는 전심전력하며, 명의와 사실을 검증하여 부합시킬 수 있고, 군주와 신하는 조화 융합시킬 수 있는 것이다. 君操其名, 臣效其形, 形名參同, 上下和調』《韓非子·揚權》 사람들이『다투지 않고 莫爭』『소송하지 않으며 莫訟』『서로 해치지 않아야 莫得相傷』만이 이상적인 치세가 되는 것이다. 법法·술術·세勢를 상호 사용하여 정치생활 중에서 제멋대로 열었다 닫았다 하는 것은 또한 상하와 좌우의 관계를 조정한다는 의미를 가지고 있다. 종합해 볼 때 고대철학은 인간관계의 조절을 중시하여 안정적인 국면을 조성하고 심정적으로 즐겁게 작업에 종사하는 것에 대해 적극적인 작용을 가지고 있다. 그러나 동시에 또한 비속화로 흐르기 쉬워서 관계를 이야기하고 관계를 맺는 등의 불량한 기풍을 사회생활에 스며들게 하여 민족정신의 타성적인 일면을 조성하였는데 이것은 매우 주의할 필요가 있다.

상술한 중국 고대철학의 특징은 서로 긴밀히 연결되어 떨어질 수 없는 것이다. 중국 고대철학은 광범위하고 심오하며 의미가 지극히 풍부하기 때문에 상술한 특징이 그것의 전부를 다 지칭한 것은 아니다.

3 중국 전통철학의 중국문화에 대한 영향

중국 고대철학이 중국 전통문화 중에서 핵심적 지위를 차지하며 위에서 서술한 특징을 갖추고 있기 때문에 그것은 필연적으로 중대하고 심각한 영향을 발생시켰다. 대체적으로 말해서 아래에 열거한 몇 가지 방면과 같다.

첫째, 그것은 염황족류炎黃族類의 특정한 사유방식에 깊은 영향을 주었고 아울러 그것을 건립하였다. 철학의 기능적 실현과 철학의 인식과 실천에 대한 지도적 작용은 직접적으로 발생된 것이 아니고 사유방식이라는 매개체를 통하여 실현된 것이다. 중국 고대철학의 중국 전통문화에 대한 심각한 영향은 주로 사유방식을 통하여 작용을 하였다. 이른바 사유방식이란 사람들의 사유활동 중에서 경험·지식·관념 등의 요소의 종합된 모식을 가리키며, 인지認知구조·가치구조·심리구조 등의 방면의 통일체이며, 사람들의 사유방법 및 그 방향의 이론적 개괄이다. 중국 고대철학은 사유방식에 있어서 증오證悟와 직각直覺을 중시하고 천인합일을 강조한다. 그 구체적인 인식방법으로는 총체적 직관으로부터 경험에 이르고 경험으로부터 다시 직각에 이르러, 직관의 구체적인 사물과 뗄 수 없고 자기가 겪은 경험과 뗄 수 없다. 가치체계를 인식구조로 들어서게 하였을 때 우리들이 앞에서 말한 것이 나타나는데, 즉 가치판단으로 사실판단을 포용하고 대체하며, 가치판단은 도덕에 의거하고, 도덕평판으로 객관적 사실에 대한 인식을 동등하게 보고 대체한다. 이에 중국 전통문화 중에는 경험을 중시하고 효용을 숭상하며 큰 것을 미덕으로 하고 분석을 중시하지 않는 인식경향이 출현하였다. 정치상에 반영된 것은 중국 고대에 오래도록 쇠퇴하지 않고 사람의 마음 속에 깊게 뿌리박혀 있는 대일통의 주장이며, 의학상에 반영된 것은 음양오행학설을 이론체계로 삼아 정체상으로부터 병세를 고찰하여 치료를 변증하는 것이며, 문학상에 반영된 것은 이론추구와 심리만족이며, 사람과 자연의 관계에 반영된 것은 『천지의 화육을 높고 贊大地之化育』『하늘과 땅과 사람을 꿰뚫어서 나란히 통하게 하는 天地人貫而參通之』이상추구를 주장하는 것이다. 이러한 것들은 중국 고대 정치상의 통일 사회심리의 동일추구 및 문화의 일체화 등등에 대해 홀시할 수 없는 적극적인 작용을 일으켰다. 그러나 이와 동시에 그것은 또한 완만한 사유와 분석을 경시한 결점을 수반하였으며, 특히 이러한 인식방식이 전통윤리 가치관과 서로 결합하였을 때는 도덕평가로 사실인식을 대신하는 범도덕 경향이 나타나 중국의 전통문화에다 부정적인 요인을 가져다 주었다.

둘째, 중국 고대철학은 전통문화 가치체계에 대해서 깊은 영향을 발생시켰다. 중국 고대철학은 특히 심성의 수양을 중시하고 윤리본위를 정치이론으로 삼았다. 유가의 진심盡心·지성知性·지천知天·호연지기浩然之氣의 양성, 중의경리重義輕利의 의리지변義利之辨이든 도가의 법천法天·법지法地·법자연法自然·여도동체與道同體, 〈무기無己〉〈무대無待〉하는 소요지유逍遙之游이든간에 모두 물욕을 언급하지 않으며 그 뜻을 고상히 하는 것을 즐거움으로 삼았다. 이러한 심리상태는 전통문화 속에서 상당히 전형적인 표현이다. 중국 고대문학이론 중에서 명도明道·징성徵聖·종경宗經은 보편적인 지도사상이며 심미의 표준이다. 그 가운데 명도는 그 핵심이다. 이 도는 근본적으로 말해서, 봉건 정치윤리의 도인 것이다. 문학가들은 자기가 숭상하는 도를 발양시키기 위해『아홉 번 죽더라도 후회하지 않았다. 九死不悔』사학가들은『하늘과 사람 사이를 탐구하고, 고금의 변화에 통하는 것 究天人之際, 通古今之變』을 자기의 임무로 삼고 〈직사直史〉하여 신뢰할 수 있는 역사를 쓰고자 하였으며 사史·재才·학學·식

識・덕德 가운데 덕을 위주로 하였다. 전사회에서 공동으로 인정하는『살신성인殺身成仁』『천하 사람들이 근심하기에 앞서서 근심하고 천하 사람들이 즐거워한 뒤에 즐거워한다 先天下之憂而憂, 後天下之樂而樂』『천하의 흥망은 필부에게도 책임이 있다 天下興亡, 匹夫有責』는 등은 일찍이 일종의 사회심리가 되었으며, 일종의 사회인격과 개인의 깊은 역사 책임감으로 응집되었다. 이들은 전통문화 속의 적극적인 요인이 누적되는 데 있어서 중대한 작용을 일으켰다. 물론 솔직히 말해서, 중국 고대철학의 가치지향은 중국 전통문화 중의 중의경리重義輕利와 실제의 효과를 중시하지 않는 경향에 대해서, 장구한 효과라는 견지에서 볼 때 좋지 않은 영향을 일으켰다. 상품경제가 발흥하고 있는 오늘날 우리들은 마땅히 냉정하게 분석을 하여 과학적인 선택을 해야 할 것이다.

셋째, 중국 고대철학은 중국 전통문화 중의 적극유위積極有爲와 자립자존하는 민족심리의 형성에 대해서 적극적인 작용을 하였다. 중국 고대철학은 특히 주체의 능동성을 발휘하는 것을 강조하고 있다. 유가는 사람이 도를 발양할 수 있다고 믿으며 자강불식自強不息을 주장하고, 『만세를 위해서 태평세대를 연다』고 주장하였다. 법가는 자기의 〈기력氣力〉에 의거해서 적을 죽이고 보국하여 자신의 가치를 실현시켜서 그 지위를 개변시킬 수 있다고 굳게 믿었다. 도가들은 〈무위無爲〉를 높이 주창하고 〈절성기지絶聖棄智〉하고자 하여 표면적으로 소극적이고 수구적이나 실제로는 자기의 학설에 대해서 천명하는 데 게으르지 않고 유가 학설에 대한 공격에 게으르지 않았으며, 그들이 〈이반구정以反求正〉의 방법으로써 자기의 이상을 실현시킴을 잘 표명하였다. 〈무위이무불위無爲而無不爲〉의 구호는 그들의 진실한 심리상태이다. 이러한 철학적 분위기는 전통문화 중의 인위人爲를 중시하는 사상 속에서 생육하고 성장하였다. 중국 고대를 통틀어 사람들이 천명에 의하지 않고 이야기하는 까닭과 서양사회에서 경험한 신권통치가 출현하지 않은 이유는 전통문화 속에 사람이 하늘을 이기고, 강직하여 아부하지 않고, 자존자립하는 기조와 불가분의 관계에 있다. 줄곧 자기가 세계민족 속에서 자립할 수 있다고 굳게 믿는 것은 중화민족의 공동심리가 되었는데, 이것은 중국 고대철학의 주체능력을 발양하는 기본정신과 뗄 수 없는 관계에 있다고 말해야 옳을 것이다.

이밖에 중국 고대철학이 전통문화의 형성 및 중화민족의 형성 중에서 매우 중대한 작용을 하였다는 것은 말하지 않아도 알 수 있는 것이다.

제11장

중국의 전통적 이상인격·가치지향 및 사회심리

중국문명의 〈조숙早熟〉, 중국 사회·경제구조와 정치구조의 제약, 또한 중국 전통문화의 주체인 유가·도가·묵가·법가·불가 등 제가의 인생철학·사유방식과 가치지향의 영향으로 말미암아 전통 중국사회의 보편적인 이상인격·가치지향 및 사회심리가 구성되었다. 중국의 전통적 이상인격·가치지향 및 사회심리를 진지하게 검토하는 것은, 우리들이 전통문화의 유형과 특질을 파악하는 데 도움을 줄 뿐 아니라 현대적 의미의 사상문화체계를 건설하는 데 중대한 현실적 의의를 가지고 있다.

제 1 절 전통적 이상인격과 가치지향

1 전통적 이상인격

전통적 이상인격은 복잡한 문제라서 학자들간에 의견이 분분하다. 어떤 사람은 지혜역량·도덕역량과 의지역량이 건강한 인격에 도달하고 유지하는 세 가지 필수 인격역량이라고 주장하였다. 이러한 〈인격 3요소론〉에 근거하여 고찰해 보면,『중국인의 보편적 인격형은 장기적으로 〈자아위축형自我萎縮形〉 인격이다.』이러한 〈자아위축형 인격〉은 비교적 낮은 층차 즉 귀속수요·안전수요, 심지어 가장 낮은 층차인 생리수요상에 머물러 있다. 중국 전통문화 중에 음식문화가 특히 발달한 정황은 바로 중국인의 보편적 인격의 반영이며 〈자아위축형 인격〉의 가치지향을 표현한 것이다. 전통문화 중에 유가문화를 위주로 설계된 이상인격은『편면적 도덕역량 인격이다.』[1]

이와 상반된 의견을 가진 황선해黃先海는 중국 전통문화가 도덕을 중시하고 의지역량에 매우 관심을 기울이며,『그 보편적 인격은 일종의 강건자강剛健自强하고 적극진취적인 인격』이라고 주장하였다.[2]

손융기孫隆基는 중국의 이상인격이 일종의 〈타제타율他制他律의 인격〉이며, 인격의 구성 중에 더욱 많은 타인적 요소를 가지고 있다고 생각한다. 구체적으로는 〈신체화身體化〉와 〈인정화人情化〉된 〈측은지심惻隱之心〉으로 〈남들과 같이〉 남을 동정하고, 〈마음〉이 사람마다 똑같이 관심을 갖는 〈신체화〉 수요의 방식으로써 개체 〈영혼〉의 수요를 말살하고, 타인의 앞에서 〈사람을 만드는〉 관념이 농

후해 있으며, 〈말 듣는 것〉을 중시하고, 내성식內省式의 인격이 있는 것 등으로 표현된다.[3]

장대년張岱年은 중국 전통문화 가운데에는 인격이 평등하다는 독립인격사상이 있고, 인격의 가치는 세간의 부귀가치보다 높다고 주장하였다.[4]

또 진래陳來는 중국의 전통적 이상인격은 성인이며 그 핵심은 내재적 도덕가치의 실현을 요구하고, 자기보다 완정完整한 사람이 마땅히 자기의 전체적인 본질을 점유하고 있음을 경시하며, 따라서 가치의 실현은 편면적이라고 보았다.[5]

이상에서 볼 때 전통적 중국의 이상인격 및 그 평가는 확실히 중설이 분분하며 보는 각도에 따라서 다르다.

나는 중국의 전통적 이상인격은 〈군자〉라고 생각한다. 이 군자인격은 전통문화의 주체내용인 유가·도가·묵가·법가·불가 등 제가의 인생철학이 상호충돌하고, 상호침투해서 융해되어 나온 것이다. 그 가운데 유가의 성현 이상인격을 토대로 하고, 특히 구현求賢의 인격추구로써 수농적으로 이끌어 나가며, 곧 현인賢人인격에서 전환되어 나온 것이다.

앞에서 이미 언급했듯이 유가의 이상인격은 성현이다. 통치자에 대해서 말하면, 성왕을 추구목표 및 행위전범으로 삼고 요堯·순舜·우禹·탕湯·문文·무武·주공周公을 표방한다. 일반 사대부와 서민백성에 대해서 말하면, 현을 추구목표 및 행위규범으로 삼는다. 본질적이고 궁극적인 목적으로 볼 때, 유가가 추구하는 성현인격은 현賢에 있지 성聖에 중점을 둔 것은 아니다. 유가의 경전 가운데 이른바 성인인격은 〈군자〉라는 한 낱말로써 표현된다.(본서 제3장 제4절 참고) 앞에서 지적했듯이 전국시대의 사상 교융交融과정이 연장되고 진에 의해 천하가 통일됨에 따라, 특히 한초의 통치자의 통치사상에 대한 매우 어려운 결단을 거쳐서 서한 중기의 동중서가 제자사상을 지양하고 사회에 대해 내재적 외재적인 통제를 강화한 뒤에, 선진 4학파(즉 유가·도가·묵가·법가)의 이상인격은 혼합되어 옛구조 속에 새로운 내용을 첨가하여 마침내 독특한 민족정신으로 응집되었다. 이러한 민족정신의 주요내용은 깊은 역사적 책임감·자강불식·타인에 대한 관심·도의의 중시·전체이익의 중시·개체가치의 강조 등이며, 이것은 실제적으로 바로 한漢민족의 이상인격인 것이다. (본서 서론 제2절 참고)

위에서 말한 인식에 기초하여 나는 중국전통의 보편적인 인격은 〈군자〉라고 본다.

군자라는 낱말은 경전의 해석에 따르면, 재덕이 있는 사람을 일컫는 말이다. 《의례儀禮·향음주鄕飮酒》에는 『선생과 군자에게 알리면 된다 以告於先生君子

可也』고 하였고, 그 주석에는『군자는 나라에서 성대한 덕을 갖춘 사람이다 君子, 國中有盛德者』라고 하였으며,《예기禮記·곡례曲禮》에는『견문이 넓고 기억력이 강하면서도 겸양하며, 몸을 수양하고 말을 실천하면서 게으르지 않으면 군자라고 일컬을 수 있을 것이다 博聞強識而讓, 敦善行而不怠, 謂之君子』라고 하였다. 또 다른 해석은 군자를 성현으로 보며 특히 주로 현으로 본다. 이것은 봉건사회의 경전 속에서 많은 예를 찾을 수 있다. 예를들면《시경·용풍·재치載馳》에서『여러 대부와 군자는 나를 책망하지 마시오 大夫君子, 無我有尤』라고 하였는데 , 정현鄭玄은 전箋에서『군자는 나라의 현인이다 君子, 國中賢者』라고 하였다. 또한《중용中庸》에는『군자는 어째서 빨리 실행하지 않는가! 君子胡不慥爾』주注에는『군자란 여러 현인을 말한다 君子, 謂衆賢也』고 하였다.

　실제의 상황으로 볼 때 유가는 공개적으로 천하를 자기의 임무로 삼는다고 언명하였고, 자아희생의 정신으로써 종족 및 국가민족의 이익을 보호하며, 도를 도모하고 먹을 것을 도모하지 않으며, 도가 있으면 나타나고 도가 없으면 은둔하며, 일을 하는 데 있어서 입장을 바꾸어놓고 생각하고, 자신의 마음으로 남의 마음을 헤아리며, 자기 심정에 비추어 남의 심정을 생각하고 돌보아 주는데…… 이것은 말할 것도 없이 군자의 작풍이다.

　도가도 군자의 작풍을 제창하였다.《노자》31장에서는『군자는 평상시에 왼쪽을 위로 삼는다 君子居則貴左』고 하여 유가의 경전인《좌전左傳》중에『초나라 사람은 왼쪽을 숭상한다 楚人尚左』(桓公 八年)는 격조와 일치하고 있다.《노자》의 같은 장에는 또한『병기는 상서롭지 못한 것이고 그것은 군자가 사용하는 것이 아니며, 부득이하여 그것을 사용하는 것이다 兵者不祥之器, 非君子之器, 不得已而用之』라고 하였다. 노자는 전쟁에 반대하였으며『병기는 군자가 사용하는 것이 아니다』라는 부정의 방식을 사용하여 〈병기〉의 상서롭지 못함을 설명하였으며, 반면으로부터 그가 〈군자〉라는 그릇에 대해 긍정함을 잘 나타내 주고 있다.《장자莊子》에는『군자가 부득이해서 천하를 다스리게 되었다면 무위보다 더 좋은 것이 없다 君子不得已而監莅天下, 莫若無爲』《在宥》고 하였는데, 군자는 장자의 〈무위이치無爲而治〉라는 정치이상의 집행자가 되며, 그가 좋아하는 품격에 부합하는 사람이다.《장자》가운데는 또한『금수와 서로 함께 살았었고, 만물과 서로 어울려 생활하였으니 어찌 군자와 소인의 구별을 알았겠는가? 同與禽獸居, 族與萬物幷, 惡乎知君子小人哉』《馬蹄》라는 기록이 있는데, 즉 군자와 소인은 상대되며 장자도 군자에 대해서 역시 좋아하였음을 알 수 있다. 물론 도가에서 말하는 군자는 내포상 유가와는 다른데, 그러나 양자가 모두 그것을 긍정적이고 정면적인 형상으로 만들었다는 것은 의심할 바가 없다.

묵가에서도 군자를 숭상한다. 《묵자墨子·상현하尙賢下》에서는 『현재 천하의 사와 군자는 모두 부귀를 희망하고 빈천을 싫어한다 今也天下之士君子, 皆欲富貴而惡貧賤』고 하였고, 『현재의 사와 군자는 평상시에 말을 할 때 언제나 현인을 숭상한다 而今天下之士君子, 居處言語皆尙賢』라고 하였으며, 《비악상非樂上》에는 또한 『사와 군자는 그들의 체력과 지혜를 다 쓰고, 안에서는 관부를 다스리고, 밖에서는 관문·시장·산림·천택의 이익을 거두어들여서 창고와 곳간을 가득 채우는데, 이것은 그들의 안에서 나누어진 일이다. 士君子竭股肱之力, 亶其思慮之智, 內治官府, 外收斂關市, 山林, 澤梁之利以實倉廩府庫, 此其分事也』『군자가 만일 공무에 힘을 쏟지 않으면 행정이 곧 잘못되고 평민이 만일 일에 힘쓰지 않으면 재용이 결핍될 것이다 君子不強聽治, 即刑政亂, 賤人不強從事, 即財用不足』라고 하였는데, 이는 즉 군자는 묵가사상의 화신이며, 인격화된 묵가사상임을 알 수 있다.

법가에서도 군자를 존중하는 방면에 있어서 조금도 유가·묵가에 비해 손색이 없다. 《한비자》에는 33곳에서 군자를 언급하였는데 적지 않은 곳에서 긍정적인 말투와 태도로써 논의하고 있다. 예를들면 『군자는 마음을 중시하고 겉모습을 홀시하며, 본바탕을 좋아하고, 수식을 싫어한다. 夫君子取情而去貌, 好質而惡飾』《解老》 또 『군자는 지나치거나 심한 태도를 취하지 않는다. 君子去泰去甚』《外儲說左下》『안정된 사회에는 사람들이 생존을 희망하여 합법적인 좋은 일을 하고, 생명을 아껴서 위법적인 나쁜 일을 하지 않으며, 소인은 적고 군자는 많기 때문에 사직은 항상 존립하고 국가는 영원히 안정된다 治世使人樂生於爲是, 愛身於爲非, 小人少而君子多. 故社稷常立, 國家久安』《安危》고 하였다. 곧 군자는 법가사상의 집중적인 체현자임을 알 수 있다.

위에서 알 수 있듯이 선진의 유가·도가·묵가·법가 등 제가의 인생철학 모식이 서로 다르고 사유노선이 구별되기는 하지만, 〈군자〉라는 낱말을 사용하여 각자의 이상인격 방면을 표현하는 것은 오히려 일치한다고 보아야 한다. 바꾸어 말해서, 〈군자〉라는 낱말은 그 언어의 포의褒義 방면에서 볼 때 제가는 〈통약성通約性〉을 가지고 있다. 이것은 〈군자〉인격이 중국 전통사회의 보편적인 인격으로 될 수 있는 하나의 중요한 원인이 된다. 더욱 중요한 것은 중국의 종법제 농업경제 구조가 이수위생以水爲生의 자연경제와 혈연심리의 기초 위에서 건립되었기 때문에 온유돈후溫柔敦厚·문질빈빈文質彬彬, 타인을 중시하는 등의 군자 풍격이 그 논리의 산물이라는 것이다. 다른 방면에서 전제주의 정치구조는 또한 전사회에 공인되어야 하고 전제왕권과 아울러 그 효력이 되는 인격에 저촉되지 않아야 되는데, 이것은 묵가의 의협義俠·도가의 은사隱士·법가의 영웅英雄 등 유형의 인격이 효력을 낼 수 있는 것이 결코 아니다. 반대로 의협은『무력으로 금법을 범하기가 以武犯禁』쉽고, 은사는 번잡한 인간세상을 간파하고 무정부주의의 길을 걷는 것으로 흐르며, 영웅은 결국 자기를 표현하고 강한 힘을 드러내야 하기 때문에 전제왕권과 저촉된다. 단지 유가의 현인이상에서 변화발전되어 나온 군자인격만이 전제왕권에게 용인될 수 있고 전사회에 공인될 수 있으며, 아울러 사회의 정치·경제구조와 서로 부합할 수 있다. 바로 이와같기 때문에 중국 봉건사회에서 비록 왕조가 여러 번 바뀌었지만 군자의 인격은 시종 유지되어 변하지 않았으며, 아울러 전환되어 전통적인 가치지향과 사회심리에 지극히 깊은 영향을 주었다.

2 전통적 가치지향

위에서 서술한 중국의 전통적 이상인격의 형성은 전통 중국사회의 가치지향과 밀접한 관계가 있다. 이것은 단독으로 한 권의 두툼한 책을 쓸 수 있을 정도로 매우 복잡한 문제이다. 편폭과 체례가 제한되어 있기 때문에 여기에서는 개략적으로 서술하고 분석할 수 있을 뿐이다.

중국 전통의 가치지향은 주로 숭고崇古·유상唯上·충군忠君·도의道義 등으로 개괄할 수 있다.

후외려侯外廬는 초기에 중국 씨족공사氏族公社의 해체와 문명사회로 진입하는 방식이 서방국가와는 다르다고 지적한 적이 있다. 서방은 가족에서 사유재산으로, 사유재산에서 다시 국가로 도달하였으며 국가는 가족을 대체하였다. 중국은 가족에서 국가로 도달하였으며 국가는 가족 안에 혼합되어 있다.[6] 서방의 〈인유구신人惟求新·기유구신器惟求新〉의 혁명노선에 비해서 중국사회의 발전은 〈인유구구人惟求舊, 기유구신器惟求新〉의 유신노선으로 걸어갔다. 이 논단은 중국과 서양의 문명발전노선이 다르다는 것을 지적하였으며, 우리에게 중국 고대사회의 특수한 구조 및 그것의 중국역사와 사상문화에 대한 심각한 영향을 파악하는 일반적인 근거를 제공해 주었다. (본서 제1장 제3절에 상세하다) 바로 이러한 사회적 특징은 중국 고대의 보편적 숭고경향이 자생하는 온상을 조성하였으며, 선왕관념과 조상숭배는 바로 이러한 가치지향이 정교政敎(국가)와 종족宗族 (가족) 속에 갈라졌음을 구체적으로 반영한 것이다.

선진의 문헌 가운데에는 선왕을 칭송하는 구절이 매우 많다. 선왕이 현명하고 청렴하며 소나 말 같은 축생에게까지 은택이 미치고 공업功業이 세상을 뒤덮고 덕행이 고결하다는 등의 훌륭한 점은 당시 임금이 본받는 귀감이 될 뿐 아니라 서민이 숭배하는 우상이다. 유가에서 창도한 효제사상은 가족 사이 및 가족과 국가 사이의 관계를 유지하는 유대이다. 선왕과 조상이라는 이 두 개의 계통은 각각 사회와 가정을 하나로 합치시킨다. 가국동구家國同構·가국일체家國一體는 종법 윤리사상을 사람의 마음에 스며들게 하여 일종의 견고한 제도와 심리를 이루었다. 한대에 유가의 독존이 실행된 이후에 동중서 등의 노력에 의하여 가족의 정치화와 국가의 가족화 및 정치제도와 교육제도의 합일은 더욱 이러한 가치지향을 제도화하고 관념화하였다. 정치경제와 교육 등 사회제도의 사람에 대한 외재적인 통제로부터 삼강오상 등 윤리규범의 사람에 대한 내재적인 통제에 이르기까지의 강화는 각각의 각색을 맡은 사람을 제도화하였다. 지식인은 단지 정통 경전을 읽어서 이것으로 벼슬하는 이익과 관록의 길로 걸어가도록 유도되었으며, 서민백성은 정통 경전의 사상으로 자기의 언행을 규범하도록 요구되었다. 이로 말미암아『안정된 것을 추구하는 경향이 발생하게 되었다. 이러한 추세 아래서 각색의 새로운 전형을 창조할 가능성은 매우 적으며, 새로운 전형이 만일 정통의 모형에 부합되지 않으면 곧 사가史家의 비판을 받아야 했다. 이 때문에 중국 전통 속에서 인격의 형성은 거의 정형定型의 모의에만 중점을 두었다. 인격의 모형에 부합하려는 요구가 이처럼 강렬하였기 때문에 독특한 개성은 배양되고 보존되기가 쉽지 않았다.』[7] 이것이 바로 숭고경향과 조상숭배의 가치지향의 기능적 표현이다. 이로 말미암아『전통사회의 보수주의가 거듭 승리를 거둘 수 있었던 까닭, 전통문화 속에서 도통道統의 권위가 유지될 수 있었던 까닭, 또는 전통철학이 서방철학처럼 많은 분야를 개척할 수 없었던 까닭 및 지식인의 창조력 위축 등의 문제는 모두 하나의 합리적인 해석을 얻을 수 있다.』[8] 물론 숭고의 가치지향 역시 목표를 조화시키고 사회질서를 안정시키는 작용을 가지고 있으며, 일정한 역사시기에서 상당히 적극적인 역할을 하였다. 그러나 일종의 문화심리로써 그것에 의해 조성된 태만·맹목적 자만 및 이와 상응하는 폐쇄적 심리태도라는 부정적인 영향은 간과할 수 없는 것이다.

숭고경향과 관련이 있는 유상시종唯上是從 및 그것의 압축된 표현인 충군사상은 전사회에 충만되었다. 선왕관념과 조상숭배에 의해 조성된 사회질서와 심리추세는 후대가 전대를 답습하며 하층계급이 상층계급에게 복종하는 것이다. 군주는『온 나라를 이끄는』사람이며 대신 및 사대부는 군주를 보좌하여 천하를 화합되게 하는 사람이다. 천자·대신에서 사대부에 이르기까지 다시 서민백성에 이르기까지 봉건등급제에 따라 특정한 관계를 형성하였다. 국가정권 가운데 등급신분에 따라 행정·구축과 법규에 의해 중앙에서 지방에 이르기까지 일종의 강제와 복종을 특징으로 하는 관료체계가 구성되었다. 가족관계 속에서 혈연의 친소에 의거한 관계는 종법관념을 유대로 하며 정감상의 자각적인 복종과 이로부터 얻어진 효도라는 명성을 심리만족으로 삼는 종법체계를 구성하였다. 이 두 개의 체계 속에는 공동의 유상시종唯上是從 및 윗사람을 거스르는 것이 곧 난을 일으키는 것이라는 군체의식이 있었다. 이러한 군체의식이 일단 형성되자, 또한 반대로 관료정권체계와 종법체계의 공고화를 촉진시켰으며 아울러 정감상 자연적으로 이 두 체계를 하나로 융합시켰다. 유상시종의 정감경향은 개체로 하여금 정치상에서 충군사상忠君思想으로 나타나게 하였다. 황제는 즉 국가이며 충군은 곧 애국인데, 이것은 전 중국사회의 보편적 의식이며 심리상황이다. 이러한 유상시종의 태도와 충군사상은 한편으로는 사회질서를 안정시켜서 공동심리를 형성하였으며 민족문화의 내용을 충실하게 하였다. 특히 충군사상은 일정한 조건하에서 한 무리의 애국지사를 길러내어 민족문화의 주요성분이 되는 애국주의사상의 성장을 뒷받침하였다. 그러나 다른 한편으로 사람들의 사상을 노예화시켰고 사람들의 실사구시정신을 소멸시켰다.

중국 전통의 가치지향 속에서 가장 현저하고 가장 특색이 풍부한 것은 도의를 중시하는 윤리정취이다. 공자의『지사와 어진 사람은 구차하게 살기를 도모하므로써 인을 손상시키려 하지 않고, 대담하게 희생하므로써 인을 이룬다 志士仁人, 有殺身以成仁, 無求生以害仁』는 말에서 동중서의『의를 바로잡고 이익을 도모하지 않으며, 도를 밝히고 자기의 공적을 생각하지 않는다 正其誼不謀其利, 明其道不計其功』에 이르기까지, 또 정이의『굶어 죽는 것은 작은 일이고 절개를 굽히는 것은 큰 일이다 餓死事小, 失節事大』는 데에 이르기까지 어느것 하나도 도의를 중시하고 물질추구를 수치로 여기지 않은 것이 없다. 바로 문천상文天祥의『사람이 살면서 예로부터 누가 죽지 않았는가, 참된 마음을 남겨두어 한간汗簡에 빛나게 한다 人生自古誰無死, 留取丹心照汗靑』는 고결한 심정 및 담사동譚嗣同의『내 스스로 칼을 비껴들고 하늘을 향해 웃으며 간과 쓸개를 제각기 곤륜산에 남겨둔다 我自橫刀向天笑, 去留肝膽兩崑崙』는 두려움 없는 기개에도 역시 도의를 숭상하는 정신이 스며들어 있다. 이러한 도의가 공리보다 높다는 윤리정취는 인격상의 자아완선과 정신상의 자아만족을 중시하였다. 그것은 종법혈연의 인정관계라는 더운 물 속에 깊이 빠져있는 마음을 감화시켜 세계의 다른 문화와는 구별되는 특색을 형성하였다. 그것은 대를 이어서 일개인의 이익을 위하지 않고 천하대동을 위해 간뇌도지肝腦塗地함을 아끼지 않는 지사志士와 어진 사람을 만들었으며, 아울러 사람들이 진리를 추구하는 것을 고무시켜서 굽히지 않고 투쟁하게 하는 일종의 민족정신을 이룩하였다. 물론 이러한 가치지향은 경우에 따라서 통치자에게 이용되어 정신적 압박과 물질적 착취를 참고 감수할 것을 요구하는 이론적 토대가 되기도 하였다.

바로 이상의 이들 특정한 가치지향은 중국민족의 특정한 정신풍모를 결정하였으며 전통을 중시하고 군주에게 충성하며 상급자를 존경하고, 정조있는 행동을 중시하게 하여 사람됨의 준칙 및 시비를 측량하는 척도가 되었다.

제 2 절 전통적 사회심리

전통 중국의 이상인격과 가치지향은 일종의 문화의 구성요소로서 장기간의 축적을 거쳐 최종적으로 기타의 민족과는 다른 심리로 전환되었다. 엄격하게 말해서 위에서 서술한 가치지향도 일종의 사회심리이며 단지 여기서 말하는 것에 상대하여 이야기하는 것에 불과하며, 심리적 측면에서 볼 때 그것은 더욱 내재적이고, 구조적 측면에서 볼 때 그것은 더욱 심층적이다. 마찬가지로 아래에서 서술하는 전통적 사회심리는 만일 가치체계로부터 고찰한다면 역시 모종의 특정한 가치지향인 것이다. 단지 시각을 전환하여 여러 측면·여러 층차로부터 전통문화에 대한 해석을 편리하게 하기 위하여 그것을 상대적으로 나누었다.

1 구선求善과 명성

중국 고대 사상가의 사유추세는 내성외왕內聖外王의 경계를 추구하며 도덕을 가치지향으로 삼는다. 이러한 가치지향은 역사적인 축적을 거쳐 일종의 보편적인 사회심리로 일반화되었다.

중국 전통사회에서 사상가 또는 보통의 사대부 및 서민백성을 막론하고 보편적으로 일종의 깊은 역사적 책임감을 가지고 있다. 그들은 학이치용學以致用의 원칙을 신봉하며 사회정치생활에 일종의 강렬한 참여의식을 가지고 있다. 수신·제가·치국·평천하는 그들 사유의 주요내용이며, 내성외왕이라는 이상경계에 도달하는 길이다. 작은 것에서 큰 것으로, 개체에서 전체로, 주체수양에서 사회

생활에 이르는 길을 통해 광시제세匡時濟世의 포부를 실현시킨다. 그 가운데 수신은 제가·치국·평천하의 전제이며 기초이다. 이 점을 간과하거나 소홀히 하면 어느 하나도 이루어지지 못한다.『나는 매일 여러 차례 자신을 돌이켜본다 吾日三省吾身』는 식의 주체적 자아반성을 통해 〈호연지기〉를 배양하여 잡념을 없앤다. 수신의 표준은 사람들로 하여금 〈내성內省〉할 수 있게 하는 윤리규범이다. 자신을 희생하여 인을 이룰 수 있고, 인을 해치지 않고도 생존을 도모할 수 있는 사람은 〈지사와 어진 사람 志士仁人〉이다.『부귀는 나의 마음을 혼란시킬 수 없고 빈천은 나의 뜻을 변화시킬 수 없으며, 위세와 무력은 나의 절개를 굽히게 할 수 없다 富貴不能淫, 貧賤不能移, 威武不能屈』고 내세우는 사람은 바로 〈사대부〉이다. 이것은 명백히 도덕을 가치지향으로 삼은 것이다.

도덕을 가치지향으로 삼은 것을 집중적으로 표현한 것은 사람들의 〈지어지선 止於至善〉에 대한 집착과 추구이다.《논어》에서 사람들이『굳세게 우리의 도를 믿고, 학문에 힘써서 목숨이 다할 때까지 그것의 완벽함을 보전 篤信好學, 守死善通』《泰伯》할 것을 요구하고 있다.《대학》에서 찬양하는 〈삼강팔목〉에서 삼강은 〈명덕〉〈친민〉〈지어지선〉인데, 여기에서 출발점은 〈덕〉이고 귀결점은 〈선〉이며, 윤리강상 정감의 완미함에 귀의한다. 팔목은 사람들이 이러한 윤리 테두리 속에서 심신을 수양하고, 내성을 실현하며 한 걸음 나아가 외왕에 이를 것을 요구한다. 〈삼강팔목〉이 수신의 방법이면서 사람을 다스리는 이치이며 특히 벼슬을 하는 길이기 때문에 사람들은 모두 힘써서 실천하려고 하며, 때때로 어떻게 사람다운 사람이 되어 인간관계를 조화있게 할 것인가에 대해 생각한다. 〈지어지선〉에 대한 추구를 통해 개체와 군체, 군체와 사회의 관계를 평형되게 한다. 그렇지 않으면 안신입명安身立命할 수 없고 입덕立德·입공立功·입언立言하여 후세에 불후하게 남을 수가 없다. 이러한 〈사람됨〉의 심리는 사람들로 하여금 반성내구反省內求(反求諸己)하도록 노력하게 하고, 선에 대한 체인과 실천에 관심을 기울이게 한다. 유가만이 이러할 뿐 아니라 불가에서도 예외는 아니다. 무측천武則天은 일찍이『불가와 도가는 동일한 가르침이며 함께 선을 추구한다. 무위와 궁경은 모두 일가이다 佛道一教, 同歸於善. 無爲究竟, 皆是一宗.』(《禁僧道毁謗制》·《全唐文》卷九五, 강조점은 인용자가 붙인 것임)라고 하였다. 유·불·도의 선전과 실천에 의해 중화민족의 선에 대한 집착은 매우 두드러져 민족정신의 내포를 풍부하게 하였다. 그러나 동시에 그것은 오히려 심리상에서 자연을 탐색하는데 장애요소를 형성하였다.

구선求善이 보편적인 사회심리가 되었기 때문에 사람들은 입신행사하는 데 있어서 특히 명성에 주의하였다.

　명성의 추구에 대해서 그 정면적이고 적극적인 표현은 유가의 〈입덕·입공·입언〉의 사상이다. 《좌전·양공襄公 24년》에 『덕행을 세우는 것이 가장 우선이고, 그 다음은 공로를 세우는 것이며, 그 다음은 말을 세우는 것이다. 비록 죽은 지 오래되더라도 이 3등급의 사람은 잊혀지지 않는데 이것을 불후라고 일컫는다 大上有立德, 其次有立功, 其次有立言. 雖久不廢, 此之謂不朽』고 하여, 살아서는 공훈을 세워야 하는데 그러기 위해서는 맨 먼저 품덕을 확립하고 그 다음에 공업을 세우며 그 다음에야 비로소 언론을 세워야 한다는 것이다. 문천상이 높게 제창한 『사람이 살면서 예로부터 누가 죽지 않았는가, 참된 마음을 남겨두어 한간 汗簡에 빛나게 한다 人生自古誰無死, 留取丹心照汗靑』는 것은 실제로는 극력 명성을 추구하는 사회심리의 전형적인 반영인 것이다. 정면으로 명성을 추구하는 소극적 표현은 도연명陶淵明식의 『오두미를 위해서 허리를 굽히지 않는 不爲五斗米折腰』 것이다. 실제로 위진시기 현학가가 제출한 『명교는 즉 자연 名敎卽自然』이라는 명제는 편안한 물질적 향유를 버리지 않고 명성을 보존하기 위해 생각해낸 〈양전지책兩全之策〉인 것이다. 중국 전통사회에서 사람들은 충효절의 부류의 윤리정치규범을 특히 중시하였다. 통치자의 사상이 사람들에게 받아들여지기 쉬웠던 것은 사람들이 명성을 널리 취하기 좋아하는 심리를 교묘하게 이용한 것에 있다. 이학가들의 〈존천리存天理, 거인욕去人欲〉의 설교가 후기 봉건사회에서 일반사람들이 인동認同하는 생활준칙이 될 수 있었던 것은 바로 사람들이 명성을 중시한 데 있다. 과부는 굶어죽는 한이 있더라도 개가改嫁하지 않으며, 이루 다 셀 수 없는 효자·충신·절부節婦·열녀의 출현은 심리적 요소로 볼 때 명성을 중시하는 사회심리와 상관이 없지 않다. 공자의 제77대 적통 손녀 공덕무孔德懋가 쓴 《공부내택일사孔府內宅軼事》라는 책에서는 다음과 같은 경위를 기록하였다. 『안씨顔氏의 여자는 공문훈孔聞訓의 처가 되기로 혼약하였는데, 그러나 문을 들어가기도 전에 공문훈이 죽어서 17세의 이 소녀는 남편을 따라 목을 매고 죽어서, 이에 공림孔林의 문 밖에다 그녀를 위해 〈정절貞節〉 기념문을 세워주었다. 곡부曲阜에는 이러한 정절·열녀 기념문이 매우 많다. 또한 공부의 가까운 동쪽 사부四府에 〈현량대태태賢良大太太〉가 있었는데 그녀는 정혼을 한 후 미처 결혼하기도 전에 남편이 죽자, 그녀는 위패를 안고서 천지에 절하고 신방에 들어가서 꽃가마를 내리고, 혼례복을 벗어서 상복으로 갈아입고, 이로부터 죽을 때까지 과부생활을 하였으며 수십 년간 정원의 문 밖에도 나가지 않았다. 또한 동쪽 오부五府의 일가는 8국 연합군 시기에 부친이 군대를 이끌고 싸우다가 전쟁에 패해 스스로 목을 베어 순국하여 이 소식이 십이부十二府에 전해지자 그의 아들은 부친에 대한 효성을 다하기 위해 목매어 자살을 하였고, 며느리는 그 남편의 시체를 거둔 뒤에 역시 목매어 자살을 하여 남편의 뒤를 좇았는데 황제는 그들에게 〈만문충효滿門忠孝〉라는 횡편액을 내렸으며, 내가 어렸을 때에 그 횡편액이 그 집 위에 걸려있었다.』[9] 나는 이러한 글이 매우 믿을 만한 역사적 기록이라고 믿는다. 남편과 아버지를 따라 스스로 목숨을 끊은 것과 결혼을 하기 전에 과부생활을 하는 것은 물론 봉건 윤리강상의 독해를 받은 것이다. 봉건 윤리강상이 이와같은 신위神威를 발휘할 수 있었던 까닭은, 사람들이 과도하게 도덕적 완선을 추구하고 명성을 추구하는 사유지향 및 심리상태와 불가분의 관계에 있었기 때문이다.

바로 이러한 도덕완선道德完善을 인생의 추구로 삼고, 널리 좋은 명성을 얻는 것을 심리만족으로 삼는 문화적 배경 아래에서 중국인은 차라리 몸이 절단나는 것이 낫지 명예가 손상되는 것을 원하지 않는다. 이른바『너희들의 몸과 이름을 함께 없앤다 爾曹身與名俱滅』는 말에서 차탄嗟嘆하는 중점은 이름이지 몸이 아니다. 이 이름은 이름을 위한 이름이 아니고, 특정한 도덕표준 및 가치관념과 서로 연계되어 있는 것이다.

전통의 사회심리가 되는 하나의 중요한 내용과 표현은 중국인의 선에 대한 추구와 명성에 대한 보호, 이 양면성의 작용을 갖추고 있다. 한편으로 그것은 사람들에게 치사致思경향·가치관념상에서 상호인식을 같이하도록 하여 민족문화의 응집력을 이루었고 중국인의 절개를 중시하고 품행을 강조하는 품덕을 특별히 돌출시켜, 객관적으로 일부의 정도직행正道直行하는 선비를 길러내었다. 다른 한편으로 그것은 사람들의 물질욕망을 억압하여 자아억제의 심리로 하여금 민족문화 일부로 소홀히 할 수 없는 내용이 되게 하였으며, 따라서 건강한 민족인격과 심리의 발전을 방해하였는데, 이것은 마땅히 지양해야 할 것이다.

2 군체와 관계

〈군자〉를 이상인격으로 추구하는 전통사회에서 〈지어지선〉은 사람들이 입신행사하는 이상경계이다. 〈팔목〉을 도덕실천의 기본내용으로 삼은 주체 수양자는, 각종제도와 규범에 의해 일정한 지위상에서 제약되어 의무의 집행을 위주로 하는 배우의 역할을 하였으므로 중국의 전통심리는 특히 정체整體를 중시하고, 관계를 중시하였다.

　고대중국의 소농개체생산을 기초로 하는 경제구조는 전제주의 정치구조와 하나로 결합되었기 때문에 매우 강력한 안정성과 제약력을 갖추고 있다. 그것은 분산된 개체소농을 토지에 속박하고 다른 종족, 다른 지역의 춘종추수春種秋收를 통하여 얻은 상당 부분의 수확을 봉건국가에다 바치며, 이에 따라서 봉건정권을 따라 인식을 같이하도록 요구하였다. 개체소농경제의 취약성은 농민으로 하여금 반드시 가정 혹은 종족을 단위로 하여 협동으로 노동하게 하므로써 자신의 역량을 증가시키고 자연재해의 침범을 억제하게 하였다. 이 때문에 개체소농의 역량은 언제나 군체의 조합을 통하여 군체역량의 나타남 속에서 실현될 수 있다. 이렇게 해서 자신의 생존을 위해 사람들은 반드시 어떤 특정한 군체에 가입하였고 군체관계를 중시하였다.

　정치적으로 볼 때 봉건사회의 정치구조는 전제군주를 중심으로 하여 전제왕권을 위해 봉사하는 것이다. 사람들은 누구나 반드시 봉건정치구조에서 절대적으로 왕권을 보호한다는 내재적 요구에 복종하고, 시주세급의 국가기구를 향해 머리를 숙이며, 〈대일통大一統〉을 정치관념의 핵심으로 삼아야 한다. 바로 개체소농경제가 분산되고 낙후되었기 때문에 정치상의 대일통의 외침은 특히 강렬하였다. 사천四川의 도강언都江堰과 같은 대형 수리水利작업, 광서廣西의 영거靈渠와 같은 중형 수리작업 등의 건설은 만일 대일통의 국면이 없었다면, 또한 국가정권의 조직과 협조가 없고 수많은 인력과 물력을 조달하고 집체역량에 의거하지 않았다면 근본적으로 건설될 수 없는 것이다. 마찬가지로 낙후한 민족의 침입을 방어하는 만리장성의 축조도 어떠한 개인역량에 의해서는 완성될 수 없는 것이다. 물론 더욱 근본적인 것은, 통치자가 〈대일통〉을 힘껏 제창한 것은 전국 상하의 군체이익의 일치성을 강조하여 이미 이루어진 천하일통을 유지하거나 혹은 타인의 손에 빼앗긴 강산을 수복하는 것이다. 그래서 대일통은 역사발전의 일정한 규율이며, 『천지의 변하지 않는 법도이고 고금의 준수해야 할 도의이다. 天地之常經, 古今之通誼也』《漢書·董仲舒傳》 지식인이든 서민백성이든간에 모두 천하의 일통을 즐겁게 생각했고, 강산의 분열을 슬프게 생각했다. 통일의 유지는 민족의 대의가 되었고, 분열할거는 국가의 수치이고 백성의 근심이 되었다. 이에 천하통일이라는 최대의 군체이익을 보호하기 위하여 사람들은 일신의 생명을 희생하는 것을 아끼지 않았다.

　사상적으로 볼 때 유가를 주류로 한 전통사상은 사회의 안정을 유지하고 군체의 조화를 종지로 삼고 있다. 그들은 군체의 이익을 개체이익의 밑거름이라고 보고 각 사회구성원에게 도덕수양을 통하여 사상경계를 끌어올리고 군체 속에 개체를 융합시켜 개체의 욕망과 가치는 군체의 욕망과 가치로 전이되도록 요구하였다. 천하국가를 자기의 임무로 삼고, 도로써 임금을 섬기는 것도 모두 그가 인정하는 전민족이라는 이 군체를 가치지향으로 삼은 것이다. 이것은 유가의 천인합일의 정체사유와 밀접한 관련을 가지고 있다. 유가는 사람과 자연사회의 통일을 강조하기 때문에 사람의 가치를 사회 정체整體의 이익을 보호하는 것을 특징으로 하는 자아도덕가치로 변화시키고 사람의 도덕과 인격의 자아완선을 제창하였다. 『나는 매일 여러 차례 자신을 돌이켜본다 吾日三省吾身』는 것을 전형방식으로 하는 자아반성의 사유방식은 도덕경계의 자아승화로 귀결된다. 이러한 자아반성·자아인식은 사회 전체의 이익에 복종하는 것을 가치지향으로 삼으며 상반되는 것이 아니다. 바로 개인의 물욕을 중시하고 이해의 다툼을 승인하는 합리적인 법가도 궁극적으로는 여전히 개체가 군체에게 굴종하고, 개체는 반드시 군주전제라는 이 전체 지주계급의 이익을 대표하는 군체구조에 적응해야 하며, 그렇지 않으면 바로 〈이신貳臣〉이라고 주장하였다.

역사주의의 시각으로 자세히 살펴보면, 종법제와 소농경제의 조건 아래에서는 군체는 반드시 『인간 자유의 전면적 발전』을 만족시켜야 한다는 관념을 발생시킬 수 없으며, 개체의 주체적 창조성·독립성과 자존감은 고도의 중시를 받을 수 없다. 전통적 가치지향이 길러낸 사회심리는 군체의 이익을 보호하고 사람과 사람, 사람과 사회의 관계를 조절하는 것을 사람들 사고의 중심이 되게 하였다. 개인에 대해서 말한다면, 심신을 억제하고, 군체에 복종하여야만이 세속과 융합하여 함께 살 수 있는 것이다. 군체는 거대한 도덕정치권리를 보유하고 있으나 개체는 도덕정치의무를 향유할 뿐이며, 또한 이러한 권리와 의무관계의 부조화는 궁극적으로 개체욕망의 자아수축으로써 해결을 얻는다. 이러한 상황은 개인자유의 발전에 대해서, 자신·열정·정취 등 정신품덕의 형성에 대해서, 특히 독특한 개성의 형성에 대해서 소극적인 작용을 하였다.

그러나 이것은 결코 군체를 중시하고 관계를 강조하는 전통심리가 조금도 옳은 점이 없음을 의미하는 것은 아니다. 사람들의 관계라는 사회적인 각도에서 고찰해 보면, 사람은 사회군체 속의 사람임을 알 수 있다. 사회군체 속에서만이 개인의 재지才智가 전면적인 발전을 할 수 있고 개인의 가치가 충분히 실현될 수 있는 것이다. 역사적으로 볼 때, 바로 군체를 중시하고 관계를 강조하는 전통심리는 중화민족의 정신역량을 하나로 응집시켜 대국을 중시하고 타인을 생각하는 정조를 발양시켜서 중화민족이라는 대군체로 하여금 안정되게 발전하고 성장하도록 할 수 있었다.

물론 우리들은 중국 전통에서 군체의 이익을 중시하였기 때문에 개인으로 하여금 자아가치를 실현시키고자 하면 반드시 열심으로 인간관계人間關係를 연구하도록 하였고, 개체와 군체를 조화되게 하여 보조를 맞추어 걸어가도록 하였음을 보아야 한다. 그렇지 않으면 천하는 다스려질 수 없고 더욱이 공평해질 수가 없다. 그래서 정체의 존재와 심리만족으로부터 자기의 가치를 실현시키기 위하여 또한 도의를 완성시키기 위하여, 사람들은 개인의 이익 및 생명까지도 희생을 아끼지 않았다. 이러한 심리는 타인을 중히 여기고 집체를 염두에 두는 고상한 정취를 배양해내어 마음을 순결하게 하는 작용을 하였다. 그러나 이러한 심리가 객관적으로 개체의 작용과 가치를 낮게 평가하였기 때문에 중국인의 자기비하의 심리가 기형적으로 발전하게 하였으며, 따라서 언제나 개체발전의 희망을 타인의 협력에다 기탁하게 하였다. 관계를 중시하고 관계를 처리하며 관계를 맺는 데에 중국인들은 얼마나 많은 심혈을 기울이는가! 바로 전체를 중시하고 관계를 중시하기 때문에 남을 대하는 것을 자기 대하듯이 하고, 자기의 마음으로 남의 마음을 헤아리며, 널리 대중을 사랑하고자 하고 평등해지려고 한다. 만일 어떤 사람이 전체와 동일하지 않고 나무가 숲보다 빼어나다고 한다면 바람이 반드시 그를 꺾어버릴 것이다. 역사상 여러 차례에 걸친 〈평균平均〉〈평등平等〉의 외침은 농민계급의 자아각성이라고 말하는 것보다는 걸어갈 수 없는 길을 걸어가는 참상하에서 피차일반이라는 의식의 흐름이 요구되어진 것이라고 보는 것이 더 정확할 것이다. 유가의 천하대동이라는 당당한 묘사와 염가의 티켓은 또한 자연경제조건하에서 이러한 농민심리의 미묘한 굴절광에 불과할 뿐이다. 바로 이러한 개체와 군체·국부와 전체의 이익이라는 관계 사이의 상호보완은 중국 전통 사회의 안정과 연속을 유지시켜 주었다.

3 의리義利와 덕재德才

전통 사회심리 속에서 중의경리重義輕利·중덕경재重德輕才관념 역시 매우 깊은 영향을 주었고 독특한 특색을 갖추고 있다.

의와 이익의 관계는 중국 사상문화사思想文化史상 하나의 중요한 문제이다. 공자는 첫번째로 의와 이익의 관계를 명확히 구분하였는데, 이른바 『군자가 알고 있는 것은 의이고 소인이 알고 있는 것은 이익이다 君子喩於義, 小人喩於利』《論語·里仁》라고 한 것은 바로 가치지향상에서 의가 이익보다 중요함을 인정한 것이다. 맹자는 『생명은 내가 애호하는 것이고 의도 내가 애호하는 것인데 만일 두 가지를 함께 소유할 수 없다면 생명을 희생시키고 의를 취하겠다 生, 亦我所欲也, 義, 亦我所欲也. 二者不可兼得, 舍生而取義者也』《孟子·告子上》고 하여 의를 생명보다 중요하게 보았고, 기타의 물질이익은 물론 더 말할 나위가 없다. 맹자는 인은 사람의 마음이며, 의는 사람이 걸어가는 바른길인데, 만일 바른길을 포기하고 걸어가지 않는다면 인생의 가장 큰 비애라고 주장했다. 의는 사람들의 『마음이 똑같이 그러한 것이며』 도리와 의가 사람을 내심으로 기쁘게 하는 것은 마치 돼지·개·소·양의 고기가 자기의 입맛에 맞는 것과 같다. 이 때문에 사생취의舍生取義는 사리의 당연함이 되었다. 동중서가 제출한 『재화는 그의 신체를 양육하는 데 사용하고, 의는 그의 마음을 양육하는 데 사용한다 利以養其體, 義以養其心』『의가 사람을 생육하는 것은 재화보다 더 중요하다 義之養生人大於利』《春秋繁露·身之養重於義》는 명제는 역시 의를 이익보다 높게 본 것이다. 그가 주장한 『의를 바로잡고 이익을 도모하지 않으며, 도를 밝히고 자기의 공적을 생각하지 않는다 正其義不謀其利, 明其道不計其功』는 유명한 구호는, 중의경리重義輕利 및 의를 중시해서 이익을 경시 내지는 이익을 포기하는 사상이다. 이러한 사유는 훗날의 송명 이학가들에게 계승되었다. 이학가들이 말하는 이른바 『존천리存天理, 거인욕去人欲』 및 『굶어죽는 것은 작은 일이고 절개를 굽히는 것은 큰 일이다 餓死事小, 失節事大』라는 것은 모두 유가의 중의경리사상의 진일보된 이론화인 것이다. 유가의 이러한 의와 이익의 구별은 도덕이성이 감정 욕망과 대립된다는 이론전제를 설정하고, 이성으로 감성을 억제하고 감정의 욕망을 억압하므로써 도덕이성에 복종한다는 것에 착안하고 있다.

유가의 이러한 의를 중시하는 사상은 그 정체이익을 중시하는 사상과 불가분의 관계에 있다. 의는 주체의 도덕행위를 규범하는 표준이며, 전체이익을 보호하는 조절제이다. 의에 대한 고양을 통하여 정체이익의 중요성과 절대지상성絕對至上性을 드러나게 하고, 따라서 개체이익으로 하여금 정체이익에 복종하게 하고, 정체이익으로 개체이익을 조절하고 통제한다. 만일 누가 이익을 추구하고 의를 저버리며 개체의 이익을 정체整體 위에 두면 사람들에게 버림을 받는다. 『털 하나를 뽑아서 천하를 이롭게 한다고 하여도 하지 않는다 拔一毛利天下而不爲』는 양주楊朱와 같은 경우는, 맹자에 의해 『자신만을 위하는 爲我』〈금수禽獸〉라고 배척되었다.

중국사회의 특수한 경제구조와 정치구조의 제약으로 말미암아, 또한 봉건통치자의 제창으로 말미암아 일체의 윤리도덕을 가치척도로 삼는 고대중국에 있어서 유가의 중의경리重義輕利·숭의폄리崇義貶利의 사상은 강력한 친화력과 감염력을 갖추었으며, 이 때문에 전사회의 가치 인동認同을 얻었다. 즉 비록 묵가의 이즉시의利即是義·의리쌍행義利雙行의 사상과 법가의 예의를 배척하고 공리를 중시하는 관점이 나타난 적이 있지만, 그들은 결국 주도적 지위를 차지하지 못하고 역사발전의 긴 물줄기 가운데 우연히 피어오른 몇 떨기의 작고작은 물보라에 지나지 않았다. 묵가는 진나라 이후에 점차 매몰되어 절학絕學이 되었다. 법가는 진나라 이후에 통치무대의 막후로 물러나서, 교형리의 역할을 하므로써 목사牧師 역할을 담당한 유가사상의 보조작용을 하였다. 도가의 체도과욕體道寡欲·불가의 거욕去欲·무욕無欲 및 욕념欲念이 만악의 근원이라고 하는 것 등은 유가의 의리관과 상호동일한 논조가 되었다. 이 때문에 중의경리·상의폄리尙義貶利는 보편적이고 오랫동안 쇠퇴하지 않는 사회심리가 되었다.

중의경리·상의폄리라는 사회심리의 형성은 인간의 이성정신의 발양에 대해, 또한 사람들이 자신의 〈물物〉에 빠지지 않는 지위를 보호유지하는 데 대해 일정한 적극적인 역할을 하였다. 그러나 더욱 중요한 것은 이러한 의리관이 사람의 정상적인 물욕을 패륜으로 보고 도덕생활의 기초가 물질생활임을 홀시하였으며 의와 이익이 통일적인 일면을 가지고 있음을 홀시하였다는 것이다. 이러한 사회심리가 한번 형성되자 곧 전환되어 각 개체에게 영향을 주었고, 따라서 건강한 인격과 심리의 형성에 대해, 또한 사람의 전면적 발전에 대해 엄중한 장애를 일으켰다.

도덕을 중심으로 하는 범도덕주의적 가치론에 영향을 받아서 중의경리라는 전통 사회심리와 서로 일치하는 덕德과 재才의 관계에 있어서 사람들은 왕왕 덕을 중시하고 재능을 경시하며(重德輕才) 덕을 가지고 재능을 대체하며(以德代才) 덕으로써 재능을 억누르는(以德壓才) 경향을 띠었다.

앞에서 서술한 바와 같이 중국 전통이 선에 대한 추구에 집착하고 명성의 보호에 급급했기 때문에 도덕에 대한 수양과 보호는 지식에 대한 추구와 재능의 배양보다 중시되었다. 사유방식에 있어서 사실판단은 가치판단 가운데 있게 되었으며, 가치판단은 도덕에 의거하였고, 가치판단은 도덕판단에 의해 대체되고 동등하게 되었다.(본서 제12장 제1절에 자세하게 보임) 이 때문에 덕과 재능의 관계에서 필연적으로 중덕경재重德輕才·이덕대재以德代才 내지는 이덕압재以德壓才의 보편적 사회심리가 나타나게 되었다.

한대 이후로부터 청말에 이르기까지 통치자에게 중시되고 전사회에 받아들여진 사상은 유가사상이다. 유가에서 중시하는 충효절의·삼강팔목은 어느 하나라도 도덕윤리를 주축으로 하지 않은 것이 없다. 도덕윤리는 일체 언행의 준칙이 되었다. 이 준칙에 부합하는 것은 선이고 미덕이며, 이 준칙을 위반하는 것은 악이고 추행이다. 관리가 정치를 시행하는 데 있어서, 만일 도덕을 선양하고 아울러 몸소 역행한다면 비록 업적이 보통이거나 심지어 조금도 공훈을 세우지 않았다 하더라도 그 지위에 안전할 수 있으며, 경우에 따라서는 끊임없이 승진을 할 수도 있다. 반대로 만일 도덕규범을 위반한다면 비록 그의 정치적 업적이 탁월할지라도 선인에게 불초하고 불손하다고 배척되고 아울러 이로써 그의 모든 성적은 말살된다. 책을 저술하고 학설을 주장하는 데 있어서 공인된 준칙은 〈도덕적인 문장〉으로 쓰는 것인데, 도덕이 먼저이고 그 다음이 문장이다. 만일 도덕을 드러내어 밝히고 심성을 발양하면, 비록 그가 쓴 글이 별 내용이 없고 전편에 걸쳐 팔고의 형식으로 일관되었다고 하더라도 또한 갈채를 받을 수 있다. 그렇지 않으면 그의 재기가 남보다 뛰어나 사상이 활발하고 훌륭한 문구가 전편에 넘친다고 하더라도, 하나도 옳은 것이 없다고 깎아내려진다. 사람 사이에 왕래를 하는 데 있어서 만일 곳곳에서 겸손하고 온유돈후溫柔敦厚하며 행동이 점잖고 위엄을 드러낸다면 군자라고 추켜질 것이다. 만일 그가 마음이 곧고 언변이 경쾌하며 고의로 스스로 겸손하지 않고, 굳세고 맹렬하며 직선적이며, 모서리와 각이 분명하고, 특히 자기의 능력과 장점을 인정하는 데 과감하다면 수양이 결핍되고 품덕이 저질이라고 질책을 받아 그의 능력과 업적은 모두 이로 말미암아 낮게 평가된다. 이와같은 것들은 이루 다 말할 수 없을 정도로 많다. 이 모든 것은 중덕경재·숭덕폄재崇德貶才의 사회심리를 반영한 것이다.

물론 덕을 중시하는 사회심리는 일정한 조건하에서 사람들이 그 뜻을 고상하게 하고 마음을 순결하게 하는 것에 대해 적극적 의미가 전혀 없는 것은 아니다. 예를들면, 맹자가 주장한 『부귀는 나의 마음을 혼란시킬 수 없고, 빈천은 나의 뜻을 변화시킬 수 없으며 위세와 무력은 나의 절개를 굽히게 할 수 없다 富貴不能淫, 貧賤不能移, 威武不能屈』와 문천상의 『참된 마음을 남겨두어 한간汗簡에 빛나게 한다 留取丹心照汗靑』담사동의 『내 스스로 칼을 비껴들고 하늘을 향해 웃으며, 간과 쓸개를 제각기 곤륜산에 남겨둔다 我自橫刀向天笑, 去留肝膽兩崑崙』등등은 확실히 사람의 마음을 격동시키고 정의감을 불러일으키는 작용을 하였다. 그런데 역사발전의 각도에서 고찰해 보면, 단순히 도덕을 존중하고 특히 덕과 재능을 서로 연계시켰을 때 전통심리에서 표현된 가치편견은 용서해 줄 수가 없는 것이다. 중덕경재重德輕才·이덕대재以德代才 내지 이덕압재以德壓才는 역대로 어리석은 통치자가 유식한 선비를 압제하고 우민정치를 실행하는 데 효과적인 도구였다. 동시에 그것은 특히 평범한 무리가 현명하고 유능한 사람을 질투하고 자기와는 다른 자를 배척하는 무기이며, 〈동방식의 질투〉를 발설하는 절묘한 방도이다. 이러한 사회심리는 민족의 진취정신을 위축되게 하여 중국사회내에 특별히 많고 특별히 중요한 하나의 내재적 원인을 속으로 축나게 하였으며, 사회발전의 걸음걸이가 비틀거리게 된 중요한 요소의 하나가 되었다.

제 3 절 수요층차론需要層次論과 〈조숙早熟〉형 문화

제1장에서 중국 문명발전의 특수경로를 분석하고, 제2장에서 중국 봉건사회의 경제구조와 정치구조의 기본적 특징을 탐구하였을 때 이미 지적하였듯이, 중국문명은 일종의 〈조숙〉형의 문명이다. 그 영향을 받아서 이후의 긴 시대 속에 형성된, 위에서 서술한 이상인격·가치지향과 사회심리는 모두 〈조숙〉형 문화의 특징을 나타내었다. 왜냐하면, 일반적인 관점에 따라, 사회도덕과 윤리규범은 사회구성원의 행위준칙이며 그것은 개인의 자아수양·개인과 개인의 관계·개인과 사회의 관계라는 세 가지 방면을 포괄하고 있다. 이 세 가지 방면의 상호융합·국가·사회·개인 사이의 관계와 이익의 통일은 바로 문화가 성숙했다는 표지이다. 위에서 서술한 정황으로 알 수 있듯이, 중국문화는 바로 이 목표를 실현하였고 이들 특징을 갖춘 문화이며, 따라서 조숙형의 문화이다.

어떻게 이 〈조숙〉형의 문화를 볼 것인가? 인체 해부는 원숭이 몸 해부의 열쇠이다. 우리들은 당대의 저명한 심리학자 머슬로우의 수요층차(어떤 사람은 층급層級으로 번역함)론으로 분석할 수 있다.

머슬로우는 그의 저명한 〈수요층차론 需要層次論〉에서 인류는 본능과 유사한 수요 혹은 천부적인 수요를 갖고 있다고 하였다. 그는 인류의 각종 수요가 그들의 효능에 따라 층차를 나누어 배열하는 것이라는 가설을 세웠다. 층차 가운데 낮은 수요일수록 더욱 강하며 높은 수요일수록 더욱 약하다. 최저 층차의 수요는 그들 〈비교적 저등한〉 동물이 갖추고 있는 수요와 유사하다. 사람 이외에 어떠한 다른 동물도 가장 최고층의 수요를 갖고 있지 못하다.

머슬로우는 사람의 수요를 구체적으로 다섯 개 층차로 나누었다.

(1) 생리수요. 이것은 직접 생존과 상관이 있는 수요이며 인류와 기타 동물이 함께 공유하는 것이다. 이러한 수요는 먹을 것, 물·성교·배설과 수면 등의 수요를 포괄한다.

(2) 안전의 수요. 생리수요가 만족을 얻은 뒤에는 안정의 수요가 지배적 동기

가 되어 나타난다. 그것은 조직·질서·안정감과 가예견성可預見性에 대한 수요를 포괄한다.

(3) 귀속과 사랑의 수요. 생리와 안전수요 등의 기본이 만족함에 따라 개체수요는 수요에 의거한 충동을 받을 수 있다. 사람은 사랑하고 남에게 사랑받기를 필요로 한다. 만일 이러한 수요가 만족될 수 없다면 사람은 고독과 공허감을 느낄 것이다.

(4) 존중의 수요. 이 층차의 수요는 다른 사람의 승인을 얻고자 하는 데 그것은 위망威望·인가認可·지위 등의 정감을 발생시키며, 또한 자아존중을 얻고자 하는데 그것은 자족·감당·자신 등의 정감을 발생시킨다. 존중의 수요가 만족되지 않으면 풀이 죽거나 자비감自卑感을 일으킬 수 있다.

(5) 자아실현의 수요. 한 개인은 자기의 본성에 따라 어떠한 것을 이룰 수 있고 반드시 어떠한 것을 이룰 수 있어야 한다. 바꾸어 말해서 자아실현은 사람의 자아발전과 완성에 대한 욕망으로 귀결될 수 있는데, 즉 그것의 잠재력으로 하여금 실현되게 하는 경향이다. 이러한 경향은 한 개인이 가면 갈수록 독특한 그 사람이 되어 그가 이룰 수 있는 일체를 이루는 것이라고 말할 수 있다.

머슬로우는 위에서 서술한 다섯 개 층차의 수요가 저층차에서 고층차까지임을 주장하였다. 생리수요는 안전수요보다 강하며, 안전수요는 사랑의 수요보다 강하며, 사랑의 수요는 존중의 수요보다 강하며, 존중의 수요는 자아실현의 수요보다 강하다. 진화과정중에서는 수요의 층차가 높으면 높을수록 더욱 완만하게 나타난다. 개체의 발전 중에서 고층차의 수요는 이에 상응하여 느리게 나타난다. 특히 이들 고층차의 수요는 나타나기는 하지만 중년에 이르러야 한다. 개인이 수요층차를 향해오름에 따라 그가 야수성을 적게 갖추면 갖출수록 더욱 많은 인성을 갖추고 있는 것이다. 어떤 층차의 수요가 만족된 후에 이 사람은 한 층차 높은 것으로 발전한다. 그러나 이 사람이 이미 도달한 층차가 많이 높다고 할지라도 일단 저층차의 수요가 매우 장기간에 걸쳐 좌절을 받으면, 이 사람은 이 수요의 층차에 상응하여 거꾸로 퇴화하며 아울러 줄곧 여기에서 머무르고 계속 이 수요에서 만족을 하여 멈추게 된다.[10]

머슬로우의 저명한 수요층차론은 일정한 이치가 있는 것이다. 물론 머슬로우는 현대 미국 사회생활 속에서 이러한 이론을 이끌어낸 것이기 때문에 중국 고대 사회 생활과 간단하게 유비類比시킬 수는 없는 것이다. 그러나 우리들은 바로 이 이론이 현대에 고도로 발달된 자본주의 사회에 입각한 것이기 때문에, 사회 발전 단계에서 볼 때 자본주의는 봉건주의에 비해서 큰 진보를 한 것이며 인류문명이 더욱 성숙한 단계이기 때문에, 이러한 이론을 참조해서 중국 전통문화를 뒤돌아보면 사람들에게 유익한 지침이 됨을 마땅히 인정해야 할 것이다.

본서에서 중국문화의 전파와 시대구분문제를 언급할 때 말했듯이 은주시기는 중국문화의 잉육기이다. 이 시기의 문화가 비록 농후한 종교적 색채를 띠고 있기는 하지만, 그러나 주대의 통치사상 중에는 이미 〈덕〉의 범주를 끌어들였으며, 경덕보민敬德保民·이덕배천명以德配天命을 주장하였고,『위대한 하늘은 친한 사람이 없고 오직 덕있는 사람을 도와준다 皇天無親, 惟德是輔』고 믿었다. 이러한 관념은 비록 수요층차 가운데 제4층차(존중)의 수요를 반영하였다고 말할 수는 없지만, 제3층차의 귀속과 사랑의 수요에 접근하였다고 할 수 있다. 중국문화 잉육기에 해당하는 은주시기는 현재로부터 3,4천 년 이전이며 기껏해야 중국문화의 동년시대라고 볼 수 있지만, 이미 현대문명 조건하의 제3층차의 수요와 유사한 것을 갖추고 있어서 사람으로 하여금 놀라지 않을 수 없게 한다. 중국문화 추형기에 해당하는 춘추진국시대에, 공맹으로 내표되는 유가학설의 사상체계는 〈인〉을 핵심으로 하고 있다. 거기에서 강조하는 인아人我 대등의 관계(자기를 바로 해야 남을 바로잡을 수 있고, 자기를 이루어야 만물을 이룰 수 있다 正己正人, 成己成物; 자기의 마음에 비추어 남의 마음을 헤아려 도와준다 推己及人; 군주가 신하를 자기 수족처럼 생각하면 신하는 군주를 자기의 심장처럼 생각한다. 군주가 신하를 하찮게 보면 신하는 군주를 원수처럼 본다 君視臣如手足, 臣視君如腹心, 君視臣如土芥, 臣視君爲寇仇), 도덕수양 앞에서 인간은 평등하다는 사상(『사람은 누구나 요순과 같이 될 수 있다 人皆可以爲堯舜』『저자거리의 사람도 우임금처럼 될 수 있다 途之人可以爲禹』), 특히 그들이 추구하는 성현 이상인격, 이 인격의 완성을 통해 자아가치를 실현시키는 사상 등은 귀속과 사랑의 수요(제3층차) 존중의 수요(제4층차)에 속할 뿐 아니라 자아실현의 층차(제5층차, 최고 층차)의 형식과 내용을 갖추고 있다. 유가 이외의 그 나머지 제가의 이론 역시 정도상의 차이는 있지만 비교적 높은 층차의 수요를 갖추고 있다. 도가는 물욕을 경시하고 도와 일체가 되며, 만물과 하나가 되고자 하였으며, 사람의 자연본성에 따라 생활하고자 하여 명확하게 저층차의 생리수요를 멀리 초과하고 있다. 묵가는 의협심을 가지고 사람을 뜨겁게 대하며 천하를 한 집안으로 보아 상현상동尙賢尙同, 준도이민遵道利民을 추구하고 이익과 정감상에서 타인과 상호교류 및 협조하고자 하였으며, 아울러 이러한 실천을 통해 자아의 가치를 실현하였다. 묵자·송견宋鈃·윤문尹文 등은 인간의 본성이『정욕이 적고 情欲寡淺』『다섯 되의 밥이면 충분하다 五升之飯足矣』고 보고,『스스로 고통을 겪는 것이 최고목적 以自苦爲極』이라고 주장하였는데, 이것은 물론 저층차 수요가 포괄할 수 있는 것이 아니다. 법가는 자신의 〈기력〉에 의거하여 사회적 지위를 쟁취하고 경작과 전쟁활동을 통해 개인의 이상추구가 실현되도록 힘썼는데 실제적으로 이것은 온 힘을 다하여 자기로 하여금 마땅히 이루어야 하는 유형을 이루게 하는 그러한 수요에 속하여, 저층차의 수요가 명료하게 해석할 수 있는 것이 아니다. 춘추전국시대는 하한下限을 계산한다 할지라도 현재로부터 이미 2천여 년의 거리가 있다. 그 시대의 문화는 중국문화의 추형기가 되며, 소년기 내지는 기껏해야 청년기에 견줄 수 있지만 이미 사람들의 비교적 높은 층차를 반영하였고, 심지어 부분적으로는 최고 층차의 수요를 반영하였는데, 이것은 중국문화가 〈조숙〉하였다고 설명하는 것 이외에 또한 어떠한 설명을 할 수 있겠는가?

중국문화가 〈조숙〉하게 된 원인은 중국 문명발전의 특수노선이나 중국의 사회경제와 정치구조의 제약 이외에, 유가의 수신양성의 도덕실천과 도가의 물욕에 대한 경시, 청심과욕清心寡欲에 대한 찬양, 사람들의 최저 층차인 생리수요를 억제하고, 도덕정취에 대한 추구와 윤리정감에 대한 만족으로 생리수요에 대한 추구를 대신한 것이 거대한 작용을 일으켰음을 마땅히 보아야 할 것이다. 이러한 〈조숙〉한 문화는 중화민족의 도덕과 정조를 중시하고 물욕에 급급해하지 않는 마음자세를 길러낸 것에 대해서, 또한 사람들의 도덕가치지향 방면의 공통된 추구에 대해서 적극적인 작용을 일으켰다. 그러나 중국문화의 이러한 〈조숙〉은 오히려 논리적 본능적으로 사람들의 정욕과 물욕을 말살시키고 사람들의 기본수요가 사회발전의 원동력 가운데 하나임을 부정하였으며, 따라서 중국인의 건강한 심리와 건전한 인격의 성장을 가로막고, 사람의 전면적인 발전을 방해하였다. 특히 그것이 전제왕권과 서로 결합되었을 때는 『사람들로 하여금 그 사람됨이 되지 못하도록』하는 비참한 경지에 빠져들게 하였다.

제12장

중국의 전통적 사유방식

중국의 전통적 사유방식은 중국 전통문화 심층구조의 핵심적 지위에 있다. 성실하게 이 사유방식을 탐구하는 것은 중국문화의 특질을 파악하여, 그 합리적 성분을 흡수하고 새로운 내용을 충실하게 하여 현대적 사유방식을 건설하는 것에 대해 적극적인 의미를 가지고 있다.

제1절 전통적 사유방식에 관한 여러 학설

중국의 전통적 사유방식에 관하여 최근 학술계에는 다양한 언급이 있는데 대체로 아래와 같다.

왕건汪建은 이론적 층면에서 중국의 전통적 사유의 총체적 특징은 〈치용致用〉을 목적으로 하고, 〈대화유행大化流行〉의 정체整體관념을 토대로 하며 직각直覺과 사변이 상호침투한 소박한 변증사유라고 보았다. 구체적으로는 다음의 몇 가지 방면으로 개괄할 수 있다. 〈치용〉으로부터 출발하여 〈자연〉을 존중하고 인류를 중시하는 일용적 치사致思경향이며, 정체성整體性에서 출발하여 정체의 효능 파악을 목표로 하는 질박한 계통의 사유이며, 〈천도天道〉에 대한 체험을 중심으로 하고 지知·정情·의意가 일체화된 인지認知구조이며, 〈응변應變〉에서 출발하여 정체운동의 안정과 복귀에 착안하는 변증방법이며, 사유형식상에 있어서 직관적 체험과 이성적 사변의 병행과 상호보충이다.[1]

김춘봉金春峰은 중국 고대민족문화와 사유특질을 반영할 수 있고 가장 전형적이고 가장 보편적이며 일체의 형식과 모식에 영향을 주고 지배한 것은 〈월령月令〉을 대표로 하고, 음양오행을 핵심으로 하는 문화와 사유모식이라고 보았다. 이 모식은 아래와 같은 특징을 포함하고 있다. 농업생산이 중심적 지위에 있어서 국가의 모든 정치활동은 시령時令의 안배에 복종하며, 도식적인 시간·공간관념은 자아(주체)를 중심으로 하고, 다섯을 단위로 하고, 농업생산을 내용과 표지로 삼으며, 주관과 객관의 쌍방이 유기적으로 연계된 구체적 시간과 공간이며, 시공의 변화를 지배하는 내재적 역량은 〈오행五行〉이며, 음과 양이고, 기氣로서 『유기체는 소식이다 有機體是消息』라는 이러한 현대 조종학과 서로 유사한 사유방식을 형성하였으며, 『하늘과 사람이 한몸이고 天人一體』『하늘과 사람이 서로 교제하며 天人相與』『하늘과 사람이 감응한다. 天人感應』[2]

  장대년張岱年은 중국의 전통적 사유방식 중 주요한 것으로는 정체사유와 직각直覺 등 두 가지가 있다고 보았다. 정체사유는 고대중국의 체계적인 관점이지만 분석을 중시하지 않은 것은 크나큰 결점이다. 직각은 바로 반관反觀·반구제기反求諸己로서 자기를 반성하는 것이다. 직각은 곧 영감이며 인식하는 데 있어서 중요한 역할을 가지고 있지만, 그것은 과학적인 연구의 기본방법이 아니다. 직각과 실측實測은 서로 대립하는데, 중국의 전통적 사유에서 실측을 중시하지 않는 것은 하나의 커다란 결점이다.[3]

  소공진蕭功秦은 중국의 전통적 사유 개념에는 의회성意會性·모호성模糊性·불가이석성不可離析性(혹은 판괴성板塊性) 등의 세 가지 특징이 있다고 보았다. (1) 의회성은, 즉 추상사유의 방법을 통한 것이 아니고 그 개념의 상하문上下文에 대해서 직감적 이해의 방법을 통하여 자신도 모르게 감화되는 식으로 이 개념의 실제함의를 파악하는 것이다. (2)모호성은, 즉 개념이 논리적 의미상의 확정성과 규정성을 결핍하고 있는 것이다. (3) 불가이석성 또는 〈판괴성〉은, 즉 전통의 추상적 개념이 직관감성의 의미를 갖고 있는 명사에 의해서 비유를 통해 변화 발전한 것이며, 한 걸음 나아가 독립된 자개념子概念으로 분해될 수 없고, 또한 다른 개념과 종합해서 새로운 개념이 될 수 없다.[4]

  누우열樓宇烈은 중국 고대의 사유방법을 정체적인 직관에서 경험에 이르고 다시 직각에 이르는 것으로 개괄할 수 있다고 주장하였다. 즉 구체적 직관사물을 떠나지 않고 동태動態 중의 사물에 대한 경력(역사적 경험을 포괄함)을 통하여 그 가운데 미묘하고 고명한 이치를 체득하여 인식상의 승화에 도달하는 것이다.[5]

  황위평黃衛平은 중국의 전통적 사유방식은 가치판단으로 사실인식을 통섭統攝하며 사실인식은 가치평판의 속에 있어서 주체로부터의 수요에 편중되어 있고, 객체 자신이 객체를 반영하지 않는 것으로 표현된다고 주장하였다. 이러한 구상습관은 객체를 주체로부터 분화시키지 않은 원시사회의 유풍이다.[6]

  진소명陳少明은 중국 전통철학 가운데의 사유는 상징성 사유라고 보았다. 그것은 중국사회의 조숙함이 낳은 산물로서, 또한 중화민족의 보수적인 표현이다. 상징은 의미의 모호성을 나타내고, 사상가들이 상응하는 해결방법을 발전시킬 것을 재촉하였다. 상징성 사유는 중국인의 체험과 이해능력를 발전시키는 데 도움이 되었으며, 동시에 신호화된 추리요소를 억제하였다.[7]

  위승사魏承思는 중국의 전통적 사유방식은 폐쇄성·단향성單向性·추동성趨同性의 특징을 가지고 있다고 보았다. 폐쇄성은 사유활동이 왕왕 고정된 틀 속에 국한되어 외계와의 소식교류 및 새로운 소식을 받아들이는 주동성主動性과 적극성이 결핍된 것으로 표현된다. 단향성은 사람들의 사유활동이 왕왕 단지 하나의 시각만을 선택하여 하나의 대상을 인식하는 것으로 표현된다. 추동성은 사람들의 사유활동이 언제나 조화를 도모하고 일종의 완벽한 동일성을 도모하는 경향이 있는 것으로 표현된다. 이러한 전통사유는 일종의 〈반창조성〉의 사유이며 전통문화관념은 이러한 사유방식의 현실적 전개일 뿐이다.[8]

그밖에 몇 가지 개괄이 더 있으나 주요한 것은 위에서 든 몇 가지이다. 이들 논자의 개괄은 전체적으로 말해서 성실한 사고를 거쳐서 얻어낸 근거있는 결론이며 중국문화의 연구를 촉진하는 데 있어서 적극적인 작용을 하였다.

제 2 절 주체와 객체에 관한 인식

사유방식의 문제는 중국문화의 심층구조의 핵심적 지위에 처해 있는 문제이며, 가치관은 사유방식의 집중된 표현이고 사유방식은 가치관을 제약한다. 정확하게 앞에서 서술한 가치관념(제10장을 보라)의 내재적 특질을 파악하여 과학적 선택을 하고자 하면, 또한 중국 전통의 주제와 객체관계에 대한 인식을 파악해야 한다. 이러한 인식은 사실판단과 가치판단·도덕판단과 가치판단 및 그 관계에 대한 태도와 방법에 집중적으로 표현되어 있다.

1 사실판단事實判斷과 가치판단價値判斷

어떤 견해에 의하면, 소위 사유방식의 그 근원을 밝혀보면 역사의 주체에 의해 내화內化된 사회실천방식에 불과하다고 한다. 그것의 특징·작용과 운명은 그것이 살아가는 데 의지하는 역사과정에서 결정된다. 사유방식은 결코 사유의 형식과 방법을 가리키는 것이 아니며, 각 시대의 실천활동의 대상·목표와 서로 일치되는 사유의 내용과 형식·구조와 기능의 통일체이며, 일련의 기본관념에 의해 규정되고 제약되며 모식화된 사유의 정체적 양식이며, 특정한 사유활동의 형식 및 방법과 절차의 총화이다. 사회적 사유방식이 되는 것은 대체적으로 두 가지의 기본층차로 나눌 수 있다. 그 하나는 사람들이 개념파악대상을 형성하고 운용하는 이론방식인 사람들의 우주관·자연관 역사관과 밀접하게 관련되어 있으며, 체계화·이론화된 비교적 높은 층차인 것이다. 그 둘은 사람들의 일상생활의 경험과 서로 관련되어 있는 것으로 사유의 습관·정취·경향으로 표현되는 비교적 낮은 층차이며, 세속성 혹은 습관성의 사유방식이다.

나는 이상의 관점에 대체로 동의한다. 여기에다 이론사유의 범주가 되는 사유방식을 보충해야 하는데, 그것은 첫째 인식론의 범주에 속하여 인식론 중의 논리방법과 밀접하게 관련이 있는데, 예를들면 유비類比와 외추外推의 방법이다. 세속성 혹은 습관성의 사유방식은 이론사유범주의 사유방식과 명확하게 분리가 되는 것은 아니다. 중국의 전통적 사유방식 중에서 왕왕 이론사유방식은 세속사유방식 속에 들어있으며 세속적인 사유방식을 통해 표현되어 나온다. 세속사유방식은 이론사유방식을 내포하고 있으며, 이론 사유방식의 제약을 받거나 지도를 받는다. 예를들면, 삼강오상三綱五常과 존천리存天理·거인욕去人欲 가운데의 강綱·상常·이理·욕欲은 개념성의 사유범주에 속하며 전통사유 중의 형이상의 〈도〉에 대한 체인과 추구를 반영하고 있다. 동시에 또한 세속사유 속의 수신입덕修身立德을 중시하고, 명예와 절개를 최고로 삼는 인생정취 및 이도제욕以道制欲의 치사致思경향을 반영하였다.

사실판단과 가치판단은 주체가 객체의 활동을 인식하는 가운데 상호연계되고 상호제약하는 두 개의 방면이다. 사실판단은 주체가 그 특정의 방법수단에 의하여, 객체 본래의 면목·속성 및 그 규율에 대한 반영을 한 것으로, 그 진상의 옳거나 그르다는 것에 대한 인식인데, 그것은 극력 객관적으로 사물을 파악하고 명확한 객관성을 갖추도록 요구한다. 가치판단은 주체가 그 특정한 가치체계 및 그것과 상응하는 가치지향, 객체의 주체에 대한 의미 등에 의해 만들어낸 좋고 나쁨 즉 선악유형의 평가이다. 가치판단이 토론 검토하는 객체의 가치속성은 객체의 사회적 의의이며, 그것은 주체의 수요에 따라 전이된다. 사실판단과 가치판단의 관계에 대해서 말하면, 전자는 후자의 기초이고, 후자는 전자가 주체화된 것이다.

만일 황위평黃衛平이 지적한 대로 동일객체가 과학인식의 대상과 도덕평가·예술심미의 대상이 되었을 때, 주체의 그것에 대한 사실판단과 가치판단은 각기 다르다. 사실인식과 가치판단의 통일형태도 다르며, 과학사유는 주로 사실인식을 기초로 하고 사실판단에 의해 가치판단을 결정한다. 도덕평가와 예술적인 감상에서는 주로 주체의 윤리규범과 심미정취를 표준으로 하고, 가치판단에 의해 사실판단을 통섭한다. 중국의 전통적인 사유방식은 『가치판단으로 사실인식을 통섭하고, 사실판단 속에 가치판단이 융합된 특징』을 가지고 있다.[9]

2 도덕판단道德判斷과 가치판단價値判斷

　　중국의 전통적 사유방식은 전통적 이상인격·가치지향 및 사회심리의 영향을 받아서 명확한 도덕화 경향을 띠고 있다.

　　『〈가치〉라는 이 보편적인 개념은 사람들이 그들의 수요를 만족시키는 외계물을 대하는 관계로부터 생겨나는데』[10] 그것은 객체와 주체의 수요 사이의 일종의 특정한 관계이며, 일종의 객관적 사회속성이다. 가치판단은 주체 의식적 외화外化가 되어 사람들의 객체에 대한 사실판단에 대하여 명확하게 영향을 주고 제약을 한다. 사람들의 사실에 대한 인식은 언제나 일정한 가치체계의 영향을 받으며, 일정한 가치지향에 의해 지도된다. 『기하공리幾何公理는 사람들의 이익에 저촉되는데 그것도 반드시 반박을 받을 수 있다.』[11] 이 때문에 중국의 전통적 사유방식 속의 사실판단은 가치판단의 제한을 받는다. 전통사회가 종법제적이고 도덕을 가치지향으로 삼는 사회이기 때문에 가치판단은 왕왕 도덕윤리에 의해 가득차고 대체되며 동등시된다.

　　이른바 도덕판단은 주체가 그 특정한 가치체계에 의해 선 혹은 악, 정의 혹은 비정의, 공정 혹은 치우침, 성실 혹은 허위 등의 도덕관념으로써 사람들의 행위에 대해 내리는 평가이다. 그것은 주로 사회여론을 통하어 신을 장려하고 악을 제거하며, 사악함을 몰아내고 정의를 선양하며, 성실함을 표창하고 거짓을 냉대하며, 사람과 사람, 사람과 사회 사이의 관계의 행위준칙과 규범을 빌려 사회의 안정과 화합을 보호한다.

　　중국 봉건사회에서 사람들의 사물과 사람에 대한 인식과 평가의 중점은 왕왕 그 진상의 옳고 그름에 있는 것이 아니며 즉 사실판단을 중시하지 않고, 사물에 대한 호괴好壞·선악善惡·성위誠僞의 구별에 중심을 두는데 즉 가치판단을 중시한다. 가치판단의 내용과 방식에 있어서는 삼강오상·충효절의 등의 도덕강상을 주체로 삼고 표지로 삼으며 심성의 수양을 주장하고 인격의 자아완만·도덕의 자아완선을 취지로 삼는다. 이것은 고대사상가 및 그 유파의 주장에서 나왔을 가능성이 있을 뿐 아니라 더욱이 전술한 이상인격 및 가치지향과 전통심리 속에서 검증될 수 있다. 이 때문에 중국의 전통적 가치판단은 실제적으로 도덕평가라고 말할 수 있다. 사실인식은 가치판단 속에 깃들여져 있으며 가치판단은 도덕에 의거하고, 도덕평가에 의해 대체되고 동등시된다. 바로 이와같기 때문에 중국전통의 이상인격과 가치지향 및 이로부터 형성된 전통심리가 나타나게 되었다. 도덕평가와 이 삼자 사이에는 상호유발하고, 서로 촉진하며 상호 인과관계에 있으며, 강력하게 중국철학 및 전 중국문화의 윤리적 색채를 강화시켰고, 선의 추구를 특징으로 하는 중국철학 내지는 중국문화의 형성을 촉진시켰다.

종합적으로 볼 때 중국 봉건사회에 있어서 사실판단·가치판단과 도덕판단의 삼자는 상호포괄하고 상호침투하며 상호전환하였다. 사실판단은 가치판단 가운데 존재하고 용해되어 있으며, 가치판단은 사실판단을 동등하게 하고 대치하며, 가치판단은 윤리도덕에 의해 가득차게 되고, 도덕판단은 가치판단을 동등하게 하고 대치하였다. 이러한 상황은 중국 전통사유방식 가운데 도덕을 위주로 하는 가치지향을 풍부하게 하였으며, 중국문화의 윤리적 색채를 강화시켰다.

제 3 절 정체직관整體直觀

1 직관과 경험

최근에 중국의 사상과 문화를 연구하는 사람 대다수가 중국 전통사유는 정체로부터 출발하는 것이고(혹은 전체를 기준으로 삼음) 경험을 기초로 하는 일종의 직관사유라고 인정하고 있다. 이러한 관점은 타당한 것이다.

김춘봉金春峰은 아편전쟁 이전까지 전통 사유방식의 주도적 위치를 차지하고 있던 것은 〈월령月令〉으로 대표되고, 음양오행을 핵심으로 하는 사유모식이라고 지적하였다.[12] 이러한 개괄이 전면적인가 하는 문제에 대해서는 사람마다 견해가 다를 수 있다. 그러나 음양오행의 이론이 봉건사회의 전기간을 꿰뚫고 있으며, 중국 고대사상문화와 과학기술에 매우 깊은 영향을 주었다는 것은 부인할 수 없는 사실이다.

중국 고대의 천문학·의학·물리학·화학 등은 모두 음양오행학설의 구조와 모식에 영향을 받았다. 중국의학이론의 경전인 《황제내경黃帝內經》이 음양오행의 이론을 기초 및 골격으로 삼고 있음은 말할 필요조차 없다. 명대의 대과학자인 《천공개물天工開物》의 작자 송응성宋應星 역시 음양오행이론을 벗어나지 않았다. 《수비승화설水非勝火說》 등의 글 속에서 그는 음양오행을 사용하여 사물의 여러 성질·특징과 상호관계를 설명하였다. 우주관 방면에 있어서 선진으로부터 근대 이전에 이르기까지 그 이론체계는 음양오행의 틀을 추월한 적이 없었다. 옛사람의 입장에서 볼 때 금·목·수·화·토는 세계를 구성하고 있는 5종의 원소이다. 그들의 성질을 살펴보면, 수는 만물을 적시어 아래로 향하고, 화는 불태우면서 위로 향하며, 목은 굽을 수도 있고 곧을 수도 있으며, 금은 녹여서 다시 개조할 수 있으며, 토는 경작을 하고 수확을 할 수 있다. 그들은 사람들에게 각각 짠맛·쓴맛·신맛·매운맛·단맛을 느끼게 해준다. 이것은 구체적으로 감지할 수 있는 사물을 가지고 추상적인 이치를 설명한 것이다. 초기의 음양관념도 이와같다. 《주역周易》내의 건乾·곤坤·진震·손巽·감坎·리離·간艮·태兌는 《역전易傳》의 작자에 의해서 천天·지地·뢰雷·풍風·수水·화火·산山·택澤 등 8종의 자연현상으로 해석되었다.

음양오행설은 한 걸음 발전하여 〈오행상생五行相生〉(목은 화를 낳고, 화는 토를 낳으며, 토는 금을 낳고, 금은 수를 낳으며, 수는 목을 낳는다)의 관점을 출현시켰다. 이러한 관점은 5종의 물질원소의 내재적 관계를 설명하는 데 의미를 두고 있다.

음양오행학설은 훗날 사상가들에게 이용되어 그들의 사상관점의 이론적 근거가 되었다. 전국시대 말엽의 저명한 음양가 추연鄒衍은 역사상 왕조의 흥망성쇠를 오행상승으로 견강부회하였다. 그는 전설 속의 황제는 토에 속하고 하왕조는 목에 속하여, 목은 토를 이기므로 하왕조는 황제黃帝를 대신하여 일어났으며, 상왕조는 금에 속하여, 금은 토를 이기므로 하왕조를 대신하여 일어났으며, 주왕조는 화에 속하여, 화는 금을 이기므로 상왕조를 대신하여 일어났다고 주장하였다. 수가 화를 이기므로 그는 주왕조를 대신하는 것은 반드시 수에 속할 것이라고 예언하였다. 이것이 바로 저명한 〈오덕종시五德終始〉이론이다. 이것은 음양오행으로 사회의 역사발전을 해석하는 것이다. 서주의 백양보는 음양이라는 두 기의 실조失調를 이용하여 지진을 해석하였고, 이를 인용하여 주왕조가 반드시 멸망할 것이라고 설명하였으며, 사유상에 있어서 추연과 동일노선에 속하였다. 한대의 동중서는 음양을 하늘과 사람 및 사회에 부여하고 양주음차陽主陰次·음존양비陰尊陽卑 및 오행생승五行生勝의 이론을 이용하여 인체와 자연 및 사회의 성질 상황순서를 설명하여 그의 대일통 봉건 전제주의 이론을 확장시켰으며, 지주계급국가의 장구한 안녕을 위해 효력을 나타내었다. 그뒤 동한의 《백호통白虎通》, 송대 이학가 주돈이의 《태극도설太極圖說》, 개혁가 왕안석의 《홍범전洪範傳》, 명말청초 왕부지의 《장자정몽주張子正蒙注》 등은 모두 음양오행이론을 이용하고 있다.

원시의 음양오행이론이든지 뒷날의 사상가가 그것을 이용하였든지간에 모두 직관적이고 감관으로 감지할 수 있는 사물로부터 착수한 것임을 어렵지 않게 발견할 수 있다. 전체 이론체계와 논증방법은 강렬한 직관적 색채와 경험론적 특징을 띠고 있다. 이러한 직관사유는 기본적으로 현상에 대해 정체적으로 종합하는 데 편중하는 사유이며, 그것은 사람들이 인지대상의 총체를 파악하는 것에 대하여 그 보편적 연계를 깨닫게 하고, 특히 모종의 비유할 수 없는 의미를 깨닫게 하며 적극적 의미를 가지고 있다. 그러나 이러한 정체직관의 방법은 경험의 기초 위에서 건립되었기 때문에 엄중한 국한성을 가지고 있다. 경험 범위내에서 정체와 직관은 그것의 특정적인 안정성을 가지고 있다. 그러나 일단 경험의 범위를 벗어나면 그것은 신비주의로 흐르거나 혹은 불가지론으로 걸어간다. 왜냐하면, 이러한 정체직관은 그 객체에 대한 인식결과를 가지고 말한다면 파악하고 있는 것은 왕왕 사물의 표상이며, 그 인식방법으로 말한다면 그것의 확정된 내포를 가지고 있는 개념의 범주 및 그 논리적 연역판단 위에 건립된 것이 아니기 때문이다. 그래서 이러한 정체직관의 사유방식은 명확하게 모호성을 띠고 있으며 일종의 두리뭉실해서 마땅히 개조해야 할 사유방식인 것이다.

2 체오體悟와 직각直覺

경험을 기초로 하는 정채직관의 사유방법은, 주체와 객체의 관계를 표현할 때 주체의 객체에 대한 인식이 체오體悟에 있는 것이며, 명확한 논리적 파악이 아닌 것이다.

중국 사상문화에 지극히 심원한 영향을 준 〈천인합일〉사상이 최종적으로 도달하고자 하는 목표와 의경意境은 결코 언어개념에 의해 확실히 지적되고 표현될 수 있는 것이 아니며, 단지 주체가 자기의 가치지향에 따라 경험의 범위내에서 체오하는 것에 의지할 수밖에 없다. 맹자가 말한 진심盡心·지성知性·지천知天·지대지강至大至剛한 〈호연지기浩然之氣〉를 기르는 것, 명가 혜시惠施가 말한『널리 만물을 사랑하고 천지가 일체이다 泛愛萬物, 天地一體』와 장자가 말한『천지와 내가 함께 살고 만물과 내가 일체이다 天地與我幷生, 萬物與我爲一』위진시대 현학가玄學家가 말한『말은 뜻을 다 표현할 수 없고 言不盡意』『뜻을 얻으면 현상을 잊어버린다 得意忘象』……등등은 모두 일종의 〈분명치 못한〉 의경이며, 모두 체오할 수 있을 뿐이지 이론범주로써 해석할 수 있는 것이 아니다. 중국 전통철학의 기氣와 도道는 내포가 매우 복잡한데(풍부하다고 말할 수도 있다), 여러 사람이 다른 이해를 가지고 있을 수도 있어서 또한 모두 비유하기가 어렵다.『하나의 양과 하나의 음을 도라고 한다 一陰一陽之謂道』『형이상인 것을 도라고 한다 形而上者謂之道』는 유형의 전통적인 저명한 명제는 더욱 이러하다. 이학가가 말하는 〈리理〉는 특히 일체를 망라하며『만상이 삼연하게 이미 갖추어져 있는 것이다. 萬象森然已具』(《遺書》卷十五) 리理가 있은 뒤에 〈상象〉이 있고

〈기氣〉가 있는 것이다. 이러한 모든 것을 포함하는 리理는『오히려 자기가 체오해낸 것이다. 却是自家體悟出來』(《外書》卷十二, 강조점은 인용자가 붙임) 이것은 전통적 사유방식의 한 전형적인 현상이라고 말할 수 있다.

즉 전통적 사유의 대상 및 대상이 포함하는 내용의 복잡성과 불확실성은 그것의 해석할 수 없는 성격을 결정하였으며, 따라서 그와 상응하는 인지방식이 단지 체오일 수밖에 없음을 결정하였다.

사유의 유형으로 볼 때 체오라는 이러한 인지방식은 본질적으로 직각사유에 속한다.

직각은 주체 자신이 지식과 경험을 운용하여 논리규칙의 구속을 받지 않고 객체의 본질 속성 및 규율성의 연계에 대해 신속하게 식별하고 직접적으로 이해하며 정체적인 판단을 하는 것이다. 직각은 일종의 사유방식으로서 그것은 분석사유와 서로 대응되는 것이다. 분석사유는 엄밀한 논리규칙을 준수해야 하며, 대상에 대해 여러 부분과 층차를 분해하고 순서에 따라 점진적인 추리를 통해 진행하며, 언어를 사용하여 사유의 과정과 결론을 얻어내게 된 원인을 분명하게 표현해낸다. 직각사유는 엄밀한 논리적 추리를 거치지 않고 그것이 직접 결론을 얻어내어, 주체는 명확하게 그것의 진행과정을 의식할 수 없고, 언어를 사용하여 그 과정과 결론을 얻게 된 원인을 분명하게 표현해낼 수 없다. 직각사유는 종합성·직접성·도약성·쾌속성 등의 특징을 가지고 있다.

직각사유에 대한 이러한 견해에 기초하여 모든 중국의 전통적 사유방식을 고찰하면, 직각이 그 주요 인지방식 중의 하나임을 분명하게 알 수 있다. 맹자의 진심·지성·지천·도가의 여도동체與道同體·여조화동유與造化同游·이학가가 요구하는 리理에 대한『일단활연관통一旦豁然貫通』및 선종의 명심견성明心見性·입지성불立地成佛 등은 모두 인지대상을 다른 층차 다른 부분으로 분해하고, 논리적 분석방법을 사용하여 한 걸음 한 걸음 추리하여 이상의 경계에 도달하며 아울러 언어를 사용하여 명석하게 표현해내지 않고 표현해낼 수도 없는 것이다. 대상을 정체로 보고 경험에 호소하여 한 차례 의경의 승화를 실현하여, 주체와 객체 사이의 피차 공동인식(합일)을 완성해서『비유하기 어려운』경계 속에 도취되는 것이다.

직각은 일종의 보편적 사회현상으로서 인류의 기본적 사유방식이며, 그것은 중국 고대사유발전의 전체를 꿰뚫고 있다. 그것이 경험의 기초 위에 형성되고 진행되었기 때문에 지식과 경험의 질이 이와같으며, 직각사유수준의 고저에 대해서도 직접적인 영향이 있다. 일반적으로 말해서, 지식은 넓을수록 경험은 더욱 풍부해지고 직각사유의 효과 또한 높아진다. 중국의 전통적인 사유방식 중에서 직각사유는 기본사유방식의 하나로서, 전사회에서 자각하든 자각하지 않든간에 광범하게 사용되었으며, 이것은 사람들의 지식과 경험을 누적시키는 촉진작용을 하였다. 그것은 민족사유의 기초를 풍부하게 하였으며, 사람들의 종합하고 귀납하는 능력의 배양과 제고에 대해 일정한 적극적인 의미를 가지고 있다. 그러나 이와 동시에 직각사유는 정확하게 사람들이 사물을 인식하도록 이끌어 주지 못했고, 어떤 정도상에서는 과학이론의 발생과 발전을 방해하였다. 중국의 전통사유는 엄밀한 분석사유전통이 결여되어 있고, 과학기술은 광대하고 엄밀하여 거짓을 증명할 수 있는 이론체계가 결여되어 있으며, 중국의학의 이론체계는 지금에 이르기까지 여전히 존재를 실증할 수 없다는 등등의 문제는 모두 전통사유 중에 직각사유의 숲이 지나치게 무성하다는 것과 밀접한 관계가 있다.

제 4 절 유비외추類比外推

1 유동類同과 유비類比

유비방법은 중국 전통사유의 하나의 중요한 방법이며, 인류가 세계를 인식하는 기본방법이다.

이른바 유비는 두 개(혹은 두 종류)의 대상 사이에 어떠한 방면의 유사함 혹은 상동함에 근거하여, 그들의 다른 방면의 유사함 혹은 상동함을 추출해내는 일종의 논리방법이다. 그것은 특수한 것으로부터 특수한 것에 이르는 것을 포함하고 일반적인 것으로부터 일반적인 것에 이르는 것을 포함하는 추리방법이다.

사물의 현상 혹은 속성 사이의 유사함은 유비의 기초이다. 세계상에 존재하는 사물 사이에는 대량의 유사점이 존재하고 있다. 그러나 사유과학의 각도에서 고찰해 보면, 유사의 범주는 사물에 대한 인정認定문제를 해결할 수 없고, 또한 직접적으로 유비추리에 사용될 수 없다. 유비추리類比推理의 현실적 기초 혹은 출발점은 유동類同이다.

고대중국에 있어서 유비방법은 대량으로 운용되었다. 원시종교 가운데 〈만물유령萬物有靈〉관념의 발생은 바로 〈자아自我〉유비를 출발점으로 하고 있다. 《주역》에는 『하늘의 온갖 현상을 관찰하면, 사계절의 변화를 살펴 알 수 있고, 인류문명의 진전상태를 관찰하면 천하를 개선시킬 수 있다 觀乎天文, 以察時變,

觀乎人文, 以化成天下』《賁·彖》『천지의 신성하고 위대한 작용과 사계절이 자연스럽게 그 도에 어긋나는데 이르지 않는 법칙을 본다. 그러므로 성인은 그 정신을 본받고 신성한 도덕을 이용하여 교화를 설립하면, 곧 천하의 인심을 귀복시킬 수 있다 觀天之神道, 而四時不忒. 聖人以神道設教, 而天下服矣』《觀·彖》『군자가 순종하여 정지하고 감히 가지 않는 것은 이 현상을 관찰할 수 있기 때문이다. 군자가 소멸·증가·충만·공허의 이치를 숭상하는 것은 천행에 원래 이 현상이 있기 때문이다 順而止之, 觀象也. 君子尚消息盈虛, 天行也』《剝·彖》고 말하고 있다. 이것은 명확히 주체가 직관을 통해 얻은 현상의 국부에 관한 특수한 지식을 연역판단을 거쳐 현상에 관한 보편적 의의와 가치를 얻은 것이다. 중국 전통문화는『사물을 보고 덕에 비유하는 것 觀物比德』을 강조한다. 《시詩》육의六義의 하나인 비比·흥興 수법은 실질적으로 바로 이 유비법이다. 비比가 반드시 유동을 근거로 한다는 것은 더 말할 나위가 없다. 흥興은 즉 외부의 사물을 보고 감정이 일어나는 것이며 어떤 일에 근거하여 흥을 기탁하는 것이다. 공영달은 《시경·주남周南·관저서關雎序》의 〈사왈흥四曰興〉에 대해 소疏를 붙이면서 정사농鄭司農의 말을 인용하여『흥이란 사물에 일을 기탁하는 것이다. 흥이란 일어난다는 것으로 비유를 일으키고 유를 이끌어서 자기의 마음을 일으키는 것이다 興者, 托事於物. 則興者, 起也, 起譬引類, 起發己心』라고 하였는데, 흥의 근본 입장이 유동임을 잘 알 수 있다. 《묵경墨經》에는 귀납법歸納法·연역법演繹法·유비類比를 막론하고 모두 〈이류행지以類行之〉의 원칙을 준수해야 한다고 주장하고 있다. 그 책에서는『유가 다르면 비유하지 못한다 異類不比』는 방법론적 원칙을 제출하고 사물의 유동이 비교를 진행하는 필요전제임을 강조하였다. 순자는 유개념을 이용하여 대상을 판단하는 준칙으로 삼아야 하며, 유범주로부터 사물의 이동異同을 변별하고, 사유는『유에 미루어서 어긋나지 않아야 推類而不悖』《荀子·正名》하며 종속관계에 따라 추리하여야 한다고 주장하였다. 《역전》에서는『하나의 음과 하나의 양을 도라고 한다 一陰一陽之謂道』《繫辭上》고 제출하였는데, 사실은 사물을 음양의 두 부류로 나눈 것이다. 《역전》은 음양의 유범주로부터 사물을 고찰해서,『만물의 형태는 서로 다르지만 그 사류는 비슷하다 萬物睽而其事類也』《象傳》라고 하였다. 『유족으로써 만물을 변별한다 以類族辨物』는 것은 《역전》에서 사물을 고찰하고 체계를 세우는 하나의 기본방법이다. 《여씨춘추呂氏春秋》에서는 동류의 사물은 상호감응할 수 있고,『유가 같으면 소환하고, 기가 같으면 합하며, 소리가 비슷하면 응한다 類同則召, 氣同則合, 聲比則應』고 하였다. 《내경內徑》에서는『다른 것은 유를 비교한다 別異比類』고 주장하였고, 『오장의 현상은 유로써 추리할 수 있다 五藏之象, 可以類推』《素問·五藏生成論》고 하였다. 이것은 실제로 음양오행의 범주를 운용하여 비교 및 추론한 것이다.《논어》에서는『도덕에 의거하여 국정을 다스리면, 자기는 곧 북극성처럼 안정되게 일정한 지위에 있게 되어 다른 모든 별이 그것을 둘러싸게 된다 爲政以德, 譬如北辰, 居其所而衆星拱之』《爲政》고 하였다. 묵자는 실이『푸른 물감에 물들이면 푸른색을 띠고 노란색을 물들이면 노란색을 띠는 것 染於蒼則蒼, 染於黃則黃』을 보고, 곧 사람의 품덕 습성을 유추하여『비단 실을 물들이는 것만이 그런 것이 아니라 나라에도 물들임과 같은 것이 있다 非獨染絲也, 國亦有染』《墨子·所染》고 감탄하였다. 한비자는『1천 장丈 길이의 제방이 땅강아지와 개미의 굴에 의해 붕괴되는 千丈之隄, 以螻蟻之穴潰』현상을 가지고『조심스럽게 쉬운 일로써 어려운 일을 피하고 신중하게 작은 일로써 큰 일을 멀리하는 愼易以避難, 敬細以遠大者也』《韓非子·喻志》 처세가 사람의 철리哲理임을 설명하였다. 그는 수주대토守株待兎의 우매함을 시용하여『신왕의 징지를 가시고 현재의 백성을 다스리는 以先王之政治當世之民』오류를 연역적으로 판단해내었다.『삼대밭 속에서 자란 쑥대는 지탱해 주지 않아도 꼿꼿이 자라나는 蓬生麻中, 不扶而直』자연현상은, 순자에 의해『살 곳은 반드시 좋은 향리를 택하고 교유할 때는 반드시 덕이 있는 선비에게로 접근해야 하며 居必擇鄕, 游必就士』『그래서 사악하고 편벽된 사람을 방비하고 중도를 견지한 바른 사람에게로 접근한다 所以防邪辟而近中正』《荀子·權學》는 이치를 강조하는 데 이용되었다. 이러한 것은 모두 현상의 유사함과 유동으로써 진행한 연역판단이다. 이러한 〈유類〉는 엄격한 논리적인 유가 아니고 단지 현상 사이의 어떠한 구조기능 혹은 특정한 유사함인 것이다. 이 때문에 유의 연역판단은 명확하게 현상의 비부比附(억지로 갖다붙이다) 색채를 띠고 있다.

전통사유 중에서 이러한 명확히 비부比附 색채를 띠고 있는 유추방식은 역사적 축적을 통해 영향이 매우 깊고 넓은 사유 정세定勢를 형성하였다. 유가가 창도하고 아울러 몸소 실천한 〈수신·제가·치국·평천하〉는 실제로 집안·나라·천하를 동등한 구조의 〈유類〉로 본 것이다.《황제내경》에는『하늘은 양이고 땅은 음이며, 해는 양이고 달은 음이다. 크고 작은 달과 3백60일이 1년을 이루어 사람도 이를 따른다 天爲陽, 地爲陰, 日爲陽, 月爲陰. 大小月三百六十成一歲, 人亦應之』《素問·陰陽離合論》고 하였고,『하늘에는 해와 달이 있고 사람에게는 두 눈이 있다. 땅에는 아홉 주가 있고 사람에게는 아홉 개의 구멍이 있다. 하늘에는 바람과 비가 있고 사람에게는 기쁨과 노여움이 있다. 하늘에는 천둥과 번개가 있고 사람에게는 음률이 있다. 하늘에는 사시가 있고 사람에게는 사지가 있다. 하늘에는 오음이 있고 사람에게는 오장이 있다. 하늘에는 육률이 있고 사람에게는 육부가 있다 天有日月, 人有兩目. 地有九州, 人有九竅. 天有風雨, 人有喜怒. 天有雷電, 人有音律. 天有四時, 人有四肢. 天有五音, 人有五臟. 天有六律, 人有六腑』『1년은 3백60날이 있고 사람은 3백60개의 관절이 있다 歲有三百六十日, 人有三百六十節』《內經·靈樞邪客》고 하였다. 동중서는 그뒤를 바짝 이어서『관제는 하늘을 본뜨고 官制象天』『사람은 하늘의 수와 부합한다 人副天數』고 강조하였다. 그는『천수의 세미한 부분을 탐구하는 데는 인체에서 탐구하는 것이 가장 좋다. 인체에는 사지가 있고 배·팔·다리마다 3개의 마디가 있는데 3에다 4를 곱하면 12가 되어, 12마디가 서로 도와 형체가 구성되었다. 하늘에는 사계절이 있고 매 계절마다 3개월이 있는데, 3에다 4를 곱하면 12가 되어 12개월은 서로 이어받아 1년이 종료된다 求天數之微, 莫若於人. 人之身有四肢, 每肢有三節, 三四十二, 十二節相持而形體立矣. 天有四時, 每時有三月, 三四十二, 十二月相受而歲數終矣』《春秋繁露·官制象天》고 하였다. 이것은 이미 황당무계한 말로 흐른 것이다.

유비類比 방법의 운용은 일정한 조건하에서 유별類別에 따라 사물을 조직하고 그것으로 하여금 질서가 없는 데에서 질서가 있는 데로 걸어가게 할 수 있다. 또한 이것으로 말미암아 저것에 미치고(由此及彼), 은미한 것으로 말미암아 드러난 것을 아는(由微知著) 방식으로 사물의 유형 및 그 관계를 지적할 수 있다. 또한 사물 사이의 연결을 교류시켜서 그 친화력을 증강시킬 수 있으며, 특히 사회정치 및 인륜정감 방면에서 더욱 이러하다. 그러나 유비가 매우 큰 개연성을 가진 논리추리방법이며 옛사람들이 주로 객체의 직관경험에 의해 연역판단을 진행했기 때문에 그 결론은 대부분 믿을 수 없는 것이며, 심한 경우에는 완전히 오류인 것도 있다. 동중서의 사상방법은 결국에는 다른 유를 억지로 갖다붙이는(異類比附) 신학목적론의 도구로 흘렀음이 바로 이와같다.

2 경험과 추도推導

정체 직관방식과 서로 일치되는 유비추도類比推導의 사유방식 역시 직관경험을 기초로 하는 것이다.

고대 사상가의 입장에서 볼 때 일부 현상들의 몇 가지 특징과 속성을 파악할 수만 있다면, 그 전부의 특징과 속성을 추도해낼 수 있다. 순자는『만물을 통틀어 보아서 그 이치를 알고, 치란을 참고하여 그 제도를 통달하며 천지를 바로잡아 만물을 통제하고 주재하며, 큰 이치를 통제하여 우주가 모두 다스려진다 統觀

萬物而知其情, 參稽治亂而通其度, 經緯天地而材官萬物, 制割大理而宇宙理矣』《解蔽》『천 년의 일을 보고자 하면 현재의 일을 보아야 하고, 억만을 알고자 하면 하나, 둘을 살펴 알아야 한다. ……가까운 것으로써 먼 것을 알 수 있고, 하나로써 만 가지를 알 수 있다 欲觀千歲, 則數今日, 欲知億萬, 則審一二. ……以近知遠, 以一知萬』『그러므로 현재의 사람으로 고대의 사람을 헤아릴 수 있고, 현재의 인정으로 고대의 인정을 헤아릴 수 있으며, 이 종류로써 그의 동류를 헤아릴 수 있다 故以人度人, 以情度情, 以類度類』(《荀子·非相》, 강조점은 필자가 덧붙임)고 하였다. 이류탁류以類度類는 이것으로 말미암아 저것을 알고, 이미 아는 것으로 말미암아 아직 모르는 것을 지적하는 인식의 방법이며 길이다. 이러한 방법을 이용해서 얻은 지식은 현상의 정체 성질에 관한 모호한 지식일 뿐이며, 현상의 국부에 관한 분명하고 확실하며 진실된 지식은 아니다. 그것은 현상의 이미 그러한 상황을 강조할 뿐이며, 현상이 그렇게 된 원인을 강조한 것이 아니다.

경험을 근거로 하는 유비추노의 특성은 오행생승五行生勝의 이론모식 중에서 특히 전형적으로 표현되었다. 〈수생목水生木〉은 농업생산의 실제상황과 관련이 있으며, 〈목생화木生火〉는 순전히 생활경험이며, 〈화생토火生土〉는 초목이 불타 잿더미로 된 이러한 현상에 대한 개괄이며, 〈토생금土生金〉〈금생수金生水〉는 금속의 제련과 서로 관계가 있다. 금속은 광석(土)에 근원을 두고 있으며, 고온처리를 하면 액체(水의 유사물)로 변한다. 즉 오행생승은 일상생활에 대한 개괄이자 총결산임을 알 수 있다.

이러한 경험을 기초로 하는 주관적 추도는 일상생활 범위내에서 경험이 파악되었을 때, 일반적으로는 역시 일정한 의의를 가지고 있다. 그러나 고대인이 지나치게 경험에 집착하고 사유모식이 단일하기 때문에 이미 있는 지식을 광범위하게 추도시키고자 함을 면하지 못했다. 오행의 격조에 의해 자연의 절기를 〈오시五時〉(춘春·하夏·장하長夏·추秋·동冬)로 구분하고, 방위를 〈오방五方〉(동東·남南·중中·서西·북北)으로 구분하며, 색깔을 〈오색五色〉(청青·적赤·황黃·백白·흑黑)으로 구분하고, 소리를 〈오음五音〉(궁宮·상商·각角·치徵·우羽)으로 구분하는 등 모두 오행의 속성을 갖추었다. 특정한 사유방식을 무리하게 보편화시킨 후에는 곧 필연적으로 폐단을 수반하고 견강부회하는 현상이 출현하여 신비주의로 흐르게 된다. 동중서의 음양오행에 대한 남용, 경험의 추도에 대한 임의화는 결과적으로 황당무계한 천인감응의 신학목적론을 출현시켰다. 그는 『천지의 부절과 음양의 부본은 항상 인체에 설치되어 있는데, 인체는 하늘과 비슷하고 인체 안의 수효는 하늘과 합치되며 그래서 운명이 하늘과 서로 연결되어 있다 天地之符, 陰陽之副, 常設於身, 身猶天也, 數與之相參, 故命與之相連也』《春秋繁露 · 人副天數》(강조점은 인용자가 붙인 것임)고 하였다. 그는 또한『오직 사람만이 단독으로 천지와 서로 배합될 수 있다. 인체에 3백60개의 관절이 있어 하늘의 일수와 합치되고 인체의 골육은 땅의 두터움에 합치된다. 머리에 보고 들을 수 있는 귀와 눈이 있는 것은 태양과 달의 상징이다. ……하늘은 1년의 수를 사용하여 인체를 형성하는데, 그래서 인체의 작은 관점은 3백60개가 있어 1년의 일수와 부합되고, 큰 관절은 12개로 나누어져 1년의 달수와 부합되며, 체내에는 오장이 있어 오행의 수와 부합되며, 체외에 사지가 있어 사계절의 수와 부합된다 唯人獨能偶天地, 人有三百六十節, 偶天之數也. 形體骨肉, 偶地之厚也. 上有耳目聰明, 日月之象也. 天以終歲之數成人之身, 故小節三百六十六, 副日數也, 大節十二分, 副月數也, 內有五臟, 副五行數也, 外有四肢, 副四時數也』《春秋繁露 · 人副天數》라고 주장하였다. 대체로 자연현상은 인체 혹은 사회 · 정치현상의 숫자와 같으며, 동중서는 그것을 한데 이끌어 천인감응의 신학목적론으로 확대시켰으며, 나아가서 왕권신수설을 창조하는 이론적 근거로 삼았다. 숫자로써 우연히 맞아떨어질 수 없는 현상을 만났을 때, 동중서는 유類로써 그것을 합치시킬 것을 주장하였다. 그는 직접『계산할 수 없는 것에 대해서는 유형이 서로 부합된다 不可數者, 副類皆當』고 강조하였다. 부수副數이든 부류副類이든간에 모두 하늘에 부합하기 위한 것이며, 목적과 기능은 마찬가지로『모두 하늘에 부합된다 同而副天一也』《春秋繁露 · 人副天數》는 것이다.[13]

　물론 동중서의 이러한 이류비부異類比附처럼 완전하게 주관의지의 설정(하늘 · 사람 · 사회에는 모두 음양이 있고, 하늘과 사람이 일치한다고 하는 것)을 추도의 기초로 삼은 것은 역사상 개별적인 현상이다. 그러나 전통 사유방식 가운데에 경험의 기초상에서 직관외추하는 인식방법을 광범하게 운용하였다는 것은 의심할 여지가 없는 것이다.

　경험을 특징으로 하는 유비는 일종의 인식방법으로 가치평가와 뗄 수 없으며, 일정한 문화가치체계와 뗄 수 없는 관계임을 마땅히 이해해야 한다. 전통사유방식 중에서 유비가 주요한 인식의 방식이 된 까닭은 전통문화의 경제기초가 농업이며, 현저한 경험론적 색채를 가지고 있는 것과 불가분의 관계를 가지고 있다. 고대 사상가들은 유비추리를 운용하여 왕왕 자연으로부터 사회로 미치고 윤리도덕으로부터 국가의 안녕에 미쳐서, 충분하게 중국 전통사회의 인륜을 중시하고 정치를 중시하는 가치지향과 심리상태를 나타내 주었다. 역사상 그것은 천 · 지 · 인을 교류시키고 천하만물을 일체로 끌어들였으며, 사해의 안을 일가로 보는 작용을 하였다. 이론사유 방면에서 그것은 사상을 계발시키고 생각의 길을 열어주며, 하나를 보고 열을 알며(擧一反三), 하나로부터 추리하여 다른 것까지 알며(觸類旁通), 이것으로 말미암아 저것에 미치고 바깥으로 말미암아 안으로 미치는 식으로 사물을 인식하는 것에 대해서 적극적인 작용을 하였다. 그러나 유비추리가 매우 큰 개연성을 가지고 있었기 때문에 이것은 대부분 일부 지주계급사상가(동중서 등)에게 이용되어, 다른 유를 가지고 서로 비교하고 전제왕권을 유지하는 도구가 되었다.

제 5 절 비유와 상징象徵

이론사유의 각도로부터 자세히 살피고 사유방식의 유형으로부터 고찰하면, 비유와 상징은 둘 다 유비추리의 범주에 속한다. 내가 그것을 간단하게 나열해낸 이유는, 첫째 이 두 사유방법이 중국 전통문화 중에서 광범하게 운용되어 전통문화라는 유기체 속에 깊이 융해되어 전통 사유방식의 특질이 되었기 때문이고, 둘째 사람들이 왕왕 그것을 문학의 표현수법으로 보고 그것이 대표하고 있는 전통 사유방식의 심층적 함의를 경시하기 때문이다.

1 비유는 운치韻致를 낸다.

전통사유방식 중에서 비유比喩라는 이 수법은 광범하게 채용되었다. 그것은 문인학사가 자각해서 따르고 보편적으로 채용한 예술수법일 뿐 아니라 사상가들이 그것을 빌어 완미하게 사상을 표현하고 이론체계를 구축하는 중요한 수단이며, 그것은 또한 일반민중(기본적으로 문맹자들)이 익숙하게 운용하고 정의情意를 표현해내는 도구이다.

비유는 일종의 예술수법으로서 부賦·흥興과 함께 《시경》의 창작경험 속에서 개괄되어 나온 것이다. 최초의 기록은 《주례周禮·춘관春官》의『여섯 명의 선생이 육시를 가르쳤는데, 육시는 풍·부·비·흥·아·송이다 大師教六詩·曰風, 曰賦, 曰比, 曰興, 曰雅, 曰頌』에 보인다. 《모시서毛詩序》 중에는『그러므로 시에는 육의가 있는데, 육의는 풍·부·비·흥·아·송이다 故詩有六義焉：一曰風, 二曰賦, 三曰比, 四曰興, 五曰雅, 六曰頌』라고 하였다. 당대 공영달孔穎達은 《모시정의毛詩正義》에서 〈육의六義〉를 해석하기를『풍·아·송은 《시경》의 여러

체식이고 부·비·흥은 《시》글의 여러 말일 뿐이다. 크고 작음이 달라 육의가
되었는데, 부·비·흥은 《시》의 사용되는 바이고, 풍·아·송은 《시》의 형태를
이룬다. 저 일을 가지고 이 일을 이루는데 그러므로 함께 의라고 일컫는다 風,
雅, 頌者,《詩篇》之異體；賦, 比, 興者,《詩》文之異辭耳. 大小不同, 而得幷爲六義
者, 賦, 比, 興是詩之所用, 風, 雅, 頌是《詩》之成形. 用彼之事, 成此之事, 是故同
稱爲義』고 하였는데, 풍·아·송이 《시》의 유별을 가리키며 부·비·흥은 시의
표현수법을 가리킴을 알 수 있다. 공영달의 이러한 해석은 역대로 권위를 인정받
았다.

　비比는 즉 비유이다. 그러나 그 내포에 대한 해석에 있어서는, 역사상 여러 가
지 견해가 있다. 이상李湘은 전시대 사람의 〈비〉에 대한 해석을 세 개의 유파로
나누었다. 첫째, 시교詩敎의 미자美刺원칙에 의해 입언한 일파로서 한대 유학자
정현을 대표로 한다. 그는 《주례·춘관》 대사大師 부분의 주석에서 말하기를
『비란 현재의 실정을 보고 감히 비판하는 말을 할 수 없으므로 비의 형식을 취하
여 그것을 말하는 것이다 比, 見今之失, 不敢斥言, 取比類以言之』라고 하였다.
이 일파를 미자파美刺派라고 부른다. 둘째, 수사상修辭上에 착안하는데 그들을
수사파修辭派라고 부른다. 예를들면, 한대 정현鄭玄은 『비란 사물에 견주는 것
이다 比者, 比方於物也』(鄭玄注, 《周禮·春官》에서 인용)라고 하였고, 진晉나라의
지우摯虞는 『비란 비유의 말이다 比者, 喩類之言也』《文章流別論》라고 하였으며,
당대의 시승詩僧 교연皎然은 『현상을 취하는 것을 비라 하고, 의미를 취하는 것
을 흥이라고 한다 取象曰比, 取義曰興』《詩式·用事》고 하였다. 셋째, 시법詩法의
각도에서 말하여 비를 한 개의 〈비체比體〉로 보았는데, 그들을 비체파比體派 혹
은 시법파詩法派라고 부른다. 이 일파는 주희를 대표로 한다. 그는 『비란 저 사
물을 가지고 이 사물을 비유하는 것이다 比者, 以彼物比此物也』《詩集傳》라고 하
였다. 그는 《시전강령詩傳綱領》에서 또한 『비란 한 사물을 가지고 한 사물을 비
유하는 것으로 가리키는 일이 항상 말 밖에 있다 比是以一物比一物, 而所指之事
常在言外』고 하였다.[14]

　비유는 일종의 예술표현수법으로서, 그 기본점은 취상取象과 취의取義의 유기
적인 결합을 요구한다. 취상은 문학작품 속의 사상은 반드시 구체적인 물상物象
가운데 포함되거나 기탁하여야 하며, 물상을 통해 표현되어 나오는 것을 가리킨
다. 취의는 문예작품 속의 물상이 실제의 생활보다 높고 일정한 사상적인 기탁이
있어야 함을 요구한다.

　중국 고대의 사상가들에게 비유는 일종의 뜻을 설명하는 수단으로서, 일종의

논변방식으로 광범하게 채용되었다.

공자는『날이 추워져야 소나무와 잣나무가 제일 나중에 낙엽지는 것임을 알게 된다 歲寒, 然後知松柏之後彫矣』《論語·子罕》고 하였는데, 이것은 바로 소나무와 잣나무가 혹독한 추위에 잘 견디는 성질을 나타내므로써 성현과 의사義士의 고결한 품격을 비유하여 뜻이 궁하면 절의를 볼 수 있고, 세상이 어지러우면 충신을 알게 된다는 이치를 지적하였다. 또 예를들면『영도자의 기풍은 바람에 비유되고 백성의 기풍은 풀에 비유된다 君子之德風, 小人之德草』《論語·顏淵》고 하였는데, 바람과 풀을 이용하여 각기 군자의 덕과 소인의 덕을 비유하므로써 자기의 지향하는 바를 표명하였다. 또 예를들면『장인이 자기의 일을 잘하고자 하면 반드시 먼저 자기의 도구를 잘 완비해야 한다. 우리가 한 나라에 살면서 그들 대부 중에 현인을 선택하여 그를 공경하여 받들고 그들 선비 중에 어진 사람을 선택하여 벗으로 삼아야 한다 工欲善其事, 必先利其器. 居是邦也, 事其大夫之賢者, 友其士之仁者』《論語·衛靈公》고 하였다. 이것은 삭업을 하는 데 이기利器가 없으면 그 업이 제대로 될 수 없다는 이치를 가지고 사람이 재덕이 없으면 그 능력을 다할 수 없는 이치를 비유한 것이다. 순자는『푸른색은 남색에서 나왔지만 남색보다 더 푸르다 靑出於藍而勝於藍』는 비유로써 뒤에 오는 자가 더 뛰어나다는 이치를 설명하였다. 《여씨춘추》는 각주구검刻舟求劍의 비유로써 배 안에 새긴 것에 얽매여 사물의 변화에 순응할 수 없는 사상행위가 시의時宜에 맞지 않음을 지적하였다. 불교의 승려 혜원慧遠은 신화薪火의 비유를 사용하여 그의 신불멸론神不滅論을 논증하였다. 송대 이학가 주희는 당대 화엄종의 〈일다상섭一多相攝〉의 이론을 이용하고 〈월인만천月印萬川〉의 비유를 사용하여, 그의 이일분수의 이치를 논증하였다. 사람들이『이는 단지 하나이며 도리는 같고 그 나뉨은 다르다. 임금과 신하에게는 임금과 신하의 도리가 있고, 아버지와 아들에게는 아버지와 아들의 도리가 있다 理只是這一個, 道理則同, 其分不同, 君臣有君臣之理, 父子有父子之理』(《朱子語錄》卷六)는 것을 깨닫는다면, 나아가서 하늘의 이치에 따라 일을 처리할 수 있다. 한대의 대유학자인 동중서는 음양으로 남녀·군신·부부를 비유하고, 재이災異로써 정치의 혼란을 비유하였으며, 상서로움으로 정치의 청명함을 비유하여 자신의 〈대일통〉의 뜻을 표명한 것은 더 말할 나위가 없다. 《황제내경》이라는 중의학이론 저작 역시 인체를 소우주에 비유하므로써 변증적으로 병을 치료하는 참조체계로 삼았다. 중국 고대의 사상문화 중에 비유를 널리 사용한 예는 참으로 그 수를 다 헤아릴 수 없을 정도로 많다.

일반 민중들도 비록 낫 놓고 기역자도 모르는 무식한 사람이라 하더라도 여전히 대량으로 또 능숙하게 비유를 운용하였다. 장인을 일컬어 〈태산泰山〉이라 하고, 현縣의 장관을 일컬어 〈부모관父母官〉이라 하고, 정치가 청명한 것을 〈해안하청海晏河淸〉이라 하는 등 비유를 운용하고 있지 않음이 없다. 민간속담 및 성어成語에 비유가 광범하게 운용되고 사람들의 마음 속에 깊이 파고 들어간 것은 더이상 예를 들 필요가 없을 것이다.

비유는 전통사유방식 중 유비 일종의 형식으로서 동류 및 이류를 교류시키는 작용을 가지고 있다. 그것은 『뜻으로써 정을 일으키고, 유를 빌어 정을 표현할 수 있다. 以義起情, 借類達情』 그것은 서사敍事·설리說理·서정抒情의 과정중에서 구체적인 물상에 의거하여 추상적인 사상감정을 표현하고, 정情과 물物을 융합시켜 사람들로 하여금 그것이 내포하고 있는 이치를 받아들이고 깨닫게 하는 데 쉽다. 그것은 『생각을 귀히 여기고 사실을 경시하며』 실재하는 물상을 이용하여 정심하고 복잡한 정감을 비유하여 가리키고, 또한 원래 있었던 물상에 구애받지 않는데, 따라서 특유한 운치를 내포하고 있다. 이 때문에 당군의唐君毅는 중국문화를 일컬어 〈예악문화禮樂文化〉[15]라 하였는데 이것은 타당하다고 하겠다.

그러나 바로 사람들이 말한 바와 같이 어떤 비유라도 모두 좋은 것은 못 된다. 비유 자체는 사물에 대한 구체적인 묘사가 아니며, 한어의 중의성·모호성 등의 기능과 특징은 비유의 광범한 활용성을 증대시켰으며, 따라서 또한 사물인식에 대한 의회성意會性·모호성의 국한을 수반하였는데, 이것은 비유가 인지방식으로서의 국한이 되는 점이다.

2 상징으로 의경意境을 본다

중국의 전통적 사유방식 및 그 특징 중의 하나는 상징象徵이다. 상징은 비유와 서로 관련이 있다. 바로 정아림程亞林이 말한 바와 같이 『상징은 즉 은유이며, 일종의 특수한 비유이다.』[16]

헤겔은 《철학사강연록哲學史講演錄》 가운데 중국 고대의 사유는 상징성을 갖추고 있다고 말한 적이 있다.[17] 그러나 안타깝게도 그는 단지 한 마디로 지나치게 말한 것이다.

상징은 미국 당대의 인류학자 화이트의 견해에 따르면 『그 가치와 의의로 하여금 그것을 사용하는 사람에 의해 그 위에다 덧붙이는 것이다.』 그의 입장에서 본다면 『상징의 의미는 그들을 사용하는 기체機體에 의해서 만들어지고 결정되며, 의미는 인류라는 기체가 물질적인 것, 혹은 사건 위에 덧붙인 것이다.』 『상징

은 모든 인류행위와 문명의 기본단위이며』심지어는 문화 역시 상징의 총화가
된다.[18]

　일반적인 이해에 따르면 이른바 상징이란 구체적인 사물 혹은 직관적인 표상
을 사용하여 어떤 추상적인 개념, 사상감정 혹은 의경을 표시하는 사유형식이다.
그것은 중국 전통철학 속에서 광범하게 운용되었다.

　중국 고대의 관물취상觀物取象의 사유방식은 바로 상징성 사유이다. 상象은
이중의 함의를 가지고 있다. 첫째, 상은 자연계와 사회에 나타난 현상을 가리킨
다. 《주역・계사상繫辭上》에는 『하늘은 물상을 보이어 길흉의 징조를 나타내고,
성인은 그것을 본받는다 天垂象, 見吉凶, 聖人象之』고 하였다. 팔괘八卦의 기원
은 《계사하繫辭下》의 기록에 따르면 〈상을 관찰하는 것 觀象〉에 있으며 『옛날
포희씨가 천하를 통치할 때, 위로는 하늘에 있는 해와 달과 별의 현상을 관찰하
고 아래로는 대지의 높고 낮은 갖가지의 법칙을 관찰하였으며, 또 새・짐승의 깃
과 털이 무늬 및 산천・물・흙의 이로움을 관찰하었다. 가까운 것은 사람의 몸에
서 모양을 취하고, 먼 것은 우주 만물에서 모양을 취하여, 이에 처음으로 팔괘를
만들어서 신명한 덕성에 융화 관통시키고, 천지의 생육에 참여하여 만물의 실정
을 분류하였다 古者包羲氏之王天下也, 仰測觀象於天, 府測觀法於地. 觀鳥獸之
紋, 與地之宜. 近取諸身, 遠取諸物, 於是始作八卦, 以通神明之德, 以類萬物之情』
고 하였는데, 이러한 자연계 현상에 대한 직관적 관찰은 허신許愼의 《설문해자
서說文解字敍》에 기록된 견해에 의하면 또한 문자의 기원이다. 한자의 〈육서六
書〉 가운데 용자법用字法인 〈전주轉注〉와 〈가차假借〉를 제외하면 그 나머지는
조자법造字法인 〈상형象形〉〈회의會意〉〈지사指事〉〈형성形聲〉이 되는데 실제
적으로 모두 현상에 대한 직관과 분리할 수 없다. 즉 상象의 또 다른 함의는 인식
주체가 현상에 대한 직관적 고찰을 하는 가운데 현상에 대해 개괄하고 모의模擬
하여 만들어낸 일종의 상징적 부호임을 알 수 있다. 팔괘와 한자는 모두 이러한
부호체계이다. 《계사하繫辭下》에는 『《역경》의 내용은 만사만물의 형상을 기술
한 것이며, 괘상은 우주간의 만사만물의 형상을 모방하는 데 사용하는 것이다
《易》者, 象也, 象也者, 像也』『건도는 자연을 조화시켜 매우 강건하게 사람에게
보여서 매우 쉽게 알 수 있다. 곤도는 건도에 순응하여 매우 유순하게 사람의 도
리를 보여 매우 간단하다. 성인이 제작한 괘효는 바로 건곤의 간단하고 쉬운 이
치를 본받아 만든 것이다. 괘상의 설립은 역시 건곤의 간단하고 쉬운 행동을 모
방하여 설립한 것이다 夫乾確然, 示人易矣, 夫坤隤然, 示人簡矣. 爻也者, 效此者
也, 象也者, 像此者也』라고 하였다. 그래서 팔괘는 현상 중의 〈상象〉에 대한 〈상

像〉이며, 〈상象〉에 대한 개괄이자 모의이다. 그러므로 《계사상》에는 『성인이 천하에 있는 만사만물의 번잡함을 보고서 만사만물의 형태를 모방하여 여덟 개의 기본괘로 귀납하여 만사만물의 적당한 물상을 상징하였는데, 그래서 상이라고 한다. 聖人有以見天下之賾而擬諸其形容, 象其物宜, 故謂之象』상이 발생된 과정은 형이하적인 구체적 사물의 상으로부터 형이상적으로 부호화 된 〈상〉으로, 다시 〈이상제기以象制器〉(부호화된 〈상〉에 따라 구체적인 〈기器〉를 만들어내는 것)로 되었다. 《계사》의 말을 이용하여 말하면 『팔괘가 대응하여 열을 이루어 천지간의 모든 상은 그 속에 포함되어 있다 八卦成列, 象在其中矣』『기구를 만드는 사람은 역의 상을 숭상한다. 以制器者尙其象』이것은 구체具體로부터 추상抽象으로, 다시 추상으로부터 거꾸로 구체로 돌아가는 일종의 과정인 것이다.

관물취상觀物取象을 표지로 하는 이러한 상징성 사유는 상으로 말미암아 뜻을 드러내고, 뜻은 상에서 나오는 직관성·경험성 사유이다. 그것은 실제적으로 의상이론意象理論에 관련된 것이다. 《계사繫辭》에서는 『성인은 상수象數의 규범을 수립하여 못다 표현한 뜻을 다 표현한다 聖人立象以盡意』고 하였다. 상은 괘상卦象을 가리키며, 의는 사람들의 사물 및 그 규율에 대한 인식으로 도가 사람들의 인식 속에 반영된 것이다. 왕필王弼은 《주역약례周易略例·명상편明象篇》에서 『무릇 상은 뜻에서 나오는 것이다. ……상이 뜻에서 나오기 때문에 상으로서 뜻을 관찰할 수 있다 夫象者, 出意者也. ……象生於意, 故可尋象以觀意』고 하였는데, 여기에서의 상은 괘상을 가리키면서 물상物象을 가리킨다.

의상意象이론은 『가까이는 인체에서 취하고 멀리는 사물에서 취한다 近取諸身, 遠取諸物』는 경험적 방법 위에서 건립되었다. 의상은 객관사물에 대한 순수이론적인 추상이 아니고 이론의 순감성純感性과 순리성純理性 사이에 끼어있는 〈취상取象〉인데, 만일 현재 일부 논자가 인식발전단계의 감성·지성과 이성에 대한 구분방법을 기계적으로 적용한다면 〈취상〉은 지성범주의 인식에 속한다. 그것은 직접 구체적이고 개별적인 형상을 운용하여 일반적인 것을 파악하고, 생동하는 직관적인 것을 이용하여 추상적이고 심오한 이치를 비유하여 지적하는 것으로 일종의 상징이다. 호위희胡偉希는 『의향意向 자체는 일종의 상징일 뿐이며, 물상物象과 정경情景의 한 대표물이다』[19]라고 지적하였는데 타당성이 있다고 생각한다. 중국 전통학술인 상象의 개념 및 상을 중심으로 하는 여러 학설은 중국의 전통적 〈추상개괄방식抽象概括方式〉이 집중적으로 체현된 것이다. 《역경》에서 제출한 〈상〉은 이후의 현학玄學과 이학理學을 안에 포괄한 각종 사상과 학술유파의 이론이 갈라지는 기점의 하나이다. 기나긴 역사발전과정중에서 〈상〉

은 〈음양〉〈오행〉과 상호융합하여 하나로 합쳐서 〈상수지학象數之學〉으로 변화 발전하였고, 유가와 도가를 교류시키는 〈유전자〉가 되었으며 중국문화의 공통된 사상방식이 되었다.[20]

전통사유방식 중에서 상징성 사유의 존재 및 상징의 사회생활에서의 광범화는 민족문화에 깊은 영향을 주었다. 그것은 중국인의 의회意會·체오體悟능력의 발전을 촉진시켰으며, 그것은 사람들이 경험을 빌려 자연계 특히 사회와 인생현상 중의 일부 말로 비유할 수 없는 심층적인 의경을 이해하는 것에 대해 인도하고 승화시키는 작용을 가지고 있으며, 중국문화의 인제人際와 대제代際 사이의 경험적인 전파에 대해서 적극적인 작용을 하였다. 그러나 바로 상징성 사유의 의회성과 비정확성 때문에 오히려 중국인의 사유는 고도의 사변방향으로 발전하는 데 장애가 되었다. 의회성과 경험성의 접합은 추상개념을 이론 유전자로 삼고 논리규칙에 따라 구성되어, 반드시 언어로써 정확하게 표현해낼 수 있어야 하는 근대 자연과학의 발생을 방해하였디. 중국 과학기술사를 보면 상징성 사유는 과학이론의 발생과 발전을 저해하였다. 어떤 사람은 고대중국에는 단지 기술만 있었을 뿐 과학은 없었다고 하고, 혹자는 기술만 있었을 뿐이지 학문은 없었다고 하였는데, 그것은 진실로 극단적인 말이기는 하지만 만일 공정한 입장에서 논한다면, 비록 이러한 관점이 정체상에 있어서 사람들에게 받아들여질 수 없다고 하더라고 국부적인 면에 있어서는 아마도 이치가 없지 않을 것이다.

여기서 지적하고 넘어가야 될 것은, 프랑스 자산계급 사회학자 레비 브륄Lévy-Brühl(1857-1937)의 관점에 의한다면, 상징성 사유는 일종의 원시사유이다. 미국의 인류학자 화이트 역시 같은 관점을 가지고 있다. 최근에 중국의 몇몇 학자는 이러한 관점을 발휘하여 전통사유에는 하나도 옳은 것이 없다고 비판하는데, 이것은 생각해 보아야 할 문제이다.

진실로 상징은 일종의 사유방식으로서 그것은 원시사회에서 발생하였으며, 또한 당대 인류사유 중의 상징일지라도 원시사유의 남은 실마리가 적지 않다. 그러나 이것은 결코 원시사회에 발생된 〈상징〉을 증명할 수 없으며, 처음부터 끝까지 원시사유의 범주에 속한다. 이것은 마치 현대인이 원시인으로부터 변화해 왔지만 현대인의 몸에 원시인의 유전자가 적지 않은 것과 같은데, 그러나 그렇다고 해서 현대인을 원시인이라고 간주할 수 없는 것은 매우 분명하고 간단한 이치이다. 먹거나 자는 등의 행위가 여러 시대·여러 민족 중에 모두 시종 존재하여 보편성을 갖추고 있는 것과 같이 상징은 일종의 사유방식으로서 동서고금을 막론하고 줄곧 사용되어 왔으며, 단지 중국민족 및 사회적 특징 등의 원인에 의하여 그것이 중국사회에서 강화되고 아울러 특별히 보편화되었을 뿐이다. 레비 브릴은 문화관념상에서 유럽중심주의의 신봉자이며, 그는 중국과학 전부를 부정하고 중국인의 인류문명에 대한 공헌을 말살하였으며,『이것은 모두 허튼소리에 불과하다』라고 떠벌렸는데, 이것은 단지 그의 종족편견 및 이로부터 나온 오류와 무지를 설명할 수 있을 뿐이다. 헤겔은 중국인의 사유가『감성 혹은 상징단계에 머무르고 있다』『단지 가장 천박한 사상 이면에 머무르고 있다』[21]고 중상모독하였는데, 이것은 그가 중국철학에 대해서 무지함을 나타낸 것이다. 우리들은 중국인으로서 자존자중해야 하며 극단적인 방식과 언어로써 사람들을 놀라게 하는 말을 고의로 해서는 안 된다.

물론 위에서 서술한 바와 같이 나는 결코 상징성 사유의 국한성을 부인하는 것은 아니다. 현대사회의 요구에 부합하는 민족문화를 건설하고자 하면 마땅히 비판적이고 분석적이며 객관적인 정신을 배양하고 발전시키는 데 주의를 기울여야 할 것이다.

또 하나 지적하고 싶은 것은 중국문화의 〈조숙함〉으로 말미암아(본서 제11장 제3절을 보라) 도덕을 중심으로 하는 실천이성을 특히 풍부하게 하고, 상징성 사유의 내포를 풍부하게 하고 의경意境을 끌어올렸으며, 따라서 상당히 강렬한 것을 갖추고 있는 이성의식으로 하여금 원시사유의 상징뿐 아니라 일반적 의미의 상징과 성질기능과 격조상에 근본적인 구별이 있게 하였다. 원시사유 속의 상징은 감성직관에 머무르고 있으며, 일반적 의미(예를들면 문학수법)의 상징은 물상에 집착하며, 전통사유방식 의미상의 상징은 비록 감성직관에서 비롯되었으나 오히려 감성직관을 초월하였고, 그것은 사상을 물상에 기탁하였으나 물상에 머무르지는 않았으며 물상은 단지 사상의 매개체이며 사상가들이 사상을 표현하는 도구일 뿐이다.

제 6 절 형이상形而上에 대한 동경

중국 전통사유방식 중의 유비·비유·상징 등의 사유방식은 본질적으로 볼 때 동일형태의 것이다. 비유는 유비의 한 표현형식이며, 상징은 즉 은유로서 일종의 특수한 비유이다. 삼자는 모두 경험적이고 구상적인 기초 위에서 건립되었으며, 모두 주체가 일정한 물상 혹은 원리에 힘입어 특정한 정감의지를 밝히는 일종의 방법이다. 그들의 기본효능은 이것으로부터 저것에 미치는 유별의 연계와 의상의 포함을 통하여 사람과 사람·사람과 사물·사람과 사회를 교류시켜 협동의 효과를 얻는 데 있다. 그들은 모두 구체적이고 형이하적인 기器를 통하여 주체의 형이상적인 〈도〉에 대한 동경을 논술하고 해석한다. 단지 구체적 운용 중에서만 이 그들은 각기 그 특징과 효용이 있게 되므로 본서에서는 그것을 상대적으로 나누고자 한다.

사유의 구조로 볼 때, 정체직관·유비외추·비유와 상징 등의 사유방식 및 그 특징은 사람들의 주체와 객체의 관계에 대한 인식의 제약을 받는다. 바꾸어 말해서, 가치판단으로 사실판단을 통섭하고 도덕판단으로 가치판단을 충실하게 하고 대치하며 동등시하는 사유방식은 정체직관·유비외추·비유와 상징 등의 사유방식을 통섭한다. 그리하여 전통사유 속의 전체구조 중에서 사람들은 형이상적인 〈도〉의 추구에 대해서 특히 강렬하였으며 특히 집착하였다.

《주역·계사상》에는 『형이상의 것을 도라 하고, 형이하의 것을 기라고 한다 形而上者謂之道, 形而下者謂之器』하였다. 이러한 노道와 기器에 대한 형이상과 형이하의 구분은 이미 중도경기重道輕器의 의미를 가지고 있다. 고대철학자가 음양오행을 연구한 궁극적인 목적은 결코 그 실체의 존재를 확증하는 데 있는 것이 아니고, 음과 양이라는 두 기의 대립과 교감을 통해 〈만물화생萬物化生〉의 이치를 체오해내기 위한 것이며, 목·화·토·금·수의 명확한 구분을 통해 그 상생상극相生相剋의 도리를 파악하고 그것에 힘입어 사회와 자연계의 운행을 천명하기 위함이다. 유가가 도의 추구에 부지런했던 것은 말할 나위가 없고, 도가의 신이 『사람은 땅을 법칙으로 삼고, 땅은 하늘을 법칙으로 삼으며, 하늘은 도를 법칙으로 삼고, 도는 그 스스로의 모양을 법칙으로 삼는다 人法地, 地法天, 天法道, 道法自然』(《老子》二十五章, 강조점은 인용자가 찍었음.)는 순서상태는 더더욱 사람들의 호평을 받았다. 불가에서 선양한 세계는 부진不眞과 공空이며 〈본래무일물本來無一物〉은 사람들의 형이하적인 〈기〉에 대한 〈아집我執〉〈인집人執〉을 타파하고 형이상의 〈착한〉 도로 나아가기 위함이다. 송명 이학가는 사람들이 〈이일분수〉의 철학원리를 명백히 할 것을 요구하고 결국에는 사람들이 인욕을 제거하고 〈천리〉 즉 최고 완미한 도를 보존해야 함을 요구하였다.

고대중국에서 사상가들의 형이상적 도에 대한 설명과 중도경기사상에 대한 발양은 마침내 보편적인 사회심리로 일반화되었다. 전통적 중의경리重義輕利, 사생취의舍生取義의 사상, 다섯 되의 쌀을 위해서 허리를 굽히지 않는다는 절개, 『어찌 눈썹을 내리고 세도가를 섬겨서 나로 하여금 심안을 열 수 없게 하겠는가 安能摧眉折腰事權貴, 使我不得開心顔』의 정회情懷 등은 모두 중도경기重道輕器

의 사상과 밀접한 관계가 있다.

전통적 사유방식이 조성한 형상形上을 중시하고 형하形下를 경시하며, 도를 숭상하고 기를 낮게 보는 사상은 민족사상에다 매우 깊은 낙인을 찍었다. 한편으로 그것은 사람들이 도덕경계를 배양하는 데 적극적인 작용을 하였으며, 그것은 사람들이 그 뜻을 고상히 하도록 격발시키고 도덕이상의 추구를 그리워하게 하므로써 물욕의 만족을 숭상하지 않도록 하였다. 다른 한 방면은 더욱 중요한 방면인데, 그것은 중국인의 창조정신을 위축시켰으며 사람들의 자연에 대한 탐색을 방해하였고 사유의 시야를 도덕정신의 영역에 국한되게 하였다.『자연을 경시하고 기예를 배척하는 輕自然, 斥技藝』유가사상 전통은 이러한 문화토양 위에서 생육되어 나온 것이다. 청대의 통치자들은 현대 과학기술이 인심을 파괴하는〈기기음교奇技淫巧〉〈형기지말 形器之末〉이라고 보아 폐관閉關과 쇄국鎖國을 하므로써 피동적으로 매만 맞는 비참한 국면을 초래하였는데, 이것은 바로 중도경기重道輕器사상 전통이 빚어낸 악과惡果인 것이다.

제13장

중국문화의 유형과 특징

중국 사회문명발전의 특수한 노선의 영향 및 사회·경제구조와 정치구조의 제약을 받아서, 위에서 서술한 중국문화의 주체 내용·이상인격·가치지향·사회심리 및 사유방식 등은 내재적으로 기타 지역이나 색다른 나라와는 다른 중국문화의 유형과 특징을 내포하고 있다.

제1절 문화유형설文化類型說

문화유형은 문화학 이론 가운데의 한 가지 요소로 매우 중요한 개념이다.

문화학의 이론에 의하면, 만일 문화의 시간과 공간의 체계로부터 고찰해 보면 문화의 발전은 간단한 것에서 번잡한 것으로, 낮은 것에서 높은 것으로, 안정되지 않은 것에서 안정된 것으로 가는 자연적 역사과정이다. 그 가운데 사람들은 문화층文化層·문화총文化叢·문화권文化圈·문화구文化區·문화유형·문화모식 등의 개념에 의하여 여러 층면으로부터 문화에 대해 해부하고 고찰하므로써 연구대상의 특질을 파악하는 데 편리하게 할 수 있다.

본서의 주체 내용으로 말하면, 문화유형과 문화모식의 두 개념은 중요한 의미를 가지고 있다. 이러한 두 개념에 의거해 우리들은 더욱 분명하게 사상을 표현하여 중국문화의 특질을 지적할 수 있을 것이다.

문화유형이라는 이 개념은, 일찍이 1936년에 미국의 인류학자 랠프 린튼Ralph Linton이 쓴 《사람의 연구 The study of Man》라는 책 가운데 출현하였다. 그것은 하나의 중요한 문화학 범주로서 미국 현대의 진화론자인 스튜월더가 1955년에 쓴 《문화변이론文化變異論》에서 제출된 것이다. 그는 문화유형은 여러 민족문화가 환경에 적응하여 발생시킨 각종의 문화특질이 상호 정합整合한 핵심적 특징의 숲이며, 그것은 모든 문화특질 혹은 문화원소의 총화 내지는 집합이 아니고 그들 대표성이 있고, 인과관계를 갖추고 있는 특징을 가리키며, 이러한 특징은 모두 문화구조와 서로 관련되어 있고 기능상 생태상의 연계를 갖추고 있으며, 그것은 하나의 특수한 시간순서와 발전수준을 대표하고, 각 민족 사이의 본질적 차이를 나타내 준다고 주장하였다. 스튜월더의 〈문화유형〉개념은 주로 여러 민족문화의 본질적 차이를 가리킨다.

국내의 한 학자는 『문화유형은 바로 역사상 형성된 여러 문화공동체의 가장 본질적인 특징』이라고 보았다. 구체적으로는 두 방면으로부터 이해할 수 있다.

첫째, 문화유형은 각종 문화형태체계의 차이이며, 이러한 차이는 인류의 여러 군체가 역사상 공동으로 참여한 결과이다. 인류의 여러 사회군체는 민족적·국가적 및 지역적 여러 인류공동체를 포괄하며, 그들은 일정한 자연환경과 사회환경에 의해 공동으로 노동 및 사회일에 참여하고 별도로 특색을 갖춘 물질설비·경제생활과 공예기술을 창조할 뿐 아니라 특수한 풍속·습관·윤리·도덕 및 종교·언어·제도 등의 사회문화를 창조하였다. 이들 특질은 역사발전 중에서 부단히 기능상의 정합整合을 실현시키고 일종의 문화형태체계 즉 문화공동체를 구성하였다. 일반적으로 말해서 문화공동체는 사회형태의 제약을 받는 것이지만 그것은 일종의 역사적 유산으로서 매우 큰 독립성을 가지고 있다. 역사상의 여러 요인의 장기적인 상호작용으로 말미암아 문화형태체계의 구조와 기능은 매우 큰 차이를 갖게 되었으며, 그래서 여러 다른 형태의 문화유형을 형성하였다.

둘째, 문화유형은 각종 문화형태체계의 가장 특색 있고, 가장 문화본질의 속성을 체현할 수 있는 특징을 가리키며 그것의 전체 특징의 총화를 가리키는 것은 아니다. 이 점은 주로 여러 문화정신 및 가치체계 측면에서 표현된다. 모든 문화정신은 그것의 별도로 일격一格을 갖춘 특색을 나타내었으며 아울러 일종의 문화공동체로 하여금 다른 문화공동체와 구별되게 하고 따라서 다른 문화유형을 구성하였다.[1]

나는 기본적으로 이 관점에 찬동한다. 나의 문화개념에 대한 이해에 따라 대체적으로 말하면, 이른바 문화유형이란 역사적으로 형성되고 특정한 사회 군체간(민족) 공동의 가치관념·사유방식·심리상태·정신풍모 등의 사상문화의 가장 본질적인 특징을 가리킨다.

문화유형과 문화모식은 밀접한 관계를 가지고 있다. 미국의 저명한 문화인류학자 베네딕트Ruth Benedict는 1934년에 《문화의 유형 Patterns of Culture》을 출판해서 사람들의 문화연구에 대한 시야를 넓혀주었다. 그녀는 이 책에서 모든 민족은 각기 자기의 독특한 문화를 갖고 있으며, 이러한 문화는 마치 한 개인의 사상 행위방식과 같이 어느 정도 일치성을 가지고 있다고 주장하였다. 모든 문화의 내부에는 그 특수한 목표를 가지고 있는데, 이러한 목표는 다른 사회에 없는 것이며, 그러므로 다른 사회에는 다른 문화모식을 가지고 있다. 이러한 문화모식은 모든 특정한 사람과 그 가운데 생활하는 문화 사이의 관계를 설명할 수 있다.

일반적으로 말해서 이른바 문화모식은 특정한 사회 군체(민족)의 문화 구성요소와 방식 및 이로부터 표현되어 나온 안정된 특징을 가리킨다.

문화유형은 문화모식의 내재적 본질의 반영이며, 문화모식은 즉 문화유형의 구성요소와 방식상에 집중적으로 개괄되어 있다. 양자는 문화의 주체적인 내용과 의존하는 바의 사회경제구조·정치구조 및 그 역사진행과정의 기초 위에 통일되어 있다.

제2절 중국문화의 유형

1 중국문화의 유형에 관한 여러 학설

이른바 중국문화의 유형이란, 실제적으로 중화민족이라는 특정한 사회 군체가 다른 민족과 구별되는 특정한 문화형식이다. 이른바 민족문화란 민족이 공동의 일에 참여하여 장기간의 역사적 축적을 거쳐 형성된 문화이다. 각 민족의 문화상에서의 내재적 특질과 외재적 표징表徵이 다른 것은 상호구별되는 중요한 근거 또는 표지이며, 이것이 바로 이른바 문화의 민족성이다. 문화구조의 심층 및 그 기능의 광범성 등의 측면에서 볼 때 이른바 문화의 민족성이란 주로 그 사유방식·가치체계·정감심리 등의 정신적 특질을 가리킨다. 물질문화·제도문화 등의 특질이 물론 더욱 광범위하게 문화의 민족성을 반영할 수 있지만, 정신방면의 특질과 비교해 보면 그것은 그렇게 집중적이고 깊이가 있지는 않다. 문화사회학자의 관점에 따르면, 한 민족이 문화제도에 공동으로 참여하고 향수하는 것이 오래될수록 이러한 문화제도와 사회화는 더욱 깊게 받아들여지며, 민족문화의 전통정신도 더욱 강렬해져서 더욱더 민족성을 갖추게 된다.

이상의 원리가 명료해지면, 우리들은 비교적 높은 층차 위에서 최근의 중국문화유형에 관한 학술계의 여러 관점을 자세히 살펴보고, 따라서 그것을 가지고 근거있게 중국문화에 대해서 연구토론해 볼 수 있다.

최근 학술계의 중국문화유형에 대한 관점은 주로 다음과 같이 개괄할 수 있을 것이다.

풍천유馮天瑜는 각 민족의 차이성은 그들 민족이 처한 지리적 환경, 그들이 종사하는 물질생산방식, 그들이 건립한 사회조직형태의 다양성에 의해 조성되었다고 보았다. 이 때문에 지리적 환경·생활방식·사회조직이라는 이 세 개 층차의 격식은 중국 고대문화의 유형을 결정하였다. 여기에 근거하여 중국 고대문화는 해양민족과는 구별되는 대륙민족의 문화이며, 유목사회와는 다르고 또한 공업사회와도 다른 농업사회의 문화이며, 중세기 아시아와 유럽의 등급제도와 인도의 종성種姓제도와 서로 차이가 있는 종법제도의 문화이다.[2]

중국고문화는 〈구선求善〉을 목표로 하는 〈윤리형倫理型〉에 귀속된다. 〈윤리형〉으로서의 중국문화는 사람을 매우 높은 지위에 끌어올려 존중하였는데, 이른바 『사람은 만물의 영장이다 人爲萬物之靈』『사람은 하늘·땅과 함께 나란히 선다 人與天地參』는 것은 사람을 천지와 똑같이 본 것이다. 그러나 중국문화체계의 〈중인重人〉의식은 개인의 가치와 개인의 자유로운 발전을 중시한 것이 아니고, 개체와 유類·사람과 자연 및 사회를 상호융합하여 사람들의 종족과 국가에 대한 의무를 강조한 것이다. 이 때문에 이것은 일종의 종법집체주의(혹은 봉건집체주의)의 〈인학人學〉이며 근대 발흥한 개성의 해방을 기치로 하는 인문주의와는 다른 범주에 속한다. 중국문화체계 중에서 정치원칙은 왕왕 도덕원칙으로부터 추두되어 나온 것이다. 반대로 윤리학설은 또한 정치를 위해 논승을 하므로써 윤리학설과 정치학설이 하나로 융합되게 한다. 그래서 중국문화는 또한 〈구치求治〉를 목표로 하는 〈정치형〉 혹은 〈정치－윤리형〉에 속한다. 총체적으로 볼 때 윤리형 문화는 사회질서를 유지하는 정신적 지주이자 각 관념문화의 핵심이며, 그것은 사회생활을 시작할 것을 주장하고 정무를 중시하며, 자연을 경시하고 기예를 배척하며 소박한 정체관념과 직각·체오를 중시하는 사유방식을 양육하였다.[3]

허소민許蘇民은 민족문화의 심리소질을 여러 문화유형의 기본 내핵으로 보았다. 이른바 민족문화의 심리소질이란 민족이 역사적으로 형성한 생존조건의 내화內化 및 관념형태의 문화가 민족심리 중에서 응결된 침전물이며, 공동의 문화배경에 의해 형상화되고 도야되어 이루어진 기본 인생태도·정감방식·사유모식, 치사致思방도와 가치관념 등의 여러 방면이 조성한 유기적인 정체구조이다. 인생태도로 볼 때, 중화민족은 그리스 사람들처럼 그렇게 자연의 신비를 탐색하는 호기심과 심취정신으로 충만되어 있지 않고 또한 인도 사람들처럼 일생 동안 자연과 서로 즐겁게 노는 것으로부터 생을 고통으로 보고 초자연을 추구하지 않으며, 그들의 일상생활과 뗄 수 없는 독특한 풍채로써『천지의 화육을 돕는 贊天地之化育』일종의 참여정신을 보존하고 있다. 정감방식으로 볼 때, 중화민족은 서구 사람들처럼 그렇게 많이 정감을 정신경계에 호소하여 미적 종교적 순수정감의 체험을 통해 정情과 리理의 조화를 실현시키지 않았으며, 또한 인도 사람들처럼 비록 그렇게 주관적으로 정과 리理의 조화에 도달하려고 하였지만, 그러나 정과 리理가 근본적으로 대립하는 것을 보았기 때문에 마침내 정감의 대찬흐름에 깊이 빠지거나 혹은 정을 없애는 이지理智를 위해 전심전력하지 않았으며, 가족관계 속에서 일종의 혈연친정과 실천이성을 하나로 융합한 정감방식을 이행하였다. 사유모식으로 볼 때, 중화민족은 하나와 다수·개체와 유類의 대립을 의식하고 나아가서 통일을 추구하는 서구인과는 다르며, 또한 세속생활 중에 다수와 개체의 차이를 강조하고, 환상 속에서 하나와 다수·개체와 유類의 구분을 없애는 인도인과 다르며, 구분과 전체를 상호 융합하는 일종의 사유모식이며, 사람은 객체로서 자연이라는 도식 가운데 융합되어 있고, 개체는 하나의 고리로서 가족 윤리관계라는 전체 쇠사슬 속에 의거한다. 치사致思의 방도로 볼 때, 중화민족의 치사방도는 사유활동의 반성과 관념의 회고를 중시하며, 이성적 사변을 주요 치사방도로 생각하는 서방인과는 다르며, 또한 비록 서방인보다 더 많이 직각을 운용하고 오히려 똑같이 논리사유를 중시하는 인도인과는 다르며, 주로 경험적 기초상의 직각에 힘입어 대상의 본질을 통찰하고 그리하여 우주와 인생의 근본원칙을 파악하고자 한다. 가치관념으로 볼 때, 중화민족의 가치척도는 진취와 창신을 핵심으로 하는 서방의 가치척도와 근본적으로 대립되며, 또한 현실생활의 가치평가를 중시하지 않고 최고의 실재(梵)와 하나로 융합된 여러 해탈의 길을 최고가치로 삼는 인도인과 다르며, 상고의 〈황금시대〉를 가치지향으로 삼고 종법윤리도덕을 성실히 지키는 것을 최고의 인격이상으로 삼으며, 종법사회의 전통을 가치평판의 표준으로 삼는다.[4]

주래상周來祥은 중국 고대문화는 중화주의中和主義를 총원칙으로 하고, 주체와 사회의 연구를 중시하며, 주체세계의 선을 추구하는 데 치우치며, 인격의 완선을 최고경계로 삼으며, 중국 윤리의 수양과 내성內省은 항상 심미적 자유를 그것의 최고경계로 삼아 미학과 윤리학은 분리하기가 어렵다. 이 때문에 중국문화는 윤리형 및 심미형 문화인 것이라고 주장하였다.[5]

당군의唐君毅는 중국문화의 유형은 〈윤리적 인문주의〉라고 말할 수 있다. 이러한 윤리적 인문주의는 중국의 성현이 열어놓은 『세번째 길인 인류사회의 이상』 즉 개인과 개인, 대우對偶에 의거한 관계이며, 그 생명의 정신 속에 진실하게 존재하는 것을 상호추구하는 윤리주의이다. 그것은 자본주의의 개인주의와 사회주의의 집체주의를 초월할 수 있다.[6]

2 선善과 정치를 추구하는 윤리정치형 문화

　앞에서 이미 말했듯이 문화유형은 역사상에서 형성되고 특정한 사회군체(민족) 공동의 가치관념·사유방식·심리상태·정신풍모 등 사회문화의 가장 본질적인 특징을 가리킨다. 이러한 이해에 근거하고 전통적 가치지향·이상인격·사회심리 및 사유방식 등등의 방면에 대한 고찰을 통하여 우리들은 가장 일반적인 중국 고대문화를 꿰뚫고 있으며, 민족발전에 대해 가장 깊이 영향을 준『한 마음으로 선을 추구하고 열심으로 정치를 구한다』는 본질적인 특징을 추출해낼 수 있다. 이 때문에 중국문화의 유형을 윤리형·정치형으로 개괄할 수 있다. 이것은 아래의 여러 방면에서 해석하고 논증할 수 있다.

　첫째, 사회성질로부터 볼 때 중국 고대사회는 종법제의 농업사회이다. 중국사회가 문명시대의 문턱으로 넘어 들어갔을 때에 사회변혁이 철저하지 못했고 유신의 길을 걸어갔기 때문에, 씨족혈연관계 및 이로부터 결정된 혈연심리가 존속될 수 있게 하고 아울러 통치자에게 이용되게 하여, 그것을 팽창 및 강화시켜 전제사회의 기본十소가 되는 가정 사이를 연계하는 유대가 되게 하고 사람들의 심리교류와 감정 인동認同의 기초가 되게 하였다. 종법제의 형성 및 사회에서의 종법관념의 만연은 일련의 행위규범을 생육하였다. 군혜신충君惠臣忠·부자자효父慈子孝·형우제제兄友弟悌는 사람들이 공동으로 준수하는 행위준칙이 되었으며, 아울러 보편적인 사회심리로 일반화되었다. 이와 상응하여 하나의 독립된 개인마다 모두 남 보기를 자기와 같이하는 마음을 가지고 엄격하게 자신을 단속하며, 스스로 돌이켜 자신을 반성하며 자제·예양을 겸비해야 하며, 곳곳마다 때마다 일마다 조화된 군자의 작품을 연출해내고, 윤리도덕의 내재적 수양으로써 외계의 명예와 사욕의 속박을 배제하였다. 이 때문에 자연경제를 기초로 하는 종법사회의 토양 속에서 도덕의 꽃은 특히 무성하고 아름답게 피어났다.

　둘째, 중국문화의 주체내용과 중국문화의 핵심이 되는 중국철학으로 볼 때, 그것들은 모두 정치의 제한을 받고 선의 추구를 목적으로 하고 있다. 유가에서는『나는 매일 여러 차례 자신을 돌이켜본다 吾日三省吾身』『자신을 돌이켜 성실하게 한다 返身而誠』인욕을 제거하고 천리를 회복하며, 수신제가치국평천하를 인생의 길잡이로 삼고, 도덕적 자아완선을 인생가치의 첫번째 지향으로 삼는데, 이것은 더 말할 나위가 없다. 도가는 사람 본성의 회복을 추구하고, 만물에 의해 형체를 얽매이게 하지 않으며, 생명을 보존하고 진실을 간직하고자 하며, 격렬하게 유가의 인의예지를 공격하였는데, 이것은 결국 자기학파의 도덕관을 보존하기 위한 것이다. 후세의 도연명 부류의 오두미를 위해 허리를 굽히지 않는 은사가 세상과 더불어 부침浮沈하는 것을 달갑게 여기지 않는 것은 정신의 순결함을 보존하고, 나쁜 풍에 물들지 않고 자신의 순결성을 보존하고자 하는 데 있다. 묵가는 협의의 마음을 가지고 사람을 진지하게 정열적으로 대하고, 위험에 처한 사람을 도와주고 곤경에 빠진 사람을 구제하며, 바쁘게 뛰어다니며 아우성치는 것도 그들의 평균평등·상동尙同의 도덕관을 관철시키기 위한 것에 불과하다. 이익은 즉 의인데, 이것은 유가의 중의경리重義輕利·기리취의棄利取義 가치관의 대립면으로부터 자기의 가치관을 표현한 것이다. 이러한 가치관은 소생산자의 대동도덕이상과 서로 연계되어 있다. 불가는 사람들에게 명심견성明心見性·적선수덕積善修德을 하게 하며 자연히 사람들로 하여금 도덕적인 이상국 속에서 착한 사람으로 향하는 목표에 매진하게 한다. 공리주의를 크게 제창한 법가가 주장하는『군주는 관작을 팔고 신하는 기력을 판다 主賣官爵, 臣賣力氣』는 가치원칙 역시 어찌 인심을 단속하는 윤리규범이 아니겠는가! 송명이학의 발생은 진실로 유가·불가·도가 등 삼교합일의 결과이다. 그러나 이러한 합일은 유학이 불가와 도가의 사변 색채를 흡수한 것일 뿐 아니라, 자기학파의 본체론을 풍부하게 하고 강화시켰으며, 더 중요한 것은 이러한 결합이 때마침 본체론의 고도로부터 인간의 도덕수양의 중요성과 필요성을 논증하였다는 것이다. 〈삼강팔목三綱八目〉의 사회 속에서의 일반화와 존천리存天理 거인욕去人欲 이론의 신성화·절대화는 바로 본체론 방면에서 이전 유가가 인식론 방면의 도덕선전에 치중한 것에 대해 매우 강력한 보충을 한 것이다.

특히 세밀히 연구해야 될 것은, 중국 고대문화의 핵심이 되는 철학사상에 있어서 그것의 발생·사유경향과 목표·사유내용과 방식 등은 어느 하나라도 선과 정치를 추구한다는 전체목표와 서로 연계되지 않음이 없다는 것이다.

중국철학의 기본형태는 춘추전국시기에 형성되었다. 이후 2천 년 동안 봉건사회의 세상이 종말을 고할 때까지 중국철학의 유파가 어떻게 분합되고 흥망성쇠의 과정을 거쳤는지, 그 내용이 어떻게 증감되고 변화되었는지를 막론하고 모두 시종 선진철학의 탯줄과 연계되어 있으며, 선진철학의 총체적 틀을 돌파하지 않았고 돌파할 수도 없었다. 이 때문에 선진철학은 우리가 중국철학의 특질을 분석하는 데 필요한 모형이 될 수 있다.

발생하게 된 원인을 살펴보면, 중국철학은 정치적 수요와 윤리적 수양의 제약을 받는다.

중국 고대철학가는 대부분 사회활동가이고 정치가이며 또한 윤리학자이다. 공자는 일생 동안 주나라의 도를 회복시키는 일을 자기의 임무로 삼고, 진陳나라와 채蔡나라에서 곤경을 겪고 당시 행실이 좋지 않다고 소문난 남자南子(역주―衛

靈公의 부인으로, 당시 위나라의 실권을 잡고 있었으며, 행실이 바르지 못하다고 기록되어 있다)를 만나기도 하였으며 매우 바쁘고 고달프게 각국을 돌아다니며 유세를 하였는데, 그것은 종국에는 자신이 주장하는 인학을 발양시켜서 당시에 쓰여지게 하기 위한 것이었다. 그의 그러한 인정미가 풍부한 윤리친정을 사회기초로 하는 인학사상은 예禮와 하나로 결합되었는데, 이것은 도덕과 정치 사이의 내재적 논리관계를 반영한 것이다. 『구차하게 살기를 도모함으로써 인을 손상시키려 하지 않고 대담하게 희생하므로써 인을 이룬다 有殺生以成仁, 無求生以害仁』《論語・衛靈公》는 것은 바로 도덕과 정치가 일체화된 전형적인 표현이다. 인식론 방면에서 반영된 『아는 것은 아는 것이니(모른다고 말하지 않고), 모르는 것은 모르는 것이니(안다고 가장하지 않아야 한다) 이것이 바로 아는 것과 모르는 것에 대한 정확한 태도이다 知之爲知之, 不知爲不知』《論語・爲政》『공허하게 추측하지 않으며, 전부를 긍정하지 않으며, 고집에 구애되지 않으며, 자기가 옳다고 생각하지 않는다 毋意, 毋必, 毋固, 毋我』《論語・子罕》 빛 『나면서부터 아는 사람은 상등이다 生而知之者上也……』 등의 논술은 모두 정치이상과 도덕원칙에 대한 명백한 설명을 통하여 체현해낸 것이다. 공경함(恭)・관대함(寬)・성실함(信)・근면함(敏)・은혜로움(惠) 등 다섯 가지 품덕의 배양, 효제충서孝悌忠恕 등 윤리강상의 발양은 더더욱 현실정치와 불가분의 관계에 있는 것이다.

묵가는 겸애를 주장하고, 상동을 추구하였으며, 이익을 의義로 보고, 의와 이익을 함께 중시하였다. 그들은 침공을 비난하고 절약하여 사용하였으며, 힘이 강대해지는 것은 천명이 아니라고 하고, 백성의 삼환三患을 없애주는 것을 자신들의 임무로 삼았다. 그들은 유가의 인의를 천박하게 여기면서 오히려 스스로 인의를 건립하였는데, 양자의 내포는 비록 다르지만 정치이상을 위해서 이바지하고 도덕신조를 위해 시야를 넓히는 방면에 있어서는 본질적으로 구별이 없다. 인식론 방면에서 묵자가 성왕의 일로써 언론을 검증하는 표준으로 삼은 것은 분명히 농후한 정치적 색채를 띠고 있는 것이다. 백성의 이익을 언론의 표준으로 삼은 것 또한 명확하게 겸애를 주장하는 윤리정감과 서로 관련이 있다.

도가의 〈절인기의絶仁棄義〉는 표면상으로는 도덕을 저버린 것이지만 실제적으로 오히려 『표면의 말은 마치 이면의 말과 같다 正言若反』(《老子》第七十八章)는 부정否定의 방식을 사용하여 자기의 도덕준칙을 표현하고 자기의 정치적 이상을 거듭 밝힌 것이다. 그들은 유가의 인의도덕을 공격하고, 성인이 죽지 않으면 큰 도적은 소멸되지 않는다고 주장하였으며 인・의・예를 도덕이 파괴되어 나온 산물이라고 간주하였다. 노자의 입장에서 볼 때, 가장 도덕적인 사람은 『본성의 밖에서 덕을 구하지 않고, 오히려 자기의 덕을 보존할 수 있으며 上德不德, 是以有德』자기가 작위한 바가 없지만 반대로 한 바가 있게 한다.〈무위無爲〉〈무욕無慾〉〈부쟁不爭〉은 그들 도덕관의 기조이다. 이 기조로부터 출발하여 노자는〈수도修道〉와〈적덕積德〉을 중시하였다. 그는『인생의 덕이 부단하게 누적되면 어디를 가도 승리할 수 있다. 어디를 가도 승리할 수 있으면 이 힘은 짐작할 수 없다. 이 짐작할 수 없는 힘은 국가의 정치를 관리할 수 있다. 치국의 근본이 있게 되면 통치는 장구하게 유지될 수 있다. 이것은 뿌리가 깊고 견고하며 생명을 연장하는 원칙이라고 한다 重積德, 則無不克, 無不克, 則莫知其極. 莫知其極, 可以有國. 有國之母, 可以長久. 是謂深根固柢長生久視之道』(《老子》第五十九章)고 말하였다. 이렇게 해서 도덕수양은 천하를 다스리는 도구가 되었다. 도덕과 정치는 여전히 잘 어울리는 것이다. 유가와 도가는 확실히 서로 반대되면서도 일치한다.

이러한 여러 가지에서 중국철학이 도덕정치에 의해 제한됨을 알 수 있다. 정치를 위해 이바지하고 도덕수양을 중시하는 것은 중국철학의 현저한 특징이다.

한대의 대사학자이자 사상가인 사마천司馬遷 부자는『하늘과 사람 사이를 궁구하고 고금의 변화에 통달하는 것 究天人之際, 通古今之變』을 자기의 임무로 삼았는데, 이것은 이후 전 봉건사회의 각 세대의 지식인들에게 매우 깊은 영향을 주었으며, 이러한 치세에 경도된 사상으로 하여금 일종의 숭고한 책임감과 사명감으로 전환되게 하였다. 송명시기에 이르러『천지를 위해서 마음을 확립하고, 백성을 위해 명을 확립하며, 과거의 성인을 위해 절학을 잇고, 만세를 위해 태평성대를 연다 爲天地立心, 爲生民立命, 爲往聖繼絶學, 爲萬世開太平』는 것은 이학가들의 인생추구가 되었다.

지리적 환경과 고대사회의 경제구조도 중국의 고대문화가 필연적으로 선과 정치를 추구하는 윤리화·정치화 유형이 되도록 결정하였다. 지리적 환경으로 볼 때, 중국문화는 외부와 단절된 동아시아 대륙에서 발생하고 성숙하였다. 그래서 학자들은 일찍이 중국문화는〈대륙민족의 문화〉라고 지적하였다. 중국의 선민들이 생활한 동아시아 대륙은 동쪽으로는 드넓은 태평양에 접해 있고, 서북쪽으로는 넓디넓은 고비사막이 있으며, 서남쪽으로는 청장고원靑藏高原이 우뚝 솟아있다. 이러한 한 면이 바다에 접해있고, 삼 면이 험난한 육로교통으로 되어있는 지리적 상황은 중국에 광활한 판도를 제공하여, 내부적으로 선회할 여지를 비교적 많게 하고 외부세계와 상대적으로 단절된 상태를 조성하였다. 중국의 산이 많은 환경은 교통의 혼란을 조성하고 상호 폐쇄된 자급자족하는 소농경제를 발생시켰으며, 따라서 봉건 할거세력에게 유리한 조건을 조성해 주었다. 바로 어떤 학자가 지적한 바와 같이 중국의 고문화체계는 반폐쇄적인 대륙성 지리환경으로부터 특히 완비된『단절된 구조 隔絶機制』를 얻었는데,『단절된 구조』는 바로 하나의 독립된 고문화체계가 연속될 수 있는 선결조건이다. 그래서 진한시기로부터 수당에 이르기까지 중원문화가 비록 중아시아와 서아시아의 초원문화 및 남아시아와 같은 대륙의 불교문화와 대단히 심도있는 교류를 진행하기는 하였지만, 그러나 중국의 고문화체계는 시종 자신의 품격과 체계를 보존하여, 인도 고문화가 아리아인의 침입으로 인하여 파괴되고, 이집트문화가 알렉산더 대왕의 점령으로 인해 희랍화되고, 로마문화가 게르만인의 남침으로 인해 중간에서 끊어진 것과 같은 그러한 〈단층斷層〉이 출현하지 않았다.[7]

중국의 특수한 지리적 환경, 중국 고대의 특수한 정치구조와 경제구조(본서 제2장 참조)로 말미암아 또한 중국 고대문화 중의 유가문화를 위주로 하는 자족심리로 말미암아, 중국인들이 상당히 오랜 역사시기 속에서 자기 나라를 세계의 주체로 간주하게 하고, 줄곧 〈천조상국天朝上國〉의 심리상태로써 주변 각 민족과 이역타방異域他邦을 깔보고 오만하게 대하도록 하였다. 이 때문에 역대의 통치자들은 다른 나라와의 화목한 교류에는 신경을 쓰지 않고, 내부질서의 정숙整肅과 민심의 통치에 힘을 기울였다. 중국사회의 특수한 경제구조와 정치구조는 또한 전제주의를 핵심으로 하는 왕권주의 체제와 관념을 길러내었다. 이 때문에 각 조대의 봉건제왕은 왕권을 공고히 하고 왕권을 강화하는 신성성神聖性과 지상성至上性에 모든 지혜를 다 동원하고 엄격하게 이것의 시행에 노력하는 것을 기본과제로 삼았다. 이것과 서로 짝을 이루어, 한편으로는 중국 역사상 외척 환관과 지방의 할거세력이 왕위를 넘보고 조정에 반란을 일으키는 권력투쟁이 무수히 출현하였다. 다른 한편으로는 농민기의를 집중표현형식으로 하는 인민군중의 전제왕권에 대한 반항이 이루 다 열거할 수 없을 정도로 많이 출현하였다. 폐쇄한 지리적 환경과 폐쇄적 심리상태, 분산할거된 소농경제는 이러한 투쟁에 대해서 광활한 선회의 여지를 제공하여 주었는데, 이른바『동쪽이 환하지 않으면 서쪽이 환해지고, 남쪽이 어두우면 북쪽으로 간다 東方不亮西方亮, 黑了南方走北方(역주—지난날 중국에서 유격전의 활동무대가 넓음을 비유한 말이다)』는 것은 바로 일종의 객관적인 사실의 개괄이다. 바로 이와같기 때문에 중국 고대사회의 주기적인 치란治亂의 순환은 오랜 세월이 흐르는 동안 습관이 되어 사람들이 괴상한 것을 보고도 괴상하게 여기지 않는 견괴불괴見怪不怪의 현상이 되었다. 《삼국지연의三國志演義》의 첫머리에는『천하의 대사는 통일된 지 오래면 반드시 분열되고, 분열된 지 오래면 반드시 통일된다 話說天下大事, 合久必分, 合久必合』라고 실려있다. 이것은 비록 반드시 이성의 지도하에 이론적으로 개괄한 것은 아니지만, 그래도 감성적 경험으로부터 깨달은 역사적 사실인 것이다. 바로 이와같기 때문에 통치자는 한편으로 국가정권의 역량을 이용하여 통치질서를 파괴한 자를 진압하고, 혼란중에서 안정을 추구하였다. 다른 한편으로 사상의식형태의 역량을 이용하여 봉건도덕규범으로 신민에 대해 교화를 실시하여, 신민들이 악을 버리고 선에 나아가며, 악을 피하고 선을 선양하도록 하였다.

이상의 각 방면은 상호연계되고 상호통섭하여 강대한 사회적 효용과 심리적 효용을 조성하였고, 따라서 중국 고대문화가 선과 정치를 추구하는 윤리형·정치형 문화가 되도록 이끌었다. 이러한 윤리·정치형 문화는 그 자체에 좋은 것과 나쁜 것이 병존한다는 특징을 갖고서, 여러 인생의 도향導向에서 각기 다른 작용을 하였는데, 이것은 다음절에서 매우 분명하게 확인할 수 있을 것이다.

제 3 절 중국문화의 특징

1 중국문화의 특징에 관한 여러 학설

중국의 문화유형과 그 특징은 긴밀하게 연계되어 있다. 문화유형은 문화특징을 결정하고 아울러 포함하며, 문화특징은 문화유형의 구체적 표현이다. 동시에 중국 전통문화의 핵심이 되는 중국철학의 특징은 실제로 중국문화 특징의 반영이다. 그러나 중국문화와 중국철학이 외연外延상 다르기 때문에 중국문화는 중국철학을 포함할 수 있지만 중국철학은 중국문화를 완전하게 개괄할 수 없는데, 그렇기 때문에 중국철학은 전 중국문화의 특징을 대표할 수 없다.

중국문화의 특징에 관한 학술계의 반응은 다양한데, 대체적으로 다음과 같이 개괄할 수 있다.

다수의 학자는 윤리도덕을 핵심으로 하고, 유가윤리 중심주의를 출발점으로 하는 신념이 전 중국 문화체계의 공통된 특징이라고 보고 있다.

담기양譚其驤은 중국문화의 특징은 유·불·도의 3교가 장기적으로 병존하고 한 걸음 나아가 상호침투하였으며, 동시에 기독교·이슬람교 등의 기타 종교를 받아들인 데 있다고 보았다.[8]

장혜빈張慧彬은 유가를 주체로 하는 전통문화는 명확한 윤리형 특징을 가지고 있다고 보았다. 이러한 윤리형 특징은 중국의 가족제도와 내재적인 연계를 가지고 있다. 중국의 이러한 윤리형 문화는 중화민족의 형성과 응집에 대해 거대한 작용을 하였다. 그러나 그것은 또한 다른 방면의 결과를 조성하였는데, 즉 (1) 일정한 정도상에서 사람들이 〈진眞〉(자연과학 지식)을 추구하는 욕망을 억제하였고 (2) 개인과 자아의 가치를 홀시하였으며 (3) 모종의 인격적 결함을 조성하였다.[9]

탕일개湯一介는 천인합일이 중국문화의 현저한 특색을 구성하였다고 보았다. 〈천인합일天人合一〉〈지행합일知行合一〉〈정경합일情景合一〉의 사상적 명제는 중국 고대문화가 하나의 인간관계人間關係 윤리를 중심으로 하고 세계를 전부 포괄하는 윤리형 지식체계를 형성하였음을 반영한 것이다.[10]

한신寒晨은 중국 고대문화의 특질이 〈천인합일〉과 〈지행합일〉의 가치체계 속에서 비교적 〈의〉와 〈덕〉을 중시하고, 비교적 〈이익 利〉과 〈힘 力〉을 경시한 것이라고 보았나.[11]

또한 많은 학자는 중서문화의 비교 측면에서 전통문화의 특징을 탐색하여 약간의 비교적 특색있는 결론을 도출하였다. 한 사람은 중국문화에는 세 가지 특징이 있음을 지적하였다. 즉 (1) 조숙성; 이것은 2천여 년 전에 전통철학의 인성을 중시하고 자연을 경시하는 기본모식이 형성된 것으로 표현된다. 물론 공자와 맹자이든 장자와 노자이든간에 모두 사람이 자신의 주체에 대한 연구검토를 중시하였다. (2) 독립성; 이것은 외래문화에 대한 배척으로 표현되며, 비록 흡수한다고 할지라도 단지 같은 것만을 중시하고 다른 것은 배척한다. (3) 내향적 폐쇄성; 중국 전통문화는 주로 자아의식의 부단한 완선을 향해 발전하였다. 내심세계에 대한 탐구는 줄곧 중국 전통철학의 주요내용이다. 전통문화는 장기적으로 외부 환경과 서로 교류하지 않는 폐쇄상태에 처해 있었는데, 이것은 남경여직男耕女織의 자연경제와 일치하고 있다.[12] 추광의鄒廣義는 비교의 측면에서 말했는데, 서방은 더욱 인식론을 중시하고 사물의 본질에 대한 궁극적인 이치탐구를 중시한 반면에 동방에서는 윤리학을 중시하여 사람과 사람 사이의 조화와 통일을 제창하였다고 보았다. 서방에서는 개성을 중시하고, 사람의 존엄성을 제창하고, 사람의 가치를 강조하는 관념이 형성되었는데, 이러한 전통은 줄곧 이어져 내려와 사람들의 심리가 사람과 자연의 관계에 주의하도록 이끌었다. 그들은 개인을 인정하였고 현실생활을 인정하였으며 생존을 도모하는 경쟁을 인정하였고, 이와 상응해서 과학적 진보와 기술의 발전을 촉진시켰다. 서방인의 전통 가운데 〈진眞〉을 추구하는 바람은 선을 추구하는 것보다 크며, 지식은 바로 힘이라는 것이 있다. 고대 중국문화는 본질상 일종의 묘술성描述性 상태의 문화이며, 그 가운데 가장 정치精致하고 심오한 사상은 인류의식의 수준 위에서 사람 자신이 안에 있는 것을 포괄하는 우주를 하나의 초감성超感性의 생명 정체整體로 파악하는 것이다. 개괄적으로 말해서 정감과 이성의 합리적 조절을 강조하므로써 사회존재와 개체심신의 균형과 안정을 취하고, 외재하는 신령의 숭배와 비이성적이며 열광적인 격정을 요구하지 않으며, 특히 세상을 초월한 구원을 과분하게 추구하지 않으며, 단지 현실의 피안彼岸 속에서 주체인격의 완선에 도달할 것을 추구한다. 이러한 것들은 2천여 년 동안 계속되어 내려온 중화민족의 문화심리적 특징이라고 말할 수 있다.[13]

중국 전통문화가 하나의 내향적이고 폐쇄형의 문화체계라는 관점에 맞서서 다른 의견을 제시한 사람들도 있다. 그들은 중국 전통문화가 5천 년의 오랜 역사를 가지고 있는데, 그것이 폐쇄적이라고 한다면 마땅히 처음부터 끝까지 폐쇄적이었는가? 아니면 단지 어느 한 시기에만 그러하였는가? 이러한 폐쇄는 전통문화 자체의 원인으로 인하여 일어난 것인가? 아니면 다른 원인에 기인한 것인가를 마땅히 확실하게 지적해야 한다고 주장하였다. 작자는 선진시기로부터 한당에 이르고, 다시 명청까지의 중서 문화교류의 역사사실을 상세하게 나열한 뒤에 최종적으로 중국 전통문화가 폐쇄적이라고 말할 만한 이유가 전혀 없다고 결론을 내렸다. 청조시기에 로마교황청은 여러 차례에 걸쳐 함부로 중국의 전통 예의禮儀를 간섭하였기 때문에 옹정雍正·건륭乾隆·가경嘉慶·도광道光의 각 황제는 계속해서 천주교를 제한 금지하는 명령을 반포하였고, 중서문화는 드디어 1백여 년 동안 단절되게 되었다. 중국문화가 폐쇄적이라고 말한다면, 그것은 단지 이 기간내에 한할 뿐이다. 그러나 1백여 년의 폐쇄정책은 결코 전통문화 자신이 원인을 조성한 것이 아니다. 편면적으로 단시간의 폐관閉關 쇄국정책을 갖고서 전 역사사실을 돌아보지 않고, 중국 전통문화가 폐쇄적이라고 잘라 말하는 것은 과학적이지 못하다.[14] 이와같은 견해를 가지고 있는 설용薛湧은 중국문화는 하나의 폐쇄가 아니고 하나의 개방적인 체계이며, 중국 역사발전은 매우 명확하게 초원문화와 목축문화의 장기적인 영향을 받았다고 지적하였다. 만일 중앙아시아와 서아시아의 몇몇 민족 사이의 혈연·종교·생활방식·가치관념 등 각 방면에 걸친 상호경쟁이 없었다면 중국문화는 곧 강대한 생명력을 가질 수 없었을 것이다. 중국문화는 확실히 전통을 평가하고 전통을 해석하며 전통 속에서 지혜를 찾고자 하는 강렬한 바람을 가지고 있으며, 이것은 그것의 역사의식으로서 중국문화가 매우 오랫동안 유지되고, 동력이 멈추지 않는 원인 중의 하나이다. 그것은 그 스스로의 발전모식을 가지고 있으며, 그것 특유의 계승성을 가지고 있지만 이것은 결코 그것이 폐쇄적 · 자아망상적 · 자아만족적이며, 일종의 〈자체중독自體中毒〉의 현상을 의미하는 것은 아니다. 그밖에 서방은 다원적인 문화가 맞부딪쳐 이루어진 것으로 그들은 서로 2,3천 년간의 과도기를 거쳐서 결코 완전히 정합整合되지 못했다. 중국사상은 양식과 종류가 번다하지만 비교적 잘 정합되어 매우 일찍부터 일종의 〈공통된 인식〉이 출현하였으며, 정치문화가 정합整合된 정형도 그 기세가 상당히 맹렬하다.[15]

오순吾淳은 중국 전통문화는 관념상에서 세 개의 특질, 즉 군체(관념) · 향심向心(관념) · 중용(관념)을 가지고 있다고 하였다. 군체관념은 〈화和〉와 〈공公〉의 두 관념을 포괄한다. 향심向心관념은 〈효孝〉와 〈충忠〉의 두 관념을 포괄한다. 중용관념은 군체관념과 향심관념의 논리적 결과로서 주로 〈중中〉으로 체현된다.[16]

성중영成中英은 중국문화의 특징을 다음과 같이 보았다. (1) 인격을 중시하고 사람들은 단지 자기가 가치가 없는 사회구성원 혹은 노구로 전락되는 것을 희망하지 않으며, 개인은 개인의 가치가 있어서 남에게 존중을 받고, 아울러 자중하기를 희망한다. 이러한 〈개인 인격의 실현과 완성〉은 중국문화의 특질 가운데 하나이다. (2) 윤리가치의 충실과 발양; 중국인은 인륜을 강조하고 가정과 친정親情을 중시하며, 붕우관계에 있어서는 도의와 신의를 중시하고, 가정관계에서는 부자자효父慈子孝를 강조한다. (3) 인민정치仁民政治; 역대의 현명한 군주들이 의도한 목적은 모두 인민들의 생활을 안정되게 하고, 나아가서 윤리가치가 충분히 실현되게 하는 것이다. 중국사회 전체는 개인의 인격과 가정의 가치를 교류시키고자 하는 데 그 특징은 예악면의 이해에 있다. 중국인은 예를 말하기 좋아하며, 생활 속에서 조화를 얻고, 예술 속에서 미감美感을 얻기를 좋아한다. 이것은 중국문화의 장점이라고 말할 수 있다. 중국인은 한가한 때를 이용하여 한담하는 것을 좋아하는데, 여기에서 중국인은 특히 인간세상의 가치를 강조함을 알 수 있다. 이러한 인간세상의 가치는 예악면에서 표현되며, 바로 예악사회와 인민정치를 형성하였다. (4) 평화와 인내의 미덕을 애호한다. 평화를 애호하는 것은 중국인의 특질이며, 중국인은 대동세계의 이상을 갖고서 이웃나라에 대해서는 평화정신을 취한다. 평화를 애호하기 때문에 인내의 미덕을 갖고 있다. 이러한 특질은 모두 유가정신의 발휘인 것이다. (5) 중국사회의 가장 중요한 특질은 〈윤리 · 예술과 종교의 회통會通〉에 있다. 불교는 불교의 예술을 가지고 있고, 유가에도 종교의 정신이 꿰뚫고 있으며, 중국예술내에서도 도덕 · 우주생명 및 실재의 경험을 표현한다. 윤리 · 예술 · 종교의 회통은 충돌을 구성하는 것이 아니라 조화

롭고 질서있는 것이다.[17]

당군의唐君毅는 중국문화의 특징이 다음과 같다고 보았다. (1) 〈일본성—本性〉, 즉 중국문화는 본질적으로 하나의 체계이다. 중국정치상에는 분열도 있고 통합도 있으나, 『언제나 대일통을 상도常道로 본다. 또한 정치의 분합은 문화와 학술사상의 대 귀추歸趨에 영향을 미친 적이 없으며, 이것이 이른바 도통의 상전相傳이다.』(2) 문학·사학·철학이 서로 출입한다. (3) 도덕과 정치가 서로 결합되어 있다. (4) 조화를 중시하고 관용이 넓고 크다. (5) 종교를 초월한다. (6) 인도人道를 중시한다.[18]

2 인생과 인심을 관조로 하는 문화특징

만일 중국문화의 총체적인 측면에서 고찰한다면, 시종을 관통하고 각 방면을 포함하는 기본특징을 추출해낼 수 있는데, 대체적으로 아래의 여러 방면으로 개괄할 수 있다.

인본주의人本主義

중국문화 가치체계의 확립 및 기본정신과 주체내용의 변천은 시종 인생가치의 목표와 의미의 천명 및 그 실천을 핵심으로 하고, 심성의 수양을 중점으로 삼는다. 이 때문에 중국문화의 가치체계와 내재적 정신은 인생과 인심을 관조로 하고 있다고 말할 수 있다.

이러한 인생과 인심을 관조로 하는 중국문화의 가장 중요한 특징은 필연적으로 인본주의로 표현된다.

해외의 화교학자와 홍콩·대만학자 또는 대륙학자를 막론하고 비록 구체적인 가치평가상에서 차이가 있기는 하지만, 그러나 여전히 일치된 견해는 중국문화가 종교를 초월하는 정감과 기능을 가지고 있다고 보는 것이다. 바꾸어 말해서, 중국문화 속에 내재된 신도주의神道主義는 시종 주도적 지위를 차지하지 못하고, 반대로 인본주의가 중국문화의 기본격조가 되었다.

중국문화 속에서 사람은 우주만물의 중심이다. 사람은 『천지의 화육을 돕고 贊天地之化育』천지와 『서로 나란히 서고자』한다. 사물을 고찰하고, 사물의 이치를 밝히며, 『위로는 하늘을 헤아리고 上揆之天』『아래로는 땅을 살피고자 하며 下察之地』더욱이 『가운데에서 인사를 고찰하고자 中考之人』한다. 사람은 만물을 헤아리는 척도가 된다. 전통적 천인합일사상은 하늘과 사람 사이의 통일성과 합리성을 강조하였다. 한편으로 〈인사人事〉를 〈천명〉에 부회하여 사람의 행위를 〈천도〉의 유행에 귀의시키므로써 하나의 외재적인 이론적 골격을 얻었다. 다른 한편으로 사람들은 왕왕 주체의 윤리강상과 정감을 〈천도〉에 집중시키고, 아울러 그것을 의인화하여 그것이 주체의식의 대상화와 외재적 체현이 되게 하였으며, 〈하늘〉이 이성과 도덕의 화신이 되게 하였다. 봉건제왕들이 강조한 『천명을 준수한다 奉天承運』와 봉기한 농민의『하늘을 대신하여 도를 행한다 替天行道』는 이러한 사유격식과 심리틀의 다른 회절일 뿐이다. 결국 사람은 하늘의 뜻을 따라『천명을 이어받고 承運』『도를 행하는 行道』것이다. 〈하늘〉은 사람들이 도덕이상을 실현하는 수단이 되었으며 목적이 아니었다. 동중서와 같은 신학화된 사상가가 비록 제멋대로 천인감응의 이론을 고취시켜서 사람을 하늘에 응하게 하고, 사람을 하늘의 수에 일치되게 하여 인사를 신격화된 천도의 아래에 두고자 하였지만, 그러나 동시에 그는 『하늘을 사람에 응하게 하고 以天應人』『하늘과 사람을 서로 일치시키며 天人相副』『인체는 하늘과 같다 身猶天也』는 이론 등을 강조하므로써 〈하늘〉은 피안세계에 있는 것이 아니고, 난순하게 수체와 서로 대립되고 서로 분리된 외재적 역량이 아니며 현실세계 속의 인체와 인심 속에서 감지할 수 있는 역량임을 밝혔다. 이것은 〈하늘〉을 사람으로 환원하고 〈천도〉는 인도의 투영이 되고, 신권은 황권의 현실사회에서의 또 다른 표현에 불과한 것이다. 이와같을 뿐 아니라 동중서가 희로애락을 자연계에 부여하고 〈선선악악善善惡惡〉의 윤상정감을 사용하여 〈천도〉를 충만하게 한 것은 실제적으로 사람의 가치원칙으로써 하늘을 치장하여 천인합일을 추구한 것이다. 이 의의상에서 고찰하면, 동중서의 천인합일사상은 본질적으로는 그것이 신학목적론의 색채를 띠고 있기는 하였지만 여전히 일종의 인본주의 사상의 체현인 것이다. 바로 이와같기 때문에 동중서의 조신운동造神運動은 결국에는 성공하지 못했는데, 그 중요한 원인의 하나는 신을 만들고자 하면서, 신이 사람에게 봉사하도록 한 내재사상의 모순과 불가분의 관계를 가지고 있다.

유가와 도가의 사상을 주요 줄기로 하는 중국문화는, 진실로 사람들이 말한 바와 같이 일종의 윤리본위의 문화이다. 유가의 성의·정심·격물·치지·수신·제가·치국·평천하·명덕·신민·지어지선과 도가의 수도적덕修道積德, 불가의 거악종선去惡從善을 막론하고 어느 하나라도 도덕실천을 제일 요의要義로 삼지 않은 것이 없다. 송명 이학가가 말하는 〈존천리存天理, 거인욕去人欲〉은 더욱 도덕이상의 실천을 목적으로 삼고 있다. 고대중국의 문론文論과 화론畵論 속의 주장 역시 모두 이러하다. 고대중국에서 회화작품은 사상교육과 도덕교육의 작용을 일으키도록 요구되었다. 이른바『악으로써 세상을 경계하고 선으로써 후세에 보여준다 惡以誡世, 善以示後』《魯靈光殿賦》『권계를 밝히고 번성하고 쇠하는 것을 드러내며, 1천 년간의 적막함을 그림을 펼쳐 거울삼는다 明勸戒, 著升沈, 千載寂寥, 披圖可鑒』《古畫品錄序》『교화를 이루고 인륜을 돕는다 成教化, 助人倫』『선을 보는 것은 악을 경계하기에 충분하고, 악을 보는 것은 어짐을 생각하기에 충분하다 見善足以戒惡, 見惡足以思賢』『거울에 있는 것은 그림이다 存乎鑒者圖畫也』《歷代名畫記》 등등은 바로 인생의 길과 인심을 경계하는 것을 명시하는 표현인 것이다. 고전 문론文論 속의 〈문이명도文以明道〉〈문이재도文以載道〉유형의 의론은 더욱 이러하다. 이러한 여러 가지는 모두 중국문화의 인본주의 특징을 체현한 것이며, 혹은 어떤 학자가 지적한 대로〈도덕적 인본주의〉인 것이다.

〈도덕적 인본주의〉의 또 다른 표현은 중국문화가 언제나 사람을 일정한 관계 속에 놓고 고찰한다는 것이다. 정치상의 군신관계, 가정 속의 부자·부부·형제관계, 사회 속의 붕유관계는 이른바 〈오륜五倫〉, 즉 다섯 가지 윤상관계를 구성한다. 이 오륜 중에는 특정한 도덕 행위규범이 있는데, 예를들면 군의신충君義臣忠·부자자효父慈子孝·부경부종夫敬婦從·형우제공兄友弟恭 등이다. 개인은 오륜의 관계라는 그물 속에 처해 있으며 동시에 전사회의 가국일체家國一體의 종법정치라는 그물 관계 속에 처해 있다. 그래서 일련의 그와 상응하는 도덕규범을 갖게 되었다. 개인은 이 규범에 의해서 사회 속에서 일정한 배우역할을 하고 일정한 의무를 이행한다. 그래서 상호연계를 가지고 상호제약하며 사회의 질서 있는 운행을 유지하여 각자의 인생가치를 실현하는 것이다.

중국문화 속의 이러한 도덕적 인본주의는 도덕실천을 최고의 지위로 끌어올렸는데, 이 때문에 중국인의 정조를 중시하고 수양을 강조하는 일면이 풍부해졌지만, 더욱 중요한 것은 그것이 사람들의 시야를 사회역사 심지어는 도덕영역에만 국한시켜서 사람들의 자연과학에 대한 연구를 방해하였다. 전통 중국사회는 왕왕 공예를 깊이 연구하거나 기물을 제조하는 것을 〈조충소기雕蟲小技〉라고 부르면서 경멸하였으며『심신과 성명에 관한 학문 身心性命之學』을 필생의 추구해야 할 〈대도大道〉로 보았는데, 이것은 도덕 인본주의의 국한과 뗄 수 없는 관계를 가지고 있다.

중도경기重道輕器

인생과 인심을 관조하는 도덕인본주의는 그 전형적인 표현 중의 하나가 중도경기이다. 그것은 의와 이익·사회와 자연·명名과 신身·주체와 객체 등의 문제의 관계 위에 표현된다.

의와 이익의 관계에 있어서는 중의경리重義輕利, 심지어는 기리취의棄利取義

로 표현된다. 생존과 의의 양자가 함께 얻어질 수 없을 때는 생존을 버리고 의를 취한다. 도道와 공功에 있어서는 도를 밝히고 공을 꾀하지 않는다. 이와같은 여러 가지는 앞에서 이미 서술하였으므로 이곳에서는 더이상 언급하지 않겠다. (본서 제11장을 보라.)

　사회와 자연의 관계에서는 사회를 중시하고 자연을 경시하였다. 윤리본위의 원칙, 도덕이 최고라는 가치지향은 사람들의 사유중심과 실천활동을 사회와 역사의 영역으로 한정시킨다. 선진시기의『제자는 모두 세상의 폐단을 구하기 위해서 일어났다 諸子皆起於救世之弊』혼란한 사회환경과 정도가 깊은 우환의식은 더욱 사상가들이 주체수양과 사회의 치란흥망을 중시하는 사유정세思惟定勢를 강화시켰다. 한대에 종법인륜을 중시하는 유학이 주도적인 사상으로 확립된 후 삼강오상은 사람들의 언행의 가치표준이 되었다. 통치계급 내부의 권력과 이권다툼과 상호알력 및 농민기의農民起義를 집중표현형식으로 하는 인민의 반항투쟁은, 두 개의 다른 측면으로부터 통치자 및 사상가들이 하늘과 사람의 관계 및 고금의 변화에 정통하도록 강요하고, 따라서 치란형세의 사회역사문제가 조야朝野 상하에서 피로하게 느끼지 않는 관심대상이 되게 하였다. 사상가들의 모든 사상활동 및 성과는 풍속을 이루고 교화를 도우며 인륜을 두터이 하기 위해서이고〈자치資治〉를 위해서이며, 이밖에 특별히 다른 것을 추구하지는 않는다. 효렴孝廉으로 호소하고, 효렴을 표준으로 삼는 벼슬길의 지식인에 대한 개방은 관료심리를 강화시키고 나라를 경영하는 추동력이 되었다.

　명名과 신身의 관계에 있어서 중국문화는 명을 중히 여기고 신을 경시하였다. 도덕판단은 사람들이 사물을 인식하고 그 가치를 감별하는 근본원칙이 되었기 때문에 사람들이 선에 대한 체인體認과 추구에 집착하고, 명성이 완미하게 되는 것을 최대의 만족으로 삼도록 하였다. 이학가들이 개괄을 하고, 아울러 사회에 보편적으로 인동認同하는『굶어죽는 것은 작은 일이고 절개를 굽히는 것은 큰 일이다 餓死事小, 失節事大』는 것은 명과 신의 관계상에서의 전형적인 문화심리 상태인 것이다.

　주체와 객체의 관계상에 있어서는 주체에 대한 도덕수양을 중시하고, 객체에 대한 탐구와 개조를 홀시하였다.『스스로 돌이켜 반성한다 反求諸己』『자신을 돌이켜 성실하게 한다 反身而誠』는 유형의 권유는 중국 봉건사회 체제하에서 계속 끊이지 않았다. 개체의 도덕수양을 인생의 제일 요의로 삼고자 한 까닭은 종법제의 사회구조 속에서뿐 아니라 특히 유가사상을 주체로 하는 전통문화에서 사람을 일정한 관계의 사람으로 설정하고 군체 중의 한 분자로 설정하였기 때문이다. 전통적 중화中和관념에 의해서 구체적 사물과 사람에 의해 구성된 일정한 관계의 그물 및 사회군체는 파괴될 수 없으며, 단지 각자의 자제·예양禮讓 속에서 조화를 추구함으로써 특정한 관계를 유지하고 군체를 존재하게 하고 발전시킬 수 있다. 이것은 필연적으로 사람들로 하여금 안을 향해서 추구하게 하고 선에 대한 체인을 통해서 자기 자신의 사욕을 도모하는 편협한 정감을 초월하게 하는데, 즉 당시 현인이 말한 내재적 초월을 통하여 인생가치의 목표를 달성하는 것이다. 이 논리에 따르면 사람들의 사유날개는 자연히 개체의 도덕수양이라는 왕국 속에서 날개짓할 수밖에 없고, 자연영역 속에서 자유로이 날아갈 수 없었다. 이것이 바로 중국 봉건사회의 윤리학설이 특별히 풍부해지고 자연철학이 상대적으로 빈곤하게 된 하나의 원인인 것이다.

중도경기重道輕器사상은 결국 정신을 중시하고 물질을 경시하며, 의리의 파악을 중시하고 기물의 제조를 경시하는 것이다. 그것은 중화민족의 내재적 정신을 보다 풍부하게 하고, 정감심리를 보다 안정되게 하였으며, 자아조절기능을 보다 발달하게 하고, 아울러 가치 인동認同과 문화심리 방면에서 보다 강한 응집력과 고섭固攝작용을 갖게 하였다. 이러한 것들은 중국문화의 발전과 성장에 대해 상당히 적극적인 작용을 하였다. 그러나 다른 한편으로 중도경기사상은 심각한 폐단을 가지고 있다. 그것은 사람들로 하여금 자연을 경시하게 하고, 기예技藝를 멸시하게 하며, 과학기술의 발전을 가로막게 하였다. 특히 중국사회가 근대로 진입한 이후에 중도경기의 사상은 폐관과 쇄국정책을 실시하고 남에게 침략만 당하는 내재사상의 원인 중의 하나가 되었다. 현대화 국가를 건설하는 오늘날 우리는 마땅히 자연경제 생산방식 위에 기초한 중도경기의 고전古典관념을 지양하고, 현대의식을 주입해서 도와 기를 함께 중시하고, 기로써 도를 밝히며, 기로써 도를 보호하고 도로써 기를 촉진시켜서 양자로 하여금 반드시 서로 행해지게 하여 현대화를 건설하는 데 양익兩翼이 되도록 해야 한다.

경세중교經世重敎

중국문화는 강렬한 현실정신을 갖추고 있으며, 실제를 숭상하고 현상玄想을 배척한다. 〈도〉는 결코 남에게 강요하는 외재적 절대정신 혹은 이념이 아니고, 실제의 윤상관계와 사회정치생활 속에 근원을 둔 일종의 이론적 개괄이기 때문에 이 형이상학적인 도道는 자신의 현실근거와 문화토양을 가지고 있다. 저명한 유가 도통론자인 한유韓愈는 그의 《원도原道》에서 〈도〉에 대해서 천명하였는데, 그 핵심은 인의仁義이다. 그는 『널리 사랑하는 것을 인이라고 하고, 적합하게 일하는 것을 의라고 하며, 인과 의에 따라 해나가는 것을 도라고 한다 博愛之謂仁,

行而宜之之謂義, 由是而之焉之謂道』고 하였다. 〈도〉는 두 방면의 내용과 기능을 가지고 있는데, 하나는 〈군신·부자·빈주賓主·곤제昆弟·부부〉 등 봉건윤리 관계를 견고하게 하고 봉건등급질서를 보호하는 것이다. 한유의 입장에서 볼 때 이제二帝 삼왕三王 및 성인들의 도를 수호하고자 하면 반드시 『군주된 자는 명령을 발포하는 사람이고, 신하는 군주의 명령을 받들어 시행하여 그것을 인민에게 전달하는 사람이며, 인민은 곡식·쌀·실·마 등을 생산하고 기구를 만들며 물품과 재화를 유통시켜서 자기 군주를 섬긴다. …… 인민이 곡식·쌀·마·실 등을 생산하고 기구를 제조하며 물품과 재화를 유통시켜서 군주를 섬기지 못하면 마땅히 징벌을 받아야 한다 君者, 出令者也, 臣者, 行君之令而致之民者也, 民者, 出粟米麻絲, 作器皿, 通貨財, 以事其上者也. …… 民不出粟米麻絲, 作器皿, 通貨財, 以事其上, 則誅』고 주장하였다. 도의 또 다른 방면과 내용은 군주가 아래 백성을 잘 다스리고 알맞게 백성의 생존을 고려하며, 『환과고독鰥寡孤獨과 폐질자廢疾者가 부양되도록』 요구하는 것이다. 도를 논히는 것은 나라를 경략하고 군주를 보필하는 국가의 동량이 되기 위함이다. 즉 한유의 이러한 도론道論은 중국 봉건사회의 정통지식인 사이에서 매우 대표적인 것이다.

도는 봉건 윤리강상과 제도이며 통치질서이고 통치술이기 때문에 도를 얻는 것은 개체수양의 최고경계이자 인생이상의 성화聖化이다. 그래서 현실의 인생이 비록 험난한 가시덤불을 걷더라도 사람들은 여전히 정무政務에 열심이며, 광시제세匡時濟世의 포부를 실현시키고자 한다. 이 때문에 정무를 중시하는 것을 특징으로 하는 경세사상은 중국문화의 현저한 특색이 되었다.

공자는 역사상 매우 커다란 영향을 끼쳤으며, 경세치용을 주장하고 교화를 존중한 사상가이다. 그는 『《시경》3백 편을 암송하였다고 하더라도, 그에게 정치임무를 맡겼는데 해내지 못하고, 그를 외국에 사신으로 보냈으나 또한 홀로 담판을 하지 못한다면 비록 많이 읽었다고 하더라도 어찌 읽었다고 할 수 있겠는가? 誦詩三百, 授之以政, 不達, 使於四方, 不能專對, 雖多, 亦奚以爲?』《禮記》라고 명확하게 지적하였다. 즉 공자는 학이치용學以致用을 열렬하게 강조하였으며 문학의 실용가치를 강조하였다. 공자의 유명한 『시를 읽으면 연상력聯想力을 배양시킬 수 있고, 관찰력을 높일 수 있으며, 남과 친화하는 힘을 단련시킬 수 있으며, 풍자방법을 배울 수 있다 詩可以興, 可以觀, 可以群, 可以怨』《論語·陽貨》는 이론은 『가까이는 그 속의 이치를 운용하여 부모를 섬길 수 있고, 멀리는 군주를 섬길 수 있다 邇之事父, 遠之事君』는 부류의 인식작용과 교육작용을 강조한 것이다. 그는 『사악한 생각을 하지 않는다 思無邪』는 것으로써 〈시삼백詩三百〉의 정치사상 내용을 개괄하였고, 사람들이 일을 처리하고 사람을 대하는 데 있어서 『모두 정에서 나와서 의에서 그칠 것 皆發乎情, 止乎義』을 요구하였는데, 이것은 여전히 경세중교사상을 표현한 것이다.

순자는 사람들에게 『모든 의론 기약 명물命物의 이름 및 시비는 성왕을 모범으로 삼을 것 凡言議, 期命是非, 以聖王爲師』《荀子·正論》을 요구하였고, 『도는 세상을 다스리는 영구불변한 법이며 조리이다. 마음은 도에 부합하여야 하고 말하는 것은 마음에 부합해야 하며, 말은 말하는 것에 부합해야 한다 道也者, 治之經也. 心合於道, 說合於心, 辭合於說』《荀子·正名》고 주장하였다. 그는 예를 흥성하게 하고 법을 중시하여 예와 법을 함께 말하고 왕도와 패도를 모두 제창하였다. 이러한 것들은 모두 경세사상의 표현이다. 그의 유명한 《권학편勸學篇》은 교화의 효용을 매우 철저하게 지적해내고 있다.

공자·순자 이후의 역대 사상가들은 어느 누구도 경세를 제창하고 교화를 중시하지 않은 이가 없다. 동중서의 성삼품설性三品說, 송명이학가의 〈천지지성天地之性〉과 〈기질지성氣質之性〉의 구분, 천리와 인욕의 대립은 통치계급이 백성을 교화하는 데 이론적인 근거를 제공하였으며, 하층군중이 교화를 받아들이는 데 있어서 논증이 되었다. 정통유가의 입장에서 보면, 교화과정 자체는 바로 정치에 참여하는 데 있고, 경세제민經世濟民에 있다. 경세와 교화는 서로 조건이 되어 상호촉진하며, 공동으로 봉건통치를 유지하는 작용을 하였다.

고대중국의 화론 역시 하나의 측면으로부터 중국문화의 경세중교의 특징을 반영하였다. 당대의 저명한 화가 오도자吳道子가 그린 《지옥변상도地獄變相圖》는 후인들에게 『선을 행하게 되고 악을 멀리하게 하는 遷善遠罪』 작용을 하였다고 칭송되었으며, 아울러 이로부터 감탄하여 『누가 단청하는 것을 말기라고 하였는가! 熟謂丹靑爲末技哉!』(北宋 黃伯思 《東觀余論》)『제왕 명공 대유학자들이 종전대로 따라 그린 것은 모두 전술하고 창작한 바가 있는 것이다. ……사람들로 하여금 만세의 예악을 알게 한다 帝王名公巨儒相襲而畵者, 皆有所爲述作也. …… 令人識萬世禮樂』(北宋 郭熙·郭思 《林泉高致·畵題》)고 하였다. 북송의 유명한 서화가 미불米芾은 스스로 말하기를 『옛사람의 그림은 선을 권하고 악을 징계하지 않은 것이 없다 古人圖畵, 非無勸戒』《畵史》고 하였다. 명대의 송염宋濂은 역사상의 회화내용에 대한 기술을 통하여 회화의 경세와 교화에 대한 작용을 지적하였다. 그는 『옛날에 그림을 잘 그리는 사람은 혹은 《시경》을 그리기도 하고, 혹은 《효경》을 그리기도 하며, 혹은 《이아》를 그리기도 하며, 혹은 《논어》 및 《춘추》를 그리기도 하며, 혹은 《역》의 상을 그리기도 하는데, 모두 경에 의거하여 그려 그 본래 모습을 잃은 적이 없다. 세월이 흘러 한·위·진·양 때에 이르러《강학》의 그림이 있고,《문례》의 그림이 있으며,《열녀인지》의 그림이 있어서 그림과 역사적 사실을 함께 전해지게 하고, 명교를 돕고 여러 윤리를 도왔으니 또한 볼 만한 것이 있다 古之善繪者, 或畫《詩》, 或圖《孝經》, 或貌《爾雅》, 或象《論語》暨《春秋》, 或著《易》象, 皆附經而行, 猶未失其初也. 下逮漢·魏·晋·梁之間,《講學》之有圖,《問禮》之有圖,《列女仁智》之有圖, 致使圖史幷傳, 助名教而翼群倫, 亦有可觀者焉」(《畫原》《宋學士文集》 강조점은 인용자가 덧붙임)고 하였다. 고대중국의 단청丹靑과 묘필妙筆은 큰 예술적인 영역에서만 발휘된 것이 아니라 명교·경의經義·인륜의 매개체로서, 일종의 전파매개체 역할을 하였음을 알 수 있다.

고대중국의 특유한 서원제도는 교육과 훈도를 서로 결합시켜 중국문화의 경세중교의 특징을 매우 잘 체현시켰다. 대이학가 주희가 정하고 아울러 후세에 7백 년 동안 연용된《백록동학규白鹿洞學規》의 교육종지는 바로 하나의 훌륭한 예증이다. 이 학규學規의 내용과 문자는 매우 간결하고 세련되어 있다.

아버지와 아들 사이에는 친함이 있고, 군주와 신하 사이에는 의리가 있으며, 남편과 아내 사이에는 구별이 있고, 어른과 아이 사이에는 차례가 있으며, 친구 사이에는 신의가 있어야 한다.

위는 오교의 총목이다. 요순이 계를 사도로 삼고 오교를 공경하여 펴게 하였으니 바로 이것이다. 학자들은 이것을 배울 뿐이다. 이것을 배우는 순서는 역시 다섯 가지가 있으니 그것을 구별하면 아래와 같다.

널리 배우며, 자세하게 물으며, 신중하게 생각하며, 명백하게 분별하며, 절실하게 실행해야 한다.

위는 배우는 순서이다. 학문사변의 네 가지는 이치를 연구하는 것이며, 만일 독행의 일은 수신에서부터 일을 처리하고 외물과 접촉하는 것에 이르기까지 각기 그 요체가 있으니 구별하면 다음과 같다.

말은 충성되고 믿음성 있게 하며, 행동은 독실하고 공경스럽게 하며, 분노와 사욕은 덕을 쌓는 데 해롭기 때문에 참고 억제하며, 허물을 고쳐 착하게 되어야 한다.

위는 수신의 요점이다.

의로움을 바로 하고 자기의 이익을 도모하지 않으며, 도를 밝히고 자기의 공적을 생각하지 않는다.

위는 일을 처리하는 요점이다.

자기가 좋아하지 않는 사물을 남에게 주지 말며, 예기했던 효과를 거두지 못하면 스스로 돌이켜 반성해야 한다.

위는 외물을 접촉하는 요점이다.

父子有親, 君臣有義, 夫婦有別, 長幼有序, 朋友有信.

上五敎之目. 堯舜使契爲司徒, 敬敷五敎, 即此是也. 學者學此而已. 其所以學之序, 亦有五焉, 其別如下.

博學之, 審問之, 愼思之, 明辨之, 篤行之.

上爲學之序. 學問思辨四者, 所以窮理也, 若乎篤行之事, 則自修身以至於處事接物, 亦各有其要, 其別餘下.

言忠信, 行篤敬, 懲忿窒欲, 遷善改過.

上修身之要.

正其誼, 不謀其利, 明其道, 不計其功.

上處事之要.

己所不欲, 勿施於人, 行有不得, 反求諸己.

上接物之要.

군말을 하지 않아도 우리들은 이 영향이 지극히 큰《백록동학규白鹿洞學規》의 성질과 특색을 명확하게 알 수 있다.

유가가 주장하고 아울러 부지런히 추구한 내성외왕內聖外王 역시 그 경세치용 사상의 두 가지 표현형식에 불과하다. 유학에서 주도한 경세치용 사상은 중국 봉건사회의 정치·경제·문화 및 민족성격의 내재정신을 만들어내었다. 중국인의 국가와 민족에 대해 집착하는 우환인식(예를들면『천하의 흥망은 필부에게도 책임이 있다 天下興亡, 匹夫有責』), 도덕적 자아완선에 대한 굳은 신앙 등은 모두 내성외왕이라는 두 가지 경세사상이 걸어간 체현인 것이다.

경세사상은 역사적으로 누적되어 이미 하나의 보편된 사회심리로 전환되었음을 우리는 주의할 필요가 있다. 중국의 지식인들은 보편적으로 경세의 뜻을 품고 있다. 정취가 높은 사람은『천하 사람들이 근심하기에 앞서서 근심하고, 천하 사람들이 즐거워한 후에 즐거워한다 先天下之憂而憂, 後天下之樂而樂』는 것으로 표현되어 국가와 민족의 이익을 자기의 사리사욕 위에 놓으며, 격조가 낮은 사람은 일심으로 권세에 빌붙어서 높은 자리에 올라가는 것을 통쾌한 일로 생각한다. 전자와 후자를 막론하고 모두 강렬한 정치에 대한 동경을 가지고 있으며 강렬한 당관심리當官心理(관리가 되기를 원하는 심리)를 가지고 있다. 이러한 당관심리는 이미 중국인의 마음 속에서 일종의 사유정세를 형성하였으며, 정치에 참여하여 관리가 되고 게다가 대관이 되어야 비로소 포부를 시행할 수 있고, 인생의 가치를 실현시킬 수 있다고 보는 것이다. 이러한 상황은 줄곧 현재에까지 영향을 주고 있다. 최근 몇 년간 대학원생과 대학생 사이에 일어난 정치참여의 열기는 전통적 경세관념과 당관심리와 밀접한 관련이 있다고 하겠다. 물론 경세사상이나 또한 정치참여 열기 그 자체만을 간단히 평가하는 것은 그다지 큰 의의가 없는 것이다. 중요한 것은 이것이 일종의 전통과 상관된 문화현상이며, 따라서 사상문화의 각도로부터 자세히 살펴보고, 높은 층차의 평가를 주어야 한다는 것을 우리가 인식해야 한다.

숭고중로崇古重老

중국문화에는 명확한 숭고중로의 특징이 있다. 숭고경향에 관해 우리는 선왕관념의 중국사회에 대한 영향(제8장)과 전통 가치지향과 사회심리(제11장)를 언급할 때 이미 상세하게 논술하였으므로 본장에서는 다시 중복하지 않겠다. 한 가지 지적해야 될 것은 중국사회는 종법사회이기 때문에 종법윤리는 반드시 사람들의 숭고와 존고尊古를 요구하며, 이것은 이로부터 결정된 노인을 중시하고 노인의 명령이라면 따르는 가치준칙 및 사회심리와 서로 연계를 가지고 있다.

전통 중국사회가 농업사회이기 때문에 농업생산은 반드시 경험으로 장악하고 지도해야 하는데, 일반적으로 말해서 경험의 축적은 나이가 들어감에 따라 비례하며 이 때문에 노인의 지위와 가치는 농업사회에서 특별히 중요하다. 실제로 『서른 살이 되어서는 견고하게 자신을 지켜서 이루어 놓은 것이 있고, 마흔 살이 되어서는 일체의 사리에 대해서 통달하여 의혹이 없었으며, 쉰 살이 되어서는 천명의 이치를 알게 되었으며, 예순 살이 되어서는 들은 것이 모두 분명해지고 마음 속으로 거스름을 느끼지 못했으며, 일흔 살이 되어서는 마음이 하고자 하는대로 하여도 법도를 넘어서는 것이 없었다 三十而立, 四十而不惑, 五十而知天命, 六十而耳順, 七十而從心所欲不逾矩』《論語·爲政》고 하는 〈공자의 자술自述〉은, 사유의 본질상으로 볼 때 나이의 증가와 경험의 축적과 사리事理의 파악 사이의 상관성을 강조한 것으로, 일종의 경험주의 태도를 반영하였다. 동시에 문구의 내용으로 볼 때 분명히 공자 만년의 인식이며, 노인의 심리상태를 반영한 것이다. 우리는 이러한 경험적인 노인 심리상태가 결국 훗날의 전체사회에 의해 공동으로 인식되고 찬성을 얻었음을 깊이 성찰해야 할 것이다.

바로 중국 전통사회가 하나의 종법사회이기 때문에 종법윤리의 기본정신은 노인을 존경하고 노인에게 효도하고 순종하는 것으로, 일체의 언행이 노인을 본보기로 삼는데 이 때문에 만일 개혁가 왕안석처럼『조종은 법칙으로 삼기에 부족하다 祖宗不足法』라고 제창하는 것은 커다란 불경不敬이 되며, 세속을 거역하는 것으로서 사회에 용납되지 못한다. 숭고사상의 존재는 특히 노인의 지위와 가치를 강화시켜 주었다. 봉건사회에 성행한『존경하는 사람을 위하여 피하고, 웃어른을 위해서 피한다 爲尊者諱, 爲長者諱』는 정치의 도덕원칙은 존귀한 자와 어른을 하나로 본 것으로 장자(일반적 노인)의 중요성을 볼 수 있다. 국내와 해외에서 일찍이 어떤 학자는 한 폐쇄된 농업사회 속에서 노인은 사회의 주재자이며, 세계는 노인이 통치하는 세계라고 지적하였다.『노인의 말씀을 듣지 않으면 눈앞에서 손해를 보게 된다 不聽老人言, 吃虧在眼前』는 속담, 〈대기만성大器晚成〉이라는 성어成語는 모두 다른 측면에서 노인의 가치를 긍정하고 청년의 창조성을 낮추어 본 것이다. 이른바 〈대기만성〉은 왕왕 청년이 사업이 순조롭지 못할 때 자아안위 역할을 하였으며, 혹은 그 창조정신의 일종의 자아부식제가 되었다.

숭고중노의 문화특징은 사회·역사·문화의 누적에 대해서, 또한 전통의 계승과 발양에 대해서 모두 적극적인 작용을 하였다. 그러나 그것은 동시에 쇠퇴하는 기운을 사회에 만연시켜서 청년이 모든 작용을 발휘하는 데 영향을 주었으며, 사회심리를 노화시키고 민족정신을 위축시켰다. 그러므로 우리는 존고중노관념에 대해서 마땅히 개조를 하여야 한다. 과거는 거울로 삼을 가치가 있는 것이지만 숭배할 가치도 없고 또 숭배해서도 안 되며, 노인을 마땅히 존경하고 부양해야 하지만 권력과 지식은 그것을 독차지해서는 안 되며 세계가 노인의 세계로 되어서는 안 된다.

덕정상섭德政相攝

도덕과 정치가 서로 함섭涵攝해서 분명치 않게 뒤엉킨 것은 중국문화의 특징 중의 하나이다. 도덕은 정치를 위한 것이라고 말하고, 정치는 반드시 도덕을 순결하게 해야 한다고 말하며, 도덕은 정치를 체현하고, 정치는 도덕에 깃들어야 한다. 이것은 중국문화의 보편적 현상이다.

중국 전통사회가 종법제를 기초로 하는 전제주의 사회이기 때문에 가정과 나라는 동일구조이고, 부권은 군권에 의거하므로써 형편이 좋아지고 군권은 부권에 의지하므로써 확립되는데, 그러므로 윤리와 정치는 풀 수 없는 인연으로 맺어져 있다. 부모에게 효도하고 군주를 섬기는 것은 동일한 공순恭順원칙이 다른 층면에서 운용된 것이다. 가족 내부에는 상호관계를 조정하는 도덕규범을 사용하고 사회영역으로 확장시키면 바로 통치질서를 보호하는 정치원리가 된다. 한나라 초기 및 위나라 사마씨의『효로써 천하를 다스린다 以孝治天下』는 것은 바로 윤리도덕과 정치원칙이 서로 함섭涵攝하고 서로 뒤엉킨 전형적인 체현인 것이다. 공자는 〈애인지심愛人之心〉의 체현인 인仁을 정치제도인 예에 귀속시켜서 인과 예로 하여금 일체가 되어 서로 보완하여 작용하게 하였다. 예치禮治는 도덕적 색채를 갖추고, 도덕은 정치효용을 갖추고 있다. 맹자가 『남을 동정하는 마음不忍人之心』이라는 착한 본성으로써 『남을 동정하는 정치不忍人之政』라는 어진 정치를 추출해낸 것은 도덕으로부터 정치를 하고, 정치는 도덕에서 나온다는 사유격식과 가치체계의 표현이다. 이른바 『우리 집의 어른을 존경하며 따라서 이를 미루어 다른 집 어른을 존경하고, 우리 집 아이를 아끼고 사랑하며 따라서 이를 미루어 다른 집 아이를 아끼고 사랑한다 老吾老以及人之老, 幼吾幼以及人之幼』는 것은 자기의 마음으로 말미암아 남의 마음을 미루어 생각하는 정감의 소통을 통하여 인간관계를 교류하고, 마침내는 『천하를 통일하고자 하면 마음 속으로 물건을 뒤집듯이 그렇게 쉽게 된다 天下可運於掌』《孟子·梁惠王上》는 정치효과를 서두는 섯이다. 맹자의 『덕으로써 남을 복종시킨다 以德服人』는 왕도정치관점은 실질적으로 윤리의 정치화를 통하여 진정으로 유가의 가족을 국가화하고 국가를 종족화하는 총체적 구상을 실현하는 것이다. 한대 동중서가 강조한 『덕으로써 나라를 다스린다以德治國』〈양덕음형陽德陰刑〉은 결국 군위신강·부위자강·부위부강의 정치질서를 확립하기 위한 것이다. 송대 유학자들의 주경主敬·존천리存天理의 설교는 통치질서의 영원한 안정을 도모하는 데로 귀결된다.

봉건사회의 〈삼강〉은 정치원칙이면서 윤리규범이며, 그것은 족권과 왕권을 교류시키며 전형적으로 봉건사회의 가정과 국가가 동일구조라는 기본 특징을 반영한 것이다.

도덕과 정치가 상호 함섭涵攝하고 서로 도움이 되어 행해지는 것은 중국전통의 전제주의 정치통치로 하여금 비록 내재적으로는 매우 냉혹하고 포악할지라도 외재적으로는 언제나 온정이 흐르며, 인정미가 매우 농후하게 표현되도록 하였다. 이것은 중국문화의 인문주의 색채를 증강시켰으며 동시에 전제왕권의 통치를 강화시켰다.

정체整體를 중시하고 협동을 제창함

정체 이익의 보호를 중시하고 정체로 사고단위를 삼으며 협동을 제창하고 화애에 도달하는 것은 중국문화의 또 하나의 특징이다.

전체를 중시하는 사상에 관해서는 앞에서(제10장 제2절과 제11장 제2절) 이미 상세하게 지적하였기 때문에 이곳에서는 논술하지 않겠다. 그러나 협동을 제창한 사상에 관해서는 한 걸음 나아가 분명하게 지적되어야 한다.

중국 봉건사회의 대일통을 특징으로 하는 전제주의 통치는 하나의 조화된 인간관계와 정치질서를 요구한다. 유가의 지중귀화持中貴和의 사상은 종법정치의 수요에 적응하였으며 윤리친정을 교류시키는 이론적 교량이 되었다. 공자는『예의 작용은 만나는 일이 모두 알맞은 것을 귀중함으로 삼는다 禮之用, 和爲貴』《論語・學而》고 하였다. 맹자는『천시는 지리만 못하고 지리는 인화만 못하다 天時不如地利, 地利不如人和』《孟子・公孫丑下》고 하였다. 《예기》에서는『화라는 것은 천하에서 통행되는 도덕이다 和也者, 天下之達道也』라고 강조하고 있다. 유가의 추기급인推己及人의 충서지도忠恕之道・정기정인正己正人・성기성물成己成物의 인격수양・내성외왕內聖外王의 이상경계・민포물여民胞物與의 사상・천하를 일가로 보는 마음 등은 결국 하나의 〈화和〉자에서 출발한다.

조화의 목적에 도달하고자 하면 반드시 가치지향・사유방식・심리적인 틀 등의 방면에서 인동認同해야 하며, 이것은 곧 사람들이 협동성의 도덕과 정신을 구비해야 하고, 아울러 그것을 구체적인 협동성 행위로 외화外化시켜야 함을 필요로 한다. 실제적으로 전제군주가 반포한 봉건국가 의지를 대표하고 있는 법령과 율칙 및 제창된 윤리규범은 모두 사람들이 이로 말미암아 같이 걸어가도록 요구하는 강제성을 띤 언행준칙이다. 중국 전통문화 중에는 어느 학파를 막론하고 모두 협동성의 도덕을 제창하고 실천하였다. 유가에서 창도하는 수신제가치국평천하, 법가에서 찬양하는『군주는 관작을 팔고 신하는 기력을 판다 主賣官爵, 臣賣力氣』와 불가에서 강조하는『보리는 마음에서 찾는다 菩提只向心覓』『부처는 본성 속에서 만들어지므로, 몸 밖에서 구하지 않는다 佛在性中作, 莫向身外求』도가에서 중시하는 무위無爲・무욕無欲・부쟁不爭 및 세속사회에서 공동으로 인정하는 충군忠君・경장敬長・겸비謙卑・예양禮讓 등등의 도덕규범은 모두 여러 측면에서 각자의 협동표준을 표현한 것이며, 아울러 그것을 협동성의 행위로 전환하고자 노력하는 것이다. 만일 누가 협동성의 도덕원칙을 위배하였다면, 대역무도大逆無道한 자로 간주되고 조화통일을 파괴하는 원흉이 되어 사회에서 따돌림을 받는다.

협동은 전통사회에서 조화와 안정통일을 유지하는 수단이자 외재적 행위의 표징이다. 그것은 개체의 심신을 단속하고 개체의 이익을 억압하므로써 전체의 이익을 보호하며, 종법농업사회의 필연적 요구이자 논리적 결과이며, 자연경제사유의 표현이다. 역사과정으로 볼 때 협동성 도덕은 사람들의 행위를 규범하는 데 대해서 사람들로 하여금 가치체계 속에서 인동認同하게 하고, 따라서 통일된 정치국면을 유지하고 견고하게 하며 민족문화의 향심력과 응집력을 증강시키는 데 대해 적극적인 작용을 하였다. 봉건사회의 초·중기에 이러한 작용은 더욱 명확하였다. 그러나 봉건통치자가 이용하고 지주계급의 국가의지가 팽창되므로 말미암아, 협동성 도덕은 뒤에 와서 경쟁을 배척하고, 독립의식을 반대하는 도구가 되었다. 상품경제가 발흥하는 오늘날 우리들은 여전히 협동성 도덕의 작용을 발휘시켜야 한다. 그러나 더욱 중요한 것은 우리들은 경쟁성의 의식을 수립하고 증강시켜서 그것으로써 전통의 협동성 도덕을 충실하게 하고, 개조하여 현대화의 건설을 위해 이바지하도록 하여야 할 것이다.

제14장

중국문화의 기본정신

중국문화의 기본정신은 실제적으로 볼 때 바로 중화민족의 민족정신이다. 현재에 이르기까지 중화문화에 대해 긍정적인 견해를 가지고 있는 다수의 학자는 민족정신을 민족문화의 정화표현으로 보고, 국한성 혹은 무용성無用性을 이유로 민족문화 속의 부정적인 면을 민족정신의 밖으로 배제시킨다. 중국문화에 대해 부정적인 평가를 하고 있는 학자는 중국문화의 기본정신에 대해 대대적으로 성토하며, 그 부정적인 일면을 가지고 전부의 중국문화를 싸잡아 매도하며 마치 헌 신짝 버리듯이 한다. 이렇게 하여, 필연적으로 긍정과 부정이라는 양난의 곤경에 빠져서, 중국문화의 기본정신은 완전무결하든지 아니면 훌륭한 점이 전혀 없게 된다. 실제적으로 이른바 중국문화의 기본정신이란 바로 중화민족의 특정한 가치체계·사유방식·사회심리 및 심리정취 등의 방면에 내재하는 특질의 기본적 풍모이다. 그리하여 그것은 휘황찬란하고 사람들을 분발하게 하는 일면을 가지고 있는 반면 침체되고 우울하며 사람들을 격동시켜 변화를 도모하게 하는 일면을 가지고 있다. 뛰어난 일면 속에는 소극적인 요인를 내포하고 있으며, 사람을 격동시키는 일면 속에는 위안이 될 가치가 있고, 다른 면으로 전환될 수 있는 잠재적인 소질을 내포하고 있다. 양면의 요인은 서로 뒤섞여 있다. 문제는 우리가 어떻게 그것을 정확하게 인식하여 과학적인 선택을 하고, 이로운 것을 장려하고 해로운 것을 없애서, 사람들의 마음에 들지 않는 일면을 창조적으로 전환시켜 나가야 하는가에 있다.

제 1 절 중국문화의 기본정신에 관한 여러 학설

중국문화의 기본정신에 관하여 학자들은 여러 가지 관점을 가지고 있다.

장대년張岱年은 중국문화가 장기적인 발전을 하게 된 사상적 기초를 중국문화의 기본정신이라고 할 수 있다고 하였으며, 문화의 기본정신은 문화발전과정중의 정미精微한 내재적 동력, 즉 민족문화의 부단한 전진을 이끄는 기본사상이라고 주장하였다. 중국문화의 기본정신은 바로 중화민족의 정신상태에서의 기본특징이다. 이 때문에 (1) 강건유위剛健有爲 (2) 화和와 중中 (3)숭덕崇德의 이용 (4) 하늘과 사람의 협조 등에 바로 중국 전통문화의 기본정신이 소재하고 있다.[1] 중국의 민족정신은 기본적으로 《주역대전周易大傳》에 있는 두 구절의 명언에 집약되어 있는데, 이것은 바로『건괘는 천도와 같이 쉬지 않고 영원히 운행하므로, 군자는 건도를 본받아 스스로 영원히 쉬지 않고 노력해야 한다 天行健, 君子以自强不息』『곤괘는 지리적 형세의 상징이다. 군자는 마땅히 대지의 후덕함과 만물을 자라게 하는 덕성을 본받아야 한다 地勢坤, 君子以厚德載物』이다.『〈자강불식自强不息〉〈후덕재물厚德載物〉은 중국문화전통의 기본정신이다.』〈중용〉관념은 비록 과거에는 광범하게 유전되었지만 실제적으로 문화발전을 추동시키는 작용을 할 수는 없었다. 그래서『〈중용〉을 중국문화의 기본정신으로 볼 수는 없다.』[2] 중국문화의 기본정신은 또한 덕육德育으로 종교를 대체하는 우수한 전통으로 표현된다.[3]

허사원許思園은『중국문화의 근본정신은 융화와 자유』라고 보았다.[4]

양헌방楊憲邦은 자급자족의 자연경제를 기초로 하고 가족을 본위로 하며 혈연관계를 유대로 하는 종법등급 윤리강상이, 중국 고대사회의 생산활동과 생산력·사회생산관계·사회제도·사회심리와 사회의식과 형식이라는 이러한 다섯 개 층면의 주요 실마리·본질·핵심을 꿰뚫고 있는데,『이것이 바로 중국 전통문화의 기본정신』이라고 보았다.[5]

유강기劉綱紀는 중국의 민족정신은 대체적으로 네 개의 서로 관련된 방면으로 개괄할 수 있다고 보았다. (1) 이성정신; 유구한 무신론 전통을 갖추고 있고, 사람과 자연의 통일과 개체와 사회의 통일을 충분히 긍정하며, 개체의 감정·욕망의 만족과 사회의 이성요구가 서로 일치되는 것으로 집중 표현된다. 전체적으로 볼 때, 초자연적인 상제上帝·구세주에 대한 종교적 숭배와 피안세계의 존재를 부정하고, 사람과 자연·개체와 사회의 조화통일을 강렬하게 주장하며, 양자의 분열 또는 대항을 반대하는데, 이것이 바로 중국민족의 이성정신의 근본이다. (2) 자유정신; 이것은 먼저 인민이 착취계급의 통치를 반대하는 정신으로 표현된다. 동시에 외래민족의 압박을 반대하는 투쟁 속에서, 통치계급 가운데 일부 계층·집단과 인물 역시 적극적으로 이 투쟁에 참가하였다. 중국 통치계급 사상 문화의 전통 중에서 마찬가지로『자유를 몹시 즐기는』적극적인 방면이 있음을 설명하고 있다. (3) 실사구시 정신; 선진의 유가는『아는 것은 아는 것이니(모른다고 말하지 않고), 모르는 것은 모르는 것이니(안다고 가장하지 않아야 한다) 知之爲知之, 不知爲不知』사람들을 평가하고 세상일을 논의할 것을 주장하고 생이지지生而知之를 반대하였다. 법가는 〈전식前識〉을 반대하고 〈참험參驗〉(고찰하고 검증함)을 주장하였으며, 실행을 강조하고 사공事功을 중시하였다. 도가는 〈남을 아는 것 知人〉〈자신을 아는 것 自知〉〈만물의 이치를 분석함 析萬物之理〉을 주

장하였다. 이러한 것들은 모두 실사구시정신의 표현이다. (4) 응변정신應變精神.[6]

사마운걸司馬雲杰은 중국 전통문화의 기본정신을 『조종祖宗을 존중하고, 인륜을 중시하며, 도덕을 숭상하고 예의를 숭상하는 것으로 개괄할 수 있다』고 보았다.[7] 이밖에 중국 전통문화는 발전적인 관점 · 자강불식 · 호학불권好學不倦의 정신을 갖추고 있다.[8]

방박龐樸은 중국문화의 정신을 인문주의라고 보았다. 이러한 인문주의는 사람을 인간관계人間關係로부터 고립시키지 않고 또한 사람은 자연과 함께 대립시키지 않으며, 순자연적인 지식체계를 추구하지 않고 가치론에 있어서 공리주의에 반대하며, 사람됨에 주의를 기울이는 것으로 표현된다. 중국문화의 인문정신은 중국민족과 국가를 빛나게 한 동시에 장애가 되게 하였는데, 그것은 세계를 향해 지혜의 빛을 전파시켰고 또한 중국과 외국의 교류를 가로막는 각종 가름막(膈膜)을 조성하였다. 그것은 하나의 거대한 정신재부이며 적지 않은 문화보고이다.[9]

제2절 인문주의를 내핵內核으로 하는 문화정신

중국문화는 인심과 인생을 관조하고, 선과 정치를 추구하는 것을 특징으로 하는 윤리정치형 문화이다. 그것은 도덕정감으로써 종교신앙을 대체하고 전민족의 종교 미신의 가능성을 무사하게 제거하였다. 종교 신학사상은 중국의 전역사를 통틀어 존재하지 않았으며 의식형태의 주류를 이룰 수도 없었다. 이 때문에 총체상으로 볼 때 또한 내재적 동력과 외재적 표현으로 볼 때, 중국문화의 기본정신은 인문주의를 내핵으로 하고 있다. 이것은 아래에 서술하는 여러 방면에서 분명하게 볼 수 있다.

1 자강불식自強不息

중국문화의 기본정신 중의 하나는 자강불식이다.

《역전易傳》에는 『건괘는 천도와 같이 쉬지 않고 영원히 운행하므로, 군자는 건도를 본받아 스스로 영원히 쉬지 않고 노력해야 한다 天行健, 君子以自強不息』『천지의 큰 덕을 생이라고 한다 天地之大德曰生』고 하였다. 이것은 중화민족의 강건유위剛健有爲, 자강불식 정신에 대한 집중적인 개괄이자 생동적인 표현인 것이다.

공자는『힘써 배우면 곧 밥을 먹는 것을 잊는다 發憤忘食』는 정신을 제창하고 동시에 이를 실천하도록 힘썼으며『종일 밥을 배불리 먹고 아무 일도 하지 않는 飽食終日無所用心』식의 인생태도를 천시하였다. 그는 『힘써 배우면 곧 밥을 먹는 것을 잊고, 즐거우면 곧 근심을 잊으며, 노쇠함이 닥치려고 하는 것을 알지 못한다 發憤忘食, 樂以忘憂, 不知老之將至』《論語·述而》고 하였다. 공자는 또한 먹는 데 배부름을 구하지 않고, 사는 데 편안함을 구하지 않았으며, 작업을 할 때 근면하고 민첩하게 하고, 말을 할 때 조심스럽게 삼가고, 도를 갖춘 사람이 있는 곳에 나아갈 때는 자신을 바로 해야 비로소 호학好學하는 군자라고 주장하였다.

한대로부터 청대에 이르기까지 2천 년 동안 《역전》의 사상은 사람들의 마음속에 깊이 뿌리를 내렸으며, 그 강건과 자강불식의 관점은 전사회에 받아들여졌다. 지식인에 대해서뿐 아니라 일반민중에 대해서도 상당한 격려작용을 하였다. 『서백이 주왕에 의해 유리에서 구금당하여 《주역》을 연역하였고, 공자는 진나라와 채나라에서 곤액을 당하여 《춘추》를 지었으며, 굴원은 추방되어 《이소》를 저술하였고, 좌구명이 실명하여 《국어》가 있게 되었고, 손자는 다리를 잘려서 《병법》을 담론하였으며, 여불위는 촉으로 유배당하여 《여람》을 세상에 전하였으며, 한비는 진나라에 갇혀 《세난》과 《고분》을 지었고, 《시》 3백 편은 대체로 성현이 발분하여 지은 것이다. 西伯拘羑里, 演《周易》; 孔子厄陳蔡, 作《春秋》; 屈原放逐, 著《離騷》; 左丘失明, 厥有《國語》; 孫子臏脚, 而論《兵法》; 不韋遷蜀, 世傳《呂覽》; 韓非囚秦, 《說難》《孤憤》; 《詩》三百篇, 大抵聖賢發憤之所爲作也』《史記·太史公自序》이 유명한 글은 중화민족이 좌절을 겪을수록 더욱 분기하여 항쟁하는 정신상태와 매우 강인한 의지를 반영하였다. 만일 이것이 단지 지식인과 상층인사의 자강불식, 적극유위사상의 표현이라면『아무리 곤궁에 빠져도 포부는 변하지 않는다 人窮志不短』『칼은 갈지 않으면 녹이 슬고, 사람은 배우지 않으면 낙후하게 된다 刀子不磨要生銹, 人不學習要落後』등의 민간속언 및 상당수의 사람이 직접 〈자강自強〉을 사용하여 자기의 이름을 짓는 일 등은 자강불식정신의 보편화와 사회화를 반영한 것이다.

바로 이러한 강건유위·자강불식의 정신은 중국사회와 중국문화의 발전을 추동시켰다. 외족이 침입하고, 특히 정권이 뒤바뀔 때마다 중화민족은 언제나 불요불굴의 정신으로써 침략과 압박에 반대하는 투쟁을 하였다. 무수한 지사와 어진 사람은 매사에 조심하며 충성을 다해 이바지하고 끊임없이 분발하여 투쟁하였다. 『검남(蜀中을 가리킴)에서 계북(하북성에 있음)을 수복했다는 소식이 전해오고, 처음 들었을 때 눈물이 옷을 적시네. 고개를 돌려 처자식을 바라보니 우수는 어디갔는지 모르겠네. 나는 시서를 함부로 둘둘 말아 좋아서 미칠 듯이 기뻐했네 劍外忽傳收薊北, 初聞涕淚滿衣裳. 却看妻子愁何在, 漫卷詩書喜欲狂』(杜甫《聞官軍收河南河北》)라는 식의 격동, 『전쟁에 나가 이기지 못하고 몸이 먼저 죽으니 길이 영웅으로 하여금 옷깃을 적시게 한다 出師未捷身先死, 長使英雄淚滿襟』(杜甫《蜀相》)『유민들은 죽음을 무릅쓰고 회복을 바라고, 여러 곳에서 오늘밤엔 눈물을 흘리노라 遺民忍死望恢復, 幾處今宵垂淚痕』(陸游《關山月》)라는 식의 감개 『왕의 군대가 중원을 평정하던 날, 집안 제사를 잊지 않고 부친에게 고한다 王師北定中原日, 家祭無忘告乃翁』(陸游《示兒》)『조궁을 구부려 둥근달처럼 하고 서북을 바라보며 천랑을 쏜다 會挽雕弓如滿月, 西北望, 射天狼』(蘇軾《江城子·密州出獵》)는 식의 웅심雄心은 모두 고도의 자신감과 자존심으로써 표현해낸 자강정신이다. 바로 이러한 자강불식의 정신이 민족의 구심력을 응집시키고 증강시켰으며 중화민족의 자립정신과 압박에 반항하는 정신 및 부단히 학습하고, 부단히 전진하는 정신을 길러주었다.

2 정도직행正道直行

중화민족은 정의를 굳게 지키고 진리추구에 용감하며 절개를 숭상하는 민족이다. 전통문화 특히 유가문화의 훈도에 의해 중화민족의 절개를 숭상하고 정절을 중시하는 일면이 두드러지게 나타났으며, 강렬한 민족자존심과 강직불아剛直不阿한 호연지기가 배양되었다. 선진시기의 공자는 『선비는 죽일 수는 있지만 욕보일 수는 없고 士可殺而不可辱』『삼군의 장수를 빼앗을 수는 있지만 필부의 뜻은 빼앗을 수 없다 三軍可奪師也, 匹夫不可奪志也』는 것을 중시하였으며, 맹자는 『부귀는 나의 마음을 혼란시킬 수 없고, 빈천은 나의 뜻을 변화시킬 수 없으며, 위세와 무력은 나의 절개를 굽히게 할 수 없다 富貴不能淫, 威武不能屈, 貧賤不能移』는 인격을 제창하였고, 진대晉代의 도연명陶淵明은 『오두미를 위해서 허리를 굽히지 않는다 不爲五斗米折腰』고 하였고, 당대의 이백李白은 『어찌 눈썹을 내리고 허리를 굽히며 세도가를 섬겨서 나로 하여금 심안을 열지 못하게 하는가 安能摧眉折腰事權貴, 使我不得開心顔』라고 선언하였다. 이러한 것들은 절개를 굳건히 지켜서 차라리 이익과 욕심을 포기하거나 심지어 죽임을 당하면 당했지 결코 지조를 잃고 굴욕은 당하지 않겠다는 전형적인 언어인 것이다.

남조 제齊·양梁 때의 범진範縝은 제나라 경릉왕竟陵王 소자량蕭子良과 양나라 무제武帝 소연蕭衍의 위협과 회유에 움직이지 않고, 굳건한 신념을 가지고 불교의 인과응보설과 신불멸론을 반대하여 〈매론취관賣論取官〉하지 않겠다는 늠름한 정기를 보여주었다.

동한東漢의 환담桓譚은 충직불아忠直不阿하여 광무제光武帝가 참위부명讖緯符命에 미혹되어 있다는 것을 알고서는 용감하게 정면으로 그를 반대하였다. 역사에서는 『환담은 ……소탈하여 예의를 닦지 않고 속유들을 비난하는 것을 좋아하였으며, 이로 말미암아 많은 배척을 받았다. …… 왕망이 왕권을 찬탈했을 무렵 천하의 선비들이 마침내 전폭적으로 칭송하였으며, 부명을 만들어서 중용되기를 바랐는데, 환담만은 홀로 소신을 지켜서 아무 말도 하지 않았다 桓譚, ……簡易不修禮儀, 而喜非毀俗儒, 由是多見排抵. ……當王莽居攝篡殺之際, 天下之士, 莫不竟褒稱德美, 作符命以求容媚, 譚獨自守, 黙然無言』라고 기록되어 있다. 그는 광무제에게 상소하여 국가의 흥망성쇠는 징사에 있으며, 성사의 늑실은 보좌하는 사람의 현명 여부에 달려있다고 주장하였다. 그러나 『이때 황제가 참위를 믿고, 대부분 혐의를 결정하였기 是時帝方信讖, 多以決定嫌疑』 때문에, 환담은 『조서에 대답하지 않았다.』 그는 이 때문에 『분개함을 이기지 못하고 죽음을 무릅쓰고 다시 진술하였는데』 즉 『오늘날 교묘한 지혜·자그마한 재주·기술을 가진 사람들이 도서圖書(참위와 부명 따위)를 더욱 유포시키고 참기讖記를 사칭하여, 이로써 속여 미혹하게 하고 탐욕을 부리며, 군주를 그릇되게 인도하는데, 어째서 그들을 억누르고 멀리하지 않습니까?』라고 하였다. 그는 광무제에게 『참기讖記를 들어주고자 하시니 어찌 잘못이 아니리오』라고 비난하였다. 광무제가 환담에게 묻기를 『내가 참위에 의해 결정한 것이 어떠한가?』라고 하자, 환담은 『아무 말 없이 오래 있다가 「저는 참위서를 읽지 않겠습니다」라고 말하였다.』 결과적으로 환담은 『성인을 비난하고 법도를 무시하였다 非聖無法』는 죄명을 입고 하마터면 참수를 당할 뻔하였다.(《後漢書》 본전本傳을 보라.) 이 사례는 고대중국의 지식인 중에서 확실히 진리를 추구하고, 정도를 바로잡는 선비가 적지 않았음을 나타내 준다.

사람들이 익히 알고 있는 상말商末의 고죽군孤竹君의 아들인 백이伯夷와 숙제叔齊는·말고삐를 잡고서 간하면서 주무왕이 주왕을 토벌하는 것을 반대하였다. 무왕이 상을 멸망시킨 후에는 또한 『주의 곡식을 먹는 것을 수치로 여기고 恥不食周粟』 수양산首陽山에 가서 굶어죽었다. 진실로 백이 숙제는 진보적이고 정의로운 전쟁에 반대하였지마는 그러나 만일 그 구체적 내용을 제거하고 일반적인 가치지향과 이론의 의의로써 고찰한다면, 그들은 확실히 절개를 굳게 지킨 일면이 있다는 것을 인정해야 한다.

이미 사람들의 심리소질 내용 중의 하나가 된『정의를 위해 용감하게 나서 싸운다 見義勇爲』『인을 실천하는 데 있어서는 스승에게도 양보하지 않는다 當仁不讓』『자신을 희생하여 인을 이룬다 殺身成仁』『정의를 위해 자신을 희생한다 舍身取義』등의 인생가치준칙은 더욱이 수천 년 동안 사람들이 흥미진진하고 즐겁게 말하는 것이며, 아울러 몸소 역행하는 것이다.

절개를 숭상하고 정조를 중시하는 전통은 중국의 우수한 지식인과 광대한 인민의 정의감과 시비심是非心을 배양시켜 주었으며, 민족의 호연한 정기를 형성하였다. 특히 국가의 운명이 불운하고 민족이 생사존망의 갈림길에 서있을 때, 사람들은 언제나 큰 국면을 중시하여 불요불굴의 투쟁을 전개하므로써 국가와 민족의 운명을 구출하였다. 역사상 무수한 민족영웅의 출현은 바로 이것을 뒷받침해 주는 유력한 증명이 된다.

숨길 필요없이 중국문화 속의 절개를 중시하고, 정조를 강조하는 관념에는 또한 몇 가지 엄중한 결함이 존재하고 있다. 예를들면 전통적인 절개관념은 역대로『군자와 소인의 구별 君子小人之辨』『중국과 오랑캐의 구별 華夷之辨』을 중시하였는데, 그 가운데에는 하층인민을 멸시하는 귀족의식과 타민족을 멸시하는 민족배타주의 혹은 자아중심론이 포함되어 있다. 이러한 자아중심론은 타민족과 교류할 때 대체로 맹목적으로 배타하는 협소한 심리로 흘렀다. 또한 전통적인 절개관념은 대체로 봉건사대부가 고집을 부리고 상하를 다투며 붕당을 이루는 촉매제가 되었다. 또한 전통적인 절개관념 중에서 상당수가 주로 어떠한 추상이념에 대한 숭배로 표현되었고, 계급구별과 정권본질의 파악을 경시하였다. 이러한 것들은 특정한 역사적 국한성을 가지고 있다. 역사적 유물주의의 관점에서 자세히 살펴보면 그것에 대한 과학적인 평판과 선택을 쉽게 할 수 있다.

3 귀화지중貴和持中

중국문화의 기본정신 중의 하나는 귀화지중이다. 조화를 중시하고 중도를 견지하는 것은 중화민족의 문화라는 유기체의 각 세포에 스며들어 있는 정신이다.

역사상 명확하게 조화이론에 대해서 이론적인 연구를 진행한 사람은 서주西周 말년의 사백史伯과 춘추시대 말년 제齊나라의 안영晏嬰이다. 사백은 상이한 원소로써 서로 배합해야만 모순으로 하여금 균형되고 통일되게 할 수 있고, 조화의 효과를 거둘 수 있다고 강조하였다. 다섯 가지 맛이 서로 조화되어야 비로소 향기롭고 달아서 먹기 좋은 음식물을 만들어낼 수 있으며, 육률六律이 서로 조화되어야 감동적인 음악을 형성할 수 있으며, 정반正反의 말에 귀를 잘 기울이는 군왕이라야 비로소 〈화락여일和樂如一〉의 국면을 조성할 수 있는 것이다. 〈화和〉하기만 하면『만물을 낳을 수 있고 生物』『풍성하게 자라서 만물이 돌아오게 하는 豊長而物歸之』효과를 거둘 수 있다. 이것은 하나의 보편적 원리이다. 안영은 나아가서 〈상제相濟〉〈상성相成〉의 사상을 응용하여 〈화〉의 내포를 풍부하게 하였다. 그는 그것을 군신의 관계에다 운용하여 군신은 정무를 처리하는데 있어서 〈부가상제否可相濟〉하는 의견의 중요성을 강조하였다.『남는 것을 덜어서 모자란 것을 채우는 濟其不及, 以泄其過』종합 균형을 통하여 군신지간에『정사를 공평하게 하고 서로 간섭하지 않는 政平而不干』조화와 통일의 관계를 유지하는 것이다.

공사는 〈시중持中〉의 방법을 이용하여 조화의 한계를 규정하고, 아울러 조화에 도달하고 유지하는 수단으로 삼았다. 그의 입장에서 볼 때, 지나침도 없고 부족함도 없으며, 모든 일에 그 양끝을 붙잡고서 가운데를 취하는 것이 바로 〈화〉의 보증이며, 〈화〉의 실현인 것이다. 〈중中〉은 또한 예를 원칙으로 한다. 만일 〈화〉를 위하여 〈화〉를 하면 일종의 〈향원鄕愿〉식의 화에 불과하며,『덕을 해치는 것 德之賊』이다.

《중용》은 공자가 주장한 지중의 원칙을 〈지덕至德〉으로부터『천하의 큰 근본 天下之大本』『천하에 행해져야 할 도 天下之達道』라는 철학적 원리수준으로 끌어올렸으며, 지중의 원칙에 대한 체인과 실천을 통하여 사람과 사람 사이, 인도와 천도 사이의 조화를 실현시킬 것을 강조하였다.

《역전》은 조화사상을 음양상분陰陽相分·유강정위柔剛定位의 원리로 구체화시켰으며, 이것으로써 사회정치관계 방면의 군신·군민과 가정관계 방면의 부자·부부지간의 존비와 귀천을 연역해내었으며, 엄격하게 양존음비陽尊陰卑와 강상유하剛上柔下의 등급질서를 규정하였다.

총체상으로 볼 때 선진유가의 조화이론은 중용관中庸觀을 이론적 기초로 삼고, 예를 표준으로 삼으며 중과 화를 범주로 삼고, 통일체에 대한 유지와 경쟁장치에 대한 억제와 소멸을 특징으로 삼고 있다. 공자는『예의 작용은 만나는 일이 모두 알맞은 것을 귀중함으로 삼는다. 선왕이 국가를 다스리는 데 있어서 고귀한 점은 바로 여기에 있으며, 그들은 작은 일 큰 일 할 것 없이 모두 알맞게 해나간다. 그러나 만일 실현되지 않는 곳이 있으면 단지 알맞게 하기 위해 전적으로 알

맞음을 추구하고, 일정한 규제제도를 사용하여 절제하지 않는다면 또한 실현될 수 없다 禮之用, 和爲貴. 先王之道, 斯爲美, 小大由之, 有所不行, 知和而和, 不以 禮節之, 亦不可行也』《論語·學而》고 말하였다. 이것은 예를 표준으로 하는 조화를 강조한 것이며, 예는 사물의 서로 다르고 서로 어그러지며 서로 다투는 것을 제거하는 기초임을 강조하였다. 그러므로 이것은 화를 귀중하게 여기면 싸움을 반드시 종식시키고, 싸움을 종식시키므로써 화를 보호한다는 일종의 화해론和諧論이며,『논論은 〈중中〉을 지나치지 않고 변變은 〈예〉를 벗어나지 않는다는 폐쇄적인 조화체계인 것이다.』

바로 중국문명이 조숙한 것과 같이 고대중국에 귀화지중이라는 기본정신을 대표하는 유가의 조화이론 역시 조숙한 것이다. 그것은 동란이 거듭 일어나고,『도술이 천하 사람들을 분열시키려는 道術將爲天下裂』《莊子·天下》시대에 생겨났으니 어느 정도 시의에 맞지 않는다고 할 수 있다. 그것이 주장하는 내용 및 이것으로 반영되어 나온 가치지향은 또한『기력을 다투는 爭於氣力』시대와 큰 차이가 있다. 그런데 그것은 윤리정치형 문화의 기본정신을 대표하였으며, 수성守成의 일면은 시대풍운이 번개와 우뢰의 교차로부터 날씨가 청명한 것으로 전환된 후에 바로 자신의 중요가치를 돌출시켰다. 이 때문에 진한 이후에 중국 봉건사회는 정상궤도에 진입하였으며, 유가의 이러한 귀화지주의 사상은 바로 대일통의 정치요구에 부응하였고, 또한 종법의 온정이 맥맥히 흐르는 윤리정감의 수요에 영합하였으며, 따라서 민족의 정감심리원칙이 되었다. 한대 동중서의 삼강오상·천인감응이론이든 송명이학가의 존천리存天理·멸인욕滅人欲의 설교이든간에 모두 중을 척도로 삼으며, 화를 귀결점으로 삼는데 이것들은 선진유가의 조화이론의 여러 표현에 불과할 뿐이다. 북송의 장재는 그의 저명한《서명》중에서『살아계실 땐 내가 순종하여 섬기고, 돌아가시면 내가 편안하게 해드린다 存, 吾順事, 没, 吾寧也』라고 하였는데, 이것은 바로 전통문화의 귀화지중 사상이 개체의 인생방면에 집약적으로 반영된 것이다.

귀화지중사상은 동방문명의 정수로서, 중화정신문화의 하나의 구성 부분이 되며, 중국민족에 대해 다방면적으로 매우 깊은 영향을 주었다. 전민족이 귀화지중 관념상에서 인식을 같이하기 때문에 중국인으로 하여금 조화 국면의 실현과 보존을 매우 중시하게 하였다. 일을 하는 데에는 극단으로 걷지 않고, 집체의 이익을 보호하는 데 힘을 기울이며, 대동大同을 추구하고 소이小異를 남겨두어 사람들의 보편적 사유원칙을 이루었다. 이러한 것들은 민족정신을 응집시키고 확대시키는 데 있어서, 또한 통일된 다민족 정권을 유지하는 데 있어서 적극적인 작용을 가지고 있다. 그러나 귀화지중의 관념이 결국 일종의 전쟁을 부인하고 경쟁을 배척하는 단순한 협동의 도덕이었기 때문에 그것은 명확하게 폐단을 지닌 이론이었다. 그것은 개인의 창조성을 위축되게 하였고, 경쟁성 관념과 도덕의 생장을 억제하였으며, 아울러 왕왕 봉건통치자가 전제주의의 등급질서를 유지하는 도구가 되었다.

4 민위방본民爲邦本

민위방본은 중국문화의 기본정신 중의 하나이다. 민위방본은 전 중국문화 속에서 하나의 일이관지一以貫之한 전통을 가지고 있으며, 중국문화의 인본주의 특색을 돌출시켰다.

민위방본의 사상은 은주 교체시기까지 소급할 수 있다.《상서 · 반경》에는『우리의 백성을 숭히 여기다 重我民』『백성을 보호하지 않는 이가 없다 罔不唯民之承』『백성에게 실제의 덕을 베풀다 施實德於民』『백성의 이익이 있는 곳을 보아서 이주하였다 視民利用遷』는 등등의 기록이 있다.

주공은 은나라가 망한 교훈에서 민중의 역량과 작용을 보고서〈보민保民〉사상을 제출하였다. 그의 입장에서 볼 때 백성의 뜻은 상제上帝의 의지를 반영한 것이며, 상제의 위엄과 진심은 민심으로부터 볼 수 있다.『하늘의 위엄과 도움과 정성은 민심으로부터 대체로 볼 수 있다. 天畏棐忱, 民情大可見』《尙書 · 召誥》《태서泰誓》일문逸文에는 특히『백성이 하고자 하는 바를 하늘이 반드시 좇는다 民之所欲, 天必從之』《左傳 · 襄公 三十一年》고 했다.《좌전左傳》《국어國語》등의 문헌에서는 중민사상重民思想이 여러 곳에서 나타난다. 예를들면『백성은 신의 주인이다. 그래서 성왕은 백성의 행복을 먼저 마련해 주고 난 후에 신에게 전력한다 夫民, 神之主也. 是以聖王先成民而後致力於神』《左傳 · 桓公 六年》『백성이 화합한 뒤에 신이 복을 내린다 民和而後神降之福』《國語 · 魯語上》『국가가 흥성하려 하면 백성의 의견에 귀를 기울이고, 국가가 멸망하려 하면 신의 말에 귀를 기울인다 國將興, 聽於民, 將亡, 聽於神』《左傳 · 莊公 三十二年》등등이다. 이러한 기록이 반영하고 있는 중민사상은 백성에게 인격존엄과 통치자의 집정을 감독하는 권리를 준 것이 아니며, 단지『나라를 일으키기 위해서』즉 통치질서를 유지하기 위한 것임을 쉽게 알 수 있다. 백성을 중시하는 것은 수단일 뿐이며 목적은 아니다.

민위방본의 사상은 유가학설 중에서 전형적이고 집중적으로 반영되어 있다.

즉 유가정치이론의 기초는 민위방본의 학설이라고 말할 수 있다. 정치가 성공하느냐 실패하느냐는 백성을 얻느냐의 여부에 달려있다. 공자는 부민富民·교민教民(《論語·子路》를 보라)을 주장하였으며, 중시하는 것은 『〈백성民〉〈양식食〉〈상례喪〉〈제사祭祀〉』《論語·堯曰》라고 하여, 백성이 첫번째로 열거되어 있다. 맹자가 갖고 있는 『백성이 가장 중요하고 토지와 곡식의 신이 그 다음이며 군주는 중요하지 않다 民爲貴, 社稷次之, 君爲輕』《孟子·盡心下》는 기본적인 관점은 정치는 백성을 얻는 데 있으며, 백성을 잃으면 반드시 망국멸신하게 됨을 강조한 것이다. 그는 『백성을 학대하는 것이 너무 심할 경우에는 자신이 죽고 국가가 멸망하게 되며, 심하지 않을 경우에도 자신이 위험하게 되고 국력이 쇠약해진다 暴其民, 甚則身弑國亡, 不甚則身危國削』《孟子·離婁上》고 하였으며, 또 『백성의 인심을 얻어 천자가 된다 得乎丘民而爲天子』《孟子·盡心下》고 하고, 또 『걸과 주가 천하를 상실한 것은 백성의 지지를 잃었기 때문이고, 그들이 백성들의 지지를 잃은 것은 민심을 잃었기 때문이다. 천하를 얻는 데는 방법이 있으니, 백성의 지지를 얻으면 천하를 얻게 된다 桀紂之失天下也, 失其民也, 失其民者, 失其心也. 得天下有道. 得其民, 斯得天下矣』《孟子·離婁上》고 하였다. 순자는 『나라를 다스리는 사람에 있어서 백성의 힘을 얻은 사람은 나라를 부유하게 할 수 있고, 백성이 나라를 위해 바치는 죽음을 얻은 사람은 나라를 강대하게 할 수 있으며, 백성의 칭찬을 얻은 사람은 나라를 번영하게 할 수 있다. 백성의 힘·죽음·칭찬 등 세 가지를 모두 갖추면 천하가 그에게 회복하고 세 가지를 모두 잃으면 천하가 그를 버린다 用國者, 得百姓之力者富, 得百姓之死者彊, 得百姓之譽者榮. 三得者具而天下歸之, 三得者亡而天下去之』《荀子·王霸》고 주장하였다. 순자는 군주는 배이고 백성은 물이라고 하였는데, 이것은 물은 배를 실어줄 수도 있지만 엎을 수도 있다는 유명한 비유로써 더욱 그의 민위방본의 사상을 집중적으로 반영한 것이다.

유가에서 백성을 중시하였을 뿐 아니라 도가에서도 예외는 아니다. 노자는 『그 자신의 고정된 의지가 없고, 백성의 의지를 자기의 의지로 삼는다. 無常心, 以百姓爲心』(《老子》第四十九章)『인민들이 기근에 빠진 것은 통치자가 먹어치우는 조세가 너무 많은데 기인하며, 그래서 기근에 빠진다 民之飢, 以其上食稅之多, 是以飢』(《老子》第七十五章)라고 하였다.

법가에도 중민사상이 있다. 그들은 비록 한결같이 법에 따라 결단하고 엄형준법으로 백성을 다스리자고 주장하였지만, 그러나 역시 민심의 향배가 집정의 기초이고, 입국의 근본임을 인정하였다. 한비는 『대체로 천하를 다스리는 데는 반드시 사람의 본성에 따라야 한다 凡治天下, 必因人性』《韓非子·用人》『이익을 얻을 수 있는 일이면 백성들이 노력하여 추구하며 利之所在民歸之』《韓非子·外儲說左上》『군주는 백성에 대해서 전시에는 그들의 희생을 이용하고, 평시에는 그들의 힘을 이용한다 君上之於民也, 有難則盡其死, 安平則盡其力』《韓非子·六反》고 주장하였다.《관자·권수權修》에서는『국가에서 거두어들이는 것이 많으면 백성이 군주를 원망하고, 백성의 힘이 고갈되면 명령이 시행되지 않는다 賦斂厚, 則下怨上矣, 民力竭, 則令不行矣』고 하였다.《경법經法·군정君正》에는『호령이 민심에 부합하면, 백성들이 호령에 순종할 것이다 號令闔(合)於民心, 則民聽令』라고 하였다.

즉, 선진제자는 거의 모두 민심의 향배를 정치흥패의 근본으로 보았음을 알 수 있다.

한당漢唐시기에, 민위방본의 사상은 한 걸음 더 발전하였다. 가의賈誼는『듣자하니, 정치에 있어서 백성은 근본이다. ……그러므로 나라는 백성에 따라 안정되기도 하고 위대롭게 되기도 하며, 군주는 백성에 따라 존엄해지기도 하고 모멸을 받기도 하며, 관리는 백성에 따라 지위가 높아지기도 하고 낮아지기도 한다 聞之於政也, 民無不爲本也. ……故國以民爲安危, 君以民爲威侮, 吏以民爲貴賤』『경계할지어다! 경계할지어다! 백성에게 적이 되면 백성이 반드시 그를 이길 것이다 戒之哉! 戒之哉! 與民爲敵者, 民必勝之』《新書·大政上》라고 하였다. 당 태종 이세민李世民은『군주는 나라에 의지하고 나라는 백성에게 의지한다. 백성에게 각박하게 하여 군주를 섬기는 것은 마치 제 살을 잘라서 배를 채우는 것과 같아, 배는 부르나 몸은 죽고 군주는 부유해지나 나라는 망한다 君依於國, 國依於民. 刻民以奉君, 猶割肉以充腹, 腹飽而身斃, 君富而國亡』(《資治通鑒》卷一九二)고 하였다.

송원명청시기에는 민본사상이 한층더 강화되었다. 북송 장재는『민포물여民胞物與』를 강조하였으며, 사마광司馬光은 백성은『나라의 토대 國之堂基』《惜時》라고 주장하였고, 이학가 정호와 정이는『백성은 나라의 근본 民惟邦本』(《文集》卷五)『군주의 도는 백성의 마음을 열복시키는 것을 근본으로 삼는다 君道以人心悅服爲本』(《粹言》卷二)라고 강조하였으며, 주희는『천하에서 가장 큰 임무는 빈민을 구제하는 일이다 天下之務莫大於恤民』《宋史·朱熹傳》라고 하였고, 명말 청초의 왕부지王夫之는『군주는 백성을 토대로 삼는다. ……백성이 없으면 군주는 존립할 수 없다 君以民爲基 ……無民而君不立』(《周易外傳》卷二)라고 하였으며, 당견唐甄은『나라에 백성이 없는데 어떻게 사정이 있을 수 있겠는가 國無民, 豈有四政?』《潛書·明鑑》라고 하였다.

이러한 부류의 예는 이루 다 열거할 수 없을 정도로 많다. 결국 봉건제왕이든 공경사대부이든간에, 또한 진보사상가이든 또한 보수정객이든간에 백성의 입국흥방立國興邦 방면에 있어서의 중요성을 인정하였으며 따라서 중민을 주장하였다.

전통적인 민위방본의 사상은 중국문화 가운데에서 두 방향의 길로 걸어갔다. 한 방향은 봉건제왕을 대표하는 통치계급에서 나타나는데, 그들은 민중을 정권의 기초로 보고『백성을 보호하여 천하를 통치하고자 하여 保民而王』민중의 역량을 이용하여 그들이 통치를 위해서 충성을 다하게 하였다. 민중은 단지 봉건국가 조세와 병역의 원천으로서 도구이며 수단인 것이다. 다른 한 방향은 진보사상가에서 나타나는데, 대체로 민위방본의 구호를 이용하여 시폐를 지적하여 시정시키고, 통치자에게 요역을 가볍게 하고 세금을 줄이며 백성과 함께 휴식하도록 충고하고, 심지어 폭군의 학정에 반대하는 일종의 구호로 삼았다. 전자이든 후자이든 결국은 민위방본의 민주사상이 아님은 분명하다. 민주사상은 근대상품경제의 조건하에서 발생하였으며, 법제를 기초로 하는 의식이다. 민위방본의 사상은 자연경제의 조건하에서 발생한 것으로 인치人治를 두드러진 특징으로 하며, 인민에 대해서는 사회생활 속에서의 작용을 강조하고, 통치자에 대해서는 적당하게 압박을 늦추게 하는 은근한 외침인 것이다. 양자는 본질적으로 다르다. 바로 유택화劉澤華가 지적한 바와 같이, 전통의 중민사상에는 공민권 내용이 없다. 중민의 주체는 군주이고, 백성은 단지 군주의 중시를 받는 대상일 뿐이다. 중민사상은 국부적인 문제에 있어서 전제군주와 비록 충돌이 있기는 하지만, 그러나 전체적인 국면으로 볼 때 그것은 전제군주에 대한 부정이 아니고, 군주가 자기존재를 주의하게 하는 조건을 각성시키는 것이다. 사상가들이 중민을 창도한 것은 군주를 부정하고자 한 것이 아니고, 군주에게 헌책獻策을 해서 중민사상을 군주의 지위를 공고히 하는 수단으로 삼고자 한 것이다. 중민사상은 군주 전제주의와 결코 모순되지 않으며, 그것은 군주 전제주의의 일종의 보충이라고 말할 수 있다.[10]

5 평균평등平均平等

평균평등은 중국문화 기본정신의 하나이다.

평균평등의 사상은 중국문화 속에서 주로 경제이익상의 상호일치로 표현된다. 평균은 바로 평등이고 또한 평등은 반드시 필연적으로 평균으로 표현되는데, 즉 사회재부의 점유와 노동상품의 분배상의 평균일치이다.

공자는『제후 혹은 대부를 막론하고 재부의 적음을 근심하지 말고 재부의 고르지 못함을 근심해야 하며, 백성의 수효가 적음을 근심하지 말고 나라가 편안치 못함을 근심해야 한다. 만일 재부가 고르게 되면 이른바 빈궁이 갈 곳이 없게 되고 나라가 평화롭고 단결되면 위태롭지 않게 된다고 들었다 聞有國有家者, 不患寡而患不均, 不患貧而患不安. 蓋均無貧, 和無寡, 安無傾』《論語・季氏》고 하였다. 나라를 다스리고 집안을 다스리는 데 있어서 재화와 물자의 결핍을 걱정하는 것이 아니고, 분배의 불균형을 걱정하였다.

공자 이전에 안영은 이미『가진 자와 가지지 못한 자를 저울질하고, 가난한 자와 부자를 고르게 한다 權有無, 均貧富』(《晏子春秋》內篇,《問上》第三)고 말한 적이 있다.

관자는『곳간이 텅 비고 백성이 저축해 놓은 것이 없으면 농민이 자식을 팔게되어, 군주는 그들을 고르게 할 방법이 없다 倉廩虛而民無積, 農民以鬻子者, 上無術以均之』《管子・輕重》고 주장하였다. 백성을 빈곤하게 하고, 자식을 팔아서 살게 하는 것은 통치자가 재부의 분배를 공평하게 하지 못했기 때문이라고 책임을 전가시켰다.

동중서는 당시에 토지겸병이 심각하고『부자는 밭 사잇길이 종횡으로 연결되어 있고 가난한 자는 송곳 하나 세울 땅이 없는 富者田連阡陌, 貧者無立錐之地』엄중한 현실을 보고서 조균調均과『백성이 소유한 전답을 제한할 것 限民名田』을 주장하였다. 『부자로 하여금 충분하게 그의 고귀함을 나타내게 하나 교만에 이르지 않게 하고, 빈자로 하여금 충분히 생활하게 하고 근심에 이르지 않게 하며, 이것을 척도로 삼아 조화시키고자 하였다. 使富者足以示其貴而不至於驕, 貧者足以養生而不至於憂, 以此爲度而調均之』《春秋繁露・度制》

사상가들이 평균의 사상을 창도했을 뿐 아니라 봉건제왕도 경우에 따라서는 평균의 조치를 실행하였다. 이것은 주로 역대의 균전均田과 한전限田정책으로 나타난다. 한대의 왕망은 제위에 오른 후 복고개제復古改制하였는데, 이것은 정전제井田制로 회귀하는 것에 중점을 둔 것이며, 전국의 토지를 국유화하여 왕전王田이라 이름 붙이고, 매매를 인정하지 않으며 사람수에 따라 밭을 주는 것이다. 역사상 저명한 북위北魏의 균전제 및 이것과 상응하는 조조제租調制는 바로 일부일처의 소가정을 수전납조受田納租의 단위로 삼았으며, 호등戶等의 구별은 없다. 북송 왕안석의 변법에 있어서 하나의 중요한 조치는 방전균세법方田均稅法을 실행하는 것이다. 그는 정전제와 유사한 토지제도를 이용하여 토지와 부세를 고르게 할 것을 기도하였다. 명대의 저명한 〈청관淸官〉인 해서海瑞는『천하를 고르게 다스리고자 하면 반드시 경전제를 시행해야 하는데 만일 부득이하면 한전제를 시행하고, 또 만일 부득이하다면 균세법을 실행해야 한다 欲天下治平, 必行耕田, 不得已而限田, 又不得已而均稅』(《明史》卷二二六)고 주장하였다.

평균평등의사상은 농민사상 속에 깊이 뿌리를 내렸으며, 그 외재적인 표현도 지극히 강렬하였다. 위에서 서술한 역대 사상가와 통치자의 조균에 관한 사상은 주로 농민의 평균평등사상의 제약을 받았으며, 농민사상을 자연 그대로 내맡겨 계급모순을 완화시키고 농민봉기를 방지하였다.

역대의 농민봉기는 대부분 평균평등을 호소하였다. 동한 말의 황건기의군은 원시도교인 《태평경太平經》의 사상을 흡수하여 〈태평〉이라는 구호를 제출하였다. 태평은 곧 매우 공평하다는 것이다. 당말 황소黃巢의 기의는 〈평균〉을 전투의 구호로 삼았고, 북송 왕소파王小波의 기의는 〈균빈부均貧富〉를 이상으로 삼았으며, 남송의 종상鍾相, 양마楊麼의 기의는 〈등귀천等貴賤·균빈부均貧富〉를 목표로 삼았고, 원말의 농민봉기는 『불평등한 것을 다 없애고 바야흐로 태평하게 한다 殺盡不平方太平』는 것을 기치로 삼았으며, 명말 이자성李自成이 창도한 농민봉기는 〈균전均田〉을 요구하였다. 근대에 이르러 태평천국혁명은 농민의 평균평등의 이상을 『밭이 있으면 함께 갈고, 밥이 있으면 함께 먹으며, 옷이 있으면 함께 입고, 돈이 있으면 함께 써서 어느곳에서라도 고르지 않음이 없게 하고, 누구라도 배부르고 따뜻하지 않음이 없게 한다 有田同耕, 有飯同食, 有衣同穿, 有錢同使, 無處不均勻, 無人不飽暖』《天朝田畝制度》등등으로 표현하였다. 이러한 농민봉기가 창도한 평균평등 주장은 수많은 농민을 극대하게 흡인하고 고무시켰으며, 일정한 정도상에 있어서 봉건전제통치의 근본 기틀을 뒤흔들어 놓았다.

엄격하게 말해서, 중국 역사상에 있어서 진정으로 평균평등의 사회가 출현한 적은 없었다. 봉건통치자가 실행한 균전·한전 따위의 정책은 계급모순을 완화하는 데 목적을 둔 것이었으며 천하일가天下一家·인인평등人人平等의 사회를 실현하기 위한 것은 아니었다. 사상가들의 조균調均에 관한 주장은 장구한 치안의 원대한 안광으로부터 문제를 고려한 것으로, 지나친 착취를 반대하고 눈앞의 작은 이득을 위해 큰 이득을 놓치는 것을 반대하는 것일 뿐이다. 농민봉기군은 그들 자신의 국한성과 통치계급 역량이 강대해지므로 말미암아 진정으로 평균평등의 이상을 실현시킬 수가 없었다.

중국문화 가운데의 평균평등의 사상(주로 농민군중에게서 표현된다)은 분명히 소농경제의 산물이다. 그러나 이러한 사상은 자연경제의 조건 아래에서 사회의 재부를 고르게 하고 잉여분을 덜어서 부족분을 보충할 것을 주장하였는데, 이것은 착취를 감소시키고 겸병을 방지하였으며, 농민의 최소한의 생존조건을 유지시키고 사회를 안정시키는 등등에 대해 적극적인 작용을 하였다. 그것은 농민계급이 강권폭정에 반대하여 상호일치를 요구하는 사회문화 심리상태를 생육시켰으며, 농민 반항정신의 증대를 촉진시켰다. 특히 일종의 사회심리로서 그것은 중화민족의 평등 자주의식을 풍부하게 하였으며 자유를 쟁취하는 동력으로 전환되었다. 그러나 역사상 농민의 이러한 평균평등의 사상은 절대평균주의의 색채를 띠었으며, 이 때문에 실현될 수 없었고, 또한 엄중한 폐단을 낳았다. 그것은 다른 사람 혹은 집단이 자기의 장점 혹은 우세한 점을 이용하여 진취적으로 나아가고, 남이 먼저 즐거운 나날을 보내는 것을 반대하였다. 그것이 중시하는 것은 정태적 평형으로서 효율과 진보를 희생하는 것을 댓가로 삼았으며, 동태적 경쟁을 고무시켜 작업효율·생산효율을 제고시키고, 사회의 진보를 추동시키는 것을 통해 자기의 이상을 실현시키는 것이 아니다. 이 때문에 이 방면의 요인 또한 부정적이고 취할 수 없는 것이다.

6 구시무실求是務實

구시무실은 중국문화의 기본정신의 하나이다.

중국문화는 인심과 인생을 관조로 하기 때문에 따라서 현실로 향하고, 인생을 중시하는 것이다. 실사구시는 역대로 중국인의 인식원칙이며 도덕신조이다.

유가의 공자가 주장한『배우고 일정한 시간에 이것을 익힌다 學而時習之』『매사를 질문하였다 每事問』『아는 것은 아는 것이니(모른다고 말하지 않고), 모르는 것은 모르는 것이니(안다고 가장하지 않아야 한다) 知之爲知之, 不知爲不知』『공허하게 추측하지 않고, 모든 것을 다 긍정하지는 않으며, 고집에 구애받지 않고, 자기만을 옳다고 하지 않는다 毋意, 毋必, 毋固, 毋我』등은 실사구시정신의 반영이다. 맹자는 사람들을 평가하고 세상일을 논의할 것을 요구하고, 백성에게 항산恒産을 주므로써 백성에게 항심恒心을 갖게 해야 한다고 주장하였으며,『일정한 생산이 없으면 일정한 마음이 없다 無恒産則無恒心』고 하였다. 순자는 생이지지生而知之를 부정하고 후천적으로 남의 지식과 재능을 학습하는 중요성을 강조하였다. 동중서는『부자는 밭 사잇길이 종횡으로 연결되어 있고, 가난한 사람은 송곳 하나 세울 땅이 없다 富者田連阡陌, 貧者無立錐之地』고 인정하고,『고쳐새롭게 하고 更化』형벌을 줄이고 부세를 경감시킬 것을 요구하였다. 왕충王充은 실제의 일을 중시하고 허망한 것을 싫어하였다. 후일의 진량陳亮·섭적葉適·

안원顔元 등은 사공事功을 중시하고 동기動機와 효과의 통일을 강조하였다. 이러한 것들은 모두 구시무실정신의 여러 가지 표현이다.

도가가 비록 『지극히 심원한 玄之又玄』〈도〉를 말하였지만 여전히 구시무실정신을 가지고 있다. 『남을 아는 사람은 지혜롭고 자기를 아는 사람은 현명하다 知人者智, 自知者明』고 인식하여 성실하게 상대방의 형편을 연구할 것을 주장하였으며, 『화는 상대방을 가볍게 보는 것이 가장 크다 禍莫大於輕敵』고 하였다. 장자학파는 『만물의 이치를 분석할 것 析萬物之理』을 요구하고, 고도로 자유와 필연관계의 검토를 중시하였으며 독단론獨斷論을 반대하고, 도가의 구시무실정신을 구현시켰다. 뒷날의 황노도가가 『시세의 발전에 따라 발전하고 만물의 변화에 순응하여 변화한다 與時遷移, 應物變化』고 한 것은 구시무실정신을 더욱 체현한 것이다.

법가는 〈전식前識〉에 반대하고 〈참험參驗〉을 중시하며, 실행을 강조하고 경전耕戰을 핵심으로 하는 사공事功을 높이 보았으며 공담과 현상玄想을 비판하고 현실에 집착하였다. 형벌과 경상慶賞의 〈이병二柄〉으로 사람들의 정욕을 자극하고 제약하였으며 공허한 설교를 사용하여 사람들을 가르치지 않았다. 이것은 공리주의 입장에서 표현해낸 구시무실의 정신인 것이다.

중국전통의 사학에서는 신사직록信史直錄을 하고, 권세의 압박을 두려워하지 않는 전통을 견지하였는데, 이 또한 중국문화의 구시무실정신의 표현이다. 저명한 사학자 유지기劉知幾는 『선한 일과 악한 일을 반드시 기록하여 교만한 군주와 불충한 신하가 두려움을 알도록 해야 한다 善惡必書, 使驕君賊臣知懼』《新唐書 · 劉知幾吳兢傳》고 하였다. 역사상 붓을 잡고 바르게 글을 쓰기 위해서 벼슬을 강등당하고 귀향을 가며 심지어 생명을 잃는 것을 두려워하지 않은 정직한 사학가들이 적지 않았다.

구시정신은 반드시 무실의 태도로 나타난다. 중국인은 역대로 현상玄想을 물리치고 실제에 힘썼으며, 일상생활과 인륜관계 및 사회정치생활 속에서 자신의 염원을 표현하였고 자신의 가치를 실현시켰으며, 실제를 중시하지 않는 청담현상淸談玄想에 반대하였다. 중국문화사상 옛날에는 왕권이 신권보다 높았으며, 신권은 왕권을 위해서 봉사를 하였는데, 이것은 중국인의 무실정신과 밀접한 관계가 있는 것이다. 심지어는 중국 고전문학 중에 일이관지一以貫之하고 있는 현실주의 전통 역시 중국인의 현실에서 출발하고 무실을 중시하는 정신과 불가분의 관계에 있다고 말할 수 있다. 구시무실求是務實의 정신은 민족성격 심리 중에 깊게 새겨졌다. 중국인의 성격은 박실무화樸實無華하여 입신행사 하는 데 있어서 발로 실제의 땅을 밟고, 순서에 따라 점진하며『돌다리를 두드리고 강을 건너는 것 摸着石頭過河』을 중시하였으며, 화이부실華而不實한 작풍을 천시하였다. 이러한 것들은 모두 중국문화정신과 중화민족의 소질 중의 우수한 일면을 나타내 준다. 그러나 이러한 구시무실정신 가운데에는 동시에 일부 부정적인 요인이 포함되어 있다. 예를들면, 인심과 인생을 중시하지만 오히려 자연에 대한 개조, 자연과학에 대한 연구를 소홀히 하였다. 또한 구시무실정신은 주로 경험주의를 기초로 하여 실제적인 혜택과 눈앞의 공리에 편중하여 명확하게『취강견미吹糠見米』하는 소농의식을 수반하고 있다. 이것은 구시무실정신 가운데 장래의 먼 이익을 소홀히 하는 근시안적인 특징을 반영하였고, 소농경제 국한성의 필연적인 표현이자 결과인 것이다.

7 활달낙관豁達樂觀

중국문화는 활달낙관의 정신을 가지고 있다.

중국인의 입장에서 볼 때 인생의 의의와 개체의 가치는 현세의 생활 속에 존재한다. 사람이 세상에 살면서 부귀가 증가하는 것은 진실로 기뻐할 만하다. 그러나 벼슬길이 뜻대로 되지 않거나 벼슬이 승직 또는 강직되며, 온갖 시련을 다 겪더라도 반드시 슬퍼할 것은 아니다. 적극적이고 진취적이며 자강불식의 인생태도는 시종 낙관주의를 기조로 하며, 따라서 비관심리를 희석시킬 수 있다. 진리에 대한 추구, 광명에 대한 동경은 사람들로 하여금 미래에 대한 희망에 부풀게 한다. 개인이 당한 역경은『어려운 국면은 자신이 해결한다 艱難困苦, 玉汝於成』는 태도로 자아조절하고, 억울한 정감을 낙관의 태도로 이끌 수 있다. 단체의 사업이 좌절되면 새로운 성공의 계기로 간주될 수 있고, 사업의 저조는 두 차례의 고조 사이의 과도기로 간주될 수 있다. 사직이 뒤엎어지면 와신상담臥薪嘗膽하여 광복을 얻을 수 있다. 예로부터 전송되는『아무리 평평한 곳이라도 경사진 곳이 없을 수 없고, 어디를 가나 돌아오지 않음이 없다 無平不陂, 無往不復』『불운이 절정에 달하면 행운이 돌아온다 否極泰來』등의 격언은 사람들의 미래의 좋은 전망에 대한 굳은 신념을 표현한 것이다.『길은 구불구불하지만 앞길에는 광명이 있다 道路是曲折的, 前途是光明的』라는 것은 바로 이러한 낙관정신이 누적되고 전환된 것이다. 중국의 고전비극 중에는 왕왕 대단원의 막이 비록 모식화와 공상주의의 특징을 가지고 있지만, 결국 사람들의 좋은 결말에 대한 동경과 추구를 표현하는 것은 낙관적인 태도로써 비관적인 현실에 대처하는 것이다.

　중화민족의 낙관정신은 활달대도豁達大度의 흉금과 동반하여 자라났다. 이것은 먼저 겸용병포兼容幷包의 문화가치관으로 표현된다. 역사상 중국과 외국의 교류과정 중에서 중국문화는 항상 이역문화와 쉽게 접촉하고 쉽게 융합했으며, 자기의 내재적 특색으로써 다른 민족의 문화에 영향을 끼쳤을 뿐더러 다른 민족의 문화를 흡수하고 융합하였다. 불학佛學이 동점했을 때, 중국 본토문화는 처음에는 그것과 별문제가 없었다가 나중에 충돌을 일으켰었지만 최후에는 하나로 융합되어 서로 보완을 하며 공동으로 발전하였다. 이슬람교와 기독교도 중국에서 대체적으로 유사한 상황을 겪었다. 중국문화 내부의 각 구성부분 사이의 융합은 더욱이 사람들에게 널리 알려진 바이다. 유가와 묵가는 상호작용하고 서로 유사하며, 유가와 법가는 서로 합류하였고, 유가와 도가는 서로 보충하였으며 유가와 불가는 서로 융합하여 포함하고…… 최후에는 하나로 융합되었다.

　이러한 것들은 이론상의 정련을 거쳐서, 바로『만물이 함께 자라지만 서로 해치지 않고, 도가 함께 행해지지만 서로 어긋나지 않는다 萬物幷育而不相害, 道幷行而不相背』는 원칙으로 표현되었다. 사회정치생활에서는 바로〈가부상제可否相濟〉〈화이부동和而不同〉을 제창하므로써 대중의 지혜를 모으고 좋은 의견을 널리 받아들이며, 좋은 것을 택해 따를 것을 제창하는 것으로 표현되었다. 문화영역에서는 바로『천하의 갖가지 사상이 한 곳에 이르고, 길은 달라도 같은 복적지에 이른다 天下百慮而一致, 同歸而殊途』겸용병축兼容幷蓄(통째로 받아들임), 상반상성相反相成(서로 반대되면서도 어울린다)을 주장하는 것으로 표현되었다.

　이러한 겸용병포兼容幷包·병행불패幷行不悖의 정신은 중국문화로 하여금 매우 강한 흡수능력과 개주改鑄능력을 갖추게 하였으며, 중국인으로 하여금 드넓은 흉금과 관용의 마음을 갖추게 하였으며, 따라서 중국문화의 적응력과 재생기능을 매우 강하게 하였다. 그러나 이와 동시에 중국문화의 활달낙관·겸용병포의 정신은 또한 적지 않은 부정적인 요인을 포함하고 있다. 〈지족상락知足常樂〉〈견모불욕見侮不辱〉〈안빈낙도安貧樂道〉 등의 관념은 전사회에 스며들어 중국인이 수성守成을 중시하고 즐기는 보수심리를 조성하였다. 성적의 앞에서 자아 만족하고 진취를 추구하지 않으며, 중대한 역사의 숨은 재난 앞에서 반드시 요구되는 위기감과 긴박감을 결핍하였다. 동시에 겸용병포의 관용태도는 중국인의 절충 조화사상을 촉발시켜서 반드시 난국을 타파하고, 대담하게 개혁해야 하는 역사의 분기점에서 왕왕 시기를 놓치지 않고 즉석에서 판단을 내리며, 큰일을 서슴치 않고 해치우는 식으로 일을 진행할 수가 없게 하였으며, 심지어는 앉아서 좋은 기회를 상실하는 상황을 초래하기도 하였다.

8 이도제욕以道制欲

중국문화의 기본정신에 있는 또 하나의 측면은 이도제욕이다.

중국사회는 문명의 문턱으로 매진한 후로 곧 시종일관하는 강렬한 이성정신을 가지고 있다. 중국문화 속에서 사람은 도덕이성적인 사람이며, 생물학적 의미상의 사람은 아니다. 예의와 염치는 사람마다 구비하고 있는 시비지심是非之心이며, 주체의지의 기본 내용이다. 철학적 인식의 주요 대상은 인륜규범이다. 〈지선至善〉에 도달하는 것은 도덕상의 최고경계이며, 또한 정치상의 최종 이상이다. 이 때문에 개체의 정감·욕망의 만족은 사회의 이성적 요구와 서로 통일되어야 한다. 유가는 『즐거워하되 정도가 지나쳐서는 안 되고 슬퍼하되 마음이 상하도록 지나쳐서는 안 된다 樂而不淫, 哀而不傷』『정을 돌이켜 그 뜻을 조화되게 한다 反情以和其志』『정에서 발동하여 예의에서 그친다 發乎情, 止乎禮義』를 주장하였다. 도가는 개체의 정감과 욕망의 만족으로써 〈생명을 해치고 傷生〉〈몸을 해쳐서는 害身〉 안 된다고 하였다. 일반적으로 말해, 중국문화는 감정과 욕망의 만족을 부정하는 금욕주의에 반대하였으며, 이성이 없고 절제가 없는 종욕주의縱欲主義에 반대하였다. 바로 이택후李澤厚가 말한 바와 같이 중국이 중시한 것은 정情과 리理의 결합이고, 리理로써 정을 절제하는 평형으로서 사회성·윤리성의 심리감수와 만족이며, 금욕적인 관능의 억압이 아니고 이지적인 인식의 즐거움이 아니며, 더욱이 신비적인 정감의 미혹 혹은 마음의 정화淨化가 아니다.[11]

고대 이성정신의 또 다른 중요 표현은 개체와 군체, 사회와의 통일성을 강조하였다. 한편으로 개체의 감성적인 생명의 존재와 발전의 중요한 가치를 충분히 긍정하고, 다른 한편으로 또한 강렬하게 개체의 감성적인 생명의 존재와 발전을 주장하여, 반드시 타인과 함께 전체사회의 존재와 발전과 함께 통일되어야 함을 주장하였다. 양자는 일종의 조화의 관계 속에 있어야 하며, 서로 분열하고 대항해서는 안 된다. 송대의 대유학자 장재의《서명》에서는 유가의 이러한 방면의 사상이 집중적으로 체현되어 있다.《서명》은 천하를 일가로 보며, 『백성은 나와 동포이고, 만물은 나의 친구 民吾同胞, 物吾與也』라는 사상을 창도하고, 『나이 많은 사람을 존중하는 것은 어른을 어른으로 대우하는 것이다. 외로운 사람과 약한 사람에게 자애롭게 대해 주는 것은 아이를 아이로 대우하는 것이다. ……무릇 천하에 노쇠한 사람과 폐질에 걸린 사람·독신자·자식 없는 사람·홀아비·과부 등은 모두 가난하여 의지할 곳이 없고 하소연하여 원조를 바랄 데가 없는 나의 형제들이다 尊高年, 所以長其長, 慈獨弱, 所以幼其幼. ……凡天下疲癃殘疾, 惸獨鰥寡, 皆吾兄弟之顚連而無告者也』라고 하였다. 이것은 공자의『노인을 편안하게 해주고, 친구가 나를 믿게 하며, 젊은 사람이 나를 생각하게 한다 老者安之, 朋友信之, 少者懷之』는 사상과 일치하는 것이며, 모두 개체와 사회의 서로 통일된 인생이상에 대한 표현이자 추구이다. 도가는 유가가 제창한 인의도덕의 허위성과 그것의 사람의 개성에 대한 속박에 대해 날카로운 비판을 하였으며, 유가에 비해서 개체생명의 존재와 자유로운 발전을 더욱 강조하였지만 그것은 결코 인애의 정신을 부정한 것은 아니었다. 노자는『성인은 어떠한 축적도 하지 않고 온 힘을 다해서 남을 도와주지만 그 자신은 오히려 더욱 충족되며, 일체의 것을 남에게 주지만 그 자신은 오히려 더욱 풍부해진다 聖人不積, 旣以爲人已愈有, 旣以與人已愈多』(《老子》八十一章)고 주장하였고, 장자학파는『샘이 말라 물고기가 육지에서 살게 되었는데, 숨을 내쉬어 서로 적셔주고 거품을 내어 서로 적셔준다 泉涸, 魚相處於陸, 相呴以濕, 相濡以沫』고 하여, 환난 속에서 상호구조하는 정신을 찬양했을 뿐 아니라 열렬하게 사람들이 일체의 환난을 떠나서 강과 호수에 사는 물고기처럼 근심이나 생각 없이 자유자재로 생활할 것을 희망하였다. 묵가의 〈겸애〉는 사람들에게 고행주의와 금욕주의를 실행하도록 가르치는 일면을 가지고 있으며, 또한 적극적으로 개인이 천하국가를 위해 헌신할 것을 제창하는 일면을 가지고 있다. 법가는 명확하게 개인적인 사리사욕의 만족을 중요 지위로 끌어올렸지만, 그러나 여전히 이러한 만족을 개인이 타인과 국가(당연히 통치계급의 전제주의 국가)를 위해서 행한 사공事功과 서로 관련이 있으며, 공로가 없으면서 봉록을 받는 것을 강력하게 반대하였다. 묵가와 법가의 개체와 사회의 통일에 대한 인식은 유가와 도가보다 낮으며, 중국 역사상의 영향도 유가와 도가에 훨씬 못 미친다.[12]

이밖에 앞에서 말한 적이 있는 천하를 자기의 임무로 삼고,『천하 사람들이 근심하기에 앞서서 근심하고 先天下之憂而憂』『국가의 흥망은 필부에게도 책임이 있다 國家興亡, 匹夫有責』및 전체와 인간관계人間關係를 중시하는 사상은 모두 동일사유의 길이다.

개체정감과 욕망의 만족, 사회의 이성과 서로 통일된 사상 및 개체와 사회 사이에는 반드시 조화의 일치를 보호유지해야 한다는 사상은, 결국 이도제욕의 도덕이성과 사유추향의 구체적 표현임은 분명한 사실이다. 중국 전통문화 속에서 어떠한 사상이나 어떠한 학파를 막론하고, 또 정부나 민간을 막론하고, 그 인생의 취지가 윤리정치형 문화의 제약을 받기 때문에 모두 형이상적인 도에 대한 파악을 추구한다. 비록 다른 시대 다른 지위에 있는 사람이 추구하는 도의 내포가 다를 수는 있지만 모두 그것을 일종의 도덕이성정신으로 정리하여 인간행위의 지침이 될 수 있다. 사람의 정감과 욕망은 반드시 〈도〉를 준칙으로 삼고, 정情은 도에 어긋나지 않으며, 욕망은 도를 넘지 않아야 하는데, 이것은 이미 모든 사회의 공통적인 인생태도가 되었다.

　이도제욕정신의 형성은 중화민족이 이성을 중시하고, 정조를 강조하며 종욕주의를 배척하고, 인생방면의 자연주의를 반대하는 것에 대해서 모두 긍정적인 일면을 가지고 있다. 민족의 독특한 정신면모의 형성과 사회의 조화통일에 대해서도 긍정적인 역할을 하였다. 그러나 봉건통치자가 왜곡하여 이용함으로 말미암아 이도제욕의 정신은 왕왕 사람들의 정상적인 정감욕망의 만족과 정상적인 인성의 실현을 압제하는 도구로 전락되었다. 송명이학의 『존천리存天理, 거인욕去人欲』의 이론은 바로 전형적인 예이다. 이것은 반드시 비판받고 지양되어야 할 것이다.

제15장

전통문화와 현대화

『모든 역사는 현대사이다』라고 한 크로체의 이 명제는 정밀하고 심도 깊은 것이다. 쉽게 알 수 있듯이 앞에서 논술한 중국문화의 각 방면은 일조일석에 이루어진 것이 아니고 시대와 함께 진행된 것이다. 그것은 생명이 이미 소멸된 미이라가 아니며, 현재도 중국의 국가민족발전에 깊은 영향을 주고 있는 요인인 것이다. 특히 우리가 바로 전통에서 현대로 향하는 전환과정 속에서, 팔면에서 들어오는 바람의 뒤흔듬 속에서 현대화된 국가를 건설할 때에 전통문화와 현대화의 관계는 진지하게 탐구해야 할 가치가 있는 문제이다.

제1절 문화열文化熱의 유래

최근 전국을 석권한 문화토론의 열기는 무수한 청년들을 격동시켜서 적지 않은 다양한 의론을 이끌어내었다. 대체로 약간의 문화를 가지고 있는 사람은 모두 문화를 이야기하고 있고, 이야기하고자 하며, 이야기 할 수 있다. 이로써 충분히 문화의 〈민족성〉과 사회성을 체현시켰다고 말할 수 있다.

어째서 그러한가?

첫째로 사람들이 전통에 대해 재조명한 결과이다. 중국사회는 근대로 들어온 이후, 그 발전이 상당히 더디었다. 외우내환外憂內患은 정직한 중국인의 양심을 뒤흔들었다. 서방의 견고한 배와 날카로운 포는 오랫동안 폐쇄된 국문國門을 두드렸다. 과학과 민주사상의 흡입은 한편으로 전통사상문화의 제방을 허물었으며, 다른 한편으로는 사람들에게 전통사상문화를 뒤돌아보는 참고자료를 제공해 주었다. 서방사상의 영향을 받은 지식인들의 인도하에서 〈5·4운동〉 시기에 격렬한 반전통을 특징으로 하는 신문화운동이 나타났다. 구사상·구문화를 비판하고 〈타도공가점打倒孔家店〉은 진보적 청년들의 우렁찬 구호이며 실제의 행동이 되었다. 그런데 당시에는 계몽에 중점을 두었기 때문에 전통문화를 비판하고 신문화를 창건하는 임무는 완성되지 못했다. 그뒤 기나긴 30년의 전란기간(8년의 항전기간을 포함) 동안 사상문화의 건설은 진정으로 의사일정에 오르지 못했다. 건국 이후에 군사적 강제 특징을 띠고 있는 정치운동으로 인해 전통의 편협한 〈천조상국天朝上國〉사상의 영향으로 인해 사회의 진보와 발전은 엄중한 방해를 받았다. 〈사인방四人幫〉이 분쇄되기까지 특히 당의 11차 삼중전회三中全會 이후에 혼란을 바로잡아 정상으로 돌리므로써 정확한 사상노선으로 되돌아와 개혁·개방을 실시하고, 창구를 열고서 사람들은 비로소 세계를 의식하게 되었는데 과거에 우리들이 인식하고 있는 그러한 것은 아니다. 우리는 정치상의 〈세계혁명의 중심〉 및 〈등대〉가 아니며 경제적으로 세계 제일이 아니다. 반대로 우리는 선진 국가와의 거리가 상당히 클 뿐만 아니라 개발도상국의 행렬 속에서도 앞대열에 설 수가 없다. 이러한 엄준한 사실은 우리들의 자아도취된 신경을 일깨워 주었다. 지난날의 고통을 돌이켜본 후 사람들의 사고 초점은 점차적으로 사상문화의 위에 모아졌다. 전통사상문화에 대해서 어떠한 가치판단과 선택이 나오더라도 사람들의 사고 중심은 여전히 사상문화의 틀 안에 있으며 이것은 이론의 여지가 없는 사실이다.

다음은 서방문화의 도전이다. 대외교류가 확대됨에 따라서 각종 서방의 학술문화사조가 중국에 물밀듯이 들어왔으며, 전통적 사유방식·가치관념·심리상태·심미정취 등 민족문화의 심층구조적인 것과 마찰 및 충돌을 일으켰다. 고도로 발달된 공업사회의 기초상에서 건립된 서방의 사상문화는 바로 전통사회로부터 현대사회로 향한 전환과정 속에 있는 사람들에 대해, 특히 청년지식인에 대해 강렬한 흡인력과 신선감을 가지고 있으며, 사상관념상 서로 일치되는 곳이 있다. 사람의 가치와 존엄, 주체성의 확인과 발휘, 민주와 법제의 건설 등등 이러한 현대화 대공업 및 상업을 배경으로 하는 신사상·신관념과 전통문화의 사이에는 매우 큰 인식의 차이와 심리적인 거리가 존재하고 있다. 깊숙이 들어온 개혁과 개방은 사람들이 새로운 사상문화관념을 추구하고 건립하도록 촉진시켰다. 관념의 갱신·지식의 갱신·방법의 갱신이라는 구호가 귀에서 끊이지 않았다. 어떻게 정확히 다시 밀려온 구미바람의 도전에 대응하고 현대화 건설에 적합한 사상문화체계를 건립하느냐 하는 것은 전국의 모든 계층, 특히 지식계층이 깊게 고려해야 할 중대한 현실문제가 되었다.

다음은 개혁이 깊이 들어간 필연적 논제이다. 경제체제의 개혁이라는 한 가지 일이 전반에 걸쳐 영향을 주어 사람들의 관념을 깊이 변화시켰으며, 심각한 폐단을 안고 있는 정치체제에 충격을 주었다. 동시에 정치체제의 개혁을 부름으로써 경제개혁 자체를 심화시켰다. 정치체제 개혁(및 경제체제 개혁)의 필연적 결과는 사상문화관념의 변혁이다. 이 때문에 문화열의 홍기는 순조롭게 진행되었다.

제 2 절 〈문화단층론文化斷層論〉과 상실감

최근에 진행된 문화토론 중에서 사람들의 주목을 끈 관점은 〈문화단층론文化斷層論〉이다.

문화단층론자는 〈5·4운동〉 시기의 격렬한 반전통주의와 〈문화대혁명文化大革命〉이 전반적으로 전통문화를 부정했기 때문에 중국문화의 위기가 닥쳤다고 보았다.

문학계에서는 몇몇 사람들이 〈5·4신문화운동〉과 〈문화대혁명〉은 중국 전통문화의 두 차례에 걸친 대단절로서, 이미 4천 년 문명고국의 전통을 거의 파괴하였으며 중국인들로 하여금 소박한 마음, 통일된 신념, 태도가 부드럽고 행실이 점잖은 예의, 말없이 은근한 정을 품는 식의 가치표준, 굴원과 두보 유형의 애국주의 정신 및 노장 유형의 초탈하고 활달한 인생태도를 상실하게 하여 중국은 바로 미망과 방황 속에 있다고 보았다. 현재는 〈5·4신문화운동〉에 의해 부정된 중국 전통문화를 중건할 때이다.[1] 그래서 문학계에서는 〈5·4운동〉을 부정하고 노신사상 방향의 관점을 헐뜯고 비난하는 길로 걸어가고 있다.

철학계와 사상문화계에서도 〈문화단층론〉에 맞장구를 치는 사람이 적지 않았다. 그들의 입장에서 보면, 〈5·4운동〉은 전반적으로 전통문화를 부정하여 중국문화 가운데 일이관지一以貫之하는 도통의 전승을 파괴한 것이다. 현사회의 사욕을 위한 부정행위 관료주의 등 일체의 바르지 못한 풍기는 모두 중국 전통문화의 단절에 그 원인이 있는 것이다. 〈문화대혁명〉은 〈5·4정신〉의 잘못된 발전이다. 건국 후 사회발전이 계속 좌절된 것은 전통문화의 정화를 망각한 데 있다. 그래서 공자에 대해서 바른 평가를 하고 전통문화에 대해 이름을 바르게 해주며, 전통문화의 정신으로써 인심을 견고하게 보양하는 데 편리하도록 해야 한다. 중국 전통문화, 특히 유가문화는 인류문명의 발전된 미래를 대표하며 공업사회에서 후공업사회까지의 여러 가지 문제를 해결할 수 있다. 전국의 지식인은 전통문화에 대해 일종의 공통된 의식을 형성하고자 하며, 유가문화를 주체로 하는 전통문화를 발양시키므로써 현대 정신문명 건설의 문제를 해결하고 중화민족을 정신상에 있어서 세계에서 자립하도록 하고자 한다.

심리적인 측면에서 고찰하면, 문화단층론자는 보편적으로 강한 상실감을 가지고 있다. 그들의 마음 속에는 〈5·4운동〉의 전통문화에 대한 비판과 〈문화대혁명〉의 문화에 대한 파괴가 철저하게 사람들의 가치관념·사유방식 및 심미정취 등의 생존에 의거하는 문화토양을 파괴시켰다고 생각하였다. 당의 11차 삼중전회三中全會 이후에 개혁·개방은 구미바람이 오랜 중국문화 무대를 재습격하게 하였다. 이로 말미암아 고유의 심리적 평형은 파괴되고 가치관념은 동요되었으며 새로운 사상문화체계는 아직 건립되지 못했는데, 이것은 문화발전의 공백 즉 단열대斷裂帶를 만들어서 깊은 상실감을 안겨주었다. 이에 그들은 매우 자연스럽게 과거로 회귀하여 전통문화에 대해서 새롭게 인식을 같이하므로써 문화단층을 이어주고 아울러 이로부터 새로운 꽃을 피우도록 요구하였다.

제 3 절 현대신유가와 유학부흥설

〈문화단층론〉 및 그것에 반영된 상실감은 실제로 조화평형과 도통의 존속을 추구하는 유가의 문화심리상태이다. 이러한 〈문화단층론〉의 출현은 객관적으로 철학계·사상계에서 근래에 나타난 유학부흥론과 상호호응하는 것이며, 양자는 동일 사상노선 및 문화심리상태에 속한다. 유학부흥설은 현대 신유학사조의 고양과 불가분의 관계에 있다.

1 현대 신유가의 유래와 그 사상적 특징

현대 신유학은 지난 2년간의 국내 학술계와 사회에 유행한 개념이다. 하신何新은 『현대 신유학은 실질적으로 서구에서 현대사상과 방법을 배워온 학자들이 중국에서 최근 약 1백년 이래 현대화가 성공하지 못한 역사경험의 반성 및 일본·싱가폴 등등의 동방국가의 현대화 성공과 경험이 만들어낸 것에 대한 연구를 하는 가운데에서 형성된 일종의 당대 문화사조』라고 보았다.[2] 양군유楊君游는 현대 신유학이 『항일전쟁 시기에 흥기한 일종의 전통유학을 개조한 신사조를 가리킨다. 중국 전통문화를 본체로 하고 서양문화를 흡수하여 그것을 〈용구用具〉로 삼고, 전통의 중국문화에 대해서 가공·제작 및 개조를 하여 그것으로 하여금 중국의 전통과 특색을 보존할 수 있고, 시대조류와 세계정세에 적합할 수 있는 새로운 형태의 문화를 이루도록 하였다』고 보았다.[3] 방극립方克立은 『현대 유학가는 1920년대에 나타났는데, 그들은 유가 〈도통〉의 계승을 임무로 삼고, 송명 유학의 부흥을 주요 특징으로 하며 유가학설로써 융합할 것을 도모하고 서학을 회통시키므로써 현대화를 추구하는 학술사상의 한 유파이다』라고 주장하였다.[4] 이 몇 가지 정의는 제각기 이치를 가지고 있는데, 나는 후자가 비교적 전면적이고 정확하며 정제되었다고 생각한다.

현대의 신유학은 선진시기의 원시유학과 송명시대의 신유학에 상대해서 말하는 것이다. 일반적으로 선진의 공자·맹자·순자로 대표되는 유학은 유학발전의 제1단계로써 원시유학으로 일컬어진다. 송명시기는 불교를 유학의 범주 속에 수용하여 유학을 개조하고, 철학화시킨 것으로 유학발전의 제2단계이다. 이 시기의 유학은 신유학이라고 일컬어지며, 그 철학가들은 신유가라고 일컬어진다. 해외의 학자들은 습관적으로 이 명칭을 사용하고 있다. 〈5·4운동〉시기를 전후하여 지식인들은 중국 전통윤리와 가치체계의 붕괴, 제국주의 문화의 침입과 마르크스주의의 중국에서의 전파에 직면하여 몹시 안타까워하면서 전통문화의 지위와 가치체계를 회복하고 유학을 발양시켜 시대조류에 적응하도록 도모하였는데 이것이 유학발전의 제3시기, 즉 현재 사람들이 일컫는 현대 신유학이다. 이 사회문화사조를 대표하고 독립사상체계를 갖고 있는 학자는 현대신유가로 명명되어 송명의 신유학 및 유가와 구별한다.

19세기 하반기 이후로 중국 정치·경제·군사 및 사회상황은 나날이 악화되었다. 서방열강은 중화민족에게 여러 형태의 굴욕을 강요하였으며, 중국의 열강침략에 반대하는 투쟁은 계속적으로 좌절되었으며, 사상문화 방면에서 서풍동점西風東漸은 전통윤리관념과 가치체계를 붕괴시키고, 중국의 전통으로부터 현대로 걸어가는 진행과정 속에서 그 발전이 순조롭게 진행되지 못하게 하였다. 어떻게 중국 전통문화의 가치와 미래의 운명을 인식하고 서방문화의 도전을 받아들이며, 전통에서 현대로 향하는 정확한 길을 찾을 것인가는 지식인들의 고뇌에 찬 중대한 현실문제가 되었다. 이 시기에 각종 사상학술유파는 시대의 요구에 부응하여 생겨났는데, 이것은 즉 국수주의파國粹主義派·중체서용파中體西用派·전반서화파全盤西化派 등 하나둘이 아니다. 그 가운데 양수명梁漱溟·장군려張君勱·풍우란馮友蘭·하린賀麟·웅십력熊十力 등으로 대표되는 지식인들은 중국 전통문화의 기본정신과 가치체계를 존숭하여 1920년대로부터 중서문화의 충돌과 전통·현대의 충돌 가운데에서 중국 전통문화의 본체와 주도적 지위를 유지하고, 아울러 이것을 기초로 서학에 회통하여 중서를 융합시키고 서방문화의 도전과 마르크스주의의 충격에 대처할 것을 힘껏 도모하였다. 이 지식인들이 바로 우리가 말하는 현대 신유가이며, 그들이 대표하는 사회사조와 학술문화사조가 바로 현대 신유학사조인 것이다.

양수명은 현대 신유가의 선구자이다. 일찍이 1922년에 그는 《동서의 문화와 철학東西文化及其哲學》을 출판하였다. 동서문화의 차이는 〈인생의 지향〉이 근본적으로 다른 데 있다고 주장하였다. 그는 〈의욕意欲〉의 향전向前·향후向后·

지중持中을 표준으로 삼아 서방·인도·중국의 3대문화체계를 세 개의 상이한 문화체계로 귀결시키고 유가사상으로써 기본가치지향으로 삼는 생활을 해야 만이 비로소 〈인생의 진미〉에 이를 수 있다고 주장하였다. 그래서 유가는 인류문화의 이상적 귀결이며,『세계의 미래문화는 바로 중국문화의 부흥』이라고 하였다. 〈5·4운동〉 시기의 반유학·반전통이 고조된 시기에 그는 공개적으로 유가의 기치를 높이 쳐들고 공학孔學을 제창하였으며,『공가孔家로 걸어가는 길을 고취시키고』『공자를 위해 발휘하는 것』 이외에는 다른 일을 하지 않았다. 웅십력은 일찍이 신해혁명辛亥革命에 참가하였는데, 중년에는 불학을 신봉하고 법상유식론法相唯識論을 존숭하였으며, 후에는 불학에서 유가로 돌아와《역전易傳》을 종宗으로 하여 독창적으로 〈신유식론新唯識論〉이라는 철학체계를 수립하였다. 그는 〈5·4운동〉 이후에 사람들의 서방 과학기술에 대한 그러한 추구는 실제적으로 감정상 피상적인 서방사상에 집착한 것에 불과하며, 맹목적으로 서방사상을 숭배하는 심리상태에서 나온 것이리고 주장하였다. 그는 서방에 대한 인식은 반드시 중국 가치체계의 중건과 상보적으로 진행되어야 하며, 반드시 먼저 중국문화의 〈체體〉를 건립해야 할 것을 강조하였는데 그의 철학은 바로 본체론상에서 이것을 위한 노력이다.

하린이 창도한 것은 〈신심학新心學〉이다. 〈신심학〉은 서방의 헤겔주의와 중국의 육왕심학陸王心學이 서로 결합한 산물이다. 하린은 국수주의와 전반서화의 관점에 대해 부정적인 태도를 갖고 있다. 그는 1941년 8월에《사상과 시대 思想與時代》라는 잡지에 발표된 〈유가사상의 새로운 전개 儒家思想的新開展〉라는 글에서 맨 먼저 현재 말하고 있는 〈현대신유학現代新儒學〉 의미의 〈신유학〉 개념을 제기하고, 아울러 신유학의 사상관점에 대해서 상세하고 체계적으로 논술하였다. 이 문장은 현대 신유학의 선언 및 대표작으로 간주된다. 글 속에서 그는 『유가사상을 본체로 하고, 서양문화를 도구로 하는』 주장을 명확하게 제기하였다. 그는 수천 년 이래 유가사상은 그 발전과정 속에서 부단히 변화를 거듭하였으며 언제나 새로운 시대정신에 적응할 수 있었다고 주장하였다. 중국 현대문화의 동향과 사상추세에 대한 고찰에 근거하여, 그는 신유학이 중국 현대사조의 주류이며, 현대사회는 바로 『신유학운동으로 결집되었다』고 단언하였다. 그는 민족이 부흥하는 것은 현실적으로 말해서 민족문화의 부흥이어야 하며, 유가문화의 부흥이어야 한다고 단호하게 주장하였다. 그는 서방문화를 수입하고 이해하므로써 유가사상을 충실히 해야 한다고 주장하였다. 중화민족정신과 생사존망은 서방문화를 유가화儒家化시키고, 중국화中國化시킬 수 있는가의 여부에 달려있

438

다.『중국문화를 부흥시킬 수 있느냐의 문제는 바로 서양문화를 중국화시킬 수 있느냐, 또는 민족정신을 체體로 하고 서양문화를 용用으로 할 수 있느냐의 문제인 것이다.』

풍우란은 신이학新理學을 고취시켰다. 그는 항전시기에 쓴 《신이학新理學》《신사론新事論》《신세훈新世訓》《신원인新原人》《신원도新原道》《신지언新知言》 등의 정원육서貞元六書에서 집중적으로 그의『정주도학程朱道學에 접근한 사상』을 선전하였다. 그는 공개적으로 자신의 신이학이 송명이학을 〈이어서〉 말한 것이며, 송명이학을 〈따라서〉 말한 것은 아니라고 밝혔다. 그가 말한 이른바 〈신新〉은 그가 정주도학을 정종正宗으로 삼고 서방철학을 흡수한 것인데, 주로 신실재론新實在論의 논리분석방법을 사용하여 중국의 전통철학을 연구하고 송명이학을 재구성하여, 신실재론과 정주도학을 융합시켜서 하나의 새로운 형이상학 사상체계를 형성한 것이다.

일반적으로 말해서 양수명·웅십력·하린·풍우란 등 4명의 현대 신유가가 대표하는 사회 및 학술문화사조는 현대 신유학 발전의 전기단계이다. 1949년 해방 이후에 현대 신유학사조는 대륙에서는 기본적으로 소극적이고 은닉된 상태에 처해 있고, 주로 홍콩·대만 등지로 이전되어 새로운 발전을 하고 있다.

50년대에 당군의唐君毅·모종삼牟宗三·서복관徐復觀·전목錢穆 등으로 대표되는 홍콩과 대만에 거주하는 현대 신유가들은 저서와 논문발표 및 강연을 통해 유럽·아시아·미주 등지를 분주히 다니면서 유학을 핵심으로 하는 중국 전통문화의 가치전통을 선양하고 전통유학을 발양하였으며, 서방철학의 방법으로 중국문화에 대해 해석하고 현대 서방사회의 폐단을 이용하여 중국문화의 장점을 비추어 보고, 동시에 서방문화 속의 적극적인 요소를 받아들여서 중국 본위의 문화를 새로이 건설할 것을 주장하였다. 그 가운데 가장 대표적인 것은 당군의가 집필하고, 모종삼·서복관·장군려가 공동으로 서명하여 한 시기를 크게 뒤흔든 문화선언인 《중국문화와 세계中國文化與世界》(1958년 원단에 발표되었으며 부제는 《우리들의 중국학술연구 및 중국문화와 세계문화전도에 대한 공동인식 我們對中國學術研究及中國文化與世界文化前途之共同認識》)이다. 이 〈선언〉에서는 그들이 갖고 있는 중국문화의 과거·현재·미래 및 중서문화관계 등의 문제에 대한 기본 입장 및 관점을 체계적으로 서술하고 현대 신유가의 〈반본개신反本開新〉의 사상 강령을 제기하였다.

그들은 현시점의 동서문화가 평등한 시각으로 상대방을 대해야 한다고 주장하였다. 그들은 민족본위의 입장에 서서 전통유학(주로 육왕심학陸王心學)에 의거하여 중국문화의 가치를 발양하는 데 주력하였다. 그들은 중국문화가 심성을 일체의 가치의 근원으로 삼는다고 보았다. 전통의 심성지학心性之學은 성선론性善論이 주류가 된다. 심성지학은 사람의 도덕실천의 기초이며, 그것은『깨달음에 의해서 실천을 낳고, 실천에 의해서 깨달음을 증가시키며 지와 행이 서로 병행되는 것이다. 依覺悟而生實踐, 依實踐而增覺悟, 知行相須而進』『심성지학은 중국문화의 정수가 소재한 곳이며, 심성지학을 이해하지 못하면 중국문화를 이해하지 못한다.』중국의 윤리·도덕에는 사람의 내심, 정신생활의 근거 및 그것이 포함하고 있는 종교적인 초월감정이 있다. 그것의 인생도덕실천은 천인합덕天人合德·천인합일天人合一을 주장하며, 하늘과 사람을 서로 관통하게 하여 하늘이 사람 안에 있고, 사람은 위로 하늘에 통하게 할 수 있다. 중국의 의리지학義理之學은 사람의 도덕인격의 완성에 목표를 두고 있다. 중국의 정신문명은 서방보다 높으므로 서방사람은 동방문화를 학습해야 하는데, 그 주요내용은 〈그때가 옳다 當下卽是〉는 정신과 〈일체를 버린나 一體放下〉는 생각, 〈원만하면서 뛰어난 圓而神〉 지혜, 온정이 스며있으면서 슬퍼하거나 혹은 비탄해하는 정, 천하는 일가一家라는 생각 등등이다. 동시에 그들은 중서문화에 내재된 각각의 우수함과 결함을 분석하고 중서문화의 결합문제를 연구토론하였으며 아울러 세계의 미래문화에 대해 전망을 하였다. 그들은 중국문화가 반드시 서방 혹은 세계문화를 접수하게 될 것이라고 인정하였고, 서방의 과학과 민주정신을 긍정적으로 보았다. 그들은 또한 〈5·4운동〉에 의한 전통문화의 비판에 대해서 부정적인 평가를 하고, 마르크스 레닌주의와 중국은 서로 용납할 수 없다고 주장하였다.

6,70년대에 서방 자본주의가 고도로 발달하므로써 수반된 정신상의 상실감과 공허감, 아시아 〈사소룡四小龍〉의 성공, 중국대륙의 문화대혁명으로 인해 조성된 정신가치의 해체는 현대 신유가들이 더욱 자신들의 사상방향이 정확하다는 것을 굳게 믿도록 해주었고, 따라서 더욱 활약하도록 하여 〈유학부흥〉의 파란을 불러일으켰다. 그 기본적 관점은 50년대 이후의 현대 신유학과 동일 사상방향이며, 단지 마르크스 레닌주의와 〈5·4운동〉에 대한 공격이 더욱 가시적으로 극렬해졌다는 것만 다를 뿐이다.

최근 몇 년간, 사람들이 건국 이래로 진행된 사회발전에 대해 여러 번 좌절을 겪고 경제건설이 낙후되었다고 힐난함에 따라서, 〈문혁文革〉이라는 문화 전제專制에 대한 재조명, 특히 개혁의 심화과정중에 나타난 여러 가지 어려움, 개방과정중의 서방사조에 혼입된 사고는 전통문화의 가치와 운명, 특히 현대화와의 관계에 대한 연구토론을 유발시켰다. 이러한 조류 속에서 현대 신유학 사조도 대륙으로 확산되었다. 사상사계·철학사계 및 역사학계에는 모두 전통문화 특히 유가사상에 대한 평가가 가면 갈수록 높아지는 경향을 띠고 있다.『반권의《논어》로써 천하를 다스린다』와 심지어『한 구절로써 할 수 있다』는 소리는 한 차례 학술교단에 떠들썩한 논의를 불러일으켰다. 문학계의 뿌리를 찾자는 열기, 특히 〈5·4운동〉을 부정하고 노신을 부정하며, 〈5·4운동〉으로 조성된 〈문화단층〉을 비난하는 관점은 크게 유행하였다. 〈유학부흥〉의 고취자들이 대륙에서 〈지음知音〉을 찾은 것은 일말의 희망적인 서광을 본 것이라고 할 수 있다.

종합해 말하면, 현대 신유가는 적지 않은 사람이 대를 잇고 있으며 현대 신유학사조도 해외·대륙을 막론하고 모두 경시할 수 없는 영향을 가지고 있다. 대체적으로 말해서, 현대 신유학사조는 아래와 같은 특징을 가지고 있다.

(1) 굳건하게 정해진 민족문화 본위의 입장을 가지고 있다. 중국문화의 〈일본성一本性〉과 우월성을 강조하며, 중국문화에 살아있는 내재적 생명을 인정하고 중국문화의 가치를 기본적으로 지향하여 인격을 형성하고 사회를 건설하며 서방문화를 융합할 것을 주장한다.

(2) 강렬하게 민족문화가 영락했다는 심리상태를 가지고 있으며, 전민족이 전통문화의 가치에 대해 〈인동認同〉하며 〈공동인식〉을 가지고서 중국문화가 발양하기를 희망한다.

(3) 중국문화는 매우 강한 활용성과 동화력을 갖추고 있으며 현대화와 결코 상호모순되지 않으며, 중국문화 자체는 과학기술을 발전시키는 사상을 내포하고 있고 민주정치의 근원을 포함하고 있다고 주장한다.

(4) 중도中道는 서기西器보다 높다. 서방 과학기술이 좋기는 하지만 사상문화상의 일련의 폐단을 수반하고 있으며, 사상의 뿌리와 도덕 자아조절장치가 없는 과학기술과 민주는 근본이 없는 것이다. 중국문화만 있으면 현대사회 및 훗날의 공업문명의 문제를 해결할 수 있다. 서방은 중국문화를 학습해야 한다고 주장한다.

(5) 중서문화는 융합될 수 있다. 중국문화는 서방문화 속의 과학·민주 등의 사상을 받아들여야 하며 사람들로 하여금 스스로 도덕실천의 주체가 되도록 할 뿐 아니라 〈정치의 주체〉가 되도록 해야 한다. 중국문화의 토양 속에서 서방문화의 자양분을 흡수해서 현대적 의미의 중국문화를 배양시켜야 한다.

(6) 광대한 문화시야를 가지고 있다. 그들은 전통에 입각해서 현실을 바라보며, 세계에 눈을 돌려서 중국문화를 세계문화체계 속에 주입시키고 또한 중국문화의 가치와 특색을 보존할 것을 도모한다.

(7) 선명한 자신자강自信自強의 주체의식 및 자존자수自尊自守하는 독립인격을 갖추고 있고 깊은 역사 책임감과 시대 사명감을 갖고서 중국문화의 발양을 자기의 임무로 삼고, 구미바람의 충격하에서 흔들리지 않고 꿋꿋하게 일어선다.

(8) 보수적인 정치입장을 가지고 있다. 그들은 마르크스 레닌주의에 반대하고 그것이 중국의 지도사상이 되는 것을 반대한다. 비록 마르크스 주의의 자본주의에 대한 여러 가지 비판을 좋아하지만 양자를 따르는 것은 모두 서방의 산물일 뿐 아니라『독을 가지고 독을 공격하는 以毒攻毒』현상으로 간주하고 차가운 눈으로 방관한다. 그들은 〈5·4운동〉의 사상방향을 부정하였는데, 그것은 중국문화에 대해 건설보다 파괴를 많이 하고 중국 학술문화의 〈도통〉전승을 파괴하였으며, 민족문화의 단층을 조성하였다고 주장하였다.

이러한 특징은 현대 신유가들의 가치체계 및 기본 정치입장을 반영한 것이다.

현대 신유학자들의 마르크스 레닌주의와 〈5·4운동〉에 대한 부정은 비록 착오이지만 그들 사상 속에는 여전히 사람들을 계발시켜 주는 것이 적지 않다. 전통 중국으로 하여금 어떻게 현대화로 걸어갈 것인가, 중국문화가 어떻게 서방문화와 결합할 것인가에 대해 우리들은 지금도 간절하게 생각하고 있는데, 현대 신유학자들의 사상은 우리들에게 적지 않은 유익한 계시를 해준다. 특히 전통을 답습하지 않고 전반적으로 전통을 부정하지도 않으면서 민족문화의 적극적인 정신을 보존한다는 전제하에서, 사회경제와 문화사업을 발전시키고 중국의 특색있는 현대화 국가를 건설하는 방면 및 실제와 같이 중서문화의 장단점을 분석하고 그것으로 하여금 상호보충하여 상호문화체계를 건설하는 방면에 있어서 현대 신유학가들의 근면한 연구토론은 우리들이 본받을 만한 가치가 있다. 그들의 자존자수하는 독립인격·자신자강의 주체의식은 우리들이 상품경제 및 대외교류를 발전시키는 가운데에서 마땅히 학습되어져야 한다.

총괄적으로 말해서 현대 신유학사조의 출현은 역사적인 필연성을 가지고 있다. 현대 신유학자들의 사상은 우리들이 성실하게 연구하여 본받을 것은 본받고 버릴 것은 버려서 간단하게 부정하거나 혹은 맹목적으로 맞장구를 쳐서는 안 된다.

2 유학부흥설과 당대 중국

현대 신유학사조와 현대 신유가들이 발양한 하나의 핵심논제는 〈유학의 부흥〉이다.

　유학부흥설의 대표인물은 홍콩·대만 지역의 저명한 일부 학자와 미국·태국에서 활동하고 있는 일부 화교학자이다. 최근 미국의 몇몇 화교학자들은 여러 차례 중국내에서 강의를 하면서 유학의 제3기 발전을 고취시켰는데, 이들의 영향은 매우 컸다. 게다가 국내의 몇몇 학자의 동조를 얻어서 널리 파급시키는 역할을 하였으며, 따라서 아주 적다고는 할 수 없는 문화학술사조가 형성되었다. 그들은 독일학자 베버Weber, Max의《프로테스탄티즘의 윤리와 자본주의의 정신》《유교와 도교》라는 영향이 지대한 저작 중에서 중국이 근대 자본주의를 결핍한 사회학 기초에 관하여 기독교 정신과 지향하는 바가 다른 유가의 윤리와 도가의 가치체계가 현대화된 공업격식의 논단을 낼 수가 없어서 반드시 서로 반성해야 한다고 주장하였다. 그들은 근 20년간 일본·한국·대만·홍콩·싱가폴 등의 동아시아 공업문명의 출현 및 그들 경제의 비약적인 발전이 베버의 이론에 대한 도전임을 지적하였다. 문화상으로 고찰해 보면 공업 동아시아 문명경제의 기적이 출현한 원인은 중국 전통유학과 불가분의 관계에 있다. 동아시아 사회는 중국문화권에 속하며 중국문화의 주도성분은 유학인데, 따라서 동아시아 사회역시 일부 일본학자가 이야기한 바와 같이 유교문화권에 속한다. 그래서 그들은 동아시아 자본주의를 〈유가자본주의〉라고 명명하고 유가의 윤리를 동아시아 경제기적의 심층적 원인 내지 동아시아 사회의 현대화 발원지라고 해석하였다. 그들은 〈중화민족의 문화인동文化認同〉이라는 명제를 제출하였다. 이른바 〈인동認同〉은 일종의 자아정의自我正義·자아인식自我認識이다. 문화인동은 바로 전통에 대해 자각적 단체적 비판적으로 계승 및 창조를 한 것으로, 또한 외래문화에 대해서 자각적 단체적으로 선택과 흡수를 한 것이다. 이 때문에 그들은 반드시 새롭게 중국문화를 평가해야 하는데 특히 그것의 〈내재적 초월 경로〉 및 〈인문정신〉이 현대화와 〈후後 현대화〉 속에서의 가치를 평가하고 〈5·4운동〉 시기의 〈전반서화全盤西化〉와 철저히 전통을 부정한 편면성을 반성하며, 정감화라는 테두리를 벗어나서 서방문화의 도전에 대해 창조적인 대응을 해야 된다고 지적하였다. 그들은 이것이 절대로 〈중체서용中體西用〉으로 회귀한 것이 아니라고 언명하지만, 그러나 역시 유학이 한당과 송명의 뒤를 계승하여 제3기로 새롭게 발전하기를 희망하고 있다.[5]

　　이러한 〈유학부흥〉의 주장은 대륙으로 전파된 뒤에 강렬한 반응을 일으켰다. 이것에 대해 적극적으로 지지 찬동하는 사람도 있고 비판 비방하는 학자들도 있다. 전자는 유학을 부흥시키는 것이 전반서화의 위험을 탈피할 수 있으면서 중체서용의 곤경을 벗어날 수 있다고 주장한다. 중국사회가 이제까지 40년 동안 발전이 완만했던 것은 주로 전통문화의 정화를 포기한 데 있는데, 만일 전통문화의 정화를 발굴하고 발양한다면 중국 현대화의 성공은 사상적으로 보증이 있게 된다. 후자는 『조화를 깨뜨리고자 打破和諧』하여 〈유학 제3기 발전설〉이 근대의 〈중체서용〉관의 정교한 재판 내지는 심화라고 주장한다. 그들은 전통의 문화본체 속에서 현대의식을 싹트게 할 수 없으며 『유가 제3기 발전을 제출하는 것은 필연적인 역사에 대한 하나의 반동』이라고 주장하였다. 오늘날 우리들은 고유한 전통모식의 조화를 타파해야만 한다. 〈중국문화의 본체〉를 중건하여 마땅히 〈열린 마음〉으로써 전통적 가치체계의 붕괴를 받아들여야 한다.[6]

나는 〈유학부흥〉설이 당대 중국의 발전추세와 서로 어긋난다고 생각한다. 물론 〈유학부흥〉설을 주장하는 해외 화교학자의 현대화가 서화西化와는 다르다는 것에 관한 논단 및 전통문화, 특히 유학의 특수한 가치를 발굴해야 한다는 관점[7]은 정확하고 적극적인 의미를 갖고 있는 것이다. 그렇지만 〈유학부흥〉설은 중국 미래의 사상문화 발전방향의 설계도로서 여러 가지 많은 오류를 갖고 있다.

첫째, 내포가 풍부한 중국문화를 간단하게 유가문화로 귀결시켰다. 유가사상의 『발원지로 하여금 자각적인 국면으로 용솟음치게 할 수 있다면』 지식인 집단이 여기에 대해 〈공동인식〉을 가지는 것이 곧 서방문화의 도전에 대응할 수 있고, 〈창조적인 전환〉을 실현시키고 〈유가의 희미한〉 객관적 사실을 변화시켜서 『일찍이 중화민족의 인동을 형상화하고, 아울러 동아시아 문명을 체현한 유가전통으로 하여금 생생불식生生不息·일신우신日新又新할 수 있게 하는데』『〈유학부흥〉은 최대한도로 해도 〈일양래복一陽來復〉의 태세, 즉 발전하게 되는 태세에 불과한 것』으로 결속된다. 즉 이것은 치우치는 것(유학)으로써 전체(중국문화 전반)를 개괄하는 것이며 아울러 주관적인 공상인 것이다.

둘째, 문화요소의 사회발전 속에서의 작용을 지나치게 강조하고 사유를 전통문화 속의 『사상문화를 빌려서 문제를 해결하는』 구식의 틀로 국한시킨다. 실제적으로 공업 동아시아 문명이 우뚝 일어선 것은 여러 가지 경제적·정치적·군사적·문화적 내지는 지리적인 복합적 원인을 가지고 있는데, 〈유학부흥〉설의 제창자들은 유가윤리의 발휘만을 가지고 개괄하려고 한다. 이것은 사상 속에서 사회발전의 근본원인을 찾는 것으로써 역사사실에 위배된다. 동시에 〈유학부흥〉으로써 현대화 모식과 전통문화와의 관계를 해결하는 것은, 마찬가지로 사상문화에 의해 문제를 해결하는 인식착오를 범하는 것으로써 전통적 중도경기重道輕器 사유격식의 또 다른 표현인 것이다.

셋째, 〈5·4신문화운동〉의 정확한 사상방향 및 그것의 중국 현대사상문화의 창조적 전환 및 누적 방면의 공적을 낮게 평가하였으며, 심지어는 부정하였다. 〈유학부흥〉설의 선전자들도 〈5·4운동〉의 전통문화에 대한 비판이 정확한 일면을 갖고 있다고 인정을 하지만, 그러나 그들은 그것이 〈지나쳤다〉고 결론지으며, 『우국의 생각은 필경 5분간의 가열된 필부의 용맹과는 취지가 다른 것이며』『문화의 개신은 궁극적으로 비분의 절망감정에서 시작할 수 없다』고 주장한다. 내 생각으로 〈5·4신문화운동〉의 구전통·구사상에 대한 비판은 그 대체적인 방향이 정확한 것이다. 역사는 그것이 계몽에 중점을 두었고 철저하게 완성된 것이 아니라고 본다. 오늘날의 지식인들은 마땅히 〈5·4운동〉의 비판정신을 계승하여 전통문화 속의 우수한 전통을 발양시키고, 서방문화의 장점을 흡수하여 현대의식을 갖춘 사상문화체계를 건립해야 하는 것이지 유학을 부흥시키는 것은 아니다. 유학을 부흥하는 것은 〈5·4신문화운동〉에 대한 일종의 부정이고 반동일 수 있으며, 현대화를 하는 데 있어서 장애가 된다.

넷째, 현 중국사회의 실제에 부합되지 않는다. 중국사회는 아편전쟁에서 1949년까지 계속해서 시달려왔다. 건국 이후에도 여전히 온갖 시련을 다 겪었으므로 발전이 매우 완만하였다. 이러한 상황을 조성한 기타의 원인은 잠시 차치하고, 유가사상전통의 영향은 지극히 중요한 원인인 것이다. 실제상으로 현행의 개혁이 부딪히고 있는 여러 가지 장애, 사회상에 존재하는 여러 가지 옳지 못한 바람은 유가사상의 소극적인 측면에서 온 것이 많다. 예를들면 권력이 법보다 중요시되고, 처가집 연줄로 관계를 맺으며, 사사로운 정에 얽매여 법을 어기는 풍토 및 관료적인 작풍·문서주의·경험주의 소농의식·종법관념 등등은 모두 유학사상전통의 유전자와 관계가 있다. 자본주의가 고도로 발달된 사회에서 생활하는 유학부흥론자들은 비록 중국인으로서 우리와 문자도 같고 종족이 같기는 하지만, 결국 중국대륙의 문화분위기 속에서 성장한 것이 아니라서 유가사상의 부정적인 영향에 대해서 직접 피부로 느끼지 못했으며, 따라서 유학의 가치평가에 대해서 우리들과는 너무나 현저한 차이가 나는데, 이것은 이해할 수 있는 일이기는 하지만 무조건 찬동할 수는 없는 것이다. 현재의 개혁실천으로 볼 때, 중국사회로 하여금 전통으로부터 현대로의 창조적인 전환을 실현시키는 근본적인 방법은 상품경제를 발전시키고, 사회주의 민주와 법제를 건립하는 것이며 유학을 부흥하는 것은 아니다. 이것은 전사회의 공통된 인식이라고 말할 수 있다. 또한 바로 이와 같기 때문에 우리는 유학부흥설이 당대 중국사회의 실제와는 부합하지 않으며 따라서 실행될 수 없는 것이라고 생각한다.

제 4 절 민족정신의 확장과 현대화의 일치

중국 전통문화와 현대화의 관계는 충돌인가? 아니면 일치인가? 학자들마다의 생각이 크게 다르다.

조석인曹錫仁은 현대화는 바로 일정한 경제구조·정치구조와 문화의식구조를 그 안에 포함하고 있는 공업화 사회형태, 즉 공업화의 신문명이라고 지적하였다. 중국의 현대화는 실제로 곧바로 중국식의 사회주의 공업화 사회형태를 가리킨다. 공업화문명은 농업문명과 서로 대립된다. 중국의 전통문화는 농업문명 중에서 성장한 것이며, 근대에서 결코 철저하게 지양 및 개조되지 않았다. 이 때문에 중국의 역사가 공업화로 지향하는 과정중인 이때 중국 전통문화와 중국 현대화 사업의 요구는 첨예한 충돌을 일으킨다. 이러한 충돌은 주로 다음의 몇 가지로 표현된다. (1) 전통적 수지예속형 사회구조와 현대 그물형 사회구조의 충돌 (2) 전통적 귀천등급의 원칙 및 인신예속원칙, 현대의 평등원칙의 충돌 (3) 법치사회 요구와 인치人治 전통의 충돌 (4) 현대 민주제도와 전통적 가장종법제의 충·효 관념의 충돌 (5) 현대인 개성의 전면적 발전과 전통적 공성共性 지상의 군체원칙과의 충돌 (6) 창조요구와 보수심리의 충돌 (7) 개방과 폐쇄의 모순 충돌 (8) 경쟁원칙과 중용신조의 모순 충돌 (9) 물질이익원칙과 논리중심원칙과의 충돌 (10) 현대사회 소비수요와 전통적인 절검·절약 및 사치를 반대하는 원칙과의 충돌 등이다.[8]

이것은 〈충돌衝突〉론 가운데 비교적 대표적인 관점이다.

이와 상반되는 의견을 가진 사람들은 중국문화와 현대화는 일치된 것이라고 본다. 중국의 근대 이래의 낙후 및 우리의 현재 사회생활 속에 수많은 경제문화 발전을 저해하는 요인의 책임은 중국 전통문화에 있는 것이 아니며,『중국의 낙후한 여러 가지 주요원인은 모두 중국 전통문화와 관계가 없다.』정반대로 중국 전통문화의 우수한 정화가 차례차례 허물어지기 때문에 현재 중국의 경제와 과학기술상의 낙후된 국면이 발생했다는 것이다. 낙후된 국면을 전환시켜서 현대화의 진행과정을 추진하고자 하면 가장 급선무는 중국의 우수한 전통문화를 청산하고 개조하며 발양하는 일이다.[9]

이것은 〈일치一致〉론 가운데 비교적 대표적인 관점이다.

실제로 전통문화와 현대화의 관계에 대해서 혹자는 현대화 국가를 건설하는 가운데에서 전통문화의 작용은 마치 앞글에서 지적한 중국문화의 기본정신과 같이 이중성을 갖고 있어서 현대화와 서로 충돌되는 일면을 가지고 있으면서 서로 일치하는 일면을 가지고 있다고 말한다. 이러한 이중성은 중국문화의 기본정신이 포함하고 있는 이중성으로 말미암아 결정되는 것이다.

중국민족의 자강불식·정도직행의 정신은 민족성격과 문화심리의 형상에 대해 매우 중대한 적극적인 역할을 하였다. 현대화 국가를 건설하는 오늘날, 그것들은 우리가 어려움을 두려워하지 않고 이상경계를 향해 쉬지 않고 매진하는 거대한 역량이며, 우리가 견지하고 인정하는 가치준칙으로써 낡은 것에 집착하지 않고 시세에 따라 억지로 찬동하지 않으며, 독립적으로 사고하고 스스로 일격一格을 이루는 사상규범이다. 물론 시대가 달라 자강불식·정도직행은 일종의 정신역량 및 사상지향으로써 마땅히 새로운 시대적 내용이 부여되어야 한다. 오늘날에는 주로 사유의 촉각을 전통의 주체적 도덕수양의 틀로 넓히고, 주체의 개조를 객관세계를 개조하는 실천활동 속으로 융합하며, 상품경제관념으로 편중된 윤리도덕행위의 정도직행정신을 형상화하며, ……오래된 민족정신으로 하여금 현대의식을 갖춘 문명의 꽃으로 피어나도록 해야 한다.

중화민족의 귀화지중貴和持中의 정신은 사회질서 및 조화안정·개체심리평형의 조절에 대해 적극적인 의미를 갖고 있다. 현대사회 속에서 그것은 집체이익을 보호하고 일을 하는 데 극단으로 흐르게 하지 않는다는 사유원칙에 힘쓰고 있어서 여전히 존재하고 발양할 만한 가치가 있는 것이다. 그러나 더욱 중요한 것은 우리가 대대적으로 상품경제를 발전시키고, 전통문화의 토양을 개조하며 경쟁장치를 도입하여 경쟁에 기초한 협동을 제창해서 각 개인의 창조성을 충분히 발휘하게 하고, 각 개인의 인격과 개성의 전면적이고 건전한 발전을 보증해야 한다는 것이다. 경쟁을 배척함으로써 각 개인의 전면적인 발전을 희생하는 것을 댓가로 하는 간단한 협동도덕에 대해서는 마땅히 지양해야 한다. 화和로써 말미암고 중中으로써 헤아려서 청년들의 사상적 예기銳氣와 분투정신을 마멸시키는 가치관은 마땅히 버려야 한다.

전통문화 속의 민위방본民爲邦本의 사상은 인민작용을 중시하는 일면을 갖고 있다. 역사의 각도에서 고찰해 볼 때 전적으로 쓸데없는 것만은 아니다. 그러나 이러한 중민사상重民思想은 백성을 사직의 근본으로 하고, 나라의 안녕을 사유의 향도로 삼는 것이다. 백성이 비록 전제군주의 통치질서를 공고히 하는 도구일 뿐 국가의 주인은 아니다. 엄격하게 말해서 민위방본사상은 일종의 봉건전제주의 사상이다. 이로부터 파생된 〈부모관父母官〉사상, 〈청천靑天〉사상은 비록 일정한 역사조건하에서 적극적인 요인을 결핍하고 있지는 않지만, 그것의 실질적인 사상은 현대민주정신에 위배되는 것이다. 몇 해 전까지 널리 전송되고 사람들에게 일컬어진 『벼슬을 해도 백성의 주인이 못될 바에는 집에 돌아가서 고구마를 팔겠다 當官不爲民做主, 不如回家賣紅薯』는 사상은 실제로 〈부모관〉 의식의 한 표현이다. 당신이 백성이고 내가 군주이며, 내가 당신을 대신해서 주인이 된다라는 사고방식에 있어서 어디에 조금이나마 현대민주의식이 있는가? 이러한 민위방본의 중민사상은 이미 현대사회의 발전에 적응할 수 없다. 오늘날의 사회에 있어서는 고도로 발달된 상품경제를 발전시켜 완벽한 법제체계를 구축하여 민주법제를 사람들의 마음 속 깊이 뿌리내리게 함으로써 진정으로 어떠한 정당과 개인도 반드시, 모두 헌법과 법률규정 범위내에서 행사하는 준칙을 확립해야 한다. 어떠한 사람을 막론하고 일단 헌법과 법률을 위반하면 제재를 받는 것이 마땅하다. 이러한 제재는 장관의 의지에 의한 것이 아니고 법제 및 상응하는 체계에 의한다. 이렇게 되어야 진정으로 사람마다 나면서 평등해지고 모두 공민권을 가지며, 자유권과 행복을 추구하는 권리 등의 관념을 향유할 수 있는데, 그것은 과거와 같이 그렇게 구세주를 바라거나 행정장관을 의지하고 개인 자신의 권리실현을 특정인물에 기탁하는 것이 아니다.

전통문화 가운데 평균평등平均平等의 사상은 확실히 수고하는 대중이 착취에 반대하고 압박을 벗어나려는 바람과 요구를 반영하고 있다. 그러나 이러한 평균평등사상 자체는 자연경제의 산물이며, 소농의식의 전형적인 표현인 것이다. 그것은 사람들이 자기 노력을 통하여 그 능력을 높이고 그 지위를 확대시키는 방법을 자기의 이상을 실현하도록 요구하는 것이 아니며, 남은 것을 덜어서 부족한 것을 보충하는 식의 평균주의 방법을 이용하여 실현하는 것이다. 이것은 이른바 흔히 〈동방식의 질투〉로 흘러서 어떠한 평범한 무리가 현명하고 능력있는 사람을 질투하고 출중한 인물을 배척하는 사상적인 무기가 되기 쉽다. 현대화 국가를 건설하는 진행과정중에서 일방면으로는 역사상의 평균평등사상을 참고로 해서 사회의 양극분화에 따라 새로운 대립이 조성되고 사회혼란이 발생하는 것을 방지해야 한다. 다른 일방면으로 대대적으로 자기의 값진 노력과 공평한 경쟁을 통하여 노동생산율을 제고시키므로써 생활수준을 개선하고, 문화적 소양을 제고시킬 것을 제창해야 한다. 행정적 도덕적 수단으로써 균등이 강행되어 특별한 것에 반대하기보다는 경제적 물질적 수단으로 사람의 적극성을 동원하고 전사회 공동의 진보를 추동하는 것이 낫다. 소박한 기풍을 보존하여 사람들로 하여금 『샘이 말라서 물고기가 육지에서 사는 데 습기를 가지고 서로 적시고 거품으로 서로 적시는 泉涸, 魚相處於陸, 相呴以濕, 相濡以沫』곤란한 지경에서 생활하여 상호구조하므로써 〈모두가 똑같다는 식〉의 심리평형을 유지하기보다는 사람들로 하여금 각기 장점을 살려『강과 호수를 서로 잊고서 相忘於江湖』각기 제자리를 찾게 하는 것이 낫다.

중화민족의 구시무실求是務實·활달낙관豁達樂觀의 정신은 총괄적으로 말해서 현재에도 우리가 보존하고 발양광대시킬 수 있는 좋은 전통이다. 그러나 구시무실정신 속의 경험주의의 특징, 실혜實惠와 눈앞의 공리에 편중하는 근시안적 소농의식은 반드시 극복되어져야 한다. 활달낙관·겸용병포兼容幷包의 정신 속에서는 마땅히 지족상락知足常樂·안빈낙도安貧樂道의 비천한 심리를 제거해야 한다. 특히 〈천조상국天朝上國〉을 특징으로 하는 중화민족 중심주의 사상을 바로잡아야 하며, 다른 지역문화와의 접촉과 충돌 속에서 언제나 상대방을 동화하는 것을 능사로 삼아서는 안 되며 상대방의 장점을 흡수하고 자신을 건전하게 키운다는 목표를 가져야 한다. 곤경과 좌절 속에서 전통적인 삼통순환三統循環·오행생승五行生勝의 순환론 사상으로 심리적 위안을 삼으므로써 좋은 시기가 오고 그것이 이루어지기를 앉아서 기다리기를 바랄 수는 없다. 사람은 반드시 하늘을 믿는다는 신념으로써 자신을 고무시키고 운명에 대해 항쟁을 하며, 절실한 노력을 통해 곤경을 변화시켜야 한다.

중화민족의 이도제욕以道制欲의 정신은 그것이 개체가 갖고 있는 정감과 욕망의 만족이 사회의 이성과 서로 통일되어야 함을 강조하고 개체와 사회 사이에 반드시 조화일치를 보호유지해야 한다는 등면의 사상으로 볼 때, 현대사회 속에 여전히 가치가 있다. 그러나 현대사회 발전의 각도로 자세히 관찰하고 현대 사상문화의 기준선상에서 돌이켜보면 이도제욕의 사상은 마땅히 개조돼야 한다. 현대사회 속에서 국가는 풍부한 개성, 건전한 인격 및 건강한 심리발전의 창조조건을 제창하고 격려하며, 아울러 적극적으로 해야 한다. 이도제욕의 사유격식은 사람의 풍부한 개성에 손실을 주고 사람의 정당한 물질욕망과 정욕을 경감시켜 사람들의 심리적 결함과 인격의 병태현상을 조성한다. 이 때문에 도는 견지해야 하는 것이지만, 이 도는 현대의 민주법치정신, 인간의 전면적 발전사상으로써 충실하게 개조해야 하며, 욕심은 절제되어야 하지만 그러나 봉건 윤리도덕을 표준으로 삼아서는 안 되며, 장관의 의지에 의거해서도 안 되며, 민주정치의 관념, 다원적인 문화의 가치지향, 사회의 공동진보 및 타인을 방해하지 않는 조건하에서 개인이 갖고 있는 정감과 욕망의 만족을 표준으로 해야 한다.

종합해 볼 때 민주정신 속에는 현대화 요구에 적응하는 일면이 있으며, 또한 서로 저촉되는 일면이 있다. 전자에 대해서 우리들은 마땅히 보호유지 및 발양시키고, 아울러 현대정신으로 그것을 풍부하게 해야 할 것이다. 후자에 대해서는 우리가 마땅히 그것을 지양하고 개조하여 현대화와 서로 일치되도록 해야 할 것이다.

【주註】

〈서론〉

1)《인류의 초기 역사와 문화발전의 연구》1865년

2)《原始文化》1871년

3) 클러크혼C.Kluckhohn과 W.H.켈라이의《문화의 개념》, 린튼R.Linton 등이 공편한《The Science of Man in the World Crisis》New York, Columbia Univ. Press, 1945년판에 수록.《文化與個人》浙江人民出版社, 1986년, 제1판, p.4에서 재인용.

4)《蘇聯理論界論社會主義精神文明》東方出版社, 1986년판, p.5

5) 任繼愈 《民族文化的形成與特點》《中國文化研究集刊》제2집, 復旦大學出版社, 1985년판에 수록.

6) 梁漱溟《中國文化要義》[대만] 正中書局 발행, p.1

7)《光明日報》1986년 1월 17일자.

8) 錢穆《文化與生活》《中華文化之特質》[대만] 世界書局 1969년판에 수록.

9) 錢穆《中國文化精神》[대만] 三民書局 1973년판 p.2

10)《中國文化研究集刊》제1집, 復旦大學出版社, 1984년판 참고.

11) 이상은 모두 張智彦,《〈傳統文化研究〉述評》《哲學研究》1986년 제6기 참조.

12) 董作賓《殷墟文字乙編》7781, 7549.

13) 郭沫若《卜辭通纂》

14) 張岱年《中國哲學史史料學》三聯書店 1982년판, p.18 참조.

15) 張岱年《中國哲學史史料學》三聯書店 1982년판, p.6 및 金景芳《西周在哲學上的兩大貢獻》《哲學研究》1979년 제6기 참조.

16) 林劍鳴 主編《秦漢社會文明》西北大學出版社, 1985년판 참조.

17) 朱紹侯《秦漢土地制度與階級關係》中州古籍出版社, 1985년판 p.44

18) 林劍鳴 主編《秦漢社會文明》西北大學出版社, 1985년판 참조.

19) 李宗桂《秦漢之際社會思潮簡論》《浙江學刊》1987년 제6기에 상세히 서술되어 있음.

20) 李錦全《儒家思想的演變及其歷史評價》《孔子研究》1986년 제4기 참조.

21) 簫蓬父《中國哲學啓蒙的坎坷道路》《中國社會科學》1983년 제3기 참조.

〈제1장〉

1) 《歷史進程中的文明與文化》《當代國外文化學研究》中央民族學院出版社, 1986년 판에 수록, p.187

2) 唐蘭《大汶口文化的社會性質及有關問題的討論綜述》《考古》1979년 第1기에 수록.

3) 李學勤《重新估價中國古代文明》《人文雜志》先秦史論文專集에 수록.

4) 林甘泉《論歷史文明遺産的批判繼承》《中國史研究》1983년 제2기에 수록.

5) 《마르크스·엥겔스 선집》 제4권, p.173

6) 《臨潼姜寨發現仰韶文化早期原始氏族村落基址》《光明日報》1980년 5월27일.

7) 《마르크스·엥겔스 전집》 제27권, p.63

8) 《포이에르 바하 철학저작 선집》 하권, 三聯書店, 1962년판 p.460

9) 聞一多《神話與詩》古籍出版社, 1956년판 참조.

10) 牟鍾鑒《中國原始人思維的發展和中國哲學思想的萌芽》《中國哲學史研究》1980년 제1기 참조.

11) 朱天順《中國古代宗敎初探》上海人民出版社, 1982년판 참조.

12) 晁福林《宗法制研究綜述》《文史知識》1986년 제6기에서 재인용.

13) 肖萐父, 李錦全 主編《中國哲學史》상권, 人民出版社, 1982년판 참조.

14) 侯外廬《中國思想通史》제1권 제1장 제1절, 人民出版社, 1957년판.

15) 侯外廬《中國思想通史》제1권, 人民出版社, 1957년판 참조.

〈제2장〉

1) 《마르크스·엥겔스 전집》 제25권 p.891

2) 《레닌 선집》 제4권, p.297

3) 《모택동 선집》 1권본, pp.586-7

4) 《마르크스·엥겔스 전집》 제25권, p.376

5) 《마르크스·엥겔스 전집》 제25권 p.365

6) 周繼旨《中國封建社會經濟結構的基本特徵》《中國社會科學》1983년 제5기 참조.

7) 《中國官僚政治研究》中國社會科學出版社, 1981년판.

8) 李宗桂《從秦漢社會歷史發展看董仲舒思想的積極意義》《河北學刊》1986년 제5기에 상세히 서술되어 있음.

9) 陶希聖·沈巨塵《秦漢政治制度》제5장《文官制度》商務印書館 발행.

〈제3장〉

1) 李宗桂《秦漢醫學與董仲舒的天人感應論》《哲學研究》1987년 제9기 참조.

2) 魯迅《安貧樂道法》《魯迅全集》 제5권 p.596

3) 李宗桂《秦漢之際社會思潮簡論》《浙江學刊》1987년 제6기에 상세히 서술되어 있음.

4) 李宗桂《從秦漢社會歷史的發展看董仲舒思想的積極意義》《河北學刊》1986년 제5기에 상세히 서술되어 있음.

5) 金春峰《漢代思想史》中國社會科學出版社, 1987년판 pp.206-7 참조.

6) 李宗桂《朱熹對張載民胞物與思想的利用和改造》《福建論壇》1984년 제5기에 상세히 서술되어 있음.

7) 李錦全《是吸取宗教的哲理, 還是儒學的宗教化?》《中國社會科學》1983년 제3기.

8) 陳仲庚 등,《人格心理學》遼寧人民出版社, 1986년판 참조.

9) 陳仲庚 등,《人格心理學》p.48에서 인용.

10) 韋政通《傳統中國理想人格的分析》《中國人的性格》에 수록, [대만] 中央研究院 民族學研究所 출판.

11) 李宗桂《從理想人格和價值取向看中國傳統心理》《社會科學研究》1986년 제3기 참조.

12) 郭沫若《十批判書·儒家八派的批判》참조.

13)《辭海》修訂本, 3권본, p.3608

14) 唐端正《先秦諸子論叢》, [대만] 東大圖書公司, 1981년판.

15) 李錦全《中國儒學與退溪學論人際關係的思想特點》《哲學研究》1987년 제9기에 상세히 서술되어 있음.

〈제4장〉

1) 李錦全《老子政治哲學的予盾兩重性與道家思想的歷史作用》《學術月刊》1986년 제11기.

2) 李錦全의 윗글 및 任繼愈 主編《中國哲學發展史》秦漢卷, 人民出版社, 1985년판, p.105 참조.

3)《魯迅全集》제3권 p.504

4) 湯一介《郭象與魏晉玄學》湖北人民出版社, 1983년판.

5) 李宗桂《簡論道家思想在前期封建社會的作用》《齊齊哈爾師院學報》1986년 제2기 참조.

6) 李錦全《老子政治哲學的矛盾兩重性與道家思想的歷史作用》《學術月刊》1986년 제11기.

7) 李錦全의 윗글에 상세히 서술되어 있음.

8) 李錦全의 윗글 참조.

9) 李錦全의 윗글 참조.

10) 曹晨輝《老子的理想人格說》《學術月刊》1987년 제3기.

11) 崔大華《莊子的人生哲學及其在中國文化中的作用》《哲學研究》1986년 제1기.

12) 崔大華의 윗글 참조.

13)《詩廣傳·大雅四十八論》中華書局, 1981년판, p.135

14) 崔大華의 윗글 참조.

15) 郭沫若《十批判書》科學出版社, 1956년판, p.88

16) 李錦全《儒家論人際關係的矛盾兩重性理想》《中州學刊》1987년 제5기.

17) 盧育三《老子釋義》天津古籍出版社, 1987년판, pp.79-81 참조.

18) 李澤厚《中國古代思想史論》人民出版社, 1986년판 p.182

19) 湯一介《論〈道德經〉建立哲學體系的方法》《哲學研究》1986년 제1기.

20) 馮達文《論莊子哲學的邏輯思維過程》《中山大學學報》1982년 제3기 참조.

〈제5장〉

1) 馮友蘭《原儒墨》《三松堂學術文集》北京大學出版社, 1981년판에 수록, p.325

2) 周勤《從儒墨興衰看中國社會結構的特性》《社會科學戰餞》1983년 제3기 참조.

〈제6장〉

1)《마르크스·엥겔스 전집》제29권, p.583

2)《마르크스·엥겔스 선집》제4권, p.233

3) 李錦全《實事求是評價先秦儒法兩家的思想》《四川大學學報》1982년 제1기 참조.

4) 李錦全의 윗글 참조.

5) 邵勤《秦王朝；一個没有理論的時代》《華東師範大學學報》1985년 제6기.

6) 李宗桂,《從秦漢社會歷史發展看董仲舒思想的積極意義》《河北學刊》1986년 제5기에 상세히 서술되어 있음.

〈제7장〉

1) 方立天《佛教哲學》中國人民大學出版社, 1986년판에 상세히 수록되어 있음.

2) 方立天, 위의 책 제4장에 상세히 수록되어 있음.

3) 方立天《佛教和中國傳統文化的冲突與融合》《哲學研究》1986년 제7기 참조.

4)《마르크스 · 엥겔스 선집》제1권, p.9

〈제8장〉

1) 李亦園 · 楊國樞 編《中國人的性格》, [대만] 中央研究院 출판. p.29에서 재인용.

2)《魯迅全集 · 準風月談 · 華德保粹劣論》에서 인용.

3)《魯迅全集 · 墳 · 未有天才之前》

4) 위의 책.

5)《마르크스 · 엥겔스 선집》제1권, p.603

6)《辭海》1979년 修訂本, 3권본, p.491

7)《마르크스 · 엥겔스 전집》제25권 p.897

8) 蔡尙思《中國傳統思想總批判》湖南人民出版社, 1981년판.

9) 李亦園 · 楊國樞 編《中國人的性格》에서 재인용.

10) 李亦園 · 楊國樞 編《中國人的性格》참조.

〈제9장〉

1) 楊百揆 등《西方文官系統》四川人民出版社, 1985년판 및 龔祥瑞《文官制度》人民出版社, 1985년판 참조.

2) 李宗桂《從秦漢社會歷史發展看董仲舒思想的積極意義》《河北學刊》1986년 제5기,《秦漢醫學與董仲舒的〈天人感應〉論》《哲學研究》1987년 제9기,《秦漢之際社會思潮簡論》《浙江學刊》1987년 제6기 등의 글을 참조.

3) 黃留珠《秦漢仕進制度》西北大學出版社, 1985년판에 상세히 서술되어 있음.

4) 黃留珠, 위의 책, p.81

5) 黃留珠, 위의 책, 제8장 및 安作璋 · 態鉄基,《秦漢官制史稿》제3편 제1장, 齊魯書社, 1985년판에 상세히 서술되어 있음.

6) 田久川《九品中正制淺說》《古代禮制風俗漫談》(제2집), 中華書局, 1986년판.

〈제10장〉

1) 피아제《結構主義》商務印書館, 1984년판, p.1

2) 龐樸《要研究〈文化〉的三個層次》《光明日報》1986년 1월 17일 제2판.

3) 楊憲邦《對中國傳統文化的再評價》張立文 등이 主編한《傳統文化與現代化》人民大學出版社, 1987년판에 수록.

4) 張立文《中國傳統文化及其形成和演變》《傳統文化與現代化》에 수록.

5) 曹錫仁《中國古代文化結構及其特徵》《貴州社會科學》1986년 제2기 참조.

6) 封祖盛 · 林英男《開放與封閉》河北人民出版社, 1987년판.

7) 王建武《改變觀念與思想文化結構》《晉陽學刊》1986년 제2기 참조.

8) 孫隆基《中國文化的深層結構》[홍콩]壹山出版社, 1983년판.

9)《마르크스 · 엥겔스 전집》제1권, p.121

10) 위의 책, p.120

11) 위의 책, p.120

12) 李宗桂《從理想人格和價直取向看中國傳統心理》《社會科學研究》1986년, 제3기
   에 상세함.

13)《理論信息報》1986년 12월 29일자.

14) 商戈令《文化與傳統》《復旦學報》1986년, 제3기.

15) 潘知常《中國文化發展的必經之路》《光明日報》1986년 5월 12일자.

16)《對〈文革〉進行歷史反思》《理論信息報》1986년 9월 22일.

17) 牟鍾鑒《中國傳統哲學的評價及其歷史命運》《哲學研究》1986년 제9기.

18) 降大任《文化研究十五問》《晉陽學刊》1987년 제1기에 수록.

19) 降大任, 윗글

〈제11장〉

1) 許金聲《從〈人格三因素論〉看中國傳統文化與人格》《國內哲學動態》1986년 제6기
   참조.

2) 黃先海《也談中國傳統文化與人格》《國內哲學動態》1986년 제11기 참조.

3) 孫隆基《中國文化深層結構》[홍콩]壹山出版社, 1983년판.

4) 張岱年《中國哲學關於人生價直的思想》《中國哲學史研究》1987년 제1기 참조.

5) 陳來《中國傳統價值觀的類型和特點》《中國哲學史研究》1987년 제1기 참조.

6) 侯外廬《中國思想通史》제1권 제1장 제1절, 人民出版社, 1957년판.

7) 李亦園 · 楊國樞 編《中國人的性格》[대만]中央研究院 民族學研究所 출판.

8) 위의 책.

9)《孔府內宅軼事》天津人民出版社, 1984년판, pp.15-6

10) [미국] 赫根漢《人格心理學導論》海南人民出版社 1986년판 및 馬斯洛《動機與人
   格》華夏出版社, 1987년판 참조.

〈제12장〉

1) 汪建《試析中國古代傳統思維方式》《哲學研究》1987년, 제2기 참조.

2) 金春峰《〈月今〉圖式與中國古代思維方式的特點及其對科學·哲學的影響》《中國文化與中國哲學》東方出版社, 1986년판에 수록.

3) 張岱年《中國傳統哲學的批判繼承》《理論月刊》1987년, 제1기 참조.

4) 蕭功秦《儒家文化的困境》四川人民出版社, 1986년판.

5) 樓宇烈《開展對中國文化整體上的綜合研究》《中國文化研究集刊》제1집, 復旦大學出版社, 1987년판.

6) 黃衛平《試論中國傳統思維方式的特徵》《江海學刊》1985년, 제1기 참조.

7) 陳少明《論中國傳統哲學中的象徵性思維》《中國傳統文化的反思》黃東人民出版社, 1987년판에 수록.

8) 魏承思《中國傳統的思維方式和文化觀念》《文匯報》1986년 4월 8일자.

9) 黃衛平, 위의 책.

10)《마르크스·엥겔스 전집》제19권, p406

11)《레닌 선집》제2권, p.1

12) 金春峰《〈月令〉圖式與中國古代思維方式的特點及其對科學, 哲學的影響》

13) 李宗桂《相似理論·協同學與董仲舒的哲學方法》《哲學研究》1986년 제9기 및《秦漢醫學與董仲舒的天人感應論》《哲學研究》1987년 제9기에 상세히 서술되어 있음.

14) 李湘《前賢釋〈比〉三派得失評辨》《中州學刊》1986년 제6기 참조.

15) 唐君毅《中華人文與當今世界》[대만]學生書局 발행, p.606

16) 程亞林《比興妙悟之辨》《學術月刊》1986년 제11기 참조.

17) 헤겔G.W.F. Hegel,《哲學史講演錄》제1권, p.100

18)《多維視野中的文化理論》浙江人民出版社, 1987년판, pp.239－44

19) 胡偉希《意象理論與中國思維方式之變遷》《復旦學報》1986년 제3기.

20) 顧曉明《〈象〉; 中國文化的一種〈基因〉》《復旦學報》1986년 제3기 참조.

21) 헤겔《哲學史講演錄》제1권, p.120

〈제13장〉

1) 司馬雲杰《文化社會學》山東人民出版社, 1987년판, pp.256－7

2) 馮天瑜《中國古代文化的土壤分析》《光明日報》1986년 2월 17일자.

3) 馮天瑜《中國古文化的倫理型特徵》《江海學刊》1986년 제3기 참조.

4) 許蘇民《民族文化心理素質是不同文化類型的基本內核》《江漢論壇》1986년 제10기 참조.

5) 周來祥《中國的傳統文化是中和主義的》《文史哲》1987년 제4기 참조.

6) 唐君毅《中華人文與當今世界》[대만]學生書局 발행.

7) 憑天瑜《中國古代文化的類型》참조,《中國文化與中國哲學》東方出版社, 1986년 판에 수록.

8) 譚其驤《中國文化的時代差異和地區差異》《復旦學報》1986년 제2기 참조.

9) 張慧彬《中國傳統文化人文精神的特點》《新華文摘》1987년 제12기 참조.

10) 湯一介《論中國傳統哲學的眞善美問題》《中國社會科學》1984년 제4기 참조.

11) 寒晨《中國傳統文化的反思》《光明日報》1986년 2월 17일자.

12)《中國傳統文化思想學術討論會紀要》《文史哲》1986년 제5기 참조.

13) 鄒廣義《東西方文化傳統與人的現代化》《學習與探索》1986년 제4기 참조.

14) 趙光賢·彭林《中國文化封閉性說質疑》《北京師範大學學報》1986년 제5기 참조.

15) 薛涌《中國傳統文化縱橫談 ─ 杜維明敎授采訪記》《社會科學》1986년 제8기. 이상 의 개황槪況은 황산,《1986年 中國傳統文化研究槪述》《中國史研究動能》1987년 제7기 참조.

16) 吾淳《中國傳統文化的特質及其背景》《學術月刊》1987년 제5기.

17) [미국]成中英《中國哲學與中國文化》《中華文化之特質》에 수록, [대만]世界書局, 1969년판.

18) 唐君毅《中華人文與當今世界》[대만] 學生書局 발행.

〈제14장〉

1) 張岱年 《論中國文化的基本精神》《中國文化研究集刊》제1집. 復旦大學出版社, 1984년판.

2) 張岱年《文化傳統與民族精神》《學術月刊》1986년 제12기 참조.

3) 張岱年《中國文化與中國哲學》《中國文化與中國哲學》 東方出版社, 1986년판에 수록.

4) 許思園《論中國文化二題》《中國文化研究集刊》제1집, 復旦大學出版社, 1984년판.

5) 楊憲邦《對中國傳統文化的再評價》張立文 등 主編《傳統文化與現代化》中國人民 大學出版社, 1987년판에 수록.

6) 劉綱紀《略論中國民族精神》《武漢大學學報》1985년 제1기 참조.

7) 司馬雲杰《文化社會學》山東人民出版社, 1986년판.

8) 丁守和《中國傳統文化試論》《求索》1987년 제4기 참조.

9) 龐樸《中國文化的人文精神》《光明日報》1986년 1월 6일자.

10）劉澤華《中國傳統政治思想反思》三聯書店, 1987년판, p.118

11）李澤厚《美的歷程》文物出版社, 1981년판, p.51

12）劉綱紀《略論中國民族精神》참조.

〈제15장〉

1）劉曉波《危機! 新時期文學面臨危機》《深圳靑年報》1986년 10월 3일자에서 재인용.

2）何新《現代化與傳統文化的再思考 — 評海外新儒學》《社會科學輯刊》1987년 제2기 참조.

3）楊君游《賀麟與新儒學》《中國社會科學研究生院學報》1987년 제5기 참조.

4）方克立《要重視對現代新儒家的研究》《天津社會科學》1986년 제5기 참조.

5）郭齊勇《現代化與中國傳統文化芻議》《武漢大學學報》1986년 제5기 참조.

6）楊念群《打破和諧；杜維明先生「儒家第三期發展說」駁議》《靑年論壇》1986년 제7기 참조.

7）杜維明《儒家第三期發展的前景問題》《文化 : 中國與世界》제2집에 수록, 三聯書店, 1987년판.

8）曹錫仁《中國傳統文化與現代化要求的十大冲突》《文匯報》1986년 4월 29일자.

9）丁中柱〈中國當今的落後是由于對傳統文化精華的遺忘〉《中國靑年報》1987년 1월 2일자.

【저자후기】

　최근에 국내에서는 문화토론의 열기가 고조되었다. 이 조류에 순응하고 대학생들의 중국문화를 학습하겠다는 절박한 요구를 만족시키기 위해 나는 중산대학에서 〈중국문화개론中國文化槪論〉 과목을 개설하였다. 이 책은 강의한 내용에 토대를 두고 광범하게 동학들의 의견을 들은 뒤 나 스스로 평소에 중국문화를 연구학습해서 얻은 것들을 결합하고 학술계에서 연구한 성과를 흡수하여 쓴 것이다.

　이 책은 1983년도부터 씌어지기 시작하였다. 그해 10월 서안西安에서는 중국사회과학원 등이 주관한 〈제1회 중국사상사학술토론회〉를 거행하였는데 필자는 이 행사에 참가하는 행운을 얻었다. 필자가 회의에 제출한 논문은 《선왕을 높이고 전통을 중시한다······ 중국사상문화의 중요한 특징을 논함 尊先王, 重傳統 ······ 淺談中國思想文化的一個重要特點》이다. 이 제목은 필자가 후에 연구생 학술살롱 및 본과생 학술강좌에서 한 차례 강의를 하였으며 현재 본서 제8장의 원안이 되었다. 1986년의 문화토론 속에서 필자는 《이상인격과 가치지향으로부터 본 중국문화 從理想人格和價値取向看中國傳統心理》라는 논문을 발표하였다. 1986학년도에 나는 학교에서 《중국문화개론》 과목을 전공 선택으로 개설하였다. 전교의 문리대 20개학과 중 17개학과의 학생들이 이 과목을 선택하여 나의 예상을 크게 넘어섰다. 금년에는 이른바 문화열이 퇴색하고 이론열의 열기가 식는 상황이지만, 그래도 16개학과의 학생들이 선택해 주었다. 과목을 수강한 학생 중에는 본과생 이외에도 일부의 재교육 대상 교사, 대학원생 및 대학원 졸업 후 학교에 남아 일할 청년교사가 있다. 광주의 여름 날씨가 너무 무더워 감내하기 힘들 정도라서 내가 수업시작 시간을 저녁으로 하고 한 차례에 3개 단원을 연달아 진행하였지만 넓은 계단교실에는 걸어다니는 통로까지 사람이 꽉차 있었다. 이 정경은 나를 감동시켜서 나의 분발을 촉진시켰다. 나는 능력을 다해서 청중들이 열렬하게 환영해 준 〈중국문화개론〉을 책으로 써서 그들의 열의에 보답할 것을 결심하였다.

　내 능력에 의해 이 책을 다 쓰고자 하였지만 사실 마음만 앞섰지 역부족이었다. 엄밀하게 말한다면 책 속의 각장 심지어 각절은 모두 한 권의 전문서로 써 낼 수 있는 큰 제목이다. 이렇게 큰 제목을 선택한 것은 죽도록 고생만 하고 좋은 소리는 못 듣는다는 것을 내 스스로 알고 있다. 그런데도 대학생들은 보다 체계적으로 중국문화를 이해하기를 갈망하였고 때때로 나를 격려해 주었으며, 중국문화지식을 객관적으로 학생들에게 소개하고, 아울러 그들이 독립적으로 사고하도록 이끌어 주며 과학적인 평가를 하는 책임감을 갖도록 때때로 나를 채찍질해 주었다. 나는 할 수 없이 능력에 닿지 않는 일을 마지 못해 한 것이다.

나는 종래로 전통주의를 고집하지 말고 또한 단순하게 반전통을 숭상하지 말자는 사유원칙을 주장 및 견지하였는데, 이 책의 집필도 이와같다. 학술계의 연구성과에 대해서 명가名家이든 소졸小卒이든 관계하지 않고 주장하는 바가 이치가 맞고 근거가 있으면 나는 모두 널리 흡수하고 소개하는 데 진력하였다. 대체로 남의 성과를 흡수한 것은 가능한 한 출처를 주注로 달아 명기하여 남의 성과를 약탈하는 것을 면하고 아울러 독자에게 찾아보기 편하도록 하였다.

본서의 집필과정중에 국내 학술계의 많은 선배 스승 및 동년배 친구의 열렬한 격려와 대대적인 지지를 얻었다. 중국철학사학회 회장이자 북경대학 교수 장대년張岱年 선생은 본서를 위해 서명을 써주셨다. 나의 스승 정보란丁寶蘭, 이금전李錦全 두 교수는 전서를 나누어 읽고서 수긍이 가는 수정의견을 제시해 주셨고 아울러 서序를 써주셨다. 홍콩 중문대학 당단정唐端正 선생은 중국문화와 관계있는 서적을 제공해 주셨다. 중산대학출판사 유한비劉翰飛, 방서원方緒源 선생님, 본서의 책임편집을 맡은 담광홍譚廣洪 씨는 처음부터 끝까지 본서의 출판을 열렬하게 지지해 주고 격려해 주었다. 담광홍 씨는 매우 힘든 노동을 해주었고, 아울러 받아들일 만한 수정의견을 적지 않게 제출해 주었다. 중산대학 교무처 교재과, 중산대학 과연처 문과과는 본서의 집필에 대해 대대적인 지지를 해주었다. 특히 교재과장 종전영鍾田英 씨는 친히 관심을 나타내고 열렬하게 돌보아 주었다. 중산대학 철학과 부계주임 섭여현葉汝賢 교수와 중국철학사 교연실 주임 풍달문馮達文 부교수는 열성적으로 본서의 집필을 지지해 주었고 적지 않은 편리를 제공해 주었다. 여기에서 모든 분께 충심으로 사의를 표한다.

연구생 시절의 이금전 교수는 다년간 나에게 여러 가지 유익한 가르침을 주셨고 심혈을 기울여 학업을 전수해 주셨다. 내가 졸업하여 학교에 남아 일을 한 뒤부터는 서로 연계가 더욱 밀접해졌다. 스승과 제자 사이에 항상 공동으로 연구토론하고 학술문제에 대해 절차탁마하였으며, 새로운 저작을 낼 때마다 반드시 상대방의 것을 읽어주었고 자기의 의견을 진술하여 수정한 뒤에 다시 건네주었다. 그분의 몇 편의 초고문장은 내가 읽은 뒤 몇 가지 다른 의견을 제시하면, 그는 인가한 뒤 때때로 나를 불러 내가 직접 고치게 한 뒤 몸소 붙인 것이다. 이러한 평등한 학술태도는 나에게 큰 가르침이 되었으며 나에게 큰 자신감을 심어주었다. 그분은 여러 번에 걸쳐 진정으로 내가 학술상 자신을 초월하도록 간곡하게 격려해 주셨다. 그분은 청년이 만일 시종 늙은이를 앞서지 못한다면 학술은 희망이 없게 된다고 늘 말씀하셨다. 내 자신은 그분의 학술수준을 따라가는 데 상당히 먼 길을 걸어가야 하고, 또한 상당히 긴 시기를 필요로 한다는 것을 알고 있다. 그렇지만 나는 그분의 간절한 바람을 저버리지 않고 열심히 노력하고자 한다. 『비록 이르지는 못하더라도 마음 속으로는 거기를 향해서 가고 있다!』이 작은 책의 출판은 그분 및 기타 스승 선배들이 나를 교육시키고 길러주신 것과 불가분의 관계에 있으며 나는 이 실제행동으로 스승 선배들의 가르쳐 주신 은혜에 보답하였다.

천박한 나의 학식으로 인해 본서에는 잘못되고 빠진 곳이 필연적으로 적지 않을 것이므로 독자들의 아낌없는 지적을 진심으로 환영해마지 않는다.

1988년 5월 15일
광주 중산대학에서 이 종 계

【역자후기】

이 책은 이종계李宗桂의 《중국문화개론中國文化槪論》(中山大學出版社, 1988)을 완역한 것이다.

이종계는 광주 중산대학 철학과에서 중국문화개론을 강의하고 있다. 1980년대 중국 학술계를 진동시킨 〈문화열文化熱〉때 발표된 국내외 학자들의 저서 및 논문들을 성실하게 종합 흡수하고, 아울러 변증법적 유물주의와 역사적 유물주의의 관점을 바탕으로 중국문화에 관한 기념비적인 이 대작을 남겼다.

그는 책 속에서 먼저 문화의 정의에 대해 동서양의 학자들이 해놓은 기존의 각 학설을 비교 검토하고 난 후 자신의 견해를 밝혔으며, 또한 중국전통문화의 정의에 관해서도 중국문화의 연구에 종사하는 학자들이 대부분 중국 철학사·사상사 방면의 연구자들이라는 최근 동향에 의거, 중국 전통문화란『중국의 고대사상가가 정련해낸 이론화 및 비이론화된 것, 이것이 전체 사회에 영향을 준 것 및 안정된 구조를 갖춘 공동정신·심리상태·사유방식과 가치지향 등 정신적 성과의 총화』라는 관점을 수립하고, 이에 근거하여 중국고대의 사상과 문화에 내해 사실적인 개괄을 하고 이론적인 분석을 하였으며, 가치에 대한 평가와 판단을 하였다.

이 책은 《중국문화개론》이라는 명칭을 달았지만 목차를 보면 알 수 있듯이, 기존에 나왔던 중국문화개론서처럼 중국학의 전반에 걸쳐 단편적 분야별로 개괄하지 않고, 개론과 역사를 절묘하게 절충시켜 일관성 있게 각 편장들을 엮었다. 따라서 각 편장은 하나하나 독립적이면서도 전체적으로 유기적인 관계를 유지하고 있다. 즉 거시적으로 중국문화의 총체적인 면을 살피는 한편, 중국문화의 변천과 시대구분·중국문명 발전의 특수 경로·중국 봉건사회 경제구조와 정치구조의 기본특징·전통적 이상인격·가치지향·사회심리·사유방식·중국문화의 기본유형·특징·기본정신 및 전통문화와 현대화에 대해서 체계적인 서술과 분석을 하였다. 또한 중국 역사상의 주요 학파인 유가·도가·법가·묵가·불가 등을 중국문화의 주체적인 내용으로 보고 독립된 장으로 내세워 집중 분석을 하였다.

그리고 중국민족의 인상인격·가치지향·사유방식과 민족심리에 깊은 영향을 준 선왕관념과 전통숭배 및 역대로 유생을 위주로 한 지식인 및 전사회의 인격모식에 영향을 준 문관제도와 관리선발제도에 대해서 깊이 있는 설명을 하고 있다.

중국 전통문화는 중국의 현대화에 적응할 수 있는가? 양자는 일치할 것인가? 충돌할 것인가? 일치한다면 그 범위는 어느 정도인가? 또한 충돌한다면 어떻게 해야 할 것인가? 이러한 문제는 현대의 중국문화를 연구하는 학자들의 관심을 집중시키고 있는 문제이며, 여기에 관해서는 관점에 따라 각양각색의 의견을 제시하고 있는 실정이다. 저자는 중국 전통문화가 중국의 현대화 건설에 양면성의 작용을 한다고 보고 있는데, 즉 현대화와 충돌하는 일면이 있으면서 서로 일치하는 일면이 있다고 생각한다.

중국문화의 학습 의의에 대해서 저자는 중국의 민족적 자부심과 자존심을 증대시키는 데 도움을 주고, 좋은 것과 나쁜 것을 변별하게 하여 봉건적인 잔재를 제거하는 데 도움을 주며, 문화에 대한 시야를 넓히는 데 도움을 주고, 고도로 발달한 사회주의 정신문명을 건설하는 데 도움을 준다고 하였다. 따라서 이 책은 이러한 학습 의의가 달성되도록 염두에 두고 엮어졌다.

이 책을 통해서 우리는 현대 중국학술계의 전통문화에 대한 관점과 태도를 잘 파악할 수 있을 것이다.

여기에 언급해야 할 것은 원서에는 다른 책에서 재인용을 하였는지, 아니면 조판상의 오식이었는지 잘 알 수는 없으나 인용문 가운데 많은 부분에 걸쳐 명백한 오류가 발견되어, 이에 대해 해당 서적을 대조하여 고쳐 놓았으므로 원서의 인용문과는 차이가 있음을 밝혀둔다. 또한 역자가 천학비재한 관계로 저자의 의도를 잘못 파악하였거나, 혹은 오역이 적지 않을 것으로 예상되어 송구한 마음 금할 길 없다. 독자들의 정성어린 충고를 고대하는 바이다.

끝으로, 현재와 같은 어려운 출판 사정에도 불구하고 국내에 이러한 분야의 학술을 보급해야겠다는 신념으로 출판사업을 하시는 동문선 辛成大 사장님의 숭고한 뜻에 깊은 존경심을 표하며, 아울러 난삽한 원고를 일일이 교정해 주신 편집부 여러분께 깊은 사의를 표한다.

1991년 5월   이 재 석

李宰碩
건국대학교 중어중문학과 졸업
성균관대학교 중어중문학과 석 · 박사
민족문화추진회 국역연수원 졸업

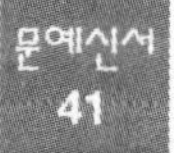

中國文化槪論

초판발행 : 1991년 6월 20일
중판발행 : 2003년 2월 20일

지은이 : 李宗桂
옮긴이 : 李宰碩
총편집 : 韓仁淑
펴낸곳 : 東文選

제10-64호, 78. 12. 16 등록
110-300 서울 종로구 관훈동 74
전화 : 737-2795

ISBN 89-8038-341-X 94150
ISBN 89-8038-000-3 (문예신서)

【東文選 現代新書】

1 21세기를 위한 새로운 엘리트　　　　FORESEEN 연구소 / 김경현　　　　7,000원
2 의지, 의무, 자유 — 주제별 논술　　L. 밀러 / 이대희　　　　6,000원
3 사유의 패배　　　　A. 핑켈크로트 / 주태환　　　　7,000원
4 문학이론　　　　J. 컬러 / 이은경·임옥희　　　　7,000원
5 불교란 무엇인가　　　　D. 키언 / 고길환　　　　6,000원
6 유대교란 무엇인가　　　　N. 솔로몬 / 최창모　　　　6,000원
7 20세기 프랑스철학　　　　E. 매슈스 / 김종갑　　　　8,000원
8 강의에 대한 강의　　　　P. 부르디외 / 현택수　　　　6,000원
9 텔레비전에 대하여　　　　P. 부르디외 / 현택수　　　　7,000원
10 고고학이란 무엇인가　　　　P. 반 / 박범수　　　　근간
11 우리는 무엇을 아는가　　　　T. 나겔 / 오영미　　　　5,000원
12 에쁘롱 — 니체의 문체들　　　　J. 데리다 / 김다은　　　　7,000원
13 히스테리 사례분석　　　　S. 프로이트 / 태혜숙　　　　7,000원
14 사랑의 지혜　　　　A. 핑켈크로트 / 권유현　　　　6,000원
15 일반미학　　　　R. 카이유와 / 이경자　　　　6,000원
16 본다는 것의 의미　　　　J. 버거 / 박범수　　　　10,000원
17 일본영화사　　　　M. 테시에 / 최은미　　　　7,000원
18 청소년을 위한 철학교실　　　　A. 자카르 / 장혜영　　　　7,000원
19 미술사학 입문　　　　M. 포인턴 / 박범수　　　　8,000원
20 클래식　　　　M. 비어드·J. 헨더슨 / 박범수　　　　6,000원
21 정치란 무엇인가　　　　K. 미노그 / 이정철　　　　6,000원
22 이미지의 폭력　　　　O. 몽젱 / 이은민　　　　8,000원
23 청소년을 위한 경제학교실　　　　J. C. 드루엥 / 조은미　　　　6,000원
24 순진함의 유혹〔메디시스賞 수상작〕　　　P. 브뤼크네르 / 김웅권　　　　9,000원
25 청소년을 위한 이야기 경제학　　A. 푸르상 / 이은민　　　　8,000원
26 부르디외 사회학 입문　　　　P. 보네위츠 / 문경자　　　　7,000원
27 돈은 하늘에서 떨어지지 않는다　K. 아른트 / 유영미　　　　6,000원
28 상상력의 세계사　　　　R. 보이아 / 김웅권　　　　9,000원
29 지식을 교환하는 새로운 기술　　A. 벵토릴라 外 / 김혜경　　　　6,000원
30 니체 읽기　　　　R. 비어즈워스 / 김웅권　　　　6,000원
31 노동, 교환, 기술 — 주제별 논술　B. 데코사 / 신은영　　　　6,000원
32 미국만들기　　　　R. 로티 / 임옥희　　　　근간
33 연극의 이해　　　　A. 쿠프리 / 장혜영　　　　8,000원
34 라틴문학의 이해　　　　J. 가야르 / 김교신　　　　8,000원
35 여성적 가치의 선택　　　　FORESEEN연구소 / 문신원　　　　7,000원
36 동양과 서양 사이　　　　L. 이리가라이 / 이은민　　　　7,000원
37 영화와 문학　　　　R. 리처드슨 / 이형식　　　　8,000원
38 분류하기의 유혹 — 생각하기와 조직하기　G. 비뇨 / 임기대　　　　7,000원
39 사실주의 문학의 이해　　　　G. 라루 / 조성애　　　　8,000원
40 윤리학 — 악에 대한 의식에 관하여　A. 바디우 / 이종영　　　　7,000원
41 흙과 재〔소설〕　　　　A. 라히미 / 김주경　　　　6,000원

126 세 가지 생태학	F. 가타리 / 윤수종	8,000원
127 모리스 블랑쇼에 대하여	E. 레비나스 / 박규현	근간
128 위뷔 왕 〔희곡〕	A. 자리 / 박형섭	8,000원
129 번영의 비참	P. 브뤼크네르 / 이창실	8,000원
130 무사도란 무엇인가	新渡戶稻造 / 沈雨晟	7,000원
131 천 개의 집 〔소설〕	A. 라히미 / 김주경	근간
132 문학은 무슨 소용이 있는가?	D. 살나브 / 김교신	7,000원
133 종교에서 ― 행동하는 지성	J. 카푸토 / 최생열	근간
134 노동사회학	M. 스트루방 / 박주원	근간
135 맞불·2	P. 부르디외 / 김교신	근간
136 믿음에 대하여 ― 행동하는 지성	S. 지제크 / 최생열	근간

【東文選 文藝新書】

1 저주받은 詩人들	A. 뻬이르 / 최수철·김종호	개정근간
2 민속문화론서설	沈雨晟	40,000원
3 인형극의 기술	A. 훼도토프 / 沈雨晟	8,000원
4 전위연극론	J. 로스 에반스 / 沈雨晟	12,000원
5 남사당패연구	沈雨晟	10,000원
6 현대영미희곡선(전4권)	N. 코워드 外 / 李辰洙	절판
7 행위예술	L. 골드버그 / 沈雨晟	절판
8 문예미학	蔡 儀 / 姜慶鎬	절판
9 神의 起源	何 新 / 洪 熹	16,000원
10 중국예술정신	徐復觀 / 權德周 外	24,000원
11 中國古代書史	錢存訓 / 金允子	14,000원
12 이미지 ― 시각과 미디어	J. 버거 / 편집부	12,000원
13 연극의 역사	P. 하트놀 / 沈雨晟	절판
14 詩 論	朱光潛 / 鄭相泓	9,000원
15 탄트라	A. 무케르지 / 金龜山	16,000원
16 조선민족무용기본	최승희	15,000원
17 몽고문화사	D. 마이달 / 金龜山	8,000원
18 신화 미술 제사	張光直 / 李 徹	10,000원
19 아시아 무용의 인류학	宮尾慈良 / 沈雨晟	절판
20 아시아 민족음악순례	藤井知昭 / 沈雨晟	5,000원
21 華夏美學	李澤厚 / 權 瑚	15,000원
22 道	張立文 / 權 瑚	18,000원
23 朝鮮의 占卜과 豫言	村山智順 / 金禧慶	15,000원
24 원시미술	L. 아담 / 金仁煥	16,000원
25 朝鮮民俗誌	秋葉隆 / 沈雨晟	12,000원
26 神話의 이미지	J. 캠벨 / 扈承喜	근간
27 原始佛敎	中村元 / 鄭泰爀	8,000원
28 朝鮮女俗考	李能和 / 金尙憶	24,000원
29 朝鮮解語花史(조선기생사)	李能和 / 李在崑	25,000원

30 조선창극사	鄭魯湜	7,000원
31 동양회화미학	崔炳植	18,000원
32 性과 결혼의 민족학	和田正平 / 沈雨晟	9,000원
33 農漁俗談辭典	宋在璇	12,000원
34 朝鮮의 鬼神	村山智順 / 金禧慶	12,000원
35 道敎와 中國文化	葛兆光 / 沈揆昊	15,000원
36 禪宗과 中國文化	葛兆光 / 鄭相泓·任炳權	8,000원
37 오페라의 역사	L. 오레이 / 류연희	절판
38 인도종교미술	A. 무케르지 / 崔炳植	14,000원
39 힌두교의 그림언어	안넬리제 外 / 全在星	9,000원
40 중국고대사회	許進雄 / 洪 熹	30,000원
41 중국문화개론	李宗桂 / 李宰碩	23,000원
42 龍鳳文化源流	王大有 / 林東錫	25,000원
43 甲骨學通論	王宇信 / 李宰碩	근간
44 朝鮮巫俗考	李能和 / 李在崑	20,000원
45 미술과 페미니즘	N. 부루드 外 / 扈承喜	9,000원
46 아프리카미술	P. 윌레뜨 / 崔炳植	절판
47 美의 歷程	李澤厚 / 尹壽榮	22,000원
48 曼茶羅의 神들	立川武藏 / 金龜山	19,000원
49 朝鮮歲時記	洪錫謨 外/李錫浩	30,000원
50 하 상	蘇曉康 外 / 洪 熹	절판
51 武藝圖譜通志 實技解題	正 祖 / 沈雨晟·金光錫	15,000원
52 古文字學첫걸음	李學勤 / 河永三	14,000원
53 體育美學	胡小明 / 閔永淑	10,000원
54 아시아 美術의 再發見	崔炳植	9,000원
55 曆과 占의 科學	永田久 / 沈雨晟	8,000원
56 中國小學史	胡奇光 / 李宰碩	20,000원
57 中國甲骨學史	吳浩坤 外 / 梁東淑	35,000원
58 꿈의 철학	劉文英 / 河永三	22,000원
59 女神들의 인도	立川武藏 / 金龜山	19,000원
60 性의 역사	J. L. 플랑드렝 / 편집부	18,000원
61 쉬르섹슈얼리티	W. 챠드윅 / 편집부	10,000원
62 여성속담사전	宋在璇	18,000원
63 박재서희곡선	朴栽緖	10,000원
64 東北民族源流	孫進己 / 林東錫	13,000원
65 朝鮮巫俗의 研究(상·하)	赤松智城·秋葉隆 / 沈雨晟	28,000원
66 中國文學 속의 孤獨感	斯波六郎 / 尹壽榮	8,000원
67 한국사회주의 연극운동사	李康列	8,000원
68 스포츠인류학	K. 블랑챠드 外 / 박기동 外	12,000원
69 리조복식도감	리팔찬	절판
70 娼 婦	A. 꼬르벵 / 李宗旼	22,000원
71 조선민요연구	高晶玉	30,000원

72	楚文化史	張正明 / 南宗鎭	26,000원
73	시간, 욕망, 그리고 공포	A. 코르뱅 / 변기찬	18,000원
74	本國劍	金光錫	40,000원
75	노트와 반노트	E. 이오네스코 / 박형섭	절판
76	朝鮮美術史硏究	尹喜淳	7,000원
77	拳法要訣	金光錫	30,000원
78	艸衣選集	艸衣意恂 / 林鍾旭	20,000원
79	漢語音韻學講義	董少文 / 林東錫	10,000원
80	이오네스코 연극미학	C. 위베르 / 박형섭	9,000원
81	중국문자훈고학사전	全廣鎭 편역	23,000원
82	상말속담사전	宋在璇	10,000원
83	書法論叢	沈尹默 / 郭魯鳳	8,000원
84	침실의 문화사	P. 디비 / 편집부	9,000원
85	禮의 精神	柳肅 / 洪熹	20,000원
86	조선공예개관	沈雨晟 편역	30,000원
87	性愛의 社會史	J. 솔레 / 李宗旼	18,000원
88	러시아미술사	A. I. 조토프 / 이건수	22,000원
89	中國書藝論文選	郭魯鳳 選譯	25,000원
90	朝鮮美術史	關野貞 / 沈雨晟	근간
91	美術版 탄트라	P. 로슨 / 편집부	8,000원
92	군달리니	A. 무케르지 / 편집부	9,000원
93	카마수트라	바짜야나 / 鄭泰爀	10,000원
94	중국언어학총론	J. 노먼 / 全廣鎭	18,000원
95	運氣學說	任應秋 / 李宰碩	8,000원
96	동물속담사전	宋在璇	20,000원
97	자본주의의 아비투스	P. 부르디외 / 최종철	10,000원
98	宗敎學入門	F. 막스 뮐러 / 金龜山	10,000원
99	변 화	P. 바츨라빅크 外 / 박인철	10,000원
100	우리나라 민속놀이	沈雨晟	15,000원
101	歌訣(중국역대명언경구집)	李宰碩 편역	20,000원
102	아니마와 아니무스	A. 융 / 박해순	8,000원
103	나, 너, 우리	L. 이리가라이 / 박정오	12,000원
104	베케트연극론	M. 푸크레 / 박형섭	8,000원
105	포르노그래피	A. 드워킨 / 유혜련	12,000원
106	셀 링	M. 하이데거 / 최상욱	12,000원
107	프랑수아 비용	宋勉	18,000원
108	중국서예 80제	郭魯鳳 편역	16,000원
109	性과 미디어	W. B. 키 / 박해순	12,000원
110	中國正史朝鮮列國傳(전2권)	金聲九 편역	120,000원
111	질병의 기원	T. 매큐언 / 서 일·박종연	12,000원
112	과학과 젠더	E. F. 켈러 / 민경숙·이현주	10,000원
113	물질문명·경제·자본주의	F. 브로델 / 이문숙 外	절판

114	이탈리아인 태고의 지혜	G. 비코 / 李源斗	8,000원
115	中國武俠史	陳 山 / 姜鳳求	18,000원
116	공포의 권력	J. 크리스테바 / 서민원	23,000원
117	주색잡기속담사전	宋在璇	15,000원
118	죽음 앞에 선 인간(상·하)	P. 아리에스 / 劉仙子	각권 8,000원
119	철학에 대하여	L. 알튀세르 / 서관모·백승욱	12,000원
120	다른 곳	J. 데리다 / 김다은·이혜지	10,000원
121	문학비평방법론	D. 베르제 外 / 민혜숙	12,000원
122	자기의 테크놀로지	M. 푸코 / 이희원	16,000원
123	새로운 학문	G. 비코 / 李源斗	22,000원
124	천재와 광기	P. 브르노 / 김웅권	13,000원
125	중국은사문화	馬 華·陳正宏 / 강경범·천현경	12,000원
126	푸코와 페미니즘	C. 라마자노글루 外 / 최 영 外	16,000원
127	역사주의	P. 해밀턴 / 임옥희	12,000원
128	中國書藝美學	宋 民 / 郭魯鳳	16,000원
129	죽음의 역사	P. 아리에스 / 이종민	18,000원
130	돈속담사전	宋在璇 편	15,000원
131	동양극장과 연극인들	김영무	15,000원
132	生育神과 性巫術	宋兆麟 / 洪 熹	20,000원
133	미학의 핵심	M. M. 이턴 / 유호전	14,000원
134	전사와 농민	J. 뒤비 / 최생열	18,000원
135	여성의 상태	N. 에니크 / 서민원	22,000원
136	중세의 지식인들	J. 르 고프 / 최애리	18,000원
137	구조주의의 역사(전4권)	F. 도스 / 이봉지 外 각권	15,000원
138	글쓰기의 문제해결전략	L. 플라워 / 원진숙·황정현	20,000원
139	음식속담사전	宋在璇 편	16,000원
140	고전수필개론	權 瑚	16,000원
141	예술의 규칙	P. 부르디외 / 하태환	23,000원
142	"사회를 보호해야 한다"	M. 푸코 / 박정자	20,000원
143	페미니즘사전	L. 터틀 / 호승희·유혜련	26,000원
144	여성심벌사전	B. G. 워커 / 정소영	근간
145	모데르니테 모데르니테	H. 메쇼닉 / 김다은	20,000원
146	눈물의 역사	A. 벵상뷔포 / 이자경	18,000원
147	모더니티입문	H. 르페브르 / 이종민	24,000원
148	재생산	P. 부르디외 / 이상호	18,000원
149	종교철학의 핵심	W. J. 웨인라이트 / 김희수	18,000원
150	기호와 몽상	A. 시몽 / 박형섭	22,000원
151	융분석비평사전	A. 새뮤얼 外 / 민혜숙	16,000원
152	운보 김기창 예술론연구	최병식	14,000원
153	시적 언어의 혁명	J. 크리스테바 / 김인환	20,000원
154	예술의 위기	Y. 미쇼 / 하태환	15,000원
155	프랑스사회사	G. 뒤프 / 박 단	16,000원

156 중국문예심리학사	劉偉林 / 沈揆昊	30,000원
157 무지카 프라티카	M. 캐넌 / 김혜중	25,000원
158 불교산책	鄭泰爀	20,000원
159 인간과 죽음	E. 모랭 / 김명숙	23,000원
160 地中海(전5권)	F. 브로델 / 李宗旼	근간
161 漢語文字學史	黃德實·陳秉新 / 河永三	24,000원
162 글쓰기와 차이	J. 데리다 / 남수인	28,000원
163 朝鮮神事誌	李能和 / 李在崑	근간
164 영국제국주의	S. C. 스미스 / 이태숙·김종원	16,000원
165 영화서술학	A. 고드로·F. 조스트 / 송지연	17,000원
166 美學辭典	사사키 겡이치 / 민주식	22,000원
167 하나이지 않은 성	L. 이리가라이 / 이은민	18,000원
168 中國歷代書論	郭魯鳳 譯註	25,000원
169 요가수트라	鄭泰爀	15,000원
170 비정상인들	M. 푸코 / 박정자	25,000원
171 미친 진실	J. 크리스테바 外 / 서민원	25,000원
172 디스탱숑(상·하)	P. 부르디외 / 이종민	근간
173 세계의 비참(전3권)	P. 부르디외 外 / 김주경	각권 26,000원
174 수묵의 사상과 역사	崔炳植	근간
175 파스칼적 명상	P. 부르디외 / 김웅권	22,000원
176 지방의 계몽주의	D. 로슈 / 주명철	30,000원
177 이혼의 역사	R. 필립스 / 박범수	25,000원
178 사랑의 단상	R. 바르트 / 김희영	근간
179 中國書藝理論體系	熊秉明 / 郭魯鳳	23,000원
180 미술시장과 경영	崔炳植	16,000원
181 카프카 — 소수적인 문학을 위하여	G. 들뢰즈·F. 가타리 / 이진경	13,000원
182 이미지의 힘 — 영상과 섹슈얼리티	A. 쿤 / 이형식	13,000원
183 공간의 시학	G. 바슐라르 / 곽광수	근간
184 랑데부 — 이미지와의 만남	J. 버거 / 임옥희·이은경	18,000원
185 푸코와 문학 — 글쓰기의 계보학을 향하여	S. 듀링 / 오경심·홍유미	근간
186 각색, 연극에서 영화로	A. 엘보 / 이선형	16,000원
187 폭력과 여성들	C. 도펭 外 / 이은민	18,000원
188 하드 바디 — 할리우드 영화에 나타난 남성성	S. 제퍼드 / 이형식	18,000원
189 영화의 환상성	J. -L. 뢰트라 / 김경온·오일환	18,000원
190 번역과 제국	D. 로빈슨 / 정혜욱	16,000원
191 그라마톨로지에 대하여	J. 데리다 / 김웅권	근간
192 보건 유토피아	R. 브로만 外 / 서민원	근간
193 현대의 신화	R. 바르트 / 이화여대기호학연구소	20,000원
194 중국회화백문백답	郭魯鳳	근간
195 고서화감정개론	徐邦達 / 郭魯鳳	근간
196 상상의 박물관	A. 말로 / 김웅권	근간
197 부빈의 일요일	J. 뒤비 / 최생열	22,000원

■ 딸에게 들려 주는 작은 지혜　　　N. 레흐레이트너 / 양영란　　　　6,500원
■ 노력을 대신하는 것은 없다　　　R. 쉬이 / 유혜련　　　　　　　　5,000원
■ 노블레스 오블리주　　　　　　현택수 사회비평집　　　　　　　7,500원
■ 미래를 원한다　　　　　　　　J. D. 로스네 / 문　선 · 김덕희　　8,500원
■ 사랑의 존재　　　　　　　　　한용운　　　　　　　　　　　　3,000원
■ 산이 높으면 마땅히 우러러볼 일이다　　　　유　향 / 임동석　　5,000원
■ 서기 1000년과 서기 2000년 그 두려움의 흔적들　J. 뒤비 / 양영란　8,000원
■ 서비스는 유행을 타지 않는다　B. 바게트 / 정소영　　　　　　5,000원
■ 선종이야기　　　　　　　　　홍　회 편저　　　　　　　　　8,000원
■ 섬으로 흐르는 역사　　　　　김영희　　　　　　　　　　　10,000원
■ 세계사상　　　　　　　　창간호~3호: 각권 10,000원 / 4호: 14,000원
■ 십이속상도안집　　　　　　　편집부　　　　　　　　　　　8,000원
■ 어린이 수묵화의 첫걸음(전6권)　趙　陽 / 편집부　　　　각권 5,000원
■ 오늘 다 못다한 말은　　　　　이외수 편　　　　　　　　　7,000원
■ 오블라디 오블라다, 인생은 브래지어 위를 흐른다　무라카미 하루키 / 김난주　7,000원
■ 인생은 앞유리를 통해서 보라　B. 바게트 / 박해순　　　　　5,000원
■ 잠수복과 나비　　　　　　　　J. D. 보비 / 양영란　　　　　6,000원
■ 천연기념물이 된 바보　　　　최병식　　　　　　　　　　　7,800원
■ 原本 武藝圖譜通志　　　　　正祖 命撰　　　　　　　　　60,000원
■ 隸字編　　　　　　　　　　洪鈞陶　　　　　　　　　　40,000원
■ 테오의 여행 (전5권)　　　　　C. 클레망 / 양영란　　　　각권 6,000원
■ 한글 설원 (상 · 중 · 하)　　　임동석 옮김　　　　　　　각권 7,000원
■ 한글 안자춘추　　　　　　　　임동석 옮김　　　　　　　　8,000원
■ 한글 수신기 (상 · 하)　　　　임동석 옮김　　　　　　　각권 8,000원

東文選 文藝新書 72

초문화사

장정밍 / 남종진 옮김

　고대의 중국 문화는 다원복합적인 것으로 그 주체가 되는 화하華夏 문화에 대해 말하자면 이원복합적이다. 여기에서 '이원'이란 간단히 말해서 북방 문화와 남방 문화를 의미한다. 만약 춘추 전국 시대로 한정짓는다면 황하 중·하류 문화와 장강 중·하류 문화를 가리킨다. 북방은 산천이 웅장하고, 남방은 경치가 아름답다. 초楚는 남방의 표준이다. 황제黃帝의 신성함과 염제炎帝의 광괴狂怪함 가운데 초민족은 염제 계통에 속한다. 용龍은 위엄 있고 씩씩하여 왠지 두려움을 느끼게 되고 봉鳳은 빼어나고 아름다워 가까이할 만한데, 초는 용을 억누르고 봉을 발양하였다. 유가儒家는 윤리를 중시하고 도가道家는 철리哲理를 중시하였는데, 초는 도가의 고향이다. 《시경詩經》은 바르면서도 꽃과 같고 초사楚辭는 독특하면서도 고운데, 초는 초사의 온상이다.

　예로부터 중국의 고대 문화를 논하는 사람들은 대부분 북방을 중시하고 남방을 경시하였으며, 황하를 중시하고 장강을 경시하였다. 또 황제를 중시하고 염제를 무시하였으며, 용을 중시하고 봉을 경시하였으며, 유가를 중시하고 도가를 경시하였다. 따지고 보면 그래도 초사만이 《시경》에 필적할 수 있었을 뿐이다. 그러나 초사는 많은 비난 또한 함께 받아 온 반면 《시경》은 예로부터 찬양만을 받아 왔다.

　초문화가 처음 그 모습을 드러냈을 당시에는 중원中原 문화의 말류와 초만楚蠻 문화의 잔영이 뒤섞인 것에 지나지 않아 특색도 두드러지지 않고, 수준 또한 높지 못하여 관심의 대상조차 되지 못했다. 춘추 중기는 초문화가 풍운을 만난 시기로, 이때부터 초문화는 새로운 면모를 드러내면서 중원 문화와 각축을 벌였고, 마침내는 우세한 자리를 차지하게 되었다. 이러한 융합, 성장, 발흥, 전화의 과정에 나타난 문화 발전의 법칙은 자못 흥미롭다.

東文選 文藝新書 115

中國武俠史

陳 山 지음
姜鳳求 옮김

영국의 웰스는 《인류의 운명》에서 〈대부분의 중국 사람들의 영혼 속에는 한 명의 유가儒家, 한명의 도가道家 그리고 한명의 도적(土匪)이 싸우고 있다〉는 관점을 인용하였다. 문일다聞一多는 웰스가 말한 〈도적〉은 중국 무협을 포함하고 있고, 도가는 다만 유가에 대한 보완일 뿐이라고 했다. 근래 어떤 학자는 〈묵협정신墨俠精神이 민간문화를 이루어 상층문화 정신과 대립하고 있다〉는 관점을 제시한 바 있다. 현대 작가 심종문沈從文은 민간사회 중에서 『유협정신游俠精神이 침윤侵潤되어 과거를 만들었고 미래도 형성하게 될 것이다』라고 했다. 결과적으로 말하면 상·하층문화 중에서 유儒와 俠은 중국 전통문화 정신의 중요한 두 체제인 것이다.

중국에 있어 협俠은 유儒와 마찬가지로 선진先秦시대에 나타나 계속 존재해 오고 있는 오랜 역사를 지닌 사회계층이다. 협俠과 유儒의 문화정신은 일종의 〈초월의미超越意味〉를 내포하고 있어 심리적으로 광범위하고도 지속적인 영향을 주며, 중국 문화의 심층구조에 침투해 있다. 중국 지식인의 영혼 속에 부지불식不知不識 중 유儒의 그림자가 숨겨져 있다면, 중국 평민의 마음 깊은 곳에는 협俠의 그림자가 희미하게 반짝이고 있다. 그러므로 중국 역사상의 무협 현상을 연구하는 것은 중국 문화 기초인 민간문화의 뿌리를 깊게 연구하고, 이를 전면적으로 이해하기 위하여 매우 중요한 의미가 있는 일이다.

東文選 文藝新書 85

禮의 精神

柳 肅 지음
洪 憙 옮김

　이 책에서 다루고 있는 〈예〉는, 현재 의미상의 문명적인 예의뿐만 아니라 사회의 도덕가치·민족정신·예술심리·풍속습관 등 여러 방면에 이르는 극히 넓은 문화적 범주를 뜻한다.
　〈예〉는 인류 문명의 자랑할 만한 많은 것들을 창조하였지만, 동시에 후인들로 하여금 지금까지 내던져 버리기 어려운 보따리를 짊어지게 하였다고 전제하고, 어떻게 하면 이 둘 사이에서 적합한 문명 발전의 길을 찾느냐를 모색하고 있다.
　정신문화상으로는 동양의 오랜 문명과 예의를 가지며, 물질문화상으로는 서양의 선진국가를 초월하여 동서양 문화의 성공적인 결합을 이루고자 함에 있어 그 정신을 다시 한번 되짚는다.
　또한 이 책은 〈예〉라는 한 각도에서 그 문화적인 심층구조와 겉으로 드러난 형태 사이의 관계를 논술하면서 통치자인 군주의 도덕윤리적 수양을 비롯하여, 일반 평민의 가족관계를 유지하고 사회의 안정을 유지하는 기초적인 조건에 이르기까지 저마다 자각하고 준수해야 할 도덕규범을 민족정신과 문화현상을 통해 비교분석하고 있다.

　【주요 내용】禮의 기원과 작용 / 예의 제도와 禮樂의 교화 / 예와 중국의 민족정신 / 예악과 중국의 정치 / 국가와 가정 / 예의 권위 / 체제와 직능 / 윤리화된 철학 / 조상 숭배와 천명사상 / 儒學의 연원 / 예의 반란 / 종교감정과 현실이성 / 신화와 전통 / 士官의 문화와 巫祝의 문화 / 美와 善의 합일 / 詩敎와 樂敎 / 예의 형상 표현 /정치윤리 / 집단주의 / 여성의 예교와 여성의 정치 / 예의의 나라 / 윤리강령의 통속화 / 가족과 정치 / 예악의 문화 분위기 / 민족정신의 확대 / 정치적 곤경

東文選 文藝新書 125

중국은사문화

馬　華・陳正宏 지음
姜炅範・千賢耕 옮김

중국에는 이 세상에서 은사가 가장 많았고, 그 은사들의 생활은 〈숨김(隱)〉으로 인해 더욱 신비스럽게 되었다. 이 책은 은사계층의 형성에서부터 은사문화의 특징에 이르기까지 구체적이고 생동감 넘치는 수많은 사례를 인용하였으며, 은사의 성격과 기호·식사·의복·주거·혼인·교유·예술활동 등을 다각도로 보여 준다. 또한 각양각색의 다양한 은사들, 즉 부귀공명을 깔보았던 〈世襲隱士〉, 험한 세상 일은 겪지 않고 홀로 수양한 〈逸民〉, 부침이 심한 벼슬살이에서 용감하게 물러난 조정의 신하, 황제의 곡식을 먹느니 차라리 굶어죽기를 원했던 〈居士〉, 入朝하여 정치에 참여했던 〈산 속의 재상〉, 총애를 받고 권력을 휘두른 〈處士〉, 그리고 기꺼이 은거했던 황족이나 귀족 등 다양한 은사들의 다양한 은거생활과 운명에 대해 서술하였다. 그들 중에는 혼자서 은거한 〈獨隱〉도 있으며, 형제간이나 부부·부자나 모자 등 둘이서 은거한 〈對隱〉도 있으며, 셋이나 다섯이서 시모임(詩社)이나 글모임(文社)을 이루어 함께 은거하는 경우도 있었다. 그들은 대부분 산 속 동굴에 숨어 살거나, 시골 오두막에 깃들거나, 산에서 들짐승과 함께 평화롭게 살거나, 혹은 시체 구더기와 한방에서 산 사람도 있었다. 이들은 소박한 차와 식사를 했지만 정신만은 부유하여, 혹 산수시화에 마음을 두고 스스로 즐기거나 物外의 경지로 뛰어넘어 한가롭고 깨끗하게 지냈으며, 심지어는 마음이 맑고 욕심이 적어 평생 아내를 맞이하지 않기도 하였다. 이 책은 은사생활의 모든 면을 보여 주는 동시에, 중국 고대 사회에서 은사들이 점했던 특수한 지위와 중국 문화에 은사 문화가 미친 영향 등에 대해 깊이 있는 연구를 진행하였다. 풍부하고 생생한 내용에 재미있는 일화도 있지만, 깊이 있는 견해 또한 적지않다. 중국 문화의 심층을 이해하는 데 상당한 도움을 줄 것이다.

東文選 文藝新書 156

중국문예심리학사

劉偉林 / 심규호 옮김

《중국문예심리학사》는 중국의 문예심리학 연구성과를 바탕으로 중국 각 시대의 문예심리를 조망하고 있는 논저이다. 저자는 "문학사는 일종의 심리학이며 영혼의 역사이다"라는 관점에 근거하여, 뮤예창작과 감상은 인간의 심리활동과 불가분의 관계에 있다는 원리를 고수하고 있다. 또한 심리학과 미학, 그리고 예술학을 상호 결합시키면서 先秦時代부터 시작하여 兩漢·魏晋南北朝·唐宋·明淸·近代에 이르기까지 전 역사과정을 6장으로 나누어, 중국 고대 2천여 년의 대표적인 문론가·미학가의 문예심리학 관점을 논술하고, 아울러 당시대의 시가·소설·희곡·서법·회화 등의 예술형식에 관한 문예심리학의 발전과정을 논술하고 있다.

이 책의 장점은 무엇보다도 문예심리학이라는 일관된 관점 속에서 방대한 자료에 대하여 심도 있고 독특한 해석과 논의를 진행하고 있다는 점이다. 또한 방법론에 있어서도 중국뿐만 아니라 서양의 문예심리학 이론을 아우르고 있다는 점에서 상호 비교는 물론이고, 고전 이론의 현대적 해석에 도움을 줄 수 있을 것이다.

이 책은 중국문예심리학 관련 연구에 있어 독창성과 더불어 최초의 史的 연구라는 점에서 많은 이들의 격려와 찬사를 받은 바 있다. 이 책은 문예심리학이라는 학문에 대하여 보다 쉽게 접근할 수 있는 계기가 될 것이고, 일반적으로 문학연구에서 도외시한 書論과 畵論 등을 詩·文論 등과 함께 다루고 있기 때문에 각 시대의 문예 상황에 대한 보다 심도 있는 연구에 큰 도움을 줄 것이다. 지금까지 우리나라에 소개된 개괄적인 중국문학이론사에서 한 걸음 더 나아가, 본서는 중국 문예이론에 대한 전반적인 이해와 더불어 독특한 심리학 관점에 의한 다각적인 문예연구의 새로운 지평을 열어 줄 것이라고 확신한다.

東文選 文藝新書 161

漢語文字學史

黃德寬・陳秉新 지음
河永三 옮김

국내에 최초로 소개되는 중국문자학사.

한자는 매우 오랜 역사를 가지고 있으며, 한자에 대한 연구 또한 깊디깊은 연원을 갖고 있다. 그러나 한자 연구사를 비교적 전체적으로 총결한 저작은 중국에서도 매우 드물다.

본서는 첫째, 중국한자학의 발생과 발전이라는 문화를 배경으로 삼아 한자학의 역사를 인식해 보고자 하였다. 왜냐하면 문화와 학술의 한 현상으로서 한자학이라는 것의 발생과 발전은 결국 일정한 시대의 역사와 문화 및 학술사상의 변천과 밀접한 관련을 맺고 있기 때문이다.

둘째, 자료의 선택이라는 측면에서 우리는 한자학이라는 기본적인 틀에서 출발하여 한자학 발전을 가장 대표할 만한 것과 관련된 내용을 선별적으로 채택하여 이의 역사를 서술하였다.

셋째, 한자학의 역사와 시기구분적인 측면에 있어서 우리는 학술발전의 내재적 관계에 치중했다. 시기구분이라는 것은 학술사를 찬술할 때 맞부딪치는 가장 중요하고도 근본적인 임무의 하나이다. 한자 연구의 역사를 단순한 왕조별 구분사가 아닌 한자학 발전의 내재적 관계에 근거해 이를 창립・침체・진흥・개척발전 등과 같은 주제에 의한 시기구분법을 도입함으로써 한자학 연구사의 흐름을 한자 자체의 발전과 연계지어 이해 가능하도록 했다는 점이다.

넷째, 통시적 성질을 지닌 한자학에 관한 저작이기 때문에 거시적인 파악에 기초하여 요점을 간단명료하게 제시하되 논리정연해야 함은 물론 세밀한 분석과 깊이 있는 탐구를 병행하였다.

끝으로 한자학 연구의 개별적 성과물이나 인물 중심의 소재가 아닌 한자학의 이론을 중심으로 서술함으로써 한자학 연구의 이해를 더욱 체계적으로 개괄 가능케 하였다는 점을 특징으로 들 수 있겠다.